consumer protection law

제3판

알기 쉬운
소비자보호법

남윤경

박영사

제3판 머리말

제2판이 출판된 후 3년 반의 시간이 흘렀다. 디지털 경제의 심화로 온라인 플랫폼의 영향력이 갈수록 커지고 개인정보의 중요성은 더욱 부각되는 등 소비자법 분야에서도 그동안 많은 변화가 있었다. 제3판에서는 그동안 개정된 법령을 모두 반영하였고, 새로운 판례와 의미 있는 심결례도 반영하였으며, 사례문제도 가다듬었다. 새롭게 등장한 개념이나 용어들도 가급적 반영하려 하였다. 아울러 기존 실체법 위주의 내용에 각 법률마다 사건조사·감독, 벌칙, 보칙 등의 내용을 모두 포함하여 분량이 대폭 증가하였다.

제3판의 출간에도 많은 분들의 도움이 있었다. 박영사 안종만 회장님, 안상준 대표님, 이영조 부장님, 최동인 대리님, 그리고 편집과정에서 많은 도움을 주신 이수연 대리님께 감사의 마음을 전한다.

2025년 8월

남 윤 경

초판 머리말

이 책은 저자가 대학에서 교양과목의 하나로 소비자보호법을 강의하면서, 비법학도가 대부분인 학생들이 보다 쉽게 이해하는 데 도움이 되고자 만든 교재이다. 이미 소비자보호법에 관한 훌륭한 저서들이 많이 있지만, 법학을 처음 접하는 학생들은 그러한 저서들을 읽고 바로 이해하기에는 다소 어려움이 있다. 처음 집필 권유를 받았을 때도 여러모로 부족한 저자가 책을 쓴다는 점이 염려되었지만, 학생들의 얼굴을 떠올리며 결심하게 된 부분이 크다. 이에 최대한 일반인을 주요 독자로 염두에 두고 집필하였다. 처음 의도한 바가 제대로 반영되었는지 여부는 조금 더 지켜보아야 할 것 같다.

소비자보호법의 주요 내용은 실생활에서 자주 접하는 주제이다 보니 학생들에게도 매우 유용하고, 그래서 많은 학생들이 흥미를 갖는다. 처음 강의를 시작하였을 때에는 소위 전통적인 소비자보호법의 주제들로만 한 학기를 구성하였으나, 점차 학생들이 요청하는 주제들을 포함하면서 내용도 늘어나게 되었다. 그중 일부 주제들을 이 책에도 포함하였다.

급변하는 소비환경에 따라 발생하는 소비자 문제는 달라지고, 또 법률도 변하기 마련이다. 소비자 법학은 이러한 소비환경의 변화와 병행되므로 끊임없는 변화를 가져올 수밖에 없는 분야이다. 그러한 점을 고려하여 최근 소비자 법학에서 쟁점이 되는 사항들도 간단하게나마 반영하려 노력하였다.

이 책이 출간되기까지 감사드리고 싶은 분들이 계시다. 지도교수님이신 양명조 선생님께서는 오랜 기간 동안 많은 가르침을 주셨고 격려를 아끼지 않으신다. 이번 책을 준비하는 과정에서도 실질적인 조언을 많이 해주셨다. 이 지면을 빌어 특별히 감사드린다. 아울러 이 책의 출판을 허락해주신 박영사의 안상준 대표님, 집필을 결심하도록 독려해주신 이영조 팀장님, 꼼꼼하게 편집과 교정을 담당해주신 조보나 대리님께 감사드린다. 사랑하는 부모님, 가족들과도 이 기쁨을 함께 나누고 싶다.

2019년 8월

남 윤 경

목차

제1편 소비자학 개론

제2편 소비자계약의 기본 구조

제1장 계약이론

제2장 약관규제

제3편 특수거래

제1장 총칙

제2장 방문판매 및 전화권유판매

제3장 다단계판매 및 후원방문판매

제4장 계속거래 및 사업권유거래

제5장 보칙 및 벌칙

제4편 전자상거래

제5편 신용거래

제1장 신용카드 거래

제2장 할부거래

제1부 총칙

제2부 할부거래

제3부 선불식 할부거래

제4부 보칙 및 벌칙

제6편 금융거래

제1장 총설

제2장 금융소비자보호

제3장 은행거래

제4장 금융투자상품 거래

제5장 보험거래

제6장 핀테크

제7편 부당한 표시·광고

제8편 정보보호와 소비자

제1장 총설

제2장 개인정보보호법

제9편 의료계약과 의료분쟁

제1장 의료계약

제2장 의료과오와 의료사고

제3장 의료과오에 대한 책임

제4장 의료분쟁의 조정·중재

제10편 제품 안전과 제조물책임

제1장 총설

제2장 소비자 안전

제3장 리콜제도

제4장 제조물책임

제11편 소비자분쟁해결제도

제1편

소비자학 개론

I 소비자의 개념

소비자 보호에 관한 기본법적 성격을 갖는 「소비자기본법」에서는 "소비자"를 사업자가 제공하는 물품 또는 용역(시설물을 포함한다)을 소비생활을 위하여 사용(이용을 포함한다)하는 자 또는 생산활동을 위하여 사용하는 자로서 대통령령이 정하는 자로 정하고, 동법 시행령에서는 "생산활동을 위하여 사용하는 자로서 대통령령이 정하는 자"를 ① 제공된 물품 또는 용역(이하 "물품등"이라 한다)을 최종적으로 사용하는 자(다만, 제공된 물품등을 원재료(중간재를 포함한다), 자본재 또는 이에 준하는 용도로 생산활동에 사용하는 자는 제외) 또는 ② 제공된 물품등을 농업(축산업을 포함한다) 및 어업활동을 위하여 사용하는 자(「원양산업발전법」 제6조 제1항에 따라 해양수산부장관의 허가를 받아 원양어업을 하는 자는 제외)로 규정하고 있다(소비자기본법 제2조 제1호, 동법 시행령 제2조).

소비자에 대한 개념은 개별 법률마다 상이하게 정의되고 있으나, 일반적으로는 소비자를 개인적 이용을 위하여 상품이나 용역을 제공받는 사람, 또는 타인이 공급하는 물자나 용역을 소비생활을 위하여 구입·사용하는 자 정도로 정의할 수 있다. 즉, 사업자가 공급한 상품이나 용역을 본인의 생활을 위하여 구입하고 사용하는 자로서, 사업자와 거래를 한다는 점, 본인의 생활을 위하여 소비를 한다는 점, 그리고 최종소비를 한다는 점이 특징이라 할 수 있다.[1)]

1) 김기옥·정순희·허경옥·김혜선, 시장경제와 소비자, 교문사, 2012, 44면.

Ⅱ 소비자 및 소비자 행동의 특성

1. 소비자 특성

소비자는 다양한 특성을 지니고 있다. 소비자가 어떤 특성을 가지는가는 사업자에게 가장 중요한 관심사가 된다.

(1) 구매행동에 따른 소비자 특성

Woods는 소비자의 구매행동의 특성에 따라 소비자를 6가지 유형으로 구분하였다. 우선 ① '습관적 결정형 소비자'는 상표에 충실하게 습관적으로 구매하는 소비자이고, ② '인지적 소비자'는 이성적 요구에 민감하고 일정한 조건하에 상표에 충실한 소비자이며, ③ '가격인지적 소비자'는 가격에 중요한 가치를 부여하는 소비자이고, ④ '충동적 소비자'는 상표의 외양이나 구매당시의 감정 등에 의하여 영향을 받는 소비자이며, ⑤ '정서적 소비자'는 이미지의 영향을 받는 소비자이고, ⑥ 위의 어디에도 해당되지 않는 소비자를 '미분류 소비자'로 구분하였다.[2)]

Stone은 구매태도에 따라 소비자를 4가지 유형으로 구분하였다. 우선 ① '경제적 소비자'는 상품가격, 품질 등에 민감하게 반응하는 이성적인 소비자이고, ② '사교적 소비자'는 점원과의 친교에 따라 상점선택이나 구매행동을 결정하는 소비자이며, ③ '도의적 소비자'는 약자 또는 어려운 처지의 판매자의 제품을 구입하는 소비자이고, ④ '무관심한 소비자'는 구매 자체에 별 관심이 없고 가격이나 품질에 큰 관심 없이 필요한 물건만 편리한 장소에서 구입하는 경향이 있는 소비자이다.[3)]

여러 유형 중 어느 하나의 유형으로 분류된다기 보다는 대부분 여러가지 특성을 복합적으로 가지며, 어떤 물건을 어떤 상황에서 구매하는가에 따라 여러 특성이 다르게 나타난다고 볼 수 있다.

---

2) 허경옥, 소비자학의 기초, 교문사, 2010, 6면.

3) 허경옥, 앞의 책, 6면.

(2) 연령에 따른 소비자 특성

1) 아동 및 청소년 소비자

아동 및 청소년은 과거에 비하여 점차 소비의 주체가 되는 경향이 증가하고 있다. 이는 가계소득의 증가, 자녀수의 감소, 아동·청소년 지위의 향상 등에 기인한다.

아동 및 청소년 소비자는 성인에 비하여 판단력과 주체성이 부족하여, 충동적이고 무책임한 소비행동을 하는 경향이 있다. 더욱이 대중매체에 무방비 상태로 노출되어 있어 쉽게 설득되거나 현혹되기 쉽고, 특히 청소년 소비자는 유행에 민감하여 즉흥적인 소비를 하기 쉽다. 이들은 미래 소비생활의 주체라는 점에서 올바른 소비습관의 정립이 매우 중요하다. 그럼에도 불구하고 입시위주의 교육 등으로 인하여 적절한 소비교육이 이루어지고 있지 못한 것이 현실이다.[4]

미성년자의 소비행위

민법에서는 19세 미만의 자를 미성년자로 정하여, 법정대리인의 동의 없이 미성년자가 단독으로 법률행위를 할 수 없다고 규정하고 있다. 미성년자가 법률행위를 하기 위하여는 법정대리인의 동의를 받아야 한다. 다만 ① 법정대리인이 범위를 정하여 처분을 허락한 재산은 미성년자가 임의로 처분할 수 있고, ② 권리만을 얻거나 의무만을 면하는 행위는 미성년자가 자유롭게 처분행위를 할 수 있다.

만일 미성년자가 법정대리인의 동의를 얻지 않고 법률행위를 하였다면 일단 유효하나, 법정대리인은 그 법률행위를 취소할 수 있다. 다만 미성년자가 거짓말 등의 사기적인 수단을 통하여 사업자에게 자신을 성년자로 속인 경우라면 계약을 취소할 수 없다. 미성년자와 거래한 상대방으로서는, 미성년자의 법정대리인에게 계약을 추인할 것인지 여부의 확답을 촉구할 수 있다.

A는 고등학교에 재학중인 18세의 학생이다. A는 어느 날 백화점에 가서 100만 원 상당의 운동화를 구매하였다.

4) 허경옥, 앞의 책, 8－10면.

1. A가 부모님 몰래 운동화를 구매한 것은 유효한가?
2. A가 지난 달에 혼인한 자라면, 운동화를 구매한 것은 유효한가?
3. 만일 A가 운동화를 구매한 것이 그동안 부모님이 주신 용돈을 모아두었다가 산 것이라면?
4. A가 부모님 몰래 운동화를 구매한 사실을 부모님이 뒤늦게 아시게 되었을 경우, 부모님이 할 수 있는 조치는?
5. A가 운동화를 구매할 당시, 신분증을 요구하는 점원에게 대학생인 형의 신분증을 보여주었다면?
6. 백화점측에서 뒤늦게 A가 미성년자였다는 사실을 알았을 때, 백화점이 할 수 있는 조치는?
7. 만일 A가 백화점 경품행사에서 100만 원 상당의 운동화를 상품으로 받은 것이라면?

2) 성인소비자

다른 연령층에 비하여 상대적으로 소비자의 역할을 가장 활발하게 수행하는 연령대이지만, 급변하는 소비환경 및 복잡한 시장구조에서 모든 성인이 효과적인 소비생활을 하고 있는 것만은 아니어서 이들을 대상으로 하는 소비자교육 등이 필요하다. 과거에 비하여 남성들도 소비생활에 관심이 많아지고 있는 것도 특징이다. 특히 청년층은 결혼준비 과정에서 결혼식장, 준비대행업체 등의 가격정보가 투명하지 않거나 출산·육아 관련 육아용품의 부당한 광고가 문제되고, 중년층은 문화콘텐츠·여행·건강관리 등 분야에서 소비자피해가 빈발하고 있다.

3) 고령소비자

고령사회로 접어든 한국은 일부 지역을 중심으로 극심한 노령 사회화가 진행중이다. 증가하는 고령소비자의 수만큼이나 고령소비자를 위한 정책의 사회적 수요도 급증하고 있다. 상품은 점차 복잡화·전문화되어가고 있고, 디지털 기술과 결합된 구매방법·결제수단 등은 고령소비자를 사실상 소외시키고 있다고 하여도 과언이 아닐 것이다. 최근 전자상거래나 키오스크(kiosk)를 통한 비대면 거래의 비중이 늘어나고 있는 상황에서 고령소비자의 정보 격차(digital divide)는 더욱 커지고 있다. 고령자를 대상으로 하는 신종 다단계·방문판매도 끊이지 않고 있으며, 의료기기나 식의약품 등 고령자의 소비가 많은 분야조차도 고령자의 편의를 고려하고 있지 못한 경우가 많다. 고령소비자의 피해구제를 위한 실효성 있는 방안, 특히 디지털 소외계층을 위한 실질적 방안이 마련되어야 할 것이다.[5)] 일반화하기는 어려우나 고령자들의 낮은 디지털 역량, 인지·신체능력의 쇠퇴, 사회적 고립 등의 특징을 고려한 정책이 필요하다. 미국에서는 지난 2017년, 고령소비자의 금융사기 등 피해를 방지하기 위한 「고령자 학대 방지 및 기소법(Elder Abuse Prevention and Prosecution Act)」을 제정·공포하였는데, 동법에서는 연방거래위원회(Federal Trade Commission, FTC)가 소비자보호국 내에 고령소비자보호조정관(Elder Justice Coordinator)을 임명해야 하는 등 법무부와 지방정부 등의 고령소비자 보호의무를 규정하고 있다. EU에서는 2015년 「제품 및 서비스의 접근성 요건에 관한 회원국 법률, 규칙 및 행정 규정의 유사화(approximation)에 관한 의회 및 이사회 지침안」[6)]에서 디지털에서의 취약자 계층으로 장애인을 비롯한 고령자, 임산부 등이 이용하기 쉬운 제품과 서비스를 제공하기 위한 노력을 하고 있다.[7)]

2. 소비자 행동의 특성

소비자가 소비를 위한 의사결정을 함에 있어서 어떤 특징을 갖는가에 대하여는 두 가지 관점이 존재하는바, 하나는 경제적 측면에 초점을 두는 소비자수요이론이고, 또 하나는 비경제적 요인들의 영향을 받는다고 보는 제도학파이다. 소비자수요이론은 소비자들이 소비를 위한 의사결정을 할 때, 가격, 소득, 제품의 특성 등 경제적 요인에 치중하여 주어진 예산하에서 만족을 극대화하기 위한 선택을 한

---

5) 고령소비자라 하더라도 디지털에 거부감을 느끼는 자부터 적극적인 디지털 접근 고령자까지 상황별로 취약성에 차이가 크다. 디지털기기에 어느 정도 익숙한 고령자라도 상황에 따라 디지털기기에의 접근을 단념한 경험도 크다는 연구결과가 있는데, 이는 디지털시스템에 대한 표준화가 필요하다는 것을 반증한다. 한편 사용법을 직접 설명해주는 직원 배치는 보편적인 방안으로 흔히 생각하지만 의외로 고령자들은 그 필요성을 높게 보지 않고 있다(윤태영·류주현, "노인 등 디지털 소외계층에 대한 계약법적 보호", 「민사법학」, vol.109, 한국민사법학회, 2024, 394면).

6) European Commission, "Proposal for a Directive of the European Parliament and of the Council on the approximation of the laws, regulations and administrative provisions of the Member States as regards the accessibility requirements for products and services," COM(2015) 615, 2015. 12. 2., pp.2–3.

7) 윤태영·류주현, 앞의 글, 399면.

다고 본다. 반면 제도학파는 소비자들이 오로지 경제적 요인만을 고려하는 것은 아니며 그 외에 소비자가 속한 사회, 주변 환경, 문화, 심리적 측면 등 복잡한 요인에 의하여 영향을 받는다고 한다. 제도학파의 관점에서 주장하는 논리적 배경으로는 다음과 같은 것들이 있다.[8)]

(1) 베블린 효과

미국의 경제학자 베블린(Veblen)은 〈유한계급론(The Theory of Leisure Class)〉에서 소비자들은 자신을 과시하기 위하여 소비하는 과시적 소비(Conspicuous Consumption)를 하고 있다고 하였다. 자신의 위신을 과시하기 위하여 소비하며 이러한 경향은 저소득층에서도 나타나는데, 이러한 현상은 값이 오를수록 오히려 수요가 증가한다는 현상을 발견하였다. 이처럼 가격이 오를수록 수요가 증가하는 현상을 베블린 효과(Veblen Effect)라고 한다.[9)] 각종 명품회사에서 세일행사를 하지 않는 것이 이러한 효과를 반영하는 것이라고 볼 수 있다.

(2) 스노브 효과

자기만이 특정 상품을 소유하고 있다는 사실에 가치를 부여하여 희소성이 있는 재화를 구입하려는 소비자 행동을 스노브 효과(Snob Effect)라고 한다. 일반적으로 보급되지 않는 희소성이 있는 재화를 사용함으로써 만족하고, 그 상품이 대중화되면 더 이상 소비하지 않는다.[10)]

(3) 밴드웨건 효과

타인의 소비성향을 따라하려는 소비행동을 밴드웨건 효과(Bandwagon Effect) 또는 편승효과라 한다. 동일한 가격조건하에서는 다른 사람들이 많이 사는 제품을 선호하는 경향을 의미하는데, 유행하는 제품이나 판매량이 높은 제품을 선호하는

---

8) 허경옥, 앞의 책, 24－25면.

9) 허경옥, 앞의 책, 25면.

10) 허경옥, 앞의 책, 26면.

것이 밴드웨건 효과의 예라 할 수 있다.[11)]

(4) 터부 효과

터부 효과(Turboo Effect)는 사회적으로 금하거나 바람직하지 못하다고 여기는 것에 대하여는 소비선택을 잘 하지 못하는 효과이다. 사회적 인식이 긍정적이지 못한 상품 또는 서비스에 대하여는 그 소비를 꺼리거나 조심스럽게 하는 것을 의미한다.

소비자는 소비자 자신의 이익과 효용이 극대화되도록 소비하는 경향이 있지만, 항상 합리적으로만 행동하는 것은 아니며, 이러한 비합리적인 소비자행동으로 과소비, 과시소비, 충동소비(Impulsive Consumption), 중독소비(Addictive Consumption), 모방소비 등이 있다.

Ⅲ 소비생활의 중요성

1. 소비자복지

소비자는 소비생활을 통하여 소비자 본인 및 가계의 복지, 나아가 삶의 질이 결정된다. 소비생활을 통하여 욕구를 충족하고, 그 결과 만족감과 행복감을 느끼게 된다. 주어진 자산의 범위에서 최적의 선택을 통하여 최대의 만족을 얻는 것은 소비자 본인에게 가장 중요한 문제가 될 것이다.[12)]

2. 기업의 경쟁력

개별 소비자들의 소비생활이 모여 결국 기업경영의 성패를 좌우한다. 개별 소비자들의 선택결과는 기업의 의사를 결정하고, 기업의 경쟁력에도 상당한 영향을

11) 허경옥, 앞의 책, 26면.

12) 허경옥, 앞의 책, 2면.

미친다. 소비자들이 충동적이고 무책임한 소비를 하게 되면 소비자선호가 왜곡되어 기업의 제품품질과 가격경쟁을 저하시키고 기업의 경쟁력을 악화시킨다. 소비자의 효율적이고 합리적인 선택에 기초한 소비생활을 통하여 소비자의 구매력을 올바르게 행사하여야 기업의 경쟁력을 높일 수 있다.13)

3. 국가경제

소비자들이 어떤 소비를 하는가는 기업의 경쟁력뿐 아니라 국가경제에도 상당한 영향을 미친다. 소비자들의 부분별한 소비나 과소비 등은 국가 경제를 악화시키기 때문이다. 소비의 1차적 목표는 개별 소비자의 만족 증대에 있으나, 소비생활은 사회적 행위로서 사회 전반, 나아가 국가에도 막대한 영향을 미치게 된다.14)

Ⅳ 소비자의 권리와 책임

1. 소비자의 권리

소비자는 시장에서 종속적인 지위를 가지므로 소비자문제를 효과적으로 예방하고 구제하기 위하여 소비자권리가 주장된다.

1962년 3월 15일 미국의 케네디(John F. Kennedy) 대통령은 「소비자의 이익보호에 관한 특별교서(Special Message to the Congress in Protecting the Consumer Interest)」를 발표하였는데, 그 중 소비자의 권리선언이라 할 수 있는 4가지 기본적 권리를 최초로 선언하였다. 안전할 권리(the right to safety), 알 권리(the right to be informed), 선택할 권리(the right to choose), 의사를 반영할 권리(the right to be heard)가 그것이다. 이후 1975년에 포드대통령이 소비자교육을 받을 권리(the right to consumer education)를 추가하였다.15)

---

13) 허경옥, 앞의 책, 3면.

14) 허경옥, 앞의 책, 3면.

15) 박수영, 소비자법해설, fides, 2016, 28－29면.

「소비자기본법」에서는 8가지의 소비자의 권리를 제시하고 있다. ① 물품 또는 용역(이하 "물품등"이라 한다)으로 인한 생명·신체 또는 재산에 대한 위해로부터 보호받을 권리(안전의 권리), ② 물품등을 선택함에 있어서 필요한 지식 및 정보를 제공받을 권리(알권리), ③ 물품등을 사용함에 있어서 거래상대방·구입장소·가격 및 거래조건 등을 자유로이 선택할 권리(선택할 권리), ④ 소비생활에 영향을 주는 국가 및 지방자치단체의 정책과 사업자의 사업활동 등에 대하여 의견을 반영시킬 권리(의견을 반영시킬 권리), ⑤ 물품등의 사용으로 인하여 입은 피해에 대하여 신속·공정한 절차에 따라 적절한 보상을 받을 권리(피해보상을 받을 권리), ⑥ 합리적인 소비생활을 위하여 필요한 교육을 받을 권리(교육을 받을 권리), ⑦ 소비자 스스로의 권익을 증진하기 위하여 단체를 조직하고 이를 통하여 활동할 수 있는 권리(단결권 및 단체행동권), ⑧ 안전하고 쾌적한 소비생활 환경에서 소비할 권리(소비생활환경권)가 그것이다(소비자기본법 제4조).

2. 소비자의 책임

소비자의 권리와 역할에 따라 소비자에게 기대되는 일정한 책임이 있다.

Stampfl(1979)은 소비자는 ① 개인이 가계뿐만 아니라 사회의 효용을 극대화시킬 수 있는 시장선택을 하여야 하고, ② 개인이나 가계의 선택이 사회나 환경에 부정적인 영향을 미칠 수도 있으므로 충분한 소비자정보를 참조하여 균형 있는 선택을 하여야 하며, ③ 상품사용에 따른 물리적 위험을 이해하고 사용지시서 및 바람직한 사용으로 다른 소비자의 물리적·심리적·환경적 측면의 안전을 침해하지 않아야 하고, ④ 소비자의 욕구, 만족, 불만족 등에 대한 표현을 하여야 하고 필요에 따라서는 정부와 기업에게 정직하고 가치있는 제언을 하여야 한다고 한다. Gordon & Lee(1977)는 ① 소비자의 역할과 기능을 잘 인식하고 실천할 책임과 ② 효과적이고 합리적인 소비생활을 할 책임, ③ 자원을 낭비하지 않을 책임과 ④ 노동시장에서 착취당하지 않고 착취하지 않을 책임, ⑤ 모든 거래에서 정직할 책임과 ⑥ 부정직한 일에 대해 항의할 책임을 들고 있다.[16)]

---

16) 허경옥, 앞의 책, 19면.

소비자는 자유시장경제를 구성하는 주체임을 인식하여 물품을 올바르게 선택하고 소비자의 기본적 권리를 정당하게 행사하여야 하고, 스스로 안전과 권익을 향상시키기 위하여 필요한 지식을 습득할 필요가 있으며, 자주적이고 성실한 행동과 환경친화적인 소비생활을 하여 소비생활의 향상과 합리화에 적극적인 역할을 다하여야 한다.

V 경쟁정책과 소비자 보호

소비자는 자발적인 의사에 의하여 자기의 이익을 위해 스스로 물건을 구매하고, 자신의 이익을 극대화하는 방향에서 재화나 용역을 구입한다. 이러한 과정에서 수요와 공급에 따라 가격이 자동적으로 조정되는데 이러한 경제체제를 시장경제라 한다. 우리는 시장경제를 기본으로 하고 있는바, 자본주의적 시장경제에서는 경쟁이 기본질서가 된다. 그러나 여러 가지 요소들로 인하여 경쟁이 제대로 이루어지지 못한다면 시장기능이 제대로 작동하지 못하는 상태가 초래될 수 있다. 이러한 시장실패를 방지하고 경쟁이 제대로 이루어질 수 있도록 하는 제도적 장치로서 경쟁을 보호하기 위한 법과 정책을 마련해두고 있다.

「독점규제 및 공정거래에 관한 법률」(이하 "공정거래법"이라 한다)은 기업간의 공정하고 자유로운 경쟁을 보장하고 경제활동의 기본질서를 확립하기 위한 법으로, 사업자의 시장지배적 지위의 남용과 과도한 경제력의 집중을 방지하고 부당한 공동행위 및 불공정거래행위를 규제하여 공정하고 자유로운 경쟁을 촉진함을 목적으로 한다(공정거래법 제1조). 공정거래법의 주된 목적은 공정하고 자유로운 경쟁을 촉진하여 창의적인 기업 활동을 보장하는 데 있지만, 공정거래법은 시장 참가자로서 소비자를 이미 전제하고 있기 때문에 경쟁질서의 확보는 소비자 주권의 실현과도 연관된다. 경쟁질서가 회복되면 소비자에게는 폭넓은 선택권이 보장되므로 결국 소비자선택권을 확보하는 효과를 얻기도 한다. 소비자 보호에 관한 법률은 소비자가 거래과정에서 입을 수 있는 각종 피해를 구제하거나 보호하는 제도를 둠으로써 소비자의 선택권을 실질적으로 보장하는 역할을 하게 된다.

소비자 주권의 궁극적 실현은 시장에서의 경쟁을 확보함으로써 이루어지므로,

경쟁을 확보함으로써 소비자 주권의 실현에 한걸음 다가가게 된다. 경쟁법으로서의 공정거래법과 소비자 보호에 관한 여러 법률들은 소비자의 선택권 보호를 위한 보완적 역할을 수행함으로써 궁극적으로 소비자 주권을 실현하는 데 기여한다.

Ⅵ 소비자 보호의 필요성

1. 사적자치의 기반 상실

사적자치의 원칙이란 사법(私法)상의 법률관계는 법질서의 한계 내에서 개인의 자유로운 의사에 따라 자기 책임하에서 형성할 수 있다는 근대사법의 일반원칙이다.[17] 그리고 계약자유의 원칙은 사적자치의 원칙으로부터 파생된다. 계약자유의 원칙이 원활하게 사법관계에 작용하기 위하여는 당사자 지위의 대등성이 전제되어야 한다.[18] 그러나 사업자와 소비자는 평등하지 않고 그 불평등 정도도 갈수록 심화되어 가고 있다. 소비자는 정보의 비대칭성, 정보의 과부하, 교섭력의 격차 등으로 인하여 계약 내용을 결정할 때에도 수동적 지위에 있을 수밖에 없다. 사업자는 거대 자본과 조직력을 기초로 하지만, 소비자는 개별 단위로 활동하기 때문에 상대적으로 열악한 지위에 있게 된다. 특히 사업자가 대규모 기업인 경우, 이러한 차이는 확연하게 나타난다.[19]

(1) 정보의 비대칭성

소비자는 소비자 정보[20]를 활용하여 필요한 의사결정을 하게 되나, 소비자 정

17) 송덕수, 신민법강의, 박영사, 2019, 17면.

18) 권오승, 경제법, 법문사, 2014, 512면.

19) 권오승, 소비자보호법, 법문사, 2005, 10면.

20) 소비자가 재화나 용역을 구매할 때에는 다양한 재정적·심리적 불확실성을 최소화하기 위하여 다양한 수단을 강구하게 되는데, 소비자의 의사결정과정에서 소비자가 취할 수 있는 다양한 행동 중 어떤 것을 선택하는가에 따라 나타나게 되는 결과를 보다 정확하게 예측할 수 있도록 도움을 주는 것을 소비자 정보라 한다(김기옥·정순희·허경옥·김혜선, 앞의 책, 270면).

보는 모든 소비자에게 동등하게 제공되는 것이 아니므로 이에 따라 정보에 격차가 발생한다.

우선 소비자는 사업자에 비하여 양적 또는 질적 측면에서 불리한 소비자 정보를 접한다. 제품 또는 서비스에 대하여 소비자가 갖고 있는 정보는 사업자가 제공한 정보에 비하여 정확성, 신속성 측면에서 불완전하고 양적으로도 매우 부족하다. 이렇게 사업자와 소비자가 보유하는 정보가 양적으로나, 또 질적으로나 차이가 나는 현상을 정보의 비대칭성이라 한다. 가령 소비자가 스마트폰을 하나 구매할 때 필요로 하는 스마트폰에 대한 정보는 결국 사업자가 제공하는 경우가 대부분이고 소비자는 그러한 정보를 신뢰할 수밖에 없다. 사업자는 유리한 정보에 관하여는 그 표현을 극대화하여 제공하고 불리한 정보에 관하여는 제공하지 않을 가능성이 크다.[21)]

다음으로 소비자들 사이에서도 불평등을 야기할 수 있다. 소비자라 하더라도 정보의 접근성과 이용가능성은 개인마다 상이하므로 정보화 수준에 따라 양적·질적으로 훌륭한 소비자정보를 습득하여 활용하는 소비자가 있는 반면 그렇지 못한 소비자도 존재하게 된다. 이는 곧 소비자간 불평등 문제를 야기한다. 더욱이 소비자정보는 누적효과성이 있기 때문에 정보를 많이 가지고 있는 소비자와 그렇지 못한 소비자 간의 격차는 날로 심화된다.

(2) 정보의 과부하

현대사회에서는 소비자가 접하는 정보의 양도 소비생활에 관련된 재화나 용역이 증가한 만큼이나 기하급수적으로 증가하였다. 이러한 현상을 정보의 과부하(Consumer Information Overload)라 한다. 그러나 무작정 소비자 정보가 증가하였다고 하여 소비자에게 유리한 것만은 아니다. 우선 소비자가 수많은 정보를 취득하였다고 하여 그 많은 정보를 모두 처리할 수 있는 것은 아니다. 더욱이 정보의 취득과 처리과정에는 시간이나 비용이 소요되는바 이 역시 소비자에게 부담이 될 수 있다. 한편 수많은 정보 중에는 올바른 정보뿐 아니라 잘못된 정보도 많은데, 소비자가 잘못된 정보를 가려낼 능력이 부족하다. 설령 정확한 정보를 전달받았다

---

21) 권오승, 앞의 책, 513면.

하더라도 개별 소비자들의 정보처리능력의 한계로 인하여 불완전한 정보로 사용되기도 한다. 너무 많은 정보는 소비자에게 혼란만 가중시킴으로써 비효과적인 의사결정을 내리게 한다. 많은 정보들이 신뢰할 수 없거나 소비자가 판단하기 어려운 상태로 제공됨으로써 오히려 소비자의 합리적 선택을 방해하는 것이다.[22] 경쟁사 제품에 대한 허위의 소문을 퍼트려 해당 제품의 매출액을 급감시킨 모 맥주회사의 사례는 이에 해당된다고 할 수 있다. 오히려 너무 많은 정보는 소비자에게 혼란을 야기하게 된다.

(3) 교섭력의 격차

소비자는 사업자에 비하여 충분한 교섭력을 갖고 있지 못하다. 사업자는 숙련된 다수의 인원을 동원하여 대규모로 소비자와 거래하기 위하여 약관을 마련해두는데, 고객이 해당 조항을 수정하여 계약하는 것은 찾아보기 어렵고 사실상 그에 응하여 거래를 할 수밖에 없는 것이 현실이다.[23] 더구나 만일 사업자가 시장에서 규모와 조직력을 확보하여 시장지배력을 형성하게 되면 시장의 기능을 저해하여 가격을 남용할 수도 있는데, 소비자로서는 가격에 대하여도 교섭력이 없어 사업자가 제시하는 가격을 받아들이거나 소비를 포기하기 쉽다.

(4) 부담전가

소비자는 부담전가에 있어서도 사업자보다 열등한 지위에 있다. 사업자는 원가상승으로 인한 부담을 제품가격에 포함시켜 다음 단계에게 전가시킬 수 있지만, 유통의 가장 마지막 단계에서 최종소비를 하는 소비자는 그 부담을 전가시킬 다음 단계가 존재하지 않는다.[24]

---

22) 허경옥, 앞의 책, 129면.

23) 서희석, 소비자계약의 법리, 부산대학교 출판부, 2018, 25－26면.

24) 권오승, 앞의 책, 514면.

(5) 기술조작

현대사회에서 소비자가 구매하는 제품은 매우 복잡하고 고도의 기술과정을 거친 것이 많은데, 소비자는 그러한 기술에 대하여 아예 문외한인 경우가 많다. 간혹 감정기관의 감정결과 등을 참고할 수는 있지만 예외적인 경우에 불과하다. 소비자는 기술조작에 있어서 사업자에 비하여 열등한 지위에 있게 된다.[25)]

그리드플레이션

그리드플레이션(Greedflation)이란 별다른 가격 상승 요인이 없는데도 기업이 과도하게 가격을 올려 소비자에게 부담을 전가하는 행태를 일컫는 신조어이다. 식품업계에서 그리드플레이션이 대표적인 사례이다. 원재료 가격이 오를 때에는 즉각 제품가격을 인상하나 원재료 가격이 하락하더라도 인상했던 제품가격을 인하하지 않는 경우가 많다.

또한 슈링크플레이션이나 스킴플레이션도 문제이다. 슈링크플레이션(Shrinkflation)은 'Shrink(줄어들다)'와 'Inflation(물가상승)'의 합성어로 기업이 판매가격을 올리는 대신 상품의 크기 또는 용량을 줄여 소비자가 알기 어려운 방식으로 가격을 인상하는 행위를 의미하고, 스킴플레이션(Skimpflation)은 제품의 품질을 낮추며 가격을 유지하거나 올리는 행위로, 매장의 직원수를 줄임으로써 서비스 품질을 저하시키거나 제조과정에서 고품질 재료를 저품질 재료로 교체하는 식으로 나타난다.

2. 소비환경의 변화

(1) 디지털 경제의 가속화

과거에는 소비자가 사업자로부터 직접 대면하여 제품 또는 용역을 구매하는 단순한 거래가 주로 행하여졌으나, 이제는 다양한 유형의 특수거래가 행하여지고 있다. 디지털 경제로의 전환에 따라 인터넷과 모바일 등을 활용한 전자상거래의 비중은 날로 급증하고 있고, 신종거래유형도 속속 등장하고 있다. 결제수단도 현금

25) 권오승, 앞의 책, 513면.

이나 신용카드는 물론 새로운 유형의 결제방법이 활용되고 있으며, 구매 영역도 이제는 국내에 한하지 않고 해외직구의 형태로도 행하여진다.

최근 디지털 경제로의 전환이 가속화되면서 소비자와 소비환경에 많은 변화를 일으키고 있다. 디지털 경제(Digital Economy)란 디지털 기술의 발전을 기초로 기존 경제활동이 디지털화된 환경에서 이루어지는 경제를 의미한다. 디지털 경제는 인터넷과 정보통신기술(ICT)의 발달을 기초로, 정보처리 비용을 낮추고 정보 전달에 한계를 없앰으로써 경제주체 간 정보의 전달·확산·공유를 급속하게 이루어낸다. 디지털 경제는 소비자와 사업자 간 정보의 비대칭 문제도 해결할 수 있고, 소규모나 신규사업자의 시장진입 비용도 낮출 수 있으며, 거래비용을 절감시킴으로써 경쟁을 증진시키고 소비자 후생을 증진시키는 측면도 있지만, 다른 한편으로는 사업자가 정보를 왜곡할 경우 소비자의 오인이나 혼동을 유발할 수 있어 합리적 의사결정에 영향을 미치고, 그 결과 소비자피해가 발생할 수 있다.

특히 코로나19 장기화에 따라 디지털 경제로의 전환을 더욱 가속화시키고 생활 전반에 비대면 문화를 확산하고 있다. 이에 따라 인터넷·모바일앱을 통한 온라인 쇼핑 및 비대면 주문·배달서비스가 증가하고 있다. 디지털 기반이 취약한 전통 서비스업이나 중소 제조업체 등은 타격을 입는 반면, 온라인, 특히 플랫폼 산업은 급속도로 성장하고 있다.

이러한 소비환경의 변화에 따라 소비자는 예상하지 못한 피해를 겪기도 한다. 신유형 거래에서 반품이나 환불이 되지 않는다거나 신종거래유형에 익숙하지 못한 소비자가 잘못 거래를 하는 경우 등의 문제가 그것이다.

이러한 급속한 소비환경의 변화에 따라 소비자 관련 법제도 많은 변화를 겪어왔다. 새로운 유형의 거래가 등장할 경우, 기존 법리로 포섭할 수 있는지 확인하고, 그것이 불가능할 경우 새로운 입법을 하기도 한다. 법이나 정책 등도 급속도로 변화되어 가지만, 소비자가 이러한 변화된 소비환경, 특히 변경된 소비법제를 잘 알기는 어렵다. 따라서 빠르게 변화하는 소비환경과 그에 따른 소비법제의 변경내용을 소비자에게 알리고, 새로운 환경에서도 소비자의 권리를 적극적으로 행사할 수 있도록 보호할 필요가 있다.

(2) 피해범위의 확대 및 피해의 심각성

대량생산과 대량판매가 일상화된 현실에서 생산공정이 분화되고 유통과정이 복잡해짐으로써 생산과 유통의 각 단계에서 상품의 결함이 발생하기 쉬워지고 있다. 특히 복잡한 유통과정을 거쳐 대량으로 판매되는 제품에서 문제가 발생하면 그 피해의 범위도 확대된다. 한편 피해의 심각성도 커져, 기술적으로 고도화된 상품의 경우 신체적 피해는 물론 생명을 앗아가기도 한다.

특히 4차 산업혁명시대를 맞아 인공지능(AI), 클라우드, 사물인터넷 등 신기술을 활용한 서비스는 개인정보 등 데이터를 핵심 자원으로 하고 있는데, 소비과정에서 발생하는 소비자 개인정보의 수집, 이용 등 관리를 부실히 하여 대규모 개인정보 유출사례가 빈번하게 발생하고 있다. 개인정보의 유출은 피해 범위가 광범위하고 그 회복이 어렵다는 점에서 더욱 중요한 문제로 부각되고 있다.

AI기본법의 제정

지난 2025년 1월 21일 「인공지능 발전과 신뢰 기반 조성 등에 관한 기본법」(이하 "AI기본법"이라 한다)이 제정되었다. 동법은 2026년 1월 22일 시행예정이다. 동법에서는 인공지능 윤리 및 신뢰성 확보를 위해 인공지능사업자에게 구체적인 의무를 부과하고 있는바, 동법의 규율 대상이 되는 인공지능을 고영향 인공지능[26)]과 생성형 인공지능[27)]으로 나누어 후자에 대하여 특별한 규율을 하고 있으며, 인공지능의 위험을 4단계(금지된 위험, 고위험, 제한된 위험, 최소한의 위험)로 분류하고, 인공지능사업자도 인공지능을 개발하여 제공하는 자("인공지능개발사업자")와 인공지능을 이용하여 제품 또는 서비스를 제공하는 자("인공지능이용사업자")로 구분하여 사업자별로 그 부과되는 의무(인공지능 투명성 확보 의무(법 제31조), 인공지능 안전성 확보 의무(법 제32조), 고영향 인공지능의 확인(법 제33조), 고영향 인공지능과 관련한 사업자의 책무(법 제34조), 고영향 인공지능 영향평가(법 제35조)를 달리하고 있다.

AI기본법은 전세계적으로 EU에 이어 두 번째로 인공지능 관련한 일반법이지만, 기본법으로서 구체적인 내용은 나와 있지 아니하다. 그러나 인공지능 개발 및 육성, 인공지능 윤리 및 신뢰성 확보를 위한 정부지원 거버넌스를 수립하였다는 점에서 의미가 있다 할 것이다.

Ⅶ 소비자 정책의 연혁

경제적으로 빈곤하였던 1960년대에는 국가경쟁력 강화가 경제정책의 최우선 과제였고 수출 위주의 경제성장 정책속에서 소비자 보호나 소비자 주권과 같은 용어는 아직 생소하였다. 1970년대에 들어서면서 소비자 문제의 중요성이 거론되기 시작하였고, 경제기획원에서는 소비자보호법안을 입안하기에 이르렀다. 제1차 석유파동을 계기로 1975년에 「물가안정 및 공정거래에 관한 법률」이 제정되고, 1979년에 공정거래법과 1980년에 「소비자보호법」이 각각 제정됨으로써 소비자 문제가 본격적으로 논의되기 시작한다. 1980년대에 이르러 경제규모가 확대되고 경제구조가 복잡해지면서 시장기능 왜곡 및 독과점 심화 등의 문제가 발생하였고, 소비자 피해도 급증하게 되면서 소비자 보호의 문제가 부각되었으며, 이러한 현상은 1990년대 이후에 더욱 확대되었다. 1990년대에는 민간소비자단체의 소비자운동이 적극적으로 전개되었고, 한국소비자보호원이 효과적으로 활동하면서 소비자정책이 활발하게 전개되었다.[28)]

「소비자보호법」은 2006년 전면 개정되면서 법 명칭을 「소비자기본법」으로 변경하였다. 이는 소비자 정책의 패러다임이 과거 '소비자의 보호'에서 '소비자의 권익 증진'으로 전환하였음을 의미한다. 동법에서는 기존의 '소비자의 기본적 권리' 다음에 '소비자의 책무'를 신설하여 시장 경제주체로서 올바른 선택, 정당한 권리 행사, 합리적인 소비행동 등을 규정하였는바, 이는 소비자의 합리적 선택이 기업의 경쟁을 촉발하여 공정한 시장환경을 조성한다는 신념을 바탕으로 한 것으로, 국가가 소비자의 권리를 충분히 보장하되, 다른 한편으로는 소비자가 시장경제의 큰 축으로서 주체적인 역할을 다하게 한다는 소비자정책의 지향점을 잘 보여준다.[29)]

---

26) "고영향 인공지능"은 에너지 공급, 먹는물의 생산공정 등 사람의 생명, 신체의 안전 및 기본권에 중대한 영향을 미치거나 위험을 초래할 우려가 있는 인공지능시스템을 의미함(AI기본법 제2조 제4호).

27) "생성형 인공지능"이란 입력한 데이터의 구조와 특성을 모방하여 글, 소리, 그림, 영상, 그 밖의 다양한 결과물을 생성하는 인공지능시스템을 의미함(AI기본법 제2조 제5호).

28) 허경옥·박희주·이은희·김혜선·김시월, 소비자법과 정책의 이론과 실제, 파워북, 2012, 39−44면.

29) 공정거래위원회, 2025년 공정거래백서, 2025, 373면.

Ⅷ 소비자 보호법률의 체계

1. 소비자 보호의 헌법적 근거

소비자의 권리는 헌법으로부터 유래한다. 헌법 제124조에서는 "국가는 건전한 소비행위를 계도하고 생산품의 품질향상을 촉구하기 위한 소비자보호운동을 법률이 정하는 바에 의하여 보장"하고 있다. 이는 경제활동에 대한 영역에서의 정책적 수단을 보장함과 함께 소비자의 권익을 증진시키기 위한 노력으로 소비자운동을 헌법적 차원에서 정책적으로 보장할 필요를 강조하는 것이다. 또한 모든 국민은 소비자이기도 하므로 포괄적 기본권인 인간으로서의 존엄과 가치 및 행복추구권(헌법 제10조)으로부터도 소비자의 권리가 도출된다고 볼 수 있다. 기본적 인권으로서 소비자의 권리는 국가가 확인하고 보장할 의무를 부담하고, 그 책무의 입법적 실현이 소비자기본법과 관련법령이라 할 수 있을 것이다.[30]

2. 소비자 보호에 관한 법률

소비자 보호에 관한 법률로는 소비자보호에 관한 기본법으로서 「소비자기본법」이 있고, 개별거래를 규율하는 법률로서 「약관의 규제에 관한 법률」, 「방문판매 등에 관한 법률」, 「할부거래에 관한 법률」, 「전자상거래 등에서의 소비자보호에 관한 법률」 등이 있으며, 금융소비자를 위한 법률로서 「보험업법」, 「은행법」, 「예금자보호법」, 「여신전문금융업법」, 「자본시장과 금융투자업에 관한 법률」, 「대부업 등의 등록 및 금융이용자 보호에 관한 법률」 등이 있고, 소비자 안전을 위한 법률로서 「제조물책임법」, 「소비자기본법」, 「제품안전기본법」 등이 있고, 소비자피해구제에 관한 법률로서 「소비자기본법」 등이, 개인정보 보호와 관련된 법률로서 「개인정보 보호법」, 「신용정보의 이용 및 보호에 관한 법률」, 「위치정보의 보호 및 이용 등에 관한 법률」, 「정보통신망 이용촉진 및 정보보호 등에 관한 법률」 등이, 표시·광고에 관한 법률로서 「표시·광고의 공정화에 관한 법률」, 「식품 등의 표시·

30) 여정성·최종원·장승화(공편), 소비자와 법의 지배, 서울대학교 출판부, 2008, 20면(권대우 집필부분).

광고에 관한 법률」 등이 있다.

이들 법률 중 일반법과 특별법의 관계에 있는 법률 간에는 특별법이 일반법에 우선하여 적용됨이 원칙이며, 일반법은 특별법에 규정이 없는 경우에만 보충적으로 적용된다. 특별법은 정의 또는 형평의 관점에서 일반법 중 특수한 경우를 따로 정함으로써 특별히 취급하기 위한 것이다. 가령 사법에 있어서 가장 일반적인 법률인 「민법」이 일반법이라면, 상사에 관한 「상법」은 특별법이 된다. 다만 일반법과 특별법 간의 관계는 상대적인 것이어서 「상법」도 「보험업법」에 대한 관계에서는 일반법이 된다.

Ⅸ 스마트 컨슈머

1. 합리적인 소비생활을 위한 노력

소비자는 소비생활을 할 때에는 계획을 세워 그에 따라 소비를 할 필요가 있고, 소비자정보를 적극적으로 활용하여야 한다. 또한 소비를 할 때에는 가격과 품질, 필요성 등을 면밀하게 고려하여야 하고, 구매할 때에는 각종 구매조건을 꼼꼼히 따지고 법적 권리들을 적절하게 활용할 수 있어야 한다. 물건을 구매한 이후라 하더라도 물건을 올바른 사용법에 따라 사용하고 관리하여야 한다.

2. 프로슈머

프로슈머(Prosumer)란 기업의 마케팅이나 다른 외부의 압력으로부터 영향을 받지 않고, 자율적인 소비자 행동의 실천을 통하여 소비자 주권과 복지를 실현하는 소비자를 의미한다. 앨빈 토플러가 1971년 그의 저서 〈미래 충격〉에서 처음 사용한 용어로 생산자(Producer)와 소비자(Consumer)의 합성어이다. 그는 〈제3의 물결(The Third Wave)〉에서 자신의 사용이나 만족을 위한 제품 또는 서비스를 생산하는 자를 가리켜 프로슈머라 칭하였다. 21세기에는 생산자와 소비자 사이의 경계가 불분명해지면서 소비만 강요당하던 소비자들이 다양한 경로를 통하여 생산과정에 그들의 의견을 반영하고 그 결과 생산자의 역할까지도 수행하게 될 것이라 예견하였다. 프로슈머는 네트워크의 발달, 소비자들의 제품과 시장에 대한 지식의 증가, 맞춤형 대량생산이 가능한 기업의 능력, 전체적 소득 및 여가시간의 증가, 소비자의 지식 및 의식향상 등과 맞물려 더욱 발전하고 있다.[31] 가령 DIY 가구를 구매하여 직접 조립한다거나, 신제품이 출시되었을 때 체험단으로 활동하고 사용후기를 남기는 활동을 하는 것 등이 이에 해당할 수 있다.

3. 책임있는 소비자

책임있는 소비자란 소비자에게 기대하는 소비자 역할에 따른 책임을 가진 소비자를 의미하는바, 소비자를 더이상 약자로서의 보호대상이 아닌, 힘을 가진 소비자로 인식하고 소비자에게 권리와 함께 책임도 부여해야 한다는 주장이다. 이러한 주장은 20세기 후반 무분별한 생산과 소비로 인하여 환경문제가 대두되기 시작하자 개인적인 소비에만 집중하던 소비자가 환경도 고려하여야 한다는 인식에서 비롯되었으며, 소비자가 이제는 사회적인 책임과 역할을 수행하여야 한다고 본다.[32]

이러한 현상은 여러 형태로 나타나고 있는데, 우선 불매운동으로는 1996년 글로벌 기업인 나이키가 저개발국가의 아동 노동을 착취하고 있다는 점을 이유로 전 세계적으로 나이키 불매운동이 진행된 바 있고, 국내에서도 모 우유업체의 대리점에 대한 소위 갑질사건을 계기로 해당 회사의 제품에 대한 불매운동이 진행된 바 있다. 공정무역운동이란 제3세계 생산자들에게 정당한 이익을 돌려주자는 의미에서 시작된 운동으로 주로 커피와 초콜릿과 같이 오랜 기간 재배를 하나 국제가격의 변동이 심하여 정당한 이익을 받지 못할 가능성이 큰 제품들을 위주로 이루어지고 있다. 동물의 복지를 위한 운동도 행하여지고 있는데, 비윤리적으로 길러지는 가축의 소비를 피하고, 화장품에 대한 동물실험을 반대하는 것 등이 그것이다. 탐스 슈즈는 소비자가 신발을 한 켤레 구매하게 되면 해당 회사가 신발 한 켤레를 저개발 국가의 빈민 어린이들에게 기증을 함으로써 소비자는 구매와 기부를 동시에 할 수 있도록 마케팅을 하고 있다. 레드로고가 붙은 물건을 구매하면 아프리카

31) 김기옥 · 정순희 · 허경옥 · 김혜선, 앞의 책, 98－119면.
32) 김기옥 · 정순희 · 허경옥 · 김혜선, 앞의 책, 120－131면.

의 에이즈 환자를 돕는 레드캠페인도 이에 해당된다.[33]

4. ESG

ESG(Environmental, Social, Governance)란 투자자나 기업이 투자나 경영 관련 의사결정을 함에 있어 재무적 사항뿐만 아니라 환경, 사회, 지배구조와 같은 비재무적 사항을 함께 고려하는 것을 말한다. ESG는 본래 투자자들이 대상회사에 대한 투자 여부를 결정하고 의결권 행사 등을 할 때 대상회사를 평가하기 위하여 사용하는 비재무적 요소를 의미하였으나, 근래에는 ESG요소를 고려하여 이루어지는 투자나 경영까지 포괄하는 개념으로 사용되고 있다. ESG는 회사가 주주의 이익 외에도 환경, 사회문제 등을 고려해야 한다는 점에서 회사가 채권자, 근로자, 공급업체, 소비자, 지역사회 등 다양한 이해관계자들의 이익을 추구해야 한다는 이해관계자주의(stakeholderism)와 구별되고, ESG는 기업이 법률에 의하여 강제되지 않음에도 불구하고 법률로 정하는 수준 이상으로 기업이 환경, 사회적 문제를 고려해야 한다는 점에서 법률로 준수가 강제되는 준법·컴플라이언스와 구별된다. 기업의 사회적 책임(Corporate Social Responsibility, CSR)은 기업이 사업과정에서 ESG요소를 고려하는 것이 기업의 사회적 책임을 다하는 것이라고 보는 등 ESG 논의가 활발하게 된 이후에 이와 통합되는 경향을 보인다.[34]

그린워싱

그린워싱(Greenwashing)이란 '녹색(green)'과 '위장(washing)'의 합성어로, 기업이 실제로는 친환경적이지 않음에도 불구하고 마치 환경을 보호하는 것처럼 친환경적인 이미지를 내세워 소비자를 기만하는 행위를 말한다. 이 용어는 1986년 미국의 한 환경운동가가 호텔이 실제로는 에어컨을 무분별하게 사용하는 등 환경문제에 대하여 외면하면서도 고객에 대하여는 물 절약을 명분으로 수건을 재사용할 것을 요청하는 행위를 비판하면서 처음 사용되었다. 캐나다의 환경 마케팅 회사인 테라초이스(Terrachoice)가 「그린워싱의 7가지 죄악들(The Seven Sins of Greenwashing)」이라는 보고서에서 분류

33) 김기옥·정순희·허경옥·김혜선, 앞의 책, 131－140면.

34) 정준혁, "ESG논의의 법적 의미와 전망", 「BFL」, 제109호, 서울대학교 금융법센터, 2021, 11－12면.

한 유형은 다음과 같다.[35)]

	유형	예시
1	상충효과 감추기 (Sin of the Hidden Trade-Off)	• 상품의 친환경적인 몇 개의 속성에만 초점을 맞추고 다른 속성이 미치는 전체적인 환경여파는 숨기는 경우 • 예) 재활용 종이는 재활용만을 부각하나, 그 종이를 제조·생산하는 과정에서의 환경을 파괴하는 측면은 숨김
2	증거 불충분 (Sin of No Proof)	• 증거가 불충분한 환경 주장의 경우 • 예) 근거나 제3자의 인증도 없이 'All Natural'이라고 광고하는 샴푸
3	애매모호한 주장 (Sin of Vagueness)	• 정확히 무슨 의미인지를 알 수 없을 정도로 광범위한 용어를 쓰는 경우 • 예) 대부분의 모든 물질은 복용량에 따라 인체에 위험할 수도 있는데 '무독성(Non-toxic)'이라 표시하거나, 수은, 우라늄도 순수자연제품이지만 독성물질인데, '순수자연제품'이라고 표시하는 경우
4	관련성 없는 주장 (Sin of Irrelevance)	• 사실이긴 하지만 관련성 없는 것을 연결시켜 왜곡하는 경우 • 예) 페인트 용기가 재활용된다는 표시를 하면서 앞에 'Green'이라는 용어를 사용하여 마치 페인트 내용물이 친환경적인 것처럼 표시하는 경우
5	거짓말 (Sin of Fibbing)	• 취득하지 못하거나 인증되지 않은 인증마트를 도용하는 것
6	유해상품 정당화 (Sin of Lesser of Two Evils)	• 친환경적인 요소는 맞지만 환경에 해로운 상품에 적용되어 상품의 본질적인 측면을 덮어버리려는 경우 • 예) 유기농 담배, 녹색 해충약
7	부적절한 인증라벨 (Worshiping False Labels)	• 인증서와 비슷한 이미지를 부착하여 공인된 상품처럼 위장하는 경우 • 예) 'No BPA(유해물질 없음)' 인증마크와 유사한 표시를 함

그린워싱에 관하여는 「표시·광고의 공정화에 관한 법률」과 「환경기술 및 환경산업지원법」에 따라 규율할 수 있다.

35) 배순영·곽윤영, "녹색표시 그린워싱 모니터링 및 개선", 「정책연구」, 12-02, 한국소비자원, 2012, 30면.

제2편

소비자계약의 기본 구조

제 1 장

계약이론

Ⅰ 서설

소비자는 사업자로부터 물품 또는 용역을 구입하여 소비한다. 따라서 소비자의 소비생활은 계약, 그중에서도 주로 매매계약에 의하게 된다. 매매계약이 어떠한 원리에 의하여 성립하고 존속하며 소멸하는 것인지 계약의 기본 법리를 파악할 필요가 있다.

Ⅱ 계약의 기본구조

1. 계약의 의의

계약이란 둘 이상의 서로 대립하는 의사표시의 일치에 의하여 성립하는 법률행위를 의미한다.[1] 물건을 구매하거나 대중교통을 이용하거나 회사에 취업하여 노동력을 제공하는 것들이 모두 계약에 의한 것이다. 계약이 성립하면 계약체결의 당사자는 계약에서 정한 의무를 이행할 책임을 지며, 계약내용에 따른 이행을 하지 아니할 경우, 그에 따르는 책임(채무불이행책임)을 부담하게 된다.

2. 계약자유의 원칙

계약자유의 원칙이란 계약에 의한 법률관계의 형성은 법의 제한에 부딪히지 않는 한 계약 당사자의 자유에 맡겨진다는 원칙을 말한다. 이 계약자유의 원칙은

1) 송덕수, 앞의 책, 1027면.

사적자치의 원칙에서 발현된 것으로, 계약자유의 내용에는 ① 계약체결의 자유와 ② 상대방선택의 자유, ③ 내용 결정의 자유, ④ 방식의 자유가 있다.[2)]

계약자유의 원칙은 어디까지나 법의 제한에 부딪히지 않는 범위 내에서 유효하므로 일정한 한계가 존재한다. 외적인 한계로는 강행규정이나 선량한 풍속 기타 사회질서에 반하지 않아야 한다는 제한이 있고, 내적인 한계로는 공익적 독점기업에게 체약의무가 있거나 공공적·공익적 직무담당자에게 체약의무가 있는 것, 경제적 약자 보호를 위하여 「주택임대차보호법」, 「상가건물임대차보호법」, 「가등기담보등에 관한 법률」, 「약관의 규제에 관한 법률」 등에 따라 그 내용이 제한되는 것 등이 있다.[3)]

3. 계약의 성립

계약은 둘 이상의 계약당사자의 의사표시의 일치에 의하여 성립한다. 계약을 성립시키는 이러한 의사표시의 일치를 합의라 한다.[4)] 계약은 원칙적으로 계약당사자의 청약과 승낙의 일치에 의하여 성립하나, 그 외에도 의사실현과 교차청약에 의하여서도 계약이 성립할 수 있다.[5)]

청약은 승낙과 결합하여 계약을 성립시킬 것을 목적으로 하는 일방적·확정적 의사표시이고, 승낙은 청약에 응하여 계약을 성립시킬 것을 목적으로 청약자에 대하여 행하는 의사표시이다. 계약은 청약과 승낙이 일치되었을 때 성립한다. 청약은 그에 응하는 승낙이 있으면 곧바로 계약을 성립시킬 수 있을 정도로 내용이 확정되어 있거나 적어도 확정될 수 있어야 하며, 청약에는 구속력이 있어 청약자가 청약을 한 뒤에는 임의로 철회하지 못한다(민법 제527조). 청약은 타인으로 하여금 청약을 하게 하려는 행위인 '청약의 유인'과 구별되는데, 구인광고, 물품판매광고 등이 이에 해당된다.[6)]

---

2) 송덕수, 앞의 책, 1028면.
3) 송덕수, 앞의 책, 1029－1031면.
4) 송덕수, 앞의 책, 1050면.
5) 송덕수, 앞의 책, 1053면.
6) 송덕수, 앞의 책, 1054－1060면.

Ⅲ 매매계약의 효력

계약은 그 종류가 다양하여 민법전 제3편에서만 매매, 임대차, 증여, 고용, 도급 등의 16가지의 전형계약을 규정하고 있고, 비전형계약도 있다. 소비자가 재화 또는 용역을 구매하는 것은 대부분 매매계약에 해당될 가능성이 높다.

1. 매매(賣買)계약

매매는 당사자 일방이 재산권을 상대방에게 이전할 것을 약정하고 상대방이 그 대금을 지급할 것을 약정함으로써 그 효력이 생기는 계약이다(민법 제563조). 매매계약의 당사자는 매도인과 매수인으로, 매매계약은 당사자의 의사표시의 일치만으로도 성립하는 낙성계약이다. 매도인은 재산권을 이전해주어야 할 의무를 부담하고 매수인은 대금을 지급할 의무를 부담하는데, 이 두 가지 의무는 서로 대가적인 의미에 있으므로 매매는 쌍무계약이기도 하다. 쌍무계약(雙務契約)이란 계약의 당사자가 서로 대가적인 의미를 가지는 채무를 부담하는 계약을 의미하는데, 매매뿐만 아니라 교환, 임대차, 고용 등의 계약도 이에 해당된다.

2. 매매계약의 효력

(1) 동시이행의 항변권

매매계약은 쌍무계약이라는 계약의 특성상 동시이행의 항변권이 인정된다. 쌍무계약에서는 상대방이 채무를 이행하거나 이행의 제공을 할 때까지 당사자 일방이 자기 채무의 이행을 거절할 수 있는데, 이를 동시이행의 항변권이라 한다(민법 제536조 제1항). 쌍무계약에서는 당사자의 채무가 대가적인 의미를 지니고 있기 때문에 어느 일방 당사자가 자기 채무는 이행하지 않으면서 상대방에 대하여 이행을 청구하는 것은 공평의 원칙과 신의칙에 반하기 때문이다. 쌍무계약에 있어서 대가적 의미를 가지는 채무들 상호간의 의존관계를 채무의 견련성(牽連性)이라고 하는데, 이행상의 견련성이 입법화된 것이 동시이행의 항변권이다.[7)]

그러나 동시이행의 항변권은 어디까지나 상대방이 채무를 이행할 때까지 자기 채무의 이행을 거절할 수 있는 권리에 불과하므로 일시적으로 상대방의 청구권 작용을 저지할 수 있을 뿐, 상대방의 청구권을 소멸시킬 수 있는 것은 아니다. 동시이행의 항변권이 있는 동안에는 채무자는 이행을 하지 않더라도 이행지체가 되지 않는다.[8)]

(2) 매도인의 담보책임

1) 법적 성질

매도인의 담보책임이란 매매의 목적인 재산권 또는 물건에 하자가 있는 경우, 매도인이 매수인에 대하여 부담하는 책임이다(민법 제570조 내지 제584조). 법적 성질에 관하여는 견해가 나뉘나, 본질에 있어서는 채무불이행책임이나 연혁적인 이유로 법정책임으로 된 것으로 보아야 할 것이며, 매도인의 고의나 과실은 요구되지 않는 무과실책임이고, 매도인에게 고의 또는 과실이 있다면 채무불이행책임을 물을 수도 있다.[9)]

2) 담보책임의 유형

하자는 매매의 목적물이 거래통념상 기대되는 객관적 성질이나 성능을 결여하였거나 당사자가 예정 또는 보증한 성질을 결여한 것을 의미하며,[10)] 민법에서 매도인이 담보책임을 지는 경우는 ① 권리(매매의 목적인 재산권)에 하자가 있는 경우와 ② 물건(매매의 목적물)에 하자가 있는 경우, ③ 채권매매의 경우와 ④ 경매의 경우가 있다.

매도인이 부담하는 담보책임의 내용은 개별적인 경우에 따라 다르지만, 매수인은 일정한 요건 하에 계약해제권과 대금감액청구권, 손해배상청구권, 완전물급부청구권 가운데 일부를 행사할 수 있다.[11)] 가령 소비자가 가전제품을 구매하였으나

---

7) 송덕수, 앞의 책, 1070－1071면.

8) 송덕수, 앞의 책, 1071면.

9) 대법원 1993. 11. 23. 선고 93다37328 판결; 대법원 2004. 7. 22. 선고 2002다51586 판결. 송덕수, 앞의 책, 1153－1154면.

10) 대법원 2000. 1. 18. 선고 98다18506 판결.

해당 제품이 작동하지 않는 등 일반적으로 기대되는 성능을 보유하고 있지 못한다면, 물건에 하자가 있는 경우 중 불특정물 매매에 해당될 것이다. 이 경우 목적물의 하자로 인하여 계약의 목적을 달성할 수 없는 때에는, 매수인은 계약을 해제함과 동시에 손해배상을 청구할 수 있으며, 목적물의 하자가 계약의 목적을 달성할 수 없을 정도로 중대하지 않는 때에는 매수인은 계약을 해제하지는 못하고 손해배상만 청구할 수 있다. 그리고 불특정물매매(종류매매)에 있어서는 매수인이 계약의 해제 또는(및) 손해배상을 청구하지 않고 완전물의 급부를 청구할 수도 있다(민법 제580조 내지 제582조). 매수인이 하자 있는 것을 알았거나 과실로 인하여 알지 못한 때에는 매도인은 담보책임을 지지 않는다. 즉, 매수인은 선의이고 선의인 것에 대한 과실이 없어야 담보책임을 물을 수 있다.

(3) 계약금

1) 계약금의 종류

계약금이란 계약의 체결시 당사자 일방이 상대방에 대하여 교부하는 금전 기타의 유가물이다. 계약금에는 ① 계약체결의 증거로서의 의미를 갖는 증약금과, ② 교부자의 채무불이행이 있을 때 벌로서 몰수하는 위약벌의 성질을 가지는 위약계약금과, ③ 손해배상액의 예정의 성질을 가지는 위약계약금,[12] ④ 계약의 해제권을 보류하는 작용을 하는 해약금이 있다.

계약금이 어떤 성질의 것인지는 계약금계약의 해석에 의하여 결정되는데, 불분명한 때에는 해약금으로 추정된다(민법 제565조 제1항). 그러나 제565조의 해약권은 당사자간에 다른 약정이 없는 경우에 한하여 인정되는 것이고, 만일 당사자가 위 조항의 해약권을 배제하기로 하는 약정을 하였다면 더 이상 해제권을 행사할 수 없다.[13]

---

11) 송덕수, 앞의 책, 1153-1154면.

12) 이 경우 채무불이행이 있으면 계약금 교부자는 그것을 몰수당하고 계약금을 교부받은 자는 그 배액을 상환하여야 한다. 다만, 계약금이 위약계약금으로 되기 위하여는 반드시 특약이 있어야 한다(대법원 1992. 11. 27. 선고 92다23209 판결).

13) 대법원 2009. 4. 23. 선고 2008다50615 판결.

2) 해약금의 효력

계약금이 해약금인 경우, 당사자의 일방이 이행에 착수할 때까지 계약금 교부자는 이를 포기하고, 수령자는 그 배액을 상환하면서 매매계약을 해제할 수 있다(민법 제565조 제1항). 양 당사자가 채무불이행과 관계없이 계약을 해제할 수 있게 되는 것이다.[14)]

'당사자의 일방이 이행에 착수할 때'는 중도금 지급과 같이 객관적으로 외부에서 인식할 수 있는 정도로 채무 이행행위의 일부를 하거나 또는 이행을 하기 위하여 필요한 전제행위를 하는 것을 말하며, 단순히 이행의 준비를 하는 것만으로는 부족하다.[15)] 만일 당사자 중 일방이 이행에 착수하였다면 이행에 착수한 자의 상대방은 물론 이행에 착수한 자 자신도 계약을 해제할 수 없다.[16)]

해약금에 기한 해제가 있으면 계약은 소급하여 무효로 되나, 이행의 착수가 있기 이전에 해제되었으므로 원상회복의무는 발생하지 않는다. 그리고 채무불이행을 원인으로 한 해제가 아니므로 손해배상청구권도 발생하지 않는다. 물론 계약금만 교부되어 있는 상태라 하더라도 채무불이행도 발생하였다면 채무불이행을 이유로 해제할 수 있고, 이 경우에는 원상회복청구나 손해배상청구도 인정된다.[17)]

> 계약이 일단 성립한 후에는 당사자의 일방이 이를 마음대로 해제할 수 없는 것이 원칙이고, 다만 주된 계약과 더불어 계약금계약을 한 경우에는 민법 제565조 제1항의 규정에 따라 임의 해제를 할 수 있기는 하나, 계약금계약은 금전 기타 유가물의 교부를 요건으로 하므로 단지 계약금을 지급하기로 약정만 한 단계에서는 아직 계약금으로서의 효력, 즉 위 민법 규정에 의해 계약해제를 할 수 있는 권리는 발생하지 않는다고 할 것이다. 따라서 당사자가 계약금의 일부만을 먼저 지급하고 잔액은 나중에 지급하기로 약정하거나 계약금 전부를 나중에 지급하기로 약정한 경우, 교부자가 계약금의 잔금이나 전부를 약정대로 지급하지 않으면 상대방은 계약금 지급의무의 이행을 청구하거나 채무불이행을 이유로 계약금약정을 해제할 수 있고, 나아가 위 약정이 없었더라면 주

14) 송덕수, 앞의 책, 1147－1149면.

15) 대법원 2002. 11. 26. 선고 2002다46492 판결.

16) 대법원 2000. 2. 11. 선고 99다62074 판결.

17) 송덕수, 앞의 책, 1150면.

계약을 체결하지 않았을 것이라는 사정이 인정된다면 주계약도 해제할 수도 있을 것이나, 교부자가 계약금의 잔금 또는 전부를 지급하지 아니하는 한 계약금계약은 성립하지 아니하므로 당사자가 임의로 주계약을 해제할 수는 없다 할 것이다.
원심이 인정한 사실관계에 의하면, 이 사건 매매계약 체결 당시 그 계약서 비고란에 계약금 6,000만 원 중 300만 원은 계약 당일 (이름 생략)공인계좌로 넣고, 나머지 5,700만 원은 그 다음날 원심 공동피고 1의 한미은행 예금계좌로 송금하기로 약정하였는데, 피고 1은 위 계약을 체결한 당일 밤 그가 대리한 원심공동피고 1이 이 사건 아파트를 처분할 의사가 없다는 것을 확인하고 그 다음날 원고가 계약금을 입금하기 전에 피고 2 등을 통하여 원고에게 이 사건 매매계약 파기의 의사표시를 하였다는 것인바, 사실관계가 그와 같다면, 계약금이 교부되지 아니한 이상 아직 계약금계약은 성립되지 아니하였다고 할 것이니, 매도인측은 매수인인 원고의 채무불이행이 없는 한 이 사건 매매계약을 임의로 해제할 수 없다고 할 것이므로, 이 사건 계약금을 수령하기 전에 피고측이 일방적으로 한 이 사건 매매계약 해제의 의사표시는 부적법하여 효력이 없다고 할 것이다. (대법원 2008. 3. 13. 선고 2007다73611 판결)

매도인이 '계약금 일부만 지급된 경우 지급받은 금원의 배액을 상환하고 매매계약을 해제할 수 있다'고 주장한 사안에서, '실제 교부받은 계약금'의 배액만을 상환하여 매매계약을 해제할 수 있다면 이는 당사자가 일정한 금액을 계약금으로 정한 의사에 반하게 될 뿐 아니라, 교부받은 금원이 소액일 경우에는 사실상 계약을 자유로이 해제할 수 있어 계약의 구속력이 약화되는 결과가 되어 부당하기 때문에, 계약금 일부만 지급된 경우 수령자가 매매계약을 해제할 수 있다고 하더라도 해약금의 기준이 되는 금원은 '실제 교부받은 계약금'이 아니라 '약정 계약금'이라고 봄이 타당하므로, 매도인이 계약금의 일부로서 지급받은 금원의 배액을 상환하는 것으로는 매매계약을 해제할 수 없다. (대법원 2015. 4. 23. 선고 2014다231378 판결)

Ⅳ 계약의 해제·해지

1. 계약의 해제

계약의 해제란 유효하게 성립하고 있는 계약의 효력을 당사자 일방의 의사표시에 의하여 처음부터 없었던 것과 같은 상태로 돌아가게 하는 것을 말한다. 해제는 당사자에게 해제권이 있을 때에만 행할 수 있다. 해제권은 해제권을 가진 자의 일방적인 의사표시에 의하여 법률관계를 변동시키기 때문에 일종의 형성권이다.[18)]

(1) 약정해제권과 법정해제권

우리 민법상 해제권은 당사자 사이의 계약이나 법률규정에 의하여 발생하는데(민법 제543조 제1항), 당사자 사이의 계약에 의하여 발생하는 해제권을 “약정해제권”, 법률규정에 의하여 발생하는 해제권을 “법정해제권”이라 한다. 약정해제권은 계약의 당사자가 당사자 일방 또는 쌍방을 위하여 해제권의 보류에 관하여 특약을 한 경우에 계약에 의하여 발생한다(민법 제543조 제1항).[19)] 법정해제권 중에는 ① 모든 계약에 공통한 것으로서 채무불이행에 따른 해제권과 ② 개별적인 계약에 특수한 해제권(민법 제556조, 제557조, 제570조 내지 제578조, 제580조, 제581조, 제668조, 제673조, 제674조)이 있다.[20)] 이 중 모든 계약에 공통된 법정해제권으로서 채무불이행에 따른 해제권은 다음과 같다.

1) 이행지체의 경우

당사자 일방이 그 채무를 이행하지 아니하는 때에는 상대방은 상당한 기간을 정하여 그 이행을 최고하고 그 기간내에 이행하지 아니한 때에는 계약을 해제할 수 있다. 그러나 채무자가 미리 이행하지 아니할 의사를 표시한 경우에는 최고를 요하지 아니한다(민법 제544조). 즉, 이행지체에 있어서 해제권이 발생하기 위하여는 ① 채무자의 유책사유에 의한 이행지체가 있고, ② 채권자가 상당한 기간을 정

18) 송덕수, 앞의 책, 1097－1098면.

19) 약정해제권 중에는 당사자가 명백히 해제권의 발생을 보류하지 않았는데도 법률이 해제권을 보류한 것으로 다루는 경우가 있다(민법 제565조 제1항). (송덕수, 앞의 책, 1198면)

20) 송덕수, 앞의 책, 1098면.

하여 이행을 최고하였음에도 불구하고, ③ 최고기간 내에 이행이나 이행제공이 없으면 해제권이 발생한다.[21]

2) 이행불능의 경우

채무자의 책임있는 사유로 이행이 불능하게 된 때에는 채권자는 계약을 해제할 수 있다(민법 제546조). 채무자의 책임있는 사유로 이행불능이 성립하면 최고하지 않고도 바로 계약을 해제할 수 있다.[22]

3) 불완전이행의 경우

채무의 이행으로서 급부는 있었으나 그 급부가 불완전한 경우를 불완전이행이라 한다. 이 경우, 완전이행이 가능하면 이행지체의 규정을 유추하여 채권자가 상당한 기간을 정하여 완전이행을 최고하고 그럼에도 불구하고 채무자가 완전이행을 하지 않는 경우 해제권이 발생하고, 완전이행이 불가능하면 이행불능의 규정을 유추하여 최고 없이도 바로 해제권이 발생한다고 본다.

(2) 해제권의 행사

계약 또는 법률의 규정에 의하여 당사자의 일방이나 쌍방이 해지 또는 해제의 권리가 있는 때에는 그 해지 또는 해제는 상대방에 대한 의사표시로 한다(민법 제543조 제1항). 해제의 의사표시를 하는 방식에는 제한이 없다. 다만 해제권은 형성권이므로 해제의 의사표시에는 조건이나 기한을 붙이지 못한다. 그리고 해제의 의사표시는 철회하지 못한다(민법 제543조 제2항).

(3) 해제의 효과

해제의 효과에 관하여 직접효과설과 청산관계설의 견해가 있는데, 직접효과설에 의하면 해제에 의하여 계약은 처음부터 존재하지 않았던 것으로 되고, 계약에 의한 채권관계는 소급적으로 소멸한다고 본다. 따라서 미이행 채무는 당연히 소멸하고, 이미 이행한 채무는 급부가 법률상 원인을 잃게 되어 부당이득의 반환문제

21) 송덕수, 앞의 책, 1105면.

22) 송덕수, 앞의 책, 1111면.

가 발생한다.[23] 반면 청산관계설에 의하면 계약이 해제되면 기존의 계약관계는 청산관계로 변경된다고 보아 미이행채무는 소멸되고, 이미 이행된 채무는 이를 반환해야 할 의무가 발생한다고 본다. 청산관계는 원래의 채권관계와 동일성을 가지면서 내용상의 변형만 있다고 본다.

다수설인 직접효과설의 입장에서 보면, 계약이 해제되면 계약은 소급하여 무효로 되고 계약에 의한 법률효과는 생기지 않았던 것이 된다. 계약이 해제되면 각 당사자는 그 상대방에 대하여 원상회복의 의무가 있지만, 제3자의 권리를 해하지는 못한다(민법 제548조 제1항). 이때의 제3자는 해제가 있기 전에 해제된 계약을 기초로 새로이 이해관계를 맺은 자를 의미하며, 선의·악의를 불문한다. 한편, 계약의 해제는 손해배상의 청구에 영향을 미치지 않으므로(민법 제551조), 해제권을 보유한 자는 계약을 해제하면서 동시에 손해배상도 청구할 수 있다. 이때의 손해배상의 범위는 이행이익의 배상을 구하는 것이 원칙이지만, 그에 갈음하여 신뢰이익의 배상을 구할 수도 있다고 본다.[24]

2. 계약의 해지

해지는 계속적 계약에 있어서 계약의 효력을 장래에 향하여 소멸하게 하는 단독행위이다. 해제와 유사하나 계속적 계약을 전제로 하는 점과 장래효가 있다는 점에서 해제와 구별된다. 해지권 역시 해제권과 마찬가지로 형성권이며, 법률의 규정 또는 당사자의 계약에 의하여 발생한다.[25]

1. 일반 상점에서 구매한 물건을 환불받는 것은 그 법적 성질이 무엇이며, 어떤 경우에 가능한 것일까?
2. 신문구독을 중지하려고 하는 것은 그 법적 성질이 무엇인가?

23) 대법원 2002. 9. 27. 선고 2001두5989 판결.
24) 대법원 2003. 10. 23. 선고 2001다75295 판결.
25) 송덕수, 앞의 책, 1130－1131면.

제 2 장

약관규제

I 서설

오늘날 약관은 다양한 종류의 소비자거래에서 활용되고 있다. 금융기관에서 예금이나 주식거래를 하고자 하는 경우, 휴대폰·인터넷 등의 통신서비스를 제공받으려 하는 경우, 또 온라인에서 각종 홈페이지의 회원가입을 하고자 하는 경우 등 우리 주변에서 약관을 쉽게 접할 수 있다.

약관은 거래의 편리를 도모하기 위하여 마련된 것이지만, 사업자가 일방적으로 사전에 그 내용을 마련하기 때문에 소비자에게 불리한 내용이 포함되어 있을 가능성이 높다. 그럼에도 불구하고 약관을 면밀히 검토하고 계약을 체결하는 소비자는 찾아보기 쉽지 않다. 이를 위하여 「약관의 규제에 관한 법률」(이하 "약관규제법"이라 한다)이 1986년에 제정되어 1987년부터 시행되고 있다. 약관규제법은 계약당사자 사이의 실질적 이익을 형평성 있게 다루기 위하여 마련된 것으로, 사업자가 그 거래상의 지위를 남용하여 불공정한 내용의 약관(約款)을 작성하여 거래에 사용하는 것을 방지하고 불공정한 내용의 약관을 규제함으로써 건전한 거래질서를 확립하고, 이를 통하여 소비자를 보호하고 국민생활을 균형 있게 향상시키는 것을 목적으로 한다(약관규제법 제1조).

약관법은 계약내용에서 경제적 약자인 고객의 힘으로는 되찾기 어려운 고객의 진정한 의사 즉, 경제력이 대등하였다면 고객이 의도하였을 진정한 계약내용을 국가가 회복하여 줌으로써 고객을 보호하고 사적자치라는 이름으로 용인되어 왔던 계약자유의 원칙을 본래의 위치로 회복시키는 실질적 형평이념의 구현이라고 할 수 있다.[26)]

26) 공정거래위원회, 앞의 책, 407면.

Ⅱ 약관의 의의 및 기능

1. 약관의 의의

약관(約款, Standard Form Contracts)이란 그 명칭이나 형태 또는 범위에 상관없이 계약의 한쪽 당사자가 여러 명의 상대방과 계약을 체결하기 위하여 일정한 형식으로 미리 마련한 계약의 내용을 말한다. 이때 계약의 한쪽 당사자로서 상대 당사자에게 약관을 계약의 내용으로 할 것을 제안하는 자를 "사업자"라 하고, 계약의 한쪽 당사자로서 사업자로부터 약관을 계약의 내용으로 할 것을 제안받은 자를 "고객"이라 한다(약관규제법 제2조).

2. 약관의 요건

약관이 되기 위하여 반드시 '약관'이라는 명칭을 사용하여야만 하는 것은 아니고, 일정한 서면으로 작성되어야만 하는 것도 아니다. 계약의 전체 내용이 모두 포함되어야만 하는 것이 아니고 일부 내용만 약관형태로 정하여져 있어도 무방하다.

그러나 약관이기 위하여는 사업자가 반드시 계약체결 이전에 작성해 두어야 하고(사전준비성), 사업자가 고객과의 교섭 없이 일방적으로 작성하였어야 한다(일방성). 또 불특정 다수와 거래하기 위하여 작성해둔 것이어야 한다(불특정 다수의 상대방).[27)]

식당입구에 "분실 · 도난된 신발에 대하여 책임지지 않습니다"라고 표시되어 있는 경우, 약관으로서 유효한가?

27) 양명조, 경제법, 신조사, 2016, 539−540면.

1. 원고가 「약관의 규제에 관한 법률」(이하 '약관법'이라고 한다)상 '사업자'에 해당하는지(상고이유 제1점 내지 제3점)

약관법 제17조는, "사업자는 제6조부터 제14조까지의 규정에 해당하는 불공정한 약관 조항(이하 '불공정약관조항'이라고 한다)을 계약의 내용으로 하여서는 아니 된다."라고 규정하고 있고, 제2조 제2호는 "사업자란 계약의 한쪽 당사자로서 상대 당사자에게 약관을 계약의 내용으로 할 것을 제안하는 자를 말한다."라고 규정하고 있다.

일반적으로 계약의 당사자가 누구인지는 그 계약에 관여한 당사자의 의사해석의 문제에 해당한다. 당사자 사이에 법률행위의 해석을 둘러싸고 이견이 있어 당사자의 의사해석이 문제되는 경우에는 법률행위의 내용, 그러한 법률행위가 이루어진 동기와 경위, 법률행위에 의하여 달성하려는 목적, 당사자의 진정한 의사 등을 종합적으로 고찰하여 논리와 경험칙에 따라 합리적으로 해석하여야 한다(대법원 2018. 1. 25. 선고 2016다238212 판결 등 참조).

원심은 판시와 같은 이유로, 환불불가 조항은 숙박계약에 포함되는 내용으로서, 숙박계약의 당사자는 숙박업체와 고객일 뿐 원고를 숙박계약의 한쪽 당사자라고 볼 수 없고, 원고가 「전자상거래 등에서의 소비자보호에 관한 법률」에 따라 통신판매업자의 책임을 면하지 못하거나 대신 이행하여야 하는 '통신판매중개업자'나 '통신판매업자인 통신판매중개자'에 해당한다고 하여 이와 달리 볼 것은 아니며, 원고가 고객에게 환불불가 조항을 제안하는 자라고 볼 수도 없으므로, 원고는 약관법 제17조 및 제2조 제2호에 따라 불공정약관조항의 사용금지 의무를 부담하는 사업자에 해당한다고 보기 어렵다고 판단하였다.

앞서 본 법리와 기록에 비추어 살펴보면, 위와 같은 원심판단에 상고이유 주장과 같이 약관법의 적용대상인 사업자에 관한 법리를 오해하는 등으로 판결에 영향을 미친 잘못이 없다.

2. 환불불가 조항이 불공정약관조항에 해당하는지(상고이유 제4점)

원심은 판시와 같은 이유로 환불불가 조항이 고객에게 부당하게 과중한 손해배상의무를 부담시키는 약관 조항으로서 약관법 제8조에 위반되어 무효라고 볼 수 없다고 판단하였다.

원심판결 이유를 기록에 비추어 살펴보면, 위와 같은 원심의 판단에 약관법 제8조에 관한 법리를 오해하여 판결에 영향을 미친 잘못이 없다.

3. 결론
그러므로 상고를 기각하고, 상고비용은 패소자가 부담하도록 하여, 관여 대법관의 일치된 의견으로 주문과 같이 판결한다. (대법원 2023. 9. 21. 선고 2020두41399 판결)

3. 약관의 기능

(1) 영업의 합리화

사업자가 수많은 고객과 계약을 체결할 때마다 개별적으로 계약조건을 협상하여 정해야 한다면 시간, 노력, 비용의 낭비가 불가피하다. 그러나 약관을 사용하게 된다면 대량거래의 신속한 처리가 가능하고 계약체결비용을 절약할 수 있다.[28)]

(2) 거래상대방의 평등 대우

거래조건이 정형화된 약관에 따라 거래를 하게 되면 거래상대방에 따른 차별대우를 막을 수 있다.[29)]

(3) 분쟁의 예방과 해결

계약의 내용을 약관에 상세하게 규정하여 둠으로써 분쟁을 사전에 예방할 수 있고, 설령 분쟁이 발생한다 하더라도 상세한 약관조항에 따라 해결되면 불명확한 규정이나 의사를 해석하는 데 드는 시간과 비용을 절약할 수 있다.[30)]

4. 적용범위

약관이 「상법」 제3편, 「근로기준법」 또는 그 밖에 대통령령으로 정하는 비영리사업의 분야에 속하는 계약에 관한 것일 경우에는 이 법을 적용하지 아니한다(약

28) 양명조, 앞의 책, 542면.
29) 양명조, 앞의 책, 542면.
30) 양명조, 앞의 책, 543면.

관규제법 제30조 제1항). 특정한 거래 분야의 약관에 대하여 다른 법률에 특별한 규정이 있는 경우를 제외하고는 이 법에 따른다(약관규제법 제30조 제2항).

Ⅲ 약관의 구속력

사업자가 일방적으로 마련하여 제공하는 약관이 계약의 내용이 되어 거래상대방을 구속하는 근거가 무엇인지에 관한 것이 약관의 구속력 문제이다. 이에 대하여는 규범설과 계약설이 대립한다.

1. 규범설

규범설은 사업자가 약관을 미리 마련하여 두고 있다는 사실에 의하여 법률과 같이 당해 거래종목에 적용된다고 보는 견해이다. 이 이론에 의하면 약관은 일종의 규범에 해당되므로 약관의 내용을 고객에게 알렸는지, 또 약관의 내용이 정당한지 여부는 문제되지 않는다.[31]

2. 계약설

계약설은 사업자가 약관을 미리 마련해두고 있기 때문에 약관에 대하여 거래상대방의 동의가 필요하다고 보는 견해이다. 약관 그 자체만으로는 거래상대방을 구속할 근거가 되지 않으므로, 약관을 거래상대방에게 제시하고 그 내용을 밝혀야 하며, 그 내용도 정당한지 여부를 심사받을 필요가 있다. 또 약관이 계약적 성격을 가지므로 약관의 해석도 법률의 해석이 아닌 법률행위의 해석방법에 따른다.[32]

---

31) 양명조, 앞의 책, 548면.

32) 양명조, 앞의 책, 548－549면.

3. 현행법의 태도

약관규제법에서는 약관의 명시·교부의무를 부여하고, 개별약정 우선의 원칙과 불공정 약관의 무효 등을 규정하고 있는바, 이는 계약설의 입장에 기초하고 있다고 보여진다. 판례도 계약설의 입장을 견지하고 있다.

> 보통보험약관이 계약당사자에 대하여 구속력을 갖는 것은 그 자체가 법규범 또는 법규범적 성질을 가진 계약이기 때문이 아니라 보험계약당사자 사이에서 계약내용에 포함시키기로 합의하였기 때문이라고 볼 것인바, 구 약관의 규제에 관한 법률(1992. 12. 8. 법률 제4515호로 개정되기 전의 것)이 시행되기 전에 보통보험약관에 의하여 보험계약이 체결된 경우 당사자 사이에서 보통보험약관을 계약내용에 포함시킨 보험계약서가 작성된 때에는 계약자가 그 보험약관의 내용을 알지 못하더라도 그 약관의 구속력을 배제할 수 없는 것이 원칙이고, 다만 당사자 사이에서 명시적으로 약관에 관하여 달리 약정한 경우에는 위 약관의 구속력이 배제된다. (대법원 2007. 6. 29. 선고 2007다9160 판결)

Ⅳ 약관에 대한 통제

약관은 사업자가 사전에 일방적으로 작성하므로 그 내용이 사업자에게 유리하게 작성될 가능성이 크다. 사업자는 거래상 위험을 상대방에게 전가하는 내용의 약관을 포함시키기도 한다. 문제는 소비자가 이러한 약관을 면밀하게 검토하는 경우가 드물다는 점이다. 설령 약관을 검토하는 소비자라 하더라도 사업자는 계약상 우월한 지위에 있는 경우가 많으므로 열등한 지위에 있는 소비자에게 일방적으로 불리한 약관을 제시할 경우, 소비자는 이를 수용할 수밖에 없는 경우가 많다. 약관에 대한 통제가 필요한 이유이다.[33]

계약설의 입장에서 약관 그 자체만으로는 거래상대방을 구속하기 어려우므로 약관을 거래상대방에게 제시하고 그 내용을 밝혀야 하며, 그 내용도 정당한지 여

33) 양명조, 앞의 책, 543면.

부를 심사받을 필요가 있다. 현행 약관규제법에서 약관에 대한 통제는 편입통제와 해석통제, 불공정성 통제로 이루어진다. 이 단계들을 모두 거친 약관이어야 비로소 유효하게 된다. 편입통제는 사업자가 일방적으로 마련한 약관이 계약으로 편입되기 위한 일정한 절차를 의미하고, 해석통제는 그렇게 편입된 약관에 적용될 일정한 해석원칙이며, 불공정성 통제는 개별 구체적인 약관조항의 내용이 불공정한 부분은 없는지 여부에 관한 것이다.

1. 편입통제

사업자가 제안한 약관의 내용이 계약의 내용으로 되는 것을 '계약에의 편입'이라 한다. 사업자가 일방적으로 작성한 약관을 계약의 내용으로 보기 위하여는 고객이 약관의 내용을 이해하고 이에 동의하여야 하는바, 이 과정을 편입통제라 한다. 즉 사업자가 제안한 약관이 계약내용으로 채택되기 위하여, 사업자의 약관에 대하여 고객의 동의가 있으면 계약이 성립한다고 본다. 일단 편입이 이루어지게 되면 고객이 그 약관의 조항별 구체적 내용을 알았느냐는 문제되지 아니한다.[34]

(1) 약관의 작성의무

사업자는 고객이 약관의 내용을 쉽게 알 수 있도록 한글로 작성하고, 표준화·체계화된 용어를 사용하며, 약관의 중요한 내용을 부호, 색채, 굵고 큰 문자 등으로 명확하게 표시하여 알아보기 쉽게 약관을 작성하여야 한다(약관규제법 제3조 제1항).

(2) 약관의 명시·교부의무

사업자는 계약을 체결할 때에는 고객에게 약관의 내용을 계약의 종류에 따라 일반적으로 예상되는 방법으로 분명하게 밝히고, 고객이 요구할 경우 그 약관의 사본을 고객에게 내주어 고객이 약관의 내용을 알 수 있게 하여야 한다. 다만 여객운송업, 전기·가스 및 수도사업, 우편업, 공중전화 서비스 제공 통신업의 약관

34) 양명조, 앞의 책, 550면.

은 명시 · 교부의무가 면제된다(약관규제법 제3조 제2항).

(3) 약관의 설명의무

사업자는 약관에 정하여져 있는 중요한 내용을 고객이 이해할 수 있도록 설명하여야 한다(약관규제법 제3조 제3항). 계약의 중요한 내용에 관하여만 설명의무가 있으며, 이때 설명의무의 대상이 되는 '중요한 내용'이라 함은 고객이 계약체결 여부를 판단하는 데 영향을 미칠 사실, 즉 그러한 항목이 포함되어 있음을 알았다면 계약을 체결하지 않았으리라고 인정되는 사실을 말한다. 판례는 설명의무의 대상이 되는 '중요한 내용'에 대하여 "사회통념에 비추어 고객이 계약체결의 여부나 대가를 결정하는 데 직접적인 영향을 미칠 수 있는 사항을 말하고, 약관조항 중에서 무엇이 중요한 내용에 해당하는지에 관하여는 일률적으로 말할 수 없으며, 구체적인 사건에서 개별적 사정을 고려하여 판단하"고 있다.[35] 다만 계약의 성질상 설명하는 것이 현저하게 곤란한 경우에는 설명의무가 면제된다(약관규제법 제3조 제3항 단서).

> [1] 일반적으로 보험자 및 보험계약의 체결 또는 모집에 종사하는 사람은 보험계약의 체결에 있어서 보험계약의 중요한 내용에 대하여 구체적이고 상세한 명시 · 설명의무를 지고 있다. 그러나 <u>명시 · 설명의무가 인정되는 것은 어디까지나 보험계약자가 알지 못하는 가운데 약관의 중요한 사항이 계약 내용으로 되어 보험계약자가 예측하지 못한 불이익을 받게 되는 것을 피하고자 하는 데 근거가 있으므로, 만약 약관조항에 관한 명시 · 설명의무가 제대로 이행되었더라도 그러한 사정이 보험계약의 체결 여부에 영향을 미치지 아니하였다면 약관조항은 명시 · 설명의무의 대상이 되는 보험계약의 중요한 내용이라고 할 수 없다.</u>
>
> [2] 화물운송주선업 등을 영위하는 갑 주식회사가 을 보험회사와 체결한 적재물배상책임보험의 보통약관에서 '보상하는 손해'에 관하여 피보험자가 화주로부터 수탁받은 시점으로부터 수하인에게 인도하기까지의 운송 과정(차량운송 및 화물운송부수업무) 동안에 발생한 보험사고로 수탁화물에 대한 법률상의 배상책임을 부담

35) 대법원 2008. 12. 16. 자 2007마1328 결정.

함으로써 입은 손해를 보상한다고 규정한 사안에서, 위 보험계약은 화물자동차 운수사업법에 따라 일정 규모 이상의 화물자동차를 소유하고 있는 운송사업자나 특정 화물을 취급하는 운송주선사업자 등이 반드시 가입하여야 하는 의무보험으로서, 보험계약자인 갑 회사로서는 보험금 지급대상이 되는 보험사고가 '차량운송 및 화물운송 부수업무'가 이루어지는 육상운송 과정 동안에 발생한 보험사고에 한정되고 수탁화물을 적재한 차량이 선박에 선적되어 선박을 동력수단으로 해상구간을 이동하는 경우에는 제외된다는 설명을 들었더라도 보험계약을 체결하였을 것으로 보이므로, 위 약관조항은 명시·설명의무의 대상이 되는 보험계약의 중요한 내용이라고 할 수 없다고 한 사례. (대법원 2016. 9. 23. 선고 2016다221023 판결)

「약관의 규제에 관한 법률」에서 사업자에 대하여 약관에 정하여져 있는 중요한 내용을 고객이 이해할 수 있도록 설명할 의무를 부과한 입법 취지 등을 종합하면, 고객이 약관의 내용을 충분히 잘 알고 있는 경우에는 그 약관이 바로 계약 내용이 되어 당사자에 대하여 구속력을 가지므로, 사업자로서는 고객에게 약관의 내용을 따로 설명할 필요가 없다고 보는 것이 상당하다. 이는 약관의 내용이 거래상 일반적이고 공통된 것이어서 사업자가 별도의 설명을 하지 않아도 충분히 예상할 수 있는 사항이거나 이미 법령에 의하여 정하여진 것을 되풀이하는 것에 불과한 경우에도 마찬가지이다. 다만 위와 같이 사업자가 고객에게 약관의 내용을 따로 설명할 필요가 없는 특별한 사정이 있다는 점은 이를 주장하는 사업자가 증명하여야 한다. (대법원 2018. 6. 19. 선고 2018다201610 판결)

약관의 규제에 관한 법률 제3조 제3항 전문은 "사업자는 약관에 정하여져 있는 중요한 내용을 고객이 이해할 수 있도록 설명하여야 한다."라고 정하여 사업자에게 약관의 중요한 내용에 대하여 구체적이고 상세한 설명의무를 부과하고 있고, 같은 조 제4항은 이러한 약관의 설명의무를 위반하여 계약을 체결한 때에는 약관의 내용을 계약의 내용으로 주장할 수 없도록 하고 있다. 설명의무의 대상이 되는 '중요한 내용'은 사회통념에 비추어 고객이 계약체결의 여부나 대가를 결정하는 데 직접적인 영향을 미칠 수 있는 사항을 말한다. 사업자에게 약관의 명시·설명의무를 요구하는 것은 어디까지나 고객이 알지 못하는 가운데 약관의 중요한 사항이 계약 내용으로 되어 고객이 예측하지 못한 불이익을 받게 되는 것을 피하고자 하는 데 근거가 있다. 따라서 약관에 정하여진 사항이라고 하더라도 거래상 일반적이고 공통된 것이어서 고객이 별도의 설명 없이도 충분히 예상할 수 있었던 사항이거나 이미 법령에 의하여 정하여진 것을 되풀이하거나 부연하는 정도에 불과한 사항이라면, 그러한 사항에 대하여서까지 사업자에게 설명의무가 있다고 할 수는 없다.

사업자의 설명의무를 면제하는 사유로서 '거래상 일반적이고 공통된 것'이라는 요건은 해당 약관 조항이 거래계에서 일반적으로 통용되고 있는지의 측면에서, '고객이 별도의 설명 없이도 충분히 예상할 수 있는 사항'인지는 소송당사자인 특정 고객에 따라 개별적으로 예측가능성이 있었는지의 측면에서 각 판단되어야 한다.

다음으로 약관에 정하여진 사항이 '이미 법령에 의하여 정하여진 것을 되풀이하거나 부연하는 정도에 불과한지'는 약관과 법령의 규정 내용, 법령의 형식 및 목적과 취지, 해당 약관이 고객에게 미치는 영향 등 여러 가지 사정을 종합적으로 고려하여 판단하여야 한다. 여기에서 말하는 '법령'은 일반적인 의미에서의 법령, 즉 법률과 그 밖의 법규명령으로서의 대통령령, 총리령, 부령 등을 의미하고, 이와 달리 상급행정기관이 하급행정기관에 대하여 업무처리나 법령의 해석·적용에 관한 기준을 정하여 발하는 이른바 행정규칙은 일반적으로 행정조직 내부에서만 효력을 가질 뿐 대외적인 구속력을 갖는 것이 아니므로 이에 해당하지 않는다. 다만 행정규칙이라 하더라도, 법령의 규정이 특정 행정기관에 법령 내용의 구체적 사항을 정할 수 있는 권한을 부여함으로써 법령 내용을 보충하는 기능을 가지고, 그 내용이 해당 법령의 위임한계를 벗어나지 않아 법령과 결합하여 대외적 구속력이 있는 법규명령으로서의 효력을 가지는 등의 특별한 사정이 인정된다면, 달리 볼 수 있다.

그러나 대외적 구속력이 인정되지 않는 행정규칙으로서의 고시는, 약관이 포함된 계약의 일방 당사자인 고객에게 당연히 법률효과가 미친다고 할 수 없을 뿐만 아니라 고객이 별도의 설명 없이 내용을 예상할 수 있었다고 보기도 어려우므로, 약관 조항에서 고시의 내용을 되풀이하거나 부연하고 있다는 이유만으로 사업자의 설명의무가 면제된다고 할 수 없다. (대법원 2019. 5. 30. 선고 2016다276177 판결)

보험계약의 청약을 유인하는 안내문에 보험약관의 내용이 추상적·개괄적으로 소개되어 있을 뿐 그 약관 내용이 당해 보험계약에 있어서 일반적이고 공통된 것이어서 보험계약자가 충분히 예상할 수 있거나 법령의 규정에 의하여 정하여진 것을 부연하는 것

> 과 같은 것이 아닌 이상, 그러한 안내문의 송부만으로 그 약관에 대한 보험자의 설명의무를 다하였다거나 보험계약자가 그 내용을 알게 되어 굳이 설명의무를 인정할 필요가 없다고는 할 수 없으며, 이와 같은 보험약관의 명시·설명의무에 관한 법리는 보험료율이 낮다거나 보험계약의 체결 방식이 통상의 경우와 다르다고 하여 달라지지 아니한다. (대법원 1999. 3. 9. 선고 98다43342, 43359 판결)

> 보험자는 보험계약을 체결할 때 보험계약자 또는 피보험자에게 보험약관에 기재되어 있는 보험계약의 중요한 내용에 대하여 구체적이고 상세한 명시·설명의무가 있다. 거래상 일반적이고 공통된 것이어서 보험계약자가 별도로 설명하지 않아도 충분히 예상할 수 있는 사항이거나 이미 법령에 규정되어 있는 것을 되풀이하거나 부연하는 정도에 불과한 사항이 아니라면, 보험자가 이러한 명시·설명의무를 위반하여 보험계약을 체결한 때에는 그 약관의 내용을 보험계약의 내용으로 주장할 수 없다(대법원 1999. 5. 11. 선고 98다59842 판결, 대법원 2019. 1. 17. 선고 2016다277200 판결 등 참조). 나아가 보험자는 보험계약자 등에게 위와 같은 약관 명시·설명의무를 구체적이고 상세하게 이행하였다는 점에 관하여 주장·증명할 책임을 부담한다. (대법원 2024. 7. 25. 선고 2020다289743 판결)

사업자가 명시·교부의무 및 설명의무를 위반하여 계약을 체결한 경우에는 해당 약관을 계약의 내용으로 주장할 수 없다(약관규제법 제3조 제4항). 어디까지나 사업자가 해당 약관을 계약의 내용으로 주장할 수 없는 것이므로, 고객측에서 약관을 계약의 내용으로 주장하는 것은 무방하다.

(4) 개별약정우선의 원칙

약관에서 정하고 있는 사항에 관하여 사업자와 고객이 약관의 내용과 다르게 합의한 사항이 있을 때에는 그 합의 사항은 약관보다 우선한다(약관규제법 제4조). 개별약정이 있더라도 원래의 약관조항이 무효로 되는 것은 아니고 개별약정의 내용과 충돌하는 약관조항만 적용이 배제될 뿐이다.

계약의 일방 당사자가 약관을 마련하여 두었다가 어느 한 상대방에게 이를 제시하여 계약을 체결하는 경우에도 그 상대방과 사이에 특정 조항에 관하여 개별적인 교섭(또는 흥정)을 거침으로써 상대방이 자신의 이익을 조정할 기회를 가졌다면, 그 특정 조항은 약관의 규제에 관한 법률의 규율대상이 아닌 개별약정이 된다고 보아야 한다. 이때 개별적인 교섭이 있었다고 하기 위해서는, 비록 그 교섭의 결과가 반드시 특정 조항의 내용을 변경하는 형태로 나타나야 하는 것은 아니라 하더라도, 적어도 계약의 상대방이 약관을 제시한 자와 사이에 거의 대등한 지위에서 당해 특정 조항에 대하여 충분한 검토와 고려를 한 뒤 영향력을 행사함으로써 미리 마련된 특정 조항의 내용에 구속되지 아니하고 이를 변경할 가능성이 있었어야 하고, 이처럼 약관 조항이 당사자 사이의 합의에 의하여 개별약정으로 되었다는 사실은 이를 주장하는 사업자 측에서 증명하여야 한다. (대법원 2014. 6. 12. 선고 2013다214864 판결)

A는 B보험회사와의 사이에 암진단을 받으면 종류를 불문하고 1억 원의 보험금이 지급된다고 하는 암보험계약을 체결하였다. 이후 A는 난소암이 발견되어 B보험회사에 보험금 지급을 청구하였으나 B회사는 여성암은 제외되며 그러한 사실이 보험약관에 기재되어 있었다는 이유로 보험금의 지급을 거절하였다. 그러나 A는 보험가입계약을 체결할 당시 B회사로부터 여성암은 제외된다는 사실을 듣지 못했고, 만일 여성암이 제외된다고 한다면 해당 보험상품에 가입하지는 않았을 것이다. 이 경우 B회사는 A에게 보험금을 지급하여야 하는지에 대하여 설명하시오.

2. 해석통제

편입통제과정을 거친 약관은 일단 계약의 내용으로 편입되나 일정한 해석원칙에 따라 해석되어야 하는 바, 이때 적용되는 원칙을 해석통제라 한다. 약관조항을 일정한 해석원칙에 따라 해석하고 그에 따라 사업자와 고객의 권리 및 의무를 정하는 통제방식이다.

(1) 신의성실해석의 원칙

약관의 해석에 있어서 어느 일방당사자의 이익에 치우쳐서는 아니되며, 신의성실의 원칙에 따라 당해 약관의 목적과 취지를 고려하여 합리적이고 공정하게 해석되어야 한다(약관규제법 제5조 제1항 전단). 약관의 내용통제원리로 작용하는 신의성실해석의 원칙은 약관 작성자가 계약 상대방의 정당한 이익과 합리적인 기대에 반하지 않고 형평에 맞게끔 약관조항을 해석하여야 한다는 원칙을 의미한다.[36)]

(2) 통일적 해석의 원칙

약관의 내용은 고객에 따라 다르게 해석되어서는 안된다는 원칙을 말한다(약관규제법 제5조 제1항 후단). 약관은 개별 고객의 의사나 구체적인 사정을 고려함이 없이 '평균적 고객'의 이해가능성을 기준으로 하되, 고객 전체의 이해관계를 고려하여 객관적·획일적으로 해석되어야 한다.

(3) 작성자불이익의 원칙

약관의 내용이 명백하지 아니한 경우에는 고객에게 유리하게 해석되어야 한다는 원칙을 말한다(약관규제법 제5조 제2항). 약관의 내용이 불명확한 경우, 그로 인한 불이익은 약관을 불명확하게 작성한 사업자가 부담하여야 한다는 것이다.

> 약관의 해석은 신의성실의 원칙에 따라 해당 약관의 목적과 취지를 고려하여 공정하고 합리적으로 해석하되, 개별 계약 당사자가 의도한 목적이나 의사를 참작하지 않고 평균적 고객의 이해가능성을 기준으로 객관적·획일적으로 해석하여야 한다. 위와 같은 해석을 거친 후에도 약관 조항이 객관적으로 다의적으로 해석되고 각각의 해석이 합리성이 있는 등 해당 약관의 뜻이 명확하지 않은 경우에는 고객에게 유리하게 해석하여야 한다. 그러나 약관의 목적과 취지를 고려하여 공정하고 합리적으로, 그리고 평균적 고객의 이해가능성을 기준으로 객관적이고 획일적으로 해석한 결과 약관 조항이 일의적으로 해석된다면 약관 조항을 고객에게 유리하게 해석할 여지가 없다. (대법원 2018. 10. 25. 선고 2014다232784 판결)

---

36) 대법원 1997. 12. 26. 선고 96다51714 판결.

(4) 면책약관축소해석의 원칙

면책약관이란 책임을 제한하는 내용의 약관을 의미하는 바, 사업자의 책임을 제한하는 면책약관은 가급적 축소하여 해석하여야 한다는 원칙을 의미한다.

3. 불공정성 통제

약관이 계약에 편입되었고 해석상 문제가 없을 경우, 그 이후 단계에서 적용되는 원칙이다. 개별약관조항의 내용이 고객에게 부당하게 불리한지 여부를 심사하여 그 조항의 유·무효를 결정하는 통제방식으로, 이에 해당하는 불공정 조항은 바로 무효가 된다.

약관규제법에서는 일반원칙으로서 신의성실의 원칙과 불공정성의 추정을 두고 있고, 개별 무효사유로서 면책조항의 금지, 손해배상의 예정, 계약의 해제·해지, 채무의 이행, 고객의 권익보호, 의사표시의 의제, 대리인의 책임가중, 소제기의 금지를 규정하고 있다. 국제적으로 통용되는 약관이나 그 밖에 특별한 사정이 있는 약관으로서 ① 국제적으로 통용되는 운송업, ② 국제적으로 통용되는 금융업 및 보험업, ③ 「무역보험법」에 따른 무역보험의 경우에는 개별무효사유의 규정(약관규제법 제7조 내지 제14조)을 적용하지 아니한다(약관규제법 제15조, 동법 시행령 제3조).

(1) 일반원칙

1) 신의성실의 원칙

신의성실의 원칙에 반하여 공정을 잃은 약관조항은 무효이다(약관규제법 제6조 제1항). 민법에서는 "권리의 행사와 의무의 이행은 신의에 좇아 성실히 하여야 한다"고 하여 신의성실의 원칙을 규정하고 있다(민법 제2조 제1항). 민법상 신의성실의 원칙이란 법률관계의 당사자는 상대방의 이익을 고려하여 형평에 어긋나거나 신의를 저버리는 내용 또는 방법으로 권리를 행사하거나 의무를 이행하여서는 안 된다는 추상적 규범을 말하며, 이를 구체적인 법률관계에 적용함에 있어서는 상대방의 이익의 내용, 행사하거나 이행하려는 권리 또는 의무와 상대방의 이익과의 상관관계 및 상대방의 신뢰의 타당성 등 모든 구체적인 사정을 고려하여 그 적용 여부를 결정하고 있다.[37] 약관규제법상 불공정성 통제로서의 신의성실의 원칙은 민법상 신의성실의 원칙으로부터 유래하나, 계약당사자간의 이익형평이나 계약내용 형성에의 직접적 관여 여부 등과 같은 고려를 추가로 해야 할 것이다.[38][39]

> 약관은 사업자가 다수의 고객과 계약을 체결하기 위하여 일방적으로 작성한 것으로서 고객이 그 구체적인 조항내용을 검토하거나 확인할 충분한 기회를 가지지 못한 채 계약의 내용으로 되는 것이므로, 그 약관의 내용이 사적자치의 영역에 속하는 것이라고 하더라도, 사업자가 상당한 이유 없이 자신이 부담하여야 할 위험을 고객에게 이전하는 내용의 약관조항은 고객의 정당한 이익과 합리적인 기대에 반할 뿐 아니라 사적자치의 한계를 벗어나는 것으로 무효라고 보아야 한다. (대법원 2010. 10. 28. 선고 2008다83196 판결)

> [1] 약관의 규제에 관한 법률 제6조 제1항, 제2항 제1호에 따라 고객에 대하여 부당하게 불리한 조항으로서 '신의성실의 원칙을 위반하여 공정성을 잃은 약관 조항'이라는 이유로 무효라고 보기 위해서는, 약관 조항이 고객에게 다소 불이익하다는 점만으로는 부족하고, 약관 작성자가 거래상의 지위를 남용하여 계약 상대방의 정당한 이익과 합리적인 기대에 반하여 형평에 어긋나는 약관 조항을 작성·사용함으로써 건전한 거래질서를 훼손하는 등 고객에게 부당하게 불이익을 주었다는 점이 인정되어야 한다. 그리고 이와 같이 약관 조항의 무효 사유에 해당하는 '고객에게 부당하게 불리한 조항'인지는 약관 조항에 의하여 고객에게 생길 수 있는 불이익의 내용과 불이익 발생의 개연성, 당사자들 사이의 거래과정에 미치는 영향, 관계 법령의 규정 등 모든 사정을 종합하여 판단하여야 한다.
>
> [2] 갑 주식회사가 통신사 대리점인 을 주식회사와 을 회사로부터 공급받은 휴대전화

37) 대법원 1992. 5. 22. 선고 91다36642 판결.

38) 양명조, 앞의 책, 564면.

39) 약관이 일방에 의하여 사전에 마련된 특성을 고려할 때, 약관규제법상 신의성실의 원칙은 민법상의 '선량한 풍속 기타 사회질서'의 개념보다 더욱 엄격하게 해석하여야 한다고 본다(권오승, 앞의 책, 149－150면; 이호영, 소비자보호법, 홍문사, 2015, 158－159면).

등을 판매하기로 하는 위탁판매계약을 체결하고 판매 수수료를 지급받았는데, 위탁판매계약의 환수 규정은 '매월 공지되는 단가표 및 정책표에 근거하여 기준한다.'고 정하고 있고, 을 회사가 운영하는 인터넷 카페에 게시한 정책표에는 '신규로 체결된 통신계약이 그 유지기간 183일을 경과하지 아니한 때에 해지되는 경우 갑 회사는 을 회사에 지급받은 수수료 전액을 반환하여야 한다.'는 수수료 환수 기준이 공지되어 있는데, 을 회사가 갑 회사를 상대로 위 수수료 환수 기준을 근거로 지급한 수수료 전액의 반환을 요구하자, 갑 회사가 을 회사를 상대로 채무부존재 확인을 구한 사안에서, 수수료 환수 기준에서는 유지기간이 183일을 경과하지 않으면 통신계약이 해지된 데 관하여 갑 회사에 귀책사유가 있는지 여부와 관계없이, 해지 당시 유지기간이 얼마인지에 관계없이 일률적으로 갑 회사가 지급받은 수수료 전액을 반환하도록 정하고 있는데, 이는 수수료를 반환하여야 하는 갑 회사의 합리적인 기대에 반해 형평에 어긋나는 내용이고, 수수료 환수 기준에 관하여 구체적인 내용에 대해서는 갑 회사가 알 수 없으며 을 회사가 일방적으로 정할 수 있도록 규정되어 있어 갑 회사에 충분히 의견을 개진할 수 있는 기회가 부여되었다고 볼 수 없으므로, 수수료 환수 기준이 약관의 규제에 관한 법률 제6조 제1항에서 정한 '신의성실의 원칙을 위반하여 공정성을 잃은 약관 조항'에 해당하여 무효라고 볼 여지가 충분한데도, 이와 달리 수수료 환수 기준이 당연히 유효함을 전제로 하여 갑 회사에 수수료 전액에 대한 반환의무가 있음을 인정한 원심판결에 법리오해 등의 잘못이 있다고 한 사례. (대법원 2024. 12. 12. 선고 2024다232721 판결)

2) 불공정성의 추정

약관의 내용 중 ① 고객에게 부당하게 불리한 조항이나 ② 고객이 계약의 거래형태 등 관련된 모든 사정에 비추어 예상하기 어려운 조항(의외조항), ③ 계약의 목적을 달성할 수 없을 정도로 계약에 따르는 본질적 권리를 제한하는 조항이 있는 경우, 해당 조항은 공정성을 잃은 것으로 추정한다(약관규제법 제6조 제2항).

구 약관의 규제에 관한 법률(2010. 3. 22. 법률 제10169호로 개정되기 전의 것, 이하 '구 약관규제법'이라 한다) 제6조 제1항, 제2항 제1호에 따라 고객에 대하여 부당하게 불리한 조항으로서 '신의성실의 원칙에 반하여 공정을 잃은 약관조항'이라는 이유로 무효라고 보기 위해서는, 그 약관조항이 고객에게 다소 불이익하다는 점만으로는 부족하고, 약관 작성자가 거래상의 지위를 남용하여 계약 상대방의 정당한 이익과 합리적인 기대에 반하여 형평에 어긋나는 약관 조항을 작성·사용함으로써 건전한 거래질서를 훼손하는 등 고객에게 부당하게 불이익을 주었다는 점이 인정되어야 한다. 그리고 이와 같이 약관조항의 무효 사유에 해당하는 '고객에게 부당하게 불리한 조항'인지 여부는 그 약관조항에 의하여 고객에게 생길 수 있는 불이익의 내용과 불이익 발생의 개연성, 당사자들 사이의 거래과정에 미치는 영향, 관계 법령의 규정 등 모든 사정을 종합하여 판단하여야 한다. (대법원 2008. 12. 16. 자 2007마1328 결정, 대법원 2014. 6. 12. 선고 2013다214864 판결 등 참조)
수분양자가 분양계약에서 정한 분양대금 납부의무 등을 이행하지 아니한 경우에 입주지정기간 만료일 다음 날부터 분양계약 해제일까지 발생한 관리비 및 입주지정기간 최초일 이후 발생하는 재산세를 위약금과 별도로 수분양자에게 부담하도록 한 분양계약 조항의 효력이 문제 된 사안에서, 위 조항이 상당한 이유 없이 사업자가 부담하여야 할 위험을 고객에게 이전시키거나, 고객에 대하여 부당하게 과중한 손해배상의무를 부담시키거나 사업자의 원상회복의무를 부당하게 경감하는 조항이라고 볼 수 없다고 본 원심판단을 수긍한 사례. (대법원 2014. 12. 11. 선고 2014다51015, 51022 판결)

[1] 약관의 규제에 관한 법률 제6조 제1항, 제2항 제1호에 따라 고객에 대하여 부당하게 불리한 조항으로서 '신의성실의 원칙을 위반하여 공정성을 잃은 약관 조항'이라는 이유로 무효라고 보기 위해서는, 그 약관 조항이 고객에게 다소 불이익하다는 점만으로는 부족하고, 약관 작성자가 거래상의 지위를 남용하여 계약 상대방의 정당한 이익과 합리적인 기대에 반하여 형평에 어긋나는 약관 조항을 작성·사용함으로써 건전한 거래질서를 훼손하는 등 고객에게 부당하게 불이익을 주었다는 점이 인정되어야 한다. 그리고 이와 같이 약관 조항의 무효 사유에 해당하는 '고객에게 부당하게 불리한 조항'인지는 관계 법령이나 거래관행 등에 비추어 해당 약관 조항이 고객에게 어떠한 불이익을 발생시키는지, 고객이 사업자와 개별적으로 합의

하였더라도 동일한 내용이 포함되었으리라고 할 수 있는지, 고객의 불이익을 정당화할 만한 사업주의 정당한 이익이나 합리적 사유가 있는지, 사업자가 고객의 불이익을 상쇄하거나 최소화할 만한 합리적인 조치를 두어 고객의 이익도 충분히 배려하였는지 등을 다른 약관 조항 등 계약 전체의 내용, 계약을 통해 추구하고자 한 이익의 내용과 그 사이의 균형, 거래관계의 실질적인 사정, 사업의 특성 등에 비추어 심사할 필요가 있다.

[2] 갑 항공사 등이 마일리지에 약 10년의 유효기간을 도입하는 내용으로 약관을 개정하자, 마일리지 보유자인 을 등이 갑 항공사 등을 상대로 위 약관이 고객에게 부당하게 불리한 조항으로서 공정성을 잃어 무효라고 주장하면서 소멸된 마일리지의 지급을 구한 사안에서, 고객이 취득한 항공마일리지는 재화나 서비스를 교환하는 수단으로 사용되고, 사업자는 마일리지의 판매, 소진 과정에서 이윤을 창출하므로, 항공마일리지가 재산적 가치가 있음은 부인하기 어려우나, 마일리지 제도의 구체적인 내용이나 마일리지의 가치는 약관을 통해 약정된 범위 내에서 인정되는 것이고, 사업자는 사적 자치의 한계를 벗어나지 않는 한 원칙적으로 마일리지 제도의 유지 여부, 마일리지 취득조건, 마일리지의 교환대상이 되는 재화나 서비스, 유효기간 등에 관한 계약내용 형성의 자유를 가지는 특성에 따라 마일리지는 전형적인 채권으로 포섭되기 어려운 특수한 유형의 재산권으로, 항공마일리지 제도에 민·상법상 채권의 소멸시효 규정이 당연히 적용되어야 하는 것은 아니지만, 그 제도의 유사성에 비추어 민·상법 규정상 채권에 부여하는 보호의 수준은 약관상 제도가 고객에게 부당하게 불리하게 설계되어 있는지를 판단하는 일응의 기준이 될 수 있는 점에 비추어, 위 약관은 상인인 갑 항공사 등이 부담하는 채무에 관한 것임에도 상사시효가 아닌 민사상 소멸시효에 준하는 10년의 유효기간을 정하고 있어 전체적으로 보아 위 약관이 민·상법의 채권의 소멸시효 규정을 적용하였을 때보다 고객들을 현저히 불리한 지위에 두었다고 단정할 수 없고, 본래 소멸시효는 법률행위에 의하여 이를 배제, 연장 또는 가중할 수 없으나 이를 단축 또는 경감할 수 있음을 고려하면 더욱 그러하며, 마일리지와 유사하게 상용고객 우대제도의 일종으로 부여되는 신용카드나 기타 각종 멤버십 포인트, 또는 전자형·모바일·온라인 상품권 등의 경우 통상 5년 내지 그보다 단기의 유효기간 제도를 두고 있고, 항공마일리지 제도를 두면서 유효기간 제도를 둔 외국 항공사들의 경우 대부분 유효기간을 4년 이내의 단기로 정하고 있으며, 위 제도 관련 약관들은 통상 포인트나

마일리지 적립 시부터 곧바로 유효기간이 진행된다고 정하고 있을 뿐 특정 서비스 이용이 가능한 정도로 축적되기를 기다려 비로소 유효기간이 진행된다는 약관은 찾아보기 어려운데, 외국 항공사들 중 일부는 마일리지가 일부라도 추가 적립되거나 소비되면 유효기간 진행이 중단되고 다시 진행된다는 정책을 두고 있기는 하나, 해당 항공사들은 대부분 유효기간을 3년 이내의 단기로 정하고 있는 점 등을 감안하면, 위 약관이 기산일을 정한 부분이나 중단사유를 두지 않은 것이 거래관행에 비추어 현저히 불리하거나 이례적이어서 예견가능성이 없다거나, 갑 항공사 등이 고객들과 개별적으로 협상하였다면 포함되지 않았을 제도라고 단정하기는 어렵고, 갑 항공사 등이 마일리지 및 마일리지의 유효기간 제도를 통해 얻는 이익에 상응하는 만큼 고객들의 이익이 충분히 보장되었다고 보기에는 미흡한 정황이 보이기도 하나, 제출된 주장 및 증명만으로는 그 이익의 불균형이 사적 자치의 한계를 일탈하여 약관 조항을 무효로 볼 정도에 이르렀다고 인정하기에 부족하므로, 위 약관이 약관의 규제에 관한 법률 제6조 제2항 제1호의 '고객에게 부당하게 불리한 조항'이라거나 위 법 제6조 제1항의 '신의성실의 원칙을 위반하여 공정성을 잃은 조항'이라고 보기는 어렵다고 한 원심판단이 정당하다고 한 사례. (대법원 2024. 11. 28. 선고 2021다308030 판결)

(2) 개별 무효사유

1) 면책조항의 금지

계약 당사자의 책임에 관하여 정하고 있는 약관의 내용 중 ① 사업자, 이행 보조자 또는 피고용자의 고의 또는 중대한 과실로 인한 법률상의 책임을 배제하는 조항, ② 상당한 이유 없이 사업자의 손해배상 범위를 제한하거나 사업자가 부담하여야 할 위험[40]을 고객에게 떠넘기는 조항, ③ 상당한 이유 없이 사업자의 담보책임을 배제 또는 제한하거나 그 담보책임에 따르는 고객의 권리행사의 요건을 가

40) 위험이란 당사자 쌍방의 책임없는 사유로 급부 불능이 되었을 때 발생하는 불이익을 의미하는데, 물건의 위험부담과 대가의 위험부담으로 나뉜다. 통상 위험부담은 대가의 위험부담을 말하며 우리 민법은 제537조에서 채무자위험부담주의를 원칙으로 하고 있다. 예를 들어 A가 B에게 특정물을 매도하는 계약을 체결한 이후 당사자 쌍방의 귀책사유 없이 목적물이 멸실된 경우, 채무자인 매도인 A가 그 위험을 부담하게 되어 그 대가를 받지 못한다.

중하는 조항, ④ 상당한 이유 없이 계약목적물에 관하여 견본이 제시되거나 품질·성능 등에 관한 표시가 있는 경우 그 보장된 내용에 대한 책임을 배제 또는 제한하는 조항은 무효로 본다(약관규제법 제7조).

□ 배달의 민족 등 2개 배달앱 플랫폼 사업자의 불공정 약관 시정[41)]

코로나19로 외부활동이 제한되면서 비대면 온라인 음식배달 규모는 크게 상승하였으며, 특히 배달앱 시장은 일부 사업자가 시장 점유율의 대부분을 차지하고 있어 이들이 사용하는 약관에 대한 심사 필요성이 대두되었다. 배달앱 시장 점유율은 2020년 6월 말, 구글 플레이스토어 다운로드 횟수 기준으로 배달의민족(49.1%), 요기요(39.3%), 배달통(4.7%)로 3개 배달앱의 점유율이 90%를 넘는다.

1. 배달문제로 발생한 손해에 대해 사업자가 책임을 지지 않는 조항

약관규제법상 사업자의 고의·중과실로 인한 법률상 책임을 배제하는 조항은 무효이고(약관규제법 제7조), 사업자의 경과실로 인한 법률상의 책임을 면책하는 것이 고객의 정당한 신뢰에 반하여 부당하게 불리하다면 이 역시 면책될 수 없다(약관규제법 제6조). 플랫폼 사업자의 경과실을 면책하는 약관조항이 고객의 신뢰에 반하여 부당하게 불리한지에 대해서는, ① 플랫폼에서 제공되는 서비스 및 손해의 성격(생명·신체·건강 또는 중대한 재산침해에 관한 것인지 여부 등), ② 사업자가 계약에 따라 이행해야 하는 본질적 의무와 관련성, ③ 플랫폼의 개방성, ④ 사업자에게 관련 법률이 요구하는 의무, ⑤ 소비자 면책범위와의 형평성 등을 종합적으로 고려하여 판단한다.

배달앱을 통해 주문을 하는 소비자는 '음식의 주문' 및 '주문한 음식의 배달'까지 계약의 내용에 포함시키며, 배달앱에 대금을 결제할 때에는 음식의 가격뿐만 아니라 배달비까지 포함시켜서 결제하게 된다. 그럼에도 불구하고 주문 및 배달 과정에서 발생한 문제로 소비자에게 손해가 발생하더라도 배달앱이 이에 대한 어떠한 책임도 지지 않는다고 정한 조항을 수정하여, 배달앱이 부담해야 할 법적 책임을 면제할 수 없게 하였다.

41) 공정거래위원회 보도자료, "배달앱 플랫폼 사업자의 이용약관 상 불공정약관조항 시정", 2021. 8. 19.

시정 전	시정 후
제22조(배달 등) 3. 상품의 주문 및 배달과 관련하여 "업주"와 "이용자", 배달대행업체, 금융기관 등의 사이에 분쟁 등이 발생하면 관련 당사자가 해결해야 하며, "회사"는 이에 대해 어떠한 책임도 부담하지 않습니다.	**제22조(배달 등)** 3. **회사가 관련 법령에 따라 법률상 책임을 지는 경우를 제외하면**, 상품의 주문 및 배달과 관련하여 "업주"와 "이용자", 배달대행업체, 금융기관 등의 사이에 분쟁 등이 발생하면 관련 당사자가 해결해야 합니다.

2. 사업자의 자의적인 판단으로 계약을 해지할 수 있도록 정한 조항

약관규제법상 사업자에게 법률에서 규정하고 있지 아니하는 해제(지)권을 부여하거나 또는 해제(지)권의 행사 요건을 완화한 조항은 무효이다(약관규제법 제9조).

배달앱 사업자에게 플랫폼 관리자로서의 관리 권한을 부여하는 것은 불가피하나, 그러한 권한을 무제한적으로 행사해서는 안 된다. 즉, ① 계약해지 사유는 구체적·합리적이어서 소비자가 사전에 예측 가능해야 하며, ② 특별한 사유가 없는 한 사전에 통지하여 문제를 시정하거나 이의를 제기할 수 있는 절차를 보장해야 한다(민법 제544조).

배달앱 사업자의 자의적인 판단에 의해 필요하다고 인정하는 경우나, 사전에 소비자에게 동의를 받지 않은 단순 운영정책에 위반되었다는 이유로 소비자와의 계약을 일방적으로 해지할 수 없도록 시정하였다.

시정 전	시정 후
제7조(이용계약의 성립) ② "회사"는 다음 각 호에 해당하는 신청에 대하여는 승인을 하지 않거나 사후에 이용계약을 해지할 수 있습니다. 7. 기타 이 약관에 위배되거나 위법 또는 부당한 이용신청임이 확인된 경우 및 회사가 합리적인 판단에 의하여 필요하다고 인정하는 경우	**제7조(이용계약의 성립)** ② "회사"는 다음 각 호에 해당하는 신청에 대하여는 승인을 하지 않을 수 있습니다. 7. 기타 이 약관에 위배되거나 위법 또는 부당한 이용신청임이 확인된 경우 및 이에 준하는 사유가 발생한 경우

제8조(이용계약의 종료) 2. "회사"의 해지 1) "회사"는 다음과 같은 사유가 있는 경우, 이용계약을 해지할 수 있습니다. 다. 기타 "회원"이 이 약관 및 "회사"의 정책에 위배되는 행위를 하거나 이 약관에서 정한 해지사유가 발생한 경우	**제8조(이용계약의 종료)** 2. "회사"의 해지 1) "회사"는 다음과 같은 사유가 있는 경우, 이용계약을 해지할 수 있습니다. 다. 기타 "회원"이 이 약관에 위배되는 행위를 하거나 이 약관에서 정한 해지사유가 발생한 경우

3. 소비자의 게시물을 사전통보 없이 삭제하는 조항

게시물의 내용, 피해의 성격 등에 대한 고려 없이 단지 사업자의 판단에 따라 아무런 통지 없이 게시물에 대한 영구적 삭제 조치까지 할 수 있는 것은 고객에게 부당하게 불리하므로 무효이다(약관규제법 제6조).

「저작권법」·「정보통신망법」 등 관련법의 규정을 함께 고려하면, 특정 게시물에 대한 블라인드(차단) 등 임시조치는 사전통지 없이도 가능하다. 다만 법률에 특별히 조치내용을 정해 놓은 유형의 게시물이 아닌 한, 게시물 삭제 등과 같은 영구적인 조치는 사전에 개별적으로 통지하여 소비자에게 위법행위를 시정할 기회를 부여하거나 이의를 제기할 수 있는 절차적 권리를 보장하여야 한다.

게시물의 차단 등 임시조치는 즉시 취할 수 있도록 하되 삭제와 같은 영구적 조치를 취하기 위해서는 사업자가 사전에 소비자에게 관련 내용을 통지(고지)하도록 시정하였다.

시정 전	시정 후
제24조(게시물) ① 회사는 귀하가 작성하는 리뷰 등 게시물을 소중하게 생각하며 변조, 훼손, 삭제되지 않도록 최선을 다하여 보호합니다. 다만, 다음 각 호의 어느 하나에 해당하는 게시물에 대해서는 이용자에게 공개적 또는 개별적으로 경고한 후 삭제할 수 있습니	**제24조(게시물)** ① 회사는 귀하가 작성하는 리뷰 등 게시물을 소중하게 생각하며 변조, 훼손, 삭제되지 않도록 최선을 다하여 보호합니다. 다만, 다음 각 호의 어느 하나에 해당하는 게시물에 대해서는 이용자에게 **개별적으로 고지한** 후 제한할 수 있으나, 위법행위가 명

다. 단, 상기 경고는 회사의 판단에 따라 생략할 수 있습니다.	백하거나 이를 방치하면 회복할 수 없는 중대한 피해가 발생할 우려가 존재하는 경우 또는 이미 위 절차에 따라 삭제된 게시물의 내용과 유사한 내용을 반복적으로 게시하는 경우, 위와 같은 **고지절차를 생략하고 해당 게시물을 일시적으로 제한**할 수 있습니다. 귀하는 당사 **고객센터**를 통해 위와 같은 일시적인 제한에 대하여 **이의를 제기**할 수 있습니다.

4. 손해배상의 방식 · 액수 등을 사업자가 자의적으로 정하는 조항

상당한 이유 없이 사업자의 손해배상범위를 제한하거나 사업자가 부담하여야 할 위험을 고객에게 떠넘기는 조항은 무효이다(약관규제법 제7조).

회사의 귀책사유로 손해배상책임 등 법적 책임이 발생한 경우 그 배상조치의 방식·액수 등 제반사항을 '회사가 정한 바'에 따른다고 정한 조항을 삭제하여, 배달앱 사업자가 본인의 귀책범위에 합당한 책임을 질 수 있도록 하였다.

시정 전	시정 후
제23조(**저작권의 귀속 및 이용제한**) ⑥ "요기요"는 이용자의 귀책사유로 인한 서비스 이용의 장애에 대하여 책임을 지지 않습니다. 단, 회사의 귀책사유로 인한 것일 때에는 회사가 정한 바에 따라 이용자가 입은 손해에 대해 조치를 합니다.	(동 조항 삭제)

5. 소비자가 탈퇴한 후 소비자의 게시물을 별도의 동의절차 없이 제3자와 공유하는 조항

개별약정이 아닌 약관의 형식으로 배달앱 사업자에게 탈퇴한 소비자의 저작물을 제3자와 공유할 수 있는 권한을 부여하는 것은 소비자에게 지나치게 불리하며, 이처럼 고객에게 부당하게 불리한 약관조항은 무효이다(약관규제법 제6조).

소비자가 배달앱을 탈퇴한 후 배달앱 사업자가 소비자의 게시물을 임의로 제3자에게 공유할 수 있다고 정한 조항을 삭제하였으며, 탈퇴한 소비자의 게시물 삭제 요청이 있으면 그에 따라 게시물을 삭제할 수 있도록 시정하였다.

시정 전	시정 후
제24조(게시물) ⑥ 귀하가 요기요서비스에서 탈퇴하는 경우, 회사는 귀하의 게시물을 귀하의 별도의 동의 없이 삭제할 수 있습니다. 또한 회사는 필요하다고 판단되는 경우 해당 게시물을 삭제하지 않고 요기요서비스 내에 그대로 게시하거나 사업적 협력관계에 있는 제3자와 공유할 수 있는 권한을 가집니다.	**제24조(게시물)** ⑥ 귀하가 요기요서비스에서 탈퇴하는 경우, 회사는 귀하의 게시물을 귀하의 별도의 동의 없이 삭제할 수 있습니다. 또한 회사는 해당 게시물을 삭제하지 않고 요기요 서비스 내에 그대로 게시할 수 있습니다. 단, **탈퇴한 고객의 삭제 요청이 있는 경우 회사는 해당 요청에 따라 고객의 게시물을 삭제할 수 있습니다.**

용역경비계약에 있어, "고객은 현금 및 귀중품을 되도록 금융기관에 예치하고 부득이한 경우에는 고정금고 또는 옮기기 힘든 대형금고 속에 보관하여야 하며 이를 준수하지 아니하여 발생한 사고에 대하여는 용역경비업자가 책임을 지지 않는다."는 내용의 규정 및 특약 사항은, 그 규정 형식 및 내용 등에 비추어 볼 때 면책약관의 성질을 가지는 것이므로, 그 면책조항이 용역경비업자의 고의·중과실로 인한 경우까지 적용된다고 본다면 약관의규제에관한법률 제7조 제1호에 위반되어 무효라고 볼 수밖에 없기 때문에, 그 외의 경우에 한하여 피고의 면책을 정한 규정이라고 해석하는 한도 내에서만 유효하다고 수정 해석하여야 한다. (대법원 1996. 5. 14. 선고 94다2169 판결)

피고 회사의 자동차종합보험보통약관 제10조 제2항 제4호 및 제5호의 규정에 의하면 대인배상에 관한 보험회사의 면책사유로 피해자가 "배상책임의무가 있는 피보험자의 피용자로서 근로기준법에 의한 재해보상을 받을 수 있는 사람"(4호) 또는 "피보험자의 사용자의 업무에 종사중인 다른 피용자로서 근로기준법에 의한 재해보상을 받을 수 있는 사람"(5호)인 경우를 들고 있는바, 사용자와 근로자의 노사관계에서 생기는 업무상재해로 인한 손해에 대하여는 근로기준법에서 사용자의 각종 보상책임을 규정하는 한편 이를 담보하기 위하여 산업재해보상보험법 등으로 산업재해보상보험제도를 설정하고 있으므로 위 각 면책조항은 위와 같은 노사관계에서 생기는 재해보상에 대하여는 산업재해보상보험 등에 의하여 전보받도록 하고 제3자에 대한 배상책임을 전보하는 것을 목적으로 하는 자동차보험의 대인배상범위에서는 이를 제외한 취지라고 풀이되며 이러한 면책조항이 약관의규제에관한법률 제7조 제2호 소정의 "상당한 이유 없이 사업자의 손해배상 범위를 제한하거나 사업자가 부담하여야 할 위험을 고객에게 이전시키는 조항"에 해당한다거나 동 법률 제6조 제2항 소정의 "고객이 계약의 거래형태 등 제반사정에 비추어 예상하기 어려운 조항"에 해당한다고도 볼 수 없으므로 이를 무효라고 할 수는 없다. (대법원 1990. 12. 11. 선고 90다카26553 판결)

2) 손해배상액의 예정

고객에게 부당하게 과중한 지연 손해금 등의 손해배상 의무를 부담시키는 약관 조항은 무효로 한다(약관규제법 제8조).

임차인의 월차임 연체에 대하여 월 5%(연 60%)의 연체료를 부담시킨 계약조항 및 임차인의 월차임 연체 등을 이유로 계약을 해지한 경우 임차인에게 임대차보증금의 10%를 위약금으로 지급하도록 한 계약조항이, 임차인에게 부당하게 불리한 조항으로서 공정을 잃은 것으로 추정되어 신의성실의 원칙에 반하거나 부당하게 과중한 지연손해금 등의 손해배상의무를 부담시키는 약관조항으로서 약관의 규제에 관한 법률 제6조, 제8조에 의하여 무효라고 볼 수 있다고 한 사례. (대법원 2009. 8. 20. 선고 2009다20475, 20482 판결)

3) 계약의 해제·해지

계약의 해제·해지에 관하여 정하고 있는 약관의 내용 중 ① 법률에 따른 고객의 해제권 또는 해지권을 배제하거나 그 행사를 제한하는 조항, ② 사업자에게 법률에서 규정하고 있지 아니하는 해제권 또는 해지권을 부여하여 고객에게 부당하게 불이익을 줄 우려가 있는 조항, ③ 법률에 따른 사업자의 해제권 또는 해지권의 행사 요건을 완화하여 고객에게 부당하게 불이익을 줄 우려가 있는 조항, ④ 계약의 해제 또는 해지로 인한 원상회복의무를 상당한 이유 없이 고객에게 과중하게 부담시키거나 고객의 원상회복 청구권을 부당하게 포기하도록 하는 조항, ⑤ 계약의 해제 또는 해지로 인한 사업자의 원상회복의무나 손해배상의무를 부당하게 경감하는 조항, ⑥ 계속적인 채권관계의 발생을 목적으로 하는 계약에서 그 존속기간을 부당하게 단기 또는 장기로 하거나 묵시적인 기간의 연장 또는 갱신이 가능하도록 정하여 고객에게 부당하게 불이익을 줄 우려가 있는 조항은 무효로 한다(약관규제법 제9조).

□ 넷플릭스 등 6개 온라인 동영상 서비스(OTT) 플랫폼 사업자의 불공정 약관 시정[42]

온라인 구독 경제의 확대로 이용자가 급증하면서 해지 및 환불, 서비스 무료 제공 후 유료 전환 절차 등과 관련한 소비자분쟁이 지속적으로 증가하고 있다. 특히, 코로나19 이후 비대면 거래와 구독경제가 확대되고 있으며, OTT(Over The Top)는 유선 셋톱박스 없이도 온라인 다운로드와 실시간 재생을 통해 콘텐츠를 감상할 수 있는 서비스로, OTT 시장은 넷플릭스(2016), 웨이브(2019), 디즈니플러스(2021) 등의 신규사업자 진입 또는 인수합병으로 가입자 유치경쟁이 활발한 가운데 가입, 해지 및 환불과 관련하여 소비자 권리가 침해되는 문제가 발생하고 있다.

1. 중도 해지 시 환불하지 않는 조항(넷플릭스, 시즌, 왓챠)

과거 중도 해지 시 사업자의 귀책사유 여부와 관계없이 환불을 제한하거나, 이용 여부와 관계없이 잔여기간을 의무적으로 이용하도록 하여 고객의 해지권을 사실상 제한하였다. OTT 구독 거래는 계속거래에 해당되므로 해지권이 보장되어야 하는데, 귀책여부와 이용 여부 등을 고려하지 않고 잔여기간을 의무적으로 이용하도록 하고, 환불을 하지 않으면 고객의 해지권이 실질적으로 제한된다.

이에 이용 내역이 없는 경우 결제 주기(보통 1개월)를 고려하여 결제일 이후 7일 이내에 해지 및 환불받을 수 있도록 하였고, 사업자의 귀책사유가 있는 경우에도 해지·환불을 보장하도록 시정하였다.

2. 고객에게 부당하게 불리한 위약금 조항(웨이브, 티빙, 시즌)

사업자 및 회원의 귀책으로 환불하는 경우, 회원에게만 위약금(잔여기간 이용 요금의 10%)을 부과(웨이브, 티빙)하거나, 회원만 사실상의 위약금(잔여기간 이용 요금 전액)을 부담(시즌)하였다. 사업자 및 회원의 귀책으로 해지 및 환불하는 경우에 위약금 규정은 한쪽에만 불리하면 안되는데, 해당 약관조항은 사업자에게만 유리하여 고객에게는 불공정한 조항이다. 상호 위약금 없이 환불하는 등 해당 조항들을 수정하였다.

3. 청약철회권을 제한하는 조항(웨이브, 티빙, 시즌)

소비자가 실시간 재생 또는 내려 받기를 하지 아니하였음에도 단지 청약 철회가 제한된다는 사실을 표시하였다는 등의 이유로 소비자의 청약철회권을 제한하였다.

소비자의 이용 등 일정한 행위로 서비스 가치가 현저히 감소·훼손되는 등의 경우가 아니라면 소비자의 청약철회권은 전자상거래법상의 소비자 권리이므로 보장되어야 한다. 그러나, 사업자들은 청약 철회 제한 사실을 표시하거나, 일부 이용방법을 제공하였다는 등의 이유만으로 청약철회권을 제한하였다.

청약철회권 제한 사유를 전자상거래법의 취지를 반영하여 실시간 재생·내려받기 등의 방식으로 서비스 제공이 개시되거나 이용 내역이 있는 경우 등으로 한정하였다.

4. 사전 고지 또는 동의 없이 자의적인 요금 변경 등을 규정한 조항(구글, 유튜브 프리미엄, 왓챠)

유료 서비스 요금 및 내용 변경 시, 고객 고지 또는 동의 없이 사업자가 임의로 수시 변경(유튜브 프리미엄)하거나, 운영상 필요에 따라 가격을 변경(왓챠)하였다.

가격 및 서비스에 대한 사항은 고객이 계약을 체결할 때 고려하는 중요한 내용으로 불리하게 변경·적용하기 위해서는 고객에게 명확히 알리거나 동의를 받아야 하는데, 이를 고지 없이 일방적으로 변경·적용하는 것은 불공정하다.

가격 인상 시 사전 동의와 함께 고객이 동의하지 않으면 구독은 갱신되지 않도록 시정하고, 서비스의 중요한 내용을 변경하는 경우 사전 고지 또는 설명하도록 하였다.

5. 환불 시 현금 보상을 원칙으로 하지 않거나, 선물받은 사이버머니 등에 대한 환불 불가 조항(웨이브, 티빙, 시즌, 왓챠)

서비스 하자로 손해 입은 고객에 사이버머니 및 이에 상응하는 수단으로 보상(웨이브, 티빙)하거나, 계약해지 시 선물 받은 사이버머니 및 유료 서비스는 환불을 하지 않거나(티빙, 왓챠), 충전한 TV 포인트는 환불받을 수 없었다.

손해배상은 민법상 금전 배상이 원칙이므로 사이버머니로 보상하는 것은 불공정하며, 계약이 해지되면 서비스 이용에 따라 얻은 이익과 위약금 등을 제외한 나머지는 원상회복 내지 반환되어야 하는데 선물받았다는 등의 이유로 전부를 환불하지 않는 것은 불공정하다.
관련 약관 조항을 수정 또는 삭제하여 현금 또는 사이버머니로 보상받을 수 있도록 하였고, 선물받은 사이버머니 등에 대하여는 정당한 환불이 이루어질 수 있도록 하였다.

상가개발비 약정이 분양계약에 편입된 경우, 분양계약이 해제되면 상가개발비 약정 역시 종료되고, 이 경우 상가개발비 반환의무의 발생이나 그 내용 등은 원칙적으로 분양계약 당사자의 약정에 따라 정하여지나 약관의 형식으로 분양계약이 체결된 경우에는, 그 약관의 내용이 사적 자치의 영역에 속하는 것이라고 하더라도 이는 약관의 규제에 관한 법률(이하 '약관법'이라 한다)의 규율 대상이 되는 것인데, 약관법 제9조는 계약의 해제·해지에 관하여 사업자의 원상회복의무나 손해배상의무를 부당하게 경감하는 조항은 무효라고 규정하고 있으므로, 분양계약 해제로 인하여 상가개발비 약정이 종료된 경우에 상가개발비를 어떠한 경우에도 반환하지 않는다고 규정하는 조항은 수분양자에게 일방적으로 불리한 약관으로 무효이다. 이처럼 상가개발비의 반환에 관한 약정이 무효이거나 그에 관한 약정이 존재하지 않고 나아가 상가개발비 약정의 성격이 위임약정이라고 볼 경우 분양자의 책임 없는 사유로 분양계약이 해제되었을 때에는 분양계약 종료 당시까지 분양자가 처리한 사무의 정도와 난이도, 노력의 정도, 처리된 사무에 대하여 가지는 쌍방 당사자의 이익 등 제반 사정을 참작하여 상당하다고 인정되는 보수 금액 및 상당하다고 인정되는 사무처리 비용 등을 공제하고 남은 나머지 상가개발비만을 반환받을 수 있다고 봄이 타당하다. (대법원 2013. 10. 24. 선고 2010다22415 판결)

[1] 약관의 규제에 관한 법률 제9조는 "계약의 해제, 해지에 관하여 정하고 있는 약관의 내용 중 다음 각 호의 1에 해당되는 내용을 정하고 있는 조항은 이를 무효로

42) 공정거래위원회 보도자료, "넷플릭스 해지했는데 환불이 안된다고요? 앞으로는 가능합니다. – 넷플릭스 등 6개 온라인 동영상 서비스(OTT) 플랫폼 사업자 불공정 약관 시정 –", 2021. 1. 27.

한다."고 규정하고, 같은 조 제5호는 '계약의 해제, 해지로 인한 사업자의 원상회복의무나 손해배상의무를 부당하게 경감하는 조항'을 들고 있는바, 민법 제548조 제2항은 계약이 해제된 경우 반환할 금전에 그 받은 날로부터 이자를 가산하여야 한다고 규정하고 있으므로 계약 해제로 사업자가 이미 받은 금전을 반환함에 있어 이자의 반환의무를 배제하는 약관조항은 고객에게 부당하게 불리하여 공정을 잃은 것으로 추정되어 무효이지만, 이자를 가산하여 반환하기로 한 경우에는 가산이자율이 공정을 잃은 것으로서 무효인지를 판단함에 있어 일률적으로 이자율이 법정이율보다 높거나 낮다는 것만을 기준으로 하여서는 아니 되고, 당해 약관을 설정한 의도 및 목적, 당해 업종에서의 통상적인 거래 관행, 관계 법령의 규정, 거래대상 상품 또는 용역의 특성, 사업자의 영업상 필요 및 고객이 입을 불이익의 내용과 정도 등을 종합적으로 고려하여 판단하여야 한다.

[2] '분양계약이 해제되는 경우 분양자는 수분양자가 기납부한 대금에 대하여 각각 그 받은 날로부터 반환일까지 연리 2%에 해당하는 이자를 부가하여 수분양자에게 환불한다'고 정한 약관조항 중 분양자가 반환해야 할 금전에 대한 이자율(이하 '가산이자율'이라 한다)을 연 2%로 규정하고 있는 부분이 약관의 규제에 관한 법률 제9조 제5호에 해당하여 무효인지가 문제 된 사안에서, 수분양자가 중도금 대출을 받았다는 등의 사정은 모든 수분양자에게 공통된 사정이 아니므로, 이러한 개별적, 구체적인 사정을 약관 해석의 근거로 삼아서는 안 되는 점, 공정거래위원회가 공시한 아파트표준공급계약서 표준약관이 개정되기 전에는 계약 해제로 인한 원상회복 시의 가산이자율에 관하여 시공사 등이 자율적으로 정할 수 있도록 공란으로 해 두어 분양자는 표준약관에 따라 위 약관을 작성한 것인 점 등 제반 사정에 비추어 위 약관조항의 가산이자율 부분이 분양자의 원상회복의무를 부당하게 경감하는 조항이라고 보기 어려운데도, 이와 달리 가산이자율 부분이 불공정하여 무효라고 본 원심판결에 법리오해 등의 잘못이 있다고 한 사례. (대법원 2014. 12. 11. 선고 2014다39909 판결)

4) 채무의 이행

채무의 이행에 관하여 정하고 있는 약관의 내용 중 ① 상당한 이유 없이 급부(給付)의 내용을 사업자가 일방적으로 결정하거나 변경할 수 있도록 권한을 부여하는 조항, ② 상당한 이유 없이 사업자가 이행하여야 할 급부를 일방적으로 중지할 수 있게 하거나 제3자에게 대행할 수 있게 하는 조항은 무효로 한다(약관규제법 제10조).

> 택배회사의 위탁영업소계약에서 운송수수료율은 영업소가 운송행위에 대한 대가로 어떠한 이득을 취득할 것인가라는 주된 급부에 관한 사항이고, 이러한 급부내용을 변경할 사정변경이 있는 경우에는 당사자 간의 합의에 따라 조정하는 것이 기본 법리이므로, 위 계약에서 사정변경에 따라 운송수수료율을 택배회사측이 일방적으로 변경할 수 있도록 규정한 경우, 이는 상당한 이유 없이 급부의 내용을 사업자가 일방적으로 결정하거나 변경할 수 있도록 권한을 부여한 조항으로 약관의 규제에 관한 법률 제10조 제1호에 해당하거나, 고객에 대하여 부당하게 불리한 조항으로 공정을 잃은 것으로 추정되는 경우에 해당하여 같은 법 제6조 제2항 제1호에 의하여 무효이다. (대법원 2008. 2. 14. 선고 2005다47106, 47113, 47120 판결)

5) 고객의 권익 보호

고객의 권익에 관하여 정하고 있는 약관의 내용 중 ① 법률에 따른 고객의 항변권(抗辯權), 상계권(相計權) 등의 권리를 상당한 이유 없이 배제하거나 제한하는 조항, ② 고객에게 주어진 기한의 이익을 상당한 이유 없이 박탈하는 조항, ③ 고객이 제3자와 계약을 체결하는 것을 부당하게 제한하는 조항, ④ 사업자가 업무상 알게 된 고객의 비밀을 정당한 이유 없이 누설하는 것을 허용하는 조항은 무효로 한다(약관규제법 제11조).

> [1] 약관의 규제에 관한 법률은 제6조 제1항에서 "신의성실의 원칙에 반하여 공정을 잃은 약관조항은 무효이다"라고 규정하고, 제11조에서 "고객의 권익에 관하여 정하고 있는 약관의 내용 중 다음 각 호의 1에 해당되는 내용을 정하고 있는 조항은 이를 무효로 한다"고 규정하면서 그 제1호에 '법률의 규정에 의한 고객의 항변권, 상계권 등의 권리를 상당한 이유 없이 배제 또는 제한하는 조항'을 들고 있다. 따라서 공평의 관점에서 창고업자에게 인정되는 권리인 유치권의 행사를 상당한 이

유 없이 배제하는 내용의 약관 조항은 고객에게 부당하게 불리하고 신의성실의 원칙에 반하여 공정을 잃은 것으로서 무효라고 보아야 한다.

[2] 금융기관인 양도담보권자가 양도담보 목적물을 보관하는 창고업자로부터 '창고주는 양도담보권자가 담보물 임의처분 또는 법적 조치 등 어떠한 방법의 담보물 환가와 채무변제 충당시에도 유치권 등과 관련된 우선변제권을 행사할 수 없다'는 문구가 부동문자로 인쇄된 확약서를 제출받은 사안에서, 이는 창고업자가 보관료 징수 등을 위하여 공평의 관점에서 보유하는 권리인 유치권의 행사를 상당한 이유 없이 배제하고 일방적으로 금융기관인 양도담보권자의 담보권 실행에 유리한 내용의 약관 조항으로서, 고객에게 부당하게 불리하고 신의성실의 원칙에 반하여 공정을 잃은 것이므로 무효라고 한 사례. (대법원 2009. 12. 10. 선고 2009다61803, 61810 판결)

6) 의사표시의 의제

의사표시에 관하여 정하고 있는 약관의 내용 중 ① 일정한 작위(作爲) 또는 부작위(不作爲)가 있을 경우 고객의 의사표시가 표명되거나 표명되지 아니한 것으로 보는 조항(다만, 고객에게 상당한 기한 내에 의사표시를 하지 아니하면 의사표시가 표명되거나 표명되지 아니한 것으로 본다는 뜻을 명확하게 따로 고지한 경우이거나 부득이한 사유로 그러한 고지를 할 수 없는 경우에는 그러하지 아니하다), ② 고객의 의사표시의 형식이나 요건에 대하여 부당하게 엄격한 제한을 두는 조항, ③ 고객의 이익에 중대한 영향을 미치는 사업자의 의사표시가 상당한 이유 없이 고객에게 도달된 것으로 보는 조항, ④ 고객의 이익에 중대한 영향을 미치는 사업자의 의사표시 기한을 부당하게 길게 정하거나 불확정하게 정하는 조항은 무효로 한다(약관규제법 제12조).

약관의규제에관한법률 제12조 제3호는 의사표시에 관하여 정하고 있는 약관의 내용 중 고객의 이익에 중대한 영향을 미치는 사업자의 의사표시가 상당한 이유 없이 고객에게 도달된 것으로 보는 조항은 무효로 한다고 규정하고 있는데, 보험계약자 또는 피보험자가 개인용자동차보험 보통약관에 따라 주소변경을 통보하지 않는 한 보험증권에 기재된 보험계약자 또는 기명피보험자의 주소를 보험회사의 의사표시를 수령할 지

> 정장소로 한다고 규정하고 있는 개인용자동차보험 특별약관의 보험료 분할납입 특별약관 제3조 제3항 후단을 문언 그대로 보아 보험회사가 보험계약자 또는 피보험자의 변경된 주소 등 소재를 알았거나 혹은 보통일반인의 주의만 하였더라면 그 변경된 주소 등 소재를 알 수 있었음에도 불구하고 이를 게을리 한 과실이 있어 알지 못한 경우에도 보험계약자 또는 피보험자가 주소변경을 통보하지 않는 한 보험증권에 기재된 종전 주소를 보험회사의 의사표시를 수령할 지정장소로 하여 보험계약의 해지나 보험료의 납입최고를 할 수 있다고 해석하게 되는 경우에는 위 특별약관 조항은 고객의 이익에 중대한 영향을 미치는 사업자의 의사표시가 상당한 이유 없이 고객에게 도달된 것으로 보는 조항에 해당하는 것으로서 위 약관의규제에관한법률의 규정에 따라 무효라 할 것이고, 따라서 위 특별약관 조항은 위와 같은 무효의 경우를 제외하고 보험회사가 과실 없이 보험계약자 또는 피보험자의 변경된 주소 등 소재를 알지 못하는 경우에 한하여 적용되는 것이라고 해석하여야 한다. (대법원 2000. 10. 10. 선고 99다35379 판결)

7) 대리인의 책임 가중

고객의 대리인에 의하여 계약이 체결된 경우 고객이 그 의무를 이행하지 아니하는 경우에는 대리인에게 그 의무의 전부 또는 일부를 이행할 책임을 지우는 내용의 약관 조항은 무효로 한다(약관규제법 제13조).

> 원심판결 이유에 의하면 원심은 그 증거에 의하여 판시와 같은 사실을 인정하고, 약관의규제에관한법률(이하 약관법이라 한다) 제13조 소정의 '대리인'이라 함은 약관법 제1조 및 제6조 제1항의 취지를 종합하여 살펴볼 때 단순히 '본인을 위하여 계약체결을 대리하는 민법상 및 상법상의 대리인'을 뜻한다고 할 것인데, 판시 사실에 의하면 원고의 입찰안내서상 입찰자(대리점)는 한국 내에 소재하는 공급자의 계약상의 전권 대표부 또는 대리점으로서 자기의 이름으로 원고의 입찰에 참가하고, 원고와 공급자간의 모든 연락업무를 수행하며, 공급자로부터 선적서류를 송부받아 원고에게 제출하고, 최종 도착지에서 상품의 검정 · 검수에 참여하는 등으로 계약의 이행과정에 관여하게 되어 있고, 한편 소외 화경실업의 경우 소외 아틀라스사와의 대리점 계약에 의하면 위

> 화경실업은 원고의 쇠고기 입찰에 관련된 모든 정보를 아틀라스사에 제공하고, 아틀라스사의 요구에 따라 아틀라스사를 대리하여 서류작성업무, 통관에 관한 절차 등의 서비스를 아틀라스사에 제공하며, 양자간의 중개료약정에 따라 선적이 완료되면 일정한 금액의 중개료를 받도록 약정이 되어 있고, 이 사건 쇠고기 입찰에 있어서 위 화경실업은 원고에게 입찰보증서와 계약이행보증서를 원고에게 제출하는 등으로 위 공급계약의 이행과정에 직접 관여하는바, 이러한 점에 비추어 볼 때, 위 입찰안내서의 수입조건 제12조 에프(F)항 소정의 국내대리점은 위 약관법 제13조 소정의 단순한 '계약체결의 대리인'의 지위를 넘어 '이행보조자'의 지위도 겸하고 있다고 보여지므로, 원고의 입찰안내서의 수입조건 제12조 에프(F)항은 약관법 제13조에 위반되지 않는다는 취지로 판시하였다.
>
> 기록에 비추어 보면, 원심의 위와 같은 증거취사, 사실인정 및 판단은 옳고, 거기에 상고이유에서 지적하는 바와 같은 약관법 제13조 소정의 대리인에 관한 법리오해, 심리미진, 채증법칙 위배로 인한 사실오인의 잘못이 없다. (대법원 1999. 3. 9. 선고 98두17494 판결)

8) 소송 제기의 금지 등

소송 제기 등과 관련된 약관의 내용 중 ① 고객에게 부당하게 불리한 소송 제기 금지 조항 또는 재판관할의 합의 조항, ② 상당한 이유 없이 고객에게 입증책임을 부담시키는 약관 조항은 무효로 한다(약관규제법 제14조).

> [1] 약관조항에 의하여 고객에게 생길 수 있는 불이익의 내용과 불이익 발생의 개연성, 당사자들 사이의 거래과정에 미치는 영향, 관계 법령의 규정 등 제반 사정을 종합하여 볼 때, 당사자 중 일방이 지정하는 법원을 관할법원으로 한다는 것과 다를 바 없거나, 사업자가 그 거래상의 지위를 남용하여 사업자의 영업소를 관할하는 지방법원을 전속적 관할로 하는 약관조항을 작성하여 고객과 계약을 체결함으로써 건전한 거래질서를 훼손하는 등 고객에게 부당하게 불이익을 주었다고 인정되는 경우라면, 그 약관조항은 약관의 규제에 관한 법률 제14조에 위반되어 무효이고, 이에 이르지 아니하고 그 약관조항이 고객에게 다소 불이익한 것에 불과하

다면 그 약관조항을 무효라고 할 수는 없을 것이나, 이 경우에도 그 약관은 신의성실의 원칙에 따라 공정하게 해석되어야 하며, 약관의 뜻이 명백하지 아니한 경우에는 고객에게 유리하게 해석되어야 한다.

[2] 주택분양보증약관에서 '대한주택보증 주식회사의 관할 영업점 소재지 법원'을 전속적 합의관할 법원으로 정한 사안에서, 위 회사의 내부적인 업무조정에 따라 위 약관조항에 의한 전속적 합의관할이 변경된다고 볼 경우에는 당사자 중 일방이 지정하는 법원에 관할권을 인정한다는 관할합의조항과 다를 바 없고, 사업자가 그 거래상의 지위를 남용하여 사업자의 영업소를 관할하는 지방법원을 전속적 관할로 하는 약관조항을 작성하여 고객과 계약을 체결함으로써 건전한 거래질서를 훼손하는 등 고객에게 부당하게 불이익을 주는 것으로서 무효인 약관조항이라고 볼 수밖에 없으므로, 위 약관조항에서 말하는 '위 회사의 관할 영업점 소재지 법원'은 주택분양보증계약이 체결될 당시 이를 관할하던 위 회사의 영업점 소재지 법원을 의미한다고 본 사례. (대법원 2009. 11. 13. 자 2009마1482 결정)

4. 일부무효의 특칙

본래 법률행위의 일부분이 무효인 때에는 그 무효부분이 없더라도 법률행위를 하였을 것이라는 등의 특별한 사정이 없는 한, 그 전부를 무효로 한다(민법 제137조). 그러나 약관규제법에서는 약관이 편입통제를 거치지 못하여 계약의 내용이 되지 못하거나(약관규제법 제3조 제4항), 불공정성 통제에 따라 무효가 되는 경우(약관규제법 제6조 내지 제14조) 계약은 무효인 부분을 제외한 나머지 부분만으로 유효하게 존속한다는 특칙을 두고 있다. 다만, 유효한 부분만으로는 계약의 목적 달성이 불가능하거나 그 유효한 부분이 한쪽 당사자에게 부당하게 불리한 경우에는 그 계약은 무효로 한다(약관규제법 제16조).

보험자 또는 보험계약의 체결 또는 모집에 종사하는 자는 보험계약을 체결할 때에 보험계약자 또는 피보험자에게 보험약관에 기재되어 있는 보험상품의 내용, 보험료율의 체계 및 보험청약서상 기재사항의 변동사항 등 보험계약의 중요한 내용에 대하여 구체적이고 상세하게 설명할 의무를 지고, 보험자가 이러한 보험약관의 설명의무를 위반하여 보험계약을 체결한 때에는 약관의 내용을 보험계약의 내용으로 주장할 수 없다[상법 제638조의3 제1항, 약관의 규제에 관한 법률(이하 '약관규제법'이라고 한다) 제3조 제3항, 제4항].
이와 같은 설명의무 위반으로 보험약관의 전부 또는 일부의 조항이 보험계약의 내용으로 되지 못하는 경우 보험계약은 나머지 부분만으로 유효하게 존속하고, 다만 유효한 부분만으로는 보험계약의 목적 달성이 불가능하거나 그 유효한 부분이 한쪽 당사자에게 부당하게 불리한 경우에는 그 보험계약은 전부 무효가 된다(약관규제법 제16조). 그리고 나머지 부분만으로 보험계약이 유효하게 존속하는 경우에 보험계약의 내용은 나머지 부분의 보험약관에 대한 해석을 통하여 확정되어야 하고, 만일 보험계약자가 확정된 보험계약의 내용과 다른 내용을 보험계약의 내용으로 주장하려면 보험자와 사이에 다른 내용을 보험계약의 내용으로 하기로 하는 합의가 있었다는 사실을 증명하여야 한다(약관규제법 제4조). (대법원 2015. 11. 17. 선고 2014다81542 판결)

1. 학원 수강생이 자신의 의사로 수강을 포기할 경우, 교습개시 이전이라면 이미 납부한 수강료의 전액을 반환하여야 함이 통상적임에도 불구하고, 선납한 수강료는 어떠한 경우에도 반환하지 않는다는 학원 약관조항

2. 수영강습계약의 본질적 권리는 수영강습을 받을 권리임에도 불구하고 수영교재를 제공함으로써 수영강습을 대체할 수 있다고 하는 약관조항

3. 주차장 사업자가 차량이나 차량 내 물건에 대하여 선량한 관리자로서의 주의의무를 다하지 아니하여 차량소유자에게 손해가 발생한 경우 이를 배상하여야 함에도 불구하고, 주차장 내에서 일어나는 파손, 분실 등의 모든 사고에 대한 책임은지지 않는다고 하는 약관조항

4. 인터넷포털사이트 이용약관에서 이용자가 게재하는 내용물이 공공질서 또는 미풍양속에 위반되는 경우, 인터넷포털사업자가 이용자에게 사전통지 없이 게시물을 삭제할 수 있다고 하는 약관조항

5. 임대차계약에서 보증금은 계약이 종료되어 임대차건물이 임대인에게 명도된 후 임차인의

임대인에 대한 일체의 채무변제에 충당한 후, 임대인이 그 잔액을 임차물을 명도받은 날로부터 1개월 후에 지급한다고 하는 약관조항

V 약관에 대한 행정적 규제

1. 불공정약관조항의 사용금지

사업자는 불공정성 통제에 관한 약관규제법 제6조 내지 제14조의 규정에 해당하는 불공정한 약관조항(이하 "불공정약관조항"이라 한다)을 계약의 내용으로 하여서는 아니된다(약관규제법 제17조). 만일 사업자가 이를 위반하여 불공정약관조항을 사용하는 경우, 공정거래위원회는 사업자에게 해당 불공정약관조항의 삭제·수정 등 시정에 필요한 조치를 권고할 수 있고(약관규제법 제17조의2 제1항), 해당 사업자가 ① 시장지배적사업자이거나, ② 자기의 거래상의 지위를 부당하게 이용하여 계약을 체결하는 경우, ③ 사업자가 일반 공중에게 물품·용역을 공급하는 계약으로서 계약 체결의 긴급성·신속성으로 인하여 고객이 계약을 체결할 때에 약관 조항의 내용을 변경하기 곤란한 경우, ④ 사업자의 계약 당사자로서의 지위가 현저하게 우월하거나 고객이 다른 사업자를 선택할 범위가 제한되어 있어 약관을 계약의 내용으로 하는 것이 사실상 강제되는 경우, ⑤ 계약의 성질상 또는 목적상 계약의 취소·해제 또는 해지가 불가능하거나 계약을 취소·해제 또는 해지하면 고객에게 현저한 재산상의 손해가 발생하는 경우, ⑥ 사업자가 시정권고를 정당한 사유 없이 따르지 아니하여 여러 고객에게 피해가 발생하거나 발생할 우려가 현저한 경우에는 사업자에게 해당 불공정약관조항의 삭제·수정, 시정명령을 받은 사실의 공표, 그 밖에 약관을 시정하기 위하여 필요한 조치를 명할 수 있다(약관규제법 제17조의2 제2항). 이에 따른 명령을 이행하지 아니한 자는 2년 이하의 징역 또는 1억 원 이하의 벌금에 처한다(약관규제법 제32조).

2. 관청인가약관 및 은행약관

공정거래위원회는 행정관청이 작성한 약관이나 다른 법률에 따라 행정관청의 인가를 받은 약관이 불공정성 통제에 관한 약관규제법 제6조부터 제14조까지의 규정에 해당된다고 인정할 때에는 해당 행정관청에 그 사실을 통보하고 이를 시정하기 위하여 필요한 조치를 하도록 요청할 수 있다. 이 경우, 공정거래위원회는 시정권고 또는 시정명령은 하지 아니한다(약관규제법 제18조 제1항 · 제3항).

또한 공정거래위원회는 「은행법」에 따른 은행의 약관이 불공정성 통제에 관한 약관규제법 제6조부터 제14조까지의 규정에 해당된다고 인정할 때에는 「금융위원회의 설치 등에 관한 법률」에 따라 설립된 금융감독원에 그 사실을 통보하고 이를 시정하기 위하여 필요한 조치를 권고할 수 있다(약관규제법 제18조 제2항).

3. 약관의 심사청구

불공정한 약관심사는 구체적인 사례에서 해당 소비자를 구제해주기 위한 측면도 있지만, 약관조항 자체를 무효화하여 시정조치함으로써 해당 약관이 향후 계속하여 사용되는 것을 방지하는 것도 목적으로 한다. 이를 위하여 일정한 범위의 자는 공정거래위원회에 약관에 관하여 심사청구를 할 수 있다.

즉, ① 약관의 조항과 관련하여 법률상의 이익이 있는 자, ② 「소비자기본법」 제29조에 따라 등록된 소비자단체, ③ 「소비자기본법」 제33조에 따라 설립된 한국소비자원, ④ 사업자단체는 약관 조항이 이 법에 위반되는지 여부에 관한 심사를 공정거래위원회에 청구할 수 있다(약관규제법 제19조 제1항). 공정거래위원회는 심사대상인 약관 조항이 변경된 때에는 직권으로 또는 심사청구인의 신청에 의하여 심사대상을 변경할 수 있다(약관규제법 제19조의2).

그림 1 **약관심사제도 절차**[43)]

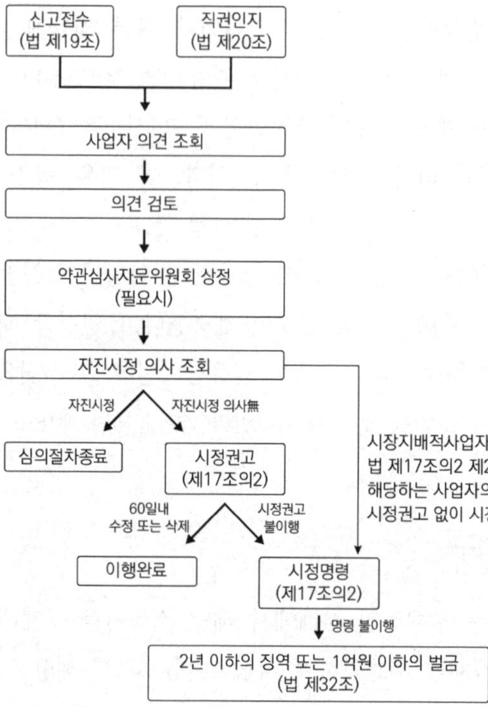

4. 표준약관

사업자 및 사업자단체는 건전한 거래질서를 확립하고 불공정한 내용의 약관이 통용되는 것을 방지하기 위하여 일정한 거래 분야에서 표준이 될 약관의 제정·개정안을 마련하여 그 내용이 이 법에 위반되는지 여부에 관하여 공정거래위원회에 심사를 청구할 수 있다. 「소비자기본법」에 따라 등록된 소비자단체 또는 한국소비자원(이하 "소비자단체등"이라 한다)은 소비자 피해가 자주 일어나는 거래 분야에서 표준이 될 약관을 제정 또는 개정할 것을 공정거래위원회에 요청할 수 있다(약관규제법 제19조의3 제1항·제2항).

공정거래위원회는 ① 소비자단체등의 요청이 있는 경우, ② 일정한 거래 분야

43) 공정거래위원회, 앞의 책, 408면.

에서 여러 고객에게 피해가 발생하거나 발생할 우려가 있는 경우에 관련 상황을 조사하여 약관이 없거나 불공정약관조항이 있는 경우, ③ 법률의 제정·개정·폐지 등으로 약관을 정비할 필요가 발생한 경우에 사업자 및 사업자단체에 대하여 표준이 될 약관의 제정·개정안을 마련하여 심사 청구할 것을 권고할 수 있다. 이때 공정거래위원회는 사업자 및 사업자단체가 권고를 받은 날부터 4개월 이내에 필요한 조치를 하지 아니하면 관련 분야의 거래 당사자 및 소비자단체등의 의견을 듣고 관계 부처의 협의를 거쳐 표준이 될 약관을 제정 또는 개정할 수 있다(약관규제법 제19조의3 제3항·제4항).

이에 따라 심사하거나 제정·개정한 약관(이하 "표준약관"이라 한다)에 관하여는 공정거래위원회가 이를 공시(公示)하고 사업자 및 사업자단체에 표준약관을 사용할 것을 권장할 수 있다(약관규제법 제19조의3 제5항).

공정거래위원회로부터 표준약관의 사용을 권장받은 사업자 및 사업자단체는 표준약관과 다른 약관을 사용하는 경우 표준약관과 다르게 정한 주요 내용을 고객이 알기 쉽게 표시하여야 한다(약관규제법 제19조의3 제6항).

공정거래위원회는 표준약관의 사용을 활성화하기 위하여 표준약관 표지(標識)를 정할 수 있고, 사업자 및 사업자단체는 표준약관을 사용하는 경우 공정거래위원회가 고시하는 바에 따라 표준약관 표지를 사용할 수 있으나, 표준약관과 다른 내용을 약관으로 사용하는 경우 표준약관 표지를 사용하여서는 아니 되며, 이 경우 표준약관과 다른 내용을 약관으로 사용하면서 표준약관 표지를 사용하는 경우 표준약관의 내용보다 고객에게 더 불리한 약관의 내용은 무효로 한다(약관규제법 제19조의3 제7항 내지 제9항).

5. 조사 · 의견진술

공정거래위원회는 ① 약관의 심사청구를 받은 경우뿐 아니라, ② 시정권고 또는 시정명령을 하기 위하여 필요하다고 인정되는 경우에는 약관이 이 법에 위반된 사실이 있는지 여부를 확인하기 위하여 필요한 조사를 할 수 있다(약관규제법 제20조 제1항). 공정거래위원회는 약관의 내용이 이 법에 위반되는지 여부에 대하여 심의하기 전에 그 약관에 따라 거래를 한 사업자 또는 이해관계인에게 그 약관이 심사 대상이 되었다는 사실을 알려야 하고, 이에 따라 통지를 받은 당사자 또는 이해관계인은 공정거래위원회의 회의에 출석하여 의견을 진술하거나 필요한 자료를 제출할 수 있다(약관규제법 제22조 제1항 · 제2항).

6. 불공정약관조항의 공개

공정거래위원회는 이 법에 위반된다고 심의 · 의결한 약관 조항의 목록을 인터넷 홈페이지에 공개하여야 한다(약관규제법 제23조).

Ⅵ 약관 분쟁조정협의회

2012년 약관규제법 개정에 따라 불공정 약관과 관련된 분쟁을 조정하기 위하여 한국공정거래조정원에 약관 분쟁조정협의회가 설치되었다. 과거 불공정 약관으로 인한 개별 사업자의 피해구제는 약관 조항의 시정 이후 소송 등 실질적인 피해구제절차를 거쳐야만 가능한 문제점이 있었으나, 약관 분쟁조정협의회가 설치됨으로써 분쟁당사자 간의 분쟁을 해결하고, 집단분쟁조정제도를 도입하여 불공정 약관의 다수 계약자에 대한 추가적 피해 발생을 예방하는 등 약관 관련 피해를 신속히 구제하려는데 그 목적이 있다.

1. 약관 분쟁조정협의회의 설치 및 구성

(1) 협의회의 설치

불공정약관조항을 사용하는 약관 또는 이와 법률상 쟁점이 공통되는 약관과 관련된 분쟁을 조정하기 위하여 한국공정거래조정원(이하 "조정원"이라 한다)에 약관 분쟁조정협의회(이하 "협의회"라 한다)를 둔다(약관규제법 제24조 제1항, 동법 시행령 제8조의2).

(2) 협의회의 구성

협의회는 위원장 1명을 포함한 9명의 위원으로 구성되고, 협의회 위원장은 상임으로 하되, 조정원의 장의 제청으로 공정거래위원회 위원장이 위촉한다. 협의회 위원장이 사고로 직무를 수행할 수 없을 때에는 협의회의 위원장이 지명하는 협의회 위원이 그 직무를 대행한다. 협의회 위원은 약관규제·소비자 분야에 경험 또는 전문지식이 있는 사람으로서 조정원의 장의 제청으로 공정거래위원회 위원장이 임명하거나 위촉하며, 위원의 임기는 3년으로 하되, 연임이 가능하다(약관규제법 제24조 제2항 내지 제6항).

(3) 협의회의 회의

협의회의 회의는 위원 전원으로 구성되는 회의(이하 "전체회의"라 한다)와 위원장이 지명하는 3명의 위원(위원장을 포함할 수 있음)으로 구성되는 회의(이하 "분과회의"라 한다)로 구분된다. 전체회의는 위원장이 주재하며 재적위원 과반수의 출석으로 개의하고, 출석위원 과반수의 찬성으로 의결한다. 분과회의는 전체회의로부터 위임받은 사항에 관하여 심의·의결하는데, 위원장 또는 위원장이 지명하는 위원이 주재하며, 구성위원 전원의 출석과 출석위원 전원의 찬성으로 의결한다. 이 경우 분과회의의 의결은 협의회의 의결로 보되, 회의의 결과를 전체회의에 보고하여야 한다. 조정의 대상이 된 분쟁의 당사자인 고객과 사업자(이하 "분쟁당사자"라 한다)는 협의회의 회의에 출석하여 의견을 진술하거나 관계 자료를 제출할 수 있다(약관규제법 제25조).

협의회 위원에게도 제척·기피·회피가 적용된다. 협의회 위원은 ① 협의회 위원 또는 그 배우자나 배우자였던 사람이 해당 분쟁조정사항의 분쟁당사자가 되거나 공동권리자 또는 의무자의 관계에 있는 경우, ② 협의회 위원이 해당 분쟁조정사항의 분쟁당사자와 친족관계에 있거나 있었던 경우, ③ 협의회 위원 또는 협의회 위원이 속한 법인이 분쟁당사자의 법률·경영 등에 대하여 자문이나 고문의 역할을 하고 있는 경우, ④ 협의회 위원 또는 협의회 위원이 속한 법인이 해당 분쟁조정사항에 대하여 분쟁당사자의 대리인으로 관여하거나 관여하였던 경우 및 증언 또는 감정을 한 경우 중 어느 하나에 해당하는 경우에는 해당 분쟁조정사항의 조정에서 제척된다(약관규제법 제26조 제1항). 분쟁당사자는 협의회 위원에게 협의회의 조정에 공정을 기하기 어려운 사정이 있는 때에 협의회에 해당 협의회 위원에 대한 기피신청을 할 수 있고, 협의회 위원이 제척 또는 기피의 사유에 해당하는 경우에는 스스로 해당 분쟁조정사항의 조정에서 회피할 수 있다(약관규제법 제26조 제2항 · 제3항).

2. 약관분쟁조정의 신청 및 조정

(1) 분쟁조정의 신청

불공정약관조항으로 인하여 피해를 입은 고객은 ① 분쟁조정 신청이 있기 이전에 공정거래위원회가 조사 중인 사건이나 ② 분쟁조정 신청의 내용이 약관의 해석이나 그 이행을 요구하는 사건, ③ 약관의 무효판정을 요구하는 사건, ④ 그 밖에 분쟁조정에 적합하지 아니한 것으로 i) 고객과 사업자 간에 분쟁해결이나 피해보상에 관한 합의가 이루어진 사건이나 ii) 「중재법」에 따라 중재가 진행 중이거나 신청된 사건이 아니라면 분쟁조정 신청서를 협의회에 제출함으로써 분쟁조정을 신청할 수 있다(약관규제법 제27조 제1항, 동법 시행령 제8조의4 제4항). 공정거래위원회는 분쟁조정을 협의회에 의뢰할 수 있다(약관규제법 제27조 제2항).

(2) 분쟁의 조정

협의회는 분쟁당사자에게 분쟁조정사항을 스스로 조정하도록 권고하거나 조정안을 작성하여 이를 제시할 수 있고, 해당 분쟁조정사항에 관한 사실을 확인하기 위하여 필요한 경우 조사를 하거나 분쟁당사자에게 관련 자료의 제출이나 출석을 요구할 수 있다(약관규제법 제27조의2 제1항 · 제2항).

(3) 분쟁의 종료

협의회는 ① 분쟁당사자가 협의회의 권고 또는 조정안을 수락하거나 스스로 조정하는 등 조정이 성립된 경우이거나 ② 조정을 신청 또는 의뢰받은 날부터 60

일(분쟁당사자 쌍방이 기간연장에 동의한 경우에는 90일로 한다)이 경과하여도 조정이 성립되지 아니한 경우, ③ 분쟁당사자의 일방이 조정을 거부하는 등 조정절차를 진행할 실익이 없는 경우에는 조정절차를 종료하여야 한다(약관규제법 제27조의2 제4항).

협의회는 조정신청을 각하하거나 조정절차를 종료한 경우에는 공정거래위원회에 조정신청 각하 또는 조정절차 종료의 사유 등과 관계 서류를 서면으로 지체 없이 보고하여야 하고 분쟁당사자에게 그 사실을 통보하여야 한다(약관규제법 제27조의2 제5항).

협의회는 분쟁조정사항의 조정이 성립된 경우 조정에 참가한 위원과 분쟁당사자가 기명날인하거나 서명한 조정조서를 작성하고, 이 경우 분쟁당사자 간에 조정조서와 동일한 내용의 합의가 성립된 것으로 본다. 또한 협의회는 조정절차를 개시하기 전에 분쟁당사자가 분쟁조정사항을 스스로 조정하고 조정조서의 작성을 요청하는 경우에는 그 조정조서를 작성한다(약관규제법 제28조).

(4) 수소법원의 소송중지

분쟁조정이 신청된 사건에 대하여 신청 전 또는 신청 후 소가 제기되어 소송이 진행 중일 때에는 수소법원(受訴法院)은 조정이 있을 때까지 소송절차를 중지할 수 있으나, 소송절차가 중지되지 아니하는 경우에는 협의회가 해당 사건의 조정절차를 중지하여야 한다. 협의회는 조정이 신청된 사건과 동일한 원인으로 다수인이 관련되는 동종·유사 사건에 대한 소송이 진행 중인 경우에는 협의회의 결정으로 조정절차를 중지할 수 있다(약관규제법 제27조의3).

3. 집단분쟁조정

공정거래위원회, 고객 또는 사업자는 조정이 성립된 사항과 같거나 비슷한 유형의 피해가 다수 고객에게 발생할 가능성이 크다고 판단한 경우로서 ① 법 제17조를 위반한 불공정약관조항 또는 약관의 작성 주체나 약관의 명칭 또는 문구에 상관없이 불공정약관조항과 법률상 쟁점이 공통되는 약관으로 인하여 피해가 발생하였고, ② 이로 인한 피해가 발생한 고객 중 i) 분쟁해결이나 피해보상에 관하여 사업자와 합의한 고객, ii) 「중재법」에 따라 중재가 진행 중이거나 중재를 신청한 고객, iii) 법원에 소를 제기한 고객을 제외한 고객의 수가 20명 이상일 때에는 협의회에 일괄적인 분쟁조정을 의뢰하거나 신청할 수 있는데, 이때 일괄적인 분쟁조정을 "집단분쟁조정"이라 한다(약관규제법 제28조의2 제1항).

이에 따라 집단분쟁조정을 의뢰받거나 신청받은 협의회는 협의회의 의결로서 집단분쟁조정의 절차를 개시할 수 있고, 이 경우 협의회는 분쟁조정된 사안 중 집단분쟁조정신청에 필요한 사항을 공표하여 집단분쟁조정의 당사자가 아닌 고객으로부터 그 분쟁조정의 당사자에 추가로 포함될 수 있도록 하는 신청을 받을 수 있다. 협의회는 협의회의 의결로써 집단분쟁조정의 당사자 중에서 공동의 이익을 대표하기에 가장 적합한 1인 또는 수인을 대표당사자로 선임할 수도 있다. 만일 집단분쟁조정의 당사자인 다수의 고객 중 일부의 고객이 법원에 소를 제기한 경우에는 협의회는 그 절차를 중지하지 아니하고 소를 제기한 일부의 고객은 그 절차에서 제외한다(약관규제법 제28조의2 제2항 내지 제4항 · 제6항).

협의회는 사업자가 협의회의 집단분쟁조정의 내용을 수락한 경우에는 집단분쟁조정의 당사자가 아닌 자로서 피해를 입은 고객에 대한 보상계획서를 작성하여 협의회에 제출하도록 권고할 수 있다(약관규제법 제28조의2 제5항).

Ⅶ 벌칙

1. 벌칙

법 제17조의2 제2항에 따른 명령을 이행하지 아니한 자는 2년 이하의 징역 또는 1억원 이하의 벌금에 처한다(약관규제법 제32조).

2. 양벌규정

양벌규정이란 어떤 법률을 위반한 경우, 그 위반한 자뿐만 아니라 그와 일정한 관계에 있는 자(개인 또는 법인)에 대하여도 책임을 묻는 규정이다. 양벌규정은 행위자에게 책임을 묻는 것만으로는 목적을 달성하기 어렵다는 이유로 그 행위자에 대한 감독의무를 게을리한 감독자에게도 책임을 부과하는 것이다. 실제 위반행위로 인하여 이익 등을 얻고 있는 자는 그 법인 또는 사용인이므로, 법인 또는 사용인이 이와 같은 위반행위를 방지하고 장래에 대한 예방조치를 강구할 책임이 있다고 보는 것이다. 양벌규정에 따른 개인(사용인 등) 또는 법인에 대한 벌칙은 벌금형에만 한정되고, 징역이나 금고를 과하지는 않는다. 법인에는 본질적으로 징역형 등 자유형을 과하는 것이 불가능하고 개인에게는 그것이 불가능한 것은 아니지만 연좌적으로 처벌된다는 점을 고려할 때 자유형을 과하는 것은 타당하지 않기 때문이다.

법인의 대표자나 법인 또는 개인의 대리인, 사용인, 그 밖의 종업원이 그 법인 또는 개인의 업무에 관하여 제32조의 위반행위를 하면 그 행위자를 벌하는 외에 그 법인 또는 개인에게도 해당 조문의 벌금형을 과(科)한다. 다만, 법인 또는 개인이 그 위반행위를 방지하기 위하여 해당 업무에 관하여 상당한 주의와 감독을 게을리하지 아니한 경우에는 그러하지 아니하다(약관규제법 제33조).

3. 과태료

표준약관과 다른 내용을 약관으로 사용하면서 표준약관 표지를 사용하거나 조사를 거부·방해 또는 기피한 사업자 또는 사업자단체, 사업자 또는 사업자단체의 임원 또는 종업원, 그 밖의 이해관계인이 조사를 거부·방해 또는 기피한 경우 등에는 과태료를 부과한다(약관규제법 제34조).

제3편

특수거래

제 1 장

총칙

I 서설

현행 「방문판매 등에 관한 법률」(이하 "방문판매법"이라 한다)에서는 방문판매, 전화권유판매, 다단계판매, 후원방문판매, 계속거래, 사업권유거래의 거래유형에 관하여 규정하고 있는데, 이들 6가지 유형의 판매·거래방식을 '특수판매'라 한다.[1] 이하에서는 특수판매를 방문판매와 전화권유판매, 다단계판매와 후원방문판매, 계속거래와 사업권유거래로 나누어 살펴본다.

II 적용범위 및 다른 법률과의 관계

1. 적용범위

방문판매법은 ① 사업자(다단계판매원, 후원방문판매원 또는 사업권유거래의 상대방은 제외한다)가 상행위를 목적으로 재화등을 구입하는 거래(다만, 사업자가 사실상 소비자와 같은 지위에서 다른 소비자와 같은 거래조건으로 거래하는 경우는 제외한다), ② 「금융소비자 보호에 관한 법률」 제2조 제3호에 따른 금융상품판매업자와 같은

1) 현대사회에서는 사업자가 앉아서 소비자를 기다리는 소극적인 점포판매방식을 벗어나 다양한 판매기법을 개발하게 되었는데, 이들을 총칭하여 '특수거래'라 한다. 특수거래는 일반적인 거래방식에 대비되는 상대적인 개념이기 때문에, 광의의 개념으로 보면 방문판매법상 방문판매, 전화권유판매, 다단계판매, 후원방문판매, 계속거래, 사업권유거래에 한하지 않고, 전자상거래법상 통신판매와 전자상거래, 할부거래법상 할부거래와 선불식 할부거래를 비롯, 다른 법령상의 거래들도 해당될 수 있다(이승진, "글로벌 소비자법제 연구 Ⅰ-방문판매법상 특수거래-", 「정책연구」, 17-03, 한국소비자원, 2017, 13-18면). 다만 이 책에서는 특수판매를 협의에 따라 서술한다.

법 제3조에 따른 예금성 상품, 대출성 상품, 투자성 상품 및 보장성 상품에 관한 계약을 체결하기 위한 거래, ③ 개인이 독립된 자격으로 공급하는 재화등의 거래로서 방문판매원을 두지 아니하는 방문판매업자가 i) 가공되지 아니한 농산물·수산물·축산물·임산물, ii) 방문판매자가 직접 생산한 재화등 중 어느 하나에 해당하는 재화등을 방문판매하는 거래에는 적용하지 아니한다(방문판매법 제3조, 동법 시행령 제6조).

2. 다른 법률과의 관계

방문판매, 전화권유판매, 다단계판매, 후원방문판매, 계속거래 및 사업권유거래(이하 "특수판매"라 한다)에서의 소비자보호와 관련하여 방문판매법과 다른 법률이 경합하여 적용되는 경우에는 방문판매법을 우선 적용한다. 다만, 다른 법률을 적용하는 것이 소비자에게 유리한 경우에는 그 법률을 적용한다(방문판매법 제4조 제1항).

다른 법률에 방문판매법과는 다른 방법에 따른 계약서 발급의무 등이 규정되어 있는 거래에 대하여는 방문판매법상 계약서 발급 의무에 관한 규정(제7조·제16조·제30조)을 적용하지 아니하고(방문판매법 제4조 제2항), 계속거래에 관하여 이 법에서 규정하고 있는 사항을 다른 법률에서 따로 정하고 있는 경우에는 그 법률을 적용한다(방문판매법 제4조 제3항). 「할부거래에 관한 법률」상 선불식 할부거래 및 선불식 할부거래업자에 대하여는 제8조, 제9조, 제17조, 제18조 및 제37조를 적용하지 아니한다(방문판매법 제4조 제4항).

Ⅲ 특수판매업자의 입증책임

① 재화등의 훼손에 대한 소비자의 책임 유무, ② 계약이 체결된 사실 및 그 시기, ③ 재화등의 공급 사실 및 그 시기, ④ 계약서의 발급 사실 및 그 시기, ⑤ 입증책임에 관한 별도의 약정이 없는 그 밖의 거래 사실에 관하여 계약 상대방과 다툼이 있는 경우에는 특수판매업자가 이를 증명하여야 한다. 이 경우 특수판매업자는 증명에 필요한 통화 내용 등에 대한 거래기록을 보관할 수 있으며, 이 증명

에 필요한 통화내용 등 거래기록을 미리 보존할 수도 있다(방문판매법 제36조).

Ⅳ 소비자 등에게 불리한 계약의 금지

방문판매법상 제7조, 제7조의2, 제8조부터 제10조까지, 제16조부터 제19조까지, 제30조부터 제32조까지의 규정 중 어느 하나를 위반한 계약으로서 소비자에게 불리한 것은 효력이 없다(방문판매법 제52조).

제 2 장

방문판매 및 전화권유판매

I 서설

소비자가 물건을 구매하는 일반적인 방법은 소비자가 매장을 직접 방문하여 물건을 고르고 그에 대한 대금을 지불하는 방식일 것이다. 그러나 언젠가부터 판매원이 물건을 가지고 소비자의 가정이나 사무실 등을 방문하여 물건을 판매하거나 전화를 이용하여 소비자에게 물건구매를 권유하기 시작하였다.

방문판매는 판매자가 단순히 고객의 방문을 기다리지 않고 적극적으로 고객을 찾아가서 판매하는 형태이므로, 소비자로서는 매장에 방문하지 않고서도 물건을 구입할 수 있는 편리함이 있다. 그러나 한편으로는 소비자는 구매의사가 없는 상태에서 판매자로부터 구매권유를 받게 되는데, 판매자보다 해당 상품에 대한 지식·정보가 매우 적어 판매자의 주도하에 대화가 진행될 뿐만 아니라, 이러한 과정에서 판매자의 주도하에 강압적이거나 거짓·과장된 설명이 행해지기 쉽다. 무엇보다도 충분히 생각할 여유 없이 판매자의 강매에 부담을 느끼고 구매하는 경우가 많아 충동구매가 될 가능성이 높다. 무점포판매의 특성상 반품이나 교환, A/S 등의 처리가 용이하지 않는 부분도 있다.

전화권유판매는 판매자가 소비자에게 전화로 구매를 권유하게 되는데, 소비자는 구매의사가 없는 상태에서 구매권유를 받고 해당 상품에 대한 지식이 부족한 상태에서 전화권유판매원의 상술에 섣불리 구매하기도 한다. 특히 전화권유판매는 판매자와 비대면의 상태로 물건을 구매하게 되므로 실물을 확인하지 못하는 문제가 있고 판매자에 대한 신뢰도도 낮은 편이다.

이러한 이유로 방문판매법에서는 방문판매업자 및 전화권유판매업자에게 일정한 의무를 부여함으로써 소비자를 보호하고 있다.

Ⅱ 방문판매 및 전화권유판매의 의의

1. 방문판매 · 방문판매자의 개념

방문판매(door－to－door sales)란 재화 또는 용역(일정한 시설을 이용하거나 용역을 제공받을 수 있는 권리를 포함한다)의 판매(위탁 및 중개를 포함한다)를 업(業)으로 하는 자(이하 "판매업자"라 한다)가 방문을 하는 방법으로 그의 영업소, 대리점, 그 밖에 지점, 출장소 등 명칭에 관계없이 ① 소유 또는 임차(賃借)하거나 점용허가를 받은 고정된 장소에서 3개월 이상 계속적으로 영업하고(다만, 천재지변 등 불가피한 사유로 영업을 계속할 수 없는 기간은 산입하지 아니한다), ② 판매에 필요한 시설을 갖추고, ③ 영업 중에는 소비자가 자유의사에 따라 출입할 수 있으며, ④ 영업장소 내에서 소비자가 자유의사에 따라 재화 또는 용역(이하 "재화등"이라 한다)을 선택할 수 있는 상태를 유지할 것의 요건을 모두 갖춘 장소(이하 "사업장"이라 한다) 외의 장소에서 소비자에게 권유하여 계약의 청약을 받거나 계약을 체결(사업장 외의 장소에서 권유 등 i) 사업장 외의 장소에서 권유 등의 방법으로 소비자를 유인하여 함께 사업장으로 이동하거나, ii) 주된 재화등의 판매 목적을 숨기고 다른 재화등의 무료·염가 공급 또는 소득 기회 제공 등의 방법으로 유인하여 소비자가 사업장에 방문하게 하거나, iii) 다른 소비자에 비하여 현저하게 유리한 조건으로 재화등을 판매·공급한다고 권유하여 소비자를 사업장에 방문하도록 하는 것 중 어느 하나에 해당하는 방법으로 소비자를 유인하여 사업장에서 계약의 청약을 받거나 계약을 체결하는 경우를 포함한다)하여 재화등을 판매하는 것을 말한다(방문판매법 제2조 제1호, 동법 시행규칙 제2조·제3조). 흔히 방문판매라고 하면 방문판매원이 소비자의 가정이나 직장 등을 방문하여 상품의 구입권유를 하는 것을 떠올리기 쉽지만, 반드시 이 같은 형태의 판매방식만을 말하는 것은 아니고 노상판매나 특설판매 등의 경우에도 사업장 외의 장소에서 청약을 받거나 계약을 체결하므로 방문판매에 해당된다.

방문판매자란 방문판매를 업으로 하기 위하여 방문판매조직을 개설하거나 관리·운영하는 자(이하 "방문판매업자"라 한다)와 방문판매업자를 대신하여 방문판매업무를 수행하는 자(이하 "방문판매원"이라 한다)를 말한다(방문판매법 제2조 제2호).

2. 전화권유판매 · 전화권유판매자의 개념

전화권유판매란 전화를 이용하여 소비자에게 권유를 하거나 전화회신을 유도하는 방법으로 재화등을 판매하는 것을 말하며, 전화권유판매자란 전화권유판매를 업으로 하기 위하여 전화권유판매조직을 개설하거나 관리·운영하는 자(이하 “전화권유판매업자”라 한다)와 전화권유판매업자를 대신하여 전화권유판매업무를 수행하는 자(이하 “전화권유판매원”이라 한다)를 말한다(방문판매법 제2조 제3호·제4호).

한편 전화권유판매와 통신판매와의 관계가 문제될 수 있는데, “통신판매”란 우편·전기통신, 그 밖의 방법으로 재화 또는 용역의 판매에 관한 정보를 제공하고 소비자의 청약을 받아 재화 또는 용역을 판매하는 것으로, 광의로 보면 전화권유판매도 포함된다고 볼 수 있다. 다만 「전자상거래 등에서의 소비자보호에 관한 법률」(이하 “전자상거래법”이라 한다)에서 전화권유판매는 통신판매의 범위에서 제외한다고 명시하고 있다(전자상거래법 제2조 제2호). 전화권유판매와 통신판매의 중요한 구별 기준은 소비자의 구매의사가 당초에 존재하였는지, 아니면 판매자의 권유에 의하여 구매가 유도된 것인지 그 여부이다. 그리하여 소비자의 구매의사가 당초에 존재하였다면 통신판매에 해당될 것이고, 소비자의 구매의사가 판매자의 권유에 의하여 발생한 것이라면 전화권유판매로 보아야 할 것이다. 통신판매에 있어 전화는 단지 상품 정보를 제공하는 수단에 지나지 않으나 전화권유판매에 있어서 전화는 정보제공은 물론이고 소비자에게 접근하여 계약 체결을 하는 데 적극적으로 사용되는 매체이다.[2)]

Ⅲ 방문판매업자 및 전화권유판매업자의 의무

1. 방문판매업자 및 전화권유판매업자의 신고의무

방문판매업자 또는 전화권유판매업자(이하 “방문판매업자등”이라 한다)는 상호, 주소, 전화번호, 전자우편주소(법인인 경우에는 대표자의 성명, 주민등록번호 및 주소

---

2) 「특수판매에서의 소비자보호 지침」(공정거래위원회예규 제235호, 2015. 10. 23., 일부개정) Ⅲ. 1. 나. (2).

를 포함한다), 「상법」에 따른 회사인 방문판매업자등의 자산·부채 및 자본금을 공정거래위원회 또는 특별자치시장·특별자치도지사·시장·군수·구청장(자치구의 구청장을 말한다)에게 신고하여야 한다. 다만, ① 방문판매원 또는 전화권유판매원(이하 "방문판매원등"이라 한다)을 두지 아니하는 소규모 방문판매업자등, ② 등록한 다단계판매업자, ③ 등록한 후원방문판매업자는 신고의무가 면제된다(방문판매법 제5조 제1항, 동법 시행령 제7조·제9조). 신고한 방문판매업자등은 신고한 사항이 변경되거나, 휴업 또는 폐업을 하거나 휴업한 후 영업을 다시 시작할 때에도 신고하여야 한다(방문판매법 제5조 제2항·제3항). 공정거래위원회는 방문판매업자등이 신고한 사항을 공개할 수 있다(방문판매법 제5조 제4항).

2. 방문판매원 또는 전화권유판매원의 명부 작성

방문판매업자등은 방문판매원등의 명부를 작성하여야 하고, 소비자피해를 방지하거나 구제하기 위하여 소비자가 요청하면 언제든지 소비자로 하여금 방문판매원등의 신원을 확인할 수 있도록 하여야 한다(방문판매법 제6조 제1항·제2항).

방문판매자 또는 전화권유판매자(이하 "방문판매자등"이라 한다)가 재화등을 판매하려는 경우에는 소비자에게 미리 해당 방문 또는 전화가 판매를 권유하기 위한 것이라는 점과 방문판매자등의 성명 또는 명칭, 판매하는 재화등의 종류 및 내용을 밝혀야 한다(방문판매법 제6조 제3항).

3. 방문판매자 또는 전화권유판매자의 소비자에 대한 정보제공의무

방문판매자 또는 전화권유판매자는 재화등의 판매에 관한 계약을 체결하기 전에 소비자가 계약의 내용을 이해할 수 있도록 ① 방문판매업자등의 성명(법인인 경우에는 대표자의 성명을 말한다), 상호, 주소, 전화번호 및 전자우편주소, ② 방문판매원등의 성명, 주소, 전화번호 및 전자우편주소(다만, 방문판매업자등이 소비자와 직접 계약을 체결하는 경우는 제외한다), ③ 재화등의 명칭, 종류 및 내용, ④ 재화등의 가격과 그 지급의 방법 및 시기, ⑤ 재화등을 공급하는 방법 및 시기, ⑥ 청약의 철회 및 계약의 해제(이하 "청약철회등"이라 한다)의 기한·행사방법·효과에 관한 사항 및 청약철회등의 권리 행사에 필요한 서식으로서 총리령으로 정하는 것, ⑦ 재화등의 교환·반품·수리보증 및 그 대금 환불의 조건과 절차, ⑧ 전자매체로 공급할 수 있는 재화등의 설치·전송 등과 관련하여 요구되는 기술적 사항, ⑨ 소비자피해 보상, 재화등에 대한 불만 및 소비자와 사업자 사이의 분쟁 처리에 관한 사항, ⑩ 거래에 관한 약관, ⑪ 그 밖에 소비자의 구매 여부 판단에 영향을 주는 거래조건 또는 소비자피해 구제에 필요한 사항으로서 i) 재화등의 가격 외에 소비자가 추가로 부담하여야 할 사항이 있는 경우 그 내용 및 금액, ii) 판매일시·판매지역·판매수량·인도지역 등 판매조건과 관련하여 제한이 있는 경우 그 내용을 설명하여야 한다(방문판매법 제7조 제1항, 동법 시행령 제11조).

방문판매자등은 재화등의 판매에 관한 계약을 체결할 때에는 위 ① 내지 ⑪의 사항을 적은 계약서를 소비자에게 발급하여야 하고, 이 계약서 중 전화권유판매에 관한 계약서의 경우에는 소비자의 동의를 받아 그 계약의 내용을 팩스나 전자문서(「전자문서 및 전자거래 기본법」 제2조 제1호에 따른 전자문서를 말한다)로 송부하는 것으로써 갈음할 수 있다. 이 경우 팩스나 전자문서로 송부한 계약서의 내용이나 도달에 관하여 다툼이 있으면 전화권유판매자가 이를 증명하여야 한다(방문판매법 제7조 제2항·제4항).

방문판매업자등은 위와 같이 소비자에게 설명하거나 표시한 거래조건을 신의에 좇아 성실하게 이행하여야 한다(방문판매법 제7조 제5항).

방문판매자등은 재화등의 계약을 미성년자와 체결하려는 경우에는 법정대리인의 동의를 받아야 한다. 이 경우 법정대리인의 동의를 받지 못하면 미성년자 본인 또는 법정대리인이 계약을 취소할 수 있음을 알려야 한다(방문판매법 제7조 제3항).

4. 전화권유판매업자의 통화내용 보존 의무

전화권유판매자가 소비자와 전화권유판매에 관한 계약을 체결하는 경우, 전화권유판매업자는 소비자의 동의를 받아 통화내용 중 계약에 관한 사항을 계약일부터 3개월 이상 보존하여야 하고, 소비자는 전화권유판매업자가 위와 같이 보존하는 통화내용에 대하여 방문·전화·팩스 또는 전자우편 등의 방법으로 열람을 요청할 수 있으며, 전화권유판매업자는 그 요청에 따라야 한다(방문판매법 제7조의2).

Ⅳ 청약철회권

1. 청약철회권의 의의

방문판매는 앞서 살펴보았다시피 소비자의 계약체결의사가 불분명한 상태에서 구매자로부터 구매권유를 받아 계약을 체결하는 경우가 많아 소비자가 뒤늦게 구매를 후회하기도 한다. 이런 경우 민법의 일반적 계약법리에 의하면 소비자가 계약의 해제 또는 해지를 하기 위하여는 계약 또는 법률에 그 근거가 있어야 하고, 설령 계약이 해제 또는 해지된 이후라 하더라도 원상회복 또는 손해배상 등의 문제가 남게 된다(민법 제548조 · 제550조 · 제551조).[3)]

그러나 방문판매의 경우 소비자의 구매의사는 판매원에 의하여 유도된 경우가 많고, 강압적인 구매권유로 인하여 차마 거절하지 못하고 구매하는 경우가 많아 소비자를 특별히 보호할 필요가 있다. 이에 방문판매법에서는 소비자에게 계약의 해제권 또는 해지권이 발생하지 않았다 하더라도 일정한 요건을 구비한 때에는 계약상 책임으로부터 완벽하게 벗어날 수 있도록 하고 있는바, 이것을 청약철회권(cooling－off) 또는 철회권이라 한다. 소비자는 계약이 체결된 이후에도 일정기간, 즉 숙고기간 또는 냉각기간(cooling period) 내에서는 청약철회권을 이용하여 계약의 갈고리(hook)로부터 완벽하게 벗어날 수 있도록 하고 있다.[4)][5)]

---

3) 양명조, 앞의 책, 658면.

4) 양명조, 앞의 책, 614면.

5) 청약철회권에 관한 외국의 입법례를 살펴보면 1964년 영국의 할부매매법(the Hire－Purchase Act)에서 도입되었고, 1967년에는 벨기에의 할부판매법, 1969년에는 미국의 소비자신용보호법(Consumer Credit Protection Act)에, 유럽연합은 1985년 방문판매지침을 시작으로 도입하였고, 일본은 1972년 할부판매법에 도입하였다. 이들 입법례를 보면 대부분 소비자 보호가 필요한 방문판매, 할부판매 등을 중심으로 개별법령에서 도입하고 적용대상을 확대하고 있다(김성천, 소비자철회권 비교법 연구, 한국소비자원, 2010, 79면). 우리나라에서는 방문판매 및 전화권유판매는 물론, 다단계판매 및 후원방문판매, 계속거래 및 사업권유거래의 특수거래를 포함하여, 전자상거래에서도 인정되고 있다.

2. 청약철회권의 행사요건

(1) 청약철회권의 기산점 및 행사기간

방문판매 또는 전화권유판매(이하 "방문판매등"이라 한다)의 방법으로 재화등의 구매에 관한 계약을 체결한 소비자는 ① 계약서를 받은 날부터 14일(다만, 그 계약서를 받은 날보다 재화등이 늦게 공급된 경우에는 재화등을 공급받거나 공급이 시작된 날부터 14일), ② i) 계약서를 받지 아니하였거나, ii) 방문판매자등의 주소 등이 적혀 있지 아니한 계약서를 받았거나, iii) 방문판매자등의 주소 변경 등의 사유로 ①에 따른 기간 이내에 청약철회등을 할 수 없는 경우 중 어느 하나의 경우에는 방문판매자등의 주소를 안 날 또는 알 수 있었던 날부터 14일, ③ 계약서에 청약철회등에 관한 사항이 적혀 있지 아니한 경우에는 청약철회등을 할 수 있음을 안 날 또는 알 수 있었던 날부터 14일, ④ 방문판매업자등이 청약철회등을 방해한 경우에는 그 방해 행위가 종료한 날부터 14일의 기간(당사자 사이에 다음 각 호의 기간보다 긴 기간으로 약정한 경우에는 그 기간) 이내에 그 계약에 관한 청약의 철회 및 계약의 해제(이하 "청약철회등"이라 한다)를 할 수 있다(방문판매법 제8조 제1항).

(2) 청약철회권 행사의 제한

소비자는 ① 소비자에게 책임이 있는 사유로 재화등이 멸실되거나 훼손된 경우(다만, 재화등의 내용을 확인하기 위하여 포장 등을 훼손한 경우는 제외한다), ② 소비자가 재화등을 사용하거나 일부 소비하여 그 가치가 현저히 낮아진 경우, ③ 시간이 지남으로써 다시 판매하기 어려울 정도로 재화등의 가치가 현저히 낮아진 경우, ④ 복제할 수 있는 재화등의 포장을 훼손한 경우, ⑤ 그 밖에 거래의 안전을 위하여 소비자의 주문에 의하여 개별적으로 생산되는 재화등에 대한 것으로서 청약철회등을 인정하면 방문판매자등에게 회복할 수 없는 중대한 피해가 예상되는 경우로서 사전에 해당 거래에 대하여 별도로 그 사실을 고지하고 소비자의 서면(전자문서를 포함한다) 동의를 받은 경우 중 어느 하나에 해당하면 방문판매자등의 의사와 다르게 청약철회등을 할 수 없다(방문판매법 제8조 제2항 본문, 동법 시행령 제12조).

이때 방문판매자등은 ②부터 ④까지의 규정에 따라 청약철회등을 할 수 없는 재화등의 경우에는 그 사실을 재화등의 포장이나 그 밖에 소비자가 쉽게 알 수 있는 곳에 분명하게 표시하거나 시용(試用) 상품을 제공하는 등의 방법으로 청약철회등의 권리행사가 방해받지 아니하도록 조치하여야 한다(방문판매법 제8조 제5항). 따라서 방문판매자등이 이와 같은 조치를 하지 않았다면 ②부터 ④까지의 규정에 해당하더라도 청약철회등을 할 수 있다(방문판매법 제8조 제2항 단서).

(3) 표시 · 광고의 내용과 다른 경우의 청약철회권

소비자는 재화등의 내용이 표시·광고의 내용과 다르거나 계약 내용과 다르게 이행된 경우에는 그 재화등을 공급받은 날부터 3개월 이내에, 그 사실을 안 날 또는 알 수 있었던 날부터 30일 이내에 청약철회등을 할 수 있다(방문판매법 제8조 제3항).

(4) 청약철회권의 효력발생

위 청약철회등을 서면으로 하는 경우에는 청약철회등의 의사를 표시한 서면을 발송한 날에 그 효력이 발생한다(방문판매법 제8조 제4항).

3. 청약철회권 행사의 효과

(1) 재화등의 반환

소비자는 청약철회등을 한 경우에는 이미 공급받은 재화등을 반환하여야 한다(방문판매법 제9조 제1항).

(2) 대금의 환급

방문판매자등(소비자로부터 재화등의 대금을 지급받은 자 및 소비자와 방문판매등에 관한 계약을 체결한 자를 포함한다)은 재화등을 반환받은 날부터 3영업일 이내에 이미 지급받은 재화등의 대금을 환급하여야 한다. 이 경우 방문판매자등이 소비자에게 재화등의 대금의 환급을 지연하면 그 지연기간에 따라 연 100분의 15의 이율을 곱하여 산정한 지연이자(이하 "지연배상금"이라 한다)를 지급하여야 한다(방문판매법 제9조 제2항, 동법 시행령 제13조).

방문판매자등은 재화등의 대금을 환급할 때 소비자가 신용카드나 그 밖에 대통령령으로 정하는 결제수단(이하 "신용카드등"이라 한다)으로 재화등의 대금을 지급한 경우에는 지체 없이 그 신용카드등의 대금 결제수단을 제공한 사업자(이하 "결제업자"라 한다)로 하여금 재화등의 대금 청구를 정지하거나 취소하도록 요청하여야 한다. 이때 "대통령령으로 정하는 결제수단"이란 재화등을 구입한 소비자가 직접 지급하는 현금(계좌이체에 의한 지급을 포함한다) 외의 결제수단으로서 결제업자에게 대금 청구를 정지 또는 취소하도록 요청하거나 방문판매자등이 결제업자에게 대금을 환급하는 경우 해당 소비자에게 환급한 것과 같은 효과가 발생하는 결제수단을 말한다. 다만, 방문판매자등이 결제업자로부터 그 재화등의 대금을 이미 지급받은 경우에는 지체 없이 이를 결제업자에게 환급하고 그 사실을 소비자에게 알려야 한다(방문판매법 제9조 제3항, 동법 시행령 제14조). 이에 따라 방문판매자등으로부터 재화등의 대금을 환급받은 결제업자는 지체 없이 소비자에게 이를 환급하거나 환급에 필요한 조치를 하여야 하며, 환급을 지연하여 소비자로 하여금 대금을 결제하게 한 방문판매자등은 그 지연기간에 대한 지연배상금을 소비자에게 지급하여야 한다(방문판매법 제9조 제4항 · 제5항).

소비자는 방문판매자등이 정당한 사유 없이 결제업자에게 대금을 환급하지 아니하는 경우에는 환급받을 금액에 대하여 결제업자에게 그 방문판매자등에 대한 다른 채무와 상계(相計)할 것을 요청할 수 있다. 이 경우 결제업자는 그 방문판매자등에 대한 다른 채무와 상계할 수 있다(방문판매법 제9조 제6항). 소비자는 결제업자가 상계를 정당한 사유 없이 게을리한 경우 결제업자에 대하여 대금 결제를 거부할 수 있으며, 이 경우 방문판매자등과 결제업자는 그 결제의 거부를 이유로 해당 소비자를 약정한 날짜 이내에 채무를 변제하지 아니한 자로 처리하는 등 소비자에게 불이익을 주는 행위를 하여서는 아니 된다(방문판매법 제9조 제7항).

(3) 재화등의 일부사용에 따른 비용청구

소비자가 청약철회등을 이유로 이미 공급받은 재화등을 반환할 때에는 방문판매자등은 이미 재화등이 사용되거나 일부 소비된 경우에는 그 재화등을 사용하거나 일부 소비하여 소비자가 얻은 이익 또는 그 재화등의 공급에 든 비용에 상당하는 금액으로서 ① 재화등의 사용으로 인하여 소모성 부품의 재판매가 곤란하거나 재판매가격이 현저히 하락하는 경우에는 그 소모성 부품의 공급에 든 비용, ② 여러 개의 동일한 가분물(可分物)로 구성된 재화등의 경우에는 소비자의 일부 소비로 인하여 소비된 부분의 공급에 든 비용을 지급할 것을 소비자에게 청구할 수 있다(방문판매법 제9조 제8항, 동법 시행령 제16조 제1항).

(4) 반환배송료의 부담

청약철회등의 경우 공급받은 재화등의 반환에 필요한 비용은 방문판매자등이 부담한다(방문판매법 제9조 제9항 전단).

(5) 위약금의 청구제한 및 연대책임

방문판매자등은 소비자에게 청약철회등을 이유로 위약금 또는 손해배상을 청구할 수 없으며, 방문판매자등, 재화등의 대금을 지급받은 자 또는 소비자와 방문판매등에 관한 계약을 체결한 자가 동일인이 아닌 경우 각자는 청약철회등에 따른 재화등의 대금 환급과 관련한 의무의 이행에 있어 연대하여 책임을 진다(방문판매법 제9조 제9항 후단·제10항).

(6) 방문판매자등의 휴업기간 중 업무처리 등

방문판매자등은 그 휴업기간 또는 영업정지기간 중에도 청약철회등의 업무와 그에 따른 업무를 계속하여야 한다(방문판매법 제12조 제1항).

방문판매업자등이 파산선고를 받거나 관할 세무서에 폐업신고를 한 경우 또는 6개월을 초과하여 영업을 하지 아니하는 등 실질적으로 영업을 할 수 없다고 판단되는 경우에는 공정거래위원회 또는 특별자치시장·특별자치도지사·시장·군수·구청장은 직권으로 해당 방문판매업등의 신고 사항을 말소할 수 있다(방문판매법 제12조 제2항).

V 손해배상청구금액의 제한

소비자에게 책임이 있는 사유로 재화등의 판매에 관한 계약이 해제된 경우 방문판매자등이 소비자에게 청구하는 손해배상액은 다음의 금액에 대금 미납에 따른 지연배상금을 더한 금액을 초과할 수 없다. 다음의 금액은 ① 공급한 재화등이 반환된 경우에는 i) 반환된 재화등의 통상 사용료액 또는 그 사용으로 통상 얻을 수 있는 이익에 상당하는 금액과 ii) 반환된 재화등의 판매가액에서 그 재화등이 반환된 당시의 가액을 뺀 금액 중 큰 금액, ② 공급한 재화등이 반환되지 아니한 경우에는 그 재화등의 판매가액에 상당하는 금액을 말한다(할부거래법 제10조 제1항).

VI 전화권유판매 수신거부의사 등록시스템의 운용

1. 전화권유판매 수신거부의사 등록시스템의 구축

공정거래위원회는 전화권유판매자의 행위로부터 소비자를 보호하기 위하여 소비자가 수신거부의사를 명시적으로 표시하여 등록할 수 있는 수신거부의사 등록시스템(두낫콜시스템(www.donotcall.go.kr), 이하 "등록시스템"이라 한다)을 구축할 수 있다(방문판매법 제42조 제1항).

2. 전화권유판매 수신거부의사 등록시스템의 운용

전화권유판매자는 전화권유판매를 하려는 경우에는 등록시스템에서 소비자의 수신거부의사 등록 여부를 확인하여야 하며, 전화권유판매업자가 소비자로부터 개별적인 동의를 받은 경우를 제외하고는 전화권유판매 수신거부의사를 등록한 소비자에게 전화권유판매를 하여서는 아니 된다(방문판매법 제42조 제2항).

공정거래위원회는 등록시스템의 운용을 ① 「소비자기본법」에 따라 설립된 기관 또는 등록된 소비자단체나 ② 그 밖에 등록된 사업자단체 또는 다른 법률에 따라 소비자보호를 위하여 설립된 기관 또는 단체 중 어느 하나에 해당하는 기관 또는 단체에 위탁할 수 있으며, 해당 기관 또는 단체에 그 원활한 운용에 필요한 비용의 전부 또는 일부를 지원할 수 있다(방문판매법 제42조 제3항). 이 경우, 위탁사업자로 선정된 자가 ① 거짓 또는 부정한 방법으로 위탁사업자로 선정된 경우이거나 ② 등록시스템을 법 제42조 제1항에 따른 목적 외의 목적으로 이용하거나 제3자로 하여금 이용하게 한 경우에는 그 선정을 취소하여야 하며, ③ 선정기준을 충족하지 못하게 된 경우이거나 ④ 조사 결과 원래의 선정 목적을 달성하기 어렵다고 인정되는 경우에는 그 선정을 취소할 수 있다(방문판매법 제42조 제6항).

Ⅶ 금지행위

방문판매자등은 다음 중 어느 하나에 해당하는 행위를 하여서는 아니 된다(방문판매법 제11조 제1항).

- 재화등의 판매에 관한 계약의 체결을 강요하거나 청약철회등 또는 계약 해지를 방해할 목적으로 소비자를 위협하는 행위
- 거짓 또는 과장된 사실을 알리거나 기만적 방법을 사용하여 소비자를 유인 또는 거래하거나 청약철회등 또는 계약 해지를 방해하는 행위
- 방문판매원등이 되기 위한 조건 또는 방문판매원등의 자격을 유지하기 위한 조건으로서 방문판매원등 또는 방문판매원등이 되려는 자에게 가입비, 판매 보조 물품, 개인 할당 판매액, 교육비 등 그 명칭이나 형태와 상관없이 대통령령으로 정하는 수준을 초과한 비용 또는 그 밖의 금품을 징수하거나 재화등을 구매하게 하는 등 의무를 지게 하는 행위
- 방문판매원등에게 다른 방문판매원등을 모집할 의무를 지게 하는 행위
- 청약철회등이나 계약 해지를 방해할 목적으로 주소·전화번호 등을 변경하는

행위

- 분쟁이나 불만 처리에 필요한 인력 또는 설비가 부족한 상태를 상당 기간 방치하여 소비자에게 피해를 주는 행위
- 소비자의 청약 없이 일방적으로 재화등을 공급하고 재화등의 대금을 청구하는 행위
- 소비자가 재화를 구매하거나 용역을 제공받을 의사가 없음을 밝혔음에도 불구하고 전화, 팩스, 컴퓨터통신 등을 통하여 재화를 구매하거나 용역을 제공받도록 강요하는 행위
- 본인의 허락을 받지 아니하거나 허락받은 범위를 넘어 소비자에 관한 정보를 이용(제3자에게 제공하는 경우를 포함한다)하는 행위. 다만, 다음 중 어느 하나에 해당하는 경우는 제외한다.

  i) 재화등의 배송 등 소비자와의 계약을 이행하기 위하여 불가피한 경우로서 대통령령으로 정하는 경우

  ii) 재화등의 거래에 따른 대금을 정산하기 위하여 필요한 경우

  iii) 도용을 방지하기 위하여 본인임을 확인할 때 필요한 경우로서 대통령령으로 정하는 경우

  iv) 법률의 규정 또는 법률에 따라 필요한 불가피한 사유가 있는 경우

1. A는 4월 1일 사무실 근처 식당 앞 가판대에서 아동용 도서를 파는 B로부터 아동용 도서 구매를 권유받고 아동용도서 전집을 100만원에 구매하였다. 아동용도서 전집은 4월 7일에 계약서와 함께 택배로 A집으로 배송되었고, A는 도서가 제대로 배송되었는지 확인하기 위하여 택배박스 포장을 뜯어보았더니 도서는 모두 들어 있었으나 박스나 도서 그 어디에도 청약철회권의 행사에 관한 설명은 표시되어 있지 않았다. A는 4월 17일에 문득 도서를 너무 많이 산 것 같아 후회하게 되었다.
   결국 해당 방문판매원에게 전화를 걸어 반품하고 싶다고 말하였다. 그러나 방문판매원은 반품은 되지 않으며 더욱이 물건구매시 아동용 도서가 들어있는 박스의 포장을 훼손하였기 때문에 반품이 되지 않는다고 한다. A가 직접 박스의 포장을 뜯은 것은 사실이지만, 그것은 박스 안에 아동용도서가 모두 들어있는지 확인하기 위함이었다.
   A는 청약철회권을 행사할 수 있는가?

2. B는 어느 날 휴대폰으로 걸려온 전화를 받았는데 홍삼을 판매하는 홍보전화였다. 문득 구매의사가 생겨 전화로 주문하였고, 해당 홍삼은 그로부터 2일 후에 택배로 도착하였다. 주문한 홍삼은 총 5박스로 한 박스에 홍삼액기스 100g 한병씩 들어 있었다. B는 그 중 한병을 뜯어 섭취하기 시작하였다. 그런데 문득 너무 많이 산 것 같아 후회하게 되었다. B는 홍삼을 반품할 수 있을까?

제 3 장

다단계판매 및 후원방문판매

I 서설

다단계판매는 상품을 구매한 소비자가 스스로 판매원이 되고 판매원이 된 자가 다시 상품을 연고관계에 있는 사람들에게 판매하고 그로부터 구매한 자가 다시 판매원이 되는 과정이 연쇄적으로 반복되는 과정에서, 자신으로부터 연결된 하위 판매원의 후원수당의 일부를 취득하는 특수한 판매기법이다.[6] 다단계판매는 중간 유통 단계를 생략함으로써 절감된 비용을 연구개발, 제품가격 등에 반영하여 합리적인 가격의 상품을 소비자에게 공급할 수 있는 판매 형태로써의 장점이 있다. 후원방문판매 역시 다단계판매와 본질적인 성격은 동일하다.

다단계판매는 일반인에게 매우 익숙하지만 대부분 '다단계 사기' 또는 '피라미드 사기' 등과 같은 부정적인 의미로 알고 있는 경우가 흔하다. 그러나 다단계판매 그 자체는 엄연히 합법적인 판매방식이다. 다만 판매원이 주변 사람들을 상대로 판매함에 그치지 않고 그 사람을 판매조직에 가입시켜 자신의 하위판매원으로 활동하게 하는 과정에서 판매 그 자체보다는 후원수당에 더 중점을 두고 판매원의 수입이 주로 하위판매원의 모집 자체에서 발생토록 하는 경우 사행성이 문제될 수 있다. 다단계판매는 고액의 후원수당을 미끼로 하여 사행성을 부추겨 모집한 판매원들의 인적 네트워크를 통해 무분별하게 상품을 유통할 경우에는 심각한 소비자 피해가 야기될 수 있으므로 다단계판매업자에게는 후원수당의 지급한도를 정하는 등 일정한 의무를 부과하고 있다. 사회적으로 문제가 되고 있는 불법적인 다단계판매는 다단계업체가 취업 또는 고수익을 미끼로 하여 대학생과 같은 사회초년생들을 유혹하여 판매원으로 등록시키고, 상품가격을 품질에 비하여 고가로 책정하

6) 이은영(편), 소비자법, 박영사, 2013, 171면(노종천 집필부분).

고 물건을 강매하게 하거나 고금리 대출을 알선하여 물건을 사도록 하고, 판매원에게 상품구매나 하위판매원 모집을 강요하는 등 판매원의 수입이 주로 하위판매원 모집 자체에서 발생하도록 하는 것이 특징이다.

이를 위하여 방문판매법에서는 다단계판매업자로 하여금 일정한 자격을 갖추어 등록할 의무를 부여하고, 마찬가지로 소비자 및 다단계판매원에게 청약철회권을 부여하며, 후원수당의 지급기준을 정하고 있다.

Ⅱ 다단계판매 및 후원방문판매의 의의

1. 다단계판매

(1) 다단계판매 및 다단계판매조직

"다단계판매(multi-level sales)"란 다단계판매조직을 통하여 재화등을 판매하는 것을 말하는 바, 이때 "다단계판매조직"이란 ① 판매업자에 속한 판매원이 특정인을 해당 판매원의 하위 판매원으로 가입하도록 권유하는 모집방식이 있고, ② 이러한 모집방식에 따른 판매원의 가입이 3단계(다른 판매원의 권유를 통하지 아니하고 가입한 판매원을 1단계 판매원으로 한다) 이상 단계적으로 이루어지며,[7] ③ 판매업자가 판매원에게 그 명칭 및 지급 형태와 상관없이 판매업자가 i) 판매원의 수당에 영향을 미치는 다른 판매원들의 재화등의 거래실적 또는 ii) 판매원의 수당에 영향을 미치는 다른 판매원들의 조직관리 및 교육훈련 실적과 관련하여 소속 판매원에게 지급하는 경제적 이익으로서의 후원수당을 지급하는 방식을 가지고 있는 판매조직을 말한다(방문판매법 제2조 제5호, 동법 시행령 제2조 제1항).

---

7) 다만, 판매원의 단계가 2단계 이하라고 하더라도 사실상 3단계 이상으로 관리·운영되는 경우로서 1) 판매원에 대한 후원수당의 지급방법이 사실상 판매원의 단계가 3단계 이상인 경우와 같거나 유사한 경우이거나, 2) 다른 자로부터 판매 또는 조직관리를 위탁받은 자(다단계판매업자 또는 후원방문판매업자로 등록한 자는 제외함)가 자신의 하위판매원을 모집하여 관리·운영하는 경우로서 위탁한 자와 위탁받은 자의 하위판매조직을 하나의 판매조직으로 볼 때 사실상 3단계 이상인 판매조직이거나 이와 유사하게 관리·운영되는 경우는 포함한다.

원심은 피고인 1에 대한 공소사실 중 피고인이 피고인 18 회사 주식 판매와 관련하여 다단계판매조직을 운영하였다는 내용의 방문판매법 위반의 점에 대하여, 신규 총판이 되어 최초 판매원으로 가입하는 사람이 생길 때마다 그를 소개한 기존 판매원에게 소개비 명목의 후원수당을 지급해야 하고, 어느 판매원이 일정 직급 이상(부사장 이상)으로 승급하게 되면 그의 산하에 있는 모든 하위 판매원들의 판매실적에 따른 인센티브 명목의 후원수당을 지급해야 하기 때문에 처음 판매원으로 가입할 때부터 모든 판매원이 누구의 소개(권유)로 판매원이 되었는지 일일이 기록할 수밖에 없고, 그러한 과정이 반복되면서 자연스럽게 여러 갈래의 수직적 계열로 판매조직이 형성되었던 점, 부사장 이상 직급의 판매원들에게 지급되는 인센티브 명목의 후원수당은 그 판매원이 직접 소개(권유)하여 가입한 직근 하위 판매원은 물론이고 그 직근 하위 판매원의 소개로 가입한 직근 하위 판매원의 직근 하위 판매원 등으로 몇 대까지 연결되는지 상관없이 그 산하에 있는 모든 판매원들의 매출실적에 따라 지급되었는데, 특정 판매원이 아직 부사장으로 승진하기 전이어서 지금은 그런 인센티브 명목의 후원수당을 지급받지는 못하고 있더라도, 추후 그 판매원이 부사장으로 승진하게 되면 그 산하의 판매원들이 특정되어야만 그들의 판매실적에 따른 인센티브를 지급할 수 있기 때문에 모든 판매원들에 대하여 처음 판매원으로 가입할 때부터 가입 소개(권유)에 따른 상·하위 관계가 형성되고 유지될 수밖에 없는 점, 제1심 공동피고인들 대부분의 법정 진술 또한 위의 상하 관계를 전제로 하는 내용인 점, 현행 방문판매법은 후원수당을 지급하는 방식도 판매원 가입처럼 단계적으로 이루어져야 한다고 규정하지 않아 하위 판매원의 판매실적에 따른 후원수당 지급이 3단계 이상으로 이루어질 필요는 없는 점, 더불어 위와 같이 판매원으로 가입한 사람들이 추후 일정 지급기준을 충족하게 되면 그 산하의 하위 판매원들의 거래실적에 따른 후원수당이 지급되므로 판매원에게 판매원의 수당에 영향을 미치는 다른 판매원들의 거래실적 등과 관련하여 소속 판매원에게 지급하는 경제적 이익인 후원수당을 지급하는 방식을 가지고 있는 점 등을 종합하면, ① 피고인 18 회사 주식과 제품을 판매하는 판매원이 특정인을 자신의 하위 판매원으로 가입하도록 권유하는 모집방식을 갖추고 있음을 인정할 수 있고, ② 위와 같은 판매원 가입이 3단계 이상 단계적으로 이루어졌음을 인정할 수 있으며, ③ 이 사건에서 판매원에게 판매원의 수당에 영향을 미치는 다른 판매원들의 거래실적 등과 관련하여 소속 판매원에게 지급하는 경제적 이익인 후원수당을 지급하는 방식을 가지고 있다고 볼 수 있다고 보아, 피고인들의 영업구조는 방문판매법 제2조 제5호에 규정된 다단계판매에 해당한다고 판단하였다.
관련 법리와 적법하게 채택한 증거에 비추어 살펴보면, 위와 같은 원심판단에 상고이유 주장과 같이 방문판매법 제2조 제5호가 정한 '다단계판매'의 의미에 관한 법리를 오해한 잘못 등이 없다. (대법원 2021. 1. 14. 선고 2020도13467 판결)

구 방문판매법 및 그 시행령의 규정 내용과 아울러, 위 법률이 제13조에서 다단계판매업자로 하여금 관할 관청에 등록하도록 하고 이에 위반한 경우 제51조에 따라 형사처벌을 받도록 규정하는 등 다단계판매행위를 하였는지 여부를 형사처벌의 전제로 삼고 있으므로 그 관련 조항을 엄격하게 해석할 필요가 있음을 종합하여 보면, 위 법률에 정한 다단계판매에 해당하기 위해서는 해당 판매업자가 공급하는 재화 등을 구매한 구 방문판매법 제2조 제10호, 구 방문판매법 시행령 제4조에 정한 소비자의 전부 또는 일부가 특정 다단계판매원의 하위 다단계판매원으로 가입하여 특정 다단계판매원과 같은 활동을 하여야 하고, 그 다단계판매원은 소매이익과 후원수당을 모두 권유받아야 하며, 위 요건을 갖추지 아니한 경우에는 순차적·단계적으로 판매조직을 확장해 가더라도 구 방문판매법에서 정한 다단계판매에 해당한다고 할 수 없다. (대법원 2015. 10. 29. 선고 2015도1925 판결)

방문판매 등에 관한 법률 제2조 제5호는 "다단계판매라 함은 판매업자가 특정인에게 다음 각 목의 활동을 하면 일정한 이익을 얻을 수 있다고 권유하여 판매원의 가입이 단계적으로 이루어지는 다단계판매조직을 통하여 재화 등을 판매하는 것을 말한다."고 하면서, 그 (가)목에서 "당해 판매업자가 공급하는 재화 등을 소비자에게 판매할 것"을, 그 (나)목에서 "(가)목의 규정에 의한 소비자의 전부 또는 일부를 당해 특정인의 하위판매원으로 가입하도록 하여 그 하위판매원이 당해 특정인의 활동과 같은 활동을 할 것"을 규정하고 있다.
이와 같은 방문판매 등에 관한 법률 및 그 시행령의 규정 내용과 아울러, 위 법률이 제13조에서 다단계판매업자로 하여금 관할 관청에 등록하도록 하면서 이에 위반한 경우 제42조에 따라 피고로부터 시정조치를 받게 될 뿐 아니라 제51조에 따라 형사처벌까지 받도록 규정함으로써 다단계판매행위를 하였는지 여부를 침해적 행정처분과 형사처벌의 전제로 삼고 있어, 위 법률에 규정된 다단계판매의 의미를 해석함에 있어서 규정의 문언에 따라 엄격하게 해석하여야 하고 이를 넘어서는 확장해석을 할 수는 없는 점, 위 법률 제2조 제10호가 "소비자라 함은 사업자가 제공하는 재화 등을 소비생활을 위하여 사용하거나 이용하는 자 또는 대통령령이 정하는 자를 말한다."고 하고, 이에 따른 위 법률 시행령 제4조는 "재화 등을 최종적으로 사용하거나 이용하는 자"(제1호)뿐 아니라 "다단계판매원이 되고자 다단계판매업자로부터 재화 등을 최초로 구매하는 자"(제3호)도 소비자의 범위에 포함시키고 있는 점에 비추어 보면, 위 법률 제2조 제5호가 정하는 다단계판매에 해당하기 위하여는 당해 판매업자가 공급하는 재화 등을 구매한 소비자의 전부 또는 일부가 판매원으로 가입할 것을 필요로 한다고 보아야 한다.

같은 취지에서 원심이, 원고의 판매원으로 가입하려는 사람은 기존 판매원의 모집·추천을 통하여 판매원이 되었을 뿐 원고의 화장품 등을 구매한 소비자의 전부 또는 일부가 원고의 판매원으로 가입한 것이 아니어서, 원고의 이 사건 판매는 위 법률 제2조 제5호에 규정된 다단계판매에 해당하지 않는다는 이유로, 그와 다른 전제에서 한 이 사건 처분이 위법하다고 판단한 것은 정당하고, 거기에 주장하는 바와 같은 다단계판매와 소비자의 개념에 관한 법리오해, 채증법칙 위반, 심리미진 등의 위법이 없다. (대법원 2009. 4. 9. 선고 2008두17424 판결)

(2) 다단계판매업자 및 다단계판매원

다단계판매를 업으로 하기 위하여 다단계판매조직을 개설하거나 관리·운영하는 자를 "다단계판매업자"라 하고, 다단계판매조직에 판매원으로 가입한 자를 "다단계판매원"이라 한다. 그리고 다단계판매업자와 다단계판매원을 "다단계판매자"라 한다(방문판매법 제2조 제6호).

방문판매 등에 관한 법률 소정의 다단계판매원이 되기 위하여서는 소매이익과 후원수당을 모두 권유받아야 할 것인데, 만일 방문판매 등에 관한 법률 제2조 제7호 소정의 후원수당 중에서 '자신의 재화 등의 판매실적에 따른 후원수당'만을 지급받을 수 있고 하위판매원을 모집하여 후원활동을 하는 데 대한 후원수당이나 하위판매원들의 재화 등의 판매실적에 따른 후원수당을 지급받지 못한다면, 이러한 사람은 하위판매원을 가입시키더라도 그 판매에 의하여 이익을 얻는 것이 허용되지 않게 되는바 그러한 방식으로는 순차적·단계적으로 조직을 확장해가는 다단계판매가 성립할 수 없다 할 것이므로, 이러한 사람은 위 법 소정의 다단계판매원이라고 할 수 없다. (대법원 2007. 1. 25. 선고 2006도7470 판결)

2. 후원방문판매

(1) 후원방문판매

"후원방문판매"란 방문판매(i) 재화등을 생산하는 후원방문판매업자 또는 ii) 후원방문판매업자가 판매하는 재화등의 주된 공급자가 개설·운영하는 사이버몰에서 전자거래의 방법으로 소비자에게 판매하는 경우를 포함함[8]) 및 다단계판매의 요건에 해당하되, 특정 판매원의 구매·판매 실적 및 이에 직접적으로 영향을 미치는 교육훈련·조직관리 활동이 그 직근 상위판매원 1인의 후원수당에만 영향을 미치는 후원수당 지급방식[9])을 가진 경우를 말한다. 이 경우 방문판매 및 다단계판매에는 해당하지 아니하는 것으로 한다(방문판매법 제2조 제7호, 동법 시행령 제3조).

8) 구법상 후원방문판매는 대면방문을 필수요소로 규정하였으나 코로나19 확산으로 인하여 온라인 판매가 급증함에 따라 2023년 방문판매법 개정을 통해 비대면 영업도 후원방문판매의 범위에 포함하였다. 이에 따라 후원방문판매업자의 본사가 개설·운영하는 사이버몰에서 소비자들 대상으로 판매하는 경우도 후원방문판매의 범위로 포함시켰다. 다만 개정법에 따른 전자거래방식의 후원방문판매는 최종소비자 판매비중과 무관하게 소비자피해보상보험계약의 체결, 후원수당의 지급상한(38%), 판매상품의 가격규제(200만원)가 면제되지 않는다.

9) 다만 1) 시간당 교육비 등 구매·판매 실적과 관계없이 미리 마련한 기준에 따라 부정기적으로 지급되는 교육훈련비나, 2) 모든 판매원에게 똑같이 지급되는 상여금 또는 시용(試用) 제품, 또는 3) 실제 지출된 비용을 기준으로 지원하는 사업장 운영지원비에 해당하는 후원수당을 지급하는 것은 제외한다.

과거 상품 판매 및 판매원 가입유치 활동을 하면 소매이익과 후원수당을 얻을 수 있다고 권유하여 판매원 가입이 이루어지고 그와 동일한 과정이 3단계 이상 단계적·누적적으로 반복되지만, 그 판매조직의 후원수당 지급방식이 직근 하위판매원이 아닌 하위판매원의 판매실적에 영향을 받지 않는 방문판매형태가 늘어났다. 그러나 순수 방문판매와도 다르고 기존 다단계판매와도 상이하자 지난 2011년 방문판매법 개정을 통하여 후원방문판매를 신설한 것이다.[10] 후원방문판매란 판매원 모집행태나 조직에 있어서 다단계판매의 요건은 갖추었으나 방문판매의 요건에 해당하고 후원수당이 직근 상위 1단계 판매원에게만 지급된다는 점에서 다단계판매와 구별되며, 이에 따라 후원방문판매업자에게는 다단계판매보다 완화된 규제[11]를 적용한다.

(2) 후원방문판매업자 및 후원방문판매원

"후원방문판매업자"란 후원방문판매를 업으로 하기 위한 조직(이하 "후원방문판매조직"이라 한다)을 개설하거나 관리·운영하는 자를 말하고, "후원방문판매원"이란 후원방문판매조직에 판매원으로 가입한 자를 말하며, "후원방문판매자"란 후원방문판매업자와 후원방문판매원을 말한다(방문판매법 제2조 제8호).

10) 과거 공정거래위원회는 판매조직의 후원수당 지급방식이 직근 하위판매원이 아닌 하위판매원의 판매실적에 영향을 받지 않는 것으로 정해져 있는 조직(소위 '후원수당 1단계 형태')을 방문판매업자로 분류하고 있었는데, 이러한 조직을 다단계판매조직으로 보아야 한다는 대법원 판결(대법원 2005. 11. 25. 선고 2005도977 판결)이 나오게 되자, 2007년 후원수당 1단계 형태의 방문판매업자들을 대상으로 미등록 다단계판매에 관한 시정명령을 내렸으나(공정거래위원회 의결 2007특수1697, 2007. 9. 20., 2007특수1639, 2007. 9. 19.), 이들 업자들이 이 처분에 불복하여 제기한 소송에서 대법원은 다단계판매의 성립요건을 엄격하게 해석하여 공정거래위원회의 행정처분을 취소하였다(대법원 2009. 4. 9. 선고 2008두17424 판결). 이에 2012년 방문판매법 개정으로 후원방문판매를 새롭게 도입한 것이다(이승진, 앞의 책, 66면).

11) 등록시 자본금 요건이 없고 최종소비자 판매비중이 70% 이상인 사업자에게는 후원수당 총액제한, 개별재화 가격상한, 소비자피해보상 보험의무화 등이 적용되지 않는다(방문판매법 제29조 제2항).

3. 다단계판매와 후원방문판매의 구별

다단계판매나 후원방문판매의 판매원은 하위 판매원의 거래실적에 연동된 후원수당을 지급받고 상위 직급일수록 높은 비율의 수당을 받으므로, 하위 판매원 모집과 상위 직급으로의 승급에 대한 유인이 있다는 점에서 둘은 본질적으로 유사하다. 그리하여 등록의무, 후원수당 지급액 상한, 개별 상품가격 상한, 소비자피해보상보험 체결의무 등 규율이 유사하다.

다만, 후원방문판매는 방문판매와 다단계판매의 요건을 모두 갖추어야 하고, 특정판매원의 거래실적이 그 직근 상위판매원 1인의 후원수당에만 영향을 미친다는 점에서 다단계판매와 구별된다. 후원방문판매에서는 후원수당 지급단계가 1단계 이하이므로 무리한 조직확장에 따른 사행성 우려가 다단계판매에 비해 적다는 점을 감안하여, 일정 요건 충족 시 후원수당 지급액 상한, 개별 상품가격 상한, 소비자피해보상보험 체결의무가 면제된다(방문판매법 제29조 제2항).

표 1 다단계판매와 후원방문판매의 비교[12)]

	규제사항	다단계판매	후원방문판매
요건	수당지급	후원수당 단계 제한 없음	후원수당 1단계 이내
의무사항	자본금의 규모	5억 원	없음
	① 소비자피해보상보험계약 체결	의무사항	의무사항
	② 후원수당 지급 상한	총매출액의 35% (부가세 포함)	총매출액의 38% (부가세 포함)
	③ 판매상품 가격 상한	200만 원 초과 재화 판매금지	200만 원 초과 재화 판매금지
예외	최종소비자 판매비중 70% 이상시 면제	미적용	적용 (①②③ 면제)[13)]

12) 공정거래위원회 보도자료, "후원방문판매업자의 미등록 다단계 영업행위 제재", 2023. 7. 31.

13) 다만, 전자거래방식 후원방문판매의 경우 최종소비자 판매비중과 무관하게 3대 규제 면

표 2 다단계판매와 후원방문판매의 시장규모[14)]

구분		2020년	2021년	2022년	2023년
다단계 판매	업체 수	122개	120개	111개	112개
	매출액	4조 9,850억원	5조 1,831억원	5조 4,166억원	4조 9,606억원
후원방 문판매	업체 수	3,130개	5,472개	5,594개	4,521개
	매출액	3조 384억원	2조 9,938억원	2조 8,324억원	2조 496억원

그림 1 다단계판매와 후원방문판매의 후원수당 지급구조 비교[15)]

다단계판매

- (가정) 매출액 대비 후원수당 지급비율 30%
  - 직하위판매원 실적의 20%
  - 차하위판매원 실적의 10%
- 하위판매원 각 100만 원씩 총 600만 원 매출 시 판매원 A의 수당비율은 80만 원 (개별매출의 80%)

후원방문판매

- (가정) 매출액 대비 후원수당 지급비율 30%
  - 직하위판매원 실적의 30%
  - 차하위판매원 실적 이하로는 수당지급 없음
- 하위판매원 각 100만 원씩 총 600만 원 매출 시 판매원 B의 수당비율은 60만 원 (개별매출의 60%)

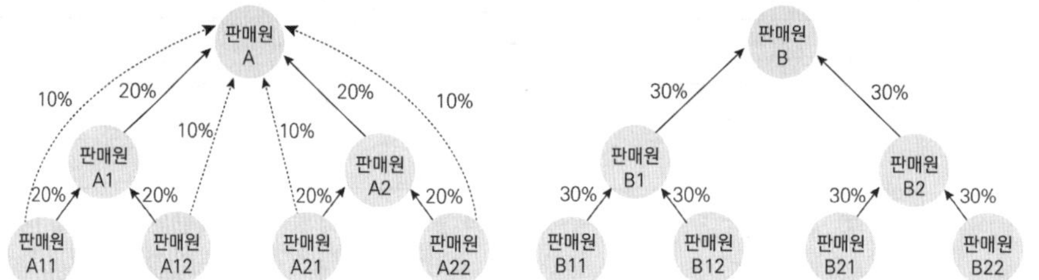

제가 불가함.

14) 공정거래위원회, 앞의 책, 441면.

15) 공정거래위원회 보도자료, “공정위, 2020년도 후원방문 판매업자 주요정보 공개”, 2021. 9. 29., 6면.

4. 후원수당

“후원수당”이란 판매수당, 알선 수수료, 장려금, 후원금 등 그 명칭 및 지급 형태와 상관없이 판매업자가 ① 판매원 자신의 재화등의 거래실적, ② 판매원의 수당에 영향을 미치는 다른 판매원들의 재화등의 거래실적, ③ 판매원의 수당에 영향을 미치는 다른 판매원들의 조직관리 및 교육훈련 실적, ④ 그 밖에 ① 내지 ③ 외에 판매원들의 판매활동을 장려하거나 보상하기 위하여 지급되는 일체의 경제적 이익과 관련하여 소속 판매원에게 지급하는 경제적 이익을 말한다(방문판매법 제2조 제9호).

> 다단계판매업자가, 다단계판매원의 하위판매원으로 가입하는 자가 상품을 구입하거나 판매한 경우 그 매출액에 대하여 법정한도 내에서 정하여진 수당을 책정하여 지급한 경우에는 이는 방문판매 등에 관한 법률에 의하여 다단계판매원들에게 지급이 허용된 후원수당의 범위 내에 포함된다고 할 것이고, 보통의 경우 하위판매원의 가입시에 그가 상품을 구매 또는 판매하여 매출액이 생기게 됨으로 인하여 다단계판매원에 대한 금원의 지급원인도 아울러 발생한다고 하더라도, 그 금원이 하위판매원 모집 자체에 대한 경제적 이익에 해당한다고 볼 수 없다(대법원 1998. 8. 21. 선고 98도882 판결 참조).
> 원심이, 그 채택 증거들을 종합하여, 판시와 같은 사실을 인정한 다음, 위 피고인들은 하위판매원의 매출실적이 있는 경우에 한하여 비로소 상위판매원에게 수당을 지급하였으므로, 이는 방문판매 등에 관한 법률이 허용하는 후원수당을 지급한 것으로 볼 것이고, 하위판매원의 모집 자체에 대하여 경제적 이익을 제공한 것으로 볼 수 없는 것이며, 위 수당을 지급하는 전제로서 요구되는 매출실적 등이 법규정을 회피하기 위해 형식적으로 정하여졌다고 볼 만한 사정도 없다고 판단하여 이 부분 공소사실에 대하여 무죄를 선고한 제1심판결을 유지한 것은 정당하고, 거기에 상고이유에서 주장하는 바와 같은 ‘하위판매원 모집 자체에 대하여 경제적 이익을 지급하는 행위’에 관한 법리오해의 위법이 없다. (대법원 2005. 11. 24. 선고 2003도2213 판결)

Ⅲ 다단계판매자 및 후원방문판매자의 등록의무 및 정보제공

1. 다단계판매업자 및 후원방문판매업자의 등록 및 신고의무

(1) 등록의무 및 등록결격사유

다단계판매업자·후원방문판매업자는 ① 상호·주소, 전화번호 및 전자우편주소(법인인 경우에는 대표자의 성명, 주민등록번호 및 주소를 포함한다) 등을 적은 신청서, ② 자본금이 5억 원(자본잠식이 있는 경우에는 그 금액을 제외하고, 법정준비금이 있는 경우에는 그 금액을 더한다) 이상임을 증명하는 서류(다만, 후원방문판매의 경우는 면제됨), ③ 소비자피해보상보험계약등의 체결 증명서류, ④ 후원수당의 산정 및 지급 기준에 관한 서류, ⑤ 재고관리, 후원수당 지급 등 판매의 방법에 관한 사항을 적은 서류, ⑥ 그 밖에 다단계판매자·후원방문판매자의 신원을 확인하기 위하여 필요한 사항으로서 총리령으로 정하는 서류를 갖추어 공정거래위원회 또는 주된 사무소의 소재지를 관할하는 특별시장·광역시장·특별자치시장·도지사·특별자치도지사(이하 "시·도지사"라 한다)에게 등록하여야 한다(다만 주된 사무소의 소재지가 외국인 경우에는 공정거래위원회에 제출하여야 한다). 이때 등록 신청을 받은 공정거래위원회 또는 시·도지사는 그 신청이 등록요건을 충족하는 경우에는 등록증을 발급하여야 한다(방문판매법 제13조 제1항·제29조 제3항 제1호, 동법 시행령 제20조 제1항·제2항, 제21조).

다만 ① i) 미성년자·피한정후견인 또는 피성년후견인, ii) 파산선고를 받고 복권되지 아니한 자, iii) 방문판매법을 위반하여 징역형을 선고받고 그 집행이 끝나거나(집행이 끝난 것으로 보는 경우를 포함한다) 집행이 면제된 날부터 5년이 지나지 아니한 자, iv) 방문판매법을 위반하여 징역형의 집행유예를 선고받고 그 유예기간 중에 있는 자 중 어느 하나에 해당하는 개인 또는 그 개인이 임원으로 있는 법인, ② i) 방문판매법을 위반하여 징역의 실형을 선고받고 그 집행이 끝나거나(집행이 끝난 것으로 보는 경우를 포함한다) 집행이 면제된 날부터 5년이 지나지 아니한 자, ii) 방문판매법을 위반하여 징역형의 집행유예를 선고받고 그 유예기간 중에 있는 자 중 어느 하나에 해당하는 자가 지배주주로 있는 법인, ③ 방문판매법 제49조 제5항에 따라 등록이 취소된 후 5년이 지나지 아니한 개인 또는 법인, ④ ③에 따른 개인 또는 법인의 등록취소 당시 임원 또는 지배주주였던 자가 임원 또는 지배주주로 있는 법인의 어느 하나에 해당하는 개인 또는 법인은 등록할 수 없다(방문판매법 제14조).

(2) 변경신고의무

다단계판매업자·후원방문판매업자는 위에 따라 등록한 사항 중 ① 내지 ④의 사항이 변경된 경우에는 변경신고를 하여야 하는 바, 변경사항이 발생한 날부터 15일 이내에 신고서에 그 변경사항을 증명하는 서류를 첨부하여 공정거래위원회 또는 시·도지사에게 제출하여야 하고, 신고를 받은 공정거래위원회 또는 시·도지사는 변경사항을 확인한 후 변경사항이 적힌 등록증을 다시 발급하여야 한다. 다만, ③에 따른 소비자피해보상보험계약등의 해지·만료 등에 따른 변경사항은 계약의 해지일·만료일 3개월 전에 그 변경사항을 증명하는 서류를 공정거래위원회 또는 시·도지사에게 제출하여야 한다(방문판매법 제13조 제2항·제29조 제3항 제1호, 동법 시행령 제20조 제3항).

공정거래위원회 또는 시·도지사는 위에 따른 변경신고를 받은 날부터 10일 이내에 신고수리 여부를 신고인에게 통지하여야 하고, 신고수리 여부 또는 민원 처리 관련 법령에 따른 처리기간의 연장을 신고인에게 통지하지 아니하면 그 기간(민원 처리 관련 법령에 따라 처리기간이 연장 또는 재연장된 경우에는 해당 처리기간을 말한다)이 끝난 날의 다음 날에 신고를 수리한 것으로 본다(방문판매법 제13조 제4항·제5항).

(3) 휴업·폐업·영업재개의 신고의무

다단계판매업자·후원방문판매업자는 휴업 또는 폐업을 하거나 휴업 후 영업을 다시 시작할 때에는 신고서를 공정거래위원회 또는 시·도지사에게 제출하여(폐업을 신고할 때에는 등록증을 첨부하여야 한다) 이를 신고하여야 한다. 폐업을 신고하면 위 등록은 그 효력을 잃지만, 폐업신고 전 등록취소 요건에 해당되는 경우에는 폐업신고일에 등록이 취소된 것으로 본다(방문판매법 제13조 제3항·제29조 제3항 제1호, 동법 시행령 제20조 제4항).

(4) 공정거래위원회의 정보공개

공정거래위원회는 다단계판매업자·후원방문판매업자에 대한 정보로서 ① 등록한 사항, ② 그 밖에 공정거래위원회가 공정거래질서 확립 및 소비자 보호를 위하여 필요하다고 인정하는 사항에 관한 내용(등록번호 및 등록일, 다단계판매업자·후원방문판매업자의 성명(법인인 경우에는 대표자의 성명)·상호·소재지·전화번호, 판매하는 재화등의 품목 및 매출액, 후원수당의 산정 및 지급 기준 등)을 공개하여야 한다. 다만, 다단계판매업자·후원방문판매업자의 경영상·영업상 비밀에 관한 사항으로서 공개될 경우 다단계판매업자·후원방문판매업자의 정당한 이익을 현저히 해칠 우려가 있다고 인정되는 정보 및 개인에 관한 사항으로서 공개될 경우 사생활의 비밀 또는 자유를 침해할 우려가 있다고 인정되는 정보의 경우에는 그러하지 아니하다. 공정거래위원회는 위 정보를 공개하더라도 해당 사업자에게 정보 공개의 내용 및 방법을 미리 통지하여야 하고, 공개될 내용 중 사실과 다른 내용이 있는 경우에는 정정할 수 있는 기회를 주어야 한다. 공정거래위원회는 정보 공개를 위하여 필요한 경우에는 다단계판매업자·후원방문판매업자에게 관련 자료의 제출을 요구할 수 있으며, 이 경우 다단계판매업자·후원방문판매업자는 정당한 사유가 없으면 이에 따라야 한다(방문판매법 제13조 제6항·제7항, 제29조 제3항 제1호, 동법 시행령 제22조).

2. 다단계판매원 및 후원방문판매원의 등록

(1) 다단계판매원 및 후원방문판매원의 등록의무

다단계판매조직에 다단계판매원으로 가입하려는 사람은 그 조직을 관리·운영하는 다단계판매업자에게 등록하여야 한다. 그러나 ① 국가공무원, 지방공무원, 교육공무원 및 「사립학교법」에 따른 교원, ② 미성년자(다만, ④ 또는 ⑤에 해당하지 아니하는 법정대리인의 동의를 받은 경우는 제외한다), ③ 법인, ④ 다단계판매업자의 지배주주 또는 임직원, ⑤ 방문판매법 제49조에 따른 시정조치를 2회 이상 받은 자(다만, 마지막 시정조치에 대한 이행을 완료한 날부터 3년이 지난 자는 제외한다), ⑥ 방문판매법을 위반하여 징역의 실형을 선고받고 그 집행이 종료되거나(집행이 종료된 것으로 보는 경우를 포함한다) 집행이 면제된 날부터 5년이 지나지 아니한 자, ⑦ 방문판매법을 위반하여 징역형의 집행유예를 선고받고 그 유예기간 중에 있는 자의 결격사유 중 어느 하나에 해당하는 자는 다단계판매원·후원방문판매원으로 등록할 수 없다. 다단계판매업자·후원방문판매업자는 다단계판매원·후원방문판매원이 위 결격사유 중 어느 하나에 해당하는 경우에는 그 다단계판매원·후원방문판매원을 탈퇴시켜야 한다(방문판매법 제15조 제1항·제2항, 제22조 제3항, 제29조 제3항).

(2) 다단계판매업자의 등록증의 교부·등록부의 작성 및 수첩교부의무

다단계판매업자는 그가 관리·운영하는 다단계판매조직에 가입한 다단계판매원에게 다단계판매원 등록증(다단계판매원이 사전에 서면으로 동의한 경우 전자문서와 전자기기로 된 것을 포함한다)을 발급하여야 하고, 다단계판매원 등록부를 작성하고, 소비자피해의 방지 또는 구제를 위하여 소비자가 요청하는 경우에는 소비자로 하여금 등록된 다단계판매원의 신원을 확인할 수 있도록 하여야 한다. 또한 다단계판매업자는 등록한 다단계판매원에게 ① 후원수당의 산정 및 지급 기준, ② 하위판매원의 모집 및 후원에 관한 사항, ③ 재화등의 반환 및 다단계판매원의 탈퇴에 관한 사항, ④ 다단계판매원이 지켜야 할 사항, ⑤ 그 밖에 총리령으로 정하는 사항을 확인할 수 있는 다단계판매원 수첩(다단계판매원이 사전에 서면으로 동의한 경우 전자문서와 전자기기로 된 것을 포함한다)을 발급하여야 한다(방문판매법 제15조 제3항 내지 제5항).

3. 다단계판매자 및 후원방문판매자의 소비자에 대한 정보제공의무

(1) 설명의무

다단계판매자·후원방문판매자는 재화등의 판매에 관한 계약을 체결하기 전에 소비자가 계약의 내용을 이해할 수 있도록 ① 다단계판매업자·후원방문판매업자의 성명(법인인 경우에는 대표자의 성명을 말한다), 상호, 주소, 전화번호 및 전자우편주소, ② 다단계판매원·후원방문판매원의 성명, 주소, 전화번호 및 전자우편주소(다만, 다단계판매업자·후원방문판매업자가 소비자와 직접 계약을 체결하는 경우는 제외한다), ③ 재화등의 명칭, 종류 및 내용, ④ 재화등의 가격과 그 지급의 방법 및 시기, ⑤ 재화등을 공급하는 방법 및 시기, ⑥ 청약의 철회 및 계약의 해제(이하 "청약철회등"이라 한다)의 기한·행사방법·효과에 관한 사항 및 청약철회등의 권리 행사에 필요한 서식으로서 총리령으로 정하는 것, ⑦ 재화등의 교환·반품·수리보증 및 그 대금 환불의 조건과 절차, ⑧ 전자매체로 공급할 수 있는 재화등의 설치·전송 등과 관련하여 요구되는 기술적 사항, ⑨ 소비자피해 보상, 재화등에 대한 불만 및 소비자와 사업자 사이의 분쟁 처리에 관한 사항, ⑩ 거래에 관한 약관, ⑪ 그 밖에 소비자의 구매 여부 판단에 영향을 주는 거래조건 또는 소비자피해 구제에 필요한 사항으로서 i) 재화등의 가격 외에 소비자가 추가로 부담하여야 할 사항이 있는 경우 그 내용 및 금액, ii) 판매일시·판매지역·판매수량·인도지역 등 판매조건과 관련하여 제한이 있는 경우 그 내용을 설명하여야 한다(방문판매법 제16조, 제7조 제1항, 제29조 제3항 제2호, 동법 시행령 제11조).

(2) 계약서 교부의무

다단계판매자·후원방문판매자는 재화등의 판매에 관한 계약을 체결할 때에는 위 ① 내지 ⑪의 사항을 적은 계약서를 소비자에게 발급하여야 하고, 재화등의 계약을 미성년자와 체결하려는 경우에는 법정대리인의 동의를 받아야 한다. 이 경우 법정대리인의 동의를 받지 못하면 미성년자 본인 또는 법정대리인이 계약을 취소할 수 있음을 알려야 한다(방문판매법 제16조, 제7조 제2항·제3항, 제29조 제3항 제2호).

다단계판매업자·후원방문판매업자는 위와 같이 소비자에게 설명하거나 표시한 거래조건을 신의에 좇아 성실하게 이행하여야 한다(방문판매법 제16조, 제7조 제5항, 제29조 제3항 제2호).

4. 후원방문판매자의 의무

후원방문판매자는 후원방문판매원에게 판매원 자신의 직근 하위판매원이 아닌 다른 후원방문판매원의 구매·판매 등의 실적과 관련하여 후원수당을 지급하거나 이러한 지급을 약속하여 후원방문판매원을 모집하는 행위를 하여서는 아니 된다(방문판매법 제29조 제1항).

5. 후원방문판매업자등의 명부작성

후원방문판매업자는 후원방문판매원의 명부를 작성하여야 하고, 소비자피해를 방지하거나 구제하기 위하여 소비자가 요청하면 언제든지 소비자로 하여금 후원방문판매원의 신원을 확인할 수 있도록 하여야 한다. 또 후원방문판매자가 재화등을 판매하려는 경우에는 소비자에게 미리 해당 방문 또는 전화가 판매를 권유하기 위한 것이라는 점과 후원방문판매자의 성명 또는 명칭, 판매하는 재화등의 종류 및 내용을 밝혀야 한다(방문판매법 제29조 제3항 제1호, 제6조).

Ⅳ 청약철회권

1. 소비자의 청약철회권

(1) 청약철회권의 기산점 및 행사기간

다단계판매의 방법으로 재화등의 구매에 관한 계약을 체결한 소비자는 ① 계약서를 받은 날부터 14일(다만, 그 계약서를 받은 날보다 재화등이 늦게 공급된 경우에는 재화등을 공급받거나 공급이 시작된 날부터 14일), ② i) 계약서를 받지 아니하였거나, ii) 다단계판매자·후원방문판매자의 주소 등이 적혀 있지 아니한 계약서를 받았거나, iii) 다단계판매자·후원방문판매자의 주소 변경 등의 사유로 ①에 따른 기간 이내에 청약철회등을 할 수 없는 경우 중 어느 하나의 경우에는 다단계판매자·후원방문판매자의 주소를 안 날 또는 알 수 있었던 날부터 14일, ③ 계약서에 청약철회등에 관한 사항이 적혀 있지 아니한 경우에는 청약철회등을 할 수 있음을 안 날 또는 알 수 있었던 날부터 14일, ④ 다단계판매업자·후원방문판매업자가 청약철회등을 방해한 경우에는 그 방해 행위가 종료한 날부터 14일의 기간(당사자 사이에 다음 각 호의 기간보다 긴 기간으로 약정한 경우에는 그 기간) 이내에 그 계약에 관한 청약철회등을 할 수 있다(방문판매법 제17조 제1항, 제8조 제1항, 제29조 제3항 제2호).

다만, 소비자가 다단계판매원·후원방문판매원과 재화등의 구매에 관한 계약을 체결한 경우 그 소비자는 다단계판매원·후원방문판매원에 대하여 우선적으로 청약철회등을 하고, i) 다단계판매원·후원방문판매원의 주소·전화번호 또는 전자우편주소 등 연락처의 변경이나 소재 불명 등의 사유로 청약철회등을 할 수 없는 경우, 또는 ii) 해당 다단계판매원·후원방문판매원에게 청약철회등을 하더라도 대금환급 등의 효과를 기대하기 어려운 경우에만 그 재화등을 공급한 다단계판매업자·후원방문판매업자에 대하여 청약철회등을 할 수 있다(방문판매법 제17조 제1항, 제29조 제3항 제2호).

(2) 청약철회권 행사의 제한

소비자는 ① 소비자에게 책임이 있는 사유로 재화등이 멸실되거나 훼손된 경우(다만, 재화등의 내용을 확인하기 위하여 포장 등을 훼손한 경우는 제외한다), ② 소비자가 재화등을 사용하거나 일부 소비하여 그 가치가 현저히 낮아진 경우, ③ 시간이 지남으로써 다시 판매하기 어려울 정도로 재화등의 가치가 현저히 낮아진 경우, ④ 복제할 수 있는 재화등의 포장을 훼손한 경우, ⑤ 그 밖에 거래의 안전을 위하여 소비자의 주문에 의하여 개별적으로 생산되는 재화등에 대한 것으로서 청약철회등을 인정하면 다단계판매자에게 회복할 수 없는 중대한 피해가 예상되는 경우로서 사전에 해당 거래에 대하여 별도로 그 사실을 고지하고 소비자의 서면(전자문서를 포함한다) 동의를 받은 경우 중 어느 하나에 해당하는 경우에는 다단계판매자의 의사와 다르게 청약철회등을 할 수 없다(방문판매법 제17조 제1항, 제8조 제2항 본문, 동법 시행령 제12조).

이때 다단계판매자는 ② 내지 ④의 규정에 따라 청약철회등을 할 수 없는 재화등의 경우에는 그 사실을 재화등의 포장이나 그 밖에 소비자가 쉽게 알 수 있는 곳에 분명하게 표시하거나 시용(試用) 상품을 제공하는 등의 방법으로 청약철회등의 권리행사가 방해받지 아니하도록 조치하여야 한다(방문판매법 제17조 제1항, 제8조 제5항). 따라서 다단계판매자가 이와 같은 조치를 하지 않았다면 ② 내지 ④의 규정에 해당하더라도 청약철회등을 할 수 있다(방문판매법 제17조 제1항, 제8조 제2항 단서).

(3) 표시 · 광고의 내용과 다른 경우의 청약철회권

소비자는 재화등의 내용이 표시·광고의 내용과 다르거나 계약 내용과 다르게 이행된 경우에는 그 재화등을 공급받은 날부터 3개월 이내에, 그 사실을 안 날 또는 알 수 있었던 날부터 30일 이내에 청약철회등을 할 수 있다(방문판매법 제17조 제1항, 제8조 제3항).

(4) 청약철회권의 효력발생

위 청약철회등을 서면으로 하는 경우에는 청약철회등의 의사를 표시한 서면을 발송한 날에 그 효력이 발생한다(방문판매법 제17조 제1항, 제8조 제4항).

2. 다단계판매원 또는 후원방문판매원의 청약철회권

다단계판매나 후원방문판매의 경우, 소비자뿐 아니라 다단계판매원 또는 후원방문판매원도 다단계판매업자·후원방문판매업자로부터 물건을 구매하므로 이들에게도 청약철회권을 부여하고 있다. 기간은 소비자의 경우와 달리 3개월이고, 서면에 의하여 청약철회를 하여야 한다.

다단계판매·후원방문판매의 방법으로 재화등의 구매에 관한 계약을 체결한 다단계판매원·후원방문판매원은 계약을 체결한 날부터 3개월 이내에 서면(전자문서를 포함한다)으로 그 계약에 관한 청약철회등을 할 수 있다. 다만 다단계판매·후원방문판매의 방법으로 재화등의 구매에 관한 계약을 체결한 다단계판매원·후원방문판매원이 ① 재고 보유에 관하여 다단계판매업자·후원방문판매업자에게 거짓으로 보고하는 등의 방법으로 과다하게 재화등의 재고를 보유한 경우, ② 다시 판매하기 어려울 정도로 재화등을 훼손한 경우, ③ i) 다단계판매원·후원방문판매원에게 책임이 있는 사유로 재화등이 멸실되거나 훼손된 경우(다만, 재화등의 내용을 확인하기 위하여 포장 등을 훼손한 경우는 제외한다), ii) 재화등을 일부 사용하거나 소비하여 그 가치가 현저히 낮아진 경우(다만, 청약철회등이 불가능하다는 사실을 재화등의 포장이나 그 밖에 쉽게 알 수 있는 곳에 분명하게 표시하거나 시용 상품을 제공하는 등의 방법으로 재화등의 일부 사용 등에 의하여 청약철회등의 권리행사가 방해받지 아니하도록 조치한 경우로 한정한다), iii) 복제할 수 있는 재화등의 포장을 훼손한 경우, iv) 소비자 또는 다단계판매원·후원방문판매원의 주문에 의하여 개별적으로 생산되는 재화등에 대한 것으로서 청약철회등을 인정하면 다단계판매업자·후원방문판매업자에게 회복할 수 없는 중대한 피해가 예상되는 경우로서 사전에 해당 거래에 대하여 별도로 그 사실을 고지하고 소비자 또는 다단계판매원·후원방문판매원의 서면(전자문서를 포함한다) 동의를 받은 경우에는 청약철회권을 행사할 수 없다(방문판매법 제17조 제2항, 제29조 제3항 제2호, 동법 시행령 제25조).

3. 청약철회권 행사의 효과

(1) 재화등의 반환

다단계판매·후원방문판매의 상대방(다단계판매자·후원방문판매자가 다단계판매원·후원방문판매원 또는 소비자에게 판매한 경우에는 다단계판매원·후원방문판매원 또는 소비자를 말하고, 다단계판매원·후원방문판매원이 소비자에게 판매한 경우에는 소비자를 말한다)이 위에 따라 청약철회등을 한 경우에는 이미 공급받은 재화등을 반환하여야 한다(방문판매법 제18조 제1항, 제29조 제3항 제2호).

(2) 대금의 환급

다단계판매자·후원방문판매자(상대방으로부터 재화등의 대금을 지급받은 자 또는 상대방과 다단계판매·후원방문판매에 관한 계약을 체결한 자를 포함한다)는 재화등을 반환받은 날부터 3영업일 이내에 이미 지급받은 재화등의 대금을 환급하여야 한다. 다만, 다단계판매업자·후원방문판매업자가 다단계판매원·후원방문판매원에게 재화등의 대금을 환급할 때에는 대통령령으로 정하는 범위의 비용을 공제할 수 있으며, 다단계판매자·후원방문판매자가 상대방에게 재화등의 대금 환급을 지연하였을 때에는 그 지연기간에 대한 지연배상금을 지급하여야 한다. 이때 다단계판매업자·후원방문판매업자가 재화등의 대금을 환급할 때 비용을 공제할 수 있는 경우는 다단계판매원·후원방문판매원이 재화등을 공급받은 날부터 1개월이 지난 후에 공급받은 재화등을 반환한 경우로 한정하되, 공제할 수 있는 비용의 한도는 ① 공급일부터 1개월이 지난 후 2개월 이내에 반환하는 경우에는 그 재화등의 대금의 5퍼센트 이내로서 당사자 간에 약정한 금액, ② 공급일부터 2개월이 지난 후 3개월 이내에 반환하는 경우에는 그 재화등의 대금의 7퍼센트 이내로서 당사자 간에 약정한 금액을 한도로 한다. 다만, 다단계판매업자·후원방문판매업자의 등록이 취소되어 반환하는 경우에는 위 ①~②의 구분에 따른 금액의 2분의 1에 해당하는 금액을 한도로 한다(방문판매법 제18조 제2항, 제29조 제3항 제2호, 동법 시행령 제26조).

상대방이 신용카드등으로 대금을 지급한 계약에 대하여 청약철회등을 한 경우에는 다단계판매자·후원방문판매자는 지체 없이 그 결제업자에게 재화등의 대금 청구를 정지하거나 취소할 것을 요청하여야 한다. 다만, 다단계판매자·후원방문판매자가 결제업자로부터 해당 재화등의 대금을 이미 지급받은 경우에는 지체 없이 이를 결제업자에게 환급하고 그 사실을 상대방에게 알려야 하며, 환급이 지연되어 상대방이 대금을 결제한 경우에는 결제한 날 이후의 지연기간에 대한 지연배상금을 상대방에게 지급하여야 한다(방문판매법 제18조 제3항, 제29조 제3항 제2호). 이에 따라 다단계판매자·후원방문판매자로부터 재화등의 대금을 환급받은 결제업자는 지체 없이 상대방에게 이를 환급하거나 환급에 필요한 조치를 하여야 하며, 다단계판매자·후원방문판매자가 정당한 사유 없이 결제업자에게 대금을 환급하지 아니하는 경우 상대방은 환급받을 금액에 대하여 결제업자에게 그 다단계판매자·후원방문판매자에 대한 다른 채무와 상계할 것을 요청할 수 있고, 결제업자는 그 다단계판매자·후원방문판매자에 대한 다른 채무와 상계할 수 있다. 만일 결제업자가 위에 따른 상계를 정당한 사유 없이 게을리한 경우 상대방은 결제업자에 대하여 대금 결제를 거부할 수 있다. 이 경우 다단계판매자·후원방문판매자와 결제업자는 그 결제 거부를 이유로 그 상대방을 약정한 날짜 이내에 채무를 변제하지 아니한 자로 처리하는 등 상대방에게 불이익을 주는 행위를 하여서는 아니 된다(방문판매법 제18조 제4항·제5항, 제29조 제3항 제2호).

다단계판매자·후원방문판매자는 청약철회등에 따라 재화등의 대금을 환급한 경우 그 환급한 금액이 자신이 다단계판매원·후원방문판매원에게 공급한 금액을 초과할 때에는 그 차액을 다단계판매원·후원방문판매원에게 청구할 수 있다(방문판매법 제18조 제6항, 제29조 제3항 제2호).

(3) 재화등의 일부사용에 따른 비용청구

다단계판매자·후원방문판매자는 재화등의 일부가 이미 사용되거나 소비된 경우에는 그 재화등을 사용하거나 일부 소비하여 상대방이 얻은 이익 또는 그 재화등의 공급에 든 비용에 상당하는 금액의 지급을 그 상대방에게 청구할 수 있다(방문판매법 제18조 제7항, 제29조 제3항 제2호).

(4) 반환비용의 부담

소비자의 청약철회등의 경우 공급받은 재화등의 반환에 필요한 비용은 다단계판매자·후원방문판매자가 부담한다(방문판매법 제18조 제8항 전단, 제29조 제3항 제2호).

(5) 위약금의 청구제한 및 연대책임

다단계판매자·후원방문판매자는 청약철회등을 이유로 상대방에게 위약금 또는 손해배상을 청구할 수 없으며, 다단계판매자, 후원방문판매자, 상대방으로부터 재화등의 대금을 지급받은 자 또는 상대방과 다단계판매·후원방문판매에 관한 계약을 체결한 자가 동일인이 아닌 경우 각자는 청약철회등에 따른 재화등의 대금 환급과 관련한 의무의 이행에 있어 연대하여 책임을 진다(방문판매법 제18조 제8항 후단·제9항, 제29조 제3항 제2호).

(6) 다단계판매업자의 휴업기간 중 업무처리 등

다단계판매업자는 그 휴업기간 또는 영업정지기간 중에도 청약철회등의 업무와 그에 따른 업무를 계속하여야 한다(방문판매법 제26조 제1항).

다단계판매원은 다단계판매업자가 폐업하거나 그 등록이 취소된 경우 그 폐업 또는 등록취소 당시 판매하지 못한 재화등을 다른 사람에게 판매한 때에는 그 다단계판매원이 청약철회등에 따라 반환되는 재화등을 반환받고, 재화등을 반환받은 날부터 3영업일 이내에 재화등의 대금을 환급하여야 한다(방문판매법 제26조 제2항).

공정거래위원회에 등록하거나 시·도지사에게 등록한 다단계판매업자가 파산선고를 받거나 관할 세무서에 폐업신고를 한 경우 또는 6개월을 초과하여 영업을 하지 아니하는 등 실질적으로 영업을 할 수 없다고 판단되는 경우에는 등록을 받은 행정기관의 장은 그 등록을 직권으로 말소할 수 있다(방문판매법 제26조 제3항).

V 손해배상청구금액의 제한

상대방에게 책임이 있는 사유로 재화등의 판매에 관한 계약이 해제된 경우 다단계판매자·후원방문판매자가 상대방에게 청구하는 손해배상액은 다음의 금액에 대금 미납에 따른 지연배상금을 더한 금액을 초과할 수 없다. 다음의 금액은 ① 공급한 재화등이 반환된 경우에는 i) 반환된 재화등의 통상 사용료액 또는 그 사용으로 통상 얻을 수 있는 이익에 상당하는 금액과 ii) 반환된 재화등의 판매가액에서 그 재화등이 반환된 당시의 가액을 뺀 금액 중 큰 금액이며, ② 공급한 재화등이 반환되지 아니한 경우에는 그 재화등의 판매가액에 상당하는 금액을 말한다(방문판매법 제19조, 제10조 제1항, 제29조 제3항 제2호).

VI 후원수당의 제한

1. 후원수당의 지급기준

다단계판매업자·후원방문판매업자는 다단계판매원·후원방문판매원에게 고지한 후원수당의 산정 및 지급 기준과 다르게 후원수당을 산정·지급하거나 그 밖의 부당한 방법으로 다단계판매원·후원방문판매원을 차별하여 대우하여서는 아니 되며, 후원수당의 산정 및 지급 기준을 객관적이고 명확하게 정하고, 후원수당의 산정 및 지급 기준을 변경하려는 경우에는 대통령령으로 정한 절차에 따라야 한다(방문판매법 제20조 제1항·제2항, 제29조 제3항 제2호).

다단계판매업자·후원방문판매업자가 다단계판매원·후원방문판매원에게 후원수당으로 지급할 수 있는 총액은 다단계판매업자·후원방문판매업자가 다단계판매원·후원방문판매원에게 공급한 재화등의 가격(부가가치세를 포함한다) 합계액(이하 "가격합계액"이라 한다)의 100분의 35(후원방문판매의 경우 100분의 38)에 해당하는 금액을 초과하여서는 아니 되며, 구체적으로 가격합계액 및 후원수당 등을 산정하기 위해서는 ① 가격합계액은 출고 또는 제공 시점을 기준으로 하고, ② 후원수당 지급액은 그 후원수당의 지급 사유가 발생한 시점을 기준으로 하며, ③ 가격합계액 및 후원수당은 1년을 단위로 산정하고, ④ 가격합계액을 산정할 때 위탁의 방법으로 재화등을 공급하는 경우에는 위탁을 받은 다단계판매업자·후원방문판매업자가 다단계판매원·후원방문판매원에게 판매한 가격을 기준으로 하고, 중개의 방법으로 재화등을 공급하는 경우에는 다단계판매자·후원방문판매자가 중개를 의뢰한 사업자로부터 받은 수수료를 기준으로 한다(방문판매법 제20조 제3항, 제29조 제3항 제2호).

다단계판매업자·후원방문판매업자는 다단계판매원·후원방문판매원이 요구하는 경우 후원수당의 산정·지급 명세 등의 열람을 허용하여야 하고, 일정 수의 하위판매원을 모집하거나 후원하는 것을 조건으로 하위판매원 또는 그 하위판매원의 판매 실적에 관계없이 후원수당을 차등하여 지급하여서는 아니 된다(방문판매법 제20조 제4항·제5항, 제29조 제3항 제2호).

2. 후원수당 관련 표시·광고

다단계판매업자·후원방문판매업자는 다단계판매원·후원방문판매원이 되려는 사람 또는 다단계판매원·후원방문판매원에게 다단계판매원·후원방문판매원이 받게 될 후원수당이나 소매이익(다단계판매원·후원방문판매원이 재화등을 판매하여 얻는 이익을 말한다)에 관하여 거짓 또는 과장된 정보를 제공하여서는 아니 되고, 다단계판매원·후원방문판매원이 되려는 사람 또는 다단계판매원·후원방문판매원에게 전체 다단계판매원·후원방문판매원에 대한 평균 후원수당 등 후원수당의 지급 현황에 관한 정보를 고지하여야 하며, 다단계조직의 운영 방식 또는 활동 내용에 관하여 거짓 또는 과장된 사실을 유포하여서는 아니 된다(방문판매법 제21조, 제29조 제3항 제2호).

표 3 후원수당 수령 판매원 분포별 수당 지급 현황[16)]

판매원 구분	총 지급액 (단위: 백만 원)		1인당 평균 지급액 (단위: 천 원)	
	2022년	2023년	2022년	2023년
상위 1% 미만	991,109	883,907	72,742	71,082
상위 1% 이상 – 6% 미만	507,485	459,155	7,409	7,345
상위 6% 이상 – 30% 미만	272,905	242,857	830	809
상위 30% 이상 – 60% 미만	60,459	51,757	147	138
상위 60% 이상 – 100%	21,380	18,187	39	36
합계(평균)	1,853,338	1,655,863	1,353	1,348

표 4 2023년도 매출액 상위 10개 사업자의 후원수당 지급액 비교[17)]

순위	사업자명	후원수당 지급총액 (단위: 백만 원)	후원수당을 지급받은 판매원 수 (단위: 명)	1인당 수령액 (단위: 원)
1	한국암웨이(주)	410,273	365,077	1,123,800
2	애터미(주)	317,772	343,632	924,745
3	피엠인터내셔널코리아(유)	188,272	121,438	1,550,353
4	뉴스킨코리아(주)	120,183	51,182	2,348,148
5	유니시티코리아(유)	80,004	62,785	1,274,252

16) 후원수당을 지급받은 판매원만을 대상으로 함(공정거래위원회 보도자료, “2023년도 다단계판매업자 주요정보 공개”, 2024. 7. 30., 9면).

17) 공정거래위원회 보도자료, “2023년도 다단계판매업자 주요정보 공개”, 2024. 7. 30., 8면.

6	한국허벌라이프(주)	68,346	25,252	2,706,567
7	유사나헬스사이언스코리아(유)	49,080	15,357	3,195,968
8	(유)매나테크코리아	27,384	7,326	3,737,982
9	시너지월드와이드코리아(주)	22,198	8,819	2,517,052
10	(주)비아블	23,518	14,477	1,624,506
합계(평균)		1,307,031	1,015,345	1,287,278

□ 워너비데이터(주)의 방문판매법 위반행위 제재[18)]

공정거래위원회는 2024. 9. 24. 워너비데이터㈜가 다단계 판매조직을 운영하며 하위판매원 모집 자체에 대하여 경제적 이익을 지급한 행위, 가입비 또는 샘플구입비 명목으로 판매원에게 금품을 징수한 행위 등에 대하여 시정명령(행위중지명령, 향후금지명령, 공표명령) 및 영업정지명령을 부과하고 법인 및 대표이사를 검찰에 고발하기로 하였다.

워너비데이터㈜는 특정인을 하위 판매원으로 가입하도록 권유하는 모집방식으로 총 3단계 이상의 단계적인 판매조직을 구성하여 판매원에게 후원수당을 지급하는 등 다단계 판매조직을 운영하였는바, 이 다단계 조직을 이용하여 화장품, 건강기능식품 등을 판매하면서 신규판매원이 샘플구입비 명목의 가입비 11만 원을 납부하면 가입비의 70%를 추천인에게 지급하고, 하위 판매원의 샘플구입비의 70%를 장려금으로 지급하는 등 하위판매원 모집 자체에 대하여 경제적 이익을 지급하였다.
아울러 워너비데이터㈜는 신규 판매원 가입 조건으로 가입비 11만 원을 부과하였고, 판매원의 총 수익 30%를 샘플(판매 보조 물품)을 구매하도록 의무를 부과하여 가입비, 판매 보조 물품, 개인 할당 판매액, 교육비 등 그 명칭이나 형태와 상관없이 10만원 이하로서 대통령령으로 정하는 수준을 초과한 비용을 부과하였다.[19)]

18) 공정거래위원회 의결 제2024-028호, 2024. 9. 24.
19) 공정거래위원회 보도자료, “워너비데이터(주)의 방문판매법 위반행위 제재”, 2024. 7. 2.

Ⅶ 다단계판매원 및 후원방문판매원의 등록 및 탈퇴

다단계판매업자·후원방문판매업자는 다단계판매원·후원방문판매원이 되려는 사람 또는 다단계판매원·후원방문판매원에게 등록, 자격 유지 또는 유리한 후원수당 지급기준의 적용을 조건으로 과다한 재화등의 구입 등 5만 원을 초과한 부담을 지게 하여서는 아니 된다(방문판매법 제22조 제1항, 제29조 제3항 제2호, 동법 시행령 제29조). 다단계판매자·후원방문판매자는 다단계판매원·후원방문판매원에게 일정 수의 하위판매원을 모집하도록 의무를 지게 하거나 특정인을 그의 동의 없이 자신의 하위판매원으로 등록하여서는 아니 된다(방문판매법 제22조 제2항, 제29조 제3항 제2호). 다단계판매원·후원방문판매원은 언제든지 다단계판매업자·후원방문판매업자에게 탈퇴 의사를 표시하고 탈퇴할 수 있고, 다단계판매업자·후원방문판매업자는 다단계판매원·후원방문판매원의 탈퇴에 조건을 붙여서는 아니 되며, 다단계판매업자·후원방문판매업자는 탈퇴한 다단계판매원·후원방문판매원의 판매행위 등으로 소비자피해가 발생하지 아니하도록 다단계판매원·후원방문판매원 수첩을 회수하는 등 필요한 조치를 하여야 한다(방문판매법 제22조 제4항·제5항, 제29조 제3항 제2호).

Ⅷ 금지행위

1. 다단계판매자 및 후원방문판매자의 금지행위

다단계판매자·후원방문판매자는 다음 중 어느 하나에 해당하는 행위를 하여서는 아니 되고, 다단계판매업자·후원방문판매업자는 다단계판매원·후원방문판매원으로 하여금 다음의 금지행위를 하도록 교사(敎唆)하거나 방조(幇助)하여서도 아니 된다(방문판매법 제23조 제1항·제2항, 제29조 제3항 제2호).

- 재화등의 판매에 관한 계약의 체결을 강요하거나 청약철회등 또는 계약 해지를 방해할 목적으로 상대방을 위협하는 행위

- 거짓 또는 과장된 사실을 알리거나 기만적 방법을 사용하여 상대방과의 거래를 유도하거나 청약철회등 또는 계약 해지를 방해하는 행위 또는 재화등의 가격·품질 등에 대하여 거짓 사실을 알리거나 실제보다도 현저히 우량하거나 유리한 것으로 오인시킬 수 있는 행위
- 청약철회등이나 계약 해지를 방해할 목적으로 주소·전화번호 등을 변경하는 행위
- 분쟁이나 불만 처리에 필요한 인력 또는 설비가 부족한 상태를 상당 기간 방치하여 상대방에게 피해를 주는 행위
- 상대방의 청약이 없는데도 일방적으로 재화등을 공급하고 재화등의 대금을 청구하는 등 상대방에게 재화등을 강제로 판매하거나 하위판매원에게 재화등을 판매하는 행위
- 소비자가 재화를 구매하거나 용역을 제공받을 의사가 없음을 밝혔는데도 전화, 팩스, 컴퓨터통신 등을 통하여 재화를 구매하거나 용역을 제공받도록 강요하는 행위
- 다단계판매업자·후원방문판매업자에게 고용되지 아니한 다단계판매원·후원방문판매원을 다단계판매업자·후원방문판매업자에게 고용된 사람으로 오인하게 하거나 다단계판매원·후원방문판매원으로 등록하지 아니한 사람을 다단계판매원·후원방문판매원으로 활동하게 하는 행위
- 소비자피해보상보험계약등을 체결하지 아니하고 영업하는 행위
- 상대방에게 판매하는 개별 재화등의 가격을 대통령령으로 정하는 금액을 초과하도록 정하여 판매하는 행위
- 본인의 허락을 받지 아니하거나 허락받은 범위를 넘어 소비자에 관한 정보를 이용하는 행위. 다만, ① 재화등의 배송 등 소비자와의 계약을 이행하기 위하여 불가피한 경우로서 대통령령으로 정하는 경우, ② 재화등의 거래에 따른 대금을 정산하기 위하여 필요한 경우, ③ 도용을 방지하기 위하여 본인임을 확인할 때 필요한 경우로서 대통령령으로 정하는 경우, ④ 법률의 규정 또는 법률에 따라 필요한 불가피한 사유가 있는 경우 중 어느 하나에 해당하는 경우는 제외한다.
- 다단계판매조직·후원방문판매조직 및 다단계판매원·후원방문판매원의 지위

를 양도·양수하는 행위. 다만, 다단계판매원·후원방문판매원의 지위를 상속하는 경우 또는 사업의 양도·양수·합병의 경우에는 그러하지 아니하다.

2. 사행적 판매원 확장행위 등의 금지

누구든지 다단계판매조직·후원방문판매조직 또는 이와 비슷하게 단계적으로 가입한 자로 구성된 조직을 이용하여 다음 금지행위 중 어느 하나에 해당하는 행위를 하여서는 아니 되고, 다단계판매업자·후원방문판매업자는 다단계판매원·후원방문판매원으로 하여금 아래 금지행위를 하도록 교사하거나 방조하여서는 아니 된다(방문판매법 제24조 제1항·제2항, 제29조 제3항 제2호).

- 재화등의 거래 없이 금전거래를 하거나 재화등의 거래를 가장하여 사실상 금전거래만을 하는 행위로서 ① 판매원에게 재화등을 그 취득가격이나 시장가격보다 10배 이상과 같이 현저히 높은 가격으로 판매하면서 후원수당을 지급하거나 ② 판매원과 재화등의 판매계약을 체결한 후 그에 상당하는 재화등을 정당한 사유 없이 공급하지 아니하면서 후원수당을 지급하거나 ③ 그 밖에 판매업자의 재화등의 공급능력, 소비자에 대한 재화등의 공급실적, 판매업자와 소비자 사이의 재화등의 공급계약이나 판매계약, 후원수당의 지급조건 등에 비추어 그 거래의 실질이 사실상 금전거래인 행위
- 판매원 또는 판매원이 되려는 자에게 하위판매원 모집 자체에 대하여 경제적 이익을 지급하거나 정당한 사유 없이 후원수당 외의 경제적 이익을 지급하는 행위
- 방문판매법에 위반되는 후원수당의 지급을 약속하여 판매원을 모집하거나 가입을 권유하는 행위
- 판매원 또는 판매원이 되려는 자에게 가입비, 판매 보조 물품, 개인 할당 판매액, 교육비 등 그 명칭이나 형태와 상관없이 10만 원 이하로서 대통령령으로 정하는 수준을 초과한 비용 또는 그 밖의 금품을 징수하는 등 의무를 부과하는 행위
- 판매원에 대하여 상품권을 판매하는 행위로서 ① 판매업자가 소비자에게 판

매한 상품권을 다시 매입하거나 다른 자로 하여금 매입하도록 하거나 ② 발행자등의 재화등의 공급능력, 소비자에 대한 재화등의 공급실적, 상품권의 발행규모 등에 비추어 그 실질이 재화등의 거래를 위한 것으로 볼 수 없는 수준의 후원수당을 지급하는 행위

- 사회적인 관계 등을 이용하여 다른 사람에게 판매원으로 등록하도록 강요하거나 재화등을 구매하도록 강요하는 행위
- 판매원 또는 판매원이 되려는 사람에게 본인의 의사에 반하여 교육·합숙 등을 강요하는 행위
- 판매원을 모집하기 위한 것이라는 목적을 명확하게 밝히지 아니하고 취업·부업 알선, 설명회, 교육회 등을 거짓 명목으로 내세워 유인하는 행위

3. 다단계판매업자의 고지의무

다단계판매업자는 다단계판매원이 자신의 하위판매원을 모집하거나 다단계판매업자의 재화등을 소비자에게 판매할 때 위 금지행위(법 제23조)와 사행적 판매원 확장행위 등의 금지행위(법 제24조)를 하지 아니하도록 다단계판매원에게 해당 규정의 내용을 서면이나 전자우편으로 고지하여야 하고, 만일 다단계판매업자가 이 고지의무를 게을리한 경우에 다단계판매원이 금지행위(법 제23조) 또는 사행적 판매원 확장행위 등의 금지행위(법 제24조)를 하여 다른 다단계판매원 또는 소비자에게 입힌 재산상 손해는 다단계판매업자가 배상 책임을 진다. 이 경우 다단계판매업자는 다단계판매원에게 구상권을 행사할 수 있다(방문판매법 제28조).

4. 소비자 등의 침해정지 요청

법 제23조 또는 제24조를 위반한 다단계판매자의 행위로 이익을 침해받거나 침해받을 우려가 있는 자 또는 대통령령으로 정하는 소비자단체 등은 그 행위가 현저한 손해를 주거나 줄 우려가 있는 경우에는 그 행위에 대하여 공정거래위원회에 침해의 정지에 필요한 조치를 요청할 수 있다(방문판매법 제25조).

Ⅸ 소비자피해보상보험계약의 체결

등록하려는 다단계판매업자 및 후원방문판매업자는 ① 소비자피해 보상을 위한 보험계약이나 ② 소비자피해 보상금의 지급을 확보하기 위한 채무지급보증계약, 또는 ③ 공제조합[20]과의 공제계약 중 어느 하나에 해당하는 계약(이하 "소비자피해보상보험계약등"이라 한다)을 체결하여야 한다. 공정거래위원회는 방문판매등 및 계속거래등에서의 소비자보호를 위하여 소비자피해보상보험계약등을 체결하도록 권장할 수 있으며, 소비자피해보상보험계약등의 내용은 이 법 위반행위로 인한 소비자피해를 보상하기에 적절한 수준이어야 한다. 소비자피해보상보험계약등에 따

20) 방문판매의 신고를 하거나 다단계판매, 후원방문판매의 등록을 한 사업자는 소비자피해 보상에 대한 보상금 지급을 책임지는 공제사업을 운영하기 위하여 공정거래위원회의 인가를 받아 공제조합을 설립할 수 있다. 공제조합은 소비자피해 보상을 위한 공제사업 및 소비자의 권익보호를 위한 공익사업, 소비자피해 예방과 홍보를 위한 출판 및 교육사업, 시장의 건전한 발전을 위한 자율정화사업, 공정거래위원회로부터 위탁받은 사업, 그 밖에 정관으로 정하는 사업을 시행하며, 공정거래위원회는 필요하다고 인정하면 공제조합에 대하여 업무 및 회계에 관한 보고서 제출 또는 그 밖에 필요한 조치를 명하게 하거나 소속공무원으로 하여금 공제조합의 업무 및 회계 상황을 조사하거나 장부 또는 그 밖의 서류를 검사하게 할 수 있다. 공정거래위원회는 공제조합의 운영 및 업무집행 등이 법령이나 정관 등에 적합하지 아니한 경우 그 시정을 명할 수 있고, 그 밖에 소비자의 피해 구제 등과 관련하여 필요한 경우에는 적합한 조치를 요구할 수 있다(방문판매법 제38조~제40조).
2025년 현재 다단계판매 분야의 공제조합으로는 직접판매공제조합 및 한국특수판매공제조합 등 2개 기관이 있다. 다단계판매 업체로부터 재화 등을 구매한 소비자가 대금환급을 요청하였으나, 이를 거부하는 경우 소비자는 공제조합에 환불대금의 지급을 요청할 수 있다.

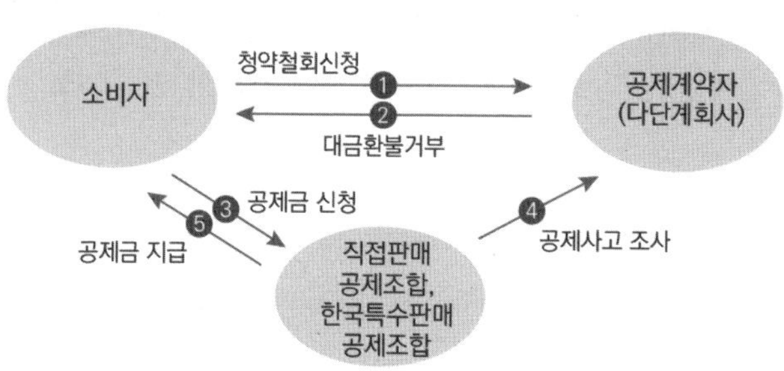

그림 2 **다단계판매 관련 공제조합의 운용 구조**(공정거래위원회, 앞의 책 447면)

라 소비자피해 보상금을 지급할 의무가 있는 자는 그 지급 사유가 발생한 경우에는 지체 없이 이를 지급하여야 하고, 이를 지연한 경우에는 지연배상금을 지급하여야 하고, 소비자피해보상보험계약등을 체결 또는 유지하는 다단계판매업자와 후원방문판매업자는 매출액 등의 자료를 제출할 때 거짓 자료를 제출하여서는 아니 된다. 소비자피해보상보험계약등을 체결한 자는 그 사실을 나타내는 표지를 사용할 수 있으며, 소비자피해보상보험계약등을 체결하지 아니한 자는 이러한 표지를 사용하거나 이와 비슷한 표지를 제작 또는 사용하여서는 아니 된다(방문판매법 제37조).

A는 친구의 권유로 화장품 다단계회사인 X회사에 다단계판매원으로 등록하였다. A는 5월 1일 X회사로부터 200만원 상당의 화장품을 구입하여 5월 2일 친구 B에게 그 중 50만원 상당의 화장품을 판매하였다. 친구 B에게는 5월 4일 계약서와 함께 화장품이 배송완료되었다.

A는 판매가 잘되는 듯하여 5월 14일 여전히 재고가 많이 남아 있었음에도 불구하고 재고가 모두 소진되었다고 거짓으로 보고하고 X회사로부터 200만원 상당의 제품을 추가로 구매하였다. 그러나 이후로는 판매가 부진하였고 판매할 자신이 없어지자 6월 15일 현재 남은 화장품을 모두 환불받고 싶어졌다.

6월 15일 기준으로 A에게 남은 재고는 총 200만원 상당에 해당되며, 그 중 20만원 상당의 화장품은 고객에게 시연을 해주겠다며 뜯어 일부 사용한 것으로 재판매가 불가능하고, 180만원 상당의 화장품만이 재판매가 가능할 정도의 신제품이다.

(1) B는 청약철회권을 언제까지 누구에게 행사할 수 있는가? 이때 반환비용은 누가 부담하는가?

(2) 만일 B가 6월 20일에 이미 배송된 화장품을 살펴보던 중 A가 판매 당시 홍보한 화이트닝과 주름개선기능이 포함되어 있지 않음을 발견하였다면 청약철회권을 행사할 수 있는가?

(3) A는 환불받을 수 있는가?

제 4 장

계속거래 및 사업권유거래

Ⅰ 서설

스포츠시설 이용권이나 잡지 구독 등과 같이 1개월 이상의 기간 동안 계속하여 또는 부정기적으로 상품을 공급하는 계약을 체결하여 판매하는 거래를 계속거래라 한다. 계속거래는 그 특성상 상품이나 서비스가 장기간에 걸쳐 제공되기 때문에 그동안 소비자의 사정이 변경될 수 있고, 이러한 경우를 위하여 방문판매법에서는 소비자에게 계약해지의 자유를 인정하고 있다. 물론 소비자의 사정변경으로 인한 해지이므로 위약금을 부과할 수 있지만, 그 위약금이 과도하여서는 아니된다. 그럼에도 불구하고 많은 계속거래업자들이 소비자의 계약해지를 거절하거나 해지를 인정해주더라도 과도한 위약금을 요구하는 등의 소비자피해가 발생하고 있다. 스포츠시설 이용권의 경우, 가입할 때 이용료를 입회비, 연회비, 보증금 등 다양한 항목으로 구성하여 상당금액을 환불대상에서 제외시키거나, 할인판매라는 이유로 원금 기준으로 환불기준을 제시하는 등의 형태로 소비자의 해지권을 방해하고 있다. 특히 최근에는 여러 사업분야에서 구독거래 등 계속거래 형태의 거래가 늘어나면서 사업자가 계약과 다른 내용의 재화를 공급하거나 계약 해지시 과다한 위약금을 청구하는 사례가 늘어나고 있다.

Ⅱ 계속거래 및 사업권유거래의 의의

1. 계속거래

“계속거래”란 1개월 이상에 걸쳐 계속적으로 또는 부정기적으로 재화등을 공급하는 계약으로서 중도에 해지할 경우 대금 환급의 제한 또는 위약금에 관한 약정이 있는 거래를 말한다(방문판매법 제2조 제10호). 스포츠센터의 이용권과 같이 장기간에 걸쳐 상품이나 서비스의 공급을 제공받는다는 점에서, 대금지급이 여러 차례에 걸쳐 이루어지는 할부거래와 구별된다.

2. 사업권유거래

"사업권유거래"란 사업자가 소득 기회를 알선·제공하는 방법으로 거래 상대방을 유인하여 금품을 수수하거나 재화등을 구입하게 하는 거래를 말한다(방문판매법 제2조 제11호). 재화등에 대한 구매의사가 판매업자의 구매권유행위에 의하여 유도된 것이다. 가령 속기록 번역의 아르바이트 일감을 제공하면서, 보다 유리한 조건으로 아르바이트를 하기 위하여는 자격증을 취득하여야 한다고 하여 교재구입 및 인터넷 학원수강을 권하는 경우가 이에 해당한다. 그러나 아르바이트와 같은 소득기회를 제공하지 않으면서 단순히 자격증 취득을 위한 교재구매를 권유하는 경우에는 이에 해당하지 않는다.

Ⅲ 계속거래 및 사업권유거래 사업자의 의무

1. 소비자에 대한 정보제공의무

계속거래 또는 사업권유거래(이하 "계속거래등"이라 한다)를 업으로 하는 자(이하 "계속거래업자등"이라 한다)는 10만 원 및 3개월 이상을 거래조건으로 하는 계속거래나 30만 원 이상을 거래조건으로 하는 사업권유거래에 관한 계약을 체결하는 경우에는 계약을 체결하기 전에 소비자(사업권유거래에서 재화등을 구매하는 자를 포함한다)가 계약 내용을 이해할 수 있도록 ① 계속거래업자등의 성명(법인인 경우에는 대표자의 성명을 말한다), 상호, 주소, 전화번호 및 전자우편주소, ② 계속거래를 통하여 판매하는 재화등(계속거래와 관련하여 따로 구입할 필요가 있는 다른 재화등이 있는 경우에는 그 재화등을 포함한다)이나 사업권유거래를 통하여 판매하는 재화등의 명칭, 종류 및 내용, ③ 재화등의 대금(가입비, 설치비 등 명칭에 상관없이 재화등의 거래와 관련하여 지급하는 모든 금액을 포함한다)과 그 지급 시기 및 방법, ④ 재화등의 거래방법과 거래 기간 및 시기, ⑤ 사업권유거래의 경우에는 제공되는 사업에 관한 거래조건으로 재화등을 구매하는 경우 사업자가 제공하는 사업기회에 의하여 얻게 되는 이익이나 그 보장에 관한 조건, ⑥ 계약 해지와 그 행사방법·효과에 관한 사항 및 해지권의 행사에 필요한 서식, ⑦ 소비자피해 보상, 재화등에 대한 불만 및 소비자와 사업자 사이의 분쟁 처리에 관한 사항, ⑧ 거래에 관한 약관, ⑨ 그 밖에 거래 여부 판단에 영향을 주는 거래조건 또는 소비자피해 구제에 필요한 사항으로서 판매일시·판매지역·판매수량·인도지역 등 판매조건과 관련하여 제한이 있는 경우 그 내용에 관한 사항을 설명하여야 하고, 재화등의 판매에 관한 계약을 체결할 때에는 위의 사항을 적은 계약서를 소비자에게 발급하여야 한다(방문판매법 제30조 제1항·제2항, 동법 시행령 제37조 내지 제39조).

2. 갱신에 따른 통지의무

계속거래를 업으로 하는 자는 소비자에게 용역을 공급하는 계약으로서 소비자의 별도 의사표시가 없는 한 자동으로 갱신되는 계약을 체결한 경우에는 그 계약 종료일의 50일 전부터 20일 전까지의 기간에 소비자에게 종료일이 다가오고 있음을 서면이나 전자우편으로 통지하여야 한다. 다만, 거래기간이 2개월 이내의 계약인 경우나 소비자가 재계약 체결 또는 계약 갱신의 의사를 표시한 경우에는 그 통지를 생략할 수 있다(방문판매법 제30조 제3항).

3. 신의성실의 의무

계속거래업자등은 위와 같이 소비자에게 설명하거나 표시한 거래조건을 신의에 좇아 성실하게 이행하여야 한다(방문판매법 제30조 제5항).

Ⅳ 소비자의 계약해지

1. 계약해지의 자유

계속거래업자등과 계속거래등의 계약을 체결한 소비자는 계약기간 중 언제든지 계약을 해지할 수 있다. 장기간에 걸친 계약인 만큼 소비자에게는 사정이 변경될 수 있기 때문이다. 다만, 다른 법률에 별도의 규정이 있거나 거래의 안전 등을 위한 경우로서, i) 소비자(사업권유거래의 상대방을 포함한다)의 주문에 의하여 개별적으로 생산되는 재화등에 대한 것으로서 ii) 계약 해지를 인정하면 계속거래업자등에게 회복할 수 없는 중대한 피해가 예상되고 iii) 사전에 해당 거래에 대하여 별도로 그 사실을 고지하고 소비자의 서면(전자문서를 포함한다) 동의를 받은 경우에는 해지가 제한된다(방문판매법 제31조, 동법 시행령 제40조).

2. 계약 해지 · 해제의 효과

(1) 부당한 위약금 청구의 금지

만일 계속거래업자등에게 책임이 없는 사유로 계속거래등의 계약이 해지 또는 해제된 경우 계속거래업자등은 소비자에게 위약금을 청구할 수는 있으나, 해지 또는 해제로 발생하는 손실을 현저하게 초과하는 위약금을 청구하여서는 아니 되고, 가입비나 그 밖에 명칭에 상관없이 실제 공급된 재화등의 대가를 초과하여 수령한 대금의 환급을 부당하게 거부하여서는 아니 된다(방문판매법 제32조 제1항).

(2) 재화등의 반환에 따른 대금환급 · 위약금 경감

계속거래등의 계약이 해지 또는 해제된 경우 소비자는 반환할 수 있는 재화등을 계속거래업자등에게 반환할 수 있으며, 계속거래업자등은 반환받은 재화등의 가치에 상당하는 금액을 계약의 해지 또는 해제에 따라 지급하여야 할 환급금에 더하거나 청구할 수 있는 위약금에서 빼야 한다. 이때 계속거래업자등은 재화등을 반환받은 날부터 3영업일 이내에 증액되거나 감액된 금액을 소비자에게 반환하거나, 재화등의 대금 등 소비자로부터 받을 금액이 있는 경우에는 증액되거나 감액된 금액을 빼고 청구하여야 한다. 계속거래업자등이 전단의 조치를 지연한 경우에는 지연기간에 대한 지연배상금을 지급하여야 한다. 그리고 반환받은 재화등의 가치에 상당하는 금액을 산정할 때에는 재화등의 시장가격이나 감가상각 등을 고려하여야 한다(방문판매법 제32조 제2항, 동법 시행령 제41조).

(3) 차액의 환급

계속거래업자등은 자신의 책임이 없는 사유로 계약이 해지 또는 해제된 경우 소비자로부터 받은 재화등의 대금(재화등이 반환된 경우 환급하여야 할 금액을 포함한다)이 이미 공급한 재화등의 대금에 위약금을 더한 금액보다 많으면 그 차액을 소비자에게 환급하여야 한다. 이 경우 환급이 지연되는 경우에는 지연기간에 대한 지연배상금을 함께 환급하여야 한다(방문판매법 제32조 제3항).

□ 스픽(Speak)의 불공정 약관조항 시정[21)]

스픽(Speak)은 2019년 12월에 출시한 인공지능 기반 영어 회화 학습 앱으로 이용 기간에 따라 월간, 연간 및 평생 이용권 등 3가지 유료 구독서비스를 제공하였다. 그런데 스픽은 결제일로부터 30일 이내에는 부분 환불을 제공하지만, 30일이 지나면 전혀 환불을 해주지 않아 연간 및 평생 이용권 등 장기 구독서비스의 환불을 제한하고 있었는바, 공정거래위원회는 해당 약관조항이 「약관의 규제에 관한 법률」에 위반된다고 판단하였다.

시정 전 약관조항	시정 후 약관조항
제20조(청약 철회 및 구매 대금의 환불) ● 구독권 ○ 결제일 7일 이내 ■ 전액 환불 가능 ○ 결제일 7일 이후부터 30일 이내까지 ■ 정액권 기간에 관계없이 미사용 기간	제20조(청약 철회 및 구매 대금의 환불) ● 구독권 ○ 결제일 7일 이내 ■ 전액 환불 가능 ○ 결제일 7일 이후 ■ 총 계약대금에서 이용분을 공제한 후,

을 공제, 잔액의 10%를 위약금으로 추가 공제한 후 최종금액 부분 환불 ■ 월간회원권 및 연간 회원권의 경우 결제일로부터 30일이 경과한 경우 부분 환불 불가 ■ 평생 이용권의 경우에는 3년 이용기간을 기준으로 미사용 기간을 공제해서 잔액 산출 ○ 결제일 30일 이후 ■ 환불 불가	잔액의 10%를 위약금으로 추가 공제한 최종금액 환불(최종금액이 마이너스인 경우에는 추가 결제 없이 계약해지 가능함) ● 이용분을 공제함에 있어 장기 구독권(연간 회원권 및 평생 이용권)을 선택하여 단기 구독권(월간 회원권)에 비하여 할인을 받은 경우에는 '결제 시점의 단기 구독권의 가격(정상가)'을 기준으로 공제 ● 즉 '연간 회원권' 및 '평생 이용권'의 경우, 이용분을 아래와 같이 계산함 [이용분=(이용일수)*(월간 회원권의 정상가)/30] ■ 총 계약대금을 매월 나누어 결제하는 경우에도 환불 규정은 동일하게 적용됨. 이 경우 '환불 요청 시점까지 회사에 지급한 금액의 합계'보다 '환불 요청 시점을 기준으로 산정한 이용분 및 위약금의 합계'가 큰 경우, 그 차액을 결제해야 계약 해지 가능함(단, '환불 요청 시점을 기준으로 산정한 이용분 및 위약금의 합계'는 총 계약대금을 초과할 수 없음) ~~○ 결제일 30일 이후~~ ~~■ 환불 불가~~

스픽의 구독권(월간, 연간 및 평생 이용권)은 1개월 이상의 기간 동안 계속적으로 학습 서비스 등을 공급하는 '계속거래'에 해당한다. 이와 같은 계속거래의 경우, 소비자는 구독권을 언제든지 해지할 수 있어야 하고(방문판매법 제31조), 사업자는 소비자에게 계약 해지로 발생한 손실을 현저하게 초과하는 위약금을 청구하면 안 되며, 실제로 공급된 서비스의 대가를 초과하여 수령한 계약대금의 환급을 부당하게 거부하여서는 안 된다(방문판매법 제32조). 그러나 스픽은 결제일로부터 30일 이내에만 이용분 및 위약금을 공제하여 환불을 하고 있었고, 결제일로부터 30일이 지나면 환불 불가로 정하여, 결제일로부터 30일이 지난 연간 및 평생 이용권 등 장기 구독권의 부분 환불을

제한하고 있었다. 결국 스픽의 해당 조항은 법률에 따른 고객의 해지권을 배제하거나 그 행사를 제한하여 부당하다(약관법 제9조 제1호).

스픽은 결제일 30일 이후 환불 불가로 정한 부분을 삭제하고, 결제일 7일 이후에는 총 계약대금에서 이용분[22]과 위약금((총계약대금-이용분)*10%)을 공제한 금액을 부분 환불해주는 것으로 약관을 시정('25.1.1.자로 개정약관 시행)하기로 하였다.

V 금지행위

계속거래업자등은 다음의 금지행위를 하여서는 아니된다(방문판매법 제34조 제1항).

- 계속거래등의 계약을 체결하게 하거나 계약의 해지 또는 해제를 방해하기 위하여 소비자를 위협하는 행위
- 거짓 또는 과장된 사실을 알리거나 기만적 방법을 사용하여 소비자를 유인 또는 거래하거나 계약의 해지 또는 해제를 방해하는 행위
- 계속거래등에 필요한 재화등을 통상적인 거래가격보다 현저히 비싼 가격으로 구입하게 하는 행위
- 소비자가 계속거래등의 계약을 해지 또는 해제하였는데도 정당한 사유 없이 이에 따른 조치를 지연하거나 거부하는 행위
- 계약의 해지 또는 해제를 방해할 목적으로 주소·전화번호 등을 변경하는 행위
- 분쟁이나 불만 처리에 필요한 인력 또는 설비가 부족한 상태를 상당 기간 방치하여 소비자에게 피해를 주는 행위
- 소비자의 청약이 없는데도 일방적으로 재화등을 공급하고 재화등의 대금을 청구하는 행위

21) 공정거래위원회 보도자료, "장기 구독권도 환불받을 수 있도록 스픽이지랩스코리아의 이용약관 시정", 2024. 12. 25.

22) 이용분을 공제할 때 장기 구독권 선택에 따른 할인을 받은 경우에는 '결제 시점의 단기 구독권(월간 구독권)의 가격'을 기준으로 공제(장기 계약 고객의 중도 해지로 인해 결과적으로 같은 기간을 이용하게 되는 장·단기 계약 고객 간 이용대금 부과의 형평성 저해 우려 등 고려)

- 소비자가 재화를 구매하거나 용역을 제공받을 의사가 없음을 밝혔는데도 전화, 팩스, 전자우편 등을 통하여 재화를 구매하거나 용역을 제공받도록 강요하는 행위

A는 휘트니스클럽에서 PT 10회분을 50만원에 결제하였다. 가입 당시 가입비 명목으로 10만원을 추가 결제하였으나 회원카드 발급 외에는 특별한 서비스를 제공받은 것은 없다. A는 PT를 4회 받았으나 더 이상 하고 싶지 않은 마음에 환불을 요청하였더니 휘트니스클럽에서는 특별 할인을 받아 가입한 것이기 때문에 50만원에 대한 환불은 일체 되지 않으며, A의 변심에 의한 환불이므로 위약금을 오히려 지급하여야 한다고 주장한다. 이것이 싫다면 회원권을 양도하라고 하면서 남은 횟수를 사용할 양수인을 데려오라고 한다. 그러나 처음 회원으로 가입할 당시, 중도 해지할 때 이러한 제약이 있다는 사실에 대하여 설명을 들은 적이 없고, 계약 당시 교부 받은 계약서에도 이러한 내용은 포함되어 있지 않았다.
휘트니스클럽의 주장은 타당한가?

제 5 장

보칙 및 벌칙

I 조사 및 감독

1. 위반행위의 조사

공정거래위원회, 시·도지사 또는 시장·군수·구청장(이하 "행정청"이라 한다)은 방문판매법을 위반한 사실이 있다고 인정할 때에는 직권으로 필요한 조사를 할 수 있다. 다만, 다단계판매 및 후원방문판매와 관련된 규정의 위반 사실에 대하여는 공정거래위원회 또는 시·도지사가 조사를 할 수 있다(방문판매법 제43조 제1항).

시·도지사 또는 시장·군수·구청장이 조사를 하려는 경우에는 공정거래위원회에 통보하여야 하며, 공정거래위원회는 조사 등이 중복될 우려가 있는 경우에는 시·도지사 또는 시장·군수·구청장에게 조사의 중지를 요청할 수 있다. 이 경우 요청을 받은 시·도지사 또는 시장·군수·구청장은 상당한 이유가 없으면 그 조사를 중지하여야 한다(방문판매법 제43조 제2항). 행정청이 조사를 한 경우에는 그 결과(조사 결과 시정조치명령 등의 처분을 하려는 경우에는 그 처분의 내용을 포함한다)를 해당 사건의 당사자에게 문서로 알려야 한다(방문판매법 제43조 제3항).

누구든지 이 법의 규정에 위반되는 사실이 있다고 인정할 때에는 그 사실을 행정청에 신고할 수 있다. 다만, 다단계판매 및 후원방문판매와 관련된 규정에 위반되는 사실에 대하여는 공정거래위원회 또는 시·도지사에게 신고할 수 있다(방문판매법 제43조 제7항).

공정거래위원회는 이 법을 위반하는 행위가 끝난 날부터 5년이 지난 경우 그 위반행위에 대하여는 시정조치를 명하거나 제51조에 따른 과징금을 부과하지 아니한다. 다만, 시정조치 또는 과징금 부과처분이 판결의 취지에 따라 취소된 경우로서 그 판결 이유에 따라 새로운 처분을 하는 경우에는 그러하지 아니하다(방문판매법 제43조 제8항).

2. 실태조사 등

공정거래위원회는 특수판매에서의 건전한 거래질서 확립 및 소비자 보호를 위하여 특수판매에 대한 실태조사와 교육을 실시할 수 있다(방문판매법 제43조의2).

3. 포상금의 지급 및 환수

공정거래위원회는 ① 등록을 하지 아니하고 다단계판매조직 또는 후원방문판매조직을 개설·관리 또는 운영하는 행위, ② 사행적 판매원 확장행위 등의 금지를 위반하는 행위를 신고 또는 제보하고 이를 입증할 수 있는 증거자료를 제출한 자에 대하여 예산의 범위에서 포상금을 지급할 수 있다(방문판매법 제44조). 공정거래위원회는 포상금을 지급한 후 ① 위법 또는 부당한 방법의 증거수집, 허위신고, 거짓진술, 증거위조 등 부정한 방법으로 포상금을 지급받은 경우이거나 ② 동일한 원인으로 다른 법령에 따라 포상금 등을 지급받은 경우, 또는 ③ 그 밖에 착오 등의 사유로 포상금이 잘못 지급되었음이 발견된 경우, 해당 포상금을 지급받은 자에게 반환할 금액을 통지하여야 하고, 해당 포상금을 지급받은 자는 그 통지를 받은 날부터 30일 이내에 이를 납부하여야 한다(방문판매법 제44조의2 제1항).

Ⅱ 시정조치·동의의결 및 과징금

1. 시정권고

행정청은 사업자가 이 법에 위반되는 행위를 하거나 이 법에 따른 의무를 이행하지 아니하는 경우 시정조치를 하기 전에 그 사업자가 해당 행위의 중지, 이 법에 따른 의무의 이행, 그 밖에 소비자피해 예방 및 구제에 필요한 조치를 하도록 시정 방안을 정하여 그 사업자에게 이에 따를 것을 권고할 수 있다. 이 경우 해당 사업자가 그 권고를 수락한 경우에는 제3항에 따라 시정조치가 내려진 것으로 본다는 뜻을 함께 통지하여야 한다. 이에 따라 시정권고를 받은 사업자는 그 통지를 받은 날부터 10일 이내에 그 권고의 수락 여부를 시정권고를 한 행정청에 통지하여야 한다. 시정권고를 받은 사업자가 이를 수락한 때에는 시정조치가 내려진 것으로 본다(방문판매법 제48조).

2. 시정조치

공정거래위원회는 사업자가 이 법을 위반한 행위를 하거나 이 법에 따른 의무를 이행하지 않는 경우 해당 사업자등에 대하여 그 시정을 위한 조치를 명할 수 있다. 이때 시정조치는 ① 해당 위반행위의 중지, ② 이 법에 규정된 의무의 이행, ③ 시정조치를 받은 사실의 공표, ④ 소비자피해 예방 및 구제에 필요한 조치, ⑤ 그 밖에 시정을 위하여 필요한 조치 중 어느 하나를 포함한다(방문판매법 제49조 제1항 내지 제3항).

공정거래위원회는 사업자가 ① 시정조치에도 불구하고 최근 3년간 같은 위반행위가 2회 이상 반복되거나(행위의 기준은 처분일로 한다), ② 시정조치를 이행하지 않거나, ③ 시정조치만으로는 소비자피해를 방지하기 어렵거나 소비자에 대한 피해보상이 불가능하다고 판단되는 경우에는 1년 이내의 기간을 정하여 그 영업의 전부 또는 일부의 정지를 명할 수 있다(방문판매법 제49조 제4항).

공정거래위원회 또는 시·도지사는 사업자가 속임수나 그 밖의 부정한 방법으로 다단계판매업자 또는 후원방문판매업자로 등록을 한 경우에는 그 등록을 취소하여야 하고, ① 제14조 각호의 결격사유에 해당하게 되거나 ② 소비자피해보상보험계약등이 해지된 경우, ③ 영업정지기간 중에 영업을 하는 경우에는 그 등록을 취소할 수 있다(방문판매법 제49조 제5항).

3. 소비자피해분쟁조정의 요청

행정청은 이 법 위반행위와 관련하여 소비자의 피해 구제 신청이 있으면 시정권고 또는 시정조치를 하기 전에 특수판매에 관한 소비자보호 관련 업무를 수행하는 기관 또는 단체 가운데 대통령령으로 정하는 소비자피해분쟁조정기구에 그 조정을 의뢰할 수 있다. 행정청은 이에 따라 의뢰된 조정안을 당사자가 수락하고 이행하는 경우에는 시정조치를 하지 아니한다는 뜻을 당사자에게 알려야 한다. 공정거래위원회는 이에 따라 의뢰된 조정안을 당사자가 수락하고 이행한 경우에는 시정조치를 하지 아니한다(방문판매법 제50조).

4. 동의의결

(1) 동의의결의 의의

동의의결(consent order)제도란 공정거래위원회의 조사나 심의를 받고 있는 사업자가 소비자 또는 사업자에 대한 피해구제, 원상회복 등의 방안을 제시하는 방식으로 동의의결을 신청하고 공정거래위원회가 그 시정방안을 검토하여 그 방안이 피해구제 등에 충분하다고 판단할 경우, 해당 행위 관련 조사·심의 절차를 중단하고 동 시정방안을 이행하도록 결정하는 제도이다. 사업자의 입장에서 관련되는 사건의 진행으로 인해 발생하는 부담을 줄일 수 있고, 공정거래위원회도 불필요한 조사인력을 절약하여 집중적으로 필요한 곳에 사용할 수 있도록 함으로써 자원의 효율적인 운용에 기여하는 제도이다.

(2) 동의의결의 신청

공정거래위원회의 조사나 심의를 받고 있는 사업자 또는 사업자단체(이하 "신청인"이라 한다)는 해당 조사나 심의의 대상이 되는 행위(이하 "해당 행위"라 한다)로 인한 불공정한 거래내용 등의 자발적 해결, 소비자의 피해구제 및 거래질서의 개선 등을 위하여 동의의결을 하여 줄 것을 공정거래위원회에 신청할 수 있다. 다만, 동의의결이 있기 전 신청인이 신청을 취소하는 경우 공정거래위원회는 동의의결을 하지 아니하고 이 법에 따른 심의 절차를 진행하여야 한다(방문판매법 제50조의2 제1항).

신청인이 동의의결을 신청할 때에는 ① 해당 행위를 특정할 수 있는 사실관계, ② 해당 행위의 중지, 원상회복 등 경쟁질서의 회복이나 거래질서의 적극적 개선을 위하여 필요한 시정방안, ③ 그 밖에 소비자, 다른 사업자 등의 피해를 구제하거나 예방하기 위하여 필요한 시정방안을 기재한 서면으로 하여야 한다. 공정거래위원회는 해당 행위의 사실관계에 대한 조사를 마친 후 시정방안이 ① 해당 행위가 이 법을 위반한 것으로 판단될 경우에 예상되는 시정조치 및 그 밖의 제재와 균형을 이루고, ② 공정하고 자유로운 경쟁질서나 거래질서를 회복시키거나 소비자, 다른 사업자 등을 보호하기에 적절하다고 인정될 경우에는 해당 행위 관련 심의 절차를 중단하고 시정방안과 같은 취지의 동의의결을 할 수 있다. 이 경우 신청인과의 협의를 거쳐 시정방안을 수정할 수 있다(방문판매법 제50조의2 제2항 · 제3항).

공정거래위원회의 동의의결은 해당 행위가 이 법에 위반된다고 인정한 것을 의미하지 아니하며, 누구든지 신청인이 동의의결을 받은 사실을 들어 해당 행위가 이 법에 위반된다고 주장할 수 없다(방문판매법 제50조의2 제4항).

(3) 동의의결의 절차

공정거래위원회는 신속한 조치의 필요성, 소비자 피해의 직접 보상 필요성 등을 종합적으로 고려하여 동의의결 절차의 개시 여부를 결정하여야 한다. 공정거래위원회는 동의의결을 하기 전에 30일 이상의 기간을 정하여 ① 해당 행위의 개요, ② 관계 법령 조항, ③ 시정방안(시정방안이 수정된 경우에는 그 수정된 시정방안을 말한다), ④ 해당 행위와 관련하여 신고인 등 이해관계인의 이해를 돕는 그 밖의 정보(다만, 사업상 또는 사생활의 비밀 보호나 그 밖에 공익상 공개하기에 적절하지 아니한 것은 제외한다)를 신고인 등 이해관계인에게 통지하거나, 관보 또는 공정거래위원회의 인터넷 홈페이지에 공고하는 등의 방법으로 의견을 제출할 기회를 주어야 한다. 공정거래위원회는 위 ① 내지 ④까지의 사항을 관계 행정기관의 장에게 통보하고 그 의견을 들어야 한다. 다만, 제58조부터 제64조까지의 벌칙이 적용되는 행위에 대해서는 검찰총장과 협의하여야 한다(방문판매법 제50조의3 제1항 내지 제3항).

공정거래위원회는 동의의결을 하거나 이를 취소하는 경우에는 공정거래위원회 전원회의 및 소회의의 심의 · 의결을 거쳐야 하고, 동의의결을 받은 신청인은 의결에 따라 동의의결의 이행계획과 이행결과를 공정거래위원회에 제출하여야 한다. 공정거래위원회는 제출된 이행계획의 이행 여부를 점검할 수 있고, 동의의결을 받은 신청인에게 그 이행에 관련된 자료의 제출을 요청할 수 있다. 공정거래위원회는 이행계획의 이행 여부 점검 등 동의의결의 이행관리에 관한 업무를 조정원 또는 한국소비자원에 위탁할 수 있다(방문판매법 제50조의3 제4항 내지 제7항).

(4) 동의의결의 취소

공정거래위원회는 ① 동의의결의 기초가 된 시장상황 등 사실관계의 현저한 변경 등으로 인하여 시정방안이 적정하지 아니하게 된 경우이거나 ② 신청인이 제공한 불완전하거나 부정확한 정보로 인하여 동의의결을 하게 되었거나, 신청인이 거짓 또는 그 밖의 부정한 방법으로 동의의결을 받은 경우, 또는 ③ 신청인이 정당한 이유 없이 동의의결을 이행하지 아니하는 경우에는 동의의결을 취소할 수 있다. 이중 ① 사유에 의하여 동의의결을 취소하는 경우 신청인이 동의의결을 하여줄 것을 신청하면 공정거래위원회는 다시 동의의결을 할 수 있고, ② 또는 ③ 사유에 의하여 동의의결을 취소하는 경우에는 공정거래위원회가 중단된 해당 행위 관련 심의절차를 계속하여 진행할 수 있다(방문판매법 제50조의4).

(5) 이행강제금

공정거래위원회는 정당한 이유 없이 동의의결시 결정한 이행기한까지 동의의결을 이행하지 아니한 자에게 동의의결이 이행되거나 취소되기 전까지 이행기한이 지난 날부터 1일당 200만원 이하의 이행강제금을 부과할 수 있다(방문판매법 제50조의5).

5. 과징금

공정거래위원회는 법 제49조 제4항에 따른 영업정지를 갈음하여 해당 사업자에 대하여 위반행위 관련 매출액을 초과하지 아니하는 범위에서 과징금을 부과할 수 있다. 이 경우 관련 매출액이 없거나 이를 산정할 수 없는 등의 경우에는 5천만원을 초과하지 아니하는 범위에서 과징금을 부과할 수 있다. 공정거래위원회가 과징금을 부과할 때에는 ① 위반행위로 인한 소비자피해 정도, ② 소비자피해에 대한 사업자의 보상노력 정도, ③ 위반행위로 취득한 이익의 규모, ④ 위반행위의 내용·기간 및 횟수 등을 고려하여야 한다. 공정거래위원회는 이 법을 위반한 사업자인 회사의 합병이 있는 경우에는 그 회사가 한 위반행위를 합병 후 존속하거나 합병으로 새로 설립된 회사가 한 행위로 보아 과징금을 부과·징수할 수 있다(방문판매법 제51조).

Ⅲ 벌칙

1. 벌칙

(1) 7년 이하의 징역 또는 2억원 이하의 벌금

① 법 제13조 제1항에 따른 등록을 하지 아니하고(제49조 제5항에 따라 등록이 취소된 경우를 포함한다) 다단계판매조직이나 후원방문판매조직을 개설·관리 또는 운영한 자, ② 거짓이나 그 밖의 부정한 방법으로 제13조 제1항에 따른 등록을 하고 다단계판매조직이나 후원방문판매조직을 개설·관리 또는 운영한 자, ③ 법 제23조 제1항 제8호에 따른 금지행위를 한 자, ④ 법 제24조 제1항 또는 제2항에 따른 금지행위를 한 자(법 제29조 제3항에 따라 준용되는 경우를 포함한다)는 7년 이하의 징역 또는 2억원 이하의 벌금에 처한다. 이 경우 이 법 위반행위와 관련하여 판매하거나 거래한 대금 총액의 3배에 해당하는 금액이 2억원을 초과할 때에는 7년 이하의 징역 또는 판매하거나 거래한 대금 총액의 3배에 해당하는 금액 이하의 벌금에 처한다. 이때 징역형과 벌금형은 병과(倂科)할 수 있다(방문판매법 제58조).

(2) 5년 이하의 징역 또는 1억 5천만원 이하의 벌금

① 법 제22조 제2항을 위반한 자, ② 법 제23조 제1항 제1호 또는 제2호에 따른 금지행위를 한 자, ③ 법 제29조 제1항에 따른 금지행위를 한 자는 5년 이하의 징역 또는 1억 5천만원 이하의 벌금에 처한다. 다만, 법 제29조 제3항에 따라 준용되는 경우에는 3년 이하의 징역 또는 1억원 이하의 벌금에 처한다. 이때 징역형

과 벌금형은 병과할 수 있다(방문판매법 제59조).

(3) 3년 이하의 징역 또는 1억원 이하의 벌금

① 법 제13조 제2항 또는 제3항을 위반하여 거짓으로 신고한 자, ② 법 제15조 제5항에 따른 다단계판매원 수첩에 거짓 사실을 기재한 자, ③ 법 제18조 제2항을 위반하여 재화등의 대금을 환급하지 아니한 자, ④ 법 제20조 제3항 또는 제5항을 위반한 자, ⑤ 법 제21조 제1항 또는 제3항을 위반한 자, ⑥ 법 제22조 제1항 또는 제4항을 위반한 자, ⑦ 법 제23조 제1항 제3호·제5호·제7호 또는 제11호에 따른 금지행위를 한 자, ⑧ 법 제37조 제5항을 위반하여 소비자피해보상보험계약등의 체결 또는 유지에 관하여 거짓 자료를 제출한 사업자, ⑨ 법 제37조 제7항을 위반하여 같은 조 제6항에 따른 표지를 사용하거나 이와 비슷한 표지를 제작 또는 사용한 자, ⑩ 법 제49조 제1항에 따른 시정조치명령을 따르지 아니한 자, ⑪ 법 제49조 제4항에 따른 영업정지명령을 위반하여 영업을 한 자는 3년 이하의 징역 또는 1억원 이하의 벌금에 처한다. 다만, 법 제29조 제3항에 따라 준용되는 경우에는 2년 이하의 징역 또는 5천만원 이하의 벌금에 처한다. 이때 징역형과 벌금형은 병과할 수 있다(방문판매법 제60조).

(4) 2년 이하의 징역 또는 5천만원 이하의 벌금

① 법 제11조 제1항 제1호·제2호 또는 제5호에 해당하는 금지행위를 한 자, ② 법 제34조 제1항 제1호·제2호 또는 제5호에 해당하는 금지행위를 한 자는 2년 이하의 징역 또는 5천만원 이하의 벌금에 처한다. 징역형과 벌금형은 병과할 수 있다(방문판매법 제61조).

(5) 1년 이하의 징역 또는 3천만원 이하의 벌금

① 법 제5조 제1항을 위반하여 신고를 하지 아니하거나 거짓으로 신고한 자, ② 법 제11조 제1항 제3호에 따른 금지행위를 한 자, ③ 법 제12조 제1항 또는 제26조 제1항을 위반하여 휴업기간 또는 영업정지기간 중에 계속하여야 할 업무를

계속하지 아니한 자, ④ 법 제13조 제7항을 위반하여 자료를 제출하지 아니하거나 거짓 자료를 제출한 자, ⑤ 법 제15조 제1항에 따른 등록을 하지 아니하고 실질적으로 다단계판매원으로 활동한 자, ⑥ 법 제15조 제2항 제1호 또는 제3호부터 제7호까지의 규정에 따라 다단계판매원으로 등록할 수 없는 자임에도 불구하고 다단계판매원으로 등록한 자, ⑦ 법 제15조 제2항 제2호를 위반하여 미성년자를 다단계판매원으로 가입시킨 다단계판매자, ⑧ 법 제15조 제3항에 따른 다단계판매원 등록증에 거짓 사실을 적은 자, ⑨ 법 제15조 제4항을 위반하여 다단계판매원 등록부를 거짓으로 작성한 자, ⑩ 법 제23조 제1항 제9호에 따른 금지행위를 한 자, ⑪ 법 제33조에 따른 재화등의 거래기록 등을 거짓으로 작성한 자(제29조 제3항에 따라 준용되는 경우를 포함한다)는 1년 이하의 징역 또는 3천만원 이하의 벌금에 처한다(방문판매법 제62조).

(6) 1천만원 이하의 벌금

① 법 제6조 제3항을 위반하여 성명 등을 거짓으로 밝힌 자, ② 법 제7조 제2항, 제16조 또는 제30조 제2항에 따른 계약서를 발급할 때 거짓 내용이 적힌 계약서를 발급한 자, ③ 법 제11조 제1항 제4호 또는 제7호에 따른 금지행위를 한 자, ④ 법 제34조 제1항 제3호·제4호 또는 제7호에 따른 금지행위를 한 자(제29조 제3항에 따라 준용되는 경우를 포함한다)는 1천만원 이하의 벌금에 처한다(방문판매법 제63조).

(7) 2년 이하의 징역 또는 200만원 이하의 벌금

법 제57조 제5항에 따라 준용되는 「독점규제 및 공정거래에 관한 법률」 제119조를 위반한 자는 2년 이하의 징역 또는 200만원 이하의 벌금에 처한다(방문판매법 제64조).

2. 양벌규정

법인의 대표자나 법인 또는 개인의 대리인, 사용인, 그 밖의 종업원이 그 법인 또는 개인의 업무에 관하여 제58조부터 제63조까지의 벌칙조항 중 어느 하나에 해당하는 위반행위를 하면 그 행위자를 벌하는 외에 그 법인 또는 개인에게도 해당 조문의 벌금형을 과(科)한다. 다만, 법인 또는 개인이 그 위반행위를 방지하기 위하여 해당 업무에 관하여 상당한 주의와 감독을 게을리하지 아니한 경우에는 그러하지 아니하다. 법 제58조부터 제63조까지의 어느 하나에 해당하는 위반행위를 한 자 또는 제1항에 따라 벌금형이 부과되는 법인 또는 개인이 이미 공정거래위원회 또는 시·도지사의 처분을 받거나 소비자의 피해를 보상한 경우에는 제58조부터 제63조까지의 규정에 따른 형을 감경하거나 면제할 수 있다(방문판매법 제65조).

3. 과태료

사업자 또는 사업자단체가 위반행위를 하는 경우, 행위유형에 따라 과태료를 부과한다. 이때 과태료는 행정청이 부과·징수하나, 다단계판매 및 후원방문판매와 관련된 규정에 따른 과태료는 공정거래위원회 또는 시·도지사가 부과·징수한다(방문판매법 제66조). 과태료에 관한 규정을 적용할 때 과징금을 부과한 행위에 대해서는 과태료를 부과할 수 없다(방문판매법 제67조).

제4편

전자상거래

I 서설

전자상거래란 재화 또는 용역의 거래에 있어서 그 전부 또는 일부가 전자문서에 의하여 처리되는 방법으로 이루어지는 상행위를 의미한다. 주문이나 결제, 이행단계 중 하나의 단계에서 전자문서가 활용되면 전자상거래가 성립한다. 전자상거래 비중은 특히 모바일 기반 거래의 활용이 늘면서 빠르게 높아져 일반거래를 위협할 수준에 이르고 있다.

전자상거래는 비대면·비접촉·원격거래의 특징으로 인하여 소비자는 실물이 기대에 미치지 못하여 교환 또는 환불을 원하는 경우가 많고, 대금결제가 이루어진 이후에 재화가 배송되므로 지연배송, 오배송, 물건의 파손 등의 문제가 발생할 가능성이 높다. 또, 전자문서의 사용단계에서 실수가 발생하거나 사업자가 고객의 개인정보를 부실하게 관리하는 문제도 발생할 수 있다.

이에 전자상거래 및 통신판매 등에 의한 재화 또는 용역의 공정한 거래에 관한 사항을 규정하여 소비자의 권익을 보호하고 시장의 신뢰도를 제고하기 위해 「전자상거래 등에서의 소비자보호에 관한 법률」(이하 "전자상거래법"이라 한다)이 제정되어 시행되고 있다.[1)]

최근 디지털 경제의 가속화, 신종 코로나바이러스 감염증(코로나19)에 따른 비대면 거래의 활성화로 온라인 유통시장이 급성장하고, 특히 온라인 플랫폼을 통한

---

1) 처음 방문판매법이 제정될 1991년부터 통신판매는 방문판매법에 포함되어 있었다. 이 당시 통신판매는 우편, 전기통신 등 각종 통신수단을 이용한 판매방식을 지칭하였으나, 이후 컴퓨터의 보급 및 초고속 인터넷이 발달함에 따라 전자상거래의 비중이 급속도로 늘었고, 이에 2002년 전자상거래법이 제정되면서 종전 통신판매를 전자상거래와 함께 동법의 규제대상으로 포함시키게 되었다(이승진, 앞의 책, 15면).

거래 비중이 2017년 33.2%에서 2019년 44.9%까지 증가하면서 온라인 쇼핑 시장에서의 플랫폼 사업자의 영향력이 증가하고 있다. 플랫폼 사업자는 단순한 중개의 기능은 물론, 광고 게재, 청약 접수, 대금 수령, 결제 대행, 배송 대행, 청약 철회 접수, 대금 환급에까지 관여하게 되었으나 기존 전자상거래법은 전통적인 통신판매 방식을 기초로 설계되어 있어 전자상거래법에 대한 개정 필요성이 대두되고 있다.

Ⅱ 개념

1. 전자상거래

전자상거래란 전자거래(「전자문서 및 전자거래 기본법」 제2조 제5호에 따른 전자거래를 말한다)의 방법으로 상행위(商行爲)를 하는 것을 말한다(전자상거래법 제2조 제1호). 상품이나 용역을 주문·결제·이행함에 있어 전자문서 처리가 이용되는 상행위를 의미한다.

2. 통신판매

통신판매란 우편·전기통신, 그 밖에 총리령으로 정하는 방법으로 재화 또는 용역(일정한 시설을 이용하거나 용역을 제공받을 수 있는 권리를 포함한다)의 판매에 관한 정보를 제공하고 소비자의 청약을 받아 재화 또는 용역(이하 "재화등"이라 한다)을 판매하는 것을 말한다. 다만, 방문판매법에 따른 전화권유판매는 통신판매의 범위에서 제외한다(전자상거래법 제2조 제2호). 인터넷쇼핑, TV홈쇼핑, 카탈로그쇼핑 등 인터넷, TV 등 비대면 방법으로 상품판매 정보가 제공되고 소비자의 청약을 받아 판매하는 행위를 말한다.[2)]

---

2) 통신판매와 전자상거래의 관계에 관하여 통신판매가 전자상거래를 포괄하는 상위 개념이라는 견해(이병준, "전자상거래 플랫폼과 거래관계에 대한 책임", 「소비자법연구」, Vol.5 No.1, 한국소비자법학회, 2019, 27면)도 있으나, 공정거래위원회는 일부 중복되는 관계로 본다(서희석,"통신판매중개자의 법적 지위와 책임－전자상거래법상 통신판매중개자책임의 재구성－", 「소비자법연구」, Vol.7 No.1, 한국소비자법학회, 2021, 100면).

3. 통신판매업자

통신판매업자란 통신판매를 업(業)으로 하는 자 또는 그와의 약정에 따라 통신판매업무를 수행하는 자를 말한다(전자상거래법 제2조 제3호).

4. 통신판매중개

통신판매중개란 사이버몰(컴퓨터 등과 정보통신설비를 이용하여 재화등을 거래할 수 있도록 설정된 가상의 영업장을 말한다)의 이용을 허락하거나 그 밖에 자신의 명의로 통신판매를 위한 광고수단을 제공하거나 그 광고수단에 자신의 이름을 표시하여 통신판매에 관한 정보의 제공이나 청약의 접수 등 통신판매의 일부를 수행하는 방법으로 거래 당사자 간의 통신판매를 알선하는 행위를 말한다(전자상거래법 제2조 제4호, 동법 시행규칙 제3조). 오픈마켓, 가격비교 사이트 등 사이버몰의 이용을 허락하거나 광고 수단을 제공하여 통신판매를 중개하는 행위가 해당된다.

5. 소비자

소비자는 ① 사업자가 제공하는 재화등을 소비생활을 위하여 사용(이용을 포함한다)하는 자 또는 ② ① 외의 자로서 사실상 ①의 자와 같은 지위 및 거래조건으로 거래하는 자 등 대통령령으로 정하는 자[3] 중 어느 하나에 해당하는 자를 의미한다(전자상거래법 제2조 제5호).

---

3) 전자상거래법 시행령 제2조(소비자의 범위) 「전자상거래 등에서의 소비자보호에 관한 법률」(이하 "법"이라 한다) 제2조 제5호 나목에서 "대통령령으로 정하는 자"란 사업자가 제공하는 재화 또는 용역(이하 "재화등"이라 한다)을 소비생활 외의 목적에 사용하거나 이용하는 자로서 다음 각 호의 어느 하나에 해당하는 자를 말한다.

1. 재화등을 최종적으로 사용하거나 이용하는 자. 다만, 재화등을 원재료(중간재를 포함한다) 및 자본재로 사용하는 자는 제외한다.
2. 법 제3조 제1항 단서에 해당하는 사업자로서 재화등을 구매하는 자(해당 재화등을 판매한 자에 대한 관계로 한정한다)
3. 재화등을 농업(축산업을 포함한다) 또는 어업 활동을 위하여 구입한 자. 다만, 「원양산업발전법」 제6조 제1항에 따라 해양수산부장관의 허가를 받은 원양어업자는 제외한다.

6. 사업자

사업자란 물품을 제조(가공 또는 포장을 포함한다)·수입·판매하거나 용역을 제공하는 자를 말한다(전자상거래법 제2조 제6호).

Ⅲ 적용범위 및 다른 법률과의 관계

1. 적용제외

전자상거래법상의 규정은 사업자가 상행위를 목적으로 구입하는 거래에는 적용하지 아니한다. 다만, 사업자라 하더라도 사실상 소비자와 같은 지위에서 다른 소비자와 같은 거래조건으로 거래하는 경우에는 적용된다(전자상거래법 제3조 제1항).

2. 다른 법률과의 관계

전자상거래 또는 통신판매에서의 소비자보호에 관하여 이 법과 다른 법률이 경합하는 경우에는 이 법을 우선 적용한다. 다만, 다른 법률을 적용하는 것이 소비자에게 유리한 경우에는 그 법을 적용한다(전자상거래법 제4조).

3. 소비자에게 불리한 계약의 금지

전자상거래법 제17조부터 제19조까지의 규정을 위반한 약정으로서 소비자에게 불리한 것은 효력이 없다(전자상거래법 제35조).

Ⅳ 전자상거래를 하는 사업자의 의무와 책임

1. 전자문서의 활용

사업자가 소비자와 미리 전자문서로 거래할 것을 약정하여 지정한 주소(「전자문서 및 전자거래 기본법」 제2조 제2호의 정보처리시스템을 말한다)로 전자문서(「전자문서 및 전자거래 기본법」 제2조 제1호에 따른 전자문서를 말한다)를 송신하지 아니한 경우에는 그 사업자는 해당 전자문서에 의한 권리를 주장할 수 없다. 다만, 긴급한 경우, 소비자도 이미 전자문서로 거래할 것을 예정하고 있는 경우, 소비자가 전자문서를 출력한 경우 등 대통령령[4]으로 정하는 경우에는 그러하지 아니하다(전자상거래법 제5조 제1항).

사업자는 전자서명을 한 전자문서를 사용하려면 대통령령으로 정하는 바에 따라 그 전자문서의 효력, 수령 절차 및 방법 등을 소비자에게 고지하여야 하고, 전자문서를 사용할 때 소비자에게 특정한 전자서명 방법을 이용하도록 강요(특수한 표준 등을 이용함으로써 사실상 특정한 전자서명 방법의 이용이 강제되는 경우를 포함한다)하여서는 아니 되고, 소비자가 선택한 전자서명 방법의 사용을 부당하게 제한하여서는 아니 된다(전자상거래법 제5조 제2항·제3항).

전자상거래를 하는 사업자는 소비자의 회원 가입, 계약의 청약, 소비자 관련 정보의 제공 등을 전자문서를 통하여 할 수 있도록 하는 경우에는 회원탈퇴, 청약의 철회, 계약의 해지·해제·변경, 정보의 제공 및 이용에 관한 동의의 철회 등도 전자문서를 통하여 할 수 있도록 하여야 한하고, 소비자가 재화등의 거래와 관련한 확인·증명을 전자문서로 제공하여 줄 것을 요청한 경우 이에 따라야 한다(전자

---

4) 전자상거래법 시행령 제4조(약정하지 아니한 주소로 송신된 전자문서의 효력인정) 법 제5조 제1항 단서에서 "대통령령으로 정하는 경우"란 다음 각 호의 경우를 말한다.
   1. 소비자와 특정한 전자우편주소로 2회 이상 거래한 경우에 그 전자우편주소로 「전자문서 및 전자거래 기본법」 제2조 제1호에 따른 전자문서(이하 "전자문서"라 한다)를 송신한 경우
   2. 소비자가 전자문서를 출력한 경우
   3. 소비자의 이익에 반하지 아니하고 그 소비자도 해당 전자문서의 효력을 부인하지 아니하는 경우
   4. 긴급하게 연락할 필요성이 있고 전자우편 외에 다른 수단을 활용할 수 없는 경우

상거래법 제5조 제4항·제5항). 다만 전자상거래를 하는 사업자가 전자문서로 제공하기 어려운 기술적 이유나 보안상 이유가 명백하여 이를 소비자에게 미리 고지한 경우에는 그러하지 아니하다(전자상거래법 제5조 제6항).

2. 거래기록의 보존

사업자는 전자상거래 및 통신판매에서의 표시·광고, 계약내용 및 그 이행 등 거래에 관한 기록을 상당한 기간 보존하여야 한다. 이 경우 소비자가 쉽게 거래기록을 열람·보존할 수 있는 방법을 제공하여야 한다. 사업자가 보존하여야 할 거래기록 및 그와 관련된 개인정보(성명·주소·전자우편주소 등 거래의 주체를 식별할 수 있는 정보로 한정한다)는 소비자가 개인정보의 이용에 관한 동의를 철회하는 경우에도 「정보통신망 이용촉진 및 정보보호 등에 관한 법률」 등 대통령령으로 정하는 개인정보보호와 관련된 법률의 규정에도 불구하고 이를 보존할 수 있다.

사업자가 보존하는 거래기록의 대상·범위·기간은 ① 표시·광고에 관한 기록은 6개월, ② 계약 또는 청약철회 등에 관한 기록은 5년, ③ 대금결제 및 재화등의 공급에 관한 기록은 5년, ④ 소비자의 불만 또는 분쟁처리에 관한 기록은 3년이다(전자상거래법 제6조, 동법 시행령 제6조 제1항).

3. 조작 실수 등의 방지를 위한 적절한 절차의 구비

사업자는 전자상거래에서 소비자의 조작 실수 등으로 인한 의사표시의 착오 등으로 발생하는 피해를 예방할 수 있도록 거래 대금이 부과되는 시점이나 청약 전에 그 내용을 확인하거나 바로잡는 데에 필요한 절차를 마련하여야 한다(전자상거래법 제7조).

4. 전자적 대금지급의 신뢰성 확보

사업자가 전자문서의 형태로 이루어지는 대금결제(다만, 대면하여 본인 여부를 확인한 경우는 제외함. 이하 "전자적 대금지급"이라 한다)방법을 이용하는 경우 사업자와 해당 전자결제수단의 발행자, 전자결제서비스 제공자 등 대통령령으로 정하는 전자적 대금지급 관련자(이하 "전자결제업자등"이라 한다)는 관련 정보의 보안 유지에 필요한 조치를 하여야 한다. 이때 '전자결제수단 발행자, 전자결제서비스 제공자 등 대통령령으로 정하는 전자적 대금지급 관련자'란 해당 전자결제수단의 발행자, 전자결제서비스 제공자 및 해당 전자결제수단을 통한 전자결제서비스의 이행을 보조하거나 중개하는 자로서, ① 「은행법」 등 법령의 규정에 따른 금융회사로서 계좌이체업무를 수행하는 금융회사, ② 「여신전문금융업법」에 따른 신용카드업자, ③ 전자적 매체 또는 정보처리시스템에 화폐가치 또는 그에 상응하는 가치를 기록·저장하였다가 재화등의 구매 시 지급하는 결제수단의 발행자, ④ 「정보통신망 이용촉진 및 정보보호 등에 관한 법률」에 따른 정보통신서비스 제공자, ⑤ 「정보통신망 이용촉진 및 정보보호 등에 관한 법률」에 따른 통신과금서비스제공자, ⑥ 전자결제 대행 또는 중개서비스 사업자 중 어느 하나에 해당하는 자를 말한다(전자상거래법 제8조 제1항, 동법 시행령 제7조·제8조).

5. 배송사업자 등의 협력

전자상거래나 통신판매에 따라 재화등을 배송[「정보통신망 이용촉진 및 정보보호 등에 관한 법률」상 정보통신망(이하 "정보통신망"이라 한다)을 통한 전송을 포함한다]하는 사업자는 배송 사고나 배송 장애 등으로 분쟁이 발생하는 경우, 소비자가 분쟁의 발생 사실을 소명하여 요청하면 분쟁해결에 필요한 범위에서 ① 배송 관련 기록의 열람·제공, ② 사고 또는 장애 관련 사실의 확인을 위한 기록열람 등 지체 없이 그 분쟁의 해결에 협조하여야 한다(전자상거래법 제9조 제1항, 동법 시행령 제11조).

호스팅서비스(사업자가 전자상거래를 할 수 있도록 사이버몰 구축 및 서버 관리 등을 하여주는 서비스를 말한다)를 제공하는 자는 사업자와 호스팅서비스에 관한 이용계약을 체결하는 경우 사업자의 신원을 확인하기 위한 조치를 취하여야 하고, 만일 사업자와 소비자 사이에 분쟁이 발생하게 되면, 호스팅서비스를 제공하는 자는 ① 분쟁의 당사자인 소비자(소비자가 소송을 제기하는 경우에 한정한다), ② 공정거래위원회, ③ 특별시장·광역시장·특별자치시장·도지사·특별자치도지사(이하 "시·

도지사"라 한다) 또는 시장·군수·구청장(자치구의 구청장을 말한다), ④ 수사기관, ⑤ 그 밖에 분쟁해결을 위하여 필요하다고 인정되는 한국소비자원, 소비자분쟁조정위원회, 전자거래분쟁조정위원회, 콘텐츠분쟁조정위원회 중 어느 하나에 해당하는 자의 요청에 따라 i) 사업자의 성명 및 주민등록번호, ii) 상호(법인인 경우에는 대표자의 성명 및 주민등록번호를 포함한다), 주소 및 전화번호를 제공함으로써 그 분쟁의 해결에 협조하여야 한다(전자상거래법 제9조 제2항·제3항, 동법 시행령 제11조의2).

6. 전자게시판서비스 제공자의 책임

「정보통신망 이용촉진 및 정보보호 등에 관한 법률」상 게시판을 운영하는 정보통신서비스 제공자(이하 "전자게시판서비스 제공자"라 한다)는 해당 게시판을 이용하여 통신판매 또는 통신판매중개가 이루어지는 경우 이로 인한 소비자피해가 발생하지 아니하도록 ① 게시판을 이용하여 통신판매 또는 통신판매중개를 업으로 하는 자(이하 "게시판 이용 통신판매업자등"이라 한다)가 이 법에 따른 의무를 준수하도록 안내하고 권고하고, ② 게시판 이용 통신판매업자등과 소비자 사이에 이 법과 관련하여 분쟁이 발생한 경우 소비자의 요청에 따라 소비자피해 분쟁조정기구에 소비자의 피해구제신청을 대행하는 장치를 마련하고 대통령령으로 정하는 바에 따라 운영하며, ③ 그 밖에 소비자피해를 방지하기 위하여 필요한 사항으로서 법 제9조의2 제1항 제1호·제2호, 같은 조 제2항 및 제3항에 따른 내용을 전자게시판서비스 제공자가 이행하여야 할 사항으로 약관에 규정하여야 한다(전자상거래법 제9조의2 제1항, 동법 시행령 제11조의3 제3항).

전자게시판서비스 제공자는 게시판 이용 통신판매업자등에 대하여 신원정보를 확인하기 위한 조치를 취하여야 하고, 게시판 이용 통신판매업자등과 소비자 사이에 분쟁이 발생하는 경우 소비자피해 분쟁조정기구, 공정거래위원회, 시·도지사 또는 시장·군수·구청장의 어느 하나에 해당하는 자의 요청에 따라 신원 확인 조치를 통하여 얻은 게시판 이용 통신판매업자등의 신원정보를 제공하여 그 분쟁의 해결에 협조하여야 한다(전자상거래법 제9조의2 제2항·제3항).

포털사이트의 카페나 블로그 서비스 등을 이용하여 인터넷쇼핑몰을 운영하는 경우를 규제하기 위하여 2016년 전자상거래법 개정을 통하여 도입한 내용으로, 포털사이트의 카페·블로그 등 전자상거래가 이루어질 수 있는 모든 전자게시판의 개념이 포함되는 「정보통신망 이용촉진 및 정보보호 등에 관한 법률」상 게시판의 개념을 사용하여 게시판을 운영하는 정보통신서비스 제공자를 '전자게시판서비스 제공자'로 정의하고, 이들 '전자게시판서비스 제공자'에게 해당 게시판을 통해 위법한 전자상거래가 일어나지 않도록 관리하고, 해당 게시판을 이용하여 통신판매(중개)를 하는 자와 소비자 간의 분쟁 발생 시 분쟁조정기구에 피해 구제신청을 대행하는 장치를 마련한 것이다.

7. 사이버몰 운영자의 표시의무

전자상거래를 하는 사이버몰의 운영자는 소비자가 사업자의 신원 등을 쉽게 알 수 있도록 ① 상호 및 대표자 성명, ② 영업소가 있는 곳의 주소(소비자의 불만을 처리할 수 있는 곳의 주소를 포함한다), ③ 전화번호·전자우편주소, ④ 사업자등록번호, ⑤ 사이버몰의 이용약관, ⑥ 그 밖에 소비자보호를 위하여 필요한 사항으로서 호스팅서비스를 제공하는 자의 상호를 표시하여야 한다(전자상거래법 제10조 제1항, 동법 시행령 제11조의4).

8. 공정한 소비자정보 수집 및 이용

사업자는 전자상거래 또는 통신판매를 위하여 소비자에 관한 정보를 수집하거나 이용(제3자에게 제공하는 경우를 포함한다)할 때는 「정보통신망 이용촉진 및 정보보호 등에 관한 법률」 등 관계 규정에 따라 이를 공정하게 수집하거나 이용하여야 하고, 사업자는 재화등을 거래함에 있어서 소비자에 관한 정보가 도용되어 해당 소비자에게 재산상의 손해가 발생하였거나 발생할 우려가 있는 특별한 사유가 있는 경우에는 본인 확인이나 피해의 회복 등 대통령령으로 정하는 필요한 조치를 취하여야 한다(전자상거래법 제11조).

V 통신판매업자의 의무와 책임

1. 신고의무

통신판매업자는 ① 상호(법인인 경우에는 대표자의 성명 및 주민등록번호를 포함한다), 주소, 전화번호, ② 전자우편주소, 인터넷도메인 이름, 호스트서버의 소재지, ③ 그 밖에 사업자의 신원 확인을 위하여 필요한 사항으로서 사업자의 성명 및 주민등록번호(개인인 경우만 해당한다)를 공정거래위원회 또는 특별자치시장·특별자치도지사·시장·군수·구청장에게 신고하여야 한다. 다만, 통신판매의 거래횟수, 거래규모 등이 공정거래위원회가 고시로 정하는 기준 이하인 경우에는 그러하지 아니하다(전자상거래법 제12조 제1항, 동법 시행령 제15조).

통신판매업자는 위 신고한 사항을 변경할 때에도 신고하여야 하고, 신고한 통신판매업자가 그 영업을 휴업 또는 폐업하거나 휴업한 후 영업을 다시 시작할 때에도 신고하여야 한다. 공정거래위원회는 신고한 통신판매업자의 정보를 대통령령으로 정하는 바에 따라 공개할 수 있다(전자상거래법 제12조 제2항 내지 제4항).

2. 신원 및 거래조건에 대한 정보의 제공

(1) 표시·광고에의 신원 등 정보 포함

통신판매업자가 재화등의 거래에 관한 청약을 받을 목적으로 표시·광고를 할 때에는 그 표시·광고에 ① 상호 및 대표자 성명, ② 주소·전화번호·전자우편주소, ③ 공정거래위원회 또는 특별자치시장·특별자치도지사·시장·군수·구청장에게 한 신고의 신고번호와 그 신고를 받은 기관의 이름 등 신고를 확인할 수 있는 사항을 포함하여야 한다(전자상거래법 제13조 제1항).

(2) 계약체결 전 거래조건 등 고지 및 서면 교부

통신판매업자는 소비자가 계약체결 전에 재화등에 대한 거래조건을 정확하게 이해하고 실수나 착오 없이 거래할 수 있도록 ① 재화등의 공급자 및 판매자의 상호, 대표자의 성명·주소 및 전화번호 등, ② 재화등의 명칭·종류 및 내용, ③ 재화등의 정보에 관한 사항(이 경우 제품에 표시된 기재로 계약내용에 관한 서면에의 기재를 갈음할 수 있다), ④ 재화등의 가격(가격이 결정되어 있지 아니한 경우에는 가격을 결정하는 구체적인 방법)과 그 지급방법 및 지급시기, ⑤ 재화등의 공급방법 및 공급시기, ⑥ 청약의 철회 및 계약의 해제(이하 "청약철회등"이라 한다)의 기한·행사방법 및 효과에 관한 사항(청약철회등의 권리를 행사하는 데에 필요한 서식을 포함한다), ⑦ 재화등의 교환·반품·보증과 그 대금 환불 및 환불의 지연에 따른 배상금 지급의 조건·절차, ⑧ 전자매체로 공급할 수 있는 재화등의 전송·설치 등을 할 때 필요한 기술적 사항, ⑨ 소비자피해보상의 처리, 재화등에 대한 불만 처리 및 소비자와 사업자 사이의 분쟁 처리에 관한 사항, ⑩ 거래에 관한 약관(그 약관의 내용을 확인할 수 있는 방법을 포함한다), ⑪ 소비자가 구매의 안전을 위하여 원하는 경우에는 재화등을 공급받을 때까지 대통령령으로 정하는 제3자에게 그 재화등의 결제대금을 예치하는 것(이하 "결제대금예치"라 한다)의 이용을 선택할 수 있다는 사항 또는 소비자피해보상보험계약등의 체결을 선택할 수 있다는 사항(선지급식 통신판매의 경우에만 해당하며, 제24조 제3항에 각 호의 어느 하나에 해당하는 거래를 하는 경우는 제외한다), ⑫ 그 밖에 소비자의 구매 여부 판단에 영향을 주는 거래조건 또는 소비자피해의 구제에 필요한 사항으로서 i) 재화등의 가격 외에 교환·반품 비용 등 소비자가 추가로 부담하여야 할 사항이 있는 경우 그 내용 및 금액, ii) 판매일시, 판매지역, 판매수량, 인도지역 등 판매조건과 관련하여 제한이 있는 경우 그 내용을 적절한 방법으로 표시·광고하거나 고지하여야 하며, 계약이 체결되면 계약자에게 위 ① 내지 ⑫의 사항이 기재된 계약내용에 관한 서면을 재화등을 공급할 때까지 교부하여야 한다. 다만, 계약자의 권리를 침해하지 아니하는 범위에서 대통령령으로 정하는 사유가 있는 경우에는 계약자를 갈음하여 재화등을 공급받는 자에게 계약내용에 관한 서면을 교부할 수 있다(전자상거래법 제13조 제2항, 동법 시행령 제20조).

다만 계약내용에 관한 서면의 교부의무에 관한 법 제13조 제2항의 내용은 ① 소비자가 이미 잘 알고 있는 약관 또는 정형화된 거래방법에 따라 수시로 거래하는 경우로서 총리령으로 정하는 거래(다만, 총리령으로 정하는 바에 따라 계약내용에 관한 서면의 내용이나 교부의 방법을 다르게 할 수 있음)나, ② 다른 법률(「민법」 및

「방문판매 등에 관한 법률」은 제외한다)에 이 법의 규정과 다른 방법으로 하는 계약서 교부의무 등이 규정되어 있는 거래에 는 적용하지 아니한다(전자상거래법 제3조 제2항).

(3) 미성년자와 계약시 고지의무

통신판매업자는 미성년자와 재화등의 거래에 관한 계약을 체결할 때에는 법정대리인이 그 계약에 동의하지 아니하면 미성년자 본인 또는 법정대리인이 그 계약을 취소할 수 있다는 내용을 미성년자에게 고지하여야 한다(전자상거래법 제13조 제3항).

(4) 신의성실의무

통신판매업자는 소비자에게 표시·광고하거나 고지한 거래조건을 신의를 지켜 성실하게 이행하여야 한다(전자상거래법 제13조 제5항).

(5) 숨은 갱신

'숨은 갱신'이란 서비스가 무료에서 유료로 전환되거나 결제대금이 증액될 때, 소비자에게 별도의 동의나 고지 없이 계약을 자동 갱신하고 그 대금이 자동 결제되도록 하는 행위를 말한다. 이 경우 소비자는 무료 또는 할인 요금으로 서비스를 받고자 하였음에도 그 이후에 자신도 모르게 계약이 갱신되고 대금이 자동 결제됨으로써 원치 않는 불필요한 서비스를 이용하는 피해를 입게 된다. 이로 인한 소비자 피해를 방지하기 위해서는 유료 전환 또는 대금 증액이 이루어지기 전에 그에 대한 소비자의 명확한 동의가 있어야 하고, 일정한 기간을 두고 소비자에게 그 사실을 통지함으로써 시간적 여유를 두고 계약 유지 여부를 결정할 수 있도록 할 필요가 있다.[5] 공정거래위원회는 숨은갱신을 다크패턴의 한 유형으로 보아 2025년 전자상거래법 개정에 따라 이에 대한 조항을 도입하였다.

---

5) 공정거래위원회 보도자료, "온라인 다크패턴 자율관리 가이드라인 제정", 2023. 7. 31., 2~3면.

통신판매업자는 재화등의 정기결제 대금이 증액되거나 재화등이 무상으로 공급된 후 유료 정기결제로 전환되는 경우에는 그 증액 또는 전환이 이루어지기 전 30일 내에 그 증액 또는 전환의 일시, 변동 전후의 가격 및 결제방법에 대하여 소비자의 동의를 받고, 증액 또는 전환을 취소하거나 해지하기 위한 조건·방법과 그 효과를 소비자에게 고지하여야 한다(전자상거래법 제13조 제6항, 동법 시행령 제20조의2).

3. 청약의 확인

통신판매업자는 소비자로부터 재화등의 거래에 관한 청약을 받으면 청약 의사표시의 수신 확인 및 판매 가능 여부에 관한 정보를 소비자에게 신속하게 알려야 하고, 계약체결 전에 소비자가 청약내용을 확인하고, 정정하거나 취소할 수 있도록 적절한 절차를 갖추어야 한다(전자상거래법 제14조).

4. 재화등의 공급

통신판매업자는 소비자가 청약을 한 날부터 7일 이내에 재화등의 공급에 필요한 조치를 하여야 하고, 소비자가 재화등을 공급받기 전에 미리 재화등의 대금을 전부 또는 일부 지급하는 통신판매(이하 "선지급식 통신판매"라 한다)의 경우에는 소비자가 그 대금을 전부 또는 일부 지급한 날부터 3영업일 이내에 재화등의 공급을 위하여 필요한 조치를 하여야 한다. 다만, 소비자와 통신판매업자 간에 재화등의 공급시기에 관하여 따로 약정한 것이 있는 경우에는 그러하지 아니하다(전자상거래법 제15조 제1항). 통신판매업자는 청약을 받은 재화등을 공급하기 곤란하다는 것을 알았을 때에는 지체 없이 그 사유를 소비자에게 알려야 하고, 선지급식 통신판매의 경우에는 소비자가 그 대금의 전부 또는 일부를 지급한 날부터 3영업일 이내에 환급하거나 환급에 필요한 조치를 하여야 한다. 통신판매업자는 소비자가 재화등의 공급 절차 및 진행 상황을 확인할 수 있도록 적절한 조치를 하여야 한다(전자상거래법 제15조 제2항·제3항).

Ⅵ 청약철회권

1. 청약철회권의 행사요건

(1) 청약철회권의 기산점 및 행사기간

통신판매업자와 재화등의 구매에 관한 계약을 체결한 소비자는 ① 계약내용에 관한 서면을 받은 날부터 7일(다만, 그 서면을 받은 때보다 재화등의 공급이 늦게 이루어진 경우에는 재화등을 공급받거나 재화등의 공급이 시작된 날부터 7일), ② 계약내용에 관한 서면을 받지 아니한 경우, 통신판매업자의 주소 등이 적혀 있지 아니한 서면을 받은 경우 또는 통신판매업자의 주소 변경 등의 사유로 ①의 기간에 청약철회등을 할 수 없는 경우에는 통신판매업자의 주소를 안 날 또는 알 수 있었던 날부터 7일, ③ 청약철회등에 대한 방해 행위가 있는 경우에는 그 방해 행위가 종료한 날부터 7일의 기간(거래당사자가 다음 각 호의 기간보다 긴 기간으로 약정한 경우에는 그 기간을 말한다) 이내에 해당 계약에 관한 청약철회등을 할 수 있다(전자상거래법 제17조 제1항).

(2) 철회권이 제한되는 경우

소비자는 ① 소비자에게 책임이 있는 사유로 재화등이 멸실되거나 훼손된 경우(다만, 재화등의 내용을 확인하기 위하여 포장 등을 훼손한 경우는 제외한다), ② 소비자의 사용 또는 일부 소비로 재화등의 가치가 현저히 감소한 경우, ③ 시간이 지나 다시 판매하기 곤란할 정도로 재화등의 가치가 현저히 감소한 경우, ④ 복제가 가능한 재화등의 포장을 훼손한 경우, ⑤ 용역 또는 「문화산업진흥 기본법」상 디지털콘텐츠의 제공이 개시된 경우(다만, 가분적 용역 또는 가분적 디지털콘텐츠로 구성된 계약의 경우에는 제공이 개시되지 아니한 부분에 대하여는 그러하지 아니하다), ⑥ 그 밖에 거래의 안전을 위하여 소비자의 주문에 따라 개별적으로 생산되는 재화등 또는 이와 유사한 재화등에 대하여 청약철회등을 인정하는 경우 통신판매업자에게 회복할 수 없는 중대한 피해가 예상되는 경우로서 사전에 해당 거래에 대하여 별도로 그 사실을 고지하고 소비자의 서면(전자문서를 포함한다)에 의한 동의를 받은 경우 중 어느 하나에 해당하는 경우에는 통신판매업자의 의사에 반하여 청약철회등을 할 수 없다(전자상거래법 제17조 제2항, 동법 시행령 제21조).

통신판매업자는 위 ② 내지 ⑤의 규정에 따라 청약철회등이 불가능한 재화등의 경우에는 그 사실을 재화등의 포장이나 그 밖에 소비자가 쉽게 알 수 있는 곳에 명확하게 표시하거나 시험 사용 상품을 제공하는 등의 방법으로 청약철회등의 권리 행사가 방해받지 아니하도록 조치하여야 한다. 따라서 통신판매업자가 이와 같은 조치를 하지 아니하는 경우에는 위 ② 내지 ⑤의 규정에 해당하는 경우에도 청약철회등을 할 수 있다. 다만, ⑤ 중 디지털콘텐츠에 대하여 소비자가 청약철회등을 할 수 없는 경우에는 청약철회등이 불가능하다는 사실의 표시와 함께 시험 사용 상품을 제공하는 등의 방법으로 청약철회등의 권리 행사가 방해받지 아니하도록 하여야 한다(전자상거래법 제17조 제6항).

(3) 표시·광고의 내용과 다른 경우의 청약철회권

소비자는 재화등의 내용이 표시·광고의 내용과 다르거나 계약내용과 다르게 이행된 경우에는 그 재화등을 공급받은 날부터 3개월 이내, 그 사실을 안 날 또는 알 수 있었던 날부터 30일 이내에 청약철회등을 할 수 있다(전자상거래법 제17조 제3항).

(4) 청약철회권의 행사방법

소비자가 청약철회등을 서면으로 하는 경우에는 그 의사표시가 적힌 서면을 발송한 날에 그 효력이 발생하며, 철회권 행사에 있어서 재화등의 훼손에 대하여 소비자의 책임이 있는지 여부, 재화등의 구매에 관한 계약이 체결된 사실 및 그 시기, 재화등의 공급사실 및 그 시기 등에 관하여 다툼이 있는 경우에는 통신판매업자가 이를 증명하여야 한다(전자상거래법 제17조 제4항·제5항).

(5) 적용제외

통신판매업자가 아닌 자 사이의 통신판매중개를 하는 통신판매업자에 대하여는 청약철회에 관한 규정(제13조부터 제15조까지, 제17조부터 제19조까지)을 적용하지 아니한다(전자상거래법 제3조 제3항).

□ **㈜신세계의 소비자 청약 철회 방해 행위 제재**[6)]

가. 인정사실

피심인은 2017. 4. 20. 부터 2017. 6. 30. 까지의 기간 동안 통신판매중개업자인 ○○○를 통하여 델키 가정용 튀김기를 판매하면서 아래 <그림 1>과 같이 제품포장상자에 '상품 구매 후 개봉(BOX/포장)을 하시면 교환 및 환불이 불가합니다.'라는 내용의 스티커가 부착된 상품을 판매한 사실이 있다.

...(중략)...

다. 위법성 판단

1) 거짓 또는 과장된 사실을 알리거나 기만적 방법을 사용하였는지 여부

사이버몰에서 재화등을 구매한 소비자는 법 제17조 제2항 각 호에서 규정하고 있는 청약철회 등의 제한사유에 해당하지 않는 한 법 제17조 제1항 및 제3항에 따라 계약내용에 관한 서면을 교부 받은 날 또는 재화 등을 공급받은 날부터 7일(그 서면을 받은 때보다 재화등의 공급이 늦게 이루어진 경우에는 재화등을 공급받거나 재화등의 공급이 시작된 날부터 7일) 또는 재화의 내용이 표시·광고의 내용과 다르거나 계약내용과 다르게 이행된 경우에는 재화를 공급받은 날부터 3개월 이내, 그 사실을 안 날 또는 알 수 있었던 날부터 30일 이내에 청약철회 등을 할 수 있다.

그럼에도 불구하고 피심인은 법 제17조 제2항 각 호의 청약철회 등의 제한사유에 해당되는지 여부와 관계없이 제품포장상자에 상품 개봉 시 교환 및 환불이 불가하다는 내용의 스티커를 부착한 바, 이는 소비자에게 거짓 또는 과장된 사실을 알리거나 기만적 방법을 사용한 행위에 해당한다.

2) 소비자의 청약철회 등을 방해하였는지 여부

피심인이 청약철회가 가능한 상품을 마치 불가능한 것처럼 소비자에게 사실과 다르게 안내함으로써 위와 같은 문구를 접한 소비자는 청약철회 등의 행사를 주저하거나 포기할 우려가 있는 바, 이는 소비자의 청약철회 등을 방해하는 행위에 해당한다.

6) 공정거래위원회 의결 제2020-048호, 2020. 2. 24.

라. 소결

위 행위는 소비자에게 거짓 또는 과장된 사실을 알리거나 기만적 방법을 사용하여 소비자의 청약철회 등을 방해하는 것으로서 법 제21조 제1항 제1호의 금지행위에 해당한다.

□ 5개 음원 서비스 사업자 전자상거래법 위반 행위 제재[7)]

공정거래위원회(이하 공정위)는 네이버㈜, 삼성전자㈜, ㈜소리바다, ㈜지니뮤직, ㈜카카오 등 5개 음원 서비스 사업자의 전자상거래법 위반 행위에 시정명령과 함께 과징금(총 2억 7,400만 원), 과태료(총 2,200만 원) 부과를 결정했다. 이중 청약철회권 관련 위반행위는 다음과 같다.

1. 청약 철회 방해 행위

㈜지니뮤직과 ㈜카카오는 음원 서비스 이용권을 판매하면서 거짓·과장된 사실을 알리거나 기만적 방법을 사용하여 청약 철회를 방해했다.

㈜지니뮤직은 '엠넷'에서 매월 자동 결제 상품을 판매하면서 이용 기간 마지막 날에 다음 달 이용권에 대한 결제가 이루어지도록 하였으며 이러한 사실을 '구매하기' 버튼 하단에 안내했다(보통의 주의력을 가진 소비자는 이용 기간이 종료되는 날의 다음 날에 비로소 다음 달에 대한 결제(계약의 갱신)가 이루어질 것으로 기대할 것이다).

㈜카카오는 '카카오뮤직'에서 곡 다운로드 상품을 판매하면서 소비자가 상품을 구매하여 결제를 완료한 이후 '7일 내에 서비스 이용 이력이 없는 경우 결제 취소가 가능' 하다고 안내했다.

전자상거래를 하는 사업자 또는 통신판매업자는 거짓 · 과장된 사실을 알리거나 기만적 방법을 사용하여 소비자의 청약 철회를 방해해서는 아니 되고(전자상거래법 제21조 제1항 제1호 후단), 특히 곡 다운로드 상품과 같이 가분적 디지털 콘텐츠로 구성된 계약의 경우 제공이 개시되지 않은 부분은 7일 이내에 청약 철회가 가능한바(전자상거래법 제17조 제2항 제6호), ㈜지니뮤직과 ㈜카카오의 행위는 소비자에게 거짓·과장된 사실을 알리거나 기만적 방법을 사용하여 청약 철회 등을 하고자 하는 소비자에게 청약 철회 등을 주저하게 하거나 포기하게 한 행위로서 청약 철회 방해 행위에 해당한다.

7) 공정거래위원회 보도자료, "5개 음원 서비스 사업자 전자상거래법 위반 행위 제재", 2019. 8. 28.

2. 거래조건 정보제공 의무 및 계약내용 서면 교부의무 위반 행위

㈜지니뮤직, ㈜카카오는 지니캐시(지니뮤직) 및 음원 서비스 이용권(카카오)을 판매하면서 소비자에게 거래 조건 정보를 제공하지 않았고, ㈜카카오는 소비자가 '카카오뮤직'에서 음원 서비스 상품을 구매할 때 계약내용에 관한 서면을 소비자에게 교부하지 않았다.

통신판매업자는 소비자가 계약 체결 전에 재화 등에 대한 거래 조건을 정확하게 이해할 수 있도록 정보를 제공하고 계약이 체결되면 계약자에게 계약 내용에 관한 서면을 재화 등이 공급할 때까지 교부하여야 하나(전자상거래법 제13조), 지니뮤직과 ㈜카카오는 이를 위반하였다.

□ ㈜에스엠브랜드마케팅의 전자상거래소비자보호법 위반행위에 대한 건[8)]

가. 인정사실

피심인은 2019. 4. 5.부터 2024. 1월경까지 자신이 운영하는 사이버몰인 '에스엠타운 앤 스토어'를 통해 아이돌 음반 및 굿즈(액세서리, 의류 등)를 판매하면서, 청약철회기간과 관련하여 상품 상세페이지, 사이버몰(PC) 초기화면 하단의 'FAQ' 등에 ① "반품하고자 하는 상품을 물류센터로 7영업일 이내 도착할 수 있도록 즉시 발송해야 합니다"라고 표기하고, ② "변심, 배송오류, 파손, 불량 등 상품 결함 : 단순변심상품 하자, 오배송의 경우 수령일로부터 7일 이내까지 1:1문의 또는 CS CENTER로 접수 가능합니다"라고 게시하였으며, ③ "주문한 상품을 받지 못한 경우, 배송시작일로부터 30일이 초과되면 사고접수 기한 만료로 보상에서 제외"라고 게시하였다. 또한, 피심인은 ④ "상품의 가치가 감소한 경우(포장지 훼손)"의 경우 일률적으로 교환·반품이 불가하다고 표기하였으며, ⑤ "주문제작 상품 등 상세페이지에 교환/환불 불가를 공지한 상품의 경우" 교환·반품이 불가하다고 게시하고, ⑥ 소비자에게 "구성품 누락 및 불량으로 인한 교환/환불을 위해서는 택배 박스 및 상품 개봉(구성품 포함) 영상이 반드시 필요합니다. 개봉 영상이 없을 경우 교환 및 환불이 어려울 수 있습니다"라고 고지하였으며, ⑦ "제작 과정 상 발생한 상품 하자(5mm 이하의 찍힘, 스크래치 및 눌림자국, 잉크튐 등), 상품 간 눌림에 의해 발생하는 찍힘 및 눌림, 빛 반사 시에만 확인 가능한 스크래치 및 눌림"은 하자로 인한 청약철회가 인정되지 않음을 고지하였다. ...(중략)...

8) 공정거래위원회 의결 제2024-094호, 2024. 8. 8.(요약)

다. 구체적 판단

1) 거짓 또는 과장된 사실을 알리거나 기만적 방법을 사용하였는지 여부

① 법 제17조 제1항에 따라 소비자는 제품을 공급받은 날로부터 7일 이내에 '청약철회의 의사'를 사업자에게 '표시'하는 것만으로 청약철회가 가능하다. 그러나, 피심인은 마치 해당 기간 내에 반품 상품이 피심인의 물류센터 등에 도착하지 않는 경우 청약철회가 제한되는 것처럼 고지하였는바, 이는 소비자에게 거짓된 사실을 알린 행위에 해당한다.

② 법 제17조 제3항에 따르면, 소비자는 하자 있는 상품을 배송받은 경우 재화를 공급받은 날로부터 3개월 이내, 그 사실을 안 날 또는 알 수 있었던 날부터 30일 이내에 청약철회를 할 수 있다. 그러나, 피심인은 소비자가 청약철회 등을 할 수 있는 기간을 법이 보장하는 기간보다 단축하여 고지하였는바, 이는 소비자에게 거짓된 사실을 알린 행위에 해당한다.

③ 피심인은 소비자가 주문한 상품을 받지 못한 경우, "배송시작일로부터 30일"이 초과되면 사고접수 기한 만료로 보상에서 제외된다고 고지하였다. 그러나, 법 제17조 제1항에 따르면 재화 등이 분실된 경우에는 소비자가 제품을 공급받기까지 청약철회 기한이 도래했다고 볼 수 없다. 그럼에도 불구하고, 피심인은 일률적으로 임의의 기한을 정하여 해당 기한 도과 시 소비자의 청약철회 등이 불가능한 것처럼 고지하였는바, 이는 소비자에게 거짓된 사실을 알린 행위에 해당한다.

④ 사이버몰에서 재화를 구매한 소비자는 법에서 정한 기간 내에 청약철회등을 할 수 있으며 '재화 등의 내용을 확인하기 위하여 포장 등을 훼손한 경우'는 청약철회 예외 사유에서 제외하고 있다. 즉, 피심인은 소비자가 재화 등의 내용을 확인하기 위해 포장 등을 훼손할 경우 청약철회가 제한되지 않음에도 불구하고, 소비자가 포장지를 훼손하는 경우에는 일률적으로 상품 가치가 감소하여 반품 접수가 전혀 불가능한 것처럼 고지하였는바, 이는 소비자에게 거짓된 사실을 알린 행위에 해당한다.

⑤ 피심인이 청약철회가 불가하거나 예약판매 기간에만 청약철회가 가능하다고 표기한 주문제작 상품은 사업자가 일정한 규격, 색상, 재질 등을 정해 견본품을 제시하고 소비자가 주문하는 형태의 상품(예: 아티스트의 생일이 입력된 팔찌), "커스터마이징 불가"라고 표시한 상품(예: 휴대폰 케이스), 예약판매 상품(예: 모자) 등으로, 소비자의 요청 사항에 맞춰 '개별적'으로 제작되는 '맞춤형' 제작 상품이 아니라, 단지 피심인 자신의 재고부담을 덜기 위해 일정 소비자의 주문을 받은 뒤 일괄적으로 제작 및

배송하는 것이다. 따라서, 소비자가 주문을 취소하거나 교환 및 반품을 신청한다 하더라도 피심인은 이를 다른 소비자 등에 재판매할 수 있는바, 주문 즉시 또는 예약판매기간이 지나면 다시 판매하기 곤란할 정도로 재화등의 가치가 현저히 감소하여 법 제17조 제2항 제3호(시간이 지나 다시 판매하기 곤란할 정도로 재화등의 가치가 현저히 감소한 경우)의 경우에 해당한다고 보기 어렵고, 청약철회 등을 인정하는 경우 피심인에게 회복할 수 없는 중대한 피해가 예상되는 경우에 해당되지도 않는다. 하지만, 피심인은 판매하는 '주문제작 상품'이 청약철회 제한 사유에 해당하지 않음에도 청약철회가 불가한 것처럼 게시하였는바, 이는 소비자에게 거짓된 사실을 알린 행위에 해당한다.

⑥ 피심인은 '구성품 누락 및 불량', '상품 하자 또는 누락'으로 교환·반품하기 위해서는 소비자로 하여금 반드시 상품을 개봉할 때 촬영해 둔 동영상을 첨부하도록 고지하거나, 개봉영상이 없으면 반품이 안 되도록 고지하였다. 이는 재화 공급과 관련하여 다툼이 있을 경우 법상 최종적인 입증책임이 통신판매업자에게 있음에도 이를 소비자에게 전가하는 것으로서, 소비자에게 거짓된 사실을 알린 행위에 해당한다.

⑦ 재화의 내용이 표시·광고의 내용과 다르거나 계약내용과 다르게 이행된 경우(상품 하자 등)에는 소비자는 재화를 공급받은 날부터 3개월 이내, 그 사실을 안 날 또는 알 수 있었던 날부터 30일 이내에 청약철회를 할 수 있다. 그런데, 피심인은 초상 이미지의 결함 여부 및 결함 위치가 매우 중요한 포토카드 등 상품의 특성 등을 고려하지 않고, 임의로 하자 기준을 수립하여 "제작 과정 상 발생한 상품 하자(5mm 이하의 찍힘, 스트래치, 눌린 자국 및 잉크 튐 등)"는 모두 하자에 해당하지 않아 청약철회가 제한된다고 고지하였다. 이는 피심인이 만든 임의적인 하자 기준으로 법에서 보장하는 청약철회 등의 사유를 임의로 제한하여 고지하는 행위로서 소비자에게 거짓된 사실을 알린 행위에 해당한다.

2) 소비자의 청약철회 등을 방해하였는지 여부

피심인은 소비자가 법에 의해 보장된 청약철회가 가능한 경우에도 마치 불가능한 것처럼 소비자에게 사실과 다르게 안내하였으므로 소비자는 청약철회 등의 행사를 주저하거나 포기할 우려가 있는바, 피심인의 위 행위는 소비자의 청약철회 등을 방해한 행위에 해당한다.

2. 청약철회권 행사의 효과

(1) 재화등의 반환

소비자는 청약철회등을 한 경우에는 이미 공급받은 재화등을 반환하여야 한다. 그러나 이미 공급받은 재화등이 용역 또는 디지털콘텐츠인 경우에는 그러하지 아니하다(전자상거래법 제18조 제1항).

(2) 대금의 환급

통신판매업자(소비자로부터 재화등의 대금을 받은 자 또는 소비자와 통신판매에 관한 계약을 체결한 자를 포함한다)는 ① 통신판매업자가 재화를 공급한 경우에는 재화를 반환받은 날, ② 통신판매업자가 용역 또는 디지털콘텐츠를 공급한 경우에는 청약철회등을 한 날, ③ 통신판매업자가 재화등을 공급하지 아니한 경우에는 청약철회등을 한 날 중 어느 하나에 해당하는 날로부터 3영업일 이내에 이미 지급받은 재화등의 대금을 환급하여야 한다. 이 경우 통신판매업자가 소비자에게 재화등의 대금 환급을 지연한 때에는 그 지연기간에 대하여 연 100분의 15의 이율을 곱하여 산정한 지연이자(이하 "지연배상금"이라 한다)를 지급하여야 한다(전자상거래법 제18조 제2항, 동법 시행령 제21조의3).

만일 소비자가 신용카드와 같이 현금 이외 결제수단으로서 해당 결제수단을 제공한 결제업자에게 청구를 정지 또는 취소하거나 환급하는 경우 해당 소비자에게 환급한 것과 같은 효과가 발생하는 결제수단을 이용하여 대금을 지급한 경우에는, 통신판매업자는 지체 없이 해당 결제수단을 제공한 사업자(이하 "결제업자"라 한다)에게 재화등의 대금 청구를 정지하거나 취소하도록 요청하여야 한다. 다만, 통신판매업자가 결제업자로부터 해당 재화등의 대금을 이미 받은 때에는 지체 없이 그 대금을 결제업자에게 환급하고, 그 사실을 소비자에게 알려야 한다. 이에 따라 통신판매업자로부터 재화등의 대금을 환급받은 결제업자는 그 환급받은 금액을 지체 없이 소비자에게 환급하거나 환급에 필요한 조치를 하여야 하고, 만일 통신판매업자 중 환급을 지연하여 소비자가 대금을 결제하게 한 통신판매업자는 그 지연기간에 대한 지연배상금을 소비자에게 지급하여야 한다(전자상거래법 제18조

제3항 내지 제5항, 동법 시행령 제22조).

만일 통신판매업자가 정당한 사유 없이 결제업자에게 대금을 환급하지 아니하는 경우에는 소비자는 결제업자에게 그 통신판매업자에 대한 다른 채무와 통신판매업자로부터 환급받을 금액을 상계(相計)할 것을 요청할 수 있다. 이 경우 결제업자는 대통령령으로 정하는 바에 따라 그 통신판매업자에 대한 다른 채무와 상계할 수 있으며, 소비자는 결제업자가 상계를 정당한 사유 없이 게을리한 경우에는 결제업자에 대하여 대금의 결제를 거부할 수 있다. 이 경우 통신판매업자와 결제업자는 그 결제 거부를 이유로 그 소비자를 약정한 기일까지 채무를 변제하지 아니한 자로 처리하는 등 소비자에게 불이익을 주는 행위를 하여서는 아니 된다(전자상거래법 제18조 제6항·제7항).

(3) 비용청구 및 반환배송료의 부담

통신판매업자는 이미 재화등이 일부 사용되거나 일부 소비된 경우에는 그 재화등의 일부 사용 또는 일부 소비에 의하여 소비자가 얻은 이익 또는 그 재화등의 공급에 든 비용에 상당하는 금액으로서 ① 재화등의 사용으로 소모성 부품의 재판매가 곤란하거나 재판매가격이 현저히 하락하는 경우에는 해당 소모성 부품의 공급에 든 비용, ② 다수의 동일한 가분물로 구성된 재화등의 경우에는 소비자의 일부 소비로 인하여 소비된 부분의 공급에 든 비용을 소비자에게 청구할 수 있다(전자상거래법 제18조 제8항, 동법 시행령 제24조).

원칙적으로 청약철회에 따라 공급받은 재화등의 반환에 필요한 비용은 소비자가 부담하나, 재화등의 내용이 표시·광고의 내용과 다르거나 계약내용과 다르게 이행된 경우에는 재화등의 반환에 필요한 비용은 통신판매업자가 부담한다(전자상거래법 제18조 제9항·제10항).

(4) 위약금의 청구제한 및 연대책임

통신판매업자는 소비자에게 청약철회등을 이유로 위약금이나 손해배상을 청구할 수 없으며, 통신판매업자, 재화등의 대금을 받은 자 또는 소비자와 통신판매에 관한 계약을 체결한 자가 동일인이 아닌 경우에 이들은 청약철회등에 의한 재화등의 대금 환급과 관련한 의무의 이행에 대하여 연대하여 책임을 진다(전자상거래법 제18조 제9항 · 제11항).

(5) 통신판매업자의 휴업기간 중 업무처리 등

통신판매업자는 휴업기간이나 영업정지기간에도 청약철회등의 업무와 청약철회등에 따른 대금 환급과 관련된 업무를 계속하여야 한다(전자상거래법 제22조 제1항).

통신판매업자가 폐업신고를 하지 아니한 상태에서 파산선고를 받는 등 실질적으로 영업을 할 수 없는 것으로 판단되는 경우에는 신고를 받은 공정거래위원회 또는 특별자치시장 · 특별자치도지사 · 시장 · 군수 · 구청장은 직권으로 신고사항을 말소할 수 있다(전자상거래법 제22조 제2항).

Ⅶ 계약의 해제에 따른 손해배상청구금액의 제한 등

소비자에게 책임이 있는 사유로 재화등의 판매에 관한 계약이 해제된 경우 통신판매업자는 소비자에게 손해배상금을 청구할 수 있으나, 그 손해배상액은 다음 ① 또는 ②의 금액에 대금미납에 따른 지연배상금을 더한 금액을 초과할 수 없다.

① 공급한 재화등이 반환된 경우: i) 반환된 재화등의 통상 사용료 또는 그 사용으로 통상 얻을 수 있는 이익에 해당하는 금액과 ii) 반환된 재화등의 판매가액에서 그 재화등이 반환된 당시의 가액을 뺀 금액 중 큰 금액.

② 공급한 재화등이 반환되지 아니한 경우: 그 재화등의 판매가액에 해당하는 금액(전자상거래법 제19조 제1항).

[1] 이동통신서비스 이용계약에 대해서 청약철회권의 행사 제한사유가 있는지

전자상거래 등에서의 소비자보호에 관한 법률(이하 '전자상거래법'이라 한다) 제17조 제1항, 방문판매 등에 관한 법률(이하 '방문판매법'이라 한다) 제8조 제1항에서는 통신판매, 방문판매 또는 전화권유 판매를 통하여 재화 등의 구매에 관한 계약을 체결한

소비자에게 각각 법이 정한 일정한 기간(계약내용에 관한 서면 등을 받은 날부터 7일 또는 14일) 내에 해당 계약에 관한 청약철회권을 행사할 권리를 규정하고 있다. 한편 전자상거래법 제17조 제2항 제2호, 방문판매법 제8조 제2항 제2호에서는 소비자의 사용 또는 일부 소비로 재화 등의 가치가 현저히 감소한 경우 소비자는 사업자의 의사에 반하여 청약철회권을 행사할 수 없다고 규정하고 있고, 전자상거래법 제17조 제2항 제5호는 용역의 경우 제공이 개시되면 사업자의 의사에 반하여 청약철회권을 행사할 수 없지만, 가분적 용역으로 구성된 계약의 경우에는 제공이 개시되지 아니한 부분에 대해서는 청약철회권을 행사할 수 있다고 규정하고 있다.

회선이 개통되면 이동통신서비스는 소비자가 언제든지 이용할 수 있는 상태로 제공됨으로써 소비자의 이동통신서비스 사용 또는 소비가 발생한다. 시시각각 제공되는 이동통신서비스의 특성에 따라 시간이 경과하면 이미 제공된 이동통신서비스 부분은 소비자의 사용 또는 소비로 그 사용가치를 회복시키거나 재사용할 수 없게 된다. 그러나 이동통신서비스의 일부가 사용 또는 소비되어 소멸하였다고 하더라도 청약철회권 행사가 제한될 정도로 이동통신서비스에 현저한 가치 감소가 발생한다고 단정할 수는 없다.

이동통신서비스 계약은 일정한 기간을 약정기간으로 정하거나 상당한 기간 계속하여 이동통신서비스를 제공받을 것을 전제로 하여 체결되는 것이 통상적이다. 그에 반하여 청약철회권의 행사는 대체로 위 각 해당 법률에서 정한 바와 같이 계약내용에 관한 서면 등을 받은 날부터 7일 또는 14일 이내에 이루어지는 것이 보통이므로, 회선 개통 후 청약철회권의 행사 때까지 소비자의 이동통신서비스 사용·소비 기간은 이동통신서비스의 제공이 예정된 전체 기간과 비교하면 상당히 짧은 기간일 수밖에 없다. 따라서 소비자가 회선 개통 후 청약철회권을 행사할 때까지 이동통신서비스를 사용·소비함으로써 가치가 소멸되거나 감소하는 부분이 있다고 하더라도 이동통신서비스 계약에서 제공이 예정된 전체 이동통신서비스에 비하면 상당히 적은 부분일 가능성이 크다. 이처럼 회선 개통 후 청약철회권을 행사할 때까지 사용·소비함으로써 소멸하는 부분이 제공이 예정된 전체 이동통신서비스에 비하여 상당히 적은 부분을 차지하는 경우 전자상거래법 제17조 제2항 제2호, 방문판매법 제8조 제2항 제2호에서 정하는 '소비자의 사용 또는 일부 소비로 재화 등의 가치가 현저히 감소한 경우'에 해당한다고 보기 어렵다. 소비자가 청약철회권을 행사하였을 때 사업자로서는 즉시 이동통신서비스를 중단하고 회선을 회수하여 다른 소비자에게 제공하는 방법으로 상당 부분의 남은 이동통신서비스를 재판매하거나 재사용하는 효과를 볼 수 있다. 이러한 경우 청약철회권을 행사한 소비자가 이동통신서비스를 일부 사용하였다고 하더라도 사업자는 이동통신서비스 상당 부분의 가치를 여전히 보유하고 있다고 볼 수 있기 때문이다.

통신판매로 체결된 이동통신서비스 계약에서 회선 개통으로 이동통신서비스 제공이 개시되면 전자상거래법 제17조 제2항 제5호에 따라 소비자의 청약철회권 행사가 제한될 수 있다. 그러나 이동통신서비스는 소비자가 일정량의 전화통화, 문자메시지, 데이터 등을 이용할 수 있는 상태의 제공이라는 같은 성질의 서비스를 계속적, 반복적으로 제공한다는 특성을 가지고 있다. 또한 그 이용요금도 월 단위 등으로 산정되어 부과된다. 이러한 성격을 고려할 때 이동통신서비스 계약은 전자상거래법 제17조 제2항 제5호 단서에서 규정하는 가분적 용역으로 구성된 계약일 가능성이 충분히 있다. 만약 이동통신서비스 계약이 가분적 용역으로 구성된 계약에 해당한다면 통신판매로 이동통신서비스 계약을 체결한 소비자는 이동통신서비스 사업자를 상대로 아직 제공되지 않은 서비스에 대해서 전자상거래법상 청약철회권을 행사할 수 있다.

[2] 청약철회권 행사 제한행위에 대한 증명책임

소비자기본법 제70조는 “소비자단체 등은 사업자가 소비자기본법 제20조를 위반하여 소비자의 생명 · 신체 또는 재산에 대한 권익을 직접적으로 침해하고 그 침해가 계속되는 경우 법원에 소비자권익침해행위의 금지 및 중지를 구하는 소송을 제기할 수 있다.”라고 규정하고, 같은 법 제20조 제4항은 “사업자는 제12조 제2항의 규정에 따라 국가가 지정 · 고시한 행위를 하여서는 아니 된다.”라고 규정하며, 같은 법 제12조 제2항은 “국가는 소비자의 합리적인 선택을 방해하고 소비자에게 손해를 끼칠 우려가 있다고 인정되는 사업자의 부당한 행위를 지정 · 고시할 수 있다.”라고 규정한다. 이에 따라 공정거래위원회가 소비자기본법 제12조 제2항에 근거하여 제정한 사업자의 부당한 소비자 거래행위 지정 고시 제6조 제2호는 정당한 이유 없이 계약을 유지시키려는 행위를 사업자가 해서는 안 되는 부당한 소비자거래행위로 규정하고 있다.

전자상거래 등에서의 소비자보호에 관한 법률(이하 ‘전자상거래법’이라 한다) 제17조, 제18조 및 방문판매 등에 관한 법률(이하 ‘방문판매법’이라 한다) 제8조, 제9조는 소비자의 청약철회권에 관하여 다음과 같이 규정하고 있다. 즉 소비자는 각 법률에서 정한 청약철회기간 이내에 계약에 관한 청약철회권을 행사할 수 있고, 청약철회권을 행사한 경우에는 소비자는 공급받은 재화 등을 반환하고 사업자는 지급받은 대금을 환급하여야 한다. 다만 법률에서 정한 사유가 있는 경우에는 소비자의 청약철회권 행사가 제한되어 소비자는 사업자 의사에 반하여 청약철회권을 행사할 수 없다. 그러나 사업자는 법률에서 정한 청약철회권 제한사유를 소비자가 쉽게 알 수 있는 곳에 명확하게 표시하는 등으로 소비자의 청약철회권 행사가 방해받지 않도록 조치하여야 하고, 이를 하지 않은 경우에는 청약철회권 제한사유에 해당하더라도 소비자는 청약철회권을 행사할 수 있다.

전자상거래법과 방문판매법은 소비자가 계약을 체결한 후라도 일정한 기간 내에는 그 의사를 재고하여 아무런 불이익 없이 계약을 처음부터 없었던 것으로 할 수 있도록 청약철회권 규정을 두어 소비자를 보호하고 있다. 소비자는 청약철회권을 행사함으로써 그 계약에서 정한 위약금 등을 부담하지 않고도 체결된 계약을 일방적으로 해소할 수 있고, 이러한 점에서 청약철회권의 행사는 일반적인 계약의 해지와는 구별된다. 소비자에게 청약철회권 행사의 자유는 최대한 보장되어야 하고 그 제한은 예외적으로만 허용되어야 한다. 위 각 법률이 사업자에게 청약철회권 제한사유에 대한 표시의무를 부담시키고 이를 다하지 않는 경우에는 소비자에게 청약철회권 행사를 할 수 있도록 하는 것도 이러한 취지에서라고 할 수 있다. 위와 같은 소비자기본법 제70조 및 전자상거래법 등의 입법 취지와 청약철회권 제도의 목적 및 내용을 고려할 때, 소비자의 청약철회권 행사에 대해서 사업자가 이를 부정하고 계약을 유지시키기 위해서는 청약철회권 제한사유가 존재하는지 및 그러한 제한사유 해당 사실에 대한 표시의무를 다하였는지를 모두 증명하여야 한다. (대법원 2023. 6. 15. 선고 2018다214746 판결)

[1] 소비자기본법 제70조는 “소비자단체 등은 사업자가 소비자기본법 제20조를 위반하여 소비자의 생명·신체 또는 재산에 대한 권익을 직접적으로 침해하고 그 침해가 계속되는 경우 법원에 소비자권익침해행위의 금지 및 중지를 구하는 소송을 제기할 수 있다.”라고 규정하고, 제20조 제4항은 “사업자는 제12조 제2항의 규정에 따라 국가가 지정·고시한 행위를 하여서는 아니 된다.”라고 규정하며, 제12조 제2항은 “국가는 소비자의 합리적인 선택을 방해하고 소비자에게 손해를 끼칠 우려가 있다고 인정되는 사업자의 부당한 행위를 지정·고시할 수 있다.”라고 규정한다. 소비자기본법 제12조 제2항에 근거하여 제정된 사업자의 부당한 소비자 거래행위 지정 고시 제6조는 “사업자는 법규 또는 계약에 근거한 소비자의 정당한 권리 행

사를 방해하여 소비자에게 불이익을 주거나 줄 우려가 있는 다음 각호의 어느 하나에 해당하는 행위를 하여서는 아니 된다."라고 규정하면서, 제2호에서 "소비자가 법규의 규정 또는 계약의 내용에 근거하여 사업자에게 계약 또는 의사표시의 철회·취소·무효 또는 계약의 해제·해지를 주장하였음에도 불구하고, 법규의 규정 또는 계약의 내용을 초과하는 위약금 또는 손해배상을 요구하는 등의 방법으로 계약을 유지시키려는 행위(정당한 이유 없이 계약을 유지시키려는 행위)"를 들고 있다. 전자상거래 등에서의 소비자보호에 관한 법률(이하 '전자상거래법'이라 한다) 제17조, 제18조 및 방문판매 등에 관한 법률(이하 '방문판매법'이라 한다) 제8조, 제9조는 소비자의 청약철회권에 관하여 다음과 같이 규정하고 있다. 즉 소비자는 각 법률에서 정한 청약철회기간 이내에 계약에 관한 청약철회권을 행사할 수 있고, 청약철회권을 행사한 경우에는 소비자는 공급받은 재화 등을 반환하고 사업자는 지급받은 대금을 환급하여야 한다. 다만 법률에서 정한 사유가 있는 경우에는 소비자의 청약철회권 행사가 제한되어 소비자는 사업자의 의사에 반하여 청약철회권을 행사할 수 없다. 그러나 사업자는 법률에서 정한 청약철회권 제한사유를 소비자가 쉽게 알 수 있는 곳에 명확하게 표시하는 등으로 소비자의 청약철회권 행사가 방해받지 않도록 조치하여야 하고, 이를 하지 않은 경우에는 청약철회권 제한사유에 해당하더라도 소비자는 청약철회권을 행사할 수 있다.

전자상거래법과 방문판매법은 소비자가 계약을 체결한 후라도 일정한 기간 내에는 그 의사를 재고하여 아무런 불이익 없이 계약을 처음부터 없었던 것으로 할 수 있도록 청약철회권 규정을 두어 소비자를 보호하고 있다. 소비자는 청약철회권을 행사함으로써 그 계약에서 정한 위약금 등을 부담하지 않고도 체결된 계약을 일방적으로 해소할 수 있고, 이러한 점에서 청약철회권의 행사는 일반적인 계약의 해지와는 구별된다. 소비자에게 청약철회권 행사의 자유는 최대한 보장되어야 하고 그 제한은 예외적으로만 허용되어야 한다. 위 각 법률이 사업자에게 청약철회권 제한사유에 대한 표시의무를 부담시키고 이를 다하지 않는 경우에는 소비자에게 청약철회권 행사를 할 수 있도록 하는 것도 이러한 취지에서라고 할 수 있다. 위와 같은 소비자기본법 및 전자상거래법 등의 입법 취지와 청약철회권 제도의 목적 및 내용을 고려할 때, 소비자의 청약철회권 행사에 대해서 사업자가 이를 부정하고 계약을 유지시키기 위해서는 청약철회권 제한사유가 존재하는지 및 그러한 제한사유 해당 사실에 대한 표시의무를 다하였는지를 모두 증명하여야 한다.

[2] 소비자가 이동통신서비스 사업자와 이동통신서비스 이용계약과 단말기 구매계약을 함께 체결하는 경우가 있다. 소비자가 단말기를 구매하면서 이동통신서비스 이용계약도 함께 체결하는 것은 구매한 단말기를 이용하여 이동통신서비스를 향유하기 위함이다. 이동통신서비스 사업자는 소비자가 자신과 이동통신서비스 이용계약을 체결하도록 소비자에게 단말기지원금 등 각종 혜택을 제공한다. 이러한 계약에서 이동통신서비스 사업자의 단말기지원금 제공은 소비자가 일정기간 이동통신서비스를 이용할 것을 조건으로 하는 경우가 통상적이다. 단말기 구매계약의 주요 내용이라 할 수 있는 단말기 대금은 단말기지원금이 제공되는지에 따라 결정되므로 결국 단말기 구매계약과 별개의 계약인 이동통신서비스 이용계약이 약정기간 동안 유지되는지에 달려 있다고 볼 수 있다. 단말기를 구매하면서 공시지원금을 받지 않고 요금할인을 선택하는 경우에도 이동통신서비스 이용계약이 약정기간 동안 유지되어야 그 혜택을 최종적으로 받을 수 있다. 피고의 경우 이동통신서비스 이용계약과 단말기 구매계약에 관한 내용, 단말기지원금이나 할인반환금의 지급 조건 및 위약금 납부에 관한 내용을 하나의 약관에서 설명하고, 이동통신서비스 이용대금과 단말기 구매대금을 하나의 고지서로 청구하여 소비자에게 이를 함께 납부하도록 하고 있다. 결국 이동통신서비스 이용계약과 단말기 구매계약이 함께 체결되는 경우 밀접한 관련성을 갖고 있다고 할 수 있다.
따라서 이동통신서비스 이용계약과 단말기 구매계약이 함께 체결되면서 이동통신서비스 사업자가 소비자에게 단말기지원금이나 할인반환금의 지급을 조건으로 한 경우, 단말기 구매계약에서 청약철회권이 제한된다면 이동통신서비스 이용계약 자체의 청약철회권이 보장되었다고 하더라도 실질적으로는 이동통신서비스 이용계약의 청약철회권이 제한되는 결과가 나타날 수 있다. 단말기 구매계약을 그대로 둔 채 이동통신서비스 이용계약에 대해서만 청약철회권의 행사가 이루어지면 소비자는 단말기지원금 등의 지급 조건을 어긴 것이 되어 단말기지원금 등을 반환할 수밖에 없다. 따라서 소비자로서는 단말기지원금 등의 반환을 감수하고서 이동통신서비스 이용계약을 철회하는 것에 주저하게 될 것이므로 사실상 이동통신서비스 이용계약의 청약철회권을 제한하는 효과가 초래된다. 이처럼 단말기 구매계약과 이동통신서비스 이용계약이 함께 체결되어 밀접한 관련성을 가지는 경우 이동통신서비스 이용계약의 청약철회권이 보장되기 위해서는 단말기 구매계약의 청약철회권도 보장될 필요가 있다. (대법원 2023. 6. 15. 선고 2018다287034 판결)

Ⅷ 통신판매중개

1. 통신판매중개자 및 통신판매중개업자의 책임

(1) 고지의무

통신판매중개를 하는 자(이하 "통신판매중개자"라 한다)는 자신이 통신판매의 당사자가 아니라는 사실을 소비자가 쉽게 알 수 있도록 미리 고지하여야 한다(전자상거래법 제20조 제1항). 만일 통신판매중개자가 고지를 하지 아니한 경우 통신판매중개의뢰자의 고의 또는 과실로 소비자에게 발생한 재산상 손해에 대하여 통신판매중개의뢰자와 연대하여 배상할 책임을 진다(전자상거래법 제20조의2 제1항). 통신판매중개자는 통신판매의 당사자는 아니므로 원칙적으로 계약상 책임을 지지 않지만, 소비자는 통신판매중개자의 거래시스템을 이용해 통신판매계약을 체결하게 되므로 거래시스템을 운영하는 통신판매중개자를 당사자로 오인할 가능성이 크다. 이에 소비자로 하여금 통신판매중개자를 계약당사자로 오인하는 일이 없도록 하기 위함이다.[9)]

위와 같은 고지에도 불구하고 통신판매업자인 통신판매중개자[10)]는 통신판매업자의 신고, 신원 및 거래조건에 대한 정보제공, 청약철회에 따른 통신판매업자의 책임을 면하지 못한다. 다만, 통신판매업자의 의뢰를 받아 통신판매를 중개하는 경우 통신판매중개의뢰자가 책임을 지는 것으로 약정하여 소비자에게 고지한 부분에 대하여는 통신판매중개의뢰자가 책임을 진다(전자상거래법 제20조의2 제3항).

(2) 신원정보 제공의무

통신판매중개를 업으로 하는 자(이하 "통신판매중개업자"라 한다)는 통신판매중개를 의뢰한 자(이하 "통신판매중개의뢰자"라 한다)가 사업자인 경우에는 그 성명(사업자가 법인인 경우에는 그 명칭과 대표자의 성명)·주소·전화번호 등 대통령령으로

9) 서희석, 앞의 글, 104－105면.

10) '통신판매업자인 통신판매중개자'의 개념에 대하여는 견해가 대립되고 있으나, 통신판매중개자가 통신판매업도 영위하는 경우로 보는 견해가 다수설이다(서희석, 앞의 글, 115면).

정하는 사항을 확인하여 청약이 이루어지기 전까지 소비자에게 제공하여야 하고, 통신판매중개의뢰자가 사업자가 아닌 경우에는 그 성명·전화번호 등 대통령령으로 정하는 사항을 확인하여 거래의 당사자들에게 상대방에 관한 정보를 열람할 수 있는 방법을 제공하여야 한다(전자상거래법 제20조 제2항). 통신판매중개의뢰자의 신원정보가 소비자에게 제공된다면 소비자는 통신판매중개자를 계약당사자로 오인하여 계약을 체결하는 사태를 피할 수 있고, 계약의 체결이나 이행 과정에 문제가 생겼을 때 소비자가 판매자와 직접 협상을 통해 불만이나 분쟁을 해결하기 용이해진다. 또 소비자와 판매자간 분쟁이 발생했을 때 통신판매중개자의 입장에서 입점업체의 신원정보를 파악할 필요도 있다.[11] 과거 '통신판매업자인 통신판매중개자'만 소비자에게 통신판매중개를 의뢰한 사업자의 신원정보를 제공해야 했으나, 2016년 법 개정을 통하여 그 범위를 '통신판매중개업자'로 확대하여 모든 통신판매중개업자에게 신원정보 제공의무를 부여한 것이다. 만일 통신판매중개자[12]가 소비자에게 정보 또는 정보를 열람할 수 있는 방법을 제공하지 아니하거나 제공한 정보가 사실과 달라 소비자에게 발생한 재산상 손해에 대하여 통신판매중개의뢰자와 연대하여 배상할 책임을 진다. 다만, 소비자에게 피해가 가지 아니하도록 상당한 주의를 기울인 경우에는 그러하지 아니하다(전자상거래법 제20조의2 제2항).

(3) 분쟁해결 등을 위한 조치의무

통신판매중개자는 사이버몰 등을 이용함으로써 발생하는 불만이나 분쟁의 해결을 위하여 그 원인 및 피해의 파악 등 필요한 조치를 신속히 시행하여야 한다(전자상거래법 제20조 제3항).

(4) 통신판매중개의뢰자의 책임

통신판매중개의뢰자(사업자의 경우에 한정한다)는 통신판매중개자의 고의 또는 과실로 소비자에게 발생한 재산상 손해에 대하여 통신판매중개자의 행위라는 이유

---

11) 서희석, 앞의 글, 107－108면.

12) 법문에서는 통신판매중개자로 되어 있으나 통신판매중개업자로 보아야 할 것이다(서희석, 앞의 글, 109면).

로 면책되지 아니한다. 다만, 소비자에게 피해가 가지 아니하도록 상당한 주의를 기울인 경우에는 그러하지 아니하다(전자상거래법 제20조의2 제4항).

2. 통신판매의 중요한 일부 업무를 수행하는 통신판매중개업자(거래관여형 통신판매중개업자)의 책임

통신판매에 관한 거래과정에서 ① 통신판매중개업자가 청약의 접수를 받는 경우에는 정보의 제공, 청약의 확인, 그 밖에 소비자피해를 방지하기 위하여 필요한 사항, ② 통신판매중개업자가 재화등의 대금을 지급받는 경우에는 조작 실수 등의 방지, 전자적 대금지급의 신뢰 확보, 그 밖에 소비자피해를 방지하기 위하여 필요한 사항의 업무를 수행하는 통신판매중개업자는 통신판매업자가 각 의무를 이행하지 아니하는 경우에는 이를 대신하여 이행하여야 한다(전자상거래법 제20조의3). 2016년 법 개정시 도입된 조항으로, 통신판매중개업자가 청약의 접수를 받거나 재화등의 대금을 지급받는 경우에는 그 역할에 상응하는 의무를 부여하되, 이러한 의무는 기본적으로 통신판매업자에게 있는 것이므로 통신판매중개업자는 통신판매업자가 이들 의무를 이행하지 않는 경우에만 책임을 부담함을 명시한 것이다.

Ⅸ 금지행위

1. 금지행위

전자상거래를 하는 사업자 또는 통신판매업자는 다음의 금지행위를 하여서는 아니된다(전자상거래법 제21조).

- 거짓 또는 과장된 사실을 알리거나 기만적 방법을 사용하여 소비자를 유인 또는 소비자와 거래하거나 청약철회등 또는 계약의 해지를 방해하는 행위
- 청약철회등을 방해할 목적으로 주소, 전화번호, 인터넷도메인 이름 등을 변경하거나 폐지하는 행위
- 분쟁이나 불만처리에 필요한 인력 또는 설비의 부족을 상당기간 방치하여

소비자에게 피해를 주는 행위

- 소비자의 청약이 없음에도 불구하고 일방적으로 재화등을 공급하고 그 대금을 청구하거나 재화등의 공급 없이 대금을 청구하는 행위
- 소비자가 재화를 구매하거나 용역을 제공받을 의사가 없음을 밝혔음에도 불구하고 전화, 팩스, 컴퓨터통신 또는 전자우편 등을 통하여 재화를 구매하거나 용역을 제공받도록 강요하는 행위
- 본인의 허락을 받지 아니하거나 허락받은 범위를 넘어 소비자에 관한 정보를 이용하는 행위. 다만, ① 재화등의 배송 등 소비자와의 계약을 이행하기 위하여 불가피한 경우로서 대통령령으로 정하는 경우, ② 재화등의 거래에 따른 대금정산을 위하여 필요한 경우, ③ 도용방지를 위하여 본인 확인에 필요한 경우로서 대통령령으로 정하는 경우, ④ 법률의 규정 또는 법률에 따라 필요한 불가피한 사유가 있는 경우는 제외함
- 소비자의 동의를 받지 아니하거나 총리령으로 정하는 방법에 따라 쉽고 명확하게 소비자에게 설명·고지하지 아니하고 컴퓨터프로그램 등이 설치되게 하는 행위

> 구 전자상거래 등에서의 소비자 보호에 관한 법률(2012. 2. 17. 법률 제11326호로 개정되기 전의 것, 이하 '구 전자상거래법'이라 한다) 제21조 제1항 제1호의 문언에 더하여 전자상거래 및 통신판매 등에 의한 재화 또는 용역의 공정한 거래에 관한 사항을 규정함으로써 소비자의 권익을 보호하고 시장의 신뢰도를 제고하려는 구 전자상거래법의 입법 목적을 고려하면, 여기에서의 '기만적 방법을 사용하여 소비자를 유인하는 행위'는 소비자가 재화 또는 용역을 구매하는 데 영향을 미칠 수 있는 사실의 전부 또는 일부를 은폐, 누락하거나 또는 축소하는 등의 방법으로 소비자의 주의나 흥미를 일으키는 행위 자체를 뜻한다. 따라서 이러한 유인행위가 성립하기 위해서는 소비자를 속이거나 소비자로 하여금 잘못 알게 할 우려가 있는 행위만으로 충분하고 그 행위로 소비자가 유인되는 결과의 발생까지 있어야 하는 것은 아니다. (대법원 2014. 6. 26. 선고 2012두1525 판결)

2. 온라인 인터페이스 운영에 있어서 금지되는 행위

전자상거래를 하는 사업자 또는 통신판매업자는 온라인 인터페이스(웹사이트 또는 모바일 앱 등의 소프트웨어로서 소비자와 사업자 사이의 매개체를 말함)를 운영하는 경우 다음의 행위를 하여서는 아니 된다(전자상거래법 제21조의2 제1항). 사업자 및 사업자단체는 다음의 금지되는 행위를 위반하는 것을 예방하기 위하여 자율적으로 규약을 정할 수 있다(전자상거래법 제21조의3).

- **[순차공개 가격책정]** '순차공개 가격책정' 유형은 상품 검색결과가 나타나는 첫 페이지에는 일부러 가격을 낮게 표시하고, 결제가 진행됨에 따라 숨겨진 가격들을 차츰 보여주며 나중에 그 모두를 더한 금액을 최종가격으로 청구하는 행위를 말한다.
  사이버몰을 통하여 소비자에게 재화등의 가격을 알리는 표시·광고의 첫 화면에서 소비자가 그 재화등을 구매·이용하기 위하여 필수적으로 지급하여야 하는 총금액(재화등의 가격 외에 재화등의 제공을 위하여 필수적으로 수반되는 비용까지 포함한 것을 말함) 중 일부 금액만을 표시·광고하는 방법으로 소비자를 유인하거나 소비자와 거래하는 행위. 다만, 총금액을 표시·광고할 수 없는 정당한 사유가 있고 그 사유를 총리령[13]으로 정하는 바에 따라 소비자에게 알린 경우는 제외함

---

13) 전자상거래법 시행규칙 제11조의4(총금액을 표시·광고할 수 없는 사유의 고지 방법) 전자상거래를 하는 사업자 또는 통신판매업자는 법 제21조의2 제1항 제1호 단서에 따라 총금액(재화등의 가격 외에 재화등의 제공을 위하여 필수적으로 수반되는 비용까지 포함한 것을 말한다. 이하 같다)을 표시·광고할 수 없는 사유를 소비자에게 알리는 경우에는 다음 각 호의 방법에 따라야 한다.

1. 총금액을 표시·광고할 수 없는 사유의 구체적인 내용에는 다음 각 목의 사항이 포함되도록 할 것
   가. 총금액에서 제외된 금액의 항목
   나. 재화등의 제공을 위하여 필수적으로 수반되는 비용을 일률적으로 책정하기 어려운 사유 등 그 제외 사유
2. 사이버몰을 통하여 소비자에게 재화등의 가격을 알리는 표시·광고의 첫 화면에서 알릴 것. 다만, 해당 표시·광고의 첫 화면에 공간의 제약이 있는 경우 제1호나목의 사항은 첫 화면과 직접 연결되는 화면에서 알릴 수 있다.

- **[특정옵션 사전선택]** '특정옵션의 사전선택'은 사업자에게 유리한 선택사항(옵션)을 미리 선택해놓고 소비자가 이를 무심코 지나치도록 유도하여 그대로 수용하게 하는 행위를 말한다.
  재화등의 구매·이용, 회원가입, 계약체결 등이 진행되는 중에 소비자에게 다른 재화등의 구매·이용, 회원가입, 계약체결 등에 관한 청약의사가 있는지 여부를 묻는 선택항목을 제공하는 경우 소비자가 직접 청약의사 여부를 선택하기 전에 미리 청약의사가 있다는 표시를 하여 선택항목을 제공하는 방법으로 소비자의 다른 재화등의 거래에 관한 청약을 유인하는 행위
- **[잘못된 계층구조]** '잘못된 계층구조'란 소비자에게 불리하거나 사업자에게 유리한 선택항목을 시각적으로 두드러지게 표시하여 소비자로 하여금 그 선택항목이 유일하거나 반드시 선택해야만 하는 것처럼 오인하게 만드는 행위를 말한다.
  소비자에게 재화등의 구매·이용, 회원가입, 계약체결 또는 구매취소, 회원탈퇴, 계약해지(이하 "구매등"이라 한다)에 관한 선택항목을 제시하는 경우 그 선택항목들 사이에 크기·모양·색깔 등 시각적으로 현저한 차이를 두어 표시하는 행위로서 ① 소비자가 특정 항목만을 선택할 수 있는 것처럼 잘못 알게 할 우려가 있는 행위, ② 소비자가 구매등을 하기 위한 조건으로서 특정 항목을 반드시 선택하여야만 하는 것으로 잘못 알게 할 우려가 있는 행위 중 어느 하나에 해당하는 경우
- **[취소 · 탈퇴 방해]** '취소·탈퇴 등의 방해'란 구매·계약체결·회원가입 등의 절차보다 그 취소·해지·탈퇴 등의 절차를 복잡하게 하거나 그 방법을 제한하여 소비자의 자유로운 취소·해지·탈퇴 등을 방해하는 행위를 말한다.
  정당한 사유 없이 ① 재화등의 구매, 회원가입, 계약체결 등의 절차보다 그 취소, 탈퇴, 해지 등의 절차를 복잡하게 설계하는 방법이나 ② 재화등의 구매, 회원가입, 계약체결 등의 방법과는 다른 방법으로만 그 취소, 탈퇴, 해지 등을 할 수 있도록 제한하는 방법으로 소비자의 구매취소, 회원탈퇴, 계약해지 등을 방해하는 행위
- **[반복간섭]** '반복간섭' 유형은 팝업창 등을 통해 특정 행위를 반복적으로 요구하여 소비자가 그 행위를 하도록 압박하는 행위를 말한다.

소비자가 이미 선택·결정한 내용에 관하여 그 선택·결정을 변경할 것을 팝업창 등을 통하여 반복적으로 요구하는 방법으로 소비자의 자유로운 의사결정을 방해하는 행위. 다만, 그 선택·결정의 변경을 요구할 때 소비자가 7일 이상 동안 그러한 요구를 받지 아니하도록 선택할 수 있게 한 경우는 제외함(동법 시행령 제27조의2)

다크 패턴

다크 패턴(dark patterns)이란 이용자의 선택을 왜곡하거나 중요한 정보를 숨기는 등 이용자를 기만하려는 목적으로 설계된 사용자 인터페이스(UI)/경험(UX)로, 일명 "눈속임 상술" 또는 "눈속임 설계"라고도 한다. 온라인 시장이 확장됨에 따라 이러한 다크 패턴의 유형이 다양화되고 있다. 가령 구매취소나 회원탈퇴 버튼이 잘 안 보이거나 숨겨져 있는 경우, '예'와 '아니오'의 위치를 바꾸거나 '취소'가 실제로는 동의 버튼인 경우, 무료체험이 끝나면 알림 없이 자동으로 유료로 전환하는 경우, 옵션을 해제하지 않으면 추가요금이 붙는 경우 등이 그것이다.

미국의 연방거래위원회법(FTCA: Federal Trade Commission Act), EU의 디지털 서비스법(Digital Service Act), OECD에서는 이러한 다크 패턴에 대한 규제를 하고 있으며, 우리나라도 2025년 전자상거래법 개정을 통해 다크패턴을 금지행위로 도입하였다.

미국 연방거래위원회(FTC)는 2025년 Genshin Impact를 운영하는 Cognosphere LLC가 ① 13세 미만 아동의 개인정보 수집 시 부모 동의를 누락시키고, ② 확률형 아이템의 당첨 확률 정보를 비공개하고 여러 단계(실제화폐 → 가상화폐 교환 → 뽑기재화로 변환)를 거친 가상화폐체계를 통해 실제 사용한 비용을 인지하기 어렵게 하며, ③ 유튜브, 틱톡 등 아동이 쉽게 접근할 수 있는 플랫폼에서 확률형 아이템 당첨 확률을 실제보다 더 높은 것처럼 보이게 하였음을 이유로 Cognophsere LLC에게 연방 아동 온라인 개인정보보호법(COPPA) 위반을 이유로 2,000만 달러의 벌금을 부과하고, Genshin Impact 내에서 ① 만 16세 미만 이용자에게 부모의 동의 없이 확률형 아이템 판매 금지, ② 확률형 아이템을 가상화폐를 통해서만 구매할 수 있도록 하는 행위 금지, ③ 확률형 아이템의 확률·가격·기능에 대한 허위 표시 금지, ④ 확률형 아이템 확률 및 여러 단계의 가상화폐 환율 공개 등의 조치를 취하도록 명령하였다.

공정거래위원회는 2023년 「온라인 다크패턴 자율관리 가이드라인」을 제정하고, 2025

년 전자상거래법 개정을 통해 이중 일부 유형을 법으로 도입하였다. 위 가이드라인에서는 다크패턴을 4개 범주, 19개 유형으로 구분하였다.

범주 구분	내용	세부 유형
편취형	소비자가 알아채기 어려운 인터페이스의 작은 조작 등을 통해 비합리적이거나 예상치 못한 지출을 유도하는 행위	• 숨은 갱신 • 순차공개 가격책정 • 몰래 장바구니 추가
오도형	거짓을 알리거나 통상적인 기대와 전혀 다르게 화면·문장 등을 구성해 소비자의 착각·실수를 유도하는 행위	• 거짓 할인 • 거짓 추천 • 유인 판매 • 위장 광고 • 속임수 질문 • 잘못된 계층구조 • 특정옵션의 사전선택
방해형	의사결정에 필요한 정보 수집·분석 등에 과도한 시갖·노력·비용이 들게 만들어 합리적인 선택을 포기하도록 유도하는 행위	• 취소·탈퇴 등의 방해 • 숨겨진 정보 • 가격비교 방해 • 클릭 피로감 유발
압박형	소비자에게 심리적인 압박을 가해 특정 행위를 하거나 하지 않도록 유도하는 행위	• 반복간섭 • 감정적 언어사용 • 시간제한 알림 • 낮은 재고 알림 • 다른 소비자의 활동 알림

□ ㈜카카오의 전자상거래법 위반행위[14)]

공정거래위원회는 2024. 1. 10. 온라인 음원서비스 업체인 ㈜카카오(이하 '카카오')가 멜론앱, 카카오톡앱 등을 이용하여 정기결제형 음악감상전용이용권 등을 판매한 후 소비자가 '일반해지' 외에 이용권 구입금액에서 이미 이용한 부분을 제외한 나머지 부분을 환급받을 수 있는 '중도해지'도 신청할 수 있다는 사실을 충분히 알리지 않은 행위에 대하여 시정명령과 과징금 98백만 원을 부과하기로 결정하였다.

카카오의 음원서비스 이용권은 이용기간 및 정기결제의 여부에 따라 '정기결제형'과 '기간만료형'으로 구분되는데, '정기결제형'은 이용자가 등록한 결제수단을 통하여 월 단위로 이용요금이 자동으로 결제되고 이용기간이 자동 갱신되는 방식을, '기간만료형'은 이용 가능기간이 만료되면 서비스 이용이 종료되는 방식을 말한다.

소비자의 계약해지 유형은 '중도해지'와 '일반해지'로 구분되며, '중도해지'는 즉시 계약이 해지되어 이용이 종료되며 소비자가 이미 결제한 음원서비스 이용권 금액에서 이용한 일정 금액은 제외되고 나머지는 환급되는 유형이고, '일반해지'는 이용기간 만료시까지 계약이 유지된 후 종료되며 이미 결제한 음원서비스 이용금액은 환급되지 아니하는 유형이다.

정기결제형 음원서비스 이용권을 구입한 소비자는 계약해지 시 '일반해지' 또는 '중도해지'를 자유롭게 선택할 계약상 권리가 있었고, 이 중 '중도해지'하면 이용권 사용을 즉시 중단하고 이미 결제한 이용권 구입금액에서 자신이 이용한 일정 금액 등을 제외한 나머지 금액을 환급받을 수 있었다. 따라서 해지시점에서 소비자가 어떠한 해지 유형을 선택할 수 있는지에 대한 정보는 해지에 중요한 영향을 미칠 수 있는 정보에 해당한다.

그러나, 카카오는 멜론앱, 카카오톡앱 및 삼성뮤직앱에서 해지신청 기능을 제공하면서도 소비자가 해지신청을 하면, '일반해지'인지 '중도해지'인지 여부를 별도 확인하지 않고 '일반해지' 신청으로 보아 처리하였으며, 소비자에게 '중도해지'를 할 수 있는 권리가 있다거나, 해지신청 과정에서 이들 사이버몰에서는 중도해지를 신청할 수 없으며, 중도해지를 신청하려면 '피씨웹(PCweb)'을 이용하거나 고객센터에 문의해야 한다는 사실을 충분히 알리지 아니하였다.

14) 공정거래위원회 의결 제2024-016호, 2024. 1. 10.

공정위는 카카오의 행위가 「전자상거래 등에서의 소비자보호에 관한 법률」(이하 '전자상거래법')의 거짓된 사실을 알리거나 기만적 방법을 사용하여 소비자를 유인하거나 소비자와 거래하는 행위에 해당되며, 이로 인해 소비자의 계약해지도 방해될 우려가 큰 것으로 판단하였다.15)

X 소비자 권익의 보호

1. 전자상거래 등에서의 소비자보호지침의 제정

공정거래위원회는 전자상거래 또는 통신판매에서의 건전한 거래질서의 확립 및 소비자보호를 위하여 사업자의 자율적 준수를 유도하기 위한 소비자보호지침을 관련 분야의 거래당사자, 기관 및 단체의 의견을 들어 정할 수 있다. 사업자는 그가 사용하는 약관이 소비자보호지침의 내용보다 소비자에게 불리한 경우에는 소비자보호지침과 다르게 정한 약관의 내용을 소비자가 알기 쉽게 표시하거나 고지하여야 한다(전자상거래법 제23조).

2. 소비자피해보상보험계약등의 체결

공정거래위원회는 전자상거래 또는 통신판매에서 소비자를 보호하기 위하여 관련 사업자에게 ① 「보험업법」에 따른 보험계약, ② 소비자피해보상금의 지급을 확보하기 위한 「금융위원회의 설치 등에 관한 법률」상 기관과의 채무지급보증계약, ③ 공제조합과의 공제계약 중 어느 하나에 해당하는 계약(이하 "소비자피해보상보험계약등"이라 한다)을 체결하도록 권장할 수 있다. 다만, 관련 사업자 중 사이버몰에서 사용되는 전자적 대금지급 방법으로서 재화등을 구입·이용하기 위하여 미리 대가를 지불하는 방식의 결제수단의 발행자는 소비자피해보상보험계약등을 체결하

15) 공정거래위원회 보도자료, "㈜카카오의 '멜론' 음원서비스 관련 거짓·기만행위 제재", 2024. 1. 21.

여야 한다(전자상거래법 제24조 제1항).

한편 통신판매업자가 선지급식 통신판매를 할 때 소비자가 결제대금예치의 이용 또는 통신판매업자의 소비자피해보상보험계약등의 체결을 선택한 경우에는 소비자가 결제대금예치를 이용하도록 하거나 소비자피해보상보험계약등을 체결하여야 한다.[16] 그러나 소비자가 ① 신용카드로 재화등의 대금을 지급하는 거래(다만, 이 경우 소비자가 재화등을 배송받지 못한 때에는 「여신전문금융업법」에 따른 신용카드업자는 구매대금 결제 취소 등 소비자피해의 예방 및 회복을 위하여 협력하여야 한다), ② 정보통신망으로 전송되거나 제3자가 배송을 확인할 수 없는 재화등을 구매하는 거래, ③ 일정기간에 걸쳐 분할되어 공급되는 재화등을 구매하는 거래, ④ 다른 법률에 따라 소비자의 구매안전이 충분히 갖추어진 경우 또는 위와 유사한 사유로 결제대금예치 또는 소비자피해보상보험계약등의 체결이 필요하지 아니하거나 곤란하다고 공정거래위원회가 정하여 고시하는 거래중 어느 하나에 해당하는 거래를 하는 경우에는 위 의무가 면제된다(전자상거래법 제24조 제2항·제3항).

소비자피해보상보험계약등은 이 법 위반행위로 인한 소비자피해를 보상하거나 결제수단 발행자의 신뢰성을 확보하기에 적절한 수준이어야 하며, 소비자피해보상보험계약등에 따라 소비자피해보상금을 지급할 의무가 있는 자는 그 지급사유가 발생하면 지체 없이 소비자피해보상금을 지급하여야 하고, 이를 지연한 경우에는 지연배상금을 지급하여야 한다(전자상거래법 제24조 제5항·제6항).

전자상거래를 하는 사업자 또는 통신판매업자는 소비자보호를 위하여 공제조합을 설립할 수 있다(전자상거래법 제24조 제10항).

---

16) 결제대금예치제(Escrow)란 은행 등 믿을 수 있는 제3자가 소비자의 결제대금을 예치하고 있다가 상품배송이 완료된 후 그 대금을 통신판매업자에게 지급하는 거래안전장치이고, 소비자피해보상보험은 소비자가 통신판매업자에게 대금을 결제하였으나 상품을 배송받지 못하는 피해 등을 입은 경우, 그 피해를 보상해주는 보험이다. 이는 비대면, 무점포의 선불식통신판매에서 거래의 안전성 및 신뢰성이 취약하고, 이로 인하여 전자상거래시장에서의 소비자피해유형 중 대금을 받은 후 물품미인도 또는 인도지연의 피해가 가장 높은 비율을 보이고 있는 점을 반영한 것이다.

3. 구매권유광고 시 준수사항

전자상거래를 하는 사업자 또는 통신판매업자가 전화, 팩스, 컴퓨터통신 또는 전자우편 등을 이용하여 재화를 구매하거나 용역을 제공받도록 권유하는 행위(이하 "구매권유광고"라 한다)를 할 때에는 이 법과 「정보통신망 이용촉진 및 정보보호 등에 관한 법률」 등 관계 법률의 규정을 준수하여야 한다. 공정거래위원회가 이를 위반하여 구매권유광고를 한 전자상거래를 하는 사업자 또는 통신판매업자에 대한 시정조치를 하기 위하여 방송통신위원회 등 관련 기관에 위반자의 신원정보를 요청할 수 있다. 이 경우 신원정보의 요청은 공정거래위원회가 위반자의 신원정보를 확보하기 곤란한 경우로 한정한다(전자상거래법 제24조의2).

4. 전자상거래소비자단체 등의 지원

공정거래위원회는 전자상거래 및 통신판매에서 공정거래질서를 확립하고 소비자의 권익을 보호하기 위한 사업을 시행하는 기관 또는 단체에 예산의 범위에서 필요한 지원 등을 할 수 있다(전자상거래법 제25조).

XI 조사 및 감독

1. 위반행위의 조사

공정거래위원회, 시·도지사 또는 시장·군수·구청장은 이 법을 위반한 사실이 있다고 인정할 때에는 직권으로 필요한 조사를 할 수 있다. 시·도지사 또는 시장·군수·구청장이 위 조사를 하려면 미리 시·도지사는 공정거래위원회에, 시장·군수·구청장은 공정거래위원회 및 시·도지사에게 통보하여야 하며, 공정거래위원회는 조사 등이 중복될 우려가 있는 경우에는 시·도지사 또는 시장·군수·구청장에게 조사의 중지를 요청할 수 있다. 이 경우 중지 요청을 받은 시·도지사 또는 시장·군수·구청장은 상당한 이유가 없으면 그 조사를 중지하여야 한다. 공정거래위원회, 시·도지사 또는 시장·군수·구청장이 위 조사를 한 경우에는 그 결과(조사결과 시정조치명령 등의 처분을 하려는 경우에는 그 처분의 내용을 포함한다)를 해당 사건의 당사자에게 서면으로 알려야 한다(전자상거래법 제26조 제1항 내지 제3항).

누구든지 이 법의 규정에 위반되는 사실이 있다고 인정할 때에는 그 사실을 공정거래위원회, 시·도지사 또는 시장·군수·구청장에게 신고할 수 있다(전자상거래법 제26조 제4항).

공정거래위원회는 이 법을 위반하는 행위가 끝난 날부터 5년이 지난 경우에는 그 위반행위에 대하여 시정조치를 명하지 아니하거나 과징금을 부과하지 아니한다. 다만, ① 법 제33조 제1항에 따른 소비자피해 분쟁조정기구의 권고안이나 조정안을 당사자가 수락하고도 이를 이행하지 아니하는 경우이거나 ② 법원의 판결에 따라 시정조치 또는 과징금 부과처분이 취소된 경우로서 그 판결이유에 따라 새로운 처분을 하는 경우에는 그러하지 아니하다(전자상거래법 제26조 제5항).

2. 공개정보 검색

공정거래위원회, 시·도지사 또는 시장·군수·구청장은 전자상거래 및 통신판매의 공정거래질서를 확립하고 소비자피해를 예방하기 위하여 필요하면 전자적인 방법 등을 이용하여 사업자나 전자상거래 또는 통신판매에서의 소비자보호 관련 법인·단체가 정보통신망에 공개한 공개정보를 검색할 수 있다. 사업자 또는 관련 법인·단체는 공정거래위원회, 시·도지사 또는 시장·군수·구청장의 정보검색을 정당한 사유 없이 거부하거나 방해하여서는 아니 된다. 공정거래위원회, 시·도지사 또는 시장·군수·구청장은 소비자피해에 관한 정보를 효율적으로 수집하고 이용하기 위하여 필요하면 전자상거래나 통신판매에서의 소비자보호 관련 업무를 수행하는 기관(「공공기관의 운영에 관한 법률」 제4조에 따른 공공기관으로 한정한다)이나 법인·단체에 관련 자료를 제출하거나 공유하도록 요구할 수 있다. 이에 따라 공정거래위원회, 시·도지사 또는 시장·군수·구청장으로부터 자료 요구를 받은 기관이나 법인·단체는 정당한 사유가 없으면 자료 제출이나 자료 공유를 거부하여서는 아니 된다(전자상거래법 제27조).

3. 위법행위 등에 대한 정보공개

공정거래위원회는 전자상거래 및 통신판매의 공정거래질서를 확립하고 소비자피해를 예방하기 위하여 법 제27조 제1항에 따라 검색된 정보 중 사업자가 이 법을 위반한 행위나 그 밖에 소비자피해의 예방을 위하여 필요한 관련 정보를 대통령령으로 정하는 바에 따라 공개할 수 있다(전자상거래법 제28조).

4. 평가 · 인증 사업의 공정화

전자상거래 및 통신판매의 공정화와 소비자보호를 위하여 관련 사업자의 평가·인증 등의 업무를 수행하는 자(이하 "평가·인증 사업자"라 한다)는 그 명칭에 관계없이 그 평가·인증에 관한 기준, 방법 등을 공시하고, 그에 따라 공정하게 평가·인증하여야 한다. 이때 평가·인증의 기준 및 방법은 사업자가 거래의 공정화와 소비자보호를 위하여 한 노력과 그 성과에 관한 정보를 전달하는 데에 적절한 것이어야 한다(전자상거래법 제29조).

5. 보고 및 감독

시정권고를 하는 경우에는 시·도지사는 공정거래위원회에, 시장·군수·구청장은 공정거래위원회 및 시·도지사에게 대통령령으로 정하는 바에 따라 그 결과를 보고하여야 한다. 공정거래위원회는 이 법을 효율적으로 시행하기 위하여 필요하다고 인정할 때에는 그 소관 사항에 관하여 시·도지사 또는 시장·군수·구청장에게 조사·확인 또는 자료 제출을 요구하거나 그 밖에 시정에 필요한 조치를 할 것을 요구할 수 있다. 이 경우 해당 시·도지사 또는 시장·군수·구청장은 특별한 사유가 없으면 그 요구에 따라야 한다(전자상거래법 제30조).

XII 시정조치 및 과징금

1. 위반행위의 시정권고

공정거래위원회, 시·도지사 또는 시장·군수·구청장은 사업자가 이 법을 위반하는 행위를 하거나 이 법에 따른 의무를 이행하지 아니한 경우에는 시정조치를 명하기 전에 그 사업자가 그 위반행위를 중지하거나 이 법에 규정된 의무 또는 시정을 위하여 필요한 조치를 이행하도록 시정방안을 정하여 해당 사업자에게 이에 따를 것을 권고할 수 있다. 이 경우 그 사업자가 권고를 수락하면 시정조치를 명한 것으로 본다는 뜻을 함께 알려야 한다. 이에 따라 시정권고를 받은 사업자는 그 통지를 받은 날부터 10일 이내에 그 권고의 수락 여부를 그 권고를 한 행정청에 알려야 하고, 이에 따라 시정권고를 받은 자가 그 권고를 수락하면 제32조에 따른 시정조치를 명한 것으로 본다(전자상거래법 제31조).

2. 시정조치

공정거래위원회는 사업자가 이 법을 위반한 행위를 하거나 이 법에 따른 의무를 이행하지 아니하는 경우에는 해당 사업자에게 그 시정조치를 명할 수 있다. 이때 시정조치는 ① 해당 위반행위의 중지, ② 이 법에 규정된 의무의 이행, ③ 시정조치를 받은 사실의 공표, ④ 소비자피해 예방 및 구제에 필요한 조치, ⑤ 그 밖에 시정을 위하여 필요한 조치 중 어느 하나를 포함한다(전자상거래법 제32조 제1항 내지 제2항).

공정거래위원회는 ① 시정조치명령에도 불구하고 위반행위가 대통령령으로 정하는 기준 이상으로 반복되는 경우이거나 ② 시정조치명령에 따른 이행을 하지 아니한 경우, 또는 ③ 시정조치만으로는 소비자피해의 방지가 어렵거나 소비자에 대한 피해보상이 불가능하다고 판단되는 경우에는 1년 이내의 기간을 정하여 그 영업의 전부 또는 일부의 정지를 명할 수 있다(전자상거래법 제32조 제4항).

3. 임시중지명령

공정거래위원회는 전자상거래를 하는 사업자 또는 통신판매업자의 전자상거래 또는 통신판매가 ① 전자상거래 또는 통신판매가 법 제21조 제1항 제1호에 해당하는 것이 명백하고, ② 전자상거래 또는 통신판매로 인하여 소비자에게 재산상 손해가 발생하였고, 다수의 소비자에게 회복하기 어려운 손해가 확산될 우려가 있어 이를 예방할 긴급한 필요성이 인정되는 경우에는 전자상거래를 하는 사업자 또는 통신판매업자에 대하여 전자상거래 또는 통신판매의 전부 또는 일부를 대통령령으로 정하는 바에 따라 일시 중지할 것을 명할 수 있다(전자상거래법 제32조의2 제1항).

공정거래위원회는 전자상거래 또는 통신판매의 전부 또는 일부를 일시 중지하기 위하여 필요한 경우 호스팅서비스를 제공하는 자, 통신판매중개자, 전자게시판 서비스 제공자 등에게 해당 역무제공의 중단 등의 조치를 취할 것을 요청할 수 있으며, 그 요청을 받은 사업자는 정당한 사유가 없으면 이에 따라야 한다(전자상거래법 제32조의2 제2항).

「소비자기본법」 제29조에 따라 등록한 소비자단체나 그 밖에 대통령령으로 정하는 기관·단체는 전자상거래를 하는 사업자 또는 통신판매업자가 위 제1항의 경우에 해당한다고 인정될 때에는 서면(전자문서를 포함한다)으로 공정거래위원회에 그 전자상거래 또는 통신판매의 전부 또는 일부에 대하여 일시 중지를 명하도록 요청할 수 있다(전자상거래법 제32조의2 제3항). 제1항에 따른 명령에 불복하는 자는 그 명령을 받은 날부터 7일 이내에 공정거래위원회에 이의를 제기할 수 있다(전자상거래법 제32조의2 제4항).

4. 소비자피해 분쟁조정의 요청

공정거래위원회, 시·도지사 또는 시장·군수·구청장은 전자상거래 또는 통신판매에서의 이 법 위반행위와 관련하여 소비자의 피해구제신청이 있는 경우에는 시정권고 또는 시정조치 등을 하기 전에 전자상거래 또는 통신판매에서의 소비자보호 관련 업무를 수행하는 기관이나 단체 등 소비자피해 분쟁조정기구에 조정을 의뢰할 수 있다. 공정거래위원회, 시·도지사 또는 시장·군수·구청장은 소비자피해 분쟁조정기구의 권고안 또는 조정안을 당사자가 수락하고 이행한 경우에는 시정조치를 하지 아니한다는 뜻을 당사자에게 알려야 한다. 소비자피해 분쟁조정기구의 권고안 또는 조정안을 당사자가 수락하고 이행한 경우에는 시정조치를 하지 아니한다(전자상거래법 제33조).

5. 과징금

공정거래위원회는 법 제32조 제4항에 따른 영업정지가 소비자 등에게 심한 불편을 줄 우려가 있다고 인정하는 경우에는 그 영업의 전부 또는 일부의 정지를 갈음하여 해당 사업자에게 대통령령으로 정하는 위반행위 관련 매출액을 초과하지 아니하는 범위에서 과징금을 부과할 수 있다. 이 경우 관련 매출액이 없거나 그 매출액을 산정할 수 없는 경우 등에는 5천만원을 초과하지 아니하는 범위에서 과징금을 부과할 수 있다. 이때 공정거래위원회는 위반행위로 인한 소비자피해의 정도, 소비자피해에 대한 사업자의 보상노력 정도, 위반행위로 취득한 이익의 규모, 위반행위의 내용·기간 및 횟수 등을 고려하여야 한다(전자상거래법 제34조 제1항·제3항).

공정거래위원회는 이 법을 위반한 사업자인 회사가 합병한 경우에는 그 회사가 한 위반행위를 합병 후 존속하거나 합병으로 설립된 회사가 한 행위로 보아 과징금을 부과·징수할 수 있다(전자상거래법 제34조 제4항).

XIII 벌칙

1. 벌칙

(1) 3년 이하의 징역 또는 1억원 이하의 벌금

① 법 제26조 제1항에 따른 조사 시 폭언·폭행, 고의적인 현장진입 저지·지연 등을 통하여 조사를 거부·방해 또는 기피한 자, ② 법 제32조 제1항에 따른

시정조치명령에 따르지 아니한 자, ③ 법 제32조 제4항에 따른 영업의 정지 명령을 위반하여 영업을 계속한 자는 3년 이하의 징역 또는 1억원 이하의 벌금에 처한다(전자상거래법 제40조).

(2) 3천만원 이하의 벌금

① 법 제12조 제1항에 따른 신고를 하지 아니하거나 거짓으로 신고한 자, ② 법 제24조 제8항 및 제9항을 위반하여 소비자피해보상보험계약등을 체결하는 사실 또는 결제대금예치를 이용하도록 하는 사실을 나타내는 표지를 사용하거나 이와 유사한 표지를 제작하거나 사용한 자는 3천만원 이하의 벌금에 처한다(전자상거래법 제42조).

(3) 1천만원 이하의 벌금

① 법 제13조 제1항에 따른 사업자의 신원정보에 관하여 거짓 정보를 제공한 자, ② 법 제13조 제2항에 따른 거래조건에 관하여 거짓 정보를 제공한 자는 1천만원 이하의 벌금에 처한다(전자상거래법 제43조).

2. 양벌규정

법인의 대표자나 법인 또는 개인의 대리인, 사용인, 그 밖의 종업원이 그 법인 또는 개인의 업무에 관하여 법 제40조부터 제43조까지의 벌칙조항 중 어느 하나에 해당하는 위반행위를 하면 그 행위자를 벌하는 외에 그 법인 또는 개인에게도 해당 조문의 벌금형을 과(科)한다. 다만, 법인 또는 개인이 그 위반행위를 방지하기 위하여 해당 업무에 관하여 상당한 주의와 감독을 게을리하지 아니한 경우에는 그러하지 아니하다(전자상거래법 제44조).

3. 과태료

사업자 또는 사업자단체가 위반행위를 하는 경우, 행위유형에 따라 과태료를 부과한다(전자상거래법 제45조). 과태료에 관한 규정을 적용할 때 과징금을 부과한 행위에 대해서는 과태료를 부과할 수 없다(전자상거래법 제46조).

XIV 온라인 플랫폼 거래

1. 서설

온라인 플랫폼의 영향력이 급속하게 커지면서 이를 통해 제공되는 서비스는 전자상거래, 정보의 교환 등 소비생활의 필수적인 수단으로 자리매김하고 있다. 온라인 플랫폼은 이용자들을 서로 연결하고 이들의 상호작용을 지원함으로써 새로운 가치를 창출하고 나아가 소비자도 시장의 주체로서 참여할 수 있는 기회를 만들어 내는 등 혁신적인 가치를 제공하고 있다. 소비자는 기존 사업자가 일방적으로 제공하는 재화와 서비스를 소비하는 피동적 주체에서 벗어나 시장의 형성 및 서비스의 생산·교환·확장의 모든 단계에서 핵심적인 역할을 하게 되었다. 그러나 다른 한편으로는 기존에 생각하지 못한 소비자 보호의 문제를 만들어내고, 사업자간 거래에서도 플랫폼 사업자가 중소기업이나 소상공인과의 관계에서 불공정한 거래를 하기도 한다. 이렇듯 온라인 플랫폼의 영향력이 확대되면서 관련 사업자 및 서비스에 대한 규율 필요성이 대두된다.

2. 온라인 플랫폼의 의의 및 유형

온라인 플랫폼은 “서로 다른 집단의 이용자들 간의 거래·정보교환 등 상호작용을 위하여 정보통신설비를 이용하여 설정된 전자적 시스템”[17]이라 할 수 있다.[18]

---

17) 「온라인 플랫폼 사업자의 시장지배적지위 남용행위에 대한 심사지침」(공정거래위원회예규 제418호, 2023. 1. 12. 제정)

18) OECD는 온라인 플랫폼을 “인터넷 기반으로 제공되는 서비스를 활용하여 둘 또는 그 이상의 상호 독립적이며 격지자인 이용자들이 서로 상호작용할 수 있도록 작동하는 디지털 서비스”로 정의하고, EU집행위원회(EU Commission)는 “두 개 또는 그 이상의 이질적인 그러나 상호의존적(interdependent)인 집단의 이용자들이 인터넷을 활용한 상호

온라인 플랫폼은 다양한 모습으로 나타나고 있어 유형화하는 것이 쉽지 않지만, ① 쿠팡, G마켓, 당근마켓, 아마존과 같이 상품을 판매·구매할 수 있는 플랫폼으로서 오픈마켓 또는 소셜커머스 형태까지 포함하는 '상품 거래 플랫폼' 유형, ② 배달의민족, 카카오T, 야놀자, 호갱노노와 같이 오프라인에서 제공되는 서비스를 온라인으로 연결(O2O, Online to Offline)해주는 플랫폼으로서 '서비스 중개 플랫폼' 유형, ③ 넷플릭스, 멜론, 유튜브, 왓챠와 같이 동영상, 음악, e-book 등 디지털 콘텐츠를 유통하거나 구독 기반으로 제공되는 '디지털 콘텐츠 플랫폼' 유형, ④ 에어비앤비, 우버와 같이 개인이 보유한 자산을 다른 사람과 공유할 수 있게 하는 '공유경제 플랫폼' 유형, ⑤ 크몽, 탈잉과 같이 특정 분야의 지식·재능·서비스를 개인 간 직접 거래할 수 있도록 지원해 주는 '전문 직거래 플랫폼' 유형 등이 있다.

3. 온라인 플랫폼의 특징

온라인 플랫폼은 인터넷을 기반으로 하여 사용자간의 상호작용이나 정보공유, 서비스 이용을 가능하게 한다. 온라인 플랫폼은 공급자와 수요자를 연결하는 '중개 역할'이 중심이 되어 직접 재화를 생산하거나 소유하고 있지 않아도 거래를 가능하게 하고, 어떤 상품이나 서비스를 사용하는 사람의 수가 많아질수록 해당 상품이나 서비스의 가치가 증가하는 네트워크 효과(network effect)를 가지며, 2개 이상의 참가자 집단이 있어 이들간의 직접적인 상호작용을 통해 가치를 창출하는 양면시장(two-sided market) 또는 다면시장(multi-sided market) 구조의 특징을 가진다.[19] 온라인 플랫폼은 사용자데이터를 수집·분석하여 추천 알고리즘, 가격설

작용(interaction)을 통해 최소한 한 그룹의 이용자에게서 가치를 창출할 수 있도록 양면(또는 다면)시장에서 기능을 수행하거나 일부의 플랫폼은 중개매개체(intermediary) 서비스 제공자의 역할을 하는 것이라 하였다.

19) 다면시장에서는 특정 집단의 이용자 수가 동일한 시장을 이용하는 다른 집단 이용자의 편익에 영향을 미치는 교차 네트워크 효과(cross-side network effect)가 발생할 수 있다. "교차 네트워크 효과"란 온라인 플랫폼을 이용하는 한 집단에 속한 이용자의 수 및 이용행태가 동일한 온라인 플랫폼을 이용하는 다른 집단 이용자들의 편익에 영향을 미치는 효과를 말한다. 즉, 온라인 플랫폼에 양(+)의 교차 네트워크 효과가 존재하면, 플랫폼을 이용하는 A 집단의 이용자 수가 많아질수록 같은 플랫폼을 이용하는 B 집단의

정, 광고 등에 활용하는 등 데이터를 기반으로 운영되고,[20] 이용자의 수가 증가할수록 평균비용이 낮아지는 '규모의 경제'의 특성을 가지며,[21] 수수료, 광고, 프리미

이용자가 얻는 편익이 증가한다. 이에 따라 B 집단 이용자가 증가하면, 다시 A 집단 이용자의 편익을 증가시켜 전체 이용자 수가 지속 증가하는 선순환 구조를 만들 수 있다.
이처럼 온라인 플랫폼은 서로 다른 이용자 집단을 연결시켜 편익을 제공하는 과정에서 긍정적 효과를 창출할 수 있다. 양(+)의 교차 네트워크 효과로 이용자가 증가하면 공급자들은 더 많은 수요자들에게 접근할 수 있는 기회를 얻게 되고, 수요자들도 더욱 다양한 상품·서비스를 접할 수 있어 효용이 증가할 수 있다.
반면, 교차 네트워크 효과로 인해 이용자 수가 많은 온라인 플랫폼으로 더 많은 이용자가 집중되고, 반대로 이용자 수가 적은 온라인 플랫폼은 이용자 수가 더욱 감소하는 쏠림 효과(tipping effect)가 나타날 수 있다. 이러한 쏠림 효과는 시장에 새롭게 진입하는 신규 온라인 플랫폼 사업자에게는 진입장벽으로 작용하고 기존 온라인 플랫폼 사업자의 시장지배적 지위를 더욱 고착화시키는 요인으로 작용할 수 있다(「온라인 플랫폼 사업자의 시장지배적지위 남용행위에 대한 심사지침」 Ⅱ. 2. 가.).

20) 온라인 플랫폼 분야에서 데이터는 생산, 물류, 판매촉진 활동 등 사업의 전 영역에 활용될 수 있는 중요 생산요소로서, 데이터의 수집·보유·활용 능력이 사업자의 경쟁력에 상당한 영향을 미칠 수 있다. 특히, 데이터 저장·관리·분석 기술이 발달함에 따라 플랫폼 운영 과정에서 이용자의 데이터를 축적한 온라인 플랫폼 사업자는 이를 활용하여 각 이용자에게 특화된 맞춤형 서비스·프로모션을 제공하고 이에 대한 피드백도 거의 실시간으로 파악할 수 있는 등 서비스 품질을 개선하거나 더 많은 이용자를 유인하는 것이 용이하다. 더 많은 이용자를 확보하면 더 많은 데이터를 축적할 수 있어 선순환 구조가 형성될 수 있다.
이처럼 온라인 플랫폼 사업자가 데이터를 활용하여 서비스 품질을 개선하고 이용자의 편익을 증가시키는 긍정적인 측면이 있는 반면, 특정 온라인 플랫폼을 중심으로 데이터가 집중될 경우 쏠림 현상이 발생하고 관련 시장의 경쟁이 제한될 우려가 존재한다.
특히, 데이터의 이동성(portability), 상호운용성(interoperability)이 부족한 상황에서 관련 데이터가 특정 사업자에게 집중될 경우, 이는 시장의 진입장벽을 강화하고 경쟁을 제한하는 요인으로 작용할 수 있다. 반면, 플랫폼 간 데이터의 이동성, 상호운용성이 충분하여 신규 진입 사업자가 기존 이용자 데이터에 접근하는 것이 용이한 경우에는 이러한 경쟁제한 우려가 완화될 수 있다(「온라인 플랫폼 사업자의 시장지배적지위 남용행위에 대한 심사지침」 Ⅱ. 2. 다.).

21) 일반적으로 온라인 플랫폼은 이용자 수가 증가할수록 평균비용이 현저하게 낮아지는 경향을 보인다. 이는 초기 네트워크 구축 및 개발비용 등 고정비용은 상대적으로 큰 반면, 온라인 플랫폼 이용자 수 증가에 따른 추가 비용은 매우 적기 때문이다. 규모의 경제는 대량 생산에 이점이 있는 전통산업 분야에서도 나타날 수 있으나, 물리적 제약이 적은 디지털 상품·서비스의 특성상 온라인 플랫폼 분야에서는 더욱 현저하게 발생할 수 있다.
이러한 규모의 경제는 비용 절감 등 효율성 증대라는 긍정적 효과를 발생시킬 수 있는 반면, 시장에 새롭게 진입하는 신규 온라인 플랫폼 사업자에게는 유효하게 경쟁하는 것

업서비스 등 다양한 방식으로 수익을 창출하는 특징을 가진다.

4. 온라인 플랫폼에서의 소비자 보호의 필요성

온라인 플랫폼이 관여하는 전자상거래에서는 정보제공 및 거래조건의 설정, 개인정보 및 데이터, 분쟁해결 등과 관련하여 소비자 보호의 필요성이 대두된다. 우선 온라인 플랫폼 자체가 사용자 데이터에 기반하는 거래를 특징으로 하고 있어 필연적으로 이를 사용하는 소비자의 개인정보가 수집되는데, 이 과정에서 수집·활용되는 개인정보 범위가 적절한지, 또 수집된 개인정보가 보안정책에 따라 관리되는지 등이 문제된다. 둘째로 온라인 플랫폼이 제공하는 정보가 불충분하거나 왜곡될 경우 소비자가 올바른 선택을 하지 못하게 될 수 있다. 가령 온라인 플랫폼이 후기를 조작하거나 과장광고를 하거나, 알고리즘을 통해 제공하는 검색정보가 왜곡되거나, 수집된 정보를 기반으로 제공되는 개인화된 광고가 편향적일 경우 이로 인한 피해는 소비자가 부담하게 된다. 셋째, 온라인 플랫폼을 매개로 개인간 거래가 이루어지는데 그에 대한 분쟁이 증가함에 비해 온라인 플랫폼 사업자의 법적 지위가 모호하다는 문제가 지적된다. 소비자가 반품이나 하자보수를 요청할 경우 판매자와 플랫폼 사업자가 서로 책임을 회피할 수 있다.

5. 독과점 온라인 플랫폼 사업자의 행위 규제 필요성

독과점 온라인 플랫폼은 스타트업 등 경쟁플랫폼의 출현을 저지하거나 시장에서 몰아내는 등의 행위를 통해 시장에서의 영향력을 빠르게 높여가고 있다. 이러한 플랫폼 시장의 독과점화는 수수료 및 소비자 가격 인상으로 이어져 소상공인과 소비자 등 민생 부담을 가중시키는 원인 중 하나가 되고 있다.

가령 온라인 플랫폼 사업자가 자사 온라인 플랫폼 이용자의 경쟁 온라인 플랫폼 이용을 제한하는 멀티호밍(multi－homing) 제한,[22] 온라인 플랫폼 사업자가 온

을 어렵게 하여 진입장벽으로 작용하고 기존 온라인 플랫폼 사업자의 시장지배적 지위를 더욱 고착화시키는 요인으로 작용할 수 있다(「온라인 플랫폼 사업자의 시장지배적지위 남용행위에 대한 심사지침」 Ⅱ. 2. 나.).

라인 플랫폼 이용사업자에게 자사 온라인 플랫폼 상에서 거래하는 상품 또는 서비스의 가격 등 거래조건을 다른 유통경로에서 거래하는 가격 등 대비 동등하거나 더 유리하게 적용하도록 하는 최혜대우(MFN: Most Favored Nation) 요구,[23] 온라인 플랫폼 사업자가 자사 온라인 플랫폼에서 자사의 상품 또는 서비스를 경쟁사업자의 상품 또는 서비스 대비 유리하게 취급하는 자사우대(Self-preferencing),[24] 온라인 플랫폼 사업자가 온라인 플랫폼 이용자로 하여금 온라인 플랫폼 서비스와 다른 상품 또는 서비스를 함께 거래하도록 강제하는 끼워팔기[25] 등이 그것이다. 최근 거대 독과점 플랫폼 사업자가 출현하면서 경쟁 플랫폼 사업자를 배제하는 등의 문제가 나타나고 있다.[26]

---

22) 멀티호밍 제한이란 온라인 플랫폼 사업자가 자사 온라인 플랫폼 이용자의 경쟁 온라인 플랫폼 이용을 직·간접적으로 제한하는 것을 말한다. 이는 명시적인 배타조건부 계약을 통하여 경쟁 플랫폼의 이용을 금지하는 행위뿐만 아니라 싱글호밍에 대한 경제적 유인을 제공하거나, 경쟁 플랫폼을 이용하는 데 소요되는 비용을 증가시켜서 경쟁 플랫폼의 이용을 사실상 제한하는 행위를 포함한다.

23) 최혜대우 요구란 온라인 플랫폼 사업자가 온라인 플랫폼 이용사업자에게 자사 온라인 플랫폼 상에서 거래하는 상품 또는 서비스의 가격 등 거래조건을 다른 유통경로에서 거래하는 가격 등 대비 동등하거나 더 유리하게 적용하도록 하는 것을 말한다. 이는 양 당사자 간 협상을 통한 경우, 온라인 플랫폼 사업자가 일방적으로 요구하는 경우를 모두 포함하며, 명시적인 계약 조항의 형태뿐만 아니라 다양한 경제적 유인을 통해 실질적으로 최혜대우를 요구하는 경우를 포함한다.

24) 자사우대란 온라인 플랫폼 사업자가 자사 온라인 플랫폼에서 자사의 상품 또는 서비스를 경쟁사업자의 상품 또는 서비스 대비 유리하게 취급하는 행위를 말한다. 자사우대는 온라인 플랫폼 사업자가 자사의 상품 또는 서비스를 경쟁사업자의 상품 또는 서비스 대비 우선적으로 노출하는 등 직접적으로 우대하는 행위뿐만 아니라, 자사와 거래하는 온라인 플랫폼 이용사업자의 상품 또는 서비스를 그렇지 않은 이용사업자의 상품 또는 서비스 대비 우선적으로 노출하는 등 간접적으로 우대하는 행위도 포함한다.

25) 끼워팔기란 온라인 플랫폼 사업자가 온라인 플랫폼 이용자로 하여금 온라인 플랫폼 서비스와 다른 상품 또는 서비스를 함께 거래하도록 강제하는 행위를 말한다. 이는 온라인 플랫폼 사업자가 온라인 플랫폼 서비스와 다른 상품 또는 서비스를 함께 거래하는 것 이외에 다른 선택 가능성을 제공하지 않는 경우, 또한 제반 사정을 고려할 때 온라인 플랫폼 이용자로 하여금 사실상 다른 상품 또는 서비스를 함께 거래하도록 강제하는 효과가 있는 경우도 포함한다.

26) 카카오T는 배차 알고리즘을 조작하여 자사 가맹택시를 우대함으로써 경쟁사(마카롱 택시 등)는 이미 시장에서 퇴출 또는 시장점유율 회복 불능 상태에 이르렀고, 구글은 자신과 거래하는 게임사들이 원스토어에 앱을 출시하지 못하도록 방해하여 원스토어의 경쟁력이 크게 위축되는 한편, 구글의 독점력은 점유율이 약 80%에서 90%로 강화되었다.

6. 온라인 플랫폼에서의 소비자 및 사업자 보호방안

위와 같은 문제점으로 인하여 법적 또는 제도적 지원방안이 논의되어 왔다. 전자상거래법 개정안도 여러차례 마련된 바 있고, 독과점 플랫폼 사업자의 행위를 규제하기 위해 여러 법안이 발의되었으나 국회를 통과하지는 못하였다. 다만 공정거래위원회는 2023년 「온라인 플랫폼 사업자의 시장지배적지위 남용행위에 대한 심사지침」을 제정하여 시행하고 있다. 이 심사지침에서는 플랫폼 시장에서 독과점 플랫폼 사업자들의 행위를 규제하고 있다. 소비자보호방안으로는 플랫폼을 이용하여 거래한 소비자가 피해를 입은 경우 플랫폼 사업자에게 일정한 요건하에 법적 책임을 추궁한다거나, 소비자 피해 발생시 분쟁해결절차를 마련하는 내용 등이 주로 제안되고 있다. 이외에도 제도적으로는 표준약관을 마련한다거나 시스템 모니터링 강화, 소비자 리뷰시스템의 개선 등이 제안되고 있다.

XV 해외직구

1. 해외직구의 돌풍

국내소비자가 직접 외국의 온라인 쇼핑몰로부터 물건을 구매하는 이른바 해외직구는 차별화된 상품을 저렴한 가격에 구매할 수 있다는 장점이 있어 그 비중이 날로 확대되고 있다. 해외직구는 그 대상물품은 초기 서적, CD 등에 머물렀지만, 이제는 의류, 잡화, 건강식품, 식품류, 전자제품 등 다양한 분야로 확대되고 있고, 대상국가도 주로 미국과 유럽, 중국, 일본, 홍콩 등 전세계를 대상으로 하고 있다. 이에 따라 해외직구에 따른 소비자 피해 및 불만도 급증하고 있는바, 해외직구는 국내 소비자보호관련 법제에 따른 보호를 받기 어려워 소비자가 각별히 유의할 필요가 있다.

2. 해외직구의 유형

해외직구는 거래형태에 따라 세가지 유형으로 나누어볼 수 있다.

(1) 직접배송

소비자가 해외 온라인 쇼핑몰에서 제품 구입 후 중간 배송업체를 거치지 않고 해외 판매자로부터 직접 배송받는 형태이다. 해외 온라인 쇼핑몰에서 직접 주문·결제를 하고 국내로 직접 배송받는 방식으로 수입통관 절차를 제외하고는 국내 온라인 쇼핑몰을 이용할 때와 큰 차이는 없다.[27] 직접배송의 경우, 수수료 등이 절감되는 장점이 있지만, 국내법이 적용될 여지가 없어 피해발생 시 해결이 어려운 문제가 있다. 대형 해외 온라인 쇼핑몰은 직접배송이 가능한 곳이 점차 증가하고는 있지만, 여전히 해외배송이 되지 않는 쇼핑몰이 많아 직접배송이 아예 불가능한 경우가 많다.[28]

(2) 배송대행

해외 판매자가 국내까지 직접배송을 하지 않거나 그 비용이 상당한 경우, 해외 온라인 쇼핑몰에서 직접 구매한 물품을 해외 배송대행지에서 대신 수령한 후 배송대행업체를 통해 국내로 배송받는 형태이다. 해외 판매자가 국내로의 국제운송을 지원하지 않거나 그 비용이 상당한 경우, 배송대행업체가 운영하는 현지 물류창고에서 주문물품을 대신 수령하여 검수·배송대행비 결제 등이 완료된 이후 국내로 배송한다.[29] 배송대행의 경우, 직접배송이 되지 않는 온라인 쇼핑몰에서도 구매할 수 있고, 배송대행지에서 검수 및 검품이 이루어지고 있어 직접배송보다는 교환이나 반품이 용이하다는 장점은 있으나, 수수료가 발생하고 배송대행업체별로 수수료 책정기준이 다르며 미국이라 하더라도 주별로 세금기준이 다를 수 있어 소비자가 꼼꼼하게 비교·검토할 필요가 있다.[30]

---

27) 양지선, “해외직구 소비자 이용 및 피해 실태조사”, 「시장조사」, 18－16, 한국소비자원, 2019, 3－6면.

28) 한국소비자원 국제거래 소비자포털(https://crossborder.kca.go.kr/home/sub.do?menukey=103)

29) 양지선, 앞의 책, 3－6면.

30) 한국소비자원 국제거래 소비자포털(https://crossborder.kca.go.kr/home/sub.do?menukey=103)

(3) 구매대행

소비자가 해외 온라인 쇼핑몰에 직접 주문·결제를 하지 않고 구매대행업체에 물품가격·물류비·수수료 등을 지불하고 구매부터 배송까지 모든 절차를 위임하는 형태이다.

구매대행에는 구매대행쇼핑몰에 게재된 해외제품을 바로 주문하는 방식(쇼핑몰형)과 구매하고자 하는 해외제품의 구매대행 견적을 요청한 후 예상비용을 통보받아 이를 결제하여 구매하는 방식(위임형)이 있다. 쇼핑몰형의 경우, 구매하기 매우 쉽다는 장점이 있으나 제품원가·물류비·수수료 등을 모두 합산하여 가격이 책정되므로 개별적 비용 파악이 어려우며 제품 선택이 한정적이다. 위임형의 경우, 다양한 제품을 구매할 수 있고 수입원가 및 물류비, 수수료 등을 파악할 수 있으나 이용절차가 다소 복잡한 편이다.[31] 구매대행은 소비자 입장에서는 가장 구매가 용이한 편이라고 할 수 있으나, 수수료가 가장 많이 발생하고 교환이나 반품의 조건이 업체별로 상이할 뿐 아니라 반품수수료를 과다하게 요구하는 업체도 있다.[32]

3. 해외직구의 소비자 피해유형

해외직구의 소비자 피해유형 중 가장 높은 비중을 차지하는 것은 배송지연, 오배송, 분실 등 배송과 관련된 것이고, 뒤를 이어 취소·환불·교환의 지연 및 거부, 반품·취소의 거부, 추가수수료 요구, 배송된 제품의 하자(불량, 파손 등), AS 불가 또는 거부, 과도한 배송료 및 기타수수료 부과, 가품 배송, 관세 과오납, 결제 오류, 현금결제유도 등 사기, 사이트 폐쇄 및 사업자 연락두절 등이 있다.[33] 전자제품의 경우 전압이나 주파수 등에 따라 국내사용이 가능한지 사전확인이 필요하고, A/S가 지속적으로 필요할 것으로 예상될 때에는 국내에서 구매하는 것이 나을 수 있다. 통관조건과 관세기준도 검토할 필요가 있다.[34]

해외직구의 경우, 소비자에게 피해가 발생한다 하더라도 소비자로서는 이메일

---

31) 양지선, 앞의 책, 3-6면.

32) 한국소비자원 국제거래 소비자포털(https://crossborder.kca.go.kr/home/sub.do?menukey=103)

33) 양지선, 앞의 책, 38-39면.

34) 한국소비자원 국제거래 소비자포털(https://crossborder.kca.go.kr/home/sub.do?menukey=105)

이나 전화로 불만을 제기하는 것 외에는 마땅한 방법이 없고, 그마저도 사업자가 소비자의 불만을 적극적으로 해결해주지 않을 수 있다. 많은 해외직구 관련 사이트에서 주문 및 결제까지는 친절하게 설명하고 있으나, 그 이후의 단계에 관하여는 정보가 부족한 편이다. 직접배송이나 배송대행의 경우, 국내 전자상거래법상 청약철회권이 인정되지 않으므로 환불여부 및 조건 등에 관하여는 해당 쇼핑몰의 이용약관을 꼼꼼히 검토하여야 하고, 결제시 계좌송금(현금결제)을 요구할 경우에는 사기의 가능성도 배제하여서는 안 된다.

공정거래위원회는 해외직구로부터 소비자 피해를 방지하기 위하여 소비자24(www.consumer.go.kr)에 해외직구 정보를 제공하고 있다.[35)]

중고거래

최근 중고나라, 당근마켓, 번개장터 등을 중심으로 하는 온라인 중고거래시장의 규모가 큰 폭으로 성장하고 있다. 과거 사용했던 물건을 서로 교환하거나 사고파는 것이 주된 목적이었다면 최근에는 합리적인 가격에 좋은 품질의 제품을 구매해 다양한 제품을 경험하고 다시 되파는 리셀(resell) 트렌드의 영향도 있고, 신종 코로나바이러스 감염증(코로나19) 영향으로 집에 있는 시간이 많아진 영향도 크다. 무엇보다도 쉽고 편하게 거래할 수 있도록 중고거래 플랫폼의 기술과 서비스가 발전한 점을 무시할 수 없다.

중고거래가 활성화되면서 구매자와 판매자 사이, 특히 플랫폼을 통해 이루어지는 개인간 거래(C2C)에서 분쟁이 다수 발생하고 있다. 중고거래는 신품이 아니다 보니 하자가 존재하는 경우가 많은데 이에 대하여 판매자는 구매자에게 판매 전 하자에 대하여 구체적으로 고지하여야 할 것이고, 만일 고지하지 않은 하자가 발견될 경우 그에 관한 처리방안을 당사자간 명시적으로 합의하여야 할 것이다. 하자가 중대한지, 경미한지, 또 수리가 가능한지 여부 등에 따라 해결방법이 달라질 것인데, 만일 하자로 인하여 중고거래계약을 해제한다면 반품에 드는 택배비용의 부담주체도 결정하여

35) 이곳에서는 다음과 같은 사항을 점검할 것을 제안하고 있는바, 첫째, 해외직접구매가 가능한 품목인지 확인할 것, 둘째, 해외제품의 특성상 국내사용이 가능한지, 전자제품의 경우 전압, 주파수 등, 규격 등이 맞는지 확인할 것, 셋째, 통관조건 및 그에 따라 발생하는 관세기준을 확인할 것, 넷째, 지속적인 AS가 필요한 고가품은 더욱 신중히 구입할 것, 다섯째, 위조상품, 마약류, 불법 식·의약품은 직구하지 말 것 등이 그것이다.

야 할 것이다. 한편으로는 당사자간 분쟁의 수준을 넘어 중고거래를 이용한 사기도 급증하고 있어, 중고거래 분쟁을 해결할 수 있도록 소비자 보호 관련 법률의 개정이 논의되기도 한다. 다양한 형태의 사기가 이루어지고 있어 유형화하기는 어렵지만, 일반적으로 시세보다 너무 저렴한 물건은 유의할 필요가 있고, 계좌이체보다는 에스크로 서비스, 안전결제 플랫폼을 통해 거래하며, 택배거래보다는 가급적 직거래를 한다면 사기를 예방할 수 있을 것이다.

---

1. A는 인터넷종합쇼핑몰에서 270mm 사이즈의 구두를 주문하면서 주문 옵션 중 굽 선택 항목에서 기본 굽(2cm) 외에 추가로 1cm의 굽을 선택하고 추가금액 10,000원을 포함하여 총 210,000원을 결제하였다. 굽은 1cm와 3cm 중에서만 선택할 수 있고 자유롭게 굽 높이를 선택할 수는 없었다. 주문한 날로부터 이틀 후, A가 인터넷종합쇼핑몰에 연락하여 주문취소를 요구하자, 쇼핑몰에서는 해당 구두가 맞춤형 수제화로 주문 당일에 한하여 주문취소가 가능하고 이미 신발제작을 시작하였기 때문에 환불은 불가능하다고 한다. A는 주문취소가 불가능한 것인가?

2. B는 오픈마켓을 통하여 147,000원에 머플러를 주문하였다. 제품을 받아 확인해보니 올이 풀어져 있고 보풀이 많이 있어 이를 이유로 반품을 요구하였는데, 업체는 상품설명서가 붙어 있는 택(TAG)을 제거하였다는 이유로 상품가치가 훼손되었다며 반품을 해줄 수 없다고 한다. 업체의 주장은 타당한가?

3. C는 통신판매중개업사이트인 D에서 판매사업자 E를 통해 블루투스 스피커를 구매하였으나, 받아본 스피커는 작동이 되지 않는 불량품이었다. 교환이나 환불을 받기 위해 E에게 연락을 시도하였으나 전화연결도 되지 않고 게시판에 글을 남겨도 답변이 없다. 이 경우 D에게 책임을 물을 수 있는가?

4. F는 인터넷 자격증 학원에서 공인중개사 자격증을 대비하여 민법 강의(총 60강좌)를 40만원에 결제하였다. 결제하자마자 수강을 시작하여 이틀동안 전체 60강좌 중 5강좌를 들었는데 아무래도 이 강의가 마음에 들지 않아 환불받고 싶어졌다. 결제한 날로부터 이틀이 지난 상황에서 청약철회권을 행사할 수 있을까?

제5편

신용거래

제 1 장

신용카드 거래

I 서설

신용카드 회원은 신용카드업자와 신용계약을 체결하고 그 범주내에서 재화를 구매할 때 현금으로 대금을 지급하는 대신 신용카드로 결제할 수 있다. 일종의 신용거래로서 신용카드 거래는 소비자에게 재화 또는 용역의 거래와 관련하여 간편하게 신용을 얻을 수 있는 방법이 된다.[1)]

신용카드를 활용하면 거액의 현금을 보유하고 있지 않더라도 재화를 구매할 수 있어 편리하다. 신용카드의 사용은 점차 보편화되고 있는 추세이다. 한편으로는 충동구매나 과소비를 조장하는 측면도 무시할 수 없다. 그러나 신용카드회사에서는 다양한 서비스를 제공하며 신용카드의 활용을 촉진하고 있다.

과거 「신용카드업법」이 규제하고 있었으나, 현재는 「여신전문금융업법」이 제정되어 신용카드 거래를 규제하고 있다. 이하에서는 신용카드 거래의 기본구조를 바탕으로, 신용카드의 모집과 발급, 신용카드 회원의 책임, 신용카드 가맹점과 신용카드업자의 금지행위, 신용카드 이용대금의 결제를 차례로 살펴본다.

1) 이은영(편), 앞의 책, 283면(고형석 집필부분).

Ⅱ 신용카드 거래의 기본구조

1. 의의

(1) 신용카드

신용카드란 개인의 신용을 담보로 이를 소지한 회원이 지정된 가맹점으로부터 상품이나 용역을 현금의 즉시 지불 없이 신용공여 기간 동안 외상 구입할 수 있는 증표를 의미한다.[2] 「여신전문금융업법」에서는 신용카드를 제시함으로써 반복하여 신용카드가맹점에서 결제할 수 있는 증표(證票)로서 신용카드업자가 발행한 것을 말한다고 규정한다(여신전문금융업법 제2조 제3호).[3]

이와 구별할 개념으로 직불카드와 체크카드, 선불카드 등이 있는데, 직불카드는 직불카드회원과 신용카드가맹점 간에 전자적 또는 자기적 방법으로 금융거래계좌에 이체하는 등의 방법으로 결제가 이루어질 수 있도록 신용카드업자가 발행한 증표를 말한다(여신전문금융업법 제2조 제6호). 직불카드는 현금을 소지하지 않고 물품을 구입할 수 있다는 점에서 신용카드와 유사하나, 신용증권으로서의 성질이 없어 대금결제가 예금계좌에서 이체의 형태로 동시적으로 발생되어 신용공여를 수반하지 않는다는 점에서 신용카드와 구별된다.[4]

체크카드는 예금잔액의 범위내에서만 결제할 수 있어 신용공여기능이 없다는 점에서 직불카드와 유사하나, 모든 신용카드가맹점에서 사용할 수 있다는 점에서 직불카드와 구별된다.[5]

---

2) 한국소비자원, 신용카드생활, 2012, 6면.

3) 다만, ① 금전채무의 상환, ② 「자본시장과 금융투자업에 관한 법률」 제3조 제1항에 따른 금융투자상품 등 대통령령으로 정하는 금융상품, ③ 「게임산업진흥에 관한 법률」 제2조 제1호의2에 따른 사행성게임물의 이용 대가 및 이용에 따른 금전의 지급(다만, 외국인이 「관광진흥법」에 따라 허가받은 카지노영업소에서 외국에서 신용카드업에 상당하는 영업을 영위하는 자가 발행한 신용카드로 결제하는 것은 제외한다), ④ 그 밖에 사행행위 등 건전한 국민생활을 저해하고 선량한 풍속을 해치는 행위로 대통령령으로 정하는 사항의 이용 대가 및 이용에 따른 금전의 지급을 결제하기 위한 경우에는 제외한다.

4) 한국소비자원, 앞의 글, 6면.

5) 한국소비자원, 앞의 글, 6면.

선불카드는 신용카드업자가 대금을 미리 받고 이에 해당하는 금액을 기록(전자적 또는 자기적 방법에 따른 기록을 말한다)하여 발행한 증표로서 선불카드소지자가 신용카드가맹점에 제시하여 그 카드에 기록된 금액의 범위에서 결제할 수 있게 한 증표를 말한다(여신전문금융업법 제2조 제8호).

(2) 신용카드업자

신용카드업자는 신용카드업의 허가를 받거나 등록을 한 자를 말한다(여신전문금융업법 제2조 제2호).

(3) 신용카드회원

신용카드회원이란 신용카드업자와 계약에 따라 그로부터 신용카드를 발급받은 자를 말한다(여신전문금융업법 제2조 제4호). 신용카드회원은 신용카드업자와의 계약에 따라 그로부터 신용카드를 발급받아 신용카드가맹점에서 카드를 결제하고 상품이나 용역을 지급받으며, 결제일에 해당 금액을 신용카드업자에게 지급한다.

(4) 신용카드가맹점

신용카드가맹점이란 ① 신용카드업자와의 계약에 따라 신용카드회원·직불카드회원 또는 선불카드소지자(이하 "신용카드회원등"이라 한다)에게 신용카드·직불(直拂)카드 또는 선불(先拂)카드(이하 "신용카드등"이라 한다)를 사용한 거래에 의하여 물품의 판매 또는 용역의 제공 등을 하는 자 또는 ② 신용카드업자와의 계약에 따라 신용카드회원등에게 물품의 판매 또는 용역의 제공 등을 하는 자를 위하여 신용카드등에 의한 거래를 대행(代行)하는 자(이하 "결제대행업체"라 한다)를 의미한다(여신전문금융업법 제2조 제5호).

2. 신용카드 거래의 기본구조

신용카드 거래는 신용카드회원과 신용카드업자, 신용카드가맹점간에 이루어진다. 신용카드회원은 신용카드업자와의 계약에 따라 그로부터 신용카드를 발급받고, 신용카드가맹점은 신용카드업자와의 계약에 따라 가맹점이 되어 신용카드회원에게 상품이나 용역을 신용판매하고 신용판매대금을 신용카드업자에게 청구하면, 신용카드업자는 신용판매대금을 가맹점에게 지급하고 카드이용대금에 대하여 신용카드회원에게 청구하여 대금을 결제받게 된다.[6)]

3. 신용카드 거래의 법적 성질

신용카드 거래를 하는 당사자 사이의 구체적인 법률관계는 각 당사자 사이의 계약과 규제하는 법령에 따른다. 신용카드회원과 신용카드업자 사이의 신용카드이용계약, 신용카드업자와 신용카드가맹점 사이의 신용카드가맹점계약, 신용카드회원과 신용카드가맹점 사이의 계약(매매 등)의 내용을 기초로 하되, 「여신전문금융업법」이 고려될 수 있다. 그 외 금융감독원의 「여신전문금융회사 표준금융거래 약관」 중 「신용카드 개인회원 표준약관」[7)](이하 "표준약관"이라 한다)도 중요한 의미를 가진다.

Ⅲ 신용카드의 모집 및 발급

1. 신용카드회원의 모집

(1) 신용카드회원의 모집

신용카드회원을 모집할 수 있는 자는 ① 해당 신용카드업자의 임직원이거나 ② 신용카드업자를 위하여 신용카드 발급계약의 체결을 중개하는 자(이하 "모집인"이라 한다), 또는 ③ 신용카드업자와 신용카드회원의 모집에 관하여 업무 제휴계약

---

6) 이호영, 앞의 책, 222면.

7) 「여신전문금융회사 표준금융거래약관」(2020. 12.개정)(금융감독원 홈페이지 https://consumer.fss.or.kr/fss/consumer/flguide/bbs/view.jsp?bbsid=1207403181453&url=/fss/cm/1207403181453&idx=1606901760112)

을 체결한 자(신용카드회원의 모집을 주된 업으로 하는 자는 제외한다) 및 그 임직원에 해당하여야 한다(여신전문금융업법 제14조의2 제1항).

모집인은 일정한 자격을 갖춘 자에 한하여 신용카드업자가 그를 금융위원회에 등록한 경우에 모집인으로서 업무를 수행할 수 있으며, 「여신전문금융업법」 또는 「금융소비자 보호에 관한 법률」을 위반한 경우에는 업무를 정지당하거나 등록이 취소될 수 있다(여신전문금융업법 제14조의3 · 제14조의4). 모집인은 자신이 소속된 신용카드업자 외의 자를 위하여 신용카드회원을 모집하는 행위, 신용카드회원을 모집할 때 알게 된 발급신청인의 개인식별정보 또는 신용정보 및 사생활 등 개인적 비밀을 업무 목적 외의 목적으로 누설하거나 이용하는 행위, 거짓이나 그 밖의 부정한 수단 또는 방법으로 취득하거나 제공받은 개인식별정보 또는 신용정보를 모집에 이용하는 행위 등을 하여서는 아니된다(여신전문금융업법 제14조의5 제2항).

신용카드회원을 모집하는 자(이하 "모집자"라 한다)는 신용카드회원을 모집할 때 ① 신청인에게 자신이 신용카드회원을 모집할 수 있는 사람임을 알리고, ② 신청인에게 신용카드에 대한 약관과 연회비 등 신용카드의 거래조건 및 연회비 반환사유, 연회비 반환금액 산정방식 및 연회비 반환금액의 반환기한의 사항을 설명하여야 하며, ③ 신청인이 본인임을 확인하고 신청인이 직접 신청서 및 신용카드 발급에 따른 관련 서류 등을 작성하도록 하며, ④ 신청인이 작성한 신용카드 발급신청서에 모집자의 성명과 등록번호를 적어야 하며, ⑤ 신용카드업자 외의 자를 위하여 신용카드 발급계약의 체결을 중개하지 아니하여야 하고, ⑥ 신용카드회원을 모집할 때 i) 다단계판매를 통한 모집, ii) 인터넷을 통한 모집방법으로서 신용카드업자가 공인전자서명을 통하여 본인 여부를 확인하지 아니한 신용카드회원 모집, iii) 신용카드 발급과 관련하여 그 신용카드 연회비(연회비가 주요 신용카드의 평균연회비 미만인 경우에는 해당 평균연회비를 말한다)의 100분의 10을 초과하는 경제적 이익을 제공하거나 제공할 것을 조건으로 하는 모집(다만, 컴퓨터통신을 이용하여 스스로 신용카드회원이 되는 경우에는 그 신용카드 연회비의 100분의 100 이하의 범위에서 경제적 이익을 제공하거나 제공할 것을 조건으로 하여 모집할 수 있다), iv) 도로 및 사도(私道) 등 길거리에서 하는 모집, v) 방문을 통한 모집(다만, 미리 동의를 받은 후 방문하거나 사업장을 방문하는 경우는 제외한다)을 하여서는 아니되며, ⑦ 신용카드회원을 모집할 때 알게 된 신청인의 신용정보 및 사생활 등 개인적 비밀을 업무 목적 외의 목적으로 누설하거나 이용하지 아니하여야 하며, ⑧ 신용카드회원을 모집할 때 자금의 융통을 권유하는 경우에는 대출금리, 연체료율 및 취급수수료 등의 거래조건을 감추거나 왜곡하지 아니하고, 이해할 수 있도록 설명하여야 한다(여신전문금융업법 제14조의2 제2항, 동법 시행령 제6조의8).

(2) 신용카드모집방법의 제한

신용카드업자는 ① 다단계판매를 통한 모집, ② 인터넷을 통한 모집방법으로서 신용카드업자가 공인전자서명을 통하여 본인 여부를 확인하지 아니한 신용카드회원 모집(다만, 신청인의 신분증 발급기관·발급일 등 본인임을 식별할 수 있는 정보와 본인의 서명을 받는 방법 등으로 본인이 신청하였음을 확인할 수 있는 경우는 제외한다), ③ 신용카드 연회비(연회비가 주요 신용카드의 평균연회비 미만인 경우에는 해당 평균연회비를 말한다)의 100분의 10을 초과하는 경제적 이익을 제공하거나 제공할 것을 조건으로 하는 모집(다만, 컴퓨터통신을 이용하여 스스로 신용카드회원이 되는 경우에는 그 신용카드 연회비의 100분의 100 이하의 범위에서 경제적 이익을 제공하거나 제공할 것을 조건으로 하여 모집할 수 있다), ④ 도로 및 사도(私道) 등 길거리에서 하는 모집, ⑤ 방문을 통한 모집(다만, 미리 동의를 받은 후 방문하거나 사업장을 방문하는 경우는 제외한다)의 방법으로 신용카드회원을 모집하여서는 아니 된다(여신전문금융업법 제14조 제4항, 동법 시행령 제6조의7 제4항·제5항).

신용카드업자는 신용카드나 직불카드를 발급하는 경우 그 약관과 함께 신용카드회원이나 직불카드회원의 권익을 보호하기 위하여 필요한 사항으로서 ① 연회비, 이자율, 수수료, 이용한도, 결제방법, 결제일, 신용카드 유효기간 및 신용등급 수준 등 거래조건, ② 신용카드업자와 신용카드회원 또는 직불카드회원간에 분쟁이 발생한 경우에 신용카드회원 또는 직불카드회원이 이의를 제기하는 절차, ③ 신용카드 또는 직불카드의 도난·분실, 위조·변조가 발생한 경우에 신용카드회원 또는 직불카드회원에게 고의, 과실 또는 중과실이 있는 것으로 인정되는 사항, ④ 계약해지에 따른 연회비 반환사유, 연회비 반환금액 산정방식 및 연회비 반환금액의 반환기한을 신청자에게 서면, 팩스, 전자문서 중 어느 하나의 방법으로 제공한다. 이 경우 신청자가 요청하는 방법이 있으면 그 방법으로 제공하여야 한다(여신전문금융업법 제14조 제5항, 동법 시행령 제6조의7 제7항).

2. 신용카드의 발급

(1) 신용카드의 발급신청

신용카드업자는 발급신청을 받아야만 신용카드나 직불카드를 발급할 수 있는데, 이미 발급한 신용카드나 직불카드를 갱신하거나 대체 발급하는 것에 대하여 대통령령으로 정하는 바에 따라 신용카드회원이나 직불카드회원의 동의를 받은 경우에는 발급신청이 없더라도 발급할 수 있다(여신전문금융업법 제14조 제1항).[8)]

(2) 신용카드의 발급요건

신용카드업자는 발급신청을 받게 되면 본인이 신청하였는지 여부와 신용카드 한도액이 신용카드업자가 정하는 신용한도 산정 기준에 따른 개인신용한도를 넘지 아니하는지를 확인하여야 한다. 이때의 신용한도 산정기준에는 소득과 재산에 관한 사항, 타인에 대한 지급 보증에 관한 사항, 신용카드이용대금을 결제할 수 있는 능력에 관한 사항, 신청인이 신용카드 발급 당시 다른 금융기관으로부터 받은 신용공여액에 관한 사항, 그 밖에 신용한도 산정에 중요한 사항으로서 ① 신용카드의 발급신청인이 그 신용카드업자나 다른 금융기관에 상환기일 내에 상환하지 못한 채무(이하 "연체채무"라 한다)의 존재 여부, ② 채무가 상환되거나 변제된 경우에는 그 상환방법이나 변제방법이 포함되어야 한다(여신전문금융업법 제14조 제2항, 동법 시행령 제6조의7 제1항).

신용카드업자는 ① 법 제14조 제2항의 요건을 갖추고, ② 신용카드 발급신청

---

8) 신용카드업자가 발급신청이 없더라도 신용카드·직불카드를 갱신(更新)하거나 대체 발급할 수 있는 경우로는 ① 갱신 또는 대체 발급 예정일전 6개월 이내에 사용된 적이 없는 신용카드·직불카드: 해당 신용카드·직불카드회원으로부터 갱신 또는 대체 발급에 대하여 서면으로 동의를 받은 경우, ② 갱신 또는 대체 발급 예정일전 6개월 이내에 사용된 적이 있는 신용카드·직불카드: 갱신 또는 대체 발급 예정일부터 1개월 전에 해당 신용카드·직불카드회원에게 발급 예정사실을 통보하고 그 후 20일 이내에 그 회원으로부터 이의 제기가 없는 경우가 있다(여신전문금융업법 시행령 제6조의6).

일 현재 「민법」 제4조에 따른 성년 연령 이상이며,[9] ③ 그 밖에 신용카드 발급에 중요한 요건으로서 i) 신용카드의 발급신청일 현재 개인신용등급이 금융위원회가 정하여 고시하는 기준을 충족하고,[10] ii) 본인 여부를 「신용정보의 이용 및 보호에 관한 법률 시행령」 제30조 제3항 후단에 따른 방법으로 확인한 자에게 신용카드를 발급할 수 있다(여신전문금융업법 제14조 제3항, 동법 시행령 제6조의 7 제2항·제3항).

Ⅳ 신용카드회원의 책임

1. 신용카드회원의 의무

신용카드는 양도·양수하거나 질권을 설정할 수 없다(여신전문금융업법 제15조). 신용카드회원은 신용카드를 본인이 직접 사용하여야 하고, 양도·양수는 물론 대여해주거나 타인으로 하여금 보관시켜서는 아니된다. 특히 가족이나 미성년자녀에게 카드를 대여해주는 경우가 흔한데 이러한 상태에서 분실하게 되면 신용카드회원의 과실이 인정되기 쉽다.

표준약관에서는 회원에게 일정한 카드관리의무를 부여하고 있다. ① 회원은 카드를 발급받는 즉시 카드서명란에 본인이 직접 서명하여야 하고, 본인 이외의 배우자, 가족 등 다른 사람이 카드를 이용하게 하여서는 아니되며, ② 카드를 제3자에게 대여, 양도 또는 담보의 목적으로 이용할 수 없고 선량한 관리자로서의 주의를 다하여 카드를 이용·관리하여야 하며, ③ 유효기한이 지난 카드 및 갱신·대체·

---

9) 다만, 「아동복지법」 등 국가 또는 지방자치단체의 정책적 필요에 따라 불가피하게 신용카드를 발급하여야 하는 경우나, 발급신청일 현재 재직을 증명할 수 있는 경우, 교통카드 기능을 이용할 목적으로 발급하는 경우에는 성년 연령 미만인 사람에게도 발급할 수 있다(여신전문금융업법 시행령 제6조의7 제2항).

10) 다만, ① 신용카드이용대금을 결제할 수 있는 능력이 충분하다는 것을 신용카드업자가 객관적인 자료로 확인할 수 있거나 본인이 증명할 수 있는 경우, ② 직불카드와 신용카드의 기능을 동시에 갖추고 있는 카드로서 카드회원에게 이용 편의를 제공할 목적으로 금융위원회가 정하는 범위의 신용카드 이용한도를 부여한 경우, ③ 예외조항(시행령 제6조의7 제2항 단서)에 따라 성년연령 미만의 자에게 카드를 발급하는 경우에는 위 기준을 적용하지 아니한다(여신전문금융업법 시행령 제6조의7 제2항).

재발급으로 인한 구카드를 이용할 수 없고, 이를 즉시 카드사에 반환하거나 이용이 불가능하도록 절단하여 분리해서 폐기하여야 한다(표준약관 제5조 제1항 내지 제3항). 또한 카드를 이용하여 상품구매 또는 서비스 이용 등을 위장한 현금융통 기타 부당한 행위도 금지하고 있다(표준약관 제8조 제2항).

2. 신용카드의 부정사용에 대한 책임

(1) 분실 · 도난된 신용카드의 부정사용에 대한 책임

분실·도난된 신용카드의 부정사용으로 인한 손해를 누가 부담할 것인가에 대하여는 소지인 책임부담주의와 발행인 책임부담주의가 있다. 결국 사회적 비용을 최소화하고 위험분산의 목적과 공평책임 등을 종합적으로 고려하여 결정하여야 할 것이지만, 우리는 발행인책임부담주의를 채택하고 있다.[11)]

신용카드업자는 신용카드회원이나 직불카드회원으로부터 그 카드의 분실·도난 등의 통지를 받은 때부터 그 회원에 대하여 그 카드의 사용에 따른 책임을 지며, 위 분실·도난 등의 통지를 받은 날부터 60일 전까지의 기간중에 생긴 신용카드의 사용에 대하여도 책임을 진다(여신전문금융업법 제16조 제1항·제2항, 동법 시행령 제6조의9 제1항).

그럼에도 불구하고 신용카드업자가 신용카드의 분실·도난 등에 대하여 그 책임의 전부 또는 일부를 신용카드회원이 지도록 할 수 있다는 취지의 계약을 체결한 경우에는 그 신용카드회원에 대하여 그 계약내용에 따른 책임을 지도록 할 수 있다. 다만, 저항할 수 없는 폭력이나 자기 또는 친족의 생명·신체에 대한 위해 때문에 비밀번호를 누설한 경우 등 신용카드회원의 고의 또는 과실이 없는 경우에는 그러하지 아니하다. 이 계약은 서면 또는 전자문서로 한 경우에만 효력이 있으며, 신용카드회원등의 중대한 과실은 계약서에 적혀 있는 것만 해당한다(여신전문금융업법 제16조 제3항·제7항).

표준약관에서는 신용카드회원이 분실·도난된 신용카드의 부정사용에 대하여 책임을 지는 사유로 ① 회원의 고의로 인한 부정사용의 경우, ② 카드에 서명을

11) 사법연수원, 금융거래법, 사법연수원, 2013, 243면.

하지 않거나 카드의 관리소홀, 대여, 양도, 보관, 이용위임, 담보제공, 불법대출 등으로 인한 부정사용의 경우, ③ 회원의 가족, 동거인(사실상의 동거인 포함함)에 의한 부정사용 또는 이들에 의해 ②와 같은 원인으로 부정사용이 발생한 경우, ④ 회원이 카드의 분실·도난 사실을 인지하고도 정당한 사유 없이 신고를 지연한 경우, ⑤ 부정사용 피해조사를 위한 카드사의 정당한 요구에 회원이 특별한 사유 없이 협조를 거부하는 경우, ⑥ 카드를 이용하여 상품구매 등을 위장한 현금융통 등의 부당한 행위를 행한 경우를 제시하고 있다(표준약관 제40조 제3항).

표준약관에서는 현금서비스, 카드론, 통신판매, 전자상거래 등 비밀번호를 이용하는 거래를 할 경우 입력된 비밀번호와 카드사에 신고된 비밀번호가 같음을 확인하고 조작된 내용대로 현금서비스, 카드론, 통신판매, 전자상거래 등 거래를 처리한 경우에는 도난이나 분실 기타의 사고로 회원에게 손해가 발생하더라도 책임을 지지 않는다고 규정하고 있다. 물론 이 경우에도 저항할 수 없는 폭력이나 자기 또는 친족의 생명신체에 대한 위해로 인하여 비밀번호를 누설한 경우 등 카드 회원의 고의 또는 과실이 없는 경우는 예외로 하고 있다(표준약관 제42조).

(2) 위조 · 변조된 신용카드의 부정사용에 대한 책임

신용카드업자는 신용카드회원등에 대하여 ① 위조되거나 변조된 신용카드등의 사용, ② 해킹, 전산장애, 내부자정보유출 등 부정한 방법으로 얻은 신용카드등의 정보를 이용한 신용카드등의 사용, ③ 다른 사람의 명의를 도용하여 발급받은 신용카드등의 사용(신용카드회원등의 고의 또는 중대한 과실이 있는 경우는 제외한다)으로 생기는 책임을 진다. 그러나 신용카드업자가 위 ①과 ②의 방법에 따른 신용카드등의 사용에 대하여 그 신용카드회원등의 고의 또는 중대한 과실을 증명하면 그 책임의 전부 또는 일부를 신용카드회원등이 지도록 할 수 있다는 취지의 계약을 신용카드회원등과 체결한 경우에는 그 신용카드회원등이 그 계약내용에 따른 책임을 지도록 할 수 있다. 이 경우에도 계약은 서면 또는 전자문서로 한 경우에만 효력이 있으며, 신용카드회원등의 중대한 과실은 계약서에 적혀 있는 것만 해당한다(여신전문금융업법 제16조 제5항 내지 제7항).

신용카드회원등의 고의 또는 중대한 과실이라 볼 수 있는 경우로는 ① 고의 또는 중대한 과실로 비밀번호를 누설하는 경우, ② 신용카드나 직불카드를 양도 또는 담보의 목적으로 제공하는 경우, ③ 사고 발생에 있어서 신용카드회원등의 고의나 중대한 과실이 있는 경우로서 그 책임의 전부 또는 일부를 신용카드회원등의 부담으로 할 수 있다는 취지의 약정을 미리 신용카드회원등과 체결한 경우, ④ 신용카드회원등이 접근매체를 제3자에게 대여하거나 그 사용을 위임한 경우 또는 양도나 담보의 목적으로 제공한 경우(선불전자지급수단이나 전자화폐를 양도하거나 담보로 제공한 경우를 제외한다), ⑤ 제3자가 권한 없이 신용카드회원등의 접근매체를 이용하여 전자금융거래를 할 수 있음을 알았거나 쉽게 알 수 있었음에도 불구하고 접근매체를 누설하거나 노출 또는 방치한 경우, ⑥ 신용카드업자가 확인 외에 보안강화를 위하여 전자금융거래 시 요구하는 추가적인 보안조치를 신용카드회원등이 정당한 사유 없이 거부하여 사고가 발생한 경우, ⑦ 신용카드회원등이 ⑥에 따른 추가적인 보안조치에 사용되는 매체·수단 또는 정보에 대하여 i) 누설·노출 또는 방치한 행위 또는 ii) 제3자에게 대여하거나 그 사용을 위임한 행위 또는 양도나 담보의 목적으로 제공한 행위를 하여 사고가 발생한 경우가 있다(여신전문금융업법 제16조 제9항, 동법 시행령 제6조의9 제2항). 신용카드회원이 서면, 전화, 전자문서 등으로 신용카드의 이용금액에 대하여 이의를 제기할 경우 신용카드업자는 이에 대한 조사를 마칠 때까지 그 신용카드회원으로부터 그 금액을 받을 수 없다(여신전문금융업법 제16조 제10항).

(3) 가맹점에 대한 책임

신용카드업자는 ① 잃어버리거나 도난당한 신용카드를 사용한 거래, ② 위조되거나 변조된 신용카드를 사용한 거래, ③ 해킹, 전산장애, 내부자정보유출 등 부정한 방법으로 얻은 신용카드등의 정보를 이용하여 신용카드등을 사용한 거래, ④ 다른 사람의 명의를 도용하여 발급받은 신용카드등을 사용한 거래 중 어느 하나에 해당하는 거래에 따른 손실을 신용카드가맹점이 부담하도록 할 수 없다. 다만, 신용카드업자가 그 거래에 대한 그 신용카드가맹점의 고의 또는 중대한 과실을 증명하면 그 손실의 전부 또는 일부를 신용카드가맹점이 부담하도록 할 수 있다는 취지의 계약을 신용카드가맹점과 체결한 경우에는 그러하지 아니하다(여신전문금융업법 제17조).

[1] 신용카드 회원약관에서 비밀번호가 회원으로부터 타인에게 유출되어 발생하는 모든 책임은 회원에게 귀속되고, 카드 비밀번호 유출로 인한 부정사용의 경우에는 부정사용대금에 대하여 보상에서 제외된다고 규정하고 있는 경우, 위 약관 규정을 회원에게 고의나 과실이 없는 경우에도 신용카드 부정사용으로 인한 손해를 회원이 부담하여야 한다고 해석하는 것은 약관의 규제에 관한 법률 제7조 제2호에서 규정하는 상당한 이유 없이 사업자가 부담하여야 할 위험을 고객에게 이전시키는 조항에 해당하여 무효이다. 그리고 신용카드업자와 회원 사이의 거래약관인 위 회원약관 규정에 의할 때, 회원은 신용카드의 이용·관리 및 비밀번호의 관리에 선량한 관리자의 주의의무를 다할 의무가 있으므로, 신용카드를 분실·도난당하여 제3자가 신용카드를 부정사용한 경우에 신용카드 회원이 그 책임을 면하기 위해서는 회원에게 신용카드의 분실·도난 및 비밀번호의 누설에 있어 아무런 과실이 없는 경우라야 하고, 이 점에 대한 입증책임은 회원에게 있다.

[2] 성명불상자가 신용카드를 절취하여 한 번의 비밀번호 오류 없이 현금서비스 등으로 금원을 인출한 사안에서, 비밀번호가 누설된 경위가 밝혀지지 않은 것에 불과한 사정만으로는 카드 회원이 신용카드 이용·관리 및 비밀번호 유출에 고의 또는 과실이 없다는 증명이 되지 않는다고 한 사례. (대법원 2009. 10. 15. 선고 2009다31970 판결)

가. 신용카드 발행회사 회원규약에 회원이 카드를 분실하거나 도난 당한 경우에는 즉시 서면으로 신고하여야 하고 분실 또는 도난당한 카드가 타인에 의하여 부정사용되었을 경우에는 신고접수일 이후의 부정사용액에 대하여는 전액을 보상하나 신고접수한 날의 전날부터 15일전까지의 부정사용액에 대하여는 금 2,000,000원의 범위 내에서만 보상하고 16일 이전의 부정사용액에 대하여는 회원에게 전액지급할 책임이 있다고 규정하고 있는 경우, 위와 같은 회원규약을 신의성실의 원칙에 반하는 무효의 규약이라고 볼 수 없다.

나. 카드의 월간 사용한도액이 회원 본인의 책임한도액이 되는 것은 아니므로 부정사용액 중 월간사용한도액의 범위 내에서만 회원의 책임이 있는 것은 아니다.

다. 신용카드업법 제15조 제2항은 신용카드가맹점은 신용카드에 의한 거래를 할 때마다 신용카드상의 서명과 매출전표상의 서명이 일치하는지를 확인하는 등 당해 신용카드가 본인에 의하여 정당하게 사용되고 있는지 여부를 확인하여야 한다라고 규정하고 있는바, 가맹점이 위와 같은 주의의무를 게을리하여 손해를 자초하거나 확대하였다면 그 과실의 정도에 따라 회원의 책임을 감면함이 거래의 안전을 위한 신의성실의 원칙상 정당하다.

라. 남자 회원의 신용카드를 부정사용한 자가 여자인 경우에 있어 카드 앞면의 회원 주민등록번호 뒷부분의 첫숫자가 1이면 남자를 의미하므로 가맹점이 카드의 앞면을 살펴보기만 하면 카드상의 회원이 남자임을 알 수 있어 위 여자가 그 카드의 회원이 아님을 쉽게 판별할 수 있는데도 가맹점의 직원들이 상품판매에만 급급하여 카드의 이용자가 회원 본인인지를 제대로 확인하지 아니한 가맹점의 과실을 참작하여 회원의 책임을 감액한 원심의 조치는 정당하다. (대법원 1991. 4. 23. 선고 90다15129 판결)

1. 미성년 자녀에게 신용카드를 빌려주고 사용하게 하였는데, 자녀가 신용카드를 분실하여 약 200만 원 상당의 금액이 쇼핑몰에서 부정사용되었다면?
2. 신용카드를 분실하여 분실신고를 하였으나, 분실신고 전에 이미 누군가 해당 신용카드를 이용하여 현금서비스를 받아갔다면?

3. 연회비의 납부

(1) 연회비의 청구

연회비는 신용카드회원의 카드발급 및 관리, 신용카드 이용에 대한 각종 시스템 구축, 신용카드회원에 대한 지속적인 서비스 제공 등을 위한 비용으로, 신용카드업자는 신용카드이용대금에 우선하여 연회비를 청구할 수 있다(표준약관 제6조 제2항). 최초년도의 연회비는 면제되지 않는 것이 원칙이나, 다른 법령 등에서 연회비를 부과하지 않도록 규정한 경우와 갱신발급시 카드사의 연회비 면제조건을 충족한 경우에는 최초년도의 연회비를 면제받을 수 있다(표준약관 제6조 제3항). 신용카드업자는 연회비 부과시점을 기준으로 1년 이상 사용하지 않은 카드에 대한 연회비는 부과하지 않는다(표준약관 제6조 제5항).

(2) 계약해지에 따른 연회비 반납

신용카드업자는 신용카드회원이 신용카드업자와의 계약을 해지하는 경우 연회비를 반환하여야 한다. 신용카드업자가 반환하여야 하는 연회비 반환금액은 신용카드회원이 신용카드업자와의 계약을 해지한 날부터 일할계산하여 산정하되, 신용카드회원이 이미 납부한 연회비에 반영된 ① 신용카드의 발행·배송 등 신용카드 발급(신규로 발급된 경우로 한정한다)에 소요된 비용과 ② 신용카드 이용 시 제공되는 추가적인 혜택 등 부가서비스 제공에 소요된 비용은 반환금액 산정에서 제외된다(여신전문금융업법 제16조의5, 동법 시행령 제6조의11 제1항·제2항).

신용카드업자는 신용카드회원이 신용카드업자와의 계약을 해지한 날부터 10영업일 이내에 연회비 반환금액을 반환하여야 한다. 다만, 부가서비스 제공내역 확인에 시간이 소요되는 등의 불가피한 사유로 계약을 해지한 날부터 10영업일 이내에 연회비 반환금액을 반환하기 어려운 경우에는 계약을 해지한 날부터 3개월 이내에 반환할 수 있으며, 이때 그 10영업일이 지나기 전에 반환지연 사유 및 반환 예정일을 해당 신용카드업자와의 계약을 해지한 자에게 알려야 한다(여신전문금융업법 제16조의5 제2항, 동법 시행령 제6조의11 제3항·제5항).

신용카드업자는 연회비 반환금액을 반환할 때에는 그 연회비 반환금액의 산정방식을 함께 해당 신용카드업자와의 계약을 해지한 자에게 알려야 한다(여신전문금융업법 제16조의5 제2항, 동법 시행령 제6조의11 제4항).

4. 신용카드의 이용

신용카드회원은 신용카드를 제시하고 매출전표에 카드상의 서명과 동일한 서명을 함으로써 재화등을 구입할 수 있다. 이때 대금을 2월 이상의 기간에 걸쳐 3회 이상 분할하여 납부하는 할부계약으로 구매하였다면, 「할부거래등에 관한 법률」에 따라 철회권 또는 항변권을 행사할 수 있다. 신용카드회원은 신용카드업자가 부여한 한도내에서 단기카드대출, 즉 현금서비스도 받을 수 있으며, 사용금액에 따라 포인트 및 할인혜택 등의 기타서비스를 제공받기도 한다. 이때 포인트 및 할인 혜택 등의 부가서비스에 대하여는 표준약관에서 신용카드회원의 권익을 증진하거나 부담을 완화하는 경우가 아니라면 원칙적으로 변경할 수 없도록 하고, 부가서비스가 변경되거나 소멸시효가 완성되어 소멸되는 경우라 하더라도 사전에 신용카드회원에게 통지하도록 의무를 부여하고 있다(표준약관 제8조 내지 제15조).

신용카드 부가서비스

신용카드에는 다양한 부가서비스가 있다. 현금서비스는 신용카드사가 부여한 회원한도 범위 내에서 현금을 쓰고 카드 결제일에 이자와 함께 갚는 서비스이고, 카드론은 신용카드회사 또는 신용카드회사와 업무제휴를 맺은 은행에서 카드회원을 대상으로 본인의 신용도와 카드이용실적에 따라 대출을 해주는 상품이다. 회전결제(Revolving)는 카드이용대금을 결제일에 미리 정한 최저 결제금액(또는 최저 결제비율) 이상을 결제하면 잔액에 대해 상환이 다음 결제일로 이월되는 서비스로 이월된 리볼빙 잔액에 대해서는 리볼빙 수수료가 부과된다. 정보보호서비스는 카드이용내역이나 신용정보 변동, 인증시도내역 등을 알려주는 서비스이다. 선포인트 서비스는 신용카드사가 상품금액의 일부를 포인트로 먼저 지급해 주고, 이후 일정기간 동안 카드이용실적에 따라 적립되는 포인트로 상환하는 제도이다. 신용카드 이용실적이 부족하여 상환할 만큼의 포인트가 적립되지 못하면 현금으로 상환해야 하며, 미상환 시 연체이자까지 부담해야 한다.

5. 신용카드이용대금의 결제

신용카드회원은 결제가능일 중에서 회원이 대금결제일을 지정하여, 카드이용대금과 이에 수반되는 수수료를 지정된 대금결제일에 자동이체결제방법 또는 카드사가 정하는 방법(즉시결제, 송금납부(가상계좌 입금 등) 등)으로 결제하여야 한다. 만일 예금잔액 및 대출한도가 결제금액에 미달하여 지정된 대금결제일에 카드이용대금을 결제하지 못한 경우 연체일수만큼의 지연배상금을 추가로 부담하여 결제하여야 한다(표준약관 제27조).

6. 신용카드의 해지

(1) 신용카드의 해지

신용카드업자는 회원이 ① 회원으로 가입 시 약정 서류에 필수 기재사항 및 카드발급 자격 관련 정보 등 중요 기재사항을 허위로 작성하여 회원의 신용상태가 현저히 악화되었거나, 계약을 지속하기 어려운 경우, ② 파산, 개인회생 신청 등의 사유로 회원의 신용상태가 현저히 악화된 경우, ③ 이민, 사망으로 회원의 채무 변제가 불가능하거나 현저히 곤란하다고 판단되는 경우, ④ 회원의 고의·중과실로 여신전문금융업법 등 관계법령을 위반하거나 이 약관에 기재된 회원의 의무를 위반하여 계약의 목적 달성이 현저히 어려운 경우, 카드이용계약을 해지할 수 있다(표준약관 제7조의3 제1항).

신용카드회원도 신용카드업자에 대하여 신용카드사용의 해지를 요청할 수 있다(표준약관 제7조의3 제2항).

(2) 휴면카드의 해지

휴면카드는 관리소홀시 도난·분실사고가 발생되기 쉽고, 신용카드업자가 복수카드 소지자정보를 제공받아 회원의 한도관리 등 신용평가에 활용하므로 소비자 불이익이 발생할 수 있으며, 무엇보다도 신용카드업자간 회원유치를 위하여 소모적 경쟁을 하게 되므로 회원관리비용이 증가하여 궁극적으로 소비자 부담으로 귀착되는 결과를 낳는다.

표준약관에서는 신용카드업자로 하여금 신용카드회원이 신용카드를 1년 이상 이용한 적이 없는 휴면카드에 대하여는 신용카드회원으로 하여금 신용카드계약의 해지 또는 유지의사를 확인하도록 의무를 부여하고 있다(표준약관 제7조의4 제1항).

해외에서의 신용카드 이용

해외에서 신용카드를 이용할 때 ① 현지통화로 결제하면 미화(USD)로 변환하여 국제카드사(비자, 마스터)로 청구되고, 국내 신용카드사에서 접수일자의 환율을 적용하여 원화(KRW)로 변환한 후 소비자에게 청구하게 된다. 반면 ② 원화(KRW)로 결제하면 원화를 현지통화로 변환하고 그것을 다시 미화(USD)로 변환하여 청구되므로 현지통화로 결제할 때보다 소비자에게 수수료 부담이 커진다.

V 신용카드가맹점의 준수사항 및 신용카드업자 등의 금지행위

1. 신용카드가맹점의 준수사항

신용카드가맹점은 ① 신용카드로 거래한다는 이유로 신용카드 결제를 거절하거나 신용카드회원을 불리하게 대우하여서는 아니되고, ② 신용카드로 거래를 할 때마다 그 신용카드를 본인이 정당하게 사용하고 있는지를 확인하여야 하며, ③ 신용카드회원의 정보보호를 위하여 금융위원회에 등록된 신용카드 단말기를 설치·이용하여야 하고, ④ 가맹점수수료를 신용카드회원이 부담하게 하여서는 아니 되며, ⑤ 물품의 판매 또는 용역의 제공 등이 없이 신용카드로 거래한 것처럼 꾸미는 행위, 신용카드로 실제 매출금액 이상의 거래를 하는 행위, 다른 신용카드가맹점의 명의를 사용하여 신용카드로 거래하는 행위, 신용카드가맹점의 명의를 타인에게 빌려주는 행위, 신용카드에 의한 거래를 대행하는 행위 등을 하여서는 아니된다(여신전문금융업법 제19조 제1항 내지 제5항).

2. 신용카드업자등의 금지행위

신용카드업자는 소비자 보호 목적과 건전한 영업질서를 해칠 우려가 있는 행위(이하 “금지행위”라 한다)를 하여서는 아니되는 바, 금지행위로는 신용카드업자의 경영상태를 부실하게 할 수 있는 모집행위 또는 서비스 제공 등으로 신용카드등의 건전한 영업질서를 해치는 행위가 규정되어 있다.

신용카드등의 건전한 영업질서를 해치는 행위로는 i) 신용카드업자의 비영업직 임직원에 대하여 과도한 성과금을 지급하는 등의 방법으로 신용카드회원등을 모집하는 행위, ii) 신용카드회원등에게 신용카드등의 이용 시 추가적인 혜택을 주기 위하여 신용카드가맹점과 신용카드업자가 가맹점수수료 외에 별도의 비용을 부담하는 계약을 체결하는 경우 해당 계약 체결과 관련된 사항(이하 "신용카드가맹점제휴조건"이라 한다)과 그 변경에 관련된 사항을 사실과 다르게 설명하거나 지나치게 부풀려서 설명하는 행위, iii) 신용카드가맹점제휴조건을 감추거나 축소하는 방법으로 설명하는 행위, iv) 신용카드가맹점제휴조건의 비교대상 및 기준을 명확하게 설명하지 않거나 객관적인 근거 없이 다른 회사의 것보다 유리하다고 설명하는 행위, v) 다른 회사의 신용카드가맹점제휴조건을 객관적인 근거가 없는 내용으로 비방하거나 불리한 사실만을 설명하는 행위, vi) 신용카드업 허가를 받은 날부터 1년이 지난 신용카드업자가 법인(국가 및 지방자치단체를 포함함)인 신용카드회원등(이하 "법인회원"이라 한다)의 신용카드등 이용을 촉진하기 위해 과도한 경제적 이익을 제공하는 행위가 있다(여신전문금융업법 제24조의2, 동법 시행령 제7조의3, [별표 1의3]).

여신전문금융업법(이하 '법'이라고 한다) 제24조의2 제1항은 신용카드업자에 대하여 '소비자 보호 목적과 건전한 영업질서를 해칠 우려가 있는 행위(이하 '금지행위'라 한다)'의 금지를 명하는 한편 그러한 금지행위 중 하나로 '신용카드 상품에 관한 충분한 정보를 제공하지 아니하는 등으로 신용카드회원 등의 권익을 부당하게 침해하는 행위'를 제시하고 있다. 법 제24조의2 제2항은 시행령에 위임하는 것이 '금지행위의 세부적인 유형과 기준'임을 명시하고 있다. 구 여신전문금융업법 시행령(2012. 10. 9. 대통령령 제24136호로 개정되기 전의 것, 이하 '시행령'이라고 한다) 제7조의3의 규율 내용 및 재위임 취지 역시 분명하다. 시행령 제7조의3은, 법 제24조의2 제2항의 위임 취지에 부합되게, 신용카드회원 등의 권익을 부당하게 침해하는 행위의 여러 유형을 제시하였는데 그중 하나가 '신용카드 등의 이용 시 제공되는 추가적인 혜택(이하 '부가서비스'라 한다)을 부당하게 변경하는 행위'[[별표 1의3] 제1호 (마)목]이다. 한편 시행령 제7조의3은 금융위원회가 시행령에서 규정된 금지행위 중 특정한 금지행위에 적용하기 위하여 필요하다고 인정할 경우 '시행령에 규정된 금지행위의 유형과 기준에 대한 세부적인 기준'을 정할 수 있다고 위임하였다. 이는 가령 '부가서비스를 부당하게 변경하는 행위'처럼 시행령에 규정된 금지행위가 '부당성'과 같은 추상적 개념으로 구성되어 있어서 그것이 의미하는 바가 여전히 분명하지 않을 경우엔 금융위원회 고시를 통하여 보다 실질적이고 세부적인 기준을 설정하는 방법으로 금지행위를 구체화할 필요성이 있기 때문으로 보인다.
구 여신전문금융업감독규정(2012. 10. 15. 금융위원회 고시 제2012-24호로 개정되기 전의 것) 제25조 제1항 제2호는, '부가서비스를 부당하게 변경하는 행위'에 해당하는지를 판단할 수 있는 보다 구체화된 기준과 요건 등을 제시하거나 위 기준 등에 근거한 금지행위의 유형화는 전혀 시도하지 않은 채, 신용카드업자가 부가서비스를 변경할 경우 일정 기간 동안 부가서비스를 유지해 왔고 6개월 이전에 변경 사유 등을 정해진 방법으로 고지하는 등의 절차만 준수한다면 부가서비스 변경이 신용카드회원 등의 권익을 부당하게 침해하는지에 대한 어떠한 고려도 없이 변경행위가 금지되지 않는 것으로 정하고 있다. 이는 법과 시행령의 위임 범위를 벗어난 고시규정을 통하여 '부가서비스를 부당하게 변경하는 행위'를 금지하고자 한 법과 시행령의 입법 취지를 본질적으로 변질시킨 것으로도 볼 수 있다. 결국 위 고시규정은 그 내용이 법과 시행령의 위임 범위를 벗어난 것으로서 법규명령으로서의 대외적 구속력을 인정할 수 없다. (대법원 2019. 5. 30. 선고 2016다276177 판결 [마일리지청구의소])

Ⅵ 벌칙

1. 벌칙

(1) 7년 이하의 징역 또는 5천만원 이하의 벌금

① 신용카드등을 위조하거나 변조한 자, ② 위조되거나 변조된 신용카드등을 판매하거나 사용한 자, ③ 분실하거나 도난당한 신용카드나 직불카드를 판매하거나 사용한 자, ④ 강취(强取)·횡령하거나, 사람을 기망(欺罔)하거나 공갈(恐喝)하여 취득한 신용카드나 직불카드를 판매하거나 사용한 자, ⑤ 행사할 목적으로 위조되거나 변조된 신용카드등을 취득한 자, ⑥ 거짓이나 그 밖의 부정한 방법으로 알아낸 타인의 신용카드 정보를 보유하거나 이를 이용하여 신용카드로 거래한 자, ⑦

제3조 제1항에 따른 허가를 받지 아니하거나 등록을 하지 아니하고 신용카드업을 한 자, ⑧ 거짓이나 그 밖의 부정한 방법으로 제3조 제1항에 따른 허가를 받거나 등록을 한 자, ⑨ 제49조의2 제1항 또는 제8항을 위반하여 대주주에게 신용공여를 한 여신전문금융회사와 그로부터 신용공여를 받은 대주주 또는 대주주의 특수관계인, ⑩ 법 제50조 제1항을 위반하여 대주주가 발행한 주식을 소유한 여신전문금융회사, ⑪ 제50조의2 제5항을 위반하여 같은 항 각 호의 어느 하나에 해당하는 행위를 한 대주주 또는 대주주의 특수관계인은 7년 이하의 징역 또는 5천만원 이하의 벌금에 처한다(여신전문금융업법 제70조 제1항). 이때 ①과 ②의 미수범은 처벌하고(여신전문금융업법 제70조 제6항), ①의 죄를 범할 목적으로 예비(豫備)하거나 음모(陰謀)한 자는 3년 이하의 징역 또는 2천만원 이하의 벌금에 처한다. 다만, 그 목적한 죄를 실행하기 전에 자수한 자에 대하여는 그 형(刑)을 감경(減輕)하거나 면제한다(여신전문금융업법 제70조 제7항).

(2) 5년 이하의 징역 또는 3천만원 이하의 벌금

법 제18조의3 제4항 제2호, 제19조 제6항 또는 제24조의2 제3항을 위반한 자는 5년 이하의 징역 또는 3천만원 이하의 벌금에 처한다(여신전문금융업법 제70조 제2항).

(3) 3년 이하의 징역 또는 2천만원 이하의 벌금

① 거짓이나 그 밖의 부정한 방법으로 법 제3조 제2항에 따른 등록을 한 자, ② i) 물품의 판매 또는 용역의 제공 등을 가장하거나 실제 매출금액을 넘겨 신용카드로 거래하거나 이를 대행하게 하는 행위, ii) 신용카드회원으로 하여금 신용카드로 구매하도록 한 물품·용역 등을 할인하여 매입하는 행위, iii) 법 제15조를 위반하여 신용카드에 질권을 설정하는 행위 중 어느 하나에 해당하는 행위를 통하여 자금을 융통하여 준 자 또는 이를 중개·알선한 자, ③ 법 제19조 제5항 제3호를 위반하여 다른 신용카드가맹점의 명의를 사용하여 신용카드로 거래한 자, ④ 법 제19조 제5항 제5호를 위반하여 신용카드에 의한 거래를 대행한 자, ⑤ 법 제20조 제1항을 위반하여 매출채권을 양도한 자 및 양수한 자, ⑥ 법 제20조 제2항을 위

반하여 신용카드가맹점의 명의로 신용카드등에 의한 거래를 한 자, ⑦ 법 제27조의2 제1항에 따른 등록을 하지 아니하고 신용카드등부가통신업을 한 자, ⑧ 거짓이나 그 밖의 부정한 방법으로 제27조의2제1항에 따른 등록을 한 자는 3년 이하의 징역 또는 2천만원 이하의 벌금에 처한다(여신전문금융업법 제70조 제3항).

(4) 1년 이하의 징역 또는 1천만원 이하의 벌금

① 법 제14조의2 제1항 각 호의 어느 하나에 해당하지 아니한 자로서 신용카드회원을 모집한 자, ② 법 제15조를 위반하여 신용카드를 양도·양수한 자, ③ 법 제18조의3 제4항 제1호를 위반한 자, ④ 법 제19조 제1항을 위반하여 신용카드로 거래한다는 이유로 물품의 판매 또는 용역의 제공 등을 거절하거나 신용카드회원을 불리하게 대우한 자, ⑤ 법 제19조 제4항을 위반하여 가맹점수수료를 신용카드회원이 부담하게 한 자, ⑥ 법 제19조 제5항 제4호를 위반하여 신용카드가맹점의 명의를 타인에게 빌려준 자, ⑦ 법 제27조, 제50조의2 제1항·제3항 또는 제51조를 위반한 자는 1년 이하의 징역 또는 1천만원 이하의 벌금에 처한다(여신전문금융업법 제70조 제4항).

(5) 징역형과 벌금형의 병과

위 (1)부터 (4)까지의 징역형은 벌금형과 병과(倂科)할 수 있다(여신전문금융업법 제70조 제8항).

2. 양벌규정

법인의 대표자나 법인 또는 개인의 대리인, 사용인, 그 밖의 종업원이 그 법인 또는 개인의 업무에 관하여 제70조의 벌칙조항 위반행위를 하면 그 행위자를 벌하는 외에 그 법인 또는 개인에게도 해당 조문의 벌금형을 과(科)한다. 다만, 법인 또는 개인이 그 위반행위를 방지하기 위하여 해당 업무에 관하여 상당한 주의와 감독을 게을리하지 아니한 경우에는 그러하지 아니하다(여신전문금융업법 제71조).

3. 과태료

이 법에 따른 위반행위를 하는 경우, 행위유형에 따라 과태료를 부과한다(여신전문금융업법 제72조).

제 2 장

할부거래

제1부 총칙

I 서설

자금 여력이 충분하지 않은 소비자는 값비싼 재화를 구매하기 위해 자금을 모아야 할 것이고, 사업자로서도 생산된 재화를 언제까지나 보관해둘 수만도 없다. 그러나 만일 소비자가 대금을 분할하여 지급할 수 있게 된다면 소비자는 구매가 용이해지고, 사업자도 생산된 물건을 바로 판매할 수 있게 될 것이다. 이러한 원리가 바로 할부거래이다. 할부거래를 이용하면 고가의 제품에 대한 구매력이 증대되는 효과가 발생하게 되는데, 이로 인해 즉흥적인 소비심리를 부추겨 충동구매나 비합리적인 소비가 종종 발생하기도 한다.

「할부거래에 관한 법률」(이하 "할부거래법"이라 한다)에서는 이러한 피해로부터 소비자를 보호하기 위하여 할부거래에 관하여 일정한 규제를 하고 있다.

동법은 1992년에 제정되어 시행되고 있다. 제정 당시에는 소비자가 대금을 완납하기 전에 먼저 재화 등을 공급받는 할부거래만을 규율하면서 소비자의 청약철회 등의 조항을 두고 있었으나, 2010년 할부거래법 전면개정에 따라 소비자가 재화 등을 공급받기 전 대금을 먼저 나누어 지급하는 형태의 선불식 할부거래도 규율하게 되었다.

Ⅱ 개념

1. 할부계약

할부계약이란 계약의 명칭·형식이 어떠하든 재화나 용역(이하 "재화등"이라 한다)에 관한 계약으로, 직접할부계약과 간접할부계약이 있다. 이 경우 선불식 할부계약에 해당하는 경우는 제외한다(할부거래법 제2조 제1호).

(1) 직접할부계약

소비자가 사업자에게 재화의 대금이나 용역의 대가(이하 "재화등의 대금"이라 한다)를 2개월 이상의 기간에 걸쳐 3회 이상 나누어 지급하고, 재화등의 대금을 완납하기 전에 재화의 공급이나 용역의 제공(이하 "재화등의 공급"이라 한다)을 받기로 하는 계약을 말한다.

(2) 간접할부계약

소비자가 신용제공자에게 재화등의 대금을 2개월 이상의 기간에 걸쳐 3회 이상 나누어 지급하고, 재화등의 대금을 완납하기 전에 사업자로부터 재화등의 공급을 받기로 하는 계약을 말한다.

> 할부거래에 관한 법률 제2조 제1항 제2호 소정의 할부계약은 매도인, 매수인, 신용제공자라는 3당사자의 존재를 전제로 하여 매도인과 매수인 사이의 매매계약 이외에 신용제공자와 매도인 사이의 보증이나 채권양도 등의 약정과 신용제공자와 매수인 사이의 할부금의 지급 등에 관한 약정이라는 3면 계약에 의하여 이루어진 것을 말하고, 매도인과 신용제공자 사이에서는 아무런 계약관계 없이 매수인이 목적물의 대금을 신용제공자로부터 차용하여 목적물을 구입한 후 나중에 그 차용금을 분할하여 상환하는 방식은 분할변제의 특약이 있는 신용제공자와 매수인 사이의 순수한 소비대차계약으로서 위 법률이 적용되지 않는다. (대법원 2008. 7. 10. 선고 2006다57872 판결)

2. 선불식 할부계약

선불식 할부계약이란 계약의 명칭·형식이 어떠하든 소비자가 사업자로부터 다음 ① 장례 또는 혼례를 위한 용역(제공시기가 확정된 경우는 제외한다) 및 이에 부수한 재화나, ② ①에 준하는 소비자피해가 발생하는 재화등으로서 소비자의 피해를 방지하기 위하여 대통령령[12]으로 정하는 재화등의 어느 하나에 해당하는 재화등의 대금을 2개월 이상의 기간에 걸쳐 2회 이상 나누어 지급하고 재화등의 공급은 대금의 전부 또는 일부를 지급한 후에 받기로 하는 계약을 말한다(할부거래법 제2조 제2호).

3. 할부거래 및 할부거래업자

"할부거래"란 소비자가 재화등에 대한 대금을 분할하여 지급하는 거래방식으로, 이러한 할부계약에 의한 거래를 말한다. "할부거래업자"는 할부계약에 의한 재화등의 공급을 업으로 하는 자를 말한다(할부거래법 제2조 제3호).

4. 선불식 할부거래 및 선불식 할부거래업자

"선불식 할부거래"란 선불식 할부계약에 의한 거래를 말하며, "선불식 할부거래업자"란 선불식 할부계약에 의한 재화등의 공급을 업으로 하는 자를 말한다(할부거래법 제2조 제4호).

---

12) 시행령에서 ① 여행을 위한 용역 및 이에 부수한 재화, ② 「건전가정의례의 정착 및 지원에 관한 법률」에 따른 가정의례(법 제2조 제2호가목에 따른 장례·혼례는 제외한다)를 위한 용역 및 이에 부수한 재화를 정하고 있다. 다만, 제공시기가 확정된 재화등은 제외한다(할부거래법 시행령 제1조의2). 일부 상조업체가 상조상품에 여행상품을 함께 판매하자 지난 2022년 동법 개정을 통해 여행상품도 선불식 할부계약의 대상으로 포함시킨 것이다.

5. 소비자

소비자는 ① 할부계약 또는 선불식 할부계약에 의하여 제공되는 재화등을 소비생활을 위하여 사용하거나 이용하는 자, 또는, ② ① 이외의 자로서 사실상 ①의 자와 동일한 지위 및 거래조건으로 거래하는 자 등 대통령령으로 정하는 자이다(할부거래법 제2조 제5호).

Ⅲ 적용범위 및 다른 법률과의 관계

1. 적용범위

할부거래법에서는 일정한 경우에 동법을 적용하지 않는 경우를 규정하고 있다. ① 사업자가 상행위를 위하여 재화등의 공급을 받는 거래(다만, 사업자가 사실상 소비자와 같은 지위에서 다른 소비자와 같은 거래조건으로 거래하는 경우는 할부거래법을 적용한다), ② 성질상 할부거래법을 적용하는 것이 적합하지 아니한 것으로서 i) 농산물·수산물·축산물·임산물·광산물로서 「통계법」 제22조에 따라 작성한 한국표준산업분류표상의 제조업에 의하여 생산되지 아니한 것, ii) 「약사법」 제2조 제4호에 따른 의약품, iii) 「보험업법」에 따른 보험, iv) 「자본시장과 금융투자업에 관한 법률」 제4조에 따른 증권 및 같은 법 제336조 제1항 제1호에 따른 어음, v) 부동산의 거래에 관하여는 할부거래법이 적용되지 않는다(할부거래법 제3조, 동법 시행령 제4조).

2. 다른 법률과의 관계

할부거래 및 선불식 할부거래에서의 소비자보호와 관련하여 이 법과 다른 법률이 경합하여 적용되는 경우에는 이 법을 우선하여 적용한다. 다만, 다른 법률을 적용하는 것이 소비자에게 유리한 경우에는 그 법률을 적용한다(할부거래법 제4조).

‖ 제2부 할부거래 ‖

I 할부거래의 법적 성질 및 특징

1. 할부거래의 법적 성질

할부거래의 법적 성질에 관하여는 물권적 기대권설과 양도담보권설이 대립한다.

물권적 기대권설은 할부거래업자의 대금채권 확보를 위한 소유권 유보의 특약은 유효하다고 보아, 당사자간에 소유권이 할부거래업자에게 유보된 것으로 추정하는 견해이다. 이 견해에 의하면 소유권유보의 특약은 소비자가 매매대금을 완납할 것을 정지조건으로 하는 소유권이전으로 본다. 대금완납시까지 소유권이 할부거래업자에게 유보되어 있고, 할부금의 미지급액이 적어질수록 점차 완전한 소유권에 시간적으로 접근되어 간다고 본다.[13)]

반면 양도담보권설은 할부거래업자는 목적물에 대한 미지급대금을 피담보채권으로 하는 양도담보권을 갖는다고 본다. 즉, 대금을 완납할 때까지 소비자가 목적물의 소유권을 보유하고 있으나, 소비자가 대금채무를 이행하지 않게 되면 할부거래업자는 목적물로부터 우선변제를 받을 권리가 있고, 정산한 금액을 소비자에게 반환함과 동시에 목적물의 소유권을 이전해줄 것을 요구할 수 있다고 본다.[14)]

판례는 목적물의 소유권을 이전한다는 당사자 사이의 물권적 합의는 매매계약을 체결하고 목적물을 인도한 때 이미 성립하지만 대금이 모두 지급되는 것을 정지조건으로 한다고 본다.[15)]

---

13) 양명조, 앞의 책, 604면.

14) 양명조, 앞의 책, 604면.

15) 대법원 2008. 7. 10. 선고 2006다57872 판결.

> 동산의 매매계약을 체결하면서, 매도인이 대금을 모두 지급받기 전에 목적물을 매수인에게 인도하지만 대금이 모두 지급될 때까지는 목적물의 소유권은 매도인에게 유보되며 대금이 모두 지급된 때에 그 소유권이 매수인에게 이전된다는 내용의 소위 소유권유보의 특약을 한 경우, 목적물의 소유권을 이전한다는 당사자 사이의 물권적 합의는 매매계약을 체결하고 목적물을 인도한 때 이미 성립하지만 대금이 모두 지급되는 것을 정지조건으로 하므로, 목적물이 매수인에게 인도되었다고 하더라도 특별한 사정이 없는 한 매도인은 대금이 모두 지급될 때까지 매수인뿐만 아니라 제3자에 대하여도 유보된 목적물의 소유권을 주장할 수 있고, 다만 대금이 모두 지급되었을 때에는 그 정지조건이 완성되어 별도의 의사표시 없이 목적물의 소유권이 매수인에게 이전된다. (대법원 1996. 6. 28. 선고 96다14807 판결)

2. 할부거래의 특징

할부거래는 재화등의 구매 당시 자금이 부족하여도 일단 구매하고 추후 천천히 대금을 나누어 갚아나갈 수 있다는 점에서 재정능력이 부족한 소비자도 고가의 재화를 용이하게 구매할 수 있도록 하는 특성이 있어, 사업자에게는 할부거래가 효과적인 마케팅 수단이 된다. 그러나 다른 한편으로는 소비자에게 충동구매를 자극할 가능성이 있고, 할부거래업자의 소유권 유보로 인하여 소비자의 지위가 불안정해지기도 한다.[16]

Ⅱ 할부거래계약의 성립

1. 계약체결 전의 정보제공

할부거래업자는 할부계약을 체결하기 전에 소비자가 할부계약의 내용을 이해할 수 있도록 ① 재화등의 종류 및 내용, ② 현금가격(할부계약에 의하지 아니하고 소비자가 재화등의 공급을 받은 때에 할부거래업자에게 지급하여야 할 대금 전액을 말한

---

16) 양명조, 앞의 책, 603－604면.

다), ③ 할부가격(소비자가 할부거래업자나 신용제공자에게 지급하여야 할 계약금과 할부금의 총합계액을 말한다), ④ 각 할부금의 금액·지급횟수 및 지급시기, ⑤ 할부수수료의 실제연간요율, ⑥ 계약금(최초지급금·선수금 등 명칭이 무엇이든 할부계약을 체결할 때에 소비자가 할부거래업자에게 지급하는 금액을 말한다), ⑦ 지연손해금 산정 시 적용하는 비율을 표시하여야 한다. 다만, 「여신전문금융업법」상 신용카드회원과 신용카드가맹점 간의 간접할부계약의 경우에는 ③, ④, ⑥, ⑦의 사항을 표시하지 아니할 수 있다(할부거래법 제5조).

2. 할부계약의 서면주의

할부거래법에서는 할부거래계약에 관하여 서면주의를 채택하고 있는바, 할부거래업자는 ① 할부거래업자·소비자 및 신용제공자의 성명 및 주소, ② 재화등의 종류·내용 및 재화등의 공급 시기, ③ 현금가격, ④ 할부가격, ⑤ 각 할부금의 금액·지급횟수·지급기간 및 지급시기, ⑥ 할부수수료의 실제연간요율, ⑦ 계약금, ⑧ 재화의 소유권 유보에 관한 사항, ⑨ 청약철회의 기한·행사방법·효과에 관한 사항, ⑩ 할부거래업자의 할부계약의 해제에 관한 사항, ⑪ 지연손해금 산정 시 적용하는 비율, ⑫ 소비자의 기한의 이익 상실에 관한 사항, ⑬ 소비자의 항변권과 행사방법에 관한 사항을 적은 서면(전자문서를 포함한다)으로 할부계약을 체결하여야 한다. 다만, 「여신전문금융업법」에 따른 신용카드회원과 신용카드가맹점 간의 간접할부계약은 ④, ⑤ 중 지급시기 및 ⑪의 사항을 적지 아니할 수 있다(할부거래법 제6조 제1항).

할부거래업자는 할부계약을 체결할 경우 위의 사항이 포함된 계약서를 소비자에게 발급하여야 한다. 다만, 「여신전문금융업법」에 따른 신용카드회원과 신용카드가맹점 간의 간접할부계약의 경우 소비자의 동의를 받아 해당 계약의 내용을 팩스나 전자문서로 보내는 것으로 대신할 수 있으며, 팩스나 전자문서로 보낸 계약서의 내용이나 도달에 다툼이 있으면 할부거래업자가 이를 증명하여야 한다(할부거래법 제6조 제2항).

할부계약이 위의 요건을 갖추지 못하거나 그 내용이 불확실한 경우에는 소비자와 할부거래업자 간의 특약이 없는 한 그 계약내용은 어떠한 경우에도 소비자에게 불리하게 해석되어서는 아니 된다(할부거래법 제6조 제4항).

Ⅲ 청약철회권

1. 청약철회권의 인정근거

할부거래의 경우, 지급능력이 되지 않는 소비자라 하더라도 당장 구매할 수 있다는 점으로 인하여 충동구매가 발생하기 쉽다. 할부거래로 인하여 경솔하게 구매한 소비자를 보호하기 위하여 할부거래법에서도 소비자에게 청약철회권을 인정하고 있다. 소비자에게 숙고기간 또는 냉각기간(cooling period)을 허용함으로써 소비자자 이 기간동안에는 계약의 갈고리(hook)로부터 완벽하게 벗어날 수 있도록 하고 있다.[17)]

계약의 기본 법리에 의하면 일단 계약이 성립된 이후에는 해제 또는 해지만이 가능하고, 이를 위하여는 해제권 또는 해지권이 필요하다. 그러나 청약철회권에 의하면 이러한 권리 없이도 계약으로부터 완벽하게 벗어날 수 있고, 계약의 해제 또는 해지와는 달라서 손해배상 등의 문제도 남기지 않는다는 점에서 소비자를 적극 보호하고 있다.[18)]

2. 청약철회권의 행사방법

(1) 직접할부계약의 경우

소비자는 ① 계약서를 받은 날부터 7일(다만, 그 계약서를 받은 날보다 재화등의 공급이 늦게 이루어진 경우에는 재화등을 공급받은 날부터 7일), ② i) 계약서를 받지 아니한 경우, ii) 할부거래업자의 주소 등이 적혀 있지 아니한 계약서를 받은 경우, iii) 할부거래업자의 주소 변경 등의 사유로 ①의 기간 이내에 청약을 철회할 수 없는 경우에는 그 주소를 안 날 또는 알 수 있었던 날 등 청약을 철회할 수 있는

17) 양명조, 앞의 책, 614면.

18) 양명조, 앞의 책, 614면.

날부터 7일, ③ 계약서에 청약의 철회에 관한 사항이 적혀 있지 아니한 경우에는 청약을 철회할 수 있음을 안 날 또는 알 수 있었던 날부터 7일, ④ 할부거래업자가 청약의 철회를 방해한 경우에는 그 방해 행위가 종료한 날부터 7일 이내에 할부계약에 관한 청약을 철회할 수 있다. 다만, 거래당사자가 그보다 긴 기간을 약정한 경우에는 그 기간 내에 청약철회를 할 수 있다(할부거래법 제8조 제1항).

소비자가 청약을 철회할 경우 위에 따른 기간 이내에 할부거래업자에게 청약을 철회하는 의사표시가 적힌 서면을 발송하여야 하고, 청약의 철회는 서면을 발송한 날에 그 효력이 발생한다.[19] 이때 계약서의 발급사실과 그 시기, 재화등의 공급 사실과 그 시기에 관하여 다툼이 있는 경우에는 할부거래업자가 이를 입증하여야 한다(할부거래법 제8조 제3항 내지 제5항).

(2) 간접할부계약의 경우

소비자가 할부거래업자에게 간접할부계약에 관한 청약을 철회한 경우 위 직접할부계약에서 정한 기간 이내에 신용제공자에게 청약을 철회하는 의사표시가 적힌 서면을 발송하여야 한다. 소비자가 신용제공자에게 청약철회의 서면을 발송하지 아니한 경우 신용제공자의 할부금지급청구를 거절할 수 없다. 다만, ① 신용제공자가 위 직접할부계약에서 정한 기간 이내에 할부거래업자에게 재화등의 대금을 지급한 경우, ② 신용제공자가 할부거래업자로부터 법 제10조 제4항에 따른 할부금청구의 중지 또는 취소를 요청받은 경우에는 소비자가 그 서면을 발송하지 아니한 경우라도 신용제공자의 할부금지급청구를 거절할 수 있다(할부거래법 제9조).

3. 청약철회권을 행사할 수 없는 경우

소비자는 ① 소비자에게 책임있는 사유로 재화등이 멸실되거나 훼손된 경우(다만, 재화등의 내용을 확인하기 위하여 포장 등을 훼손한 경우는 제외한다), ② 사용 또

---

19) 방문판매, 전화권유판매, 다단계판매, 통신판매는 청약철회를 반드시 서면으로 하지 않아도 무방하나(다단계판매원의 청약철회권 제외), 할부거래에서는 청약철회를 반드시 서면으로 하도록 정하고 있다.

는 소비에 의하여 그 가치가 현저히 낮아질 우려가 있는 것으로서 i) 「선박법」에 따른 선박, ii) 「항공안전법」에 따른 항공기, iii) 「철도사업법」 및 「도시철도법」에 따른 궤도를 운행하는 차량, iv) 「건설기계관리법」에 따른 건설기계, v) 「자동차관리법」에 따른 자동차, vi) 설치에 전문인력 및 부속자재 등이 요구되는 것으로서 「고압가스 안전관리법」에 따른 냉동기나 전기 냉방기(난방 겸용인 것을 포함한다), 보일러를 설치한 경우, ③ 시간이 지남으로써 다시 판매하기 어려울 정도로 재화등의 가치가 현저히 낮아진 경우, ④ 복제할 수 있는 재화등의 포장을 훼손한 경우, ⑤ 그 밖에 거래의 안전을 위하여 i) 할부가격이 10만 원 미만인 할부계약(다만, 「여신전문금융업법」에 따른 신용카드를 사용하여 할부거래를 하는 경우에는 할부가격이 20만 원 미만인 할부계약을 말한다), ii) 소비자의 주문에 따라 개별적으로 제조되는 재화등의 공급을 목적으로 하는 할부계약중 어느 하나에 해당하는 경우에는 청약의 철회를 할 수 없다. 다만, 할부거래업자가 청약의 철회를 승낙하거나 청약을 철회할 수 없다는 사실을 재화등의 포장이나 그 밖에 소비자가 쉽게 알 수 있는 곳에 분명하게 표시하거나 시용(試用) 상품을 제공하는 등의 방법으로 소비자가 청약을 철회하는 것이 방해받지 아니하도록 조치를 하지 아니한 경우에는 ② 내지 ④에 해당하는 경우에도 청약을 철회할 수 있다(할부거래법 제8조 제2항, 동법 시행령 제6조).

이때 철회권을 행사할 수 없는 사유 중 어느 것에 해당하는지 여부에 관하여 다툼이 있는 경우에는 할부거래업자가 이를 입증하여야 한다. 할부거래업자는 위 ② 내지 ④의 규정에 따라 청약을 철회할 수 없는 재화등에 대하여는 그 사실을 재화등의 포장이나 그 밖에 소비자가 쉽게 알 수 있는 곳에 분명하게 표시하거나 시용(試用) 상품을 제공하는 등의 방법으로 소비자가 청약을 철회하는 것이 방해받지 아니하도록 조치하여야 한다(할부거래법 제8조 제6항).

4. 청약철회권 행사의 효과

소비자는 청약을 철회한 경우 이미 공급받은 재화등을 반환하여야 하고, 소비자가 청약을 철회하면 할부거래업자(소비자로부터 재화등의 계약금 또는 할부금을 지급받은 자 또는 소비자와 할부계약을 체결한 자를 포함한다)는 ① 재화를 공급한 경우에는 재화를 반환받은 날부터 3영업일, ② 용역을 제공한 경우에는 청약을 철회하는 서면을 수령한 날부터 3영업일 이내에 이미 지급받은 계약금 및 할부금을 환급하여야 한다. 이 경우 할부거래업자가 소비자에게 재화등의 계약금 및 할부금의 환급을 지연한 때에는 그 지연기간에 따라 「이자제한법」에서 정한 이자의 최고한도의 범위에서 연 100분의 15의 이율을 곱하여 산정한 지연이자(이하 "지연배상금"이라 한다)를 함께 환급하여야 한다(할부거래법 제10조 제1항·제2항, 동법 시행령 제7조).

소비자가 청약을 철회하면 할부거래업자는 이미 용역(일정한 시설을 이용하거나 용역을 제공받을 권리는 제외한다)이 제공된 때에는 이미 제공된 용역과 동일한 용역의 반환을 청구할 수 없다(할부거래법 제10조 제3항).

할부거래업자는 간접할부계약의 경우 청약을 철회하는 서면을 수령한 때에는 지체 없이 해당 신용제공자에게 재화등에 대한 할부금의 청구를 중지 또는 취소하도록 요청하여야 한다. 만일 할부거래업자가 이 요청을 지연하여 소비자로 하여금 신용제공자에게 할부금을 지불하게 한 경우 소비자가 지불한 금액에 대하여 소비자가 환급받는 날까지의 기간에 대한 지연배상금을 소비자에게 지급하여야 한다. 이 경우 할부거래업자가 신용제공자로부터 해당 재화등의 대금을 이미 지급받은 때에는 지체 없이 이를 신용제공자에게 환급하여야 한다(할부거래법 제10조 제4항·제6항). 신용제공자는 할부거래업자로부터 할부금의 청구를 중지 또는 취소하도록 요청받은 경우 지체 없이 이에 필요한 조치를 취하여야 한다. 이 경우 소비자가 이미 지불한 할부금이 있는 때에는 지체 없이 이를 환급하여야 한다. 만일 신용제공자가 환급을 지연한 경우 그 지연기간에 따른 지연배상금을 소비자에게 지급하여야 한다. 다만, 할부거래업자가 신용제공자에게 할부금의 청구 중지 또는 취소의 요청을 지연하여 신용제공자로 하여금 소비자에 대한 할부금의 환급을 지연하게 한 경우에는 그 할부거래업자가 지연배상금을 지급하여야 한다(할부거래법 제10조 제5항·제7항). 할부거래업자 또는 신용제공자는 소비자가 청약을 철회함에 따라 소비자와 분쟁이 발생한 경우 분쟁이 해결될 때까지 할부금 지급거절을 이유로 해당 소비자를 약정한 기일 이내에 채무를 변제하지 아니한 자로 처리하는 등 소비자에게 불이익을 주는 행위를 하여서는 아니 된다(할부거래법 제10조 제8항).

소비자가 청약을 철회한 경우, 할부거래업자는 이미 재화등이 사용되었거나 일부 소비된 경우에는 그 재화등을 사용하거나 일부 소비하여 소비자가 얻은 이익 또는 그 재화등의 공급에 든 비용에 상당하는 금액으로서 ① 재화등의 사용으로 소모성 부품을 재판매하기 곤란하거나 재판매가격이 현저히 하락하는 경우에는 해당 소모성 부품을 공급하는 데에 든 금액, ② 여러 개의 가분물로 구성된 재화등의 경우에는 소비자의 일부소비로 소비된 부분을 공급하는 데에 든 금액을 초과하여 소비자에게 청구할 수 없고, 공급받은 재화등의 반환에 필요한 비용을 부담하며, 소비자에게 청약의 철회를 이유로 위약금 또는 손해배상을 청구할 수도 없다(할부거래법 제10조 제9항 · 제10항, 동법 시행령 제8조).

5. 휴업기간 등에서의 청약의 철회에 관한 업무처리

할부거래업자 또는 신용제공자는 그 휴업기간 또는 영업정지기간 중에도 청약의 철회에 관한 업무를 계속하여야 한다(할부거래법 제17조).

Ⅳ 할부거래업자의 권리

1. 할부거래업자의 할부계약 해제

할부거래업자는 소비자가 할부금 지급의무를 이행하지 아니하면 할부계약을 해제할 수 있다. 이 경우 할부거래업자는 그 계약을 해제하기 전에 14일 이상의 기간을 정하여 소비자에게 이행할 것을 서면으로 최고(催告)하여야 한다. 위와 같은 사유로 할부계약이 해제된 경우, 할부거래업자 또는 소비자는 상대방에게 원상회복(原狀回復)하여 줄 의무를 지며, 이 경우 상대방이 원상회복할 때까지 자기의 의무이행을 거절할 수 있다. 할부거래업자는 재화등의 소유권이 할부거래업자에게 유보된 경우 그 할부계약을 해제하지 아니하고는 그 반환을 청구할 수 없다(할부거래법 제11조).

2. 손해배상 청구금액의 제한

할부거래업자 또는 신용제공자는 소비자가 할부금 지급의무를 이행하지 아니한 것을 이유로 소비자에게 청구하는 손해배상액은 지연된 할부금에 「이자제한법」에서 정한 이자의 최고한도의 범위에서 할부거래업자 또는 신용제공자가 소비자와 약정한 이율을 곱하여 산정한 금액에 상당하는 지연손해금을 초과하지 못한다(할부거래법 제12조 제1항).

소비자가 할부금 지급의무를 이행하지 아니하여 할부거래업자가 할부계약을 해제한 경우에 소비자에게 청구하는 손해배상액은 지연손해금과 ① 재화등의 반환 등 원상회복이 된 경우에는 통상적인 사용료와 계약 체결 및 그 이행을 위하여 통상 필요한 비용의 합계액(다만, 할부가격에서 재화등이 반환된 당시의 가액을 공제한 금액이 그 사용료와 비용의 합계액을 초과하는 경우에는 그 공제한 금액), ② 재화등의 반환 등 원상회복이 되지 아니한 경우에는 할부가격에 상당한 금액(다만, 용역이 제공된 경우에는 이미 제공된 용역의 대가 또는 그 용역에 의하여 얻어진 이익에 상당하는 금액), ③ 재화등의 공급이 되기 전인 경우에는 계약체결 및 그 이행을 위하여 통상 필요한 금액의 합계액을 초과하지 못한다(할부거래법 제12조 제2항, 동법 시행령 제9조).

할부거래업자 또는 신용제공자는 손해배상액의 예정, 위약금, 그 밖에 명칭·형식이 어떠하든 위에서 정한 금액을 초과하여 손해배상을 청구할 수 없으며, 할부거래업자 또는 신용제공자는 손해배상을 청구하는 경우 소비자의 손해가 최소화되도록 신의에 따라 성실히 하여야 한다(할부거래법 제12조 제3항·제4항).

V 소비자의 기한이익

1. 소비자의 기한이익 상실

기한의 이익이란 법률행위에 기한이 붙음으로써 당사자가 얻는 이익을 말한다.[20] 할부거래법에서는 소비자가 ① 할부금을 다음 지급기일까지 연속하여 2회 이상 지급하지 아니하고 그 지급하지 아니한 금액이 할부가격의 100분의 10을 초과하는 경우, ② 국내에서 할부금 채무이행 보증이 어려운 경우로서 i) 생업에 종사하기 위하여 외국에 이주하는 경우, ii) 외국인과의 혼인 및 연고관계로 인하여 외국에 이주하는 경우 중 어느 하나에 해당하는 경우에는 할부금의 지급에 대한 기한의 이익을 주장하지 못한다(할부거래법 제13조 제1항, 동법 시행령 제10조). 할부거래업자 또는 신용제공자가 이에 따라 소비자로부터 한꺼번에 지급받을 금액은 나머지 할부금에서 나머지 기간에 대한 할부수수료를 공제한 금액으로 한다. 이 경우 할부수수료는 일단위로 계산한다(할부거래법 제13조 제2항).

2. 소비자의 기한 전 지급

소비자는 기한이 되기 전이라도 나머지 할부금을 한꺼번에 지급할 수 있으며, 이에 따라 소비자가 기한 전 지급을 할 경우 할부거래업자 또는 신용제공자에게 지급하는 금액은 나머지 할부금에서 나머지 기간에 대한 할부수수료를 공제한 금액으로 한다(할부거래법 제14조).

Ⅵ 소비자의 항변권

1. 항변권의 행사요건

할부거래업자가 제품에 대한 하자담보책임을 이행하지 아니하거나 계약에서 정한 용역을 제공하지 않는 등의 문제가 발생한 경우 소비자는 잔여할부금에 대한 대금지급을 거절할 수 있는데, 이를 항변권이라 한다.

소비자는 ① 할부계약이 불성립·무효인 경우, ② 할부계약이 취소·해제 또는 해지된 경우, ③ 재화등의 전부 또는 일부가 할부거래업자가 제공한 서면에 기재된 재화등의 공급 시기까지 소비자에게 공급되지 아니한 경우, ④ 할부거래업자가 하자담보책임을 이행하지 아니한 경우, ⑤ 그 밖에 할부거래업자의 채무불이행으

---

20) 기한의 이익은 채무자측에 있다고 추정된다(민법 제153조 제1항).

로 인하여 할부계약의 목적을 달성할 수 없는 경우, ⑥ 다른 법률에 따라 정당하게 청약을 철회한 경우, 할부거래업자에게 그 할부금의 지급을 거절할 수 있다(할부거래법 제16조 제1항).

그러나 간접할부계약인 경우에는 소비자가 할부가격이 10만 원(다만, 「여신전문금융업법」에 따른 신용카드를 사용하여 할부거래를 하는 경우에는 20만 원) 이상인 경우에만 신용제공자에게 할부금의 지급을 거절하는 의사를 통지한 후 할부금의 지급을 거절할 수 있으며, 이때 소비자가 신용제공자에게 지급을 거절할 수 있는 금액은 할부금의 지급을 거절한 당시에 소비자가 신용제공자에게 지급하지 아니한 나머지 할부금으로 한다(할부거래법 제16조 제2항·제3항, 동법 시행령 제11조).

2. 항변권의 행사방법

소비자가 항변권의 행사를 서면으로 하는 경우 그 효력은 서면을 발송한 날에 발생하고, 할부거래업자 또는 신용제공자는 소비자의 항변을 서면으로 수령한 경우 지체 없이 그 항변권의 행사가 할부거래법 제16조 제1항의 요건을 충족하고 있는지 확인하여야 한다. 만일 요건을 충족하고 있지 않다면 소비자의 항변을 수령한 날부터 ① 할부거래업자는 5영업일, ② 신용제공자는 7영업일 이내에 서면으로 소비자의 항변을 수용할 수 없다는 의사(意思)와 항변권의 행사가 행사요건을 충족하지 아니한다는 사실을 소비자에게 서면으로 통지하여야 하고, 만일 할부거래업자 또는 신용제공자가 이 통지를 하지 않는다면 소비자의 할부금 지급 거절의사를 수용한 것으로 본다(할부거래법 제16조 제4항 내지 제6항).

할부거래업자 또는 신용제공자는 소비자가 항변권을 행사하여 할부금의 지급을 거절한 경우 소비자와 분쟁이 발생하면 분쟁이 해결될 때까지 할부금 지급 거절을 이유로 해당 소비자를 약정한 기일 이내에 채무를 변제하지 아니한 자로 처리하는 등 소비자에게 불이익을 주는 행위를 하여서는 아니 된다(할부거래법 제16조 제7항).

[2] 할부거래에 관한 법률 제12조 제2항에서 매수인의 신용제공자에 대한 할부금의 지급거절권을 인정한 취지는, 할부거래에서 할부금융약정이 물품매매계약의 자금

조달에 기여하고 두 계약이 경제적으로 일체를 이루는 경우에 그 물품매매계약이 해제되어 더 이상 매매대금채무가 존재하지 아니하는데도 할부거래의 일방 당사자인 매수인에게 그 할부금의 지급을 강제하는 것이 형평의 이념에 반하므로, 매수인으로 하여금 매도인에 대한 항변사유를 들어 신용제공자에 대하여 할부금의 지급을 거절할 수 있는 권능을 부여한 것이라고 볼 것이다. 그러므로 이른바 간접할부계약에서 신용제공자가 물품매매계약상의 해제의 원인이 된 약정 내용을 알지 못하였다고 하더라도, 매수인은 매도인과 체결한 물품매매계약을 해제하면서 신용제공자에게도 할부거래에 관한 법률 제12조 제2항에 따라 지급거절의사를 통지한 후 그 할부금의 지급을 거절할 수 있다.

[3] 할부거래에 관한 법률 제4조 제1항에서 할부계약의 주요 내용을 서면으로 하도록 한 취지는 할부거래에 있어서는 대금의 지급이 장기간에 걸쳐 계속되기 때문에 계약 내용이 복잡하고 소비자의 충동구매가 이루어지는 경우가 많은 현실을 감안하여, 매수인으로 하여금 할부계약의 내용을 이해할 수 있도록 함과 동시에 계약체결을 신중하게 하도록 함으로써 부당하게 불리한 특약으로부터 매수인을 보호하고, 분쟁을 사전에 예방하고자 한 데 있을 뿐이고, 그와 같은 서면 기재를 신용제공자에 대한 지급거절권의 행사요건으로 규정한 것은 아니다.

[4] 할부거래에 관한 법률 제2조 제2항 소정의 '매수인이 상행위를 목적으로 할부계약을 체결하는 경우'라 함은, 매수인이 신용제공자의 여신으로 매수한 물건을 다른 소비자에게 판매할 목적으로 물건을 할부로 구입한 경우만을 의미하는 것이 아니라, 자신의 소비만을 목적으로 한 경우가 아닌 영리를 목적으로 할부계약을 체결하는 경우를 의미한다.

[5] 할부거래에 관한 법률 제13조는 '매수인의 항변권'을 보호하기 위한 규정으로서, 할부계약의 내용 중에서 할부거래에 관한 법률 제12조에 의한 내용보다 매수인에게 불리한 것은 매도인뿐만 아니라 신용제공자에 대한 관계에서도 효력을 인정할 수 없다고 할 것이므로, 이른바 간접할부계약에도 유추적용된다. (대법원 2006. 7. 28. 선고 2004다54633 판결)

Ⅶ 할부대금채권의 소멸시효

할부계약에 의한 할부대금채권은 3년간 행사하지 아니하면 소멸시효가 완성한다(할부거래법 제15조).

1. A는 9월 1일 집 근처 헬스클럽에서 1년간 사용료 120만 원을 신용카드를 이용하여 매월 10만 원씩 12개월 할부로 지급하기로 결제하였다. 처음 두달간은 열심히 헬스클럽에서 운동을 하였으나, 11월 1일에 갑자기 리모델링을 한다며 헬스클럽이 문을 닫았고 12월 31일에 이르러 헬스클럽 사장이 야반도주하였다는 사실을 알게 되었다. 그러나 신용카드로 이미 4개월분인 40만 원이 인출완료된 상태이다. 12월 31일 현재 헬스클럽 사장과는 연락이 되지 않고 있는 상황이다. A가 할 수 있는 조치로는 어떤 것이 있을까?
2. B는 방문판매로 100만 원 상당의 도서를 구입하면서 신용카드를 이용하여 6개월 할부로 결제하였다. 계약서 및 도서를 받은 날로부터 10일이 경과한 후 도서를 반품하려 보니, 방문판매는 14일 내에 철회권을 행사할 수 있지만 할부거래는 7일 이내 행사할 수 있다고 한다. 이 경우 B는 철회권을 행사할 수 있는가?

▌제3부 선불식 할부거래▐

I 서설

관혼상제 서비스의 일종인 상조업은 사업자의 부도·폐업 등으로 인한 서비스 미이행 및 사업자의 부당한 계약해지 거절이나 과다한 위약금 요구에 따른 소비자들의 피해실태가 심각해짐에 따라 상조업에 대한 관리방안 필요성이 제기되었다. 이를 위하여 2010년 할부거래법 개정을 통하여 상조업과 같은 선불식 할부거래를 할부거래법의 적용범위에 포함시킴으로써 선불식 할부거래에 대한 제도적 규율을 마련하게 되었다. 2022년에는 할부거래법 시행령을 개정함으로써 제공시기가 확정되지 않은 '여행을 위한 용역 및 이에 부수한 재화' 및 '가정의례를 위한 용역 및 이에 부수한 재화' 또한 선불식 할부계약의 대상이 되었다(할부거래법 시행령 제1조의2).

할부판매업자가 재화등을 공급하기에 앞서 소비자로부터 2개월 이상의 기간에 걸쳐 2회 이상 나누어 대금의 전부 또는 일부를 수령하기로 하는 계약을 선불식 할부계약으로 정의함으로써 상조업을 규율할 수 있게 되었다.

II 선불식 할부거래업의 등록 등

1. 영업 등록 등의 신고

선불식 할부거래업자는 ① 상호·주소·전화번호·전자우편주소(영업소 및 대리점을 포함한다)·대표자의 이름·주민등록번호·주소 등을 적은 신청서, ② 자본금이 15억 원 이상임을 증명하는 서류, ③ 소비자피해보상보험계약등의 체결 증명 서류, ④ 그 밖에 선불식 할부거래업자의 신원을 확인하기 위하여 필요한 사항으로서 총리령으로 정하는 서류를 구비하여 특별시장·광역시장·특별자치시장·도지사 또는 특별자치도지사(이하 "시·도지사"라 한다)에게 등록하여야 하고, 신고된 사항에 변경이 생기거나, 휴업·폐업·휴업 후 영업을 재개할 때에도 시·도지사에게 신고하여야 한다. 이와 같은 신고를 받은 공정거래위원회는 선불식 할부거래업자에 대한 사항을 공개하여야 한다(할부거래법 제18조, 동법 시행령 제12조·제13조).

2. 자본금

선불식 할부거래업자로 등록하려는 자는 「상법」상 회사로서 자본금이 15억 원 이상이어야 한다(할부거래법 제19조).

3. 지위의 승계 및 계약의 이전

선불식 할부거래업자가 사업의 전부를 양도한 경우 또는 다른 회사와 합병하거나 회사를 분할한 경우 해당 사업의 전부를 양수한 회사, 합병 후 존속하는 회사, 합병에 따라 설립된 회사 또는 분할에 따라 해당 사업의 전부를 승계한 회사는 그 양도일, 합병일 또는 분할일부터 15일 이내에 시·도지사에게 신고하여야 한다. 시·도지사는 제1항에 따른 신고를 한 회사가 제20조에 따른 결격사유에 해당하면 그 신고를 수리해서는 아니 되며, 신고를 받은 날부터 7일 이내에 신고수리 여부 또는 민원 처리 관련 법령에 따른 처리기간의 연장을 신고인에게 통지하여야 한다. 제1항에 따른 신고를 한 회사는 그 신고가 수리된 경우 그 양도일, 합병일 또는 분할일부터 종전의 선불식 할부거래업자의 지위를 승계한다(할부거래법 제22조).

선불식 할부계약을 이전하는 선불식 할부거래업자(이하 "이전하는 선불식 할부거래업자"라 한다)는 선불식 할부계약의 이전계약(이하 "이전계약"이라 한다)을 체결한 날부터 14일 이내에 ① 이전하는 선불식 할부거래업자 및 선불식 할부계약을 이전받은 선불식 할부거래업자(이하 "이전받은 선불식 할부거래업자"라 한다)의 상호·주소 등 정보공개 사항, ② 이전하는 선불식 할부계약의 회원수 및 선수금 규모, ③ 이전계약의 내용 및 절차, ④ 그 밖에 소비자의 권리를 보호하기 위하여 필요한 사항으로서 총리령으로 정하는 사항을 공고하여야 한다(할부거래법 제22조의2 제1항). 이전하는 선불식 할부거래업자는 이전계약을 체결한 날부터 30일 이내에 선불식 할부계약을 체결한 소비자가 이전계약의 내용을 이해할 수 있도록 위 ① 내지 ④의 사항 및 소비자가 7일 이내에 이전계약에 부동의 의사표시가 없는 경우 이전계약에 동의한 것으로 본다는 내용을 설명하고, 설명한 날부터 7일 이내에 소비자로부터 이전계약에 대한 동의를 받아야 한다. 다만, 해당 기간 내에 이전계약에 부동의 의사를 표시하지 아니한 소비자는 이전계약에 동의를 한 것으로 본다(할부거래법 제22조의2 제2항). 이전하는 선불식 할부거래업자가 가진 선불식 할부계약에 관한 권리와 의무는 그 계약을 이전받은 선불식 할부거래업자가 승계한다. 이전계약에서 이전하기로 한 자산에 관하여도 또한 같다(할부거래법 제22조의2 제4항).

이전계약을 체결하는 경우 대통령령으로 정하는 선불식 할부계약과 관련된 자산은 ① 이전하는 선불식 할부거래업자에게는 선불식 할부계약을 체결한 소비자가 납입한 총선수금에서 선불식 할부계약의 이전에 동의하지 아니하는 소비자가 납입한 선수금이 차지하는 비율로 배분한 금액을, ② 이전받은 선불식 할부거래업자에게는 선불식 할부계약을 체결한 소비자가 납입한 총선수금에서 선불식 할부계약 이전에 동의하는 소비자가 납입한 선수금이 차지하는 비율로 배분한 금액을 배분하여 귀속한다(할부거래법 제22조의2 제5항).

이전하는 선불식 할부거래업자와 이전받은 선불식 할부거래업자는 확인받은 자료를 소비자에게 설명하고 동의를 받도록 한 기간이 경과한 날(이하 "동의기간 경과일"이라 한다)부터 5년간 보존하여야 하며, 이전받은 선불식 할부거래업자는 동의기간 경과일부터 2개월 이내에 이전계약을 증명하는 서류를 첨부하여 시·도지사에게 신고하여야 한다(할부거래법 제22조의2 제6항·제7항).

할부거래에 관한 법률(이하 '할부거래법'이라 한다)은 할부계약 및 선불식 할부계약에 의한 거래를 공정하게 함으로써 소비자의 권익의 보호 등을 목적으로 하여 주로 할부계약의 서면주의, 할부계약의 할부수수료율, 청약철회, 해제 등 사법상의 권리와 의무에 관한 내용을 정하고 있고, 특히 선불식 할부거래업에 대하여는 영업을 등록하도록 하며, 자본금의 하한을 규정하고, 행정관청의 조사·감독 및 시정조치 등의 공법적 규제와 소비자피해보상보험계약의 체결의무 등을 추가하고 있는데, 이는 재화등을 공급하기 전에 대금을 선불로 받는 선불식 할부거래 영업의 특성에 따른 소비자의 피해를 사전에 방지하기 위한 것인 점, 사업양도에 따른 선불식 할부거래업자의 지위승계에 관한 위 규정의 취지도 공법상 지위의 승계를 인정하여 영업의 편의를 제공한다는 측면보다는 사업양도의 경우에 발생할 수 있는 피해를 방지하여 선불식 할부거래업자와 계약을 체결한 소비자를 일반채권자보다 좀 더 두텁게 보호하고자 하는 데에 있는 점, 2016. 1. 25. 시행 예정인 할부거래법은 사업 전부의 양도가 아닌 계약이전의 경우에도 선불식 할부계약에 관한 권리와 의무의 승계를 인정하는 규정을 두고 있는 점(할부거래법 제22조의2 제4항 참조) 등에 비추어 보면, 선불식 할부거래업자에게서 사업의 전부를 양수한 회사는 할부거래법 제22조 제1항에 따라 대금청구권과 재화 등의 공급의무, 해약환급금 지급의무 등 선불식 할부계약에 관한 일체의 권리와 의무를 승계하고, 위 규정은 강행규정으로서 이와 달리 사업양도계약의 당사자 사이에 승계를 배제하는 약정을 하였더라도 약정은 효력이 없다. (대법원 2016. 1. 14. 선고 2015다50200 판결)

Ⅲ 소비자 권익의 보호

1. 계약체결 전 정보제공 및 계약서 발급의무

선불식 할부거래업자 또는 모집인(이하 "선불식 할부거래업자등"이라 한다)은 선불식 할부계약을 체결하기 전에 소비자가 계약의 내용을 이해할 수 있도록 ① 선불식 할부거래업자 및 모집인의 상호(모집인이 자연인인 경우는 성명을 말한다)·주소·전화번호·전자우편주소·대표자의 이름, ② 재화등의 종류 및 내용, ③ 재화등의 가격과 그 지급의 방법 및 시기, ④ 재화등을 공급하는 방법 및 시기, ⑤ 계약금, ⑥ 청약의 철회 및 계약 해제의 기한·행사방법·효과에 관한 사항 및 청약의 철회 및 계약 해제의 권리 행사에 필요한 서식으로서 총리령으로 정하는 것, ⑦ 재화등에 대한 불만 및 소비자와 사업자 사이의 분쟁 처리에 관한 사항, ⑧ 소비자피해보상에 관한 사항으로 소비자피해보상보험계약등의 체결 사실, 계약기간, 소비자피해보상금, 지급의무자 및 소비자피해보상금의 지급사유, ⑨ 선불식 할부계약을 체결한 날이 속하는 달의 전월 말일까지 선불식 할부거래업자가 받은 총선수금 중 보전하고 있는 총보전금액 비율, ⑩ 선불식 할부거래에 관한 약관, ⑪ 그 밖에 소비자의 구매 여부 판단에 영향을 주는 거래조건 또는 소비자의 피해구제에 필요한 사항으로서 i) 재화등의 가격 외에 소비자가 추가로 부담하여야 할 것이 있는 경우 그 내용 및 금액, ii) 공급일시·공급지역·공급수량·공급지역 등 재화등의 공급조건에 제한이 있는 경우 그 내용, iii) 선불식 할부거래업자가 선불식 할부계약의 주된 목적이 되는 재화등이 공급되기 전에 소비자에게 공급하는 재화등이 있는 경우 그 가격을 설명하여야 한다(할부거래법 제23조 제1항, 동법 시행령 제15조 제1항·제2항).

선불식 할부거래업자는 선불식 할부계약을 체결할 경우에는 위 ① 내지 ⑪의 사항을 적은 계약서를 소비자에게 발급하여야 하고, 이러한 내용은 법 제22조의2에 따라 이전받은 선불식 할부거래업자에게도 적용하므로, 이전받은 선불식 할부거래업자는 동의기간 경과일부터 30일 이내에 소비자에게 위 ① 내지 ⑪의 사항을 설명하고, 계약서를 발급하여야 한다(할부거래법 제23조 제3항·제4항). 선불식 할부거래업자는 위 ① 내지 ⑪의 사항 중 소비자보호를 위하여 필요한 사항으로서 i) 선불식 할부거래업자의 상호, 주소 또는 전화번호, ii) 지급의무자, iii) 선불식 할부거래에 관한 약관이 변경되는 경우에는 그 변경된 내용을 소비자에게 서면 또는 전화, 팩스, 전자우편, 휴대전화에 의한 문자메시지 또는 이와 비슷한 방법에 따라 알려야 한다(할부거래법 제23조 제5항, 동법 시행령 제15조 제3항·제4항).

2. 소비자의 청약철회권

(1) 기산점 및 행사기간

선불식 할부계약을 체결한 소비자에게도 철회권을 인정하고 있다. 소비자는 ① 계약서를 받은 날부터 14일, ② i) 선불식 할부거래업자의 주소 등이 적혀 있지 아니한 계약서를 받은 경우이거나 ii) 선불식 할부거래업자의 주소 변경 등의 사유로 제1호의 기간 이내에 청약을 철회할 수 없는 경우에는 그 주소를 안 날 또는 알 수 있었던 날 등 청약을 철회할 수 있는 날부터 14일, ③ 계약서에 청약의 철회에 관한 사항이 적혀 있지 아니한 경우에는 청약을 철회할 수 있음을 안 날 또는 알 수 있었던 날부터 14일, ④ 선불식 할부거래업자가 청약의 철회를 방해한 경우에는 그 방해행위가 종료한 날부터 14일, ⑤ 계약서를 받지 아니한 경우에는 계약일부터 3개월의 기간(거래당사자가 위의 기간보다 긴 기간으로 약정한 경우에는 그 기간을 말한다) 이내에 선불식 할부계약에 관한 청약을 철회할 수 있다(할부거래법 제24조 제1항).

(2) 행사방법

소비자가 청약을 철회할 경우 위에서 정한 기간 이내에 선불식 할부거래업자에게 청약을 철회하는 의사표시가 적힌 서면을 발송하여야 하고, 청약 철회는 서면을 발송한 날에 그 효력이 발생한다(할부거래법 제24조 제2항·제3항). 소비자가 청약을 철회함에 있어서 계약서의 발급사실과 그 시기 등에 관하여 다툼이 있는 경우에는 선불식 할부거래업자가 이를 입증하여야 한다. 소비자가 청약을 철회한 경우, 선불식 할부거래업자는 청약철회의 서면을 접수한 날부터 3영업일 이내에 이미 지급받은 계약금 및 할부금을 환급하여야 하고, 만일 선불식 할부거래업자가 환급을 지연한 때에는 그 지연기간에 따라 지연배상금을 함께 환급하여야 한다(할부거래법 제24조 제4항 내지 제6항).

3. 선불식 할부계약 해제

(1) 소비자의 선불식 할부계약 해제권

소비자는 선불식 할부계약을 체결한 이후라 하더라도 아직 재화등의 공급을 받지 않았다면 계약을 해제할 수 있도록 소비자의 해제권을 규정하고 있다. 소비자는 선불식 할부계약을 체결하였으나 그 계약에 의한 재화등의 공급을 받지 아니한 경우에는 그 계약을 해제할 수 있다. 이에 따라 소비자가 계약을 해제한 경우, 선불식 할부거래업자는 소비자에게 해제로 인한 손실을 초과하는 위약금을 청구하여서는 아니 되고, 만일 소비자가 ① 휴업 또는 폐업신고를 한 때, ② 영업정지 처분을 받은 때, ③ 등록이 취소되거나 말소된 때, ④ 은행으로부터 당좌거래의 정지처분을 받은 때, ⑤ 파산 또는 화의 개시의 신청이 있는 때, ⑥ 소비자가 선불식 할부계약의 이전계약에 동의하지 아니한 때의 사유로 인하여 계약을 해제한 경우에는 위약금을 청구하여서는 아니된다(할부거래법 제25조 제1항 내지 제3항).

선불식 할부거래업자는 선불식 할부계약이 해제된 경우에는 해제된 날부터 3 영업일 이내에 이미 지급받은 대금에서 위약금을 뺀 금액을 소비자에게 환급하여야 한다. 이 경우 선불식 할부거래업자가 환급을 지연한 때에는 그 지연기간에 따라 지연배상금을 함께 환급하여야 한다(할부거래법 제25조 제4항).

(2) 선불식 할부거래업자의 해제

소비자가 대금을 지급하지 아니하는 경우에는 선불식 할부거래업자도 계약을 해제할 수 있다. 즉, 선불식 할부거래업자는 소비자가 대금 지급의무를 이행하지 아니하면 선불식 할부계약을 해제할 수 있다. 이 경우 선불식 할부거래업자는 그 계약을 해제하기 전에 14일 이상의 기간을 정하여 소비자에게 이행할 것을 서면으로 최고하여야 한다(할부거래법 제26조).

4. 소비자피해보상보험계약등의 가입

선불식 할부거래업자가 부도·폐업 등으로 서비스를 이행하지 않는 채 폐업함으로써 소비자에게 발생하는 피해를 예방하기 위하여, 할부거래법에서는 소비자피해보상보험에 가입하도록 하고 있다.

선불식 할부거래업자가 시·도지사에 영업을 등록할 경우 소비자로부터 선불식 할부계약과 관련되는 재화등의 대금으로서 미리 수령한 금액(이하 “선수금”이라 한다)을 보전하기 위하여 ① 소비자피해보상을 위한 보험계약, ② 소비자피해보상금의 지급을 확보하기 위한 은행과의 채무지급보증계약, ③ 소비자피해보상금의 지급을 확보하기 위한 i) 「은행법」 제2조 제1항 제2호 및 같은 법 제5조에 따른 금융회사, ii) 「우체국 예금·보험에 관한 법률」에 따른 체신관서, iii) 「보험업법」에 따른 보험회사(이하 “예치기관”이라 한다)와의 예치계약, ④ 선불식 할부거래업자는 공제사업을 운영하기 위하여 공정거래위원회의 인가를 받아 공제조합을 설립할 수 있는데, 이에 따라 설립된 공제조합과의 공제계약 중 어느 하나에 해당하는 계약

(이하 "소비자피해보상보험계약등"이라 한다)을 체결하여야 한다(할부거래법 제27조 제1항, 제28조 제1항, 동법 시행령 제16조 제2항).

누구든지 위 ③에 따른 예치금을 상계·압류(가압류를 포함한다)하지 못하며, 선불식 할부거래업자는 다른 선불식 할부거래업자에 대한 선불식 할부계약 당사자로서의 지위 양도, 영업의 양도 외에는 예치금을 양도하거나 담보로 제공하여서는 아니 된다(할부거래법 제27조 제3항, 동법 시행령 제16조 제4항).

소비자피해보상보험계약등에 따라 소비자피해보상금을 지급할 의무가 있는 자(이하 "지급의무자"라 한다)는 ① 선불식 할부거래업자가 폐업한 경우, ② 선불식 할부거래업자가 「은행법」에 따른 은행으로부터 당좌거래의 정지처분을 받은 경우, ③ 등록이 말소되거나 취소된 경우, ④ 그 밖에 선불식 할부거래업자의 채무불이행 등으로 인한 소비자피해보상을 위한 경우로 i) 선불식 할부거래업자가 「채무자 회생 및 파산에 관한 법률」에 따른 파산 선고를 받은 경우, ii) 선불식 할부거래업자에 대하여 「채무자 회생 및 파산에 관한 법률」에 따른 회생절차개시의 결정이 있는 경우 중 어느 하나에 해당하는 지급사유가 발생한 경우에는 지체 없이 이를 지급하여야 하고, 정당한 사유 없이 이를 지연한 경우에는 지연배상금을 지급하여야 한다. 예치기관은 위 지급사유가 발생한 경우에는 예치금을 인출하여 해당 선불식 할부거래업자와 선불식 할부계약을 체결한 소비자에게 우선하여 지급하여야 한다(할부거래법 제27조 제4항·제5항, 동법 시행령 제16조 제5항).

5. 휴업기간 등에서의 청약의 철회 등에 관한 업무처리 등

선불식 할부거래업자는 그 휴업기간 또는 영업정지기간 중에도 청약의 철회나 계약의 해제 업무를 계속하여야 한다. 선불식 할부거래업자는 그 영업을 휴업하거나 영업정지 처분을 받은 경우에는 그 휴업기간 또는 영업정지기간을 소비자에게 서면 또는 그 밖에 대통령령으로 정하는 방법에 따라 알려야 한다(할부거래법 제32조). 선불식 할부거래업자는 재화등의 거래기록·소비자피해보상보험계약등의 체결 내용을 언제든지 소비자가 열람할 수 있게 하여야 한다(할부거래법 제33조).

6. 선불식 할부거래업자의 선수금 관련 통지의무

선불식 할부거래업자는 선수금을 받은 경우에는 선수금액, 납입횟수 등을 소비자에게 통지하여야 한다(할부거래법 제27조의2). 통지해야 하는 사항은 선불식 할부계약의 체결일, 납입한 선수금액 및 납입횟수, 소비자피해보상을 위해 선불식할부거래업자가 체결한 계약의 종류, 지급의무자이며, 연 1회 이상 전화, 전자우편, 휴대전화 문자메시지 또는 이와 유사한 방법 등으로 통지하고 그 내역을 보관·유지하도록 정하고 있다(할부거래법 시행규칙 제12조의2).

7. 선불식 할부거래에서의 소비자보호지침의 제정

공정거래위원회는 선불식 할부거래에서의 건전한 거래질서의 확립과 소비자보호를 위하여 사업자의 자율적 준수를 유도하기 위한 지침을 관련 분야의 거래당사자, 기관 및 단체의 의견을 들어 정할 수 있다(할부거래법 제27조의3).

8. 할부거래업 규정의 준용

선불식 할부거래에 관하여는 할부거래법에서 다르게 정하거나 성질에 반하지 아니하면 할부거래에 관한 할부거래업자 등의 손해배상 청구금액의 제한(할부거래법 제12조), 소비자의 기한의 이익 상실(할부거래법 제13조), 소비자의 기한 전 지급(할부거래법 제14조), 할부대금채권의 소멸시효(할부거래법 제15조), 소비자의 항변권(할부거래법 제16조)의 규정을 준용한다(할부거래법 제42조의2).

Ⅳ 공제조합

1. 공제조합의 설립

선불식 할부거래업자는 공제사업을 운영하기 위하여 공정거래위원회의 인가를 받아 공제조합을 설립할 수 있는바, 공제조합은 법인으로 하며, 주된 사무소의 소재지에서 설립등기를 함으로써 성립한다. 공제조합에 가입한 자는 공제사업의 수행에 필요한 출자금 등을 공제조합에 내야 하고, 공제조합의 기본재산은 조합원의 출자금 등으로 조성하되 출자금은 200억 원 이상이어야 한다. 다만, 정부는 예산의 범위에서 출연(出捐)하거나 보조할 수 있다(할부거래법 제28조 제1항 내지 제4항, 동법 시행령 제17조). 2025년 현재 공정거래위원회가 설립을 인가한 상조공제조합은 한국상조공제조합과 상조보증공제조합 2개이다. 공제조합은 상조업체가 폐업하거나 등록이 취소되는 등 할부거래법에 따른 소비자 피해보상 사유가 발생하면 해당 상조업체 선수금의 50%를 소비자에게 피해보상금으로 지급하게 된다.

2. 공제조합의 사업

공제조합은 ① 소비자피해보상을 위한 공제사업 및 소비자의 권익보호를 위한 공익사업, ② 소비자피해예방과 홍보를 위한 출판 및 교육사업, ③ 시장의 건전한 발전을 위한 자율정화사업, ④ 공정거래위원회로부터 위탁받은 사업을 수행한다(할부거래법 제29조 제1항).

3. 공제조합의 감독

공제조합은 조합원의 자격과 가입·탈퇴에 관한 사항, 임원에 관한 사항, 출자금의 부담기준에 관한 사항 등을 기재한 정관을 정하거나 변경할 때에는 공정거래위원회의 인가를 받아야 한다(할부거래법 제30조 제1항).

공정거래위원회는 필요하다고 인정하면 공제조합에 대하여 업무 및 회계에 관한 보고서의 제출 또는 그 밖에 필요한 조치를 명하거나 소속 공무원으로 하여금 공제조합의 업무 및 회계 상황을 조사하거나 장부 또는 그 밖의 서류를 검사하게 할 수 있고, 다만 이 경우 조사 또는 검사를 하는 공무원은 그 권한을 표시하는 증표를 지니고 이를 관계인에게 보여 주어야 한다. 공정거래위원회는 공제조합의 운영 및 업무 집행 등이 법령이나 정관 등에 적합하지 아니한 경우 그 시정을 명할 수 있고, 그 밖에 소비자의 피해구제 등과 관련하여 필요한 경우에는 적합한 조치를 요구할 수 있다. 또 공정거래위원회는 공제조합의 임직원이 ① 공제규정을 위반하여 업무를 처리한 경우이거나 ② 시정명령이나 조치를 이행하지 아니한 경우에는 관련 임직원에 대한 징계·해임을 요구하거나 해당 위반행위를 시정하도록 명할 수 있다(할부거래법 제31조).

V 금지행위

1. 금지행위

선불식 할부거래업자등은 다음 각 호의 어느 하나에 해당하는 행위를 하여서는 아니 된다(할부거래법 제34조).[21)]

- 계약의 체결을 강요하거나 청약의 철회 또는 계약의 해제를 방해할 목적으로 상대방을 위협하는 행위
- 거짓·과장된 사실을 알리거나 기만적 방법을 사용하여 상대방과의 거래를 유도하거나 청약의 철회 또는 계약의 해제를 방해하는 행위
- 청약의 철회 또는 계약의 해제를 방해할 목적으로 주소·전화번호 등을 변경하는 행위
- 분쟁이나 불만처리에 필요한 인력 또는 설비가 부족한 상태를 상당 기간 방치하여 상대방에게 피해를 주는 행위
- 상대방의 청약이 없음에도 재화등의 대금을 청구하는 행위
- 소비자가 계약을 체결할 의사가 없음을 밝혔음에도 전화, 팩스, 컴퓨터통신 등을 통하여 계약체결을 강요하는 행위
- 소비자피해보상보험계약등을 체결하지 아니하고 영업하는 행위
- 소비자피해보상보험계약등을 체결하지 아니하였음에도 소비자피해보상보험계약등을 체결한 사실을 나타내는 표지나 이와 유사한 표지를 제작 또는 사용하는 행위
- 소비자피해보상보험계약등에 따라 보전하여야 할 금액을 보전하지 아니하고

21) 다만, 제7호, 제9호, 제13호 및 제14호는 모집인에게는 적용되지 아니한다.

영업하는 행위

- 본인의 허락을 받지 아니하거나 허락받은 범위를 넘어 소비자에 관한 정보를 이용(제3자에게 제공하는 경우를 포함한다)하는 행위. 다만, ① 재화등의 배송 등 소비자와의 계약이행에 불가피한 경우로서 대통령령으로 정하는 경우, ② 재화등의 거래에 따른 대금을 정산하기 위하여 필요한 경우, ③ 도용을 방지하기 위하여 본인임을 확인할 때 필요한 경우로서 대통령령으로 정하는 경우, ④ 다른 법률에 따라 불가피한 사유가 있는 경우는 제외한다.
- 소비자가 계약을 해제하였음에도 불구하고 정당한 사유 없이 이에 따른 조치를 지연하거나 거부하는 행위
- 청약의 철회 또는 계약의 해제와 관련하여 분쟁이 발생한 경우 대금을 지급받기 위하여 소비자에게 위계를 사용하거나 위력을 가하는 행위
- 자신이 공급하는 재화등을 소비자가 양도·양수하는 것을 상당한 이유 없이 제한하거나 양도·양수함에 있어 과다한 비용을 부과하는 행위
- 다른 사람에게 자기의 명의 또는 상호를 사용하여 선불식 할부거래업을 하게 하거나 선불식 할부거래업 등록증을 대여하는 행위
- 「방문판매 등에 관한 법률」 제2조 제5호에 따른 다단계판매 방식으로 선불식 할부계약을 체결하거나 선불식 할부계약의 체결을 대리 또는 중개하는 행위
- 금전대차 관계를 이용하여 선불식 할부계약의 체결을 요구하는 행위
- 소비자와 체결한 선불식 할부계약 중 일부에 대하여 이전계약을 체결하는 행위
- 이전계약을 체결한 선불식 할부거래업자가 해당 이전계약에 대한 소비자의 동의를 받지 아니하고 소비자의 예금 등에서 금원을 인출하는 행위

2. 상조서비스 피해

상조서비스 피해의 확산을 방지하고자 할부거래법에 선불식 할부거래를 도입하여 규제하고 있음에도 불구하고, 상조서비스 피해는 여전하다. 한국소비자원에 따르면 상조상품에 가입시 무료로 사은품을 지급되는 것처럼 설명하였으나 소비자가

중도에 해제하려고 하면 환급금에서 사은품 가액을 공제하거나 이를 이유로 과도한 위약금을 요구하거나 별도의 재화구매계약이었다고 하며 환급을 거부하기도 하고, 상조서비스상품에 전자제품 등을 결합하여 판매하여 상조서비스 계약을 해제하려 하자 전자제품등의 잔여할부금이 청구되거나, 전자제품 판매점에서 상조서비스 계약을 마치 적금인 것처럼 안내하여 가입을 유도하기도 한다. 일부 상조회사들은 선불식 할부거래업자로의 등록을 회피하기 위하여 후불식 상조회사인 점을 강조하면서, 탈법적으로 선수금을 수취하기도 한다. 상조업체의 폐업 등으로 인하여 소비자가 서비스를 받지 못하거나 납부한 금액의 일부만 환급받는 등의 문제가 빈번하게 발생하고 있으며, 설령 상조서비스를 제공받게 되더라도 장례 현장에서 계약내용과는 다르게 추가금을 요구하는 경우도 많다.[22]

소비자는 상조서비스계약을 체결하려 할 때에는 사은품에 현혹되거나 월납입금이 소액이라는 점에 쉽게 체결할 것이 아니라 계약서를 꼼꼼히 확인하여야 할 것이고, 상조업체의 서비스 이행 질적 수준이나 재정 건전성, 과거 법 위반 이력 등을 공정거래위원회를 통하여 확인할 필요가 있다. 설령 계약을 체결한 이후라 하더라도 할부거래법상 청약철회권이나 해제권을 행사할 수 있음을 명심하여야 할 것이다.

Ⅵ 조사 및 감독

1. 위반행위의 조사

공정거래위원회, 시·도지사 또는 시장·군수·구청장(자치구의 구청장을 말한다)은 선불식 할부거래업자가 이 법을 위반한 사실이 있다고 인정할 때에는 직권으로 필요한 조사를 할 수 있고, 시·도지사 또는 시장·군수·구청장이 조사를 하려는 경우에는 공정거래위원회에 통보하여야 하며, 공정거래위원회는 조사 등이 중복될 우려가 있는 경우에는 시·도지사 또는 시장·군수·구청장에게 조사의 중지를 요

22) 한국소비자원 보도자료, "사례로 배우는 상조서비스 피해 예방 요령", 2017. 11. 28.; 공정거래위원회 보도자료, "상조상품 불완전판매로 인한 소비자 피해주의보 발령", 2021. 11. 23.

청할 수 있다. 이 경우 요청을 받은 시·도지사 또는 시장·군수·구청장은 상당한 이유가 없으면 그 조사를 중지하여야 한다. 공정거래위원회, 시·도지사 또는 시장·군수·구청장은 제1항에 따라 조사를 한 경우에는 그 결과(조사 결과 시정조치 명령 등의 처분을 하려는 경우에는 그 처분의 내용을 포함한다)를 해당 사건의 당사자에게 문서로 알려야 한다(할부거래법 제35조 제1항 내지 제3항).

누구든지 선불식 할부거래업자가 이 법을 위반한 사실이 있다고 인정할 때에는 그 사실을 공정거래위원회, 시·도지사 또는 시장·군수·구청장에게 신고할 수 있다(할부거래법 제35조 제4항).

공정거래위원회는 선불식 할부거래업자의 이 법 위반행위가 끝난 날부터 5년이 지난 경우 그 위반행위에 대하여는 이 법에 따른 시정조치를 명하지 아니하거나 과징금을 부과하지 아니한다. 다만, 시정조치 또는 과징금 부과처분이 판결의 취지에 따라 취소된 경우로서 그 판결이유에 따라 새로운 처분을 하는 경우에는 그러하지 아니하다(할부거래법 제35조 제5항).

2. 부당행위에 대한 정보의 공개

공정거래위원회는 선불식 할부거래에서의 공정거래질서 확립과 소비자 피해예방을 위하여 필요한 경우에는 선불식 할부거래업자의 이 법 위반행위에 대한 조사결과 등 부당행위에 대한 정보를 공개할 수 있다(할부거래법 제36조).

3. 보고 및 감독

시·도지사 또는 시장·군수·구청장은 시정권고를 하는 경우에는 공정거래위원회에 보고하여야 한다. 공정거래위원회는 이 법의 효율적인 시행을 위하여 필요하다고 인정할 때에는 그 소관 사항에 관하여 시·도지사 또는 시장·군수·구청장에게 조사·확인 또는 자료의 제출을 요구하거나 그 밖에 시정에 필요한 조치를 하도록 요구할 수 있다. 이 경우 시·도지사 또는 시장·군수·구청장은 특별한 사유가 없으면 이에 따라야 한다(할부거래법 제37조).

Ⅶ 시정조치 및 과징금 부과

1. 시정권고

공정거래위원회, 시·도지사 또는 시장·군수·구청장(이하 이 조에서 "행정청"이라 한다)은 선불식 할부거래업자가 이 법에 위반되는 행위를 하거나 이 법에 따른 의무를 이행하지 아니하는 경우 시정조치를 하기 전에 그 선불식 할부거래업자가 해당 행위의 중지, 이 법에 따른 의무의 이행, 그 밖에 소비자 피해예방 및 구제에 필요한 조치를 하도록 시정 방안을 정하여 그 선불식 할부거래업자에게 이에 따를 것을 권고할 수 있다. 이 경우 해당 선불식 할부거래업자가 그 권고를 수락한 경우에는 시정조치가 내려진 것으로 본다는 뜻을 함께 통지하여야 한다. 이에 따라 시정권고를 받은 선불식 할부거래업자는 그 통지를 받은 날부터 10일 이내에 그 권고의 수락 여부를 시정권고를 한 행정청에 통지하여야 한다. 시정권고를 받은 선불식 할부거래업자가 이를 수락한 때에는 시정조치가 내려진 것으로 본다(할부거래법 제38조).

2. 시정조치

공정거래위원회는 선불식 할부거래업자가 이 법을 위반한 행위를 하거나 이 법에 따른 의무를 이행하지 아니하는 경우에는 해당 선불식 할부거래업자에게 그 시정을 위한 조치를 명할 수 있다. 이때 시정조치에는 ① 해당 위반행위의 중지, ② 이 법에 규정된 의무의 이행, ③ 시정조치를 받은 사실의 공표, ④ 소비자피해 예방 및 구제에 필요한 조치, ⑤ 그 밖에 시정을 위하여 필요한 조치 중 어느 하나를 포함한다(할부거래법 제39조).

3. 관계기관의 협조

공정거래위원회는 지급의무자가 이 법을 위반한 혐의가 있다고 인정되는 때에는 금융위원회 등 해당 지급의무자를 감독하는 중앙행정기관의 장에게 해당 지급의무자에 대한 조사, 제재 등 그 시정을 위하여 필요한 조치를 요청할 수 있다. 이에 따라 요청을 받은 자는 특별한 사유가 없으면 이에 응하여야 한다(할부거래법 제39조의2).

4. 영업정지 등

공정거래위원회는 선불식 할부거래업자가 영업의 변경신고를 하지 않거나 거짓 신고를 하는 경우, 일정한 금지행위를 한 경우로서 i) 시정조치명령에도 불구하고 위반행위를 반복하거나 시정조치를 이행하지 아니하거나 ii) 시정조치만으로는 소비자의 피해를 방지하기 어렵거나 소비자에 대한 피해보상이 불가능하다고 판단되는 경우에는 1년 이내의 기간을 정하여 그 영업의 전부 또는 일부의 정지를 명할 수 있다(할부거래법 제40조 제1항).

시·도지사는 선불식 할부거래업자가 거짓이나 그 밖의 부정한 방법으로 등록을 한 경우 등 일정요건에 충족되면 청문절차를 거쳐 그 등록을 취소할 수 있다(할부거래법 제40조 제2항 내지 제3항).

5. 소비자피해분쟁조정의 요청

공정거래위원회, 시·도지사 또는 시장·군수·구청장은 이 법 위반행위와 관련하여 소비자의 피해구제신청이 있으면 시정권고 또는 시정조치를 하기 전에 선불식 할부거래에 관한 소비자보호 관련 업무를 수행하는 기관 또는 단체 등 대통령령으로 정하는 소비자피해분쟁조정기구에 그 조정을 의뢰할 수 있다. 이 경우 공정거래위원회, 시·도지사 또는 시장·군수·구청장은 조정안을 당사자가 수락하고 이행하는 경우에는 시정조치를 하지 아니한다는 뜻을 당사자에게 알려야 한다. 소비자피해분쟁조정기구의 조정안에 대하여 당사자가 수락하고 이행한 경우에는 시정조치를 하지 아니한다(할부거래법 제41조).

6. 과징금

공정거래위원회는 영업정지를 명하여야 할 경우로서 영업정지가 소비자에게 심한 불편을 주거나 공익을 해할 우려가 있으면 영업정지를 갈음하여 해당 선불식 할부거래업자에 대하여 대통령령으로 정하는 위반행위 관련 매출액을 초과하지 아니하는 범위에서 과징금을 부과할 수 있다. 이 경우 관련 매출액이 없거나 이를 산정할 수 없는 경우 등에는 5천만원을 초과하지 아니하는 범위에서 과징금을 부과할 수 있다. 이때 공정거래위원회는 위반행위로 인한 소비자 피해정도, 소비자피해에 대한 선불식 할부거래업자의 보상노력 정도, 위반행위로 인하여 취득한 이익의 규모, 위반행위의 내용·기간 및 횟수 등을 고려하여야 한다(할부거래법 제42조 제1항 내지 제2항).

공정거래위원회는 이 법을 위반한 선불식 할부거래업자인 회사의 합병이 있는 경우에는 그 회사가 행한 위반행위를 합병 후 존속하거나 합병으로 새로 설립된 회사가 한 행위로 보아 과징금을 부과·징수할 수 있다(할부거래법 제42조 제3항).

▌제4부 보칙 및 벌칙▐

Ⅰ 보칙

1. 소비자에게 불리한 계약의 금지

법 제6조부터 제13조까지, 제15조, 제16조, 제22조의2, 제23조부터 제26조까지의 규정을 위반한 약정으로서 소비자에게 불리한 것은 효력이 없다(할부거래법 제43조).

2. 전속관할

할부거래 및 선불식 할부거래와 관련된 소(訴)는 제소 당시 소비자의 주소를, 주소가 없는 경우에는 거소를 관할하는 지방법원의 전속관할로 한다. 다만, 제소 당시 소비자의 주소 및 거소가 분명하지 아니한 경우에는 「민사소송법」의 관련 규정을 준용한다(할부거래법 제44조).

Ⅱ 벌칙

1. 벌칙

(1) 3년 이하의 징역 또는 1억원 이하의 벌금

① 법 제18조 제1항을 위반하여 등록을 하지 아니하고(법 제40조 제2항에 따라 등록이 취소된 경우를 포함한다) 선불식 할부거래업을 하는 자, ② 거짓이나 그 밖의 부정한 방법으로 법 제18조 제1항에 따른 등록을 하고 선불식 할부거래업을 하는 자(법 제34조 제7호의 금지행위를 한 자를 포함한다), ③ 법 제34조 제17호 또는 제18호의 금지행위를 한 자, ④ 법 제39조 제1항에 따른 시정조치 명령에 응하

지 아니한 자, ⑤ 법 제40조 제1항에 따른 영업정지 명령을 위반하여 영업을 한 자는 3년 이하의 징역 또는 1억원 이하의 벌금에 처한다. 이 경우 해당 법 위반행위와 관련하여 판매 또는 거래한 대금 총액의 3배에 상당하는 금액이 1억원을 초과하는 때에는 3년 이하의 징역 또는 판매하거나 거래한 대금 총액의 3배에 상당하는 금액 이하의 벌금에 처한다. 이때 징역형과 벌금형은 병과(倂科)할 수 있다(할부거래법 제48조).

(2) 1년 이하의 징역 또는 3천만원 이하의 벌금

① 법 제27조 제10항을 위반하여 소비자피해보상보험계약등을 체결 또는 유지함에 있어 거짓으로 선수금 등의 자료를 제출한 자, ② 법 제34조 제1호부터 제3호까지, 제8호·제9호·제12호 및 제14호부터 제16호까지에 해당하는 금지행위를 한 자는 1년 이하의 징역 또는 3천만원 이하의 벌금에 처한다. 이때 징역형과 벌금형은 병과할 수 있다(할부거래법 제50조).

(3) 1천만원 이하의 벌금

① 법 제34조 제5호의 금지행위를 한 자, ② 법 제34조 제11호의 금지행위를 한 자는 1천만원 이하의 벌금에 처한다(할부거래법 제51조).

2. 양벌규정

법인의 대표자나 법인 또는 개인의 대리인, 사용인, 그 밖의 종업원이 그 법인 또는 개인의 업무에 관하여 제48조, 제50조 또는 제51조의 벌칙조항 위반행위를 하면 그 행위자를 벌하는 외에 그 법인 또는 개인에게도 해당 조문의 벌금형을 과(科)한다. 다만, 법인 또는 개인이 그 위반행위를 방지하기 위하여 해당 업무에 관하여 상당한 주의와 감독을 게을리하지 아니한 경우에는 그러하지 아니하다(할부거래법 제52조).

3. 과태료

이법에 따른 위반행위를 하는 경우, 행위유형에 따라 과태료를 부과한다(할부거래법 제53조). 과태료에 관한 규정을 적용할 때 과징금을 부과한 행위에 대해서는 과태료를 부과할 수 없다(할부거래법 제54조).

제6편

금융거래

제 1 장

총설

금융상품은 일반적으로 복잡하고 어려운 특성으로 인해 금융소비자로서는 금융상품을 정확하게 이해하기 어려운 문제를 안고 있을 뿐만 아니라, 일반 재화거래보다 수요자와 공급자간에 존재하는 정보의 비대칭성이 상대적으로 큰 까닭에, 수요자와 공급자간 교섭력의 불균형을 초래하고 있다.

현재 금융관련 법률은 「은행법」, 「자본시장과 금융투자업에 관한 법률」, 「보험업법」, 「여신전문금융업법」 등 금융업별로 구분되어 있고, 금융업별 개별 법률의 내용은 금융업자의 영업행위 규제, 진입 및 건전성 규제 등 금융업자에 대한 금융감독기관의 감독 및 제재를 중심으로 규정하고 있다. 그러나 소비자 보호에 관한 사항은 각 개별 금융관련 법령에 산재되어 있다 보니 금융상품별로 차별적 규제를 할 수밖에 없었다. 이에 2021년 「금융소비자 보호에 관한 법률」을 제정하여 각 법령에서 규제하던 소비자보호 관련 제도를 포괄하여 규정함으로써 동일한 유형의 금융상품에 대하여 동일한 규제를 적용하고, 이를 통해 금융소비자보호를 충실하게 수행할 수 있게 되었다.

이하에서는 우선 「금융소비자 보호에 관한 법률」의 주요 내용을 살펴보고, 소비자가 자주 접하는 은행거래, 금융투자상품 거래 보험을 중심으로 각 금융상품별 특징과 소비자 보호제도를 살펴본다.

제 2 장

금융소비자보호

Ⅰ 서설

1. 제정 배경

「금융소비자 보호에 관한 법률」(이하 "금융소비자보호법"이라 한다)이 드디어 2021년 3월 21일부터 전격 시행되었다. 2008년 글로벌 금융위기는 전 세계 금융시장에 상당한 영향을 미쳤고 그에 따라 미국과 EU 등에서는 금융규제강화정책을 강력하게 추진해왔다. 국내에서는 키코(KIKO) 사태, 동양그룹 CP 사태 등에 의하여 동법에 대한 제정논의가 본격적으로 이루어지기 시작하여, 2011년 처음 법안이 발의되었으나, 오랫동안 논의가 진행된 끝에 2020년에서야 법률이 제정되었고, 2021년 3월 25일부터 금융소비자보호법이 전격 시행되었다. 동법은 금융소비자 보호를 위한 정책을 일관되고 체계적으로 추진하기 위하여 여러 법률에 산재되어 있는 금융소비자 보호제도를 포괄하여 규정하는 기본법적 성격을 가진다.

2. 금융소비자보호법의 특징

금융소비자보호법은 금융소비자의 기본적 권리에 관한 조항을 두고 있는 등 금융소비자 보호를 위한 기본법이자, 금융상품의 판매 및 자문에 관한 통합법이다. 금융소비자보호법의 가장 큰 특징은 금융업권별 규제체계에서 기능별 규제체계로 전환한 것이다. 금융상품이 복잡해지면서 금융상품 간의 경계가 모호해지고 서로 다른 업권의 금융회사가 유사한 금융상품을 두고 경쟁함에 따라 업권별 규제체제 하에서는 규제공백이 발생할 수 있어, 금융소비자의 입장에서 금융상품과 판매행위를 속성에 따라 분류하여 정비한 것이다.[1)]

Ⅱ 개념

1. 금융상품

금융상품은 ① 「은행법」에 따른 예금 및 대출, ② 「자본시장과 금융투자업에 관한 법률」에 따른 금융투자상품, ③ 「보험업법」에 따른 보험상품, ④ 「상호저축은행법」에 따른 예금 및 대출, ⑤ 「여신전문금융업법」에 따른 신용카드, 시설대여, 연불판매, 할부금융, ⑥ 기타 위 상품과 유사한 것으로서 대통령령으로 정하는 것으로, 예금성 상품, 대출성 상품, 투자성 상품, 보장성 상품으로 유형화하고 있다(금융소비자보호법 제2조 제1호, 제3조).

2. 금융상품판매업 및 금융상품판매업자

금융상품판매업이란 이익을 얻을 목적으로 계속적 또는 반복적인 방법으로 하는 행위로서 금융상품직접판매업, 금융상품판매대리·중개업이 있다. 금융상품직접판매업은 자신이 직접 계약의 상대방으로서 금융상품에 관한 계약의 체결을 영업으로 하는 것 또는 자본시장법 제6조 제3항에 따른 투자중개업이고, 금융상품판매대리·중개업은 금융상품에 관한 계약의 체결을 대리하거나 중개하는 것을 영업으로 하는 것이다(금융소비자보호법 제2조 제2호).

금융상품판매업자란 금융상품판매업을 영위하는 자로서 금융 관계 법률(이하 "금융관계법률"이라 한다)에서 금융상품판매업에 해당하는 업무에 대하여 인허가 또는 등록을 하도록 규정한 경우에 해당 법률에 따른 인허가를 받거나 등록을 한 자 및 제12조 제1항에 따라 금융상품판매업의 등록을 한 자로써, 금융상품직접판매업자와 금융상품판매대리·중개업자가 있다(금융소비자보호법 제2조 제3호).

---

1) 손영화, "금융소비자보호법에 대한 입법평가", 「경제법연구」, 제19권 제3호, 한국경제법학회, 2020, 42면.

3. 금융상품자문업 및 금융상품자문업자

금융상품자문업이란 이익을 얻을 목적으로 계속적 또는 반복적인 방법으로 금융상품의 가치 또는 취득과 처분결정에 관한 자문(이하 "금융상품자문"이라 한다)에 응하는 것으로, 다만 ① 간행물·출판물·통신물 또는 방송 등을 통하여 개별 금융소비자를 상정하지 아니하고 다수인을 대상으로 일방적으로 이루어지는 조언(조언과 관련하여 온라인상에서 일정한 대가를 지급한 고객과 의견을 교환할 수 있는 경우에는 그러하지 아니하다)을 하거나, ② 그 밖에 변호사, 변리사, 세무사가 해당 법률에 따라 자문업무를 수행하는 경우 등 해당 행위의 성격 및 금융소비자 보호의 필요성을 고려하여 금융상품자문업에서 제외할 필요가 있는 것으로서 대통령령으로 정하는 것은 제외된다(금융소비자보호법 제2조 제4호).

금융상품자문업자란 금융상품자문업을 영위하는 자로서 금융관계법률에서 금융상품자문업에 해당하는 업무에 대하여 인허가 또는 등록을 하도록 규정한 경우에 해당 법률에 따른 인허가를 받거나 등록을 한 자 및 제12조 제1항에 따라 금융상품자문업의 등록을 한 자를 말한다(금융소비자보호법 제2조 제5호).

Ⅲ 금융소비자의 권리와 책무 및 국가와 금융상품판매업자등의 책무

1. 금융소비자의 권리와 책무

금융소비자는 ① 금융상품판매업자등의 위법한 영업행위로 인한 재산상 손해로부터 보호받을 권리, ② 금융상품을 선택하고 소비하는 과정에서 필요한 지식 및 정보를 제공받을 권리, ③ 금융소비생활에 영향을 주는 국가 및 지방자치단체의 정책에 대하여 의견을 반영시킬 권리, ④ 금융상품의 소비로 인하여 입은 피해에 대하여 신속·공정한 절차에 따라 적절한 보상을 받을 권리, ⑤ 합리적인 금융소비생활을 위하여 필요한 교육을 받을 권리, ⑥ 금융소비자 스스로의 권익을 증진하기 위하여 단체를 조직하고 이를 통하여 활동할 수 있는 권리를 가진다(금융소비자보호법 제7조).

금융소비자는 금융상품판매업자등과 더불어 금융시장을 구성하는 주체임을 인식하여 금융상품을 올바르게 선택하고, 위 금융소비자의 기본적 권리를 정당하게 행사하여야 하며, 스스로의 권익을 증진하기 위하여 필요한 지식과 정보를 습득하도록 노력하여야 하는 책무도 부담한다(금융소비자보호법 제8조).

2. 국가와 금융상품판매업자등의 책무

국가는 금융소비자의 기본적 권리가 실현되도록 하기 위하여 ① 금융소비자 권익 증진을 위하여 필요한 시책의 수립 및 실시, ② 금융소비자 보호 관련 법령의 제정·개정 및 폐지, ③ 필요한 행정조직의 정비 및 운영 개선, ④ 금융소비자의 건전하고 자주적인 조직활동의 지원·육성의 책무를 지고(금융소비자보호법 제8조), 금융상품판매업자등은 금융소비자의 기본적 권리가 실현되도록 하기 위하여 ① 국가의 금융소비자 권익 증진 시책에 적극 협력할 책무, ② 금융상품을 제공하는 경우에 공정한 금융소비생활 환경을 조성하기 위하여 노력할 책무, ③ 금융상품으로 인하여 금융소비자에게 재산에 대한 위해가 발생하지 아니하도록 필요한 조치를 강구할 책무, ④ 금융상품을 제공하는 경우에 금융소비자의 합리적인 선택이나 이익을 침해할 우려가 있는 거래조건이나 거래방법을 사용하지 아니할 책무, ⑤ 금융소비자에게 금융상품에 대한 정보를 성실하고 정확하게 제공할 책무, ⑥ 금융소비자의 개인정보가 분실·도난·누출·위조·변조 또는 훼손되지 아니하도록 개인정보를 성실하게 취급할 책무를 진다(금융소비자보호법 제10조).

Ⅳ 금융상품판매업자등의 영업행위 준수사항

1. 영업행위 일반원칙

(1) 영업행위 준수사항 해석의 기준

누구든지 영업행위 준수사항에 관한 규정을 해석·적용하려는 경우 금융소비자의 권익을 우선적으로 고려하여야 하며, 금융상품 또는 계약관계의 특성 등에 따라 금융상품 유형별 또는 금융상품판매업자등의 업종별로 형평에 맞게 해석·적용되도록 하여야 한다(금융소비자보호법 제13조).

(2) 신의성실의무 등

금융상품판매업자등은 금융상품 또는 금융상품자문에 관한 계약의 체결, 권리의 행사 및 의무의 이행을 신의성실의 원칙에 따라 하여야 한하고, 금융상품판매업등을 영위할 때 업무의 내용과 절차를 공정히 하여야 하며, 정당한 사유 없이 금융소비자의 이익을 해치면서 자기가 이익을 얻거나 제3자가 이익을 얻도록 해서는 아니 된다(금융소비자보호법 제14조).

(3) 차별금지

금융상품판매업자등은 금융상품 또는 금융상품자문에 관한 계약을 체결하는 경우 정당한 사유 없이 성별·학력·장애·사회적 신분 등을 이유로 계약조건에 관하여 금융소비자를 부당하게 차별해서는 아니 된다(금융소비자보호법 제15조).

(4) 금융상품판매업자등의 관리책임

금융상품판매업자등은 임직원 및 금융상품판매대리·중개업자(「보험업법」 제2조 제11호에 보험중개사는 제외한다)가 업무를 수행할 때 법령을 준수하고 건전한 거래질서를 해치는 일이 없도록 성실히 관리하여야 하고, 법인인 금융상품판매업자등으로서 상호저축은행중앙회, 온라인소액투자중개업자, 대부업자 및 대부중개업자, 온라인투자연계금융업자, 기타 금융위원회가 정하여 고시하는 자는 위 관리업무를 이행하기 위하여 그 임직원 및 금융상품판매대리·중개업자가 직무를 수행할 때 준수하여야 할 기준 및 절차(이하 "내부통제기준"이라 한다)를 마련하여야 한다(금융소비자보호법 제16조, 동법 시행령 제10조).

(5) 방문판매 및 전화권유판매 임직원의 명부 작성 등

금융상품판매업자등은 방문판매 및 전화권유판매 방식으로 금융상품을 판매하려는 경우 방문판매 및 전화권유판매를 하려는 임직원의 명부를 작성하여야 하고, 금융소비자가 요청하면 언제든지 금융소비자로 하여금 방문판매 및 전화권유판매를 하려는 임직원의 신원을 확인할 수 있도록 하여야 한다. 방문판매 및 전화권유판매로 금융상품을 판매하려는 경우에는 금융소비자에게 미리 해당 방문 또는 전화가 판매를 권유하기 위한 것이라는 점과 방문판매 및 전화권유판매를 하려는 임직원의 성명 또는 명칭, 판매하는 금융상품의 종류 및 내용을 밝혀야 한다(금융소비자보호법 제16조의2).

2. 금융상품 유형별 영업행위 준수사항

(1) 적합성 원칙

금융상품판매업자등은 금융상품계약체결등을 하거나 자문업무를 하는 경우에는 상대방인 금융소비자가 일반금융소비자인지 전문금융소비자인지를 확인하여야 한다. 일반금융소비자에게 변액보험 등 보장성 상품, 투자성 상품, 수익률 등의 변동 가능성이 있는 예금성 상품, 대출성 상품 등 금융상품의 계약 체결을 권유할 때에는 면담·질문 등을 통하여 각 금융상품에 따른 정보를 파악하고 일반금융소비자로부터 서명(전자서명을 포함한다), 기명날인, 녹취 등의 방법으로 확인을 받아 이를 유지·관리하여야 하며, 확인받은 내용을 일반금융소비자에게 지체 없이 제공하여야 한다. 금융상품판매업자등은 각 금융상품에 따른 정보를 고려하여 그 일반금융소비자에게 적합하지 아니하다고 인정되는 계약 체결을 권유해서는 아니 된다(금융소비자보호법 제17조 제1항~제3항).

(2) 적정성 원칙

금융상품판매업자는 일정한 보장성 상품, 투자성 상품 및 대출성 상품에 대하여 일반금융소비자에게 계약 체결을 권유하지 아니하고 금융상품 판매 계약을 체결하려는 경우에는 미리 면담·질문 등을 통하여 금융상품의 종류에 따른 정보를 파악하고, 이에 따라 확인한 사항을 고려하여 해당 금융상품이 그 일반금융소비자에게 적정하지 아니하다고 판단되는 경우에는 그 사실을 알리고, 그 일반금융소비자로부터 서명, 기명날인, 녹취 등의 방법으로 확인을 받아야 한다(금융소비자보호법 제17조 제1항 · 제2항).

(3) 설명의무

금융상품판매업자등은 일반금융소비자에게 계약 체결을 권유(금융상품자문업자가 자문에 응하는 것을 포함한다)하는 경우 및 일반금융소비자가 설명을 요청하는 경우에는 각 금융상품별 중요한 사항(일반금융소비자가 특정 사항에 대한 설명만을 원하는 경우 해당 사항으로 한정한다)을 일반금융소비자가 이해할 수 있도록 설명하고, 설명에 필요한 설명서를 일반금융소비자에게 제공하여야 하며, 설명한 내용을 일반금융소비자가 이해하였음을 서명, 기명날인, 녹취 등의 방법으로 확인을 받아야 한다(금융소비자보호법 제19조 제1항 · 제2항).

금융상품판매업자등이 설명을 할 때 일반금융소비자의 합리적인 판단 또는 금융상품의 가치에 중대한 영향을 미칠 수 있는 사항을 거짓으로 또는 왜곡(불확실한 사항에 대하여 단정적 판단을 제공하거나 확실하다고 오인하게 할 소지가 있는 내용을 알리는 행위를 말한다)하여 설명하거나 중요한 사항을 빠뜨려서는 아니 된다(금융소비자보호법 제19조 제3항).

(4) 불공정영업행위의 금지

금융상품판매업자등은 우월적 지위를 이용하여 금융소비자의 권익을 침해하는 불공정영업행위를 해서는 아니 된다. 불공정영업행위에는 ① 대출성 상품, 기타 금융상품에 관한 계약체결과 관련하여 금융소비자의 의사에 반하여 다른 금융상품의 계약체결을 강요하는 행위, ② 대출성 상품, 기타 금융상품에 관한 계약체결과 관련하여 부당하게 담보를 요구하거나 보증을 요구하는 행위, ③ 금융상품판매업자등 또는 그 임직원이 업무와 관련하여 편익을 요구하거나 제공받는 행위, ④ 대출성 상품이 i) 자기 또는 제3자의 이익을 위하여 금융소비자에게 특정 대출 상환 방식을 강요하는 행위이거나 ii) 수수료, 위약금 또는 그 밖에 어떤 명목이든 중도상환수수료를 부과하는 행위(다만, ⓐ 대출계약이 성립한 날부터 3년 이내에 상환하는 경우, ⓑ 다른 법령에 따라 중도상환수수료 부과가 허용되는 경우, ⓒ 금융소비자 보호 및 건전한 거래질서를 해칠 우려가 없는 행위로서 대통령령으로 정하는 경우는 제외한다), iii) 개인에 대한 대출 등 일정한 대출상품의 계약과 관련하여 제3자의 연대보증을 요구하는 행위인 경우, ⑤ 연계·제휴서비스등이 있는 경우 연계·제휴서비스등을 부당하게 축소하거나 변경하는 행위로서 대통령령으로 정하는 행위(다만, 연계·제휴서비스등을 불가피하게 축소하거나 변경하더라도 금융소비자에게 그에 상응하는 다른 연계·제휴서비스등을 제공하는 경우와 금융상품판매업자등의 휴업·파산·경영상의 위기 등에 따른 불가피한 경우는 제외한다)인 경우, ⑥ 그 밖에 금융상품판매업자등이 우월적 지위를 이용하여 금융소비자의 권익을 침해하는 행위가 있다(금융소비자보호법 제20조).

(5) 부당권유행위 금지

금융상품판매업자등은 계약 체결을 권유(금융상품자문업자가 자문에 응하는 것을 포함한다)하는 경우에 ① 불확실한 사항에 대하여 단정적 판단을 제공하거나 확실하다고 오인하게 할 소지가 있는 내용을 알리는 행위, ② 금융상품의 내용을 사실과 다르게 알리는 행위, ③ 금융상품의 가치에 중대한 영향을 미치는 사항을 미리 알고 있으면서 금융소비자에게 알리지 아니하는 행위, ④ 금융상품 내용의 일부에 대하여 비교대상 및 기준을 밝히지 아니하거나 객관적인 근거 없이 다른 금융상품과 비교하여 해당 금융상품이 우수하거나 유리하다고 알리는 행위, ⑤ 보장성 상품의 경우 i) 금융소비자가 보장성 상품 계약의 중요한 사항을 금융상품직접판매업자에게 알리는 것을 방해하거나 알리지 아니할 것을 권유하는 행위를 하거나 ii) 금융소비자가 보장성 상품 계약의 중요한 사항에 대하여 부실하게 금융상품직접판매업자에게 알릴 것을 권유하는 행위, ⑥ 투자성 상품의 경우 i) 금융소비자로부터 계약의 체결권유를 해줄 것을 요청받지 아니하고 방문·전화 등 실시간 대화의 방법을 이용하는 행위를 하거나 ii) 계약의 체결권유를 받은 금융소비자가 이를 거부하는 취지의 의사를 표시하였는데도 계약의 체결권유를 계속하는 행위, ⑦ 그 밖에 금융소비자 보호 또는 건전한 거래질서를 해칠 우려가 있는 행위로서 대통령령으로 정하는 행위를 하여서는 아니 된다. 다만, 금융소비자 보호 및 건전한 거래질서를 해칠 우려가 없는 행위로서 대통령령으로 정하는 행위는 제외한다(금융소비자보호법 제21조).

(6) 방문판매 및 전화권유판매 관련 준수사항

금융상품판매업자등은 서면, 전자문서 또는 구두에 의한 방법으로 ① 일반금융소비자가 금융상품판매업자등에 대하여 금융상품을 소개하거나 계약 체결을 권유할 목적으로 본인에게 연락하는 것을 금지하도록 요구할 수 있다는 사항, ② ①에 따른 권리의 행사방법 및 절차를 일반금융소비자에게 알려야 한다. 만일 일반금융소비자가 ①의 요구를 하면 금융상품판매업자등은 즉시 이에 따라야 하고, 이에 따른 의무를 이행하기 위한 시스템을 갖추어야 한다. 금융상품판매업자등은 금융소비자가 요청하는 경우를 제외하고는, 금융상품을 소개하거나 계약 체결을 권유할 목적으로 야간(오후 9시 이후부터 다음 날 오전 8시까지)에 금융소비자를 방문하거나 연락하여서는 아니 된다(금융소비자보호법 제21조의2).

(7) 금융상품등에 관한 광고 관련 준수사항

금융상품판매업자등이 아닌 자 및 투자성 상품에 관한 금융상품판매대리·중개업자 등 대통령령으로 정하는 금융상품판매업자등은 금융상품판매업자등의 업무에 관한 광고 또는 금융상품에 관한 광고(이하 "금융상품등에 관한 광고"라 한다)를 해서는 아니 된다. 다만, 자본시장법에 따라 설립된 한국금융투자협회 등 일정한 기관 등은 예외로 하되, 이들이 금융상품등에 관한 광고를 하는 경우에는 금융소비자가 금융상품의 내용을 오해하지 아니하도록 명확하고 공정하게 전달하여야 하고, 금융상품등에 관한 광고에는 ① 금융상품에 관한 계약을 체결하기 전에 금융상품 설명서 및 약관을 읽어 볼 것을 권유하는 내용, ② 금융상품판매업자등의 명칭, 금융상품의 내용, ③ i) 보장성 상품의 경우, 기존에 체결했던 계약을 해지하고 다른 계약을 체결하는 경우에는 계약체결의 거부 또는 보험료 등 금융소비자의 지급비용(이하 "보험료등"이라 한다)이 인상되거나 보장내용이 변경될 수 있다는 사항, ii) 투자성 상품의 경우, 투자에 따른 위험, 과거 운용실적을 포함하여 광고를 하는 경우에는 그 운용실적이 미래의 수익률을 보장하는 것이 아니라는 사항, iii) 예금성 상품의 경우, 만기지급금 등을 예시하여 광고하는 경우에는 해당 예시된 지급금 등이 미래의 수익을 보장하는 것이 아니라는 사항, iv) 대출성 상품의 경우, 대출조건, ④ 그 밖에 금융소비자 보호를 위하여 대통령령으로 정하는 내용이 포함되어야 한다(금융소비자보호법 제22조 제1항~제3항).

(8) 계약서류의 제공의무

금융상품직접판매업자 및 금융상품자문업자는 금융소비자와 금융상품 또는 금융상품자문에 관한 계약을 체결하는 경우 금융상품의 유형별로 정하는 계약서류를 금융소비자에게 지체 없이 제공하여야 한다. 다만, 계약내용 등이 금융소비자 보호를 해칠 우려가 없는 경우로서 대통령령으로 정하는 경우에는 계약서류를 제공하지 아니할 수 있다. 이 경우 계약서류의 제공 사실 또는 계약체결 사실 및 그 시기에 관하여 금융소비자와 다툼이 있는 경우에는 금융상품직접판매업자 및 금융상품자문업자가 이를 증명하여야 한다(금융소비자보호법 제23조 제1항·제2항).

3. 금융상품판매업자등의 업종별 영업행위 준수사항

(1) 미등록자를 통한 금융상품판매 대리·중개 금지

금융상품판매업자는 금융상품판매대리·중개업자가 아닌 자에게 금융상품계약체결등을 대리하거나 중개하게 해서는 아니 된다(금융소비자보호법 제24조).

(2) 금융상품판매대리·중개업자의 금지행위

금융상품판매대리·중개업자는 ① 금융소비자로부터 투자금, 보험료 등 계약의 이행으로서 급부를 받거나 ② 금융상품판매대리·중개업자가 대리·중개하는 업무를 제3자에게 하게 하거나 그러한 행위에 관하여 수수료·보수나 그 밖의 대가를 지급하는 행위, ③ 그 밖에 금융소비자 보호 또는 건전한 거래질서를 해칠 우려가 있는 행위로서 대통령령으로 정하는 행위를 하여서는 아니되고, 금융상품판매 대리·중개 업무를 수행할 때 금융상품직접판매업자로부터 정해진 수수료 외의 금품, 그 밖의 재산상 이익을 요구하거나 받아서는 아니 된다(금융소비자보호법 제25조).

(3) 금융상품판매대리 · 중개업자의 고지의무 등

금융상품판매대리 · 중개업자는 금융상품판매 대리 · 중개 업무를 수행할 때 금융소비자에게 ① 금융상품판매대리 · 중개업자가 대리 · 중개하는 금융상품직접판매업자의 명칭 및 업무 내용, ② 하나의 금융상품직접판매업자만을 대리하거나 중개하는 금융상품판매대리 · 중개업자인지 여부, ③ 금융상품직접판매업자로부터 금융상품 계약체결권을 부여받지 아니한 금융상품판매대리 · 중개업자의 경우 자신이 금융상품계약을 체결할 권한이 없다는 사실, ④ 손해배상책임에 관한 사항, ⑤ 그 밖에 금융소비자 보호 또는 건전한 거래질서를 위하여 대통령령으로 정하는 사항을 모두 미리 알려야 한다(금융소비자보호법 제26조).

(4) 금융상품자문업자의 영업행위준칙 등

금융상품자문업자는 금융소비자에 대하여 선량한 관리자의 주의로 자문에 응하여야 하고, 금융소비자의 이익을 보호하기 위하여 자문업무를 충실하게 수행하여야 한다. 또한 자문업무를 수행하는 과정에서 ① 독립금융상품자문업자인지 여부, ② 금융상품판매업자로부터 자문과 관련한 재산상 이익을 제공받는 경우 그 재산상 이익의 종류 및 규모, ③ 금융상품판매업을 겸영하는 경우 자신과 금융상품계약체결등 업무의 위탁관계에 있는 금융상품판매업자의 명칭 및 위탁 내용, ④ 자문업무를 제공하는 금융상품의 범위, ⑤ 자문업무의 제공 절차, ⑥ 그 밖에 금융소비자 권익 보호 또는 건전한 거래질서를 위하여 대통령령으로 정하는 사항을 금융소비자에게 알리고, 자신이 금융상품자문업자라는 사실을 나타내는 표지를 게시하거나 증표를 금융소비자에게 내보여야 한다(금융소비자보호법 제27조).

(5) 자료의 기록 및 유지 · 관리 등

금융상품판매업자등은 금융상품판매업등의 업무와 관련한 자료를 기록하고 일정기간 동안 유지 · 관리하여야 한다(금융소비자보호법 제28조 제1항). 금융소비자는 분쟁조정 또는 소송의 수행 등 권리구제를 위한 목적으로 금융상품판매업자등이 기록 및 유지 · 관리하는 자료의 열람(사본의 제공 또는 청취를 포함한다)을 요구할 수 있으며, 금융상품판매업자등은 이에 따른 열람을 요구받았을 때에는 해당 자료의 유형에 따라 요구받은 날부터 10일 이내의 범위에서 대통령령으로 정하는 기간 내에 금융소비자가 해당 자료를 열람할 수 있도록 하여야 한다. 이 경우 해당 기간 내에 열람할 수 없는 정당한 사유가 있을 때에는 금융소비자에게 그 사유를 알리고 열람을 연기할 수 있으며, 그 사유가 소멸하면 지체 없이 열람하게 하여야 한다. 이에 반하는 특약으로서 일반금융소비자에게 불리한 것은 무효로 한다(금융소비자보호법 제28조 제3항 · 제4항 · 제7항).

금융상품판매업자등은 ① 법령에 따라 열람을 제한하거나 거절할 수 있는 경우, ② 다른 사람의 생명 · 신체를 해칠 우려가 있거나 다른 사람의 재산과 그 밖의 이익을 부당하게 침해할 우려가 있는 경우, ③ 그 밖에 열람으로 인하여 해당 금융회사의 영업비밀이 현저히 침해되는 등 열람하기 부적절한 경우로서 대통령령으로 정하는 경우 중 어느 하나에 해당하는 경우에는 금융소비자에게 그 사유를 알리고 열람을 제한하거나 거절할 수 있다(금융소비자보호법 제28조 제5항).

V 금융소비자 보호

1. 금융소비자정책 수립 및 금융교육 등

(1) 금융소비자정책의 수립

금융위원회는 금융소비자의 권익 보호와 금융상품판매업등의 건전한 시장질서 구축을 위하여 금융소비자정책을 수립하여야 하고, 금융소비자의 권익 증진, 건전한 금융생활 지원 및 금융소비자의 금융역량 향상을 위하여 노력하여야 한다(금융소비자보호법 제29조).

(2) 금융교육

금융위원회는 금융교육을 통하여 금융소비자가 금융에 관한 높은 이해력을 바탕으로 합리적인 의사결정을 내리고 이를 기반으로 하여 장기적으로 금융복지를 누릴 수 있도록 노력하여야 하고, 금융환경 변화에 따라 금융소비자의 금융역량 향상을 위한 교육프로그램을 개발하여야 하며, 금융교육과 학교교육·평생교육을 연계하여 금융교육의 효과를 높이기 위한 시책을 수립·시행하여야 한다(금융소비자보호법 제30조).

(3) 금융교육협의회

금융교육에 대한 정책을 심의·의결하기 위하여 금융위원회에 금융교육협의회(이하 "협의회"라 한다)를 두고, 협의회는 ① 금융교육의 종합적 추진에 관한 사항, ② 금융소비자 교육과 관련한 평가, 제도개선 및 부처 간 협력에 관한 사항, ③ 그 밖에 의장이 금융소비자의 금융역량 강화를 위하여 토의에 부치는 사항을 심의·의결하며, 이를 위하여 필요한 경우 관련 자료의 제출을 금융위원회, 공정거래위원회 등 각 기관에 요구할 수 있다. 협의회는 의장 1명을 포함하여 25명 이내의 위원으로 구성하며, 의장은 금융위원회 부위원장이 된다(금융소비자보호법 제31조).

(4) 금융상품 비교공시 등

금융위원회는 금융소비자가 금융상품의 주요 내용을 알기 쉽게 비교할 수 있도록 금융상품의 유형별로 금융상품의 주요 내용을 비교하여 공시할 수 있고, 금융감독원장은 금융상품판매업자등의 금융소비자 보호실태를 평가하고 그 결과를 공표할 수 있다. 대통령령으로 정하는 금융상품판매업자등은 금융소비자 불만 예방 및 신속한 사후구제를 통하여 금융소비자를 보호하기 위하여 그 임직원이 직무를 수행할 때 준수하여야 할 기본적인 절차와 기준(이하 "금융소비자보호기준"이라 한다)을 정하여야 한다(금융소비자보호법 제32조).

2. 금융분쟁의 조정

(1) 금융분쟁조정위원회의 설치

「금융위원회의 설치 등에 관한 법률」 제38조 각 호의 기관(이하 "조정대상기관"

이라 한다), 금융소비자 및 그 밖의 이해관계인 사이에 발생하는 금융 관련 분쟁의 조정에 관한 사항을 심의·의결하기 위하여 금융감독원에 금융분쟁조정위원회(이하 "조정위원회"라 한다)를 둔다. 조정위원회는 위원장 1명을 포함하여 35명 이내의 위원으로 구성하고, 위원장은 금융감독원장이 소속 부원장 중에서 지명하고, 위원은 금융감독원장이 소속 부원장보 중에서 지명하는 사람과 각계 전문가 중 성별을 고려하여 금융감독원장이 위촉한 사람으로 한다. 위원의 임기는 2년이다(금융소비자보호법 제33조, 제34조).

(2) 분쟁조정절차

조정대상기관, 금융소비자 및 그 밖의 이해관계인은 금융과 관련하여 분쟁이 있을 때에는 금융감독원장에게 분쟁조정을 신청할 수 있다. 금융감독원장은 분쟁조정 신청을 받았을 때에는 관계 당사자에게 그 내용을 통지하고 합의를 권고할 수 있다. 다만, 분쟁조정의 신청내용이 ① 분쟁조정대상으로서 적합하지 아니하다고 금융감독원장이 인정하는 경우이거나, ② 관련 법령 또는 객관적인 증명자료 등에 따라 합의권고절차 또는 조정절차를 진행할 실익이 없는 경우, ③ 또는 위 ① 또는 ②에 준하는 사유로서 대통령령으로 정하는 경우에는 합의를 권고하지 아니하거나 조정위원회에의 회부를 하지 아니할 수 있다. 이에 따라 합의권고를 하지 아니하거나 조정위원회에 회부하지 아니할 때에는 금융감독원장이 그 사실을 관계 당사자에게 서면으로 통지하여야 한다. 금융감독원장은 분쟁조정 신청을 받은 날부터 30일 이내에 합의가 이루어지지 아니할 때에는 지체 없이 조정위원회에 회부하여야 하고, 조정위원회는 조정을 회부받았을 때에는 이를 심의하여 조정안을 60일 이내에 작성하여야 한다. 금융감독원장은 조정위원회가 조정안을 작성하였을 때에는 신청인과 관계 당사자에게 제시하고 수락을 권고할 수 있다. 신청인과 관계 당사자가 조정안을 제시받은 날부터 20일 이내에 조정안을 수락하지 아니한 경우에는 조정안을 수락하지 아니한 것으로 본다(금융소비자보호법 제36조). 양 당사자가 위 조정안을 수락한 경우 해당 조정안은 재판상 화해와 동일한 효력을 갖는다(금융소비자보호법 제39조).

(3) 시효의 중단

분쟁조정의 신청은 시효중단의 효력이 있다. 다만 위 ① 내지 ③의 사유로 합의권고를 하지 아니하거나 조정위원회에 회부하지 아니할 때에는 그러하지 아니하며, 이 경우 1개월 이내에 재판상의 청구, 파산절차참가, 압류 또는 가압류, 가처분을 한 때에는 시효는 최초의 분쟁조정의 신청으로 인하여 중단된 것으로 본다. 중단된 시효는 ① 양 당사자가 조정안을 수락하거나 ② 분쟁조정이 이루어지지 아니하고 조정절차가 종료된 경우에는 그 때부터 새로이 진행한다(금융소비자보호법 제40조).

(4) 소송과의 관계

조정이 신청된 사건에 대하여 신청 전 또는 신청 후 소가 제기되어 소송이 진행 중일 때에는 수소법원(受訴法院)은 조정이 있을 때까지 소송절차를 중지할 수 있고, 이에 따라 소송절차가 중지되지 아니하는 경우 조정위원회는 해당 사건의 조정절차를 중지하여야 한다. 조정위원회는 조정이 신청된 사건과 동일한 원인으로 다수인이 관련되는 동종·유사 사건에 대한 소송이 진행 중인 경우에는 조정위원회의 결정으로 조정절차를 중지할 수 있다(금융소비자보호법 제41조).

3. 손해배상책임 등

(1) 금융상품판매업자등의 손해배상책임

금융상품판매업자등이 고의 또는 과실로 이 법을 위반하여 금융소비자에게 손해를 발생시킨 경우에는 그 손해를 배상할 책임이 있다. 금융상품판매업자등이 설명의무를 위반하여 금융소비자에게 손해를 발생시킨 경우에는 그 손해를 배상할 책임을 지나, 그 금융상품판매업자등이 고의 및 과실이 없음을 입증한 경우에는 그러하지 아니하다(금융소비자보호법 제44조).

(2) 금융상품직접판매업자의 손해배상책임

금융상품직접판매업자는 금융상품계약체결등의 업무를 대리·중개한 금융상품판매대리·중개업자(제25조 제1항 제2호 단서에서 정하는 바에 따라 대리·중개하는 제3자를 포함하고, 「보험업법」 제2조 제11호에 따른 보험중개사는 제외한다) 또는 「보험업법」 제83조 제1항 제4호에 해당하는 임원 또는 직원(이하 "금융상품판매대리·중개업자등"이라 한다)이 대리·중개 업무를 할 때 금융소비자에게 손해를 발생시킨 경우에는 그 손해를 배상할 책임이 있다. 다만, 금융상품직접판매업자가 금융상품판매대리·중개업자등의 선임과 그 업무 감독에 대하여 적절한 주의를 하였고 손해를 방지하기 위하여 노력한 경우에는 그러하지 아니하다. 제1항 본문에 따른 금융상품직접판매업자의 손해배상책임은 금융상품판매대리·중개업자등에 대한 금융상품직접판매업자의 구상권 행사를 방해하지 아니한다(금융소비자보호법 제45조).

(3) 청약철회권

금융상품판매업자등과 대통령령으로 각각 정하는 보장성 상품, 투자성 상품, 대출성 상품 또는 금융상품자문에 관한 계약의 청약을 한 일반금융소비자는 청약을 철회할 수 있다. 청약철회가 가능한 기간은 ① 보장성 상품의 경우, 일반금융소비자가 「상법」 제640조에 따른 보험증권을 받은 날부터 15일과 청약을 한 날부터 30일 중 먼저 도래하는 기간, ② 투자성 상품, 금융상품자문의 경우, i) 계약서류를 제공받은 날 또는 ii) 계약체결일로부터 7일 이내, ③ 대출성 상품의 경우, i) 계약서류를 제공받은 날 또는 ii) 계약체결일(이보다 금전·재화등의 지급이 늦게 이루어진 경우에는 그 지급일)로부터 14일이다. 청약이 철회된 경우 금융상품판매업자등은 일반금융소비자에 대하여 청약의 철회에 따른 손해배상 또는 위약금 등 금전의 지급을 청구할 수 없다(금융소비자보호법 제46조 제1항·제4항).

위와 같이 청약을 철회한 경우, ① 보장성 상품, 투자성 상품, 금융상품자문은 일반금융소비자가 청약의 철회의사를 표시하기 위하여 서면등을 발송한 때, ② 대출성 상품은 일반금융소비자가 청약의 철회의사를 표시하기 위하여 서면등을 발송하고, 이미 공급받은 금전·재화등, 이미 공급받은 금전과 관련된 이자, 비용(이미 제공된 용역은 제외하며, 일정한 시설을 이용하거나 용역을 제공받을 수 있는 권리를 포함한다)을 반환한 때에 효력이 발생한다(금융소비자보호법 제46조 제2항).

보장성 상품의 경우 청약이 철회된 당시 이미 보험금의 지급사유가 발생한 경우에는 청약 철회의 효력은 발생하지 아니한다. 다만, 일반금융소비자가 보험금의 지급사유가 발생했음을 알면서 청약을 철회한 경우에는 그러하지 아니하다. 위 청약철회 규정에 반하는 특약으로서 일반금융소비자에게 불리한 것은 무효로 한다(금융소비자보호법 제46조 제5항 · 제6항).

(4) 위법계약의 해지

금융소비자는 금융상품판매업자등이 적합성원칙, 적정성원칙, 설명의무, 불공정영업행위의 금지 또는 부당권유행위의 금지를 위반하여 금융상품에 관한 계약을 체결한 경우 5년 이내의 대통령령으로 정하는 기간 내에 서면등으로 해당 계약의 해지를 요구할 수 있다. 이 경우 금융상품판매업자등은 해지를 요구받은 날부터 10일 이내에 금융소비자에게 수락여부를 통지하여야 하며, 거절할 때에는 거절사유를 함께 통지하여야 한다. 금융소비자는 금융상품판매업자등이 정당한 사유 없이 위 요구를 따르지 않는 경우 해당 계약을 해지할 수 있다. 위에 따라 계약이 해지된 경우 금융상품판매업자등은 수수료, 위약금 등 계약의 해지와 관련된 비용을 요구할 수 없다(금융소비자보호법 제47조).

제 3 장

은행거래

I 서설

「은행법」에서 "은행업"은 예금을 받거나 유가증권 또는 그 밖의 채무증서를 발행하여 불특정 다수인으로부터 채무를 부담함으로써 조달한 자금을 대출하는 것을 업(業)으로 하는 것을 말하고(은행법 제2조 제1호), 은행업무의 범위를 ① 예금·적금의 수입 또는 유가증권, 그 밖의 채무증서의 발행, ② 자금의 대출 또는 어음의 할인, ③ 내국환·외국환으로 규정하고 있다(은행법 제27조). 이하에서는 은행에서 이루어지는 업무 중 수신거래와 여신거래를 살펴보도록 한다.

II 수신거래

1. 수신거래의 의의와 종류

수신거래는 은행이 예금·적금의 수입 또는 유가증권, 그 밖의 채무증서를 발생하는 업무를 말한다. 은행법상 수신업무는 예금, 별단예금, 부수업무로 나눌 수 있고, 예금은 다시 보통예금, 저축예금, 당좌예금 등의 입출금이 자유로운 예금과 정기적금, 상호부금 등의 적립식예금, 정기예금과 같은 거치식 예금으로, 별단예금은 자기앞수표발생기금, 당좌개설보증금, 사고신고담보금, 주식납입보관금 등으로, 부수업무는 어음교환, 환, 회사채원리금지급대행 등으로 나누어진다.[2)]

2) 사법연수원, 앞의 책, 3면.

2. 예금계약의 성질

예금계약은 예금자가 금융기관에 대하여 금전의 보관을 위탁하여 금융기관이 예입금의 소유권을 취득하고 예금자에게 이와 같은 금액을 반환할 것을 약정하는 계약으로, 예금자가 금전의 보관을 위탁하고 금융기관이 이를 승낙할 것을 약정하는 계약이라는 점에서 임치의 성격도 있으나, 금융기관은 보관받은 금전을 자유롭게 운용하다가 같은 금액의 금전을 반환하면 되는 소비대차의 성격도 가지고 있어, 판례는 소비임치(민법 제702조)로 보고 있다.[3)]

> 예금주가 예금에 있어 그 대가로 은행소정금리외에 예금유치인을 통하여 추가금리를 지급받기로 하였다 하더라도 그것이 은행직원과 예금유치인들간에 은행의 예금고를 높임으로써 그 은행직원의 실적을 올리는 한편 예금유치인이 같은 은행으로부터 대출상의 특혜를 받기 위한 방편으로 이루어진 것으로서 예금주에게 통장까지 전달된 것이라면 예금주와 은행간의 예금계약의 성립을 부인하여 이를 단순한 예금주와 유치인간의 대차관계라고만 볼 수 없다. (대법원 1985. 12. 24. 선고 85다카880 판결)

3. 예금계약의 성립

예금계약은 현금에 의한 입금, 어음·수표에 의한 입금 등의 방법으로 성립된다. 현금에 의한 입금은 예금자가 은행에서 예금을 내면 직원이 이를 받아 입금전표를 작성하고 예금증서와 원장에 기입(전산처리)한 다음 예금증서를 반환하는 순서로 진행된다. 당사자 사이에 예금에 대한 합의와 금전의 교부가 이루어지면 예금계약이 성립한다고 본다. 따라서 금융기관의 직원이 받은 돈을 확인한 후 입금하지 않은 채 횡령하였다하더라도 예금계약은 성립한다.[4)] 어음·수표와 같은 증권으로 입금될 때에는 금융기관이 증권을 수령한 때 바로 입금기재하지만 증권이 교환에 의하여 현금화되기 전까지는 예금반환하지 않고 부도가 나면 예금원장에서 금액을 삭제하고 부도된 증권을 반환하는 사무처리를 하고 있다.[5)]

---

3) 사법연수원, 앞의 책, 3-4면.

4) 대법원 1996. 1. 26. 선고 95다26919 판결.

계좌송금이나 계좌이체로 입금한 경우, 예금거래기본약관에 의하면 ① 현금으로 입금한 경우에는 은행이 이를 받아 확인하였을 때, ② 현금으로 계좌송금하거나 계좌이체한 경우에는 예금원장에 입금의 기록이 된 때, ③ 증권으로 입금하거나 계좌송금한 경우에는 은행이 그 증권을 교환에 돌려 부도반환시한이 지나고 결제를 확인한 때(다만, 개설점에서 지급하여야 할 증권은 그날 안에 결제를 확인한 때), ④ 증권이 자기앞수표이고 지급제시기간 안에 사고신고가 없으며 결제될 것이 틀림없음을 은행이 확인하였을 때에는 예금원장에 입금의 기록이 된 때 예금이 성립하는 것으로 보고 있다(예금거래기본약관 제7조).

계좌송금이나 계좌이체로 입금할 때 착오로 잘못 송금한 경우라 하더라도, 송금·이체의뢰인과 계좌개설인(수취인) 사이에 송금·이체의 법률관계가 존재하는지 여부와 무관하게 계좌개설인은 계좌개설은행에 대하여 송금·이체된 예금채권을 취득한다. 다만 이 예금채권은 송금·이체 의뢰인의 착오송금에 기하여 법률상 원인없이 취득한 것이므로 송금·이체 의뢰인에 대한 부당이득반환채무를 진다.[6]

> 계좌이체는 은행 간 및 은행점포 간의 송금절차를 통하여 저렴한 비용으로 안전하고 신속하게 자금을 이동시키는 수단이고, 다수인 사이에 다액의 자금이동을 원활하게 처리하기 위하여, 그 중개 역할을 하는 은행이 각 자금이동의 원인인 법률관계의 존부, 내용 등에 관여함이 없이 이를 수행하는 체제로 되어 있다. 따라서 현금으로 계좌송금 또는 계좌이체가 된 경우에는 예금원장에 입금의 기록이 된 때에 예금이 된다고 예금거래기본약관에 정하여져 있을 뿐이고, 수취인과 은행 사이의 예금계약의 성립 여부를 송금의뢰인과 수취인 사이에 계좌이체의 원인인 법률관계가 존재하는지 여부에 의하여 좌우되도록 한다고 별도로 약정하였다는 등의 특별한 사정이 없는 경우에는, 송금의뢰인이 수취인의 예금구좌에 계좌이체를 한 때에는, 송금의뢰인과 수취인 사이에 계좌이체의 원인인 법률관계가 존재하는지 여부에 관계없이 수취인과 수취은행 사이에는 계좌이체금액 상당의 예금계약이 성립하고, 수취인이 수취은행에 대하여 위 금액 상당의 예금채권을 취득한다. 이때, 송금의뢰인과 수취인 사이에 계좌이체의 원인이

5) 사법연수원, 앞의 책, 6－7면.

6) 박준·한민, 금융거래와 법, 박영사, 2018, 43－44면.

되는 법률관계가 존재하지 않음에도 불구하고, 계좌이체에 의하여 수취인이 계좌이체 금액 상당의 예금채권을 취득한 경우에는, 송금의뢰인은 수취인에 대하여 위 금액 상당의 부당이득반환청구권을 가지게 되지만, 수취은행은 이익을 얻은 것이 없으므로 수취은행에 대하여는 부당이득반환청구권을 취득하지 아니한다. (대법원 2007. 11. 29. 선고 2007다51239 판결)

4. 차명거래와 예금계약의 당사자

(1) 금융실명제의 실시

1993년 「금융실명거래및비밀보장에관한긴급재정경제명령」을 통하여 금융실명제가 시행되었으나, 금융실명제를 항구적인 제도로 정착시키기 위하여 1997년 「금융실명거래 및 비밀보장에 관한 법률」(이하 "금융실명법"이라 한다)을 제정하여 시행하게 되었다.

금융실명법에서는 금융회사로 하여금 거래자의 실지명의(이하 "실명"이라 한다)로 금융거래를 하도록 의무를 부여하고 있는데 이를 금융실명제라 한다(금융실명법 제3조). 실지명의란 주민등록표상의 명의, 사업자등록증상의 명의, 그 밖에 개인의 경우 주민등록표에 기재된 성명 및 주민등록번호, 법인의 경우 사업자등록증에 기재된 법인명 및 등록번호, 법인이 아닌 단체의 경우 당해 단체를 대표하는 자의 실지명의, 외국인의 경우 등록외국인기록표에 기재된 성명 및 등록번호를 말한다(금융실명법 제2조 제4호, 동법 시행령 제3조).

(2) 예금계약의 당사자

판례는 "기존 비실명자산의 거래자가 위 긴급명령의 시행에 따라 이를 실명전환하는 경우 금융기관으로서는 실명전환사무를 처리함에 있어서 거래통장과 거래인감 등을 소지하여 거래자라고 자칭하는 자의 명의가 실명인지 여부를 확인하여야 하고 또 그것으로써 금융기관으로서의 할 일을 다하는 것이라 할 것이고, 그가 과연 금융자산의 실질적인 권리자인지 여부를 조사·확인할 것까지는 없다"고 하면서, "실명전환사무를 처리하는 금융기관의 업무는 실명전환을 청구하는 자가 권리자의 외관을 가지고 있는지 여부를 확인하고 그의 명의가 위 긴급명령에서 정하고 있는 주민등록표상의 명의 등 실명인지 여부를 확인하는 것일 뿐이지, 나아가 그가 과연 금융자산의 실질적인 권리자인지 여부를 조사·확인하는 것까지 그 업무라고 할 수는 없다"고 보았다.[7)]

금융실명제가 실시된 이후에는 예금주는 원칙적으로 실명확인을 거친 명의자를 예금주로 본다.

> 금융실명거래 및 비밀보장에 관한 법률에 따라 실명확인 절차를 거쳐 예금계약을 체결하고 그 실명확인 사실이 예금계약서 등에 명확히 기재되어 있는 경우에는, 일반적으로 그 예금계약서에 예금주로 기재된 예금명의자나 그를 대리한 행위자 및 금융기관의 의사는 예금명의자를 예금계약의 당사자로 보려는 것이라고 해석하는 것이 경험법칙에 합당하고, 예금계약의 당사자에 관한 법률관계를 명확히 할 수 있어 합리적이다. 그리고 이와 같은 예금계약 당사자의 해석에 관한 법리는, 예금명의자 본인이 금융기관에 출석하여 예금계약을 체결한 경우나 예금명의자의 위임에 의하여 자금 출연자 등의 제3자(이하 '출연자 등'이라 한다)가 대리인으로서 예금계약을 체결한 경우 모두 마찬가지로 적용된다고 보아야 한다. 따라서 본인인 예금명의자의 의사에 따라 예금명의자의 실명확인 절차가 이루어지고 예금명의자를 예금주로 하여 예금계약서를 작성하였음에도 불구하고, 예금명의자가 아닌 출연자 등을 예금계약의 당사자라고 볼 수 있으려면, 금융기관과 출연자 등과 사이에서 실명확인 절차를 거쳐 서면으로 이루어진 예금명의자와의 예금계약을 부정하여 예금명의자의 예금반환청구권을 배제하고 출연자 등과 예금계약을 체결하여 출연자 등에게 예금반환청구권을 귀속시키겠다는 명확한 의사의 합치가 있는 극히 예외적인 경우로 제한되어야 한다. 그리고 이러한 의사의 합치는 금융실명거래 및 비밀보장에 관한 법률에 따라 실명확인 절차를 거쳐 작성된 예금계약서 등의 증명력을 번복하기에 충분할 정도의 명확한 증명력을 가진 구체적이고 객관적인 증거에 의하여 매우 엄격하게 인정하여야 한다. (대법원 2009. 3. 19. 선고 2008다45828 전원합의체 판결)

7) 대법원 1997. 4. 17. 선고 96도3377 전원합의체 판결.

5. 명의 모용계좌

예금계약을 체결한 자(A)가 다른 사람(B)의 이름을 임의로 사용하여 그 사람(B)으로 행세한 경우, 은행으로서는 계약상대방을 B로 알고 B의 실명을 확인한 후 예금계약을 체결하였는데 B는 예금계약을 체결할 의사가 없었으므로 은행과 명의자(B)간의 예금계약이 체결된다고 볼 수 없다.[8)]

행위자(A)가 아무런 권한 없이 명의자(B)의 명의로 계약을 체결한 것이므로 무권대리에 해당하고, 만일 명의자가 추인하면 명의자와 은행간에 예금계약이 성립되나, 명의자는 행위자에게 부당이득반환채무를 지게 된다. 물론 행위자는 사문서위조죄, 공문서부정행사죄 또는 주민등록증 부정사용죄 등의 죄책을 진다.[9)]

6. 은행의 예금자 이외의 자에 대한 지급

채권의 준점유자에 대한 변제는 변제자가 선의이며 과실없는 때에 한하여 효력이 있다(민법 제470조). 따라서 은행은 예금통장, 증서와 인감의 소지자로서 신고된 비밀번호를 기재한 지급청구서를 제출한 자에게 예탁금을 지급할 때, 그 지급받은 자가 예금자가 아니라도 상당한 주의를 한 경우라면 면책된다. 다만 "은행이 예금청구자에게 예금 수령의 권한이 있는지 없는지를 판별하는 방편의 하나로 예금청구서에 압날한 인영과 은행에 신고하여 예금통장에 찍힌 인감을 대조 확인할 때에는 인감 대조에 숙련된 은행원으로 하여금 그 직무수행상 필요로 하는 충분한 주의를 다하여 인감을 대조하도록 하여야"하므로, 그러한 주의의무를 다하지 못하였다면 은행으로서는 면책을 주장할 수 없다.[10)]

---

8) 대법원 1995. 9. 29. 선고 94다4912 판결.

9) 박준·한민, 앞의 책, 50－51면.

10) 대법원 1992. 2. 14. 선고 91다9244 판결.

7. 예금자보호법상 예금자보호제도

예금자보호제도는 은행, 보험회사 등 금융기관이 예금의 지급정지, 해산 또는 파산 등의 사유로 고객예금을 지급할 수 없는 경우에 예금보험공사가 일정 한도의 예금 지급을 보증함으로써 해당 금융기관과 거래한 소비자를 보호하는 제도로서, 이를 위하여 「예금자보호법」이 시행되고 있다.[11)]

1인당 보호금액은 2001년 이후 5천만원으로 유지되어 왔으나 우리나라 경제규모의 성장과 예금자산의 증가를 고려하여 2025년 법 개정을 통해 예금보험금의 지급 한도액을 1억원으로 상향하였다(예금자보호법 제32조 제2항. 동법 시행령 제18조 제7항).[12)]

예금보험금의 지급 한도를 초과하는 금액은 예금보험공사로부터 보험금을 받을 수 없으나, 해당 금융기관에 대한 예금채권자의 지위로서 파산절차에 참여해 다수의 채권자들과 채권액에 비례해 분배받을 수는 있다.

8. 착오송금 반환지원

인터넷뱅킹, 모바일뱅킹 등 비대면 금융거래가 보편화되면서 착오송금도 함께 증가하고 있다. 착오송금이 발생하면 송금인은 금융회사를 통해 반환을 요청할 수는 있으나 실제 반환이 잘 되지 않고 있으며, 이 경우 송금인은 소송을 통해서면 돌려받을 수 있게 되어 문제점으로 지적되었다. 2021년 「예금자보호법」의 개정을 통해 착오송금 반환지원제도를 도입하였다.

착오송금한 금액이 5만 원 이상~1천만 원 이하인 경우, 송금인은 예금보험공사에 착오송금일 기준 1년 이내인 경우에 한하여 착오송금 반환지원을 신청할 수 있다. 다만 거짓이나 부정한 방법으로 신청하거나 착오송금이 아님이 객관적인 자

11) 「농업협동조합의 구조개선에 관한 법률」과 「수산업협동조합의 구조개선에 관한 법률」에서는 상호금융예금자보호기금에 의하여, 「새마을금고법」에서는 예금자보호준비금에 의하여 보호되고 있다.

12) 개정된 예금자보호법[법률 제20717호, 2025. 1. 21., 일부개정]에서는 보험금을 1억원 이상의 범위에서 대통령령으로 정하는 금액을 한도로 한다고 되어 있으나 2025년 4월 현재 동법은 아직 시행이 미정인 상태이고 시행령도 아직 개정되지 않은 상태이다(예금자보호법 제32조 제2항).

료로 확인되는 경우, 관련 소송이 진행 중이거나 완료된 경우에는 반환지원 신청이 취소된다.

예금보험공사는 착오송금한 송금인의 신청이 있는 경우 지원계정의 부담으로 착오송금 수취인에 대한 부당이득반환채권을 사후정산 등의 방식으로 매입하여 소송을 제외한 반환 안내 등의 방법으로 회수할 수 있다. 다만, 공사가 부당이득반환채권을 매입한 이후 착오송금 여부에 관하여 다툼이 있는 경우에는 매입계약을 해제할 수 있다(예금자보호법 제39조의2 제1항).

진화하는 피싱사기

피싱(Phishing)사기란, 전기통신수단 등을 통하여 개인정보를 낚아 올린다는 뜻으로 개인정보(Private Data)와 낚시(Fishing)를 합성한 신조어이다. 기망행위로 타인의 재산을 편취하는 사기범죄의 하나로, 전기통신수단을 이용한 비대면 거래를 특징으로 한다.

전화 또는 메신저로 상대방을 속여 돈을 요구하는 보이스피싱·메신저피싱, 악성 앱 주소가 포함된 SMS를 전송한 후 수신자가 악성 앱을 설치하거나 전화를 걸도록 유도하여 개인정보 또는 돈을 탈취하는 스미싱(smishing), PC나 휴대전화를 악성코드로 감염시켜 정상적인 홈페이지 주소를 입력하여도 가짜 홈페이지에 접속되도록 하는 파밍(pharming), QR코드(Quick Response Code)로 악성 앱 설치를 유도해 개인정보와 금융정보를 빼내는 큐싱(Qshing) 등이 있다. 제3자의 명의를 도용하여 통장명의자와 실제 사용자가 다른 통장을 대포통장이라 하는데, 사기범은 대포통장을 사기이용계좌로 활용하기 위하여 온라인 상거래 목적으로 공개된 계좌번호를 활용해 금융사기 피해금을 일부러 이체한 뒤 착오송금을 사유로 재이체를 요구하거나, 아르바이트·취업 등을 핑계로 금융사기 피해금을 이체한 후 현금 전달을 요구하기도 한다. 타인에게 통장을 대여하거나 양도하는 행위는 불법행위로 대포통장 명의인은 처벌될 수 있다.

은행권은 2024년부터 보이스피싱과 같은 비대면 금융사고 피해자를 위해 '자율배상제도'를 시행하고 있다. 보이스피싱 등을 당해 개인정보가 유출되어 제3자에 의하여 본인 계좌에서 금액이 이체되는 등 비대면 금융사기로 금전적 피해를 입은 자는 신청할 수 있으며, 배상금액은 전체 피해금액 중 「통신사기피해환급법」상 피해환급금을 제외한 금액을 대상으로 은행의 사고 예방노력과 소비자의 과실 정도를 종합적으로 고려하여 결정된다.[13] 금융감독원은 이 제도를 2025년부터는 제2금융권에도 시행하기로 하였다.[14]

Ⅲ 여신거래

1. 여신거래의 의의

여신이라 함은 금융기관이 신용을 공여하는 일체의 금융거래를 포괄적으로 나타내는 개념으로, 증서대출·어음대출과 같이 직접 자금의 공여를 수반하는 대출을 비롯, 자금의 공여를 수반하지 아니하는 지급보증, 수입신용장 개설이나 수출화환어음매입 등과 같은 외국환거래와 같이 신용공여의 성격이 있는 거래를 모두 포함한다.[15]

2. 여신거래의 종류

여신거래는 여신 상대방, 자금용도, 여신 태양, 담보의 유무 및 종류, 기간, 법적 성격, 계정과목 등 기준에 따라 여러 가지로 분류되나, 일반적으로는 증서대출, 어음대출, 어음할인, 당좌대출, 지급보증, 유가증권대여, 외국환거래, 기타 여신거래로 나뉜다.

증서대출은 은행이 거래처로부터 금전소비대차약정서를 받고 자금을 공여하는 형태의 대출이고, 어음대출은 은행이 차주가 발행한 약속어음을 받고 자금을 공여

13) 금융감독원 보도자료, "보이스피싱 등 비대면 금융사고 피해 발생시 은행권 자율배상 제도를 통해 보상받을 수 있는지 꼭 확인해보세요!", 2024. 6. 19.

14) 최홍, "제2금융권도 비대면 금융사고 자율배상제 시행", 뉴시스, 2024. 12. 11., https://www.newsis.com/view/NISX20241211_0002992501

15) 사법연수원, 앞의 책, 69면.

하는 형태의 대출이며, 어음할인은 만기가 도래하지 않은 어음을 은행이 매입하는 거래이고, 당좌대출은 당좌계정거래에 수반된 거래로서, 당좌거래처가 당좌예금 잔액을 초과하여 발행한 어음·수표를 미리 약정한 일정한도까지 은행이 자금을 공여하여 지급해주소 거래처는 그 금액에 이자를 붙여서 변제하기로 하는 여신거래의 일종이다. 지급보증은 은행이 거래처의 위탁에 따라 거래처의 채무를 보증하여 주는 거래로, 현실적 자금공여가 없는 무형적 신용의 공여이나, 거래처가 주채무를 이행하지 못할 경우에는 은행이 보증채무를 이행하여야 할 의무를 부담하는 여신거래의 일종이다. 유가증권대여는 은행이 보유하는 유가증권을 거래처에게 대여하거나(현물대여) 물상보증을 하여 주고(담보제공) 그 대가로 대여료를 징구하는 거래이다.[16)]

3. 차명대출

차명대출이란 직접 자신의 이름으로 대출받지 아니하고, 제3자를 주채무자로 전면에 내세워 대출받는 경우를 말한다. 차명대출은 동일인에 대한 대출한도액을 초과한 경우나 사업자등록 등이 없어 대출을 받을 수 없는 경우 등에 주로 행하여진다. 일반적으로 실제 자금을 필요로 하는 자가 명의자의 승낙을 얻어 대출을 받지만, 타인의 명의를 임의로 사용하거나 허무인 명의를 이용하여 대출받기도 한다.[17)]

판례는 차명대출의 효력에 관하여, 어떤 경우에는 통정허위표시에 해당한다고 보기도 하고,[18)] 어떤 경우에는 통정허위표시나 비진의표시 주장을 배척하고 있다.[19)] 최근 대법원 판결은 후자의 입장을 발전시켜 법률상의 효과까지 배후자에게 귀속시키려는 특별한 사정의 존재를 인정하기 위한 요건을 구체적으로 제시하고 이를 적극적으로 입증할 것을 요구하거나, 처분문서의 증명력을 근거로 들어 명의인이 아닌 다른 사람을 대출계약의 채무자로 인정하기 위하여는 보다 강한 입증을

16) 사법연수원, 앞의 책, 70－86면.

17) 사법연수원, 앞의 책, 87면.

18) 대법원 1999. 3. 12. 선고 98다48989 판결, 대법원 1996. 8. 23. 선고 96다18076 판결, 대법원 2001. 2. 23. 선고 2000다65864 판결 등.

19) 대법원 1998. 9. 4. 선고 98다17909 판결, 대법원 2003. 6. 24. 선고 2003다7357 판결 등.

요구하고 있다.[20)]

> 통정허위표시가 성립하기 위해서는 의사표시의 진의와 표시가 일치하지 아니하고 그 불일치에 관하여 상대방과 사이에 합의가 있어야 하는데, 제3자가 금전소비대차약정서 등 대출관련서류에 주채무자 또는 연대보증인으로서 직접 서명·날인하였다면 제3자는 자신이 그 소비대차계약의 채무자임을 금융기관에 대하여 표시한 셈이고, 제3자가 금융기관이 정한 여신제한 등의 규정을 회피하여 타인으로 하여금 제3자 명의로 대출을 받아 이를 사용하도록 할 의사가 있었다거나 그 원리금을 타인의 부담으로 상환하기로 하였더라도, 특별한 사정이 없는 한 이는 소비대차계약에 따른 경제적 효과를 타인에게 귀속시키려는 의사에 불과할 뿐, 그 법률상의 효과까지도 타인에게 귀속시키려는 의사로 볼 수는 없으므로 제3자의 진의와 표시에 불일치가 있다고 보기는 어렵다 할 것인바(대법원 1998. 9. 4. 선고 98다17909 판결, 대법원 2007. 6. 14. 선고 2006다53290 판결 등 참조), 구체적 사안에 있어서 위와 같은 특별한 사정의 존재를 인정하기 위해서는, 실제 차주와 명의대여자의 이해관계의 일치 여부, 대출금의 실제 지급 여부 및 직접 수령자, 대출서류 작성과정에 있어서 명의대여자의 관여 정도, 대출의 실행이 명의대여자의 신용에 근거하여 이루어진 것인지 혹은 실제 차주의 담보제공이 있었는지 여부, 명의대여자에 대한 신용조사의 실시 여부 및 조사의 정도, 대출원리금의 연체에 따라 명의대여자에게 채무이행의 독촉이 있었는지 여부 및 그 독촉 시점 기타 명의대여의 경위와 명의대여자의 직업, 신분 등의 모든 사정을 종합하여, 금융기관이 명의대여자와 사이에 당해 대출에 따르는 법률상의 효과까지 실제 차주에게 귀속시키고 명의대여자에게는 그 채무부담을 지우지 않기로 약정 내지 양해하였음이 적극적으로 입증되어야 할 것이다. (대법원 2008. 6. 12. 선고 2008다7772, 7789 판결)

4. 최고이자율의 제한

「이자제한법」은 금전소비대차계약에서의 이자에 대한 적정한 한도를 정하기 위하여 제정된 법률로, 과거 1998년 외화위기 때 잠시 폐지되었다가 사채업의 폐

20) 박준·한민, 앞의 책, 76－77면.

해를 해결하기 위하여 2007년에 이르러 다시 제정되었다.

(1) 최고이자율의 제한

「이자제한법」에서는 금전대차에 관한 계약상의 최고이자율에 대하여 '연 25퍼센트를 초과하지 아니하는 범위 안에서 대통령령으로 정한다'고 하고, 「이자제한법 제2조 제1항의 최고이자율에 관한 규정」에서 그 계약상의 최고이자율을 연 20퍼센트로 정하고 있다(이자제한법 제2조, 이자제한법 제2조 제1항의 최고이자율에 관한 규정).

이때의 최고이자율은 약정한 때의 이자율이며, 계약상의 이자로서 위 최고이자율을 초과하는 부분은 무효로 한다(이자제한법 제2조 제2항 · 제3항). 다만, 대차원금이 10만 원 미만인 대차의 이자에 관하여는 위 최고이자율이 적용되지 아니하며, 채무자가 최고이자율을 초과하는 이자를 임의로 지급한 경우에는 초과 지급된 이자 상당금액은 원본에 충당되고, 원본이 소멸한 때에는 그 반환을 청구할 수 있다(이자제한법 제2조 제4항 · 제5항).

최고이자율을 초과하여 이자를 받은 자는 1년 이하의 징역 또는 1천만 원 이하의 벌금에 처하고, 이때의 징역형과 벌금형은 병과(倂科)할 수 있다(이자제한법 제8조).

> 금전을 대여한 채권자가 고의 또는 과실로 이자제한법을 위반하여 최고이자율을 초과하는 이자를 받아 채무자에게 손해를 입힌 경우에는 특별한 사정이 없는 한 민법 제750조에 따라 불법행위가 성립한다고 보아야 한다. 최고이자율을 초과하여 지급된 이자는 이자제한법 제2조 제4항에 따라 원본에 충당되므로, 이와 같이 충당하여 원본이 소멸하고도 남아 있는 초과 지급액은 이자제한법 위반 행위로 인한 손해라고 볼 수 있다. 부당이득반환청구권과 불법행위로 인한 손해배상청구권은 서로 별개의 청구권으로서, 제한 초과이자에 대하여 부당이득반환청구권이 있다고 해서 그것만으로 불법행위의 성립이 방해되지 않는다.
>
> 나아가 채권자와 공동으로 위와 같은 이자제한법 위반 행위를 하였거나 이에 가담한 사람도 민법 제760조에 따라 연대하여 손해를 배상할 책임이 있다. (대법원 2021. 2. 25. 선고 2020다230239 판결)

(2) 이자의 사전공제

선이자를 사전공제한 경우에는 그 공제액이 채무자가 실제 수령한 금액을 원본으로 하여 위 최고이자율 따라 계산한 금액을 초과하는 때에는 그 초과부분은 원본에 충당한 것으로 본다(이자제한법 제3조).

(3) 간주이자

예금(禮金), 할인금, 수수료, 공제금, 체당금(替當金), 그 밖의 명칭에도 불구하고 금전의 대차와 관련하여 채권자가 받은 것은 모두 이자로 보며, 채무자가 금전대차와 관련하여 금전지급의무를 부담하기로 약정하는 경우 의무 발생의 원인 및 근거법령, 의무의 내용, 거래상 일반원칙 등에 비추어 그 의무가 원래 채권자가 부담하여야 할 성질인 때에도 이를 이자로 본다(이자제한법 제4조).

(4) 복리약정제한

이자에 대하여 다시 이자를 지급하기로 하는 복리약정은 위 최고이자율을 초과하는 부분에 해당하는 금액에 대하여는 무효로 한다(이자제한법 제5조).

(5) 적용범위

다른 법률에 따라 인가·허가·등록을 마친 금융업 및 대부업과 「대부업 등의 등록 및 금융이용자 보호에 관한 법률」 제9조의4에 따른 미등록대부업자에 대하여는 이 법을 적용하지 아니한다(이자제한법 제7조).

5. 대부업체의 이용

(1) 대부업법의 목적

금전의 대부를 업으로 하는 대부업자의 불법적 채권추심행위와 고금리에 따른 피해가 속출하자, 지난 2002년 「대부업 등의 등록 및 금융이용자 보호에 관한 법률」(이하 "대부업법"이라 한다)이 제정되어 시행되고 있다. 동법에서는 대부업 이용자를 보호하기 위하여 대부업 및 대부중개업의 등록 및 감독에 필요한 사항을 정하고 대부업자와 여신금융기관의 최고이자율 및 광고규제 등에 대하여 규율하고 있다.

(2) 정의

"대부업"이란 금전의 대부(어음할인·양도담보, 그 밖에 이와 비슷한 방법을 통한 금전의 교부를 포함한다. 이하 "대부"라 한다)를 업(業)으로 하거나, 대부업의 등록을 한 대부업자 또는 여신금융기관으로부터 대부계약에 따른 채권을 양도받아 이를 추심(이하 "대부채권매입추심"이라 한다)하는 것을 업으로 하는 것을 말한다. 다만, 대부의 성격 등을 고려하여 대통령령으로 정하는 경우[21]는 제외한다(대부업법 제2조 제1호, 동법 시행령 제2조).

"대부중개업"이란 대부중개를 업으로 하는 것이며, "대부중개업자"란 대부중개업의 등록을 한 자를 말한다(대부업법 제2조 제2호·제3호). "여신금융기관"이란 대통령령으로 정하는 법령에 따라 인가 또는 허가 등을 받아 대부업을 하는 금융기관을 말한다(대부업법 제2조 제4호).

(3) 등록의무

대부업 또는 대부중개업(이하 "대부업등"이라 한다)을 하려는 자(여신금융기관은

---

21) 대부업법 시행령 제2조(대부업에서 제외되는 범위) 「대부업 등의 등록 및 금융이용자 보호에 관한 법률」(이하 "법"이라 한다) 제2조 제1호 각 목 외의 부분 단서에서 "대통령령으로 정하는 경우"란 다음 각 호의 어느 하나에 해당하는 경우를 말한다.
1. 사업자가 그 종업원에게 대부하는 경우
2. 「노동조합 및 노동관계조정법」에 따라 설립된 노동조합이 그 구성원에게 대부하는 경우
3. 국가 또는 지방자치단체가 대부하는 경우
4. 「민법」이나 그 밖의 법률에 따라 설립된 비영리법인이 정관에서 정한 목적의 범위에서 대부하는 경우
5. 여신금융기관이 「외국환거래법」 제3조 제1항 제15호에 따른 비거주자 중 외국 국적을 가진 사람이나 외국 법령에 따라 설립된 법인에 외화로 대부하는 경우

제외한다)는 영업소별로 해당 영업소를 관할하는 특별시장·광역시장·특별자치시장·도지사 또는 특별자치도지사(이하 "시·도지사"라 한다)에게 등록하여야 한다. 다만, 여신금융기관과 위탁계약 등을 맺고 대부중개업을 하는 자(그 대부중개업을 하는 자가 법인인 경우 그 법인과 직접 위탁계약 등을 맺고 대부를 받으려는 자를 모집하는 개인을 포함하며, 이하 "대출모집인"이라 한다)는 해당 위탁계약 범위에서는 등록의무가 면제된다(대부업법 제3조 제1항).

(4) 대부계약의 체결

대부업자가 그의 거래상대방과 대부계약을 체결하는 경우에는 거래상대방이 본인임을 확인하고 대부업자(그 영업소를 포함한다) 및 거래상대방의 명칭 또는 성명 및 주소 또는 소재지, 계약일자, 대부금액, 최고이자율, 대부이자율, 변제기간 및 변제방법, 변제방법이 계좌이체 방식인 경우에는 변제를 받기 위한 대부업자 명의의 계좌번호, 해당 거래에 관한 모든 부대비용, 손해배상액 또는 강제집행에 관한 약정이 있는 경우에는 그 내용, 보증계약을 체결한 경우에는 그 내용, 채무의 조기상환수수료율 등 조기상환조건, 연체이자율, 그 밖에 대부업자의 거래상대방을 보호하기 위하여 필요한 사항으로서 대통령령으로 정하는 사항이 기재된 대부계약서를 거래상대방에게 교부하여야 하고, 대부업자는 거래상대방에게 위 계약서에 기재된 사항에 대하여 모두 설명하여야 한다(대부업법 제6조 제1항·제2항).

대부업자는 그의 거래상대방과 대부계약을 체결하는 경우에는 대부금액, 대부이자율, 변제기간, 연체이자율을 그 거래상대방이 자필로 기재하게 하여야 한다(대부업법 제6조의2 제1항, 동법 시행령 제4조의2 제1항).

(5) 과잉 대부의 금지

대부업자는 대부계약을 체결하려는 경우에는 미리 거래상대방으로부터 그 소득·재산 및 부채상황에 관한 것으로서 대통령령으로 정하는 증명서류를 제출받아 그 거래상대방의 소득·재산 및 부채상황을 파악하여야 한다. 다만, 대부금액이 ① 거래상대방이 29세 이하이거나 70세 이상인 경우에는 100만 원, ② 30세 이상 70세 미만인 경우에는 300만 원 이하인 경우에는 거래상대방의 소득·재산 및 부채상황을 파악하지 않아도 된다. 이 경우 금액은 해당 대부업자가 대부계약을 체결하려는 거래상대방에게 이미 대부한 금액의 잔액과 새로 대부계약을 체결하려는 금액을 합하여 산정한다(대부업법 제7조 제1항, 동법 시행령 제4조의3 제2항).

대부업자는 거래상대방의 소득·재산·부채상황·신용 및 변제계획 등을 고려하여 객관적인 변제능력을 초과하는 대부계약을 체결하여서는 아니 된다(대부업법 제7조 제2항).

(6) 대부업자의 이자율 제한

대부업자가 개인이나 소기업(小企業)에 해당하는 법인에 대부를 하는 경우 그 이자율은 연 100분의 27.9 이하의 범위에서 대통령령으로 정하는 율을 초과할 수 없는데, 현재 대부업법 시행령에서는 연 100분의 20으로 정하고 있다(대부업법 제8조 제1항, 동법 시행령 제5조 제2항).

이자율을 산정할 때 해당 거래의 체결과 변제에 관한 부대비용으로서 대통령령으로 정한 사항을 제외하고는 사례금, 할인금, 수수료, 공제금, 연체이자, 체당금(替當金) 등 그 명칭이 무엇이든 대부와 관련하여 대부업자가 받는 것은 모두 이자로 보며, 대부업자가 개인이나 소기업(小企業)에 해당하는 법인에 대부를 하는 경우 대통령령으로 정하는 율을 초과하여 대부금에 대한 연체이자를 받을 수 없다. 대부업자가 제한 이자율을 위반하여 대부계약을 체결한 경우 최고이자율을 초과하는 부분에 대한 이자계약은 무효로 한다(대부업법 제8조 제2항 내지 제4항).

채무자가 대부업자에게 최고이자율을 초과하는 이자를 지급한 경우 그 초과 지급된 이자 상당금액은 원본(元本)에 충당되고, 원본에 충당되고 남은 금액이 있으면 그 반환을 청구할 수 있다(대부업법 제8조 제5항).

(7) 미등록대부업자의 이자율 제한

미등록대부업자가 대부를 하는 경우의 이자율에 관하여는 「이자제한법」 제2조 제1항 및 대부업법 제8조 제2항부터 제6항까지의 규정을 준용한다(대부업법 제11조 제1항). 따라서 미등록대부업자가 대부를 하는 경우에도, 금전대차에 관한 계약상의 최고이자율은 연 20퍼센트이고, 이자율을 산정할 때 사례금, 할인금, 수수료,

공제금, 연체이자, 체당금 등 그 명칭이 무엇이든 대부와 관련하여 대부업자가 받는 것은 모두 이자로 보며, 대부업자가 개인이나 소기업에 해당하는 법인에 대부를 하는 경우 대통령령으로 정하는 율을 초과하여 대부금에 대한 연체이자를 받을 수 없고, 대부업자가 제한 이자율을 위반하여 대부계약을 체결한 경우 최고이자율을 초과하는 부분에 대한 이자계약은 무효로 한다. 채무자가 대부업자에게 최고이자율을 초과하는 이자를 지급한 경우 그 초과 지급된 이자 상당금액은 원본에 충당되고, 원본에 충당되고 남은 금액이 있으면 그 반환을 청구할 수 있으며, 대부업자가 선이자를 사전에 공제하는 경우에는 그 공제액을 제외하고 채무자가 실제로 받은 금액을 원본으로 하여 최고이자율을 산정한다.

(8) 여신금융기관의 이자율의 제한

여신금융기관은 연 100분의 27.9 이하의 범위에서 대통령령으로 정하는 율을 초과하여 대부금에 대한 이자를 받을 수 없는데, 대부업법 시행령에서는 연 100분의 20으로 정하고 있다(대부업법 제15조 제1항, 동법 시행령 제9조 제1항). 이자율을 산정할 때 해당 거래의 체결과 변제에 관한 부대비용으로서 대통령령으로 정한 사항을 제외하고는 사례금, 할인금, 수수료, 공제금, 연체이자, 체당금(替當金) 등 그 명칭이 무엇이든 대부와 관련하여 대부업자가 받는 것은 모두 이자로 보며, 여신금융기관은 대부자금의 조달비용, 연체금의 관리비용, 연체금액, 연체기간, 금융업의 특성 등을 고려하여 대통령령으로 정하는 율을 초과하여 대부금에 대한 연체이자를 받을 수 없다(대부업법 제15조 제2항 · 제3항).

여신금융기관이 제한 이자율을 위반하여 대부계약을 체결한 경우 최고이자율을 초과하는 부분에 대한 이자계약은 무효로 하며, 채무자가 여신금융기관에게 최고이자율을 초과하는 이자를 지급한 경우 그 초과 지급된 이자 상당금액은 원본(元本)에 충당되고, 원본에 충당되고 남은 금액이 있으면 그 반환을 청구할 수 있다(대부업법 제15조 제5항, 제8조 제4항 · 제5항).

구 대부업 등의 등록 및 금융이용자 보호에 관한 법률(2012. 12. 11. 법률 제11544호로 개정되기 전의 것, 이하 '구 대부업법'이라 한다) 제8조 제2항의 취지는 대부업자가 사례금·할인금·수수료·공제금·연체이자·선이자 등의 명목으로 채무자로부터 금전을 징수하여 위 법을 잠탈하기 위한 수단으로 사용되는 탈법행위를 방지하는 데 있으므로, 명목 여하를 불문하고 대부업자와 채무자 사이의 금전대차와 관련된 것으로서 금전대차의 대가로 볼 수 있는 것이라면 이자로 간주되고, 따라서 대부업자가 이를 대부금에서 미리 공제하는 것은 선이자의 공제에 해당하는바, 채무자가 직접 대부중개업자에게 중개의 대가(이하 '중개수수료'라 한다)를 지급한 경우라도 그것이 대부업자와 전혀 무관하게 지급되었다는 등의 특별한 사정이 없고 오히려 대부업자가 대부중개업자로 하여금 채무자로부터 직접 중개수수료를 지급받도록 하고 자신은 대부중개업자에게 아무런 중개수수료를 지급하지 않았다면, 이러한 중개수수료는 대부업자 자신이 지급하여야 할 것을 채무자에게 전가시킨 것으로서 대부업자와 채무자 사이의 금전대차와 관련된 대가라고 할 것이어서, 구 대부업법 제8조 제2항에서 정하는 이자에 해당하고, 대부업자가 그만큼의 선이자를 사전에 공제한 것으로 보아야 한다.
그리고 공증료는 채권자가 채무자의 채무불이행에 대비하여 강제집행을 위한 집행권원을 미리 확보해 놓는 데 드는 비용으로서 채무자가 당연히 부담해야 할 성질의 것도 아니고 담보권 설정비용으로 볼 수도 없으므로, 구 대부업법 제8조 제2항 등의 취지에 비추어 볼 때 채무자로부터 공증료를 받았다면 이 역시 구 대부업법 제8조 제2항에서 정하는 이자에 해당하고, 대부업자가 그만큼의 선이자를 사전에 공제한 것으로 보아야 한다. (대법원 2014. 11. 13. 선고 2014다24785, 24792, 24808 판결)

제 4 장

금융투자상품 거래

I 서설

「자본시장과 금융투자업에 관한 법률」(이하 "자본시장법"이라 한다)은 과거 구 「증권거래법」, 「선물거래법」, 「간접투자자산운용업법」, 「종합금융회사에 관한 법률」 등의 법률과, 금융감독위원회(현 금융위원회)의 규정, 증권의 발행 및 유통규제에 관한 감독규정, 증권거래소 규정, 증권업협회규정 등을 통합하여 이루어졌고, 2009년부터 시행되고 있다. 자본시장법에서는 금융투자업자, 발행시장, 유통시장에서의 공시, 투자권유 및 투자광고, 기업인수합병, 내부자거래, 시세조종 및 부정거래행위, 집합투자기구등에 관한 규제들을 포괄하고 있다.

금융소비자보호법의 제정에 따라 자본시장법상 투자권유규제의 내용이 상당부분 금융소비자보호법으로 이관하였다. 이하에서는 자본시장법상 금융투자업자의 영업행위 규제를 중심으로 살펴본다.

II 자본시장법상 금융투자상품과 금융투자업

1. 금융투자상품

자본시장법에서는 "금융투자상품"을 이익을 얻거나 손실을 회피할 목적으로 현재 또는 장래의 특정 시점에 금전, 그 밖의 재산적 가치가 있는 것(이하 "금전등"이라 한다)을 지급하기로 약정함으로써 취득하는 권리로서, 그 권리를 취득하기 위하여 지급하였거나 지급하여야 할 금전등의 총액이 그 권리로부터 회수하였거나 회수할 수 있는 금전등의 총액을 초과하게 될 위험(이하 "투자성"이라 한다)이 있는 것으로 정하고 있다(자본시장법 제3조 제1항). 자본시장법에서는 명칭과 형태를 불문하고 원본손실이 발생할 가능성, 즉 투자성이 있는 모든 금융상품을 금융투자상품으로 정의하고, 이를 다시 원본초과손실이 발생할 가능성이 있는지를 기준으로 하여 증권과 파생상품으로 구분하고, 후자에 대하여는 보다 강한 투자자 보호규제를 적용하고 있다.[22)]

2. 금융투자업

자본시장법상 "금융투자업"은 이익을 얻을 목적으로 계속적이거나 반복적인 방법으로 행하는 행위로서 투자매매업, 투자중개업, 집합투자업, 투자자문업, 투자일임업, 신탁업 중 어느 하나에 해당하는 업(業)을 말한다(자본시장법 제6조 제1항).

"투자매매업"은 누구의 명의로 하든지 자기의 계산으로 금융투자상품의 매도·매수, 증권의 발행·인수 또는 그 청약의 권유, 청약, 청약의 승낙을 영업으로 하는 것이고, "투자중개업"은 누구의 명의로 하든지 타인의 계산으로 금융투자상품의 매도·매수, 그 중개나 청약의 권유, 청약, 청약의 승낙 또는 증권의 발행·인수에 대한 청약의 권유, 청약, 청약의 승낙을 영업으로 하는 것이다. "집합투자업"은 집합투자를 영업으로 하는 것인데, 여기에서 "집합투자"란 2인 이상의 투자자로부터 모은 금전등을 투자자로부터 일상적인 운용지시를 받지 아니하면서 재산적 가치가 있는 투자대상자산을 취득·처분, 그 밖의 방법으로 운용하고 그 결과를 투자자에게 배분하여 귀속시키는 것이다. 다만 ① 대통령령으로 정하는 법률에 따라 사모(私募)의 방법으로 금전등을 모아 운용·배분하는 것으로서 대통령령으로 정하는 투자자의 총수가 대통령령으로 정하는 수 이하인 경우, ② 「자산유동화에 관한 법률」 제3조의 자산유동화계획에 따라 금전등을 모아 운용·배분하는 경우, ③ 그 밖에 행위의 성격 및 투자자 보호의 필요성 등을 고려하여 대통령령으로 정하는 경우는 제외한다(자본시장법 제6조 제2항 내지 제5항). "투자자문업"은 금융투자상품, 그 밖에 대통령령으로 정하는 투자대상자산(이하 "금융투자상품등"이라 한다)의 가치 또는 금융투자상품등에 대한 투자판단(종류, 종목, 취득·처분, 취득·처분의 방법·수

22) 김병연·권재열·양기진, 자본시장법, 박영사, 2018, 6–7면.

량·가격 및 시기 등에 대한 판단을 말한다)에 관한 자문에 응하는 것을 영업으로 하는 것이며, "투자일임업"이란 투자자로부터 금융투자상품등에 대한 투자판단의 전부 또는 일부를 일임받아 투자자별로 구분하여 그 투자자의 재산상태나 투자목적 등을 고려하여 금융투자상품등을 취득·처분, 그 밖의 방법으로 운용하는 것을 영업으로 하는 것이며, "신탁업"은 신탁을 영업으로 하는 것을 말한다(자본시장법 제6조 제7항 내지 제9항).

Ⅲ 영업행위 규칙

금융투자업자의 영업행위 규칙으로는 공통영업행위 규칙과 금융투자업자별 영업행위 규칙이 있으며, 전자에는 신의성실의무 등 일반규칙, 투자권유규칙, 직무관련 정보의 이용금지가 있고, 후자에는 투자매매업자 및 투자중개업자의 영업행위 규칙, 집합투자업자의 영업행위 규칙, 투자자문업자 및 투자일임업자의 영업행위 규칙, 신탁업자의 영업행위 규칙이 있다.

이하에서는 공통영업행위 규칙을 중심으로 살펴본다.

1. 신의성실의무 등 일반원칙

(1) 신의성실의무

금융투자업자는 신의성실의 원칙에 따라 공정하게 금융투자업을 영위하여야 하고, 금융투자업을 영위함에 있어서 정당한 사유 없이 투자자의 이익을 해하면서 자기가 이익을 얻거나 제삼자가 이익을 얻도록 하여서는 아니 된다(자본시장법 제37조).

(2) 상호

금융투자업자가 아닌 자는 "금융투자", 증권을 대상으로 하여 투자매매업 또는 투자중개업을 영위하는 자가 아닌 자는 "증권", 장내파생상품 또는 장외파생상품을 대상으로 하여 투자매매업 또는 투자중개업을 영위하는 자가 아닌 자는 "파생" 또는 "선물", 집합투자업자가 아닌 자는 "집합투자", "투자신탁" 또는 "자산운용", 투자자문업자가 아닌 자는 "투자자문", 투자일임업자가 아닌 자는 "투자일임", 신탁업자가 아닌 자는 "신탁"이라는 문자 또는 이와 같은 의미를 가지는 외국어문자를 각각 상호에 사용하여서는 아니된다(자본시장법 제38조).

(3) 명의대여의 금지

금융투자업자는 자기의 명의를 대여하여 타인에게 금융투자업을 영위하게 하여서는 아니 된다(자본시장법 제39조).

(4) 금융투자업자의 다른 금융업무 · 부수업무 영위

금융투자업자(겸영금융투자업자, 그 밖에 대통령령으로 정하는 금융투자업자를 제외한다)는 투자자 보호 및 건전한 거래질서를 해할 우려가 없는 금융업무로서 일정한 유형에 속하는 금융업무를 겸영할 수 있고, 금융투자업에 부수하는 업무도 영위할 수 있다(자본시장법 제40조 · 제41조).

(5) 이해상충의 관리

금융투자업자는 금융투자업의 영위와 관련하여 금융투자업자와 투자자 간, 특정 투자자와 다른 투자자 간의 이해상충을 방지하기 위하여 이해상충이 발생할 가능성을 파악 · 평가하고, 「금융회사의 지배구조에 관한 법률」 제24조에 따른 내부통제기준(이하 "내부통제기준"이라 한다)이 정하는 방법 및 절차에 따라 이를 적절히 관리하여야 한다. 금융투자업자는 위에 따라 이해상충이 발생할 가능성을 파악 · 평가한 결과 이해상충이 발생할 가능성이 있다고 인정되는 경우에는 그 사실을 미리 해당 투자자에게 알려야 하며, 그 이해상충이 발생할 가능성을 내부통제기준이 정하는 방법 및 절차에 따라 투자자 보호에 문제가 없는 수준으로 낮춘 후 매매, 그 밖의 거래를 하여야 하고, 만일 이해상충이 발생할 가능성을 낮추는 것이 곤란하다고 판단되는 경우에는 매매, 그 밖의 거래를 하여서는 아니 된다(자본시장법 제44조).

(6) 정보교류의 차단

금융투자업자는 금융투자업, 겸영가능업무, 부수업무 및 종합금융투자사업자에 허용된 업무(이하 "금융투자업등"이라 한다)를 영위하는 경우 내부통제기준이 정하는 방법 및 절차에 따라 미공개중요정보 등 대통령령으로 정하는 정보의 교류를 적절히 차단하여야 하고, 금융투자업등을 영위하면서 계열회사를 포함한 제삼자에게 정보를 제공할 때에도 내부통제기준이 정하는 방법 및 절차에 따라 미공개중요정보 등 대통령령으로 정하는 정보의 교류를 적절히 차단하여야 한다. 이를 위하여 금융투자업자는 ① 정보교류 차단을 위한 내부통제기준의 적정성에 대한 정기적 점검, ② 정보교류 차단과 관련되는 법령 및 내부통제기준에 대한 임직원 교육, ③ 그 밖에 정보교류 차단을 위하여 대통령령으로 정하는 사항을 준수하여야 한다(자본시장법 제45조 제1항 · 제2항 · 제4항).

내부통제기준은 ① 정보교류 차단을 위해 필요한 기준 및 절차, ② 정보교류 차단의 대상이 되는 정보의 예외적 교류를 위한 요건 및 절차, ③ 그 밖에 정보교류 차단의 대상이 되는 정보를 활용한 이해상충 발생을 방지하기 위하여 대통령령으로 정하는 사항을 포함하여야 한다(자본시장법 제45조 제3항).

2. 투자권유규칙

(1) 투자권유의 의의

투자자는 투자결정시 여러 가지 요소를 고려하게 되는데, 본인이 스스로 정보를 수집할 수도 있고 전문가의 도움을 받을 수도 있다. 투자결정의 최종적 책임은 투자자에게 있지만, 전문적 지식이 없는 자에게 금융투자업자 등 전문가로부터의 투자권유가 부당하거나 또는 불법적인 것이라면 자기책임의 원칙[23]만을 고집할

---

23) [다수의견]
(가) 개인은 자신의 자유로운 선택과 결정에 따라 행위하고 그에 따른 결과를 다른 사람에게 귀속시키거나 전가하지 아니한 채 스스로 이를 감수하여야 한다는 '자기책임의

원칙'이 개인의 법률관계에 대하여 적용되고, 계약을 둘러싼 법률관계에서도 당사자는 자신의 자유로운 선택과 결정에 따라 계약을 체결한 결과 발생하게 되는 이익이나 손실을 스스로 감수하여야 할 뿐 일방 당사자가 상대방 당사자에게 손실이 발생하지 아니하도록 하는 등 상대방 당사자의 이익을 보호하거나 배려할 일반적인 의무는 부담하지 아니함이 원칙이다. 카지노업, 즉 '전문 영업장을 갖추고 주사위·트럼프·슬롯머신 등 특정한 기구 등을 이용하여 우연의 결과에 따라 특정인에게 재산상의 이익을 주고 다른 참가자에게 손실을 주는 행위 등을 하는 업'(관광진흥법 제3조 제1항 제5호)의 특수성을 고려하더라도, 폐광지역개발 지원에 관한 특별법(이하 '폐광지역지원법'이라 한다)에 따라 내국인의 출입이 가능한 카지노업을 허가받은 자(이하 '카지노사업자'라 한다)와 카지노이용자 사이의 카지노 이용을 둘러싼 법률관계에 대하여도 당연히 위와 같은 '자기책임의 원칙'이 적용된다.

(나) 카지노사업자가 카지노 운영과 관련하여 공익상 포괄적인 영업 규제를 받고 있더라도 특별한 사정이 없는 한 이를 근거로 함부로 카지노이용자의 이익을 위한 카지노사업자의 보호의무 내지 배려의무를 인정할 것은 아니다. 카지노사업자로서는 정해진 게임 규칙을 지키고 게임 진행에 필요한 서비스를 제공하면서 관련 법령에 따라 카지노를 운영하기만 하면 될 뿐, 관련 법령에 분명한 근거가 없는 한 카지노사업자에게 자신과 게임의 승패를 겨루어 재산상 이익을 얻으려 애쓰는 카지노이용자의 이익을 자신의 이익보다 우선하거나 카지노이용자가 카지노 게임으로 지나친 재산상 손실을 입지 아니하도록 보호할 의무가 있다고 보기는 어렵다.

다만 자기책임의 원칙도 절대적인 명제라고 할 수는 없는 것으로서, 개별 사안의 구체적 사정에 따라서는 신의성실이나 사회질서 등을 위하여 제한될 수도 있다. 그리하여 카지노이용자가 자신의 의지로는 카지노 이용을 제어하지 못할 정도로 도박 중독 상태에 있었고 카지노사업자도 이를 인식하고 있었거나 조금만 주의를 기울였더라면 인식할 수 있었던 상황에서, 카지노이용자나 그 가족이 카지노이용자의 재산상 손실을 방지하기 위하여 법령이나 카지노사업자에 의하여 마련된 절차에 따른 요청을 하였음에도 그에 따른 조처를 하지 아니하고 나아가 영업제한규정을 위반하여 카지노 영업을 하는 등 카지노이용자의 재산상실에 관한 주된 책임이 카지노사업자에게 있을 뿐만 아니라 카지노이용자의 손실이 카지노사업자의 영업이익으로 귀속되는 것이 사회 통념상 용인될 수 없을 정도에 이르렀다고 볼만한 특별한 사정이 있는 경우에는, 예외적으로 카지노사업자의 카지노이용자에 대한 보호의무 내지 배려의무 위반을 이유로 한 손해배상책임이 인정될 수 있다.

[대법관 김용덕, 대법관 고영한, 대법관 김창석, 대법관 김신, 대법관 김소영, 대법관 조희대의 반대의견]

(가) 국가가 폐광지역의 경제 진흥이라는 정책목표를 정당한 재정집행을 통하여 이루려고 하지 않고 국민을 상대로 한 카지노업을 허용한 후 거기서 마련된 기금 등으로 달성하고자 한다면 카지노업의 폐해로부터 국민을 보호할 방법 또한 마련해야 할 필요가 있다. 특히 카지노이용자 중 심각한 병적 도박 중독의 징후를 보이는 이들은 대부분 자신의 의지로는 도박충동을 자제하지 못하고 게임에 거는 금액을 키우거나 게임 횟수와 시간을 늘려 카지노게임에 과도하게 몰입하는 이들이어서 정상인과는 달리 카지노 이용을 조절하고 절제할 능력이 부족하여 카지노 이용으로 경제적·사회적 파탄에 내몰리

수는 없다.[24)]

자본시장법상 "투자권유"는 특정 투자자를 상대로 금융투자상품의 매매 또는 투자자문계약·투자일임계약·신탁계약(관리형신탁계약 및 투자성 없는 신탁계약을 제외한다)의 체결을 권유하는 것이다(자본시장법 제9조 제4항). 판례는 "금융투자업자가 과거 거래 등을 통하여 자신을 신뢰하고 있는 고객에게 다른 금융투자업자가 취급하는 금융투자상품 등을 단순히 소개하는 정도를 넘어 계약 체결을 권유함과 아울러 그 상품 등에 관하여 구체적으로 설명하는 등 적극적으로 관여하고, 나아가 그러한 설명 등을 들은 고객이 해당 금융투자업자에 대한 신뢰를 바탕으로 다른 금융투자업자와 계약 체결에 나아가거나 투자 여부 결정에 그 권유와 설명을 중요한 판단요소로 삼았다면, 해당 금융투자업자는 자본시장법 제9조 제4항에서 규정하는 '투자권유'를 하였다고 평가할 수 있다"고 보았다.[25)]

기존 자본시장법에서는 투자권유의 원칙으로 적합성 원칙, 적정성 원칙, 설명

게 되어 있으므로, 자기책임의 원칙만을 내세워 이러한 이들에 대한 보호를 거부할 것은 아니다.

(나) 구 관광진흥법 시행규칙(2007. 8. 28. 문화관광부령 제167호로 개정되기 전의 것) 제36조 단서 [별표 7의2] '폐광지역 카지노사업자의 영업준칙'이 카지노사업자에게 모든 영업소 출입자의 신분을 확인하고 카지노이용자의 배우자 또는 직계혈족이 서면으로 출입제한 요청을 하면 그 당사자의 출입을 제한하여야 한다고 하여 카지노사업자에게 출입제한의무를 부과하고 있을 뿐만 아니라 카지노이용자의 배우자 또는 직계혈족이 출입제한 요청을 할 수 있는 사유를 '도박 중독 등'으로 폭넓게 인정하고 있으며, 카지노사업자 역시 '카지노출입관리지침'에서 카지노이용자 본인이나 그의 직계혈족 또는 배우자가 카지노사업자에게 서면으로 출입제한 요청을 할 경우 그 요청사유의 내용이나 정당성 등에 관하여 별도의 심사나 판단 없이 출입제한 조치를 하도록 기준을 마련한 것은, 도박중독자의 특성을 감안하여 카지노이용자와 가족이 스스로를 보호하기 위하여 자기 배제를 요청할 수 있도록 제도화한 것이고, 출입제한이 요청된 자(이하 '피요청자'라 한다)의 도박 중독으로 인한 가장 일차적인 손해는 재산상실이라 할 것이므로 이는 무엇보다 피요청자의 재산상 이익을 보호하기 위한 제도에 해당한다.

따라서 카지노사업자 직원들이 고의 또는 과실로 그러한 조치를 하지 아니하여 피요청자가 카지노를 이용함으로써 재산상 손해를 입은 경우에는, 그러한 손해는 출입제한 조치 위반행위와 상당인과관계 있는 손해이므로 사용자인 카지노사업자는 이를 배상할 책임이 있다고 해석함이 타당하다(대법원 2014. 8. 21. 선고 2010다92438 전원합의체 판결).

24) 김병연·권재열·양기진, 앞의 책, 287면.

25) 대법원 2015. 1. 29. 선고 2013다217498 판결.

의무, 부당권유의 금지 등을 나열하고 있었으나 2021년 금융소비자보호법의 시행에 따라 해당 내용은 금융소비자보호법으로 이전되고, 자본시장법에는 투자권유준칙, 투자권유대행인에 관한 내용만을 남겼다.

(2) 투자권유준칙

투자권유를 함에 있어서 금융투자업자의 임직원이 준수하여야 할 구체적인 기준 및 절차를 "투자권유준칙"이라 하는데, 금융투자업자는 투자권유준칙을 정하여야 하며, 다만 파생상품등에 대하여는 일반투자자의 투자목적·재산상황 및 투자경험 등을 고려하여 투자자 등급별로 차등화된 투자권유준칙을 마련하여야 한다(자본시장법 제50조 제1항).

금융투자업자는 투자권유준칙을 정하거나 변경한 경우, 이를 인터넷 홈페이지 등을 이용하여 공시하여야 하며, 한국금융투자협회는 투자권유준칙과 관련하여 금융투자업자가 공통으로 사용할 수 있는 표준투자권유준칙을 제정할 수 있다(자본시장법 제50조 제2항·제3항).

(3) 투자권유대행인

금융투자업자는 일정한 요건을 갖춘 개인에게 투자권유(파생상품등에 대한 투자권유를 제외한다)를 위탁할 수 있는데, 이렇게 투자권유업무를 위탁받은 자를 투자권유대행인이라 한다. 금융투자업자는 투자권유대행인을 금융위원회에 등록하여야 하고, 투자권유대행인은 등록전에는 투자권유를 하여서는 아니 된다(자본시장법 제51조 제1항 내지 제3항).

금융투자업자는 투자권유대행인 외의 자에게 투자권유를 대행하게 하여서는 아니되고, 투자권유대행인이 투자권유를 대행함에 있어서 법령을 준수하고 건전한 거래질서를 해하는 일이 없도록 성실히 관리하여야 하며, 이를 위한 투자권유대행기준을 정하여야 한다(자본시장법 제52조 제1항·제4항).

3. 직무관련 정보의 이용 금지 등

(1) 직무관련 정보의 이용 금지

금융투자업자는 직무상 알게 된 정보로서 외부에 공개되지 아니한 정보를 정당한 사유 없이 자기 또는 제삼자의 이익을 위하여 이용하여서는 아니 되고, 금융투자업자 및 그 임직원은 정보교류 차단의 대상이 되는 정보를 정당한 사유 없이 본인이 이용하거나 제삼자에게 이용하게 하여서는 아니 된다(자본시장법 제54조).

(2) 손실보전 등의 금지

금융투자업자는 금융투자상품의 매매, 그 밖의 거래와 관련하여 손실의 보전 또는 이익의 보장을 하는 경우, 그 밖에 건전한 거래질서를 해할 우려가 없는 경우로서 정당한 사유가 있는 경우를 제외하고는 ① 투자자가 입을 손실의 전부 또는 일부를 보전하여 줄 것을 사전에 약속하는 행위, ② 투자자가 입은 손실의 전부 또는 일부를 사후에 보전하여 주는 행위, ③ 투자자에게 일정한 이익을 보장할 것을 사전에 약속하는 행위, ④ 투자자에게 일정한 이익을 사후에 제공하는 행위를 하여서는 아니 된다. 금융투자업자의 임직원이 자기의 계산으로 하는 경우에도 또한 같다(자본시장법 제55조).

(3) 임직원의 금융투자상품 매매

금융투자업자의 임직원이 자기의 계산으로 대통령령으로 정하는 금융투자상품을 매매하는 경우에는 ① 자기의 명의로 매매하고, ② 투자중개업자 중 하나의 회사(투자중개업자의 임직원의 경우에는 그가 소속된 투자중개업자에 한하되, 그 투자중개업자가 그 임직원이 매매하려는 금융투자상품을 취급하지 아니하는 경우에는 다른 투자중개업자를 이용할 수 있다)를 선택하여 하나의 계좌를 통하여 매매하여야 하며(다만, 금융투자상품의 종류, 계좌의 성격 등을 고려하여 대통령령으로 정하는 경우에는 둘 이상의 회사 또는 둘 이상의 계좌를 통하여 매매할 수 있다), ③ 매매명세를 분기별(투자권유자문인력, 조사분석인력 및 투자운용인력의 경우에는 월별로 한다)로 소속 금융투자업자에게 통지하며, ④ 그 밖에 불공정행위의 방지 또는 투자자와의 이해상충의 방지를 위하여 대통령령으로 정하는 방법 및 절차를 준수하는 방법에 따라야 한다. 그리고 금융투자업자는 그 임직원의 자기계산에 의한 금융투자상품 매매와 관련하여 불공정행위의 방지 또는 투자자와의 이해상충의 방지를 위하여 그 금융투자업자의 임직원이 따라야 할 적절한 기준 및 절차를 정하여야 한다(자본시장법 제63조).

(4) 손해배상책임

금융투자업자는 법령·약관·집합투자규약·투자설명서에 위반하는 행위를 하거나 그 업무를 소홀히 하여 투자자에게 손해를 발생시킨 경우에는 그 손해를 배상할 책임이 있다. 다만, 배상의 책임을 질 금융투자업자가 제37조 제2항, 제44조, 제45조, 제71조 또는 제85조를 위반한 경우(투자매매업 또는 투자중개업과 집합투자업을 함께 영위함에 따라 발생하는 이해상충과 관련된 경우에 한한다)로서 그 금융투자업자가 상당한 주의를 하였음을 증명하거나 투자자가 금융투자상품의 매매, 그 밖의 거래를 할 때에 그 사실을 안 경우에는 배상의 책임을 지지 아니한다. 금융투자업자가 위에 따른 손해배상책임을 지는 경우로서 관련되는 임원에게도 귀책사유(歸責事由)가 있는 경우에는 그 금융투자업자와 관련되는 임원이 연대하여 그 손해를 배상할 책임이 있다(자본시장법 제64조).

제 5 장

보험거래

I 보험제도 개관

1. 보험

보험이란 동질의 경제상의 위험(보험사고)에 놓여있는 다수인이 하나의 단체(위험단체)를 구성하여, 미리 통계적 기초에 의하여 산출된 금액(보험료)을 내어 일정한 공동자금(기금)을 마련하고, 현실적으로 우연한 사고(보험사고)를 입은 사람에게 이 공동자금으로부터 일정한 금액(보험금)을 지급하여 경제생활의 불안에 대비하는 제도이다. 예측할 수 없는 사고 발생에 대하여, 적극적으로 이러한 사고 발생을 저지하는 것이 아니라, 소극적으로 사고 발생으로 인한 경제적 수요를 충족시키고자 하기 위한 것이다.

상법 보험편에서는 보험계약에 대하여 당사자 일방이 약정한 보험료를 지급하고 재산 또는 생명이나 신체에 불확정한 사고가 발생할 경우에 상대방이 일정한 보험금이나 그 밖의 급여를 지급할 것을 약정함으로써 효력이 생기는 것으로 보고 있다(상법 제638조).

2. 보험의 기능

(1) 순기능

우연한 사고로 인한 경제적인 손실을 보상하여 줌으로써 생활의 안정을 추구한다. 보험료의 수납으로 인하여 축적된 금융자본이 산업자본화하는 기능을 수행하기도 하며, 보증보험이나 신용보험 등의 경우 신용수단으로서의 기능을 수행하여 위험분산의 기능을 수행하여 위험이 큰 대규모의 경제활동도 가능하게 한다.

(2) 역기능

한편 보험은 도덕적 위태나 도덕적 위험(moral risk)을 유발할 수 있어, 보험사기 등의 문제도 발생시킨다. 도덕적 위태란 보험가입으로 인하여 보험계약자 등이 사고발생 등과 관련하여 평소보다 주의를 게을리하게 될 위험을 말하고, 도덕적 위험은 보험에 가입하여 보험을 부당하게 이용할 위험을 가리킨다. 도덕적 위험을 넓게 정의하는 입장에서는 도덕적 위태가 도덕적 위험에 포함되기도 한다. 보험사기(insurance fraud)는 도덕적 위험이 현실화되어 나타난 것이라 할 수 있다.[26)]

3. 보험의 종류

(1) 공보험과 사보험

공보험과 사보험은 목적에 따른 구분으로, 공공정책의 실현을 목적으로 하는 보험은 공보험, 순수한 사경제적 작용을 목적으로 하는 보험은 사보험이다. 사회보험(국민건강보험, 국민연금, 산업재해보상보험, 고용보험 등)이나 무역보험, 예금보험 등은 공보험의 대표적인 예로, 가입이 강제되거나 계약이 법률에 의하여 성립·존속되며, 원칙적으로 상법 보험편이 적용되지 않는 것이 특징이다. 보험회사가 운영하는 영리보험이나 상호보험 등이 사보험의 전형으로, 영리추구나 상호부조를 목적으로 하며 보험자와 보험계약자간의 보험관계는 사법관계로서 사적자치의 원칙이 지배하게 된다.[27)]

(2) 재산(물건)보험과 인보험

재산보험과 인보험은 보험목적의 종류에 따른 구분으로, 보험사고의 발생객체가 피보험자의 재산인 보험을 재산보험, 보험사고의 발생객체가 사람의 생명·신체

---

26) 한기정, 보험법, 박영사, 2018, 37－38면.

27) 한기정, 앞의 책, 23－26면.

인 보험을 인보험이라 한다.[28)]

(3) 정액보험과 부정액보험(손해보험)

정액보험과 손해보험은 보험금의 지급방법에 따른 구분으로, 전자는 보험사고 발생시 피보험자의 실손해액의 유무나 다소를 묻지 않고 보험계약에서 정한 일정한 보험금액을 지급하는 보험이고, 후자는 보험사고 발생시 보험사고의 발생으로 인하여 피보험자에게 발생한 실제의 재산상 손해액에 따라서 보험금을 지급하는 보험이다. 생명보험은 대표적인 정액보험에 해당하고, 재산보험은 거의 대부분 부정액보험에 해당한다.[29)]

4. 보험분쟁의 특성

(1) 보험 상품의 복잡성

보험은 복잡하고 난해하며 전문적인 내용의 약관으로 구성되어 있어, 보험계약자는 그 계약의 내용을 정확하게 이해하기 어렵고 보험설계사의 설명에만 의존하여 계약을 체결하는 경우가 많다.

(2) 불완전 판매와 진위 불명

보험의 보장범위 및 내용은 분량이 많은 약관에 어렵게 설명하고 있는데, 보험설계사는 지식부족, 판매유혹 등의 원인으로 보험계약자에게 보험을 불완전 판매하는 경향이 있다.

---

28) 정찬형, 상법강의(하), 박영사, 2011, 497면.

29) 정찬형, 앞의 책, 497면. 상법 보험편에서는 사보험을 손해보험과 인보험으로 분류하고 있는데, 손해보험은 보험목적이 재산이고 보상방식은 비정액보상이고, 인보험은 보험목적이 사람이고 보상방식에 관하여는 특별히 규정하고 있지 않아 정액보상이 될 수도 있고 비정액보상이 될 수도 있다(한기정, 앞의 책, 29－30면).

(3) 입증의 어려움

보험계약자는 보험계약의 체결과정에서 보험설계사가 약관과 다르게 설명하는 등 의무를 다하지 못하였다는 사실을 입증하여야 하는데, 그러한 증거를 확보하지 못하여 입증에 어려움을 겪는다.

Ⅱ 보험계약의 요소

1. 보험계약의 당사자

보험계약의 당사자는 보험자와 보험계약자이다. 보험자는 보험료를 대가로 받고 보험사고가 발생하였을 때 보험금을 지급할 의무를 부담하고, 보험계약자는 보험료를 지급할 의무와 고지의무 및 통지의무 등을 부담한다.

2. 피보험자와 보험수익자

피보험자는 보험계약의 당사자는 아니지만 보험계약의 효력을 받는 자로서, 손해보험과 인보험에서 그 의미가 다르다. 손해보험의 경우, 피보험이익의 주체가 되는 자로서 보험사고가 발생하면 보험자에게 보험금액의 지급을 청구하는 자를 의미한다. 그러나 인보험의 경우, 보험사고가 발생할 객체가 되는 자이며, 따라서 사망 또는 상해 등이 보험사고가 발생될 자를 의미한다. 보험계약자가 동시에 피보험자를 겸할 수 있다.

보험수익자는 인보험에서만 사용되는 용어로서, 보험사고가 발생한 경우에 보험금을 지급받는 자를 의미한다.

3. 보험료 · 보험금 · 보험금액

보험료는 보험자가 보험금지급책임을 부담하는 대가로 수령하는 것이고, 보험금은 보험사고가 발생하였을 때 보험자가 실제로 지급하여야 하는 금액을 의미한다. 보험금액은 보험사고가 발생한 이후에 보험자가 부담하기로 당사자가 약정한 금액으로, 정액보험에서는 보험자가 지급해야 하는 금액 자체이고, 비정액보험에서는 보험자가 지급해야 하는 금액의 상한액이 된다.

Ⅲ 모집종사자

1. 모집종사자의 의의

보험계약을 모집하는 주체를 모집종사자라 한다. 보험계약의 모집은 보험계약의 체결을 대리하거나 중개하는 것을 의미한다(보험업법 제2조 제12호). 모집종사자에는 보험설계사나 보험대리점, 보험중개사 또는 보험회사의 임원(대표이사 · 사외이사 · 감사 및 감사위원은 제외한다) 또는 직원이 있다(보험업법 제83조 제1항).

2. 모집종사자의 종류

(1) 보험설계사

보험설계사는 보험대리상이 아니면서 특정한 보험자를 위하여 계속적으로 보험계약의 체결을 중개하는 자이다(상법 제646조의2 제3항). 보험업법에서는 보험설계사를 "보험회사 · 보험대리점 또는 보험중개사에 소속되어 보험계약의 체결을 중개하는 자(법인이 아닌 사단과 재단을 포함한다)로서 제84조에 따라 등록된 자"로 규정한다(보험업법 제2조 제9호). 즉 특정한 보험자를 위하여 계속적으로 보험계약의 체결을 중개하는 사용인이다.

판례는 보험설계사가 보험자를 위하여 보험계약의 체결에 관한 중개권한만 가지고, 체결을 대리할 권한(체약대리권)이나 고지수령권, 통지수령권은 없다고 보나,

일정한 경우에 보험료 수령권은 인정하고 있다.[30] 2014년 개정된 상법에서는 보험설계사가 ① 보험계약자로부터 보험료를 수령할 수 있는 권한(보험자가 작성한 영수증을 보험계약자에게 교부하는 경우만 해당한다)과 ② 보험자가 작성한 보험증권을 보험계약자에게 교부할 수 있는 권한을 갖고 있다고 규정한다(상법 제646조의2 제3항).

(2) 보험대리상

특정한 보험자를 위하여 계속적으로 보험계약의 체결을 대리 또는 중개하는 독립된 상인이다. 특정된 보험자라면 단수이든 복수이든 무방하고, 대리(체약대리상) 또는 중개(중개대리상)를 영업으로 하는 독립된 상인이다.

2014년에 개정된 상법에서는 보험대리상의 권한에 대하여, 원칙상 보험체약대리상이고 다만 권한의 일부를 제한할 수 있다고 규정한다. 보험대리상은 ① 보험계약자로부터 보험료를 수령할 수 있는 권한, ② 보험자가 작성한 보험증권을 보험계약자에게 교부할 수 있는 권한, ③ 보험계약자로부터 청약, 고지, 통지, 해지, 취소 등 보험계약에 관한 의사표시를 수령할 수 있는 권한, ④ 보험계약자에게 보험계약의 체결, 변경, 해지 등 보험계약에 관한 의사표시를 할 수 있는 권한을 가진다. 그럼에도 불구하고 보험자는 보험대리상의 위 ① 내지 ④의 권한 중 일부를 제한할 수 있지만, 보험자는 그러한 권한 제한을 이유로 선의의 보험계약자에게 대항하지 못한다(상법 제646조의2). 보험대리상의 권한을 오인한 선의의 보험계약자를 보호하기 위한 것이다.[31]

(3) 보험중개사

보험중개사는 독립적으로 보험계약의 체결을 중개하는 자를 의미한다(보험업법 제2조 제11호). 특정한 보험자로부터 독립하여 보험계약 체결의 중개를 하는 독립된 상인이다.[32] 보험중개사가 보험계약자의 수권에 의하여 체결대리권을 가질 수 있는지에 관하여는 보험업법에서 보험중개사가 보험증권을 발행하거나 보험회사를

30) 한기정, 앞의 책, 74－76면.

31) 한기정, 앞의 책, 77－81면.

32) 한기정, 앞의 책, 81－82면.

대리하여 보험계약의 체결 및 변경 또는 해지의 의사표시를 수령할 권한이 없으며, 다만 권한을 부여받을 수는 있다고 본다.[33]

(4) 구별

체약대리상은 보험계약의 체결을 대리한다는 점에서 보험설계사나 보험중개사와 구별된다. 중개대리상은 특정한 보험자를 위하여 계속적으로 보험계약 체결을 중개한다는 점에서 보험설계사와 유사하나, 보험설계사는 독립된 상인이 아닌 반면, 중개대리상은 독립된 상인이라는 점에서 구별된다. 중개대리상은 보험계약을 중개한다는 점에서 보험중개사와 유사하나, 중개대리상은 특정한 보험자를 위하여 계속적으로 보험계약을 중개하나 보험중개사는 보험자로부터 독립하여 불특정 다수를 대상으로 중개한다는 점에서 구별된다.

3. 모집종사자의 불법행위와 사용자책임

모집종사자가 보험계약자에게 불법행위를 하는 경우, 모집종사자 자신은 불법행위로 인한 손해배상의 부담을 지게 된다(민법 제750조). 한편 모집종사자가 모집과정에서 불법행위를 한 경우, 사용자책임의 요건을 충족한다면 모집종사자의 보험자에게도 손해배상청구를 할 수 있다.[34] 과거 보험업법에서 사용자책임을 규정하였으나(구 보험업법 제102조), 금융소비자보호법의 제정에 따라 해당 조항은 금융소비자보호법으로 이전되었다. 동법에서는 금융상품직접판매업자가 금융상품계약체결등의 업무를 대리·중개한 금융상품판매대리·중개업자나 「보험업법」 제83조 제1항 제4호에 해당하는 임원 또는 직원(이하 "금융상품판매대리·중개업자등"이라 한다)이 대리·중개 업무를 할 때 금융소비자에게 손해를 발생시킨 경우에는 그 손해를 배상할 책임이 있고, 다만 금융상품직접판매업자가 금융상품판매대리·중개업

33) 한기정, 앞의 책, 84－86면.

34) '사용자책임'이란 피용자가 사무집행에 관하여 제3자에게 손해를 가한 경우에 사용자 또는 사용자에 갈음하여 그 사무를 감독하는 자가 그에 대하여 지는 배상책임을 말한다. 다만 사용자가 피용자의 선임 및 그 사무감독에 상당한 주의를 한 때 또는 상당한 주의를 하여도 손해가 있을 경우에는 사용자책임을 지지 않는다(민법 제756조).

자등의 선임과 그 업무 감독에 대하여 적절한 주의를 하였고 손해를 방지하기 위하여 노력한 경우에는 그러하지 아니하다고 정하고 있다. 그리고 금융상품직접판매업자의 손해배상책임은 금융상품판매대리·중개업자등에 대한 금융상품직접판매업자의 구상권 행사를 방해하지 아니한다(금융소비자보호법 제45조).

4. 모집종사자에 대한 업무행위규제

이 부분도 과거 보험업법에서 설명의무, 적합성원칙, 모집광고 관련 준수사항 등을 정하고 있었으나, 2021년 금융소비자보호법이 제정됨에 따라 동법으로 이전되었다.

(1) 중복계약 체결 확인 의무

보험회사 또는 보험의 모집에 종사하는 자는 대통령령으로 정하는 보험계약을 모집하기 전에 보험계약자가 되려는 자의 동의를 얻어 모집하고자 하는 보험계약과 동일한 위험을 보장하는 보험계약을 체결하고 있는지를 확인하여야 하며 확인한 내용을 보험계약자가 되려는 자에게 즉시 알려야 한다(보험업법 제95조의5 제1항).

(2) 통신수단을 이용한 모집·철회 및 해지 등 관련 준수사항

전화·우편·컴퓨터통신 등 통신수단을 이용하여 모집을 하는 자는 보험설계사, 보험대리점, 보험중개사, 보험회사의 임원 또는 직원 중 어느 하나에 해당하는 자로서 모집을 할 수 있는 자이어야 하며, 다른 사람의 평온한 생활을 침해하는 방법으로 모집을 하여서는 아니 된다. 보험회사는 ① 보험계약을 청약한 자가 청약의 내용을 확인·정정 요청하거나 청약을 철회하고자 하는 경우, ② 보험계약자가 체결한 계약의 내용을 확인하고자 하는 경우, ③ 보험계약자가 체결한 계약을 해지하고자 하는 경우(보험계약자가 계약을 해지하기 전에 안전성 및 신뢰성이 확보되는 방법을 이용하여 보험계약자 본인임을 확인받은 경우에 한정한다) 통신수단을 이용할 수 있도록 하여야 한다(보험업법 제96조).

(3) 보험계약의 체결 또는 모집에 관한 금지행위

보험계약의 체결 또는 모집에 종사하는 자는 그 체결 또는 모집에 관하여 ① 보험계약자 또는 피보험자로 하여금 이미 성립된 보험계약(이하 이 조에서 "기존보험계약"이라 한다)을 부당하게 소멸시킴으로써 새로운 보험계약을 청약하게 하거나 새로운 보험계약을 청약하게 함으로써 기존보험계약을 부당하게 소멸시키거나 그 밖에 부당하게 보험계약을 청약하게 하거나 이러한 것을 권유하는 행위, ② 실제 명의인이 아닌 자의 보험계약을 모집하거나 실제 명의인의 동의가 없는 보험계약을 모집하는 행위, ③ 보험계약자 또는 피보험자의 자필서명이 필요한 경우에 보험계약자 또는 피보험자로부터 자필서명을 받지 아니하고 서명을 대신하거나 다른 사람으로 하여금 서명하게 하는 행위, ④ 다른 모집 종사자의 명의를 이용하여 보험계약을 모집하는 행위, ⑤ 보험계약자 또는 피보험자와의 금전대차의 관계를 이용하여 보험계약자 또는 피보험자로 하여금 보험계약을 청약하게 하거나 이러한 것을 요구하는 행위, ⑥ 정당한 이유 없이 장애인의 보험가입을 거부하는 행위, ⑦ 보험계약의 청약철회 또는 계약 해지를 방해하는 행위를 하여서는 아니된다(보험업법 제97조 제1항).

(4) 특별이익의 제공 · 수수료의 지급 금지

보험계약의 체결 또는 모집에 종사하는 자는 그 체결 또는 모집과 관련하여 보험계약자나 피보험자에게 금품, 기초서류에서 정한 사유에 근거하지 아니한 보험료의 할인 또는 수수료의 지급, 기초서류에서 정한 보험금액보다 많은 보험금액의 지급 약속 등 특별이익을 제공하거나 제공하기로 약속하여서는 아니 된다(보험업법 제98조).

보험회사는 모집할 수 있는 자 이외의 자에게 모집을 위탁하거나 모집에 관하여 수수료, 보수, 그 밖의 대가를 지급하지 못한다. 다만, ① 기초서류에서 정하는 방법에 따른 경우이거나 ② 보험회사가 대한민국 밖에서 외국보험사와 공동으로 원보험계약(原保險契約)을 인수하거나 대한민국 밖에서 외국의 모집조직(외국의 법령에 따라 모집을 할 수 있도록 허용된 경우만 해당한다)을 이용하여 원보험계약 또는 재보험계약을 인수하는 경우 등의 경우에는 그러하지 아니하다. 보험중개사는 대통령령으로 정하는 경우 이외에는 보험계약 체결의 중개와 관련한 수수료나 그 밖의 대가를 보험계약자에게 청구할 수 없다(보험업법 제99조).

(5) 자기계약의 금지

보험대리점 또는 보험중개사는 자기 또는 자기를 고용하고 있는 자를 보험계약자 또는 피보험자로 하는 보험을 모집하는 것을 주된 목적으로 하지 못한다(보험업법 제101조 제1항).

Ⅳ 보험계약의 성립

1. 청약과 승낙의 합치

보험계약은 보험계약자의 청약과 보험자의 승낙으로 성립한다. 보험자에게 보험증권 교부의무가 있지만 그렇다고 하여 보험자의 보험증권 교부가 보험계약의 성립요건은 아니다. 보험계약자의 보험료 납입도 보험계약의 성립요건은 아니다. 보험계약에서도 민법에서의 청약과 승낙에 관한 일반법리가 그대로 적용되는 것이 원칙이다. 그러나 보험편에서는 몇 가지 특칙이 있다.

2. 청약철회제도

보험계약의 청약철회제도는 2014년 보험업법의 개정으로 도입된 것이다. 지인의 권유 등으로 인하여 마지못해 보험계약을 청약한 보험계약자에게 일정한 기간 내에 청약을 철회할 수 있도록 기회를 부여한 것이다.[35] 그러나 2021년 금융소비자보호법의 제정으로 청약철회권 역시 동법으로 이전되었다. 동법에서는 보험계약자가 보험에 가입한 경우 보험증권을 받은 날로부터 15일 이내에 보험계약의 청약을 철회할 수 있다. 다만, 청약을 한 날로부터 30일 이내인 경우에 한한다.

35) 한기정, 앞의 책, 189면.

3. 낙부통지의무 및 승낙의제

민법상 청약을 받은 자는 승낙하여야 할 의무도 없고, 승낙여부를 통지하여야 할 의무도 없다. 그러나 보험계약에도 이러한 원리를 그대로 적용할 경우, 보험자가 승낙여부를 판단함에 오랜 시간이 소요될 수 있음에도 불구하고 승낙여부를 통지할 의무도 없다고 한다면 소비자인 보험계약자는 승낙여부를 한없이 기다려야할 뿐만 아니라 승낙여부를 알기 위하여 계속하여 문의해야하기 때문이다.[36]

이러한 보험계약자를 보호하기 위하여 상법에서는 보험자가 보험계약자로부터 보험계약의 청약과 함께 보험료 상당액의 전부 또는 일부의 지급을 받은 때에는 다른 약정이 없으면 30일 내에 그 상대방에 대하여 낙부의 통지를 발송하도록 하고 있고(상법 제638조의2 제1항), 보험자가 이 기간 내에 낙부의 통지를 해태한 때에는 승낙한 것으로 본다(상법 제638조의2 제2항). 전자가 낙부통지의무이고, 후자가 승낙의제이다.

V 보험자의 의무

1. 보험약관의 명시 · 교부 · 설명의무

(1) 보험약관의 명시 · 교부의무

보험자는 보험계약을 체결할 때 보험계약자에게 보험약관을 명시하고 교부하여야 한다(상법 제638조의3 제1항 전단). 실제에 있어서는 계약성립 후 보험증서를 교부하고 있으나, 보험약관의 교부의무를 규정한 상법의 취지가 보험계약자로 하여금 보험내용을 명확하게 알게 하기 위함에 있다는 점을 고려해보면 적법한 방법으로 보기 어렵다. 따라서 계약성립 후 보험약관을 받은 보험계약자가 일정한 기간 내에 계약을 취소하지 않으면 그 약관내용을 계약의 내용으로 인정한다는 취지로 해석하여야 할 것이다.

---

36) 한기정, 앞의 책, 190－191면.

(2) 보험약관의 설명의무

보험회사 또는 보험의 모집에 종사하는 자는 보험계약자에게 보험계약 체결을 권유하는 경우에는 보험료, 보장범위, 보험금 지급제한 사유 등 보험계약의 중요한 사항을 보험계약자가 이해할 수 있도록 설명하여야 한다(상법 제638조의3 제1항 후단).

보험계약의 '중요한 사항'이란 사회통념에 비추어 고객이 계약체결의 여부나 대가를 결정하는 데 직접적인 영향을 미칠 수 있는 사항을 말하고, 약관조항 중에서 무엇이 중요한 내용에 해당하는지에 관하여는 일률적으로 말할 수 없으며, 구체적인 사건에서 개별적 사정을 고려하여 판단한다.[37] 일반적으로 보험상품의 내용, 보험요율의 체계, 보험청약서상 기재사항의 변동 및 보험자의 면책사유 등은 보험계약의 중요한 내용으로 본다.[38]

다만 ① 보험계약자가 이미 잘 알고 있는 사항과, ② 약관 내용이 당해 보험계약에 있어서 일반적이고 공통된 것이어서 보험계약자가 충분히 예상할 수 있거나 이미 법률로 정하여진 것을 부연하는 것에 지나지 않을 때에는 설명의무가 면제된다.[39]

(3) 교부 · 설명의무 위반효과

보험자가 보험약관의 교부·설명의무를 위반한 경우, 보험계약자는 보험계약이 성립한 날부터 3개월 이내에 그 계약을 취소할 수 있다(상법 제638조의3 제2항).

---

37) 대법원 2013. 2. 15. 선고 2011다69053 판결.

38) 대법원 1997. 9. 26. 선고 97다4494 판결; 대법원 1998. 6. 23. 선고 98다14191 판결; 대법원 1999. 3. 9. 선고 98다43342, 43359 판결; 대법원 2001. 7. 27. 선고 99다55533 판결.

39) 대법원 2004. 11. 25. 선고 2004다28245 판결.

2. 보험증권 교부의무

보험자는 보험계약이 성립한 때에는 지체없이 보험증권을 작성하여 보험계약자에게 교부하여야 한다. 그러나 보험계약자가 보험료의 전부 또는 최초의 보험료를 지급하지 아니한 때에는 그러하지 아니하다(상법 제640조).

3. 보험금 지급의무

보험자는 보험기간 안에 보험사고가 발생한 때에는 피보험자나 보험수익자에게 보험금을 지급하여야 한다. 보험자에게 보험금 지급의무는 보험계약자의 보험료지급의무와 대가적 관계에 있다.

Ⅵ 보험계약자의 의무

1. 고지의무

(1) 의의 및 취지

보험계약자 또는 피보험자가 보험계약의 체결 당시에 보험자에 대하여 중요한 사항을 고지하거나 부실고지를 하지 아니할 의무를 의미한다(상법 제651조). 보험계약은 일정한 위험을 전제로 이루어지는 사행계약이므로 당사자의 선의성 또는 윤리성을 요구한다. 보험자는 개별 위험을 정확하게 측정하여 보험료를 결정하여야 하는데 보험계약자에 관한 정보는 오로지 보험계약자측에게만 있으므로 보험계약자에게 고지의무를 부여하고 있는 것이다.

(2) 고지의무의 이행방법

고지의무자는 보험계약자 또는 피보험자이고, 고지의 상대방은 보험자와 대리인이다. 모집종사자의 경우, 보험대리상은 고지수령권이 있으나, 보험설계사나 보험중개사에게는 고지수령권이 없다.

고지의무는 보험계약의 성립 당시에 적절한 방법으로 이루어져야 하고, 특별히 정하여진 방법은 없다. 일반적으로 보험회사가 제공하는 질문표에 대답하는 방식으로 이루어지고 있다.

> [예] 보험청약서 내용 일부
> 1. 최근 3개월 이내에 의사로부터 진찰, 검사를 통하여 진단을 받았거나 그 결과 치료, 입원 수술, 투약 받은 사실이 있습니까?
> 2. 최근 3개월 이내에 마약 또는 혈압강하제, 신경안정제, 수면제, 각성제(흥분제), 진통제 등 약물을 상시 복용한 사실이 있습니까?
> 3. 최근 5년 이내에 의사로부터 진찰, 검사를 받고 그 결과 정밀검사(심전도, X-ray, 건강 진단 등), 입원, 수술(제왕절개 포함)을 받았거나 계속하여 7일 이상 치료 또는 30일 이상 투약을 받은 적이 있습니까?(여기서 '계속하여'는 같은 원인으로 치료 시작 후 완료일까지 실제 치료, 투약 받은 일수를 말합니다)

(3) 중요한 사항

보험계약자가 고지하여야 할 사항은 중요한 사항이다. 판례는 "보험계약자나 피보험자가 보험계약 당시에 보험자에게 고지할 의무를 지는 상법 제651조에서 정한 '중요한 사항'이란, 보험자가 보험사고의 발생과 그로 인한 책임부담의 개연율을 측정하여 보험계약의 체결 여부 또는 보험료나 특별한 면책조항의 부가와 같은 보험계약의 내용을 결정하기 위한 표준이 되는 사항으로서, 객관적으로 보험자가 그 사실을 안다면 그 계약을 체결하지 않든가 또는 적어도 동일한 조건으로는 계약을 체결하지 않으리라고 생각되는 사항을 말하고, 어떠한 사실이 이에 해당하는 가는 보험의 종류에 따라 달라질 수밖에 없는 사실인정의 문제로서 보험의 기술에 비추어 객관적으로 관찰하여 판단되어야 하고, 최종적으로는 보험의 기술에 정통한 전문가의 감정에 의하여 결정될 수밖에 없다."고 보고 있다.[40)]

판례는 손해보험에서 다른 보험계약을 체결한 사실, 다른 보험계약을 체결하려

40) 대법원 1996. 12. 23. 선고 96다27971 판결.

다가 거절당한 사실, 보험사고의 발생사실(화재보험에서 화재를 발생한 적이 있는 사실, 자동차보험에서 사고경력 등) 등을, 생명보험에서 피보험자의 기왕증·현재증, 피보험자의 부모의 생존여부, 피보험자의 나이, 피보험자의 신분·직업, 암보험에서 암재발가능성 등을 중요한 사항으로 보았다.

(4) 고지의무 위반의 효과

고지의무 위반이라고 보기 위하여는, 고지의무자가 고의 또는 중대한 과실로 중요한 사항에 관하여 고지하지 않거나(불고지) 또는 부실고지를 하였어야 한다. 고지의무 위반사실이 발생하면 보험자는 원칙적으로 계약을 해지할 수 있다. 즉, 보험계약당시에 보험계약자 또는 피보험자가 고의 또는 중대한 과실로 인하여 중요한 사항을 고지하지 아니하거나 부실의 고지를 한 때에는 보험자는 계약을 해지할 수 있다(상법 제651조). 심지어 보험사고가 발생한 후라도 보험자가 보험계약자의 고지의무 위반을 이유로 계약을 해지하였을 때에는 보험금을 지급할 책임이 없고 이미 지급한 보험금의 반환을 청구할 수 있다. 다만, 고지의무를 위반한 사실 또는 위험이 현저하게 변경되거나 증가된 사실이 보험사고 발생에 영향을 미치지 아니하였음이 증명된 경우에는 보험금을 지급할 책임이 있다(상법 제655조).

그러나 해지가 제한되는 경우가 있다. 첫째, 제척기간이 경과한 경우이다. 보험자는 보험계약자의 고지의무 위반을 안 날로부터 1월, 계약체결일로부터 3년을 경과하기 전에 보험을 해지하여야 한다(상법 제651조). 둘째, 보험자가 보험계약체결 당시에 고지의무 위반의 사실을 알았거나 중대한 과실로 인하여 알지 못한 때에는 계약을 해지할 수 없다(상법 제651조). 셋째, 보험자가 보험약관의 설명의무를 위반한 경우에도 해지권을 행사할 수 없다. 보험자가 약관의 설명의무를 위반한 경우, 보험계약자가 그에 대한 고지의무를 위반하였다는 이유로 보험계약을 해지할 수 없다.

보험자 및 보험계약의 체결 또는 모집에 종사하는 자는 보험계약의 체결에 있어서 보험계약자 또는 피보험자에게 보험약관에 기재되어 있는 보험상품의 내용, 보험률의 체계 및 보험청약서상 기재사항의 변동사항 등 보험계약의 중요한 내용에 대하여 구체적이고 상세한 명시 설명의무를 지고 있어서, 보험자가 이러한 보험약관의 명시 설명의무에 위반하여 보험계약을 체결한 때에는 그 약관의 내용을 보험계약의 내용으로 주장할 수 없으므로, 보험계약자나 그 대리인이 그 약관에 규정된 고지의무를 위반하였다 하더라도 이를 이유로 보험계약을 해지할 수 없다. (대법원 1995. 8. 11. 선고 94다52492 판결)

2. 보험료 지급의무

보험계약자는 보험회사의 위험부담의 대가로 계약에서 정한 보험료를 지급할 의무가 있다. 보험계약자는 계약체결후 지체없이 보험료의 전부 또는 제1회 보험료를 지급하여야 하며, 보험계약자가 이를 지급하지 아니하는 경우에는 다른 약정이 없는 한 계약성립후 2월이 경과하면 그 계약은 해제된 것으로 본다. 한편 계속보험료가 약정한 시기에 지급되지 아니한 때에는 보험자는 상당한 기간을 정하여 보험계약자에게 최고하고 그 기간내에 지급되지 아니한 때에는 그 계약을 해지할 수 있다. 그러나 특정한 타인을 위한 보험의 경우에 보험계약자가 보험료의 지급을 지체한 때에는 보험자는 그 타인에게도 상당한 기간을 정하여 보험료의 지급을 최고한 후가 아니면 그 계약을 해제 또는 해지하지 못한다(상법 제650조).

3. 통지의무

보험기간 중에 보험계약자 또는 피보험자가 사고발생의 위험이 현저하게 변경 또는 증가된 사실을 안 때에는 지체없이 보험자에게 통지하여야 한다. 이를 해태한 때에는 보험자는 그 사실을 안 날로부터 1월내에 한하여 계약을 해지할 수 있다. 그리고 보험자가 위험변경증가의 통지를 받은 때에는 1월내에 보험료의 증액을 청구하거나 계약을 해지할 수 있다(상법 제652조). 통지의무는 보험계약의 성립

이후에 위험이 변경되거나 증가된 사실을 알려야 할 의무라는 점에서, 보험계약의 성립 이전에 중요한 사항을 알려야 하는 고지의무와 구별된다.

[1] 보험기간 중에 보험계약자 또는 피보험자가 사고발생의 위험이 현저하게 변경 또는 증가된 사실을 안 때에는 지체 없이 보험자에게 통지하여야 하고, 보험자가 위 위험변경증가의 통지를 받은 때에는 1월 내에 보험료의 증액을 청구하거나 계약을 해지할 수 있다(상법 제652조). 이때 하나의 보험회사에 대하여 피보험자가 동일한 여러 개의 보험계약이 체결되어 있는 경우 여러 개의 보험계약에 관하여 보험계약자 또는 피보험자가 위험변경증가 통지의무를 이행하였는지 여부는 보험회사와 사이에 체결된 보험계약의 내역, 보험계약자 또는 피보험자가 보험회사에 알린 내용과 알리게 된 경위, 이후 보험회사의 처리경과 등 여러 사정을 종합하여 판단하여야 한다. 이러한 법리는 피보험자의 직업이나 직무에 따라 적용해야 할 보험요율에 차이가 있는 상해보험계약 약관에서 피보험자가 보험계약 체결 후 직업 또는 직무를 변경하는 경우 보험계약자나 피보험자가 보험자에게 그 사실을 알리도록 규정하고 있는 때에도 마찬가지이다.

[2] 갑이 을 보험회사와 피보험자를 병, 피보험자의 직업을 일반 경찰관으로 하는 상해보험계약을 체결한 상태에서 병이 보험요율에 차이가 있는 화물차 운전기사로 직업을 변경하였고, 이후 갑이 을 회사와 피보험자를 병으로 하는 운전자 보험계약을 체결하면서 신규 발급된 운전자 보험증권에 병의 직업이 일반 경찰관으로 기재되어 있음을 확인하자 운전자 보험계약 체결 관련 업무를 담당하는 보험설계사에게 병의 직업 변경 사실을 통지하였는데, 그 후 병이 교통사고로 상해를 입게 되어 갑이 을 회사를 상대로 상해보험계약에 따른 보험금을 청구하자, 을 회사가 보험약관에서 정한 계약 후 알릴 의무 위반을 이유로 보험금을 감액하여 지급한다고 통지한 사안에서, ① 갑은 보험설계사에게 직업 변경 사실을 통지하면서 운전자 보험계약 외에 피보험자에 대한 정보를 공유하는 상해보험계약에 관하여도 을 회사에 대한 통지가 이루어진다고 믿었을 것으로 보이는 점, ② 갑이 병의 직업 변경 사실을 알릴 당시 운전자 보험계약만을 특정한 것으로 보이지 않고 그럴 이유도 없는 점, ③ 갑이 직업 변경 사실을 통지할 당시 보험계약을 특정하지 않았다고 하더라도 을 회사가 운전자 보험계약에 관하여만 직업 변경을 반영하였다는 사정만으로는 갑이 상해보험계약에 관하여 통지의무를 이행하지 않았다고 보기

어려운 점, ④ 을 회사가 보험설계사로부터 병의 직업 변경 사실을 전달받아 인식하게 되었고 나아가 그 내용을 을 회사가 보유, 관리하는 내부 자료에 입력하여 문서화한 이상, 갑이 보험약관의 규정과 달리 서면에 의하여 알리지 않았다고 하더라도 갑의 직업 변경에 관한 통지의 효력에 영향을 미친다고 볼 수 없는 점 등 제반 사정에 비추어 보면, 갑이 보험설계사에게 병의 직업 변경을 통지할 무렵 상해보험계약에 관하여도 을 회사에 상법 제652조 또는 상해보험약관에서 정한 '위험의 변경 또는 증가'와 관련한 통지의무를 이행하였다고 봄이 타당한데도, 이와 달리 본 원심판단에 법리오해 등의 잘못이 있다고 한 사례. (대법원 2024. 11. 28. 선고 2022다238633 판결)

4. 보험사고 발생 통지의무

보험계약자 또는 피보험자나 보험수익자는 보험사고의 발생을 안 때에는 지체없이 보험자에게 그 통지를 발송하여야 하고, 보험계약자 또는 피보험자나 보험수익자가 위 통지의무를 해태함으로 인하여 손해가 증가된 때에는 보험자는 그 증가된 손해를 보상할 책임이 없다(상법 제657조).

5. 기타 협조의무

손해보험의 경우, 보험계약자와 피보험자는 손해의 방지와 경감을 위하여 노력하여야 하고(손해방지경감의무), 보험기간 중 보험계약자는 부보위험을 변경 또는 증가시키지 아니하여야 할 의무(위험유지의무)가 있다.

보험계약자가 다수의 계약을 통하여 보험금을 부정 취득할 목적으로 보험계약을 체결하여 그것이 민법 제103조에 따라 선량한 풍속 기타 사회질서에 반하여 무효인 경우 보험자의 보험금에 대한 부당이득반환청구권은 상법 제64조를 유추적용하여 5년의 상사 소멸시효기간이 적용된다고 봄이 타당하다. 상세한 이유는 다음과 같다.

① 보험계약이 선량한 풍속 기타 사회질서에 반하여 무효인 경우 보험자가 반환을 구

하는 것은 기본적 상행위인 보험계약(상법 제46조 제17호)에 기초하여 그에 따른 의무 이행으로 지급된 보험금이다. 이러한 반환청구권은 보험계약의 이행과 밀접하게 관련되어 있어 그 이행청구권에 대응하는 것이다.

② 보험계약자가 다수의 계약을 통하여 보험금을 부정 취득할 목적으로 보험계약을 체결한 경우는 보험자가 상행위로 보험계약을 체결하는 과정에서 드물지 않게 발생하는 전형적인 무효사유의 하나이다. 이때에는 사안의 특성상 복수의 보험계약이 관련되므로 여러 보험자가 각자 부당이득반환청구권을 갖게 되거나 하나의 보험자가 여러 개의 부당이득반환청구권을 갖게 되는데, 이러한 법률관계는 실질적으로 동일한 원인에서 발생한 것이므로 정형적으로 신속하게 처리할 필요가 있다.

③ 보험계약자가 보험료의 반환을 청구하려면 상법 제648조에 따라 보험계약자와 피보험자나 보험수익자가 모두 선의이고 중과실이 없어야 하고, 보험계약자의 보험금 청구권이나 보험료 반환채권에는 상법 제662조에 따라 3년의 단기 소멸시효기간이 적용된다. 그러나 상법 제648조나 제662조는 그 문언상 보험자의 보험금 반환청구권에는 적용되지 않음이 명백하고, 위 규정들이 보험계약 무효의 특수성 등을 감안한 입법정책적 결단인 이상 이를 보험자가 보험금 반환을 청구하는 경우에까지 확장하거나 유추하여 적용하는 것은 적절하지 않다.

그렇다고 해서 보험자의 보험금에 대한 부당이득반환청구권에 대해서 민사 소멸시효기간이 적용된다고 볼 수는 없고, 보험계약의 정형성이나 법률관계의 신속한 처리 필요성에 비추어 상사 소멸시효기간에 관한 규정을 유추적용하여야 한다. 통상 보험상품을 만들어 판매한 보험자는 보험계약의 이행에 관한 전문적 지식을 가진 자로서 보험계약자보다 우월한 지위에 있으며, 상법 제662조는 보험계약자의 보험료 반환채권에 관한 것이기는 하지만 보험계약의 무효로 인한 법률관계를 신속하게 해결할 필요가 있음을 전제로 하고 있다. 보험계약이 무효인 경우 보험금 반환청구권에 대하여 10년의 민사 소멸시효기간을 적용하는 것은 보험계약 당사자인 보험계약자와 보험자 사이의 형평에 부합하지 않는다. (대법원 2021. 7. 22. 선고 2019다277812 전원합의체 판결)

A와 B보험회사가 건강보험계약을 체결하는 과정에서, B보험회사의 보험모집인 C는 A에게 고지의무가 있다는 사실을 설명해주지 않았고, 약관을 명시하거나 교부하지도 않았다. A는

자신이 과거에 암수술을 받은 적이 있다는 사실을 굳이 숨기려 하지는 않았으며, 단지 해당 사실을 고지해야 한다는 사실을 몰라 고지의무를 이행하지 않았다.
보험계약이 체결된 이후 B사는 A가 고지의무를 위반하였음을 이유로 보험계약을 해지하겠다고 한다. A는 무엇을 주장할 수 있는가?

제 6 장

핀테크

I 의의

핀테크(FinTech)란 금융(finance)과 기술(technology)의 합성어로, 금융산업에 정보통신기술이 적용되면서 혁신적 비즈니스모델을 통해 등장한 금융서비스 및 기술을 말한다.

과거에도 ATM, 인터넷뱅킹과 같이 인터넷과 컴퓨터기술을 기초로 한 금융서비스는 있었으나, 최근에는 모바일로 채널이 변하면서 인공지능, 블록체인, 클라우드, 빅데이터, 로보어드바이저 등 소위 4차 산업혁명 기술이 금융부분에 구현되는 것으로 금융산업에 큰 변화를 가져오고 있다. 예를 들어 인터넷 전문은행, 간편결제·송금, 크라우드 펀딩, 인슈어테크 등이 그것이다. 이들은 뛰어난 접근성, 저렴한 비용, 빠른 속도 등을 특징으로 새로운 부가가치를 창출하고 있다.

II 핀테크 서비스의 유형

1. 간편결제 · 송금서비스

간편결제는 온라인 또는 오프라인에서 재화 또는 서비스를 구매할 때 모바일기기를 이용하여 복잡한 절차를 생략하고 지문인증 등의 간편한 방식으로 결제를 하거나 타인에게 송금하는 기술이다. 지급 시 활용할 계좌 또는 카드 관련 정보를 스마트폰에 미리 등록하고, 거래 시 단말기 접촉, QR코드 또는 애플리케이션 등을 통해 복잡한 본인인증절차 없이 간단한 거래비밀번호나 지문인식, 홍채인식, 얼굴인식 등을 활용한 생체인증 등을 통해 쉽고 빠르게 거래할 수 있다. 미국의 페이

팔, 중국의 알리페이 등 외에 국내에서는 삼성페이, 페이코, 토스페이, 쿠페이서비스 등이 있다.

간편송금은 모바일 기기를 통해 계좌이체 등의 방식으로 선불금을 충전한 뒤, 수취인의 전화번호, SNS 등을 활용하여 간편하게 송금하는 서비스이다. 카카오페이, 네이버페이 등이 있다.

2. 인터넷전문은행

인터넷전문은행(Internet-Primary Bank)은 영업점을 통한 대면거래를 하지 않고 PC, 모바일 등 인터넷을 주요 영업채널로 활용하는 무점포 비대면거래방식의 은행을 지칭한다. 별도 지점을 개설할 필요가 없으니 기존 은행에 비하여 상대적으로 낮은 비용으로 운영할 수 있고, 낮은 운영비용을 경쟁력으로 하여 다양한 상품과 서비스 제공에 주력하여 고객의 만족도를 높일 수 있다. 해외에서는 독일의 피도르뱅크(Fidor Bank), 프랑스의 헬로뱅크(Hello Bank), 미국의 모벤(Moven) 등 기존 은행업무와 차별화되는 다양한 상품을 개발하여 성공한 사례가 있다. 국내에서는 케이뱅크와 카카오뱅크, 토스뱅크 등이 영업을 하고 있다.[41]

3. 크라우드펀딩

크라우드펀딩(crowd funding)은 군중 또는 다수를 의미하는 영어단어 크라우드(crowd)와 자금조달을 뜻하는 펀딩(funding)을 조합한 단어로, 온라인상에서 다수의 투자자로부터 자금을 조달하는 행위를 말한다. P2P 금융의 한 형태로 다수의 투자자는 각자의 투자 성향, 집단지성 등을 활용하여 투자 여부 및 투자금액을 결정하게 된다.

---

41) 이대기, “인터넷 전문은행의 기대효과와 과제”, 「주간금융브리프」, 제26권 제18호, 한국금융연구원, 2017, 5면.

4. 인슈어테크

인슈어테크(InsurTech)란 보험(Insurance)과 기술(Technology)의 합성어로, 상품개발, 계약 체결, 고객관리 등 보험업무의 다양한 분야에 신기술을 융합하여 제공하는 서비스를 의미한다. 보험회사가 웨어러블 디바이스 등을 통해 보험가입자의 운동 등 건강 관련 정보를 수집하여 보험료 할인 등을 지원하는 건강증진형 보험, 스마트폰 네비게이션 등을 통해 보험가입자의 운전습관 관련 정보를 수집하여 보험료를 할인하는 운전습관 연계 자동차보험 등이 이에 해당된다. 다양한 빅데이터 분석을 통해 고객에게 맞춤형 상품을 추천하거나 잠재 고객을 예측하여 마케팅을 할 수 있고, 계약 심사를 고도화하고 보험사기를 탐지하기도 하며, 보험금을 간편하게 청구할 수 있도록 보험금 간편청구서비스를 제공하거나, 인공지능 챗봇을 활용하여 고객상담 및 각종 단순업무에 활용하는 것이 이에 해당된다.

5. 로보어드바이저

로보어드바이저(Robo-Advisor)는 로봇(Robot)과 투자자문가(Advisor)의 합성어이며, 인공지능을 활용하여 투자자의 리스크 관련 성향, 목표수익률, 자금의 성격 등을 진단하는 투자조언서비스이다. 로보어드바이저는 알고리즘에 따라 자동으로 운영되기 때문에 상품 설계 시 인간의 판단과 개입을 최소화하므로, 수수료가 낮고 다양한 투자전략도 수립할 수 있는 장점을 갖는다. 로보어드바이저가 펀드재산을 직접 운용하는 것을 허용하고, 로보어드바이저 업체가 자산운용사 등으로부터 펀드·일임재산 운용업무를 위탁받는 것을 허용하는 등 각종 규제 완화에 힘입어 활성화되는 추세이다. 각 금융회사에 분산되어 있는 개인의 자산 관련 정보를 편리하게 파악할 수 있도록 금융자산 현황을 종합하여 제공하는 개인종합자산관리서비스도 확대되고 있다. 이는 온라인을 통해 개인의 각종 금융자산 현황과 더불어 지출관리, 맞춤형 금융상품 추천, 신용관리 등 다양한 자산관리서비스를 제공하는 것이며, 국내의 대표적인 서비스로 뱅크샐러드(앱), 카카오페이 등이 있다.

6. 마이데이터

마이데이터란 개인데이터를 생산하는 정보주체인 개인이 본인 데이터에 대한 권리를 가지고, 본인이 원하는 방식으로 관리하고 처리하는 패러다임이다.[42] 가령 고객이 마이데이터 앱을 통해 금융회사에게 필요한 정보항목을 마이데이터사업자에게 제공할 것을 요구하면, 금융회사는 고객의 정보를 마이데이터사업자에게 전달하고, 고객은 마이데이터사업자를 통하여 본인정보를 통합조회하게 된다. 이를 통해 은행, 보험회사, 신용카드사, 금융투자사 등 각 금융기관에 분산되어 있는 정보를 본인이 통합조회함으로써 개인의 현재 신용 및 재무현황하에서 이용가능한 금융상품 목록을 추천받는 등 재무컨설팅을 지원받을 수 있다. 마이데이터 정책은 사업자 관점에서 투명성, 신뢰성이 밑받침이 되고, 소비자 관점에서 통제성, 이익이 일정부분 보장된다는 점에서 기존 데이터 기반 금융정보제공서비스와 구별된다.

2020년 개정된 「신용정보의 이용 및 보호에 관한 법률」은 2022년 1월부터 전면적으로 시행되었는데, 개인신용정보전송요구권(데이터전송요구권)을 도입하고 본인신용정보관리업을 신설하여 인가받은 업자가 신용정보 통합조회서비스와 정보계좌 업무, 데이터 분석 및 컨설팅, 투자자문 및 일임, 금융상품 자문 업무 등을 수행할 수 있도록 하였다.

Ⅲ 핀테크 서비스의 확산과 금융소비자 보호의 필요성

핀테크가 발전하는 ICT기술에 민첩하게 대처함으로써 핀테크산업을 활성화하고 소비자의 이용편의성을 증대하기 위하여는 금융법상 각종 규제로부터 자유로워야 할 것이지만, 한편으로는 금융소비자 보호를 위한 적절한 보호방안이 관련 법령에 반영될 수 있어야 한다.

우선 간편결제 등 비대면거래를 기반으로 하고 간편한 절차만으로 서비스 이용이 가능하다는 특성상 보안문제에 취약할 수밖에 없다. 개인정보 유출로 인한

---

42) 노현주, "금융 마이데이터 도입 현황과 시사점", 「연구보고서」, 21-04, 보험연구원, 2021, 6면.

소비자피해 발생 가능성이 높아지고 있다. 본인확인 등의 절차를 간소화하는 핀테크 서비스의 장점을 악용한 부작용이 커질 수 있기 때문이다. 핀테크 기업이 적절한 보안 기준을 준수하지 않을 경우 전례 없는 규모의 개인정보나 데이터 탈취가 발생할 수 있다.[43] 특히 새로운 인증수단인 생체정보는 일반 패스워드와 달리 자유로운 갱신이나 변경이 불가능하므로 한 번 정보가 유출되면 지속적으로 악용될 수 있는 등 피해가 심각할 수 있다. 또한 소비자가 금융상품에 대해 잘못 이해함으로써 금융상품에 내재된 리스크를 이해하지 못해 손실을 입을 가능성이 있다. 이를 막기 위해 소비자에게 적절한 정보가 제공됨으로써 투자자로서 올바른 판단을 내릴 수 있어야 할 것이다.

---

43) 2021년 머지포인트 사태는 핀테크 서비스의 위법적인 운영이 이용자에게 발생시킬 수 있는 피해와 감독·규제의 필요성을 알려준 사건이었다. 머지포인트는 선불포인트 발행시 대규모 할인을 제공하여 이용자를 유치하였으며, 이에 따라 상당한 수준의 적자가 발생하고 있었으나 이를 신규 이용자의 예치금으로 충당하는 일종의 폰지 사기의 형태로 서비스를 운영하였다. 머지포인트는 전자금융거래법 상의 선불전자지급수단의 발행 및 관리업이 아닌 모바일 상품권 발행업으로 운영되어 금융감독원의 감독을 받지 않는 규제 사각지대에 놓여있었으며, 금융감독원이 뒤늦게 선불전자지급수단 사업자로 등록하도록 지시하였으나 이미 대규모의 이용자 피해가 발생한 이후여서 선불전자지급수단 사업자로의 등록은 실행되지 못했다. 2021년 8월 서비스 운영이 사실상 중단되기까지 1,000억 원 이상의 선불충전포인트가 발행된 것으로 조사되었으며, 이로 인해 5천여명의 피해자와 21억원의 피해금액이 발생하였다(이효섭 · 김동환, “빅테크 · 핀테크 확산에 따른 금융안정 및 소비자보호 제고 방안”, 「금융안정연구」, vol.24, no.2. 예금보험공사, 2023, 58－59면).

제7편

부당한 표시·광고

I 서설

소비자는 표시·광고를 통하여 제품에 대한 정보를 습득하고, 기업은 표시·광고를 통하여 기업의 제품 또는 용역을 홍보하게 된다. 표시·광고는 소비자의 선택에 결정적인 영향을 미치므로 소비자의 알권리 및 선택할 권리를 보장해주는 역할을 한다.

국가의 소비자 정책이 점차 소비자에게 유용한 정보를 충분히 제공하고 소비자로 하여금 스스로 합리적인 선택을 하도록 유도하는 방식으로 변화하고 있는 만큼 표시·광고의 중요성은 날로 커지고 있다.

그러나 만일 사업자가 유리한 정보는 과장하고 불리한 정보는 은폐 또는 축소하여 표시한다거나 타사와의 제품을 비방하거나 부당하게 비교하여 소비자에게 잘못된 인식을 심어줄 우려가 있다면 표시·광고에 대한 규제의 필요성이 대두된다.

표시·광고에 관한 규제는 이미 오래전부터 다양한 법률에서 다루어오고 있고, 지금도 여러 법률에 포함되어 있다. 표시·광고에 관한 일반법률로서의 규제 성격을 띠는 법률은 1981년 「독점규제 및 공정거래에 관한 법률」에서 불공정거래행위 중 하나로서 표시·광고규제를 한 것이 처음이다. 그러던 중 표시·광고의 규제가 경쟁법의 특성에 적합하지 않다는 이유로 1999년 「표시·광고의 공정화에 관한 법률」(이하 "표시광고법"이라 한다)이 제정되어 시행되어 오고 있다.[1]

이후 표시광고법은 부당한 표시·광고와 관련된 정보에 대한 소비자 및 사업자의 접근성을 높이고 소비자에게 유용한 정보의 제공을 촉진하기 위하여 다른 법령에서 표시·광고하도록 하고 있는 사항을 통합하여 공고하도록 하고, 부당한 표시·

1) 이은영(편), 앞의 책, 128－131면(신영수 집필부분).

광고 행위로 인한 손해 발생은 인정되나 손해액 입증이 곤란한 경우 법원이 상당 손해액을 인정할 수 있도록 하는 한편, 명백하지 않은 부당한 표시·광고 행위에 한하여 사업자가 스스로 시정방안을 제시하는 경우 실질적이고 신속한 소비자 피해구제를 위하여 동의의결 제도를 도입하는 등 소비자의 권익을 보호하기 위하여 지속적으로 표시광고법을 개정해왔다. 2024년에는 「추천·보증 등에 관한 표시·광고 심사지침」을 개정하여 블로그·인터넷카페 등 문자 중심 매체를 통해 추천·보증 등을 하는 경우 게시물의 제목 또는 첫 부분에 경제적 이해관계 표시문구를 공개하도록 하여 소비자들이 보다 쉽게 '광고'임을 알 수 있도록 함으로써 기만 광고로 인한 소비자 피해를 예방하고 있다.[2)]

「소비자기본법」에서는 국가로 하여금 소비자가 사업자와의 거래에 있어서 표시나 포장 등으로 인하여 물품등을 잘못 선택하거나 사용하지 아니하도록 물품등에 대하여 표시기준을 정하여야 하고, 물품등의 잘못된 소비 또는 과다한 소비로 인하여 발생할 수 있는 소비자의 생명·신체 또는 재산에 대한 위해를 방지하기 위하여 일정한 경우에는 광고의 내용 및 방법에 관한 기준을 정하도록 의무를 부여하고 있다(소비자기본법 제10조·제11조).

Ⅱ 표시·광고의 의의

1. 표시

"표시"란 사업자 또는 사업자단체(이하 "사업자등"이라 한다)가 상품 또는 용역(이하 "상품등"이라 한다)에 관한 ① 자기 또는 다른 사업자등에 관한 사항 또는 ② 자기 또는 다른 사업자등의 상품등의 내용, 거래 조건, 그 밖에 그 거래에 관한 사항을 소비자에게 알리기 위하여 상품의 용기·포장(첨부물과 내용물을 포함한다), 사업장 등의 게시물 또는 상품권·회원권·분양권 등 상품등에 관한 권리를 나타내는 증서에 쓰거나 붙인 문자·도형과 상품의 특성을 나타내는 용기·포장을 말한다(표시광고법 제2조 제1호).

---

2) 공정거래위원회, 앞의 책, 382면.

2. 광고

"광고"란 사업자등이 상품등에 관한 ① 자기 또는 다른 사업자등에 관한 사항 또는 ② 자기 또는 다른 사업자등의 상품등의 내용, 거래 조건, 그 밖에 그 거래에 관한 사항을 신문·인터넷신문, 정기간행물, 방송, 전기통신, 기타 전단·팸플릿·견본 또는 입장권, 인터넷 또는 PC통신, 포스터·간판·네온사인·애드벌룬 또는 전광판, 비디오물·음반·서적·간행물·영화 또는 연극, 자기 상품 외의 다른 상품, 그 밖에 위 매체 또는 수단과 유사한 매체 또는 수단으로 소비자에게 널리 알리거나 제시하는 것을 말한다(표시광고법 제2조 제2호).

> 표시·광고법 제2조 제2호는 '광고라 함은 사업자 등이 상품 등에 관한 제1호 각 목의 어느 하나에 해당하는 사항을 신문 등의 자유와 기능보장에 관한 법률 제2조 제1호의 규정에 의한 정기간행물, 동조 제5호의 규정에 의한 인터넷신문, 방송법 제2조 제1호의 규정에 의한 방송, 전기통신기본법 제2조 제1호의 규정에 의한 전기통신, 그 밖에 대통령령이 정하는 방법으로 소비자에게 널리 알리거나 제시하는 것을 말한다'고 규정하고 있고, 같은 법 제2조 제1호 (가)목은 '자기 또는 다른 사업자 등에 관한 사항'을, (나)목은 '자기 또는 다른 사업자 등의 상품 등의 내용·거래조건 기타 그 거래에 관한 사항'을 규정하고 있다.
> 그렇다면, 표시·광고법 제2조 제2호 소정의 광고는 '사업자 등이 상품 등에 관한 일정한 사항을 정기간행물 등의 매체를 통하여 소비자에게 널리 알리거나 제시하는 일체의 행위'를 가리키는 것이라고 할 수 있으므로 사업자 등이 인터넷 홈페이지를 통하여 표시·광고법 제2조 제2호가 정하고 있는 사항을 널리 알리거나 제시하는 행위를 하였다면 이는 광고에 해당한다고 할 것이다.
> 이 사건에 관하여 보건대, 원심이 인정한 사실관계 및 기록에 의하면, 이 사건 게시물이 비록 원고의 인터넷 홈페이지 초기 화면에 배치되어 있지 않고, 고객센터라는 상위항목 아래의 FAQ라는 웹페이지에 게시되었다고 하더라도, 그 내용이 대출신청을 하면 신용조회를 하는지, 이로 인한 불이익은 없는지에 관한 것으로 소비자들이 대부업자인 원고와 거래를 할 것인지 결정을 하는 데에 영향을 미치는 사항으로서 표시·광고법 제2조 제1호 (나)목 소정의 '기타 거래에 관한 사항'에 해당한다 할 것이고, 이 사건 게시물은 일반 소비자가 누구나 접근할 수 있는 원고의 인터넷 홈페이지에 게시

되어 있으며, 게시 경위도 소비자들이 원고에게 한 질문에 대해 개별적으로 답변한 것이 아니라 원고가 미리 일반 소비자들에게 알리고 싶은 내용을 선정하여 질문과 답변의 형식으로 게시해 놓은 것이라는 점에 비추어 보면, 원고가 '널리 소비자들에게 제시하거나 알리기 위하여' 게시해 놓은 것이라고 볼 수 있으므로 이 사건 게시물은 표시·광고법 제2조 제2호 소정의 광고에 해당한다고 봄이 타당하다. (대법원 2009. 5. 28. 선고 2009두843 판결)

Ⅲ 부당한 표시·광고행위의 금지

사업자등은 소비자를 속이거나 소비자로 하여금 잘못 알게 할 우려가 있는 표시·광고 행위로서 공정한 거래질서를 해칠 우려가 있는 ① 거짓·과장의 표시·광고, ② 기만적인 표시·광고, ③ 부당하게 비교하는 표시·광고, ④ 비방적인 표시·광고를 하거나 다른 사업자등으로 하여금 하게 하여서는 아니 된다(표시광고법 제3조 제1항).

1. 부당한 표시 · 광고행위의 성립요건

부당한 표시·광고가 성립하기 위하여는 우선 표시·광고의 내용이 허위 또는 거짓이어야 한다. 다음으로 해당 표시·광고가 소비자로 하여금 오인을 유발하게 하는 요소를 가지고 있어야 하며, 그러한 표시·광고가 공정한 거래질서를 해칠 우려도 있어야 한다.

(1) 표시 · 광고의 허위성

표시·광고가 허위 또는 거짓이라고 하기 위하여는, 해당 내용이 객관적 사실에 부합하지 않으면서 소비자의 구매의사결정에 실질적으로 영향을 미치는 정도에 이르는 상태를 의미한다.[3)]

그리고 허위의 표시·광고라고 하여 언제나 부당한 표시·광고가 되지는 않는다. 객관적 진실에는 부합되지 않는 허위의 표시·광고라 하더라도 누구나 허위라는 사실을 충분히 인지할 수 있다면 해당 표시·광고에 대한 소비자의 오인이 유발되기 어려우므로 사회관념상 허용된다고 볼 수 있다.[4)]

(2) 소비자 오인성

허위의 표시·광고로 인하여 소비자를 기만(deceiving)하거나 소비자로 하여금 잘못 알게 할(misleading) 우려, 즉 기만성 내지 오인유발성이 있을 것이 요구된다. 소비자를 기만하거나 소비자로 하여금 잘못 알게 할 우려만 있으면 설령 실제로 소비자를 기만하였거나 소비자가 오인하지 않았다 하더라도 법 위반이 될 수 있다. 그러나 사실이 아니라 하더라도 소비자가 오인할 가능성이 명백하게 없는 경우라면 위법하게 되지 않는다.[5)]

기만성은 사업자에게 소비자로 하여금 잘못된 믿음을 갖게 하려는 의도가 있었는지 여부에 관한 것이고 오인유발성은 사업자에게 그와 같은 의도가 있었는지 여부에 관한 것으로, 기만성은 사업자의 기만적 태도에 중점을 둔 개념이라면 오인유발성은 소비자의 인식에 주안점을 둔 요건이다.[6)]

소비자가 오인할 가능성이 있다고 할 때의 소비자는 보통의 주의력을 가진 일반 소비자가 당해 광고를 받아들이는 전체적인 인상을 기준으로 하여 객관적으로 판단한다.[7)]

(3) 공정거래저해성

부당한 표시·광고가 되기 위하여는 해당 표시·광고가 공정한 거래질서를 저해할 우려가 있을 것을 추가로 요구하고 있다. 공정한 거래질서의 확립은 표시·광고법이 목적으로 하고 있기도 하다(표시광고법 제1조).

---

3) 이은영(편), 앞의 책, 138면(신영수 집필부분).
4) 이은영(편), 앞의 책, 138면(신영수 집필부분).
5) 이은영(편), 앞의 책, 138－139면(신영수 집필부분).
6) 이은영(편), 앞의 책, 138－139면(신영수 집필부분).
7) 대법원 2010. 8. 26. 선고 2009다67979, 67986 판결 등.

따라서 경쟁자를 방해하거나 배제할 우려가 있는 등 시장의 경쟁질서를 왜곡시키는 경우는 물론, 그러한 경우뿐만 아니라 소비자의 합리적 선택을 방해하여 상품선택을 왜곡하여 자기와 거래하도록 만드는 행위도 공정한 거래질서를 해치는 행위로 볼 수 있다.[8)]

2. 부당한 표시 · 광고의 유형

(1) 거짓 · 과장의 표시 · 광고

사실과 다르게 표시·광고하거나 사실을 지나치게 부풀려 표시·광고하는 것을 말한다(표시광고법 제3조 제2항, 동법 시행령 제3조 제1항).

> 대규모 유통업자인 갑 주식회사가 전단 광고에 초콜릿 등 상품의 그림과 함께 '1+1'이라고 표기한 문양을 가격과 함께 표시하였는데, 공정거래위원회가 위 광고가 표시·광고의 공정화에 관한 법률(이하 '표시광고법'이라 한다) 제3조 제1항 제1호에서 정한 거짓·과장의 표시·광고행위에 해당한다는 이유로 갑 회사에 시정명령 및 과징금납부명령을 한 사안에서, 1+1 행사 광고를 전후로 비교하면 아무런 경제적 이익이 없거나 오히려 경제적으로 더 불리할 수 있음에도 갑 회사는 다른 상품과 대비하여 '1+1'을 강조하는 등의 방법으로 1+1 행사를 광고하면서, 동일한 상품의 1개당 판매가격을 광고 전 근접한 기간에 실제 판매했던 그 상품의 1개 판매가격과 같거나 그보다 높은 가격으로 '광고상 판매가격'을 표시한 것으로 볼 수 있고, 이는 표시광고법 제3조 제1항 제1호, 같은 법 시행령 제3조 제1항에서 금지하는 '사실과 다르게 광고하거나 사실을 지나치게 부풀려 광고함으로써 소비자를 속이거나 소비자로 하여금 잘못 알게 할 우려가 있는 것으로서 공정한 거래질서를 저해할 우려가 있는 광고'에 해당한다고 볼 여지가 상당한데도, 이와 달리 본 원심판단에 법리를 오해한 잘못이 있다고 한 사례. (대법원 2018. 7. 12. 선고 2017두60109 판결)

---

8) 이은영(편), 앞의 책, 140면(신영수 집필부분).

[1] 표시·광고의 공정화에 관한 법률(이하 '표시광고법'이라 한다)은 상품 또는 용역에 관한 표시·광고를 할 때 소비자를 속이거나 소비자로 하여금 잘못 알게 하는 부당한 표시·광고를 방지하고 소비자에게 바르고 유용한 정보의 제공을 촉진함으로써 공정한 거래질서를 확립하고 소비자를 보호하는 데 목적이 있다(제1조).

이에 따라 표시광고법 제3조 제1항 제1호, 표시·광고의 공정화에 관한 법률 시행령 제3조 제1항은 '거짓·과장의 광고'를 부당한 표시·광고의 한 유형으로 규정하고 있는데, 여기서 '거짓·과장의 광고'란 사실과 다르게 광고하거나 사실을 지나치게 부풀려 광고한 것을 의미한다. 한편 일반 소비자는 광고에서 직접적으로 표현된 문장, 단어, 디자인, 도안, 소리 또는 이들의 결합에 의하여 제시되는 표현뿐만 아니라 광고에서 간접적으로 암시하고 있는 사항, 관례적이고 통상적인 상황 등도 종합하여 전체적·궁극적 인상을 형성하게 된다. 따라서 광고가 소비자를 속이거나 소비자로 하여금 잘못 알게 할 우려가 있는지는 보통의 주의력을 가진 일반 소비자가 그 광고를 받아들이는 전체적·궁극적 인상을 기준으로 하여 객관적으로 판단해야 한다.

[2] 구 '부당한 표시·광고행위의 유형 및 기준 지정 고시'(2015. 10. 23. 공정거래위원회고시 제2015-15호로 개정되기 전의 것)는 'II. 3. 가격에 관한 표시·광고' 항목에서 '자기가 공급하는 상품을 할인 또는 가격인하하여 판매하고자 하는 경우에 허위의 종전거래가격을 자기의 판매가격과 비교하여 표시·광고하는 행위'를 부당한 표시·광고의 하나로 규정하면서[나. (1)항], 위 '종전거래가격'의 의미에 대하여 "당해 사업자가 당해 상품과 동일한 상품을 최근 상당기간(과거 20일 정도) 동안 판매하고 있던 사실이 있는 경우로서 그 기간 동안 당해 상품에 붙인 가격. 단, 위 기간 중 당해 상품의 실거래가격이 변동한 경우에는 변동된 가격 중 최저가격을 종전거래가격으로 봄"이라고 규정하고 있다.

위 고시는 부당한 표시·광고의 세부적인 유형 또는 기준을 예시적으로 규정한 것이므로, 어떤 사업자의 표시·광고 행위가 부당한 표시·광고 행위로서 표시·광고의 공정화에 관한 법률(이하 '표시광고법'이라 한다) 제3조를 위반한 것인지를 판단할 때 표시광고법 제3조 및 표시·광고의 공정화에 관한 법률 시행령 제3조의 규정에 따라 판단해야 하는 것이지, 공정거래위원회가 위 고시에서 예시한 내용에 해당되는지를 기준으로 판단해야 하는 것은 아니다.

> 다만 할인 또는 가격인하의 방법으로 자기가 공급하는 상품을 판매하기 위한 표시·광고가 부당한 표시·광고에 해당하는지는 사업자가 광고에 기재한 판매가격과 비교되는 종전거래가격을 거짓으로 표시하였는지를 기준으로 판단할 수밖에 없다. 이때 '종전거래가격'을 해석할 때에는 과거 20일 정도의 최근 상당기간 동안 최저가격으로 판매된 기간이 매우 짧거나 그 판매량이 미미하다는 등의 특별한 사정이 없는 한 위 고시의 규정 내용이 표시광고법 제3조 제1항 제1호에서 정한 '거짓·과장의 광고'에 해당하는지 여부를 판단하는 주요 기준이 된다.
>
> (중략)
>
> (1) 이 사건 제2-2 광고 중 [표1]의 순번 2, 3, 5, 6, 8, 10, 14 부분은 광고상 1+1 판매가격이 '광고 직전 판매가격'의 2배보다는 낮으나, '광고 전 20일 동안 최저 판매가격'의 2배와 같거나 그 2배보다 높다. 또한 위 부분 광고에 해당하는 상품들을 '광고 전 20일 동안 최저 판매가격'으로 판매한 기간이 매우 짧거나 그 판매량이 미미하다고 볼 만한 특별한 사정이 없다. 따라서 광고상 1+1 판매가격이 종전거래가격의 2배와 같거나 그 2배보다 높다고 볼 수 있으므로, 이 부분 광고가 있기 전과 비교하여 일반 소비자들이 얻을 수 있는 경제적 이익이 없다고 볼 수 있으므로, 이는 표시광고법 제3조 제1항 제1호에서 정한 '거짓·과장의 광고'에 해당한다고 볼 여지가 크다. (대법원 2022. 4. 28. 선고 2019두36001 판결)

(2) 기만적인 표시 · 광고

사실을 은폐하거나 축소하는 등의 방법으로 표시·광고하는 것을 말한다(표시광고법 제3조 제2항, 동법 시행령 제3조 제2항).

기만적인 표시·광고를 심사할 때에는 특정 정보가 은폐·누락·축소되었다는 사실만으로 곧바로 부당한 표시·광고에 해당하는 것이 아니라, ① 은폐·누락·축소한 사실이 소비자의 구매선택에 중요한 영향을 미치는 것인지, ② 은폐·누락·축소함으로써 광고내용의 전후 맥락과 광고 전체 내용상 보통의 주의력을 가진 일반 소비자가 사업자나 상품에 대하여 그릇된 정보나 사실과 다른 인식을 가질 우려가 있는지, ③ 이를 통해서 소비자의 합리적인 의사결정이 저해될 우려가 있는지 등을 종합적으로 고려하여 판단한다. 또한, 은폐·축소·누락한 사실이 소비자의 구매선택에 중요한 영향을 미칠 수 있는지 여부는 개별 표시·광고의 대상, 성격, 목적, 사용·이용방법 및 행태 등을 종합적으로 고려하여 판단한다.[9)]

기만적인 표시·광고행위는 ① 소비자의 구매선택에 있어 중요한 사항에 대하여 은폐 또는 누락하여 행하는 표시·광고행위와 ② 소비자의 구매선택에 있어 중요한 사항에 대하여 이를 축소하여 행하는 표시·광고행위로 나누어볼 수 있다. 기만적인 표시·광고는 거짓·과장의 표시·광고와 소비자에게 사실과 다른 인식을 갖게 한다는 점에서 공통되나, 그 방법 면에서 전자는 적극적으로 진실하지 않은 진술·표시 등을 통하여 소비자의 오해 또는 사실과 다른 인식을 직접 초래하는 것이고, 후자는 소극적으로 진실의 전부 또는 일부에 대하여 은폐, 누락하거나 또는 축소하는 방법으로 소비자의 오해 또는 사실과 다른 인식을 유도하는 것이라는 점에서 차이가 있다.[10)]

> 「표시·광고의 공정화에 관한 법률」(이하 '표시광고법'이라고 한다) 제3조 제1항 제2호, 「표시·광고의 공정화에 관한 법률 시행령」(이하 '표시광고법 시행령'이라고 한다) 제3조 제2항에 의하면, 기만적인 광고는 사실을 은폐하거나 축소하는 등의 방법으로 소비자를 속이거나 소비자로 하여금 잘못 알게 할 우려가 있는 광고행위로서 공정한 거래질서를 해칠 우려가 있는 광고를 말한다. 한편 일반 소비자는 광고에서 직접적으로 표현된 문장, 단어, 디자인, 도안, 소리 또는 이들의 결합에 의하여 제시되는 표현뿐만 아니라 거기에서 간접적으로 암시하고 있는 사항, 관례적이고 통상적인 상황 등도 종합하여 전체적·궁극적 인상을 형성하므로, 광고가 소비자를 속이거나 소비자로 하여금 잘못 알게 할 우려가 있는지는 보통의 주의력을 가진 일반 소비자가 그 광고를 받아들이는 전체적·궁극적 인상을 기준으로 하여 객관적으로 판단하여야 한다(대법원 2017. 4. 7. 선고 2016두61242 판결 등 참조). (대법원 2021. 3. 11. 선고 2019두60646 판결)

9) 「기만적인 표시·광고 심사지침」 Ⅳ.

10) 「기만적인 표시·광고 심사지침」 Ⅴ.

나. '거짓 · 과장'의 표시 · 광고에 해당하는지 여부(상고이유 제2, 3점)

(1) 원심은 적법하게 채택한 증거에 의하여, 다음과 같은 사실을 인정하였다.

(가) 원고 아우디폭스바겐코리아, 원고 폭스바겐은 이 사건 차량들 중 ○○○○ 브랜드 차종에 대해 원심판결 17쪽부터 27쪽 기재와 같이 '현재 지구에서 가장 깨끗한 디젤엔진은 자타가 공인하는 ○○○○의 엔진이다.', '20세기 자동차기술 발전을 이끌어온 ○○○○은 21세기 친환경 시대에도 단연 최강자다. ○○○○의 미래를 열어줄 비밀열쇠는 바로 TDI 엔진. 효율과 성능, 친환경성을 100% 충족시킨다.', '고연비 · 친환경 기술의 대명사가 된 TDI 엔진은 기존의 디젤엔진에 대한 인식을 바꿔놓았다. 또한 국내 수입디젤차에 대한 사람들의 인식을 바꾸는 데 혁혁한 공을 세웠다.' 등의 내용으로 광고하였다.

또한 원고 아우디폭스바겐코리아, 원고 아우디는 이 사건 차량들 중 △△△ 브랜드 차종에 대하여 원심판결 28쪽부터 30쪽 기재와 같이 '한층 더 엄격한 EU 5 규제가 적용될 것이다. … 그러나 △△△ 마니아들은 조금도 걱정할 필요가 없다. △△△는 100종이 넘는 광범위한 모델 레인지에서 이미 EU 5 규제를 충족하는 차량들을 판매하고 있기 때문이다.', '1989년 최초의 TDI 엔진 이후 오늘까지 △△△ 디젤엔진의 평균 출력은 두 배로 신장되었다. 같은 기간 동안 연소와 배기가스 처리의 최적화로 배기가스는 급격하게(거의 95%) 감소되었다.', '이처럼 향상된 출력이 더욱 놀라운 것은 향상된 성능과 반비례하는 것이 일반적이었던 연비와 친환경성까지 개선되었기 때문이다. TDI 모델은 강화된 유로 6 배기가스 기준을 충족하는 뛰어난 친환경성을 보여준다.' 등의 내용으로 광고하였다(이하 ○○○○ 브랜드 관련 광고와 △△△ 브랜드 관련 광고를 통틀어 '이 사건 각 광고'라 한다).

(나) 이 사건 차량들의 엔진전자제어장치에는 디젤차 배출가스 규제 기준인 이 사건 배출가스기준에 따라 실내 인증시험을 위해 차량에 주어지는 기본조건(NEDC 기본조건)을 인식하여 실내 인증시험 시에만 이 사건 배출가스기준을 충족할 수 있도록 배출가스 재순환장치의 작동률을 높게 하고, 그 이외의 경우에는 배출가스 재순환장치를 중단하거나 그 작동률을 낮게 하는 소프트웨어(이하 '이 사건 소프트웨어'라 한다)가 설치되어 있었다.

(2) 이러한 사실을 기초로, 원심은 이 사건 각 표시와 이 사건 각 광고(이하 '이 사건 각 표시 · 광고'라 한다) 중 아래와 같이 (가), (나) 부분은 표시광고법 제3조 제1항

제1호의 '거짓·과장'의 표시·광고에 해당한다고 판단하였다.

(가) 이 사건 배출가스기준을 충족한 것처럼 표시·광고한 부분

원심은 ① 이 사건 차량들은 위 기본조건하에서만 이 사건 배출가스기준을 예외적으로 충족할 뿐 그 밖의 경우에는 이 사건 배출가스기준을 충족하지 못하여 실질적으로는 이 사건 배출가스기준을 충족한다고 볼 수 없음에도, 이 사건 소프트웨어 설치를 통하여 이 사건 차량들에 대하여 대기환경보전법 등에 따른 배출가스 인증(이하 '이 사건 인증'이라 한다)을 받았던 점, ② 원고들은 이 사건 차량들에 이 사건 소프트웨어를 의도적으로 설치하거나 이 사건 소프트웨어 설치 사실을 알고 있었으므로, 이 사건 차량들이 실질적으로 이 사건 배출가스기준을 충족하지 못하였고 이 사건 인증이 취소될 가능성도 인지하고 있었다고 보이는 점 등의 사정을 들어, '이 사건 배출가스기준과 해당 차량이 대기환경보전법 등의 규정에 적합하게 제작되었다'는 내용의 이 사건 각 표시 및 '이 사건 배출가스기준 충족'을 내용으로 하는 이 사건 각 광고는 거짓·과장성이 있다고 판단하였다.

(나) '친환경성', '고연비성' 등을 내용으로 광고한 부분

원심은, ① 이 사건 각 광고는 이 사건 차량들이 이 사건 배출가스기준을 충족하였음을 근거로 이 사건 차량들이 '친환경적'이라고 광고한 것인데, 이 사건 차량들은 '친환경적'이라는 광고의 이유인 이 사건 배출가스기준을 충족하지 못하였던 점, ② 이 사건 각 광고는 이 사건 차량들이 이 사건 배출가스기준을 충족함과 동시에 '고연비'를 구현하였다는 의미로 보이는데, 이 사건 차량들은 '고연비'와 동시에 구비되어야 할 이 사건 배출가스기준 충족의 요건을 구비하지 못한 점 등의 사정을 들어, 이 사건 각 광고 중 '친환경성', '고연비성'과 관련된 부분도 거짓·과장성이 있다고 판단하였다.

(3) 이러한 원심판단은 앞에서 본 법리에 기초한 것으로서, 거기에 상고이유 주장과 같이 '거짓·과장'의 표시·광고에 관한 법리를 오해하여 필요한 심리를 다하지 않는 등의 잘못이 없다.

다. '기만적'인 표시·광고에 해당하는지 여부(상고이유 제4점 중 일부)

(1) 원심은, 이 사건 차량들이 실질적으로 이 사건 배출가스기준을 충족하지 못함에도 이 사건 소프트웨어 설치를 통하여 이 사건 인증을 받은 사실은 보통의 주의력을 가진 일반 소비자들의 구매선택 등에 중요한 영향을 미칠 수 있는 사항에 해당하므로, 이러한 사실을 은폐하고 이 사건 차량들이 대기환경보전법 등의 규정에 적

합하게 제작되었다거나 이 사건 배출가스기준을 충족한다는 내용인 이 사건 각 표시·광고는 표시광고법 제3조 제1항 제2호의 '기만적'인 표시·광고에 해당한다고 판단하였다.

(2) 이러한 원심판단은 앞에서 본 법리에 기초한 것으로서, 거기에 상고이유 주장과 같이 '기만적'인 표시·광고에 관한 법리를 오해하여 필요한 심리를 다하지 않는 등의 잘못이 없다.

라. 이 사건 각 표시·광고의 소비자오인성, 공정거래저해성 인정 여부(상고이유 제4점 중 일부)

(1) 원심은, 이 사건 각 표시·광고가 2008년부터 2015년 가을까지 장기간 동안 각종 매체와 인터넷 홈페이지 등을 통해 지속적, 반복적으로 이루어져 왔고, 소비자들의 대기환경에 대한 관심이 크게 증가하여 대기환경보전법 규정에 적합한 디젤차량인지 여부는 차량의 구매선택 등에도 일정 부분 영향을 미치는 것으로 보이는 점 등의 사정을 들어, 이 사건 각 표시·광고는 일반 소비자들로 하여금 이 사건 차량들이 이 사건 배출가스기준을 실질적으로 충족하고 대기환경보전법에 적합하게 제작된 차량으로 오인하게 할 우려가 있고, 이로 인하여 소비자들의 합리적인 선택을 방해하여 공정거래질서를 저해할 우려가 있는 행위에 해당한다고 판단하였다.

(2) 이러한 원심판단은 앞에서 본 법리에 기초한 것으로서, 거기에 상고이유 주장과 같이 '소비자 오인가능성 및 공정거래저해성'에 관한 법리를 오해하여 필요한 심리를 다하지 않는 등의 잘못이 없다. (대법원 2019. 10. 17. 선고 2019두31815 판결)

표시·광고의 공정화에 관한 법률(이하 '표시광고법'이라고 한다) 제3조 제1항 제2호, 표시·광고의 공정화에 관한 법률 시행령 제3조 제2항에 의하면, 기만적인 광고는 사실을 은폐하거나 축소하는 등의 방법으로 소비자를 속이거나 소비자로 하여금 잘못 알게 할 우려가 있는 광고행위로서 공정한 거래질서를 해칠 우려가 있는 광고를 말한다. 한편 일반 소비자는 광고에서 직접적으로 표현된 문장, 단어, 디자인, 도안, 소리 또는 이들의 결합에 의하여 제시되는 표현뿐만 아니라 거기에서 간접적으로 암시하고 있는 사항, 관례적이고 통상적인 상황 등도 종합하여 전체적·궁극적 인상을 형성하므로, 광고가 소비자를 속이거나 소비자로 하여금 잘못 알게 할 우려가 있는지는 보통의

> 주의력을 가진 일반 소비자가 그 광고를 받아들이는 전체적·궁극적 인상을 기준으로 하여 객관적으로 판단하여야 한다. 그리고 표시광고법이 부당한 광고행위를 금지하는 목적은 소비자에게 바르고 유용한 정보의 제공을 촉진하여 소비자로 하여금 올바른 상품 또는 용역의 선택과 합리적인 구매결정을 할 수 있도록 함으로써 공정한 거래질서를 확립하고 소비자를 보호하는 데 있으므로, '기만적인 광고'에 해당하는지는 광고 그 자체를 대상으로 판단하면 되고, 특별한 사정이 없는 한 광고가 이루어진 후 그와 관련된 상품이나 용역의 거래 과정에서 소비자가 알게 된 사정 등까지 고려하여야 하는 것은 아니다. (대법원 2017. 4. 7. 선고 2016두61242 판결)

(3) 부당하게 비교하는 표시·광고

비교 대상 및 기준을 분명하게 밝히지 아니하거나 객관적인 근거 없이 자기 또는 자기의 상품등을 다른 사업자등이나 다른 사업자등의 상품등과 비교하여 우량 또는 유리하다고 표시·광고하는 것을 말한다(표시광고법 제3조 제2항, 동법 시행령 제3조 제3항).

비교 표시·광고는 소비자에게 사업자나 상품에 관한 유용하고 정확한 정보제공을 목적으로 행하는 것이어야 하며, 소비자를 속이거나 소비자로 하여금 잘못 알게 할 우려가 없어야 하고, 그 비교대상 및 비교기준이 명확하여야 하며, 비교내용 및 비교방법이 적정하여야 하고, 법령에 의한 시험·조사기관이나 사업자와 독립적으로 경영되는 시험·조사기관에서 학술적 또는 산업계 등에서 일반적으로 인정된 방법 등 객관적이고 타당한 방법으로 실시한 시험·조사 결과에 의하여 실증된 사실에 근거하여야 한다.[11]

비교 표시·광고와 비방적인 표시·광고는 표시·광고의 내용이 다른 사업자 또는 다른 사업자의 상품과 비교하는 형식을 갖추고 있으나, 자기 또는 자기 상품의 우수성을 알리기 위하여 소비자에게 정보를 제공하는 것이라기보다는 다른 사업자 또는 다른 사업자의 상품에 관한 단점을 부각시킴으로써 다른 사업자 또는 다른 사업자의 상품이 실제보다 현저히 열등 또는 불리한 것처럼 소비자가 오인할 수 있도록 표시·광고하는 경우에는 이를 비방적인 표시·광고로 본다. 따라서, 비록

11) 「비교표시·광고에 관한 심사지침」 Ⅲ.

사실에 기초하여 비교하는 형식의 표시·광고라고 하여도 다른 사업자 또는 다른 사업자의 상품에 대한 중대한 이미지 훼손에 이르는 등 표시·광고의 전체 내용이 전달하는 바가 다른 사업자 또는 다른 사업자의 상품이 실제보다 현저히 열등 또는 불리한 것처럼 소비자가 오인할 수 있도록 한다면 이는 비방적인 표시·광고에 해당된다.[12]

(4) 비방적인 표시·광고

다른 사업자등 또는 다른 사업자등의 상품등에 관하여 객관적인 근거가 없는 내용으로 표시·광고하여 비방하거나 불리한 사실만을 표시·광고하여 비방하는 것을 말한다(표시광고법 제3조 제2항, 동법 시행령 제3조 제4항).

> [2] 구 표시·광고의 공정화에 관한 법률(2011. 9. 15. 법률 제11050호로 개정되기 전의 것) 제3조 제1항 제4호 및 같은 조 제2항의 위임에 따른 구 표시·광고의 공정화에 관한 법률 시행령(2012. 9. 5. 대통령령 제24081호로 개정되기 전의 것) 제3조 제4항에 의하여 금지되는 이른바 '비방적인 광고'는 다른 사업자 등 또는 다른 사업자 등의 상품 등에 관하여 객관적인 근거가 없는 내용으로 비방하거나 일부 불리한 사실만을 추출·왜곡하여 비방함으로써 공정한 거래질서를 저해할 우려가 있는 광고를 말한다.
>
> [3] 식품 또는 그와 직접 연관된 제품의 안전성 또는 인체에 대한 유해성과 관련하여 소비자들이 고도의 경각심을 갖고 그 위험을 미리 회피하기 위하여 최선의 노력을 다하는 것은 소비자들에게 주어진 정당한 선택의 권리에 속한다고 보아야 하는 점에 비추어, 어떠한 식품이나 그와 직접 연관된 제품의 인체 유해성에 관하여 어느 정도 객관적 근거를 갖춘 우려가 제기되어 현실적으로 논란이 되고 있다면, 그 유해성이나 유해 수준이 과학적으로 명백하게 입증되지는 않았다고 하더라도 경쟁 제품이 갖고 있는 위와 같은 유해의 가능성 또는 위험을 언급하거나 지적하는 내용의 광고에 대하여 함부로 공정한 거래질서를 저해할 우려가 있는 비방광고로서 금지하여야 한다고 단정할 것은 아니다. (대법원 2013. 3. 14. 선고 2011두7991 판결)

12) 「비교표시·광고에 관한 심사지침」 V.

SNS 기만광고

SNS 기만광고(일명 '뒷광고')란 추천·보증인이 광고주 등으로부터 경제적 대가를 받았음에도 그 사실을 명확하게 표시하지 않고 마치 본인이 직접 구매하여 경험한 것처럼 광고하는 행위를 말한다. 뒷광고는 표시광고법상 소비자를 기만하는 표시·광고에 해당하여 금지되며, 공정거래위원회의 「추천·보증 등에 관한 표시·광고 심사지침」에서는 추천·보증인과 광고주 사이의 '경제적 이해관계'를 명확하게 표시하도록 그 위치·내용·방식 등에 대하여 구체적으로 정하고 있다. 구체적으로는 광고주와 추천·보증인 사이의 경제적 이해관계를 표시하였는지 여부, 실제 사실에 부합하게 경제적 이해관계가 명확하게 표현되었는지(내용의 명확성) 여부, 표시의 위치·크기·색상 등 방식이 적절한지 여부(방식의 적절성) 등이 그것이다. 가령 유명인이 특정 상품을 사용해 본 경험적 사실에 근거하여 해당 상품을 추천·보증 등을 하는 내용이 표시·광고에 포함된 경우에는 동 유명인이 당해 상품을 실제로 사용해 보았어야 하고 그 내용도 경험적 사실에 부합하는 것이어야 한다. 전문가는 해당 내용에 대해 전문지식을 보유해야 하고 판단내용에 부합하여야 한다. 인스타그램 모바일 화면의 '더보기'란에 가려져 표시되어 있거나, 유튜브에서 경제적 이해관계를 미표시하는 경우, 블로그에서 작은 문자나 흐릿한 글씨로 작경하는 경우 등이 모두 SNS 기만광고에 해당될 가능성이 크다.

SNS 후기는 소비자의 상품구매 선택에 상당한 영향을 미친다는 점에서 소비자 혼란이 유발될 우려가 크고, SNS 뒷광고는 높은 광고 접근성과 저렴한 광고단가로 인해 손쉬운 광고가 가능하며, 영세사업자나 일반인의 참여비중이 높은 특징이 있다.

3. 시정조치

공정거래위원회는 사업자등이 부당한 표시·광고 행위를 하는 경우에는 그 사업자등에 대하여 그 시정을 위하여 해당 위반행위의 중지, 시정명령을 받은 사실의 공표, 정정광고, 그 밖에 위반행위의 시정을 위하여 필요한 조치를 명할 수 있다(표시광고법 제7조).

[1] 구 독점규제 및 공정거래에 관한 법률(2020. 5. 19. 법률 제17290호로 개정되기 전의 것) 제49조 제1항은 "공정거래위원회는 이 법의 규정에 위반한 혐의가 있다고 인정할 때에는 직권으로 필요한 조사를 할 수 있다."라고 정하고, 제2항은 "누구든지 이 법의 규정에 위반되는 사실이 있다고 인정할 때에는 그 사실을 공정거래위원회에 신고할 수 있다."라고 정하고 있으므로, 부칙(2012. 3. 21.) 제3조에서 말하는 '같은 조 제1항 또는 제2항에 따라 최초로 조사하는 사건'은 그 조사 이전에 위반행위가 있었음을 전제로 한다고 보아야 한다. 공정거래위원회가 위반행위에 대해서 조사를 착수하였더라도 조사 착수를 기준으로 종료되지 않고 그 후에도 계속된 위반행위에 대해서는, 조사 착수 시점을 기준으로 보면 조사 착수 시점 이후에 이루어진 위반행위 부분은 아직 현실적으로 존재하지 않았으므로 조사의 대상에 포함되었다고 볼 수 없다.

이러한 법규정의 문언과 위 부칙조항의 입법 취지에 비추어 보면, 공정거래위원회가 조사에 착수한 시점 전후에 걸쳐 위반행위가 계속된 때에는 그 위반행위가 종료된 시점에서야 비로소 '최초로 조사하는 사건'에 해당하므로, 이 경우 위 부칙조항에서 정하는 조사개시일은 '위반행위 종료일'로 봄이 타당하다.

[2] 구 표시·광고의 공정화에 관한 법률(2020. 12. 29. 법률 제17799호로 개정되기 전의 것, 이하 '구 표시광고법'이라 한다)은 상품 또는 용역에 관한 표시·광고를 할 때 소비자를 속이거나 소비자로 하여금 잘못 알게 하는 부당한 표시·광고를 방지하고 소비자에게 바르고 유용한 정보의 제공을 촉진함으로써 공정한 거래질서를 확립하고 소비자를 보호하는 데 목적이 있다.

구 표시광고법 제3조 제1항, 제2조 제1호의 내용, 제척기간 제도의 취지와 구 표시광고법의 목적 등을 고려하면, 사업자 또는 사업자단체(이하 '사업자 등'이라 한다)가 구 표시광고법 제3조 제1항을 위반하여 상품의 용기 등에 부당한 표시를 하였다면, 위와 같은 표시와 함께 해당 상품을 유통할 수 있는 상태가 계속되는 이상, 해당 상품을 수거하는 등 그 위반행위를 시정하기 위하여 필요한 조치가 완료될 때까지 부당한 표시행위로 인한 위법상태가 계속되고, 그러한 '위법상태가 종료된 때'를 '위반행위 종료일'로 보아야 한다. 위와 같은 조치가 인정되지 않는 이상, 사업자 등이나 그 대리인이 일정 시점에 이르러 더 이상 해당 상품을 직접 생산하거나 유통하지 않는다는 사정만으로 위반행위가 종료되었다고 볼 수 없다. (대법원 2022. 3. 17. 선고 2019두35978 판결)

4. 손해배상책임

사업자등은 부당한 표시·광고를 함으로써 피해를 입은 자가 있는 경우에는 그 피해자에 대하여 손해배상의 책임을 지고, 사업자등은 고의 또는 과실이 없음을 들어 그 피해자에 대한 책임을 면할 수 없다(표시광고법 제10조). 한편 부당한 표시·광고로 인하여 손해가 발생된 사실은 인정되나 그 손해액을 증명하는 것이 사안의 성질상 곤란한 경우, 법원은 변론 전체의 취지와 증거조사의 결과에 기초하여 상당한 손해액을 인정할 수 있다(표시광고법 제11조).

[1] 구 표시·광고의 공정화에 관한 법률(2011. 9. 15. 법률 제11050호로 개정되기 전의 것, 이하 '표시광고법'이라 한다)상 허위·과장광고로 인한 손해배상청구권은 불법행위에 기한 손해배상청구권의 성격을 가지는데, 계약상 지위의 양도에 의하여 계약당사자로서의 지위가 제3자에게 이전되는 경우 계약상 지위를 전제로 한 권리관계만이 이전될 뿐 불법행위에 기한 손해배상청구권은 별도의 채권양도절차 없이 제3자에게 당연히 이전되는 것이 아니므로, 표시광고법상 허위·과장광고로 인한 손해배상청구권을 가지고 있던 아파트 수분양자가 수분양자의 지위를 제3자에게 양도하였다는 사정만으로 양수인이 당연히 위 손해배상청구권을 행사할 수 있다고 볼 수는 없고, 다만 허위·과장광고를 그대로 믿고 허위·과장광고로 높아진 가격에 수분양자 지위를 양수하는 등으로 양수인이 수분양자 지위를 양도받으면서 허위·과장광고로 인한 손해를 입었다는 등의 특별한 사정이 있는 경우에만 양수인이 손해배상청구권을 행사할 수 있다.

[2] 아파트 분양과 관련된 구 표시·광고의 공정화에 관한 법률(2011. 9. 15. 법률 제11050호로 개정되기 전의 것)상 허위·과장광고로 인한 손해배상청구에서 손해는 수분양권의 실제 가격과 허위·과장광고가 없었을 경우 수분양권의 적정한 가격의 차액인데, 수분양자가 허위·과장광고로 인한 손해배상청구권을 보유하고 있던 중 분양계약이 해제로 소급하여 소멸하게 되면 해제의 효과로서 당시까지 납입하였던 분양대금에 대하여는 반환청구권을 가지게 되고 향후의 분양대금 지급채무는 소멸하게 되므로, 분양계약이 유효하게 존재함을 전제로 하는 차액 상당의 손해도 없어지게 된다. (대법원 2015. 7. 23. 선고 2012다15336, 15343, 15350, 15367, 15374, 15381, 15398, 15404 판결)

> 표시·광고의 공정화에 관한 법률(이하 '표시광고법'이라고 한다) 제3조 제1항 제1호, 같은 법 시행령 제3조 제1항에 의하면, 허위·과장의 광고는 사실과 다르게 광고하거나 사실을 지나치게 부풀려 광고하여 소비자를 속이거나 소비자로 하여금 잘못 알게 할 우려가 있는 광고행위로서 공정한 거래질서를 저해할 우려가 있는 광고를 말하고, 광고가 소비자를 속이거나 소비자로 하여금 잘못 알게 할 우려가 있는지는 보통의 주의력을 가진 일반 소비자가 당해 광고를 받아들이는 전체적·궁극적 인상을 기준으로 하여 객관적으로 판단하여야 한다(대법원 2010. 7. 22. 선고 2007다59066 판결 참조). 그리고 표시광고법 제3조 제1항 제1호, 제5조 제1항, 같은 법 시행령 제3조 제1항의 각 규정에 의하면, 표시·광고행위에 있어서 표시·광고행위를 한 사업자 등에게 표시·광고에서 주장하는 내용 중 사실과 관련한 사항이 진실임을 합리적·객관적 근거에 의하여 입증할 책임이 있으므로(대법원 2003. 3. 31. 자 2002마4109 결정 참조), 표시·광고에 소비자가 본인의 사용경험에 근거하여 당해 상품을 효능, 효과, 성능 등의 면에서 좋은 상품으로 평가·보증하거나 당해 상품의 구매·사용을 추천하는 내용이 포함되어 있고 그 내용이 추천자의 개인적 경험을 넘어 일반 소비자들에게도 가능한 사실로 받아들여지는 경우에는, 그 추천·보증의 내용이 추천자가 실제로 경험한 사실에 부합한다고 하더라도 추천자의 경험내용이나 판단내용이 일반 소비자들에게 보편적으로 발생하는 현상이 아니거나 학계 등 관련 전문분야에서 일반적으로 받아들여지고 있는 견해가 아니라면 표시·광고행위를 한 사업자가 그 소비자가 추천·보증하는 내용이 진실임을 입증할 책임이 있다. (대법원 2013. 9. 26. 선고 2011두7632 판결)

Ⅳ 표시·광고법상 제도

1. 중요정보의 고시

공정거래위원회는 상품등이나 거래 분야의 성질에 비추어 소비자 보호 또는 공정한 거래질서 유지를 위하여 필요한 사항으로서 ① 표시·광고를 하지 아니하여 소비자 피해가 자주 발생하는 사항이거나 ② 표시·광고를 하지 아니하면 i) 소비자가 상품등의 중대한 결함이나 기능상의 한계 등을 정확히 알지 못하여 구매

선택을 하는 데에 결정적인 영향을 미치게 되거나 ii) 소비자의 생명·신체 또는 재산에 위해(危害)를 끼칠 가능성이 있거나, iii) 그 밖에 소비자의 합리적인 선택을 현저히 그르칠 가능성이 있거나 공정한 거래질서를 현저히 해치는 경우가 생길 우려가 있는 사항인 경우에는 사업자등이 표시·광고에 포함하여야 하는 사항(이하 "중요정보"라 한다)과 표시·광고의 방법을 고시(인터넷 게재를 포함한다)할 수 있다. 다만, 다른 법령에서 표시·광고를 하도록 한 사항은 제외한다(표시광고법 제4조 제1항).

2. 표시·광고 내용의 실증제도

사업자등은 자기가 한 표시·광고 중 사실과 관련한 사항에 대하여는 실증(實證)할 수 있어야 한다(표시광고법 제5조 제1항). 따라서 공정거래위원회는 사업자등으로 하여금 실증이 필요하다고 인정되는 경우에는 그 내용을 구체적으로 밝혀 해당 사업자등에게 관련 자료를 제출하도록 요청할 수 있고, 이에 따라 실증자료 제출을 요청받은 사업자등은 요청받은 날부터 15일 이내에 그 실증자료를 공정거래위원회에 제출하여야 한다. 다만, 공정거래위원회는 정당한 사유가 있다고 인정하는 경우에는 그 제출기간을 연장할 수 있다. 공정거래위원회는 사업자등이 실증자료의 제출을 요구받고도 제출기간 내에 이를 제출하지 아니한 채 계속하여 표시·광고를 하는 경우에는 실증자료를 제출할 때까지 그 표시·광고 행위의 중지를 명할 수 있다(표시광고법 제5조 제2항·제3항·제5항).

공정거래위원회는 상품등에 관하여 소비자가 잘못 아는 것을 방지하거나 공정한 거래질서를 유지하기 위하여 필요하다고 인정하는 경우에는 그 자료가 사업자등의 영업상 비밀에 해당하여 공개하면 사업자등의 영업활동을 침해할 우려가 있는 경우가 아니라면 사업자등이 제출한 실증자료를 갖추어 두고 일반이 열람할 수 있게 하거나 그 밖의 적절한 방법으로 이를 공개할 수 있다(표시광고법 제5조 제4항).

3. 사업자단체의 표시·광고 제한행위의 금지

사업자단체는 법령에 따르지 아니하고는 그 사업자단체에 가입한 사업자에 대하여 표시·광고를 제한하는 행위를 하여서는 아니 된다. 다만, 공정거래위원회가 소비자의 이익을 보호하거나 공정한 거래질서를 유지하기 위하여 필요하다고 인정하는 경우에는 그러하지 아니하는데, 이때에는 공정거래위원회가 관계 행정기관의 장과 미리 협의하여야 한다(표시광고법 제6조 제1항·제2항).

공정거래위원회는 사업자단체가 그 사업자단체에 가입한 사업자에 대하여 표시·광고를 제한하는 행위를 하는 경우에는 해당 위반행위의 중지, 해당 위반행위를 정한 정관·규약 등의 변경, 그 밖에 위반행위의 시정을 위하여 필요한 조치를 명할 수 있다(표시광고법 제6조 제3항).

4. 동의의결

(1) 동의의결의 의의

동의의결(consent order)은 공정거래위원회의 조사를 받는 기업이 문제가 되는 행위의 시정방안을 자발적으로 마련하여 공정거래위원회에 제출하고 공정거래위원회가 타당성을 검토하여 공익에 부합하면 그 취지대로 내리는 의결을 말한다. 독점규제법에서는 2011년 이 제도를 도입하여 운영해오고 있다.[13] 부당한 표시·광고의 경우, 이로 인한 소비자 피해는 자주 발생하고 있으나 공정거래위원회의 시정조치만으로는 적절한 구제에 한계가 있고, 개인별 피해금액이 소액인 경우가 많아 피해자들이 보상을 받기 위한 소송을 포기하는 경우가 대부분이어서, 2014년 표시·광고법의 개정을 통하여 동의의결제를 도입하였다. 이로써 명백하지 않은 부당한 표시·광고행위의 경우, 사업자가 소비자들이 오인할 수 있는 내용의 광고를 스스로 정정하거나 타당한 시정방안을 제시한다면 해당 행위의 위법성 여부를 확인하지 않고 신속하게 종결할 수 있게 되었다. 이에 따라 실질적이고 신속한 소비자 피해구제를 도모하고, 기업 입장에서는 신속한 사건 종결을 통해 시간과 비용을 절감하고 기업이미지 실추를 방지할 수 있게 되었다.

---

13) 임영철·조성국, 공정거래법, 박영사, 2018, 361면.

(2) 표시 · 광고법상 동의의결

공정거래위원회의 조사나 심의를 받고 있는 사업자등(이하 "신청인"이라 한다)은 해당 조사나 심의의 대상이 되는 행위(이하 "해당 행위"라 한다)로 인한 소비자 오인상태의 자발적 해소 등 거래질서의 개선, 소비자 피해구제 등을 위하여 동의의결을 하여 줄 것을 공정거래위원회에 신청할 수 있다. 다만 ①「독점규제 및 공정거래에 관한 법률」 제71조 제2항에 따른 고발요건에 해당하는 경우이거나 ② 동의의결이 있기 전 신청인이 신청을 취소하는 경우에는 공정거래위원회는 동의의결을 하지 아니하고 이 법에 따른 심의 절차를 진행하여야 한다(표시광고법 제7조의2 제1항).

신청인이 ① 해당 행위를 특정할 수 있는 사실관계, ② 해당 행위의 중지, 소비자 오인상태의 해소 등 거래질서의 적극적 개선을 위하여 필요한 시정방안, ③ 소비자, 다른 사업자등의 피해를 구제하거나 예방하기 위하여 필요한 시정방안이 기재된 서면을 제출하여 동의의결을 하여줄 것을 신청하면, 공정거래위원회는 해당 행위의 사실관계에 대한 조사를 한다. 이후 시정방안이 ① 해당 행위가 이 법을 위반한 것으로 판단될 경우에 예상되는 시정조치, 그 밖의 제재와 균형을 이루고, ② 공정하고 자유로운 거래질서를 회복시키거나 소비자, 다른 사업자등을 보호하기에 적절하다고 인정될 경우에는 해당 행위 관련 심의 절차를 중단하고 시정방안과 같은 취지의 의결(이하 "동의의결"이라 한다)을 할 수 있다. 이 경우 신청인과의 협의를 거쳐 시정방안을 수정할 수 있다(표시광고법 제7조의2 제2항 · 제3항).

동의의결은 해당 행위가 표시·광고법에 위반된다고 인정한 것을 의미하는 것이 아니며, 누구든지 신청인이 동의의결을 받은 사실을 들어 해당 행위가 이 법에 위반된다고 주장할 수도 없다(표시광고법 제7조의2 제4항).

(3) 동의의결의 절차

공정거래위원회는 신속한 조치의 필요성, 소비자 피해의 직접 보상 필요성 등을 종합적으로 고려하여 동의의결 절차의 개시 여부를 결정하여야 한다. 이를 위하여 공정거래위원회는 동의의결을 하기 전에 30일 이상의 기간을 정하여 해당 행위의 개요, 관련 법령 조항, 시정방안, 해당 행위와 관련하여 신고인 등 이해관계인의 이해를 돕는 그 밖의 정보(사업상 또는 사생활의 비밀 보호나 그 밖에 공익상 공개하기에 적절하지 아니한 것은 제외한다)를 신고인 등 이해관계인에게 통지하거나, 관보 또는 공정거래위원회의 인터넷 홈페이지에 공고하는 등의 방법으로 의견을 제출할 기회를 주어야 한다(표시광고법 제7조의2 제5항, 독점규제 및 공정거래에 관한 법률 제90조).

① 동의의결의 기초가 된 시장상황 등 사실관계의 현저한 변경 등으로 인하여 시정방안이 적정하지 아니하게 된 경우, ② 신청인이 제공한 불완전하거나 부정확한 정보로 인하여 동의의결을 하게 되었거나, 신청인이 거짓 또는 그 밖의 부정한 방법으로 동의의결을 받은 경우, ③ 신청인이 정당한 이유 없이 동의의결을 이행하지 아니하는 경우에는 공정거래위원회가 동의의결을 취소할 수 있다(표시광고법 제7조의2 제5항, 독점규제 및 공정거래에 관한 법률 제91조).

(4) 이행강제금의 부과

정당한 이유 없이 상당한 기한 내에 동의의결을 이행하지 아니한 자에게 공정거래위원회는 동의의결이 이행되거나 취소되기 전까지 1일당 200만 원 이하의 이행강제금을 부과할 수 있다(표시광고법 제7조의5 제1항).

5. 임시중지명령

공정거래위원회는 표시·광고 행위가 ① 표시·광고법 제3조 제1항의 부당한 표시·광고에 해당된다고 명백하게 의심되고,[14] ② 그 표시·광고 행위로 인하여

---

14) 표시·광고법 시행령 제9조(임시중지명령의 요건 등) ① 법 제8조 제1항 제1호에 따른 표시·광고 행위가 법 제3조 제1항을 위반한다고 명백하게 의심되는 경우는 다음 각 호의 경우로 한다.

1. 법 제4조에 따라 공정거래위원회가 고시한 중요정보를 포함하지 아니하고 표시·광고 행위를 한 경우
2. 법 제5조 제3항에 따라 제출하여야 하는 실증자료를 제출하지 아니한 경우
3. 제3조 제5항에 따라 공정거래위원회가 정하여 고시한 부당한 표시·광고의 세부적인 유형 및 기준에 명백하게 해당한다고 판단되는 경우
4. 기존 판례나 심결례(審決例)에 비추어 부당한 표시·광고 유형과 동일하거나 상당히 유사하다고 명백하게 판단되는 경우

소비자나 경쟁사업자에게 회복하기 어려운 손해가 발생할 우려가 있어 이를 예방하기 위하여 긴급히 필요하다고 인정되는 경우[15]에는 사업자등에 대하여 그 표시·광고 행위를 일시 중지할 것을 명할 수 있다(표시광고법 제8조 제1항).

소비자단체나 방송통신심의위원회, 한국소비자원, 사단법인 한국신문윤리위원회 및 사단법인 한국광고자율심의기구, 그 밖에 사업자등이 한 표시·광고를 심의하기 위하여 다른 법령에 따라 설립된 기관 또는 단체는 사업자등의 표시·광고 행위가 위 ①과 ② 모두에 해당한다고 인정할 때에는 서면으로 공정거래위원회에 그 표시·광고 행위의 일시 중지를 명하도록 요청할 수 있다(표시광고법 제8조 제2항).

공정거래위원회의 임시명령에 불복하는 자는 그 명령을 받은 날부터 7일 이내에 공정거래위원회에 이의를 제기할 수 있고, 공정거래위원회는 이의제기를 받은 때에는 지체 없이 서울고등법원에 그 사실을 통보하여야 하며, 통보를 받은 서울고등법원은 「비송사건절차법」에 따라 재판을 한다(표시광고법 제8조 제3항·제4항).

원심판결 이유에 의하면, 원심은 준임상형 유방염에 걸린 젖소에서 채집하는 원유(원유) 속에 미량의 죽은 백혈구 등 염증성산물이 섞일 가능성은 있으나, 이는 일반 소비자가 인식하고 있거나 연상하는 누렇고 끈적끈적한 점액상태로서의 고름이 아닌 단순한 불순물에 지나지 않고, 임상형유방염에 걸린 젖소에서는 이러한 고름이 나올 수 있고 유가공업체에서 우유 등 유제품을 만드는데 쓰이는 원유에 실제로 그와 같은 고름이 섞일 가능성도 있으나, 원유 속에 고름이 섞인다고 하더라도 유가공업체에서 원유를 우유로 가공하는 과정에서 고름 속의 세균이 죽게 되고 고름의 상당한 구성 부분이 걸러지므로, 우유 속에 남는 것은 고름 찌꺼기의 일부일 뿐이지 고름 그 자체는 아님에도 불구하고, 원고 회사가 "우리 파스퇴르 우유는 고름우유를 절대 팔지 않습니다." "MBC에서 그렇지 않은 회사도 있다는 말은 바로 그런 뜻입니다." "파스퇴르의 오늘날

15) 표시·광고법 시행령 제9조(임시중지명령의 요건 등) ② 법 제8조 제1항 제2호에 따른 소비자나 경쟁사업자에게 회복하기 어려운 손해가 발생할 우려가 있는 경우는 다음 각 호의 경우로 한다.
1. 소비자의 생명·신체의 안전에 심각한 위해(危害)나 재산상 중대한 손해가 발생할 우려가 있는 경우
2. 경쟁사업자가 사업 자체를 계속할 수 없거나 중대한 경영상의 위기를 맞게 될 것으로 보이는 손해가 발생할 우려가 있는 경우

까지의 싸움은 이런 고름우유, 나쁜 우유를 만들지 말자는 싸움이었습니다."라고 광고한 것은 일반 소비자에게 원고 회사를 제외한 우유가공업체들이 시중에 판매하고 있는 우유 중에는 위와 같은 고름이 섞여 있는 우유도 있다는 인식이나 인상을 주기에 충분하므로 이는 '경쟁사업자의 상품에 관하여 사실을 과장하는 내용으로 광고하여 소비자를 오인시킬 우려가 있는 행위'로서 유가공업계의 공정한 거래를 저해할 우려가 있는 행위에 해당한다고 판단하고, 1993. 6.부터 국내의 모든 유가공업체가 세균수 검사에 따른 등급에 따라 원유대금을 차등하여 지불하고 있음에도 불구하고, 원고 회사가 한 이 사건 광고 내용 중 "세균수로 원유 값을 결정·지불하는 우유회사는 우리 파스퇴르회사 하나밖에 없습니다."라는 현재시제형 문장을 돋보기 형태 속에 넣어 강조하고 위 광고를 한 1995. 10. 27. 현재 다른 유가공업체들도 세균수에 따라 원유대금을 지불하고 있다는 사실에 관하여는 아무런 언급을 하지 아니한 것은, 비록 큰 활자로 "1988년 10월 1일자에 낸 고름우유에 대한 광고입니다."라고 하여 과거의 광고를 전제한 것임을 표시하고 있더라도, 위 광고를 보는 일반 소비자로 하여금 돋보기 형태 속에 강조되어진 현재시제형의 문장만을 보고 그 문장내용이 현시점에서의 사실을 알리는 것으로 오인하게 하거나 또는 위 각 문장을 함께 보고 1988. 10. 1.경부터 현시점까지의 사실을 알리는 것으로 오인하게 할 우려가 많다고 할 것이므로, 위 광고는 '자기 또는 경쟁사업자의 거래내용 및 상품의 품질에 관하여 소비자를 오인시킬 우려가 있는 광고행위'로서 유가공업계의 공정한 거래를 저해할 우려가 있는 행위에 해당한다고 판단하였다.

관계 법령 및 기록에 비추어 볼 때, 원심의 위와 같은 사실인정 및 판단은 정당하고, 거기에 상고이유로서 주장하는 바와 같은 채증법칙 위배로 인한 사실오인, 공정거래법 및 식품위생법 등에 관한 법리오해, 판결이유 불비 및 모순, 심리미진, 주장 및 입증책임 전도, 심리미진 등의 위법이 있다고 할 수 없다. 이 사건에서 고름의 의미와 고름우유의 의미에 대하여는 소비자의 상식적인 인식을 기준으로 판단하여야 할 것이지 원고가 주장하는 바와 같이 전문적·의학적인 관점에서 판단할 것은 아니다. 공정거래위원회의 불공정거래행위의 유형 및 기준에 관한 고시 제9조가 위임 입법의 한계를 벗어난 무효의 규정이라고 할 수 없다. (대법원 1998. 3. 27. 선고 96누5636 판결)

6. 과징금

공정거래위원회는 부당한 표시·광고 행위를 한 사업자등에 대하여는 관련매출액에 100분의 2를 곱한 금액을 초과하지 아니하는 범위에서 과징금을 부과할 수 있다. 다만, 그 위반행위를 한 자가 매출액이 없거나 매출액을 산정하기 곤란한 경우로서 대통령령으로 정하는 사업자등인 경우에는 5억원을 초과하지 아니하는 범위에서 과징금을 부과할 수 있다. 공정거래위원회는 사업자단체의 표시·광고 제한행위의 금지를 위반하여 사업자의 표시·광고 행위를 제한하는 행위를 한 사업자단체에 대하여는 5억원의 범위에서 과징금을 부과할 수 있다. 이때 공정거래위원회는 위반행위의 내용 및 정도, 위반행위의 기간 및 횟수, 위반행위로 인하여 취득한 이익의 규모, 사업자등이 소비자의 피해를 예방하거나 보상하기 위하여 기울인 노력의 정도를 고려하여야 한다(표시광고법 제9조 제1항 내지 제3항).

부당한 표시·광고 행위를 한 사업자인 법인이 합병을 하는 경우 그 법인이 한 위반행위는 합병 후 존속하는 법인이나 합병으로 설립된 법인이 한 행위로 보아 과징금을 부과·징수한다(표시광고법 제9조 제4항).

7. 비밀엄수의 의무

이 법에 따른 직무에 종사하거나 종사하였던 공정거래위원회의 위원, 공무원, 위반행위의 조사에 참여한 한국소비자원의 임직원 또는 그 직(職)에 있었던 사람은 직무상 알게 된 사업자등의 비밀을 누설하거나 이 법 시행을 위한 목적 외의 용도로 이용하여서는 아니 된다(표시광고법 제12조).

8. 표시·광고의 자율규약

사업자등은 부당한 표시·광고를 방지하기 위하여 자율적으로 표시·광고에 관한 규약이나 기준 등(이하 "자율규약"이라 한다)을 정할 수 있다. 자율규약은 부당한 표시·광고를 방지하기에 적합하여야 하며, 정당한 사유 없이 사업자등의 표시·광고 또는 소비자에 대한 정보 제공을 제한하여서는 아니 된다(표시광고법 제14조

제1항 · 제2항).

사업자등은 공정거래위원회에 자율규약이 법 제3조 제1항을 위반하는지에 대한 심사를 요청할 수 있고, 공정거래위원회는 제3항에 따른 자율규약의 심사를 요청받은 경우에는 요청을 받은 날부터 60일 이내에 심사 결과를 신청인에게 통보하여야 한다. 공정거래위원회는 자율규약이 부당한 표시 · 광고를 방지하기에 적합하지 않거나 정당한 사유 없이 사업자등의 표시 · 광고 또는 소비자에 대한 정보 제공을 제한하는 경우에는 사업자등에게 그 시정을 명할 수 있다(표시광고법 제14조 제3항 내지 제5항).

9. 표시 · 광고의 자율심의기구등

사업자등의 표시 · 광고가 부당한 표시 · 광고나 자율규약에 위반되는지 등을 심의하는 등 부당한 표시 · 광고를 방지하기 위한 조직(이하 “자율심의기구등”이라 한다)을 운영하는 자는 공정거래위원회에 신고할 수 있다. 자율심의기구등은 표시 · 광고를 심의할 때에 부당한 표시 · 광고나 자율규약에 따라 판단하여야 하며, 정당한 사유 없이 사업자등의 표시 · 광고 또는 소비자에 대한 정보 제공을 제한하여서는 아니 된다(표시광고법 제14조의2 제1항 · 제2항).

공정거래위원회는 자율심의기구등의 심의 내용이나 처리 결과 등이 제2항을 위반한 경우에는 그 시정을 요구할 수 있으며, 자율심의기구등은 특별한 사유가 없으면 시정 요구에 따라야 한다(표시광고법 제14조의2 제4항).

공정거래위원회는 표시 · 광고가 자율심의기구등의 심의 대상에 해당되는 것으로 판단하는 경우에는 자율심의기구등에 그 표시 · 광고의 심의를 요청할 수 있고, 이에 따라 공정거래위원회가 요청한 심의 대상 표시 · 광고를 심의하여 처리한 결과에 따라 사업자등이 부당한 표시 · 광고 행위를 시정한 경우에는 시정조치명령을 하지 아니한다. 다만, 사업자등이 자율심의기구등이 심의하여 처리한 결과에 따라 시정한 경우라도 이 법을 위반하는 행위를 반복하는 등 자율심의기구등의 시정만으로는 소비자나 경쟁사업자의 피해를 방지하기 곤란하다고 판단하는 경우에는 그러하지 아니하다(표시광고법 제14조의2 제5항 · 제6항).

V 벌칙

1. 벌칙

(1) 2년 이하의 징역 또는 1억5천만원 이하의 벌금

① 법 제3조 제1항을 위반하여 부당한 표시·광고 행위를 하거나 다른 사업자등으로 하여금 하게 한 사업자등, ② 법 제6조 제3항 또는 제7조 제1항에 따른 명령에 따르지 아니한 자는 2년 이하의 징역 또는 1억5천만원 이하의 벌금에 처한다(표시광고법 제17조).

(2) 2년 이하의 징역 또는 2천만원 이하의 벌금

법 제12조를 위반하여 직무상 알게 된 사업자등의 비밀을 누설하거나 이 법 시행을 위한 목적 외의 용도로 이용한 사람은 2년 이하의 징역 또는 2천만원 이하의 벌금에 처한다(표시광고법 제18조).

2. 양벌규정

법인(법인격 없는 단체를 포함한다)의 대표자나 법인 또는 개인의 대리인, 사용인, 그 밖의 종업원이 그 법인 또는 개인의 업무에 관하여 제17조의 벌칙조항 위반행위를 하면 그 행위자를 벌하는 외에 그 법인 또는 개인에게도 해당 조문의 벌금형을 과(科)한다. 다만, 법인 또는 개인이 그 위반행위를 방지하기 위하여 해당 업무에 관하여 상당한 주의와 감독을 게을리하지 아니한 경우에는 그러하지 아니하다(표시광고법 제19조).

3. 과태료

사업자등 또는 법인·사업자단체의 임원이나 종업원 그 밖의 이해관계인이 위반행위를 하는 경우 행위유형에 따라 과태료를 부과한다(표시광고법 제20조).

제8편

정보보호와 소비자

제 1 장

총설

I 정보보호의 중요성과 소비자 보호

정보통신기술의 발달은 시간적·공간적 한계를 극복하여 생활의 합리화·효율화를 가속화시키고 있고, 특히 인터넷의 발달은 소비자의 생활에 많은 변화를 일으키고 있다. 이러한 전자상거래나 금융거래 등에서 개인정보의 수집 및 활용은 필수적이고, 또한 기업의 입장에서도 개인정보의 재산적 가치를 높게 평가하고 있다. 이에 따라 개인정보의 수집 및 활용에 대한 문제가 제기된다.

정보사회의 고도화와 개인정보의 경제적 가치 증대로 사회 모든 영역에 걸쳐 개인정보의 수집과 이용이 보편화되고 있으므로, 이러한 상황에서 만일 누군가가 악의적인 목적으로 개인정보를 이용하거나 유출하게 되면 개인의 안전이나 재산에 큰 피해를 줄 수 있다. 실제로 개인정보의 유출·남용 등 개인정보 침해 사례가 심심치 않게 발생하고 있는바, 개인의 프라이버시 침해는 물론 명의도용, 전화사기 등 정신적·금전적 피해를 초래한다. 개인이 자기의 정보를 통제하고 보호하는 것은 이제 하나의 권리가 되었다.

한편 소비자는 전자상거래 등 각종 소비활동을 위하여는 어느 정도의 개인정보를 제공할 수밖에 없다. 사업자는 소비자의 거래상의 권익 보호를 위하여 개인정보를 포함한 거래기록을 보존할 의무가 있지만, 그 보존의 범위는 필요최소한에 머물러야 하고, 개인정보의 활용범위도 제한될 필요가 있다. 이런 의미에서 소비자 보호 관련 법률과 개인정보 보호관련 법률이 조화로운 관계를 형성할 필요가 있다.[1]

1) 이은영(편), 앞의 책, 213－214면(최경진 집필부분).

Ⅱ 정보보호법제의 체계

「개인정보보호법」은 개인정보의 처리 및 보호에 관한 사항을 정함으로써 개인의 자유와 권리를 보호하고, 나아가 개인의 존엄과 가치를 구현하기 위하여, 2011년 제정되어 시행되어 오고 있다(개인정보보호법 제1조). 동법이 제정되기 이전에는 각 분야별로 개별적인 개인정보 보호규정들이 존재할 뿐이었으나, 이 법의 제정으로 인하여 개인정보에 관한 법률들을 모두 아우르는 개인정보에 관한 일반법으로 자리잡게 되었다. 「신용정보의 이용 및 보호에 관한 법률」(이하 "신용정보법"이라 한다)은 금융거래 등 상거래에 있어서 소비자의 신용을 판단할 때 필요한 각종 신용정보의 오용·남용으로부터 사생활의 비밀 등을 보호하기 위한 내용으로 구성되어 있다. 「위치정보의 보호 및 이용 등에 관한 법률」(이하 "위치정보법"이라 한다)은 위치정보의 유출·오용 및 남용으로부터 사생활의 비밀 등을 보호하기 위한 법률이다. 이 외에도 「소비자기본법」이나 「전자문서 및 전자거래 기본법」에도 개인정보 보호와 관련된 내용이 규정되어 있다.

구 「정보통신망 이용촉진 및 정보보호 등에 관한 법률」(이하 "정보통신망법"이라 한다)에서는 정보통신망 이용자의 개인정보 수집·이용 및 제공, 관리 및 파기에 대한 내용도 포함하고 있었으나, 2020년 법 개정에 따라 동법에서 규정하고 있던 위 내용은 개인정보보호법으로 이관되어 통합관리되고 있다. 데이터를 핵심자원으로 하는 4차 산업혁명 시대에서는 개인정보 보호와 활용이 조화되어야 한다는 지적에 따른 것이다. 이에 따라 현행 정보통신망법에서는 정보통신망에서의 이용자 보호 및 정보통신망의 안전성 확보 등 정보통신망을 건전하고 안전하게 이용할 수 있는 환경 조성에 대한 내용이 주를 이루고 있다.

이하에서는 이 중 개인정보보호법의 내용을 중심으로 살펴보고자 한다.

제 2 장

개인정보보호법

개인정보보호법은 개인정보의 처리 및 보호에 관한 사항을 정함으로써 개인의 자유와 권리를 보호하고, 나아가 개인의 존엄과 가치를 구현함을 목적으로 하는바(개인정보보호법 제1조), 개인정보 보호위원회를 설치하고 개인정보 보호정책을 수립할 것을 규정하였으며, 개인정보의 수집·이용·제공 등 개인정보의 처리방법 및 절차에 대하여 규정하고, 민감정보와 고유식별정보, 가명정보 등과 같은 일정한 정보에 관하여는 정보처리에 제한을 두고 있다. 개인정보의 안전한 관리를 위하여 개인정보처리자 및 공공기관의 장 등에게 일정한 의무를 부여하고, 정보주체의 권리를 보장하고 있다. 한편, 개인정보 침해로 인한 분쟁을 해결하기 위하여 개인정보 분쟁조정위원회의 설치 및 운영에 관한 사항과 개인정보 단체소송에 대한 사항도 규정하고 있다.

4차 산업혁명 시대를 맞아 인공지능, 클라우드, 사물인터넷 등 신기술을 활용한 데이터 이용을 위하여 2020년 개정된 개인정보보호법에서는 정보주체의 동의 없이 과학적 연구, 통계작성, 공익적 기록보존 등의 목적으로 가명정보를 이용할 수 있는 근거를 마련하고, 개인정보처리자의 책임성 강화 등 개인정보를 안전하게 보호하기 위한 제도적 장치를 마련하는 한편, 개인정보의 오용·남용 및 유출 등을 감독할 감독기구는 개인정보 보호위원회로, 기존 정보통신망법상의 개인정보 보호 관련 규정은 이 법으로 일원화하였다.

2023년 개정된 개인정보보호법에서는 정보주체가 인공지능 기술을 적용한 시스템을 포함하는 자동화된 시스템으로 개인정보를 처리하여 이루어지는 결정이 자신의 권리 또는 의무에 중대한 영향을 미치는 경우에는 해당 결정을 거부하거나 해당 결정에 대한 설명 등을 요구할 수 있도록 하고, 정보주체가 개인정보처리자에게 그가 처리하는 자신의 개인정보를 정보주체 본인, 개인정보관리 전문기관 또는 안전조치의무를 이행하고 일정한 기준을 충족하는 자에게 전송할 것을 요구할 수 있도록 하는 등 정보주체의 개인정보에 대한 통제권을 강화하였다. 또한 CCTV와 같은 고정형 영상정보처리기기 외에 드론, 자율주행 자동차 등을 이용한 이동형 영상정보처리기기의 사용이 증가함에 따라 이동형 영상정보처리기기의 운영기준을 마련하였다.

I 개인정보보호법상 주요개념

1. 개인정보

"개인정보"란 살아 있는 개인에 관한 정보로서 ① 성명, 주민등록번호 및 영상 등을 통하여 개인을 알아볼 수 있는 정보이거나, ② 해당 정보만으로는 특정 개인을 알아볼 수 없더라도 다른 정보와 쉽게 결합하여 알아볼 수 있는 정보(이 경우 쉽게 결합할 수 있는지 여부는 다른 정보의 입수 가능성 등 개인을 알아보는 데 소요되는 시간, 비용, 기술 등을 합리적으로 고려하여야 한다), ③ ① 또는 ②를 가명처리함으로써 원래의 상태로 복원하기 위한 추가 정보의 사용·결합 없이는 특정 개인을 알아볼 수 없는 정보(이하 "가명정보"라 한다) 중 어느 하나에 해당하는 정보를 말한다(개인정보보호법 제2조 제1호).

또 "가명처리"란 개인정보의 일부를 삭제하거나 일부 또는 전부를 대체하는 등의 방법으로 추가 정보가 없이는 특정 개인을 알아볼 수 없도록 처리하는 것을 말한다(개인정보보호법 제2조 제1호의2).

2. 처리

"처리"란 개인정보의 수집, 생성, 연계, 연동, 기록, 저장, 보유, 가공, 편집, 검색, 출력, 정정(訂正), 복구, 이용, 제공, 공개, 파기(破棄), 그 밖에 이와 유사한 행위를 말한다(개인정보보호법 제2조 제2호).

3. 정보주체

"정보주체"란 처리되는 정보에 의하여 알아볼 수 있는 사람으로서 그 정보의 주체가 되는 사람을 말한다(개인정보보호법 제2조 제3호).

4. 개인정보파일

"개인정보파일"이란 개인정보를 쉽게 검색할 수 있도록 일정한 규칙에 따라 체계적으로 배열하거나 구성한 개인정보의 집합물(集合物)을 말한다(개인정보보호법 제2조 제4호).

5. 개인정보처리자

"개인정보처리자"란 업무를 목적으로 개인정보파일을 운용하기 위하여 스스로 또는 다른 사람을 통하여 개인정보를 처리하는 공공기관, 법인, 단체 및 개인 등을 말한다(개인정보보호법 제2조 제5호).

6. 고정형 영상정보처리기기

일정한 공간에 설치되어 지속적 또는 주기적으로 사람 또는 사물의 영상 등을 촬영하거나 이를 유·무선망을 통하여 전송하는 장치로서 대통령령으로 정하는 폐쇄회로 텔레비전과 네트워크 카메라를 말한다(개인정보보호법 제2조 제7호, 동법 시행령 제3조 제1항).

7. 이동형 영상정보처리기기

사람이 신체에 착용 또는 휴대하거나 이동 가능한 물체에 부착 또는 거치(据置)하여 사람 또는 사물의 영상 등을 촬영하거나 이를 유·무선망을 통하여 전송하는 장치로서 대통령령으로 정하는 착용형 장치, 휴대형 장치, 부착·거치형 장치를 말한다(개인정보보호법 제2조 제7의2호, 동법 시행령 제3조 제2항).

Ⅱ 개인정보 보호원칙 및 정보주체의 권리 등

1. 개인정보 보호원칙

개인정보보호법은 개인정보 보호를 위한 일반법으로서 개인정보 보호에 관한 기본적인 원칙을 천명하고 있다. 개인정보처리자는 ① 개인정보의 처리 목적을 명확하게 하여야 하고 그 목적에 필요한 범위에서 최소한의 개인정보만을 적법하고 정당하게 수집하여야 하고, ② 개인정보의 처리 목적에 필요한 범위에서 적합하게 개인정보를 처리하여야 하며, 그 목적 외의 용도로 활용하여서는 아니 되고, ③ 개인정보의 처리 목적에 필요한 범위에서 개인정보의 정확성, 완전성 및 최신성이 보장되도록 하여야 하며, ④ 개인정보의 처리 방법 및 종류 등에 따라 정보주체의 권리가 침해받을 가능성과 그 위험 정도를 고려하여 개인정보를 안전하게 관리하여야 한다. 또 ⑤ 개인정보 처리방침 등 개인정보의 처리에 관한 사항을 공개하여야 하며, 열람청구권 등 정보주체의 권리를 보장하여야 한다. ⑥ 정보주체의 사생활 침해를 최소화하는 방법으로 개인정보를 처리하여야 하며, ⑦ 개인정보를 익명 또는 가명으로 처리하여도 개인정보 수집목적을 달성할 수 있는 경우 익명처리가 가능한 경우에는 익명에 의하여, 익명처리로 목적을 달성할 수 없는 경우에는 가명에 의하여 처리될 수 있도록 하여야 하고, ⑧ 이 법 및 관계 법령에서 규정하고 있는 책임과 의무를 준수하고 실천함으로써 정보주체의 신뢰를 얻기 위하여 노력하여야 한다(개인정보보호법 제3조).

2. 정보주체의 권리

정보주체는 자신의 개인정보 처리와 관련하여 권리를 가지는 바, ① 개인정보의 처리에 관한 정보를 제공받을 권리, ② 개인정보의 처리에 관한 동의 여부, 동의 범위 등을 선택하고 결정할 권리, ③ 개인정보의 처리 여부를 확인하고 개인정보에 대한 열람(사본의 발급을 포함한다) 및 전송을 요구할 권리, ④ 개인정보의 처리 정지, 정정·삭제 및 파기를 요구할 권리, ⑤ 개인정보의 처리로 인하여 발생한 피해를 신속하고 공정한 절차에 따라 구제받을 권리, ⑥ 완전히 자동화된 개인정보 처리에 따른 결정을 거부하거나 그에 대한 설명 등을 요구할 권리가 그것이다(개인정보보호법 제4조).

3. 국가등의 책무

국가와 지방자치단체는 개인정보의 목적 외 수집, 오용·남용 및 무분별한 감시·추적 등에 따른 폐해를 방지하여 인간의 존엄과 개인의 사생활 보호를 도모하기 위한 시책을 강구하여야 하고, 정보주체의 권리를 보호하기 위하여 법령의 개선 등 필요한 시책을 마련하여야 한다(개인정보보호법 제5조 제1항·제2항).

또한 국가와 지방자치단체는 개인정보의 처리에 관한 불합리한 사회적 관행을 개선하기 위하여 개인정보처리자의 자율적인 개인정보 보호활동을 존중하고 촉진·지원하여야 하고, 개인정보의 처리에 관한 법령 또는 조례를 적용할 때에는 정보주체의 권리가 보장될 수 있도록 개인정보 보호 원칙에 맞게 적용하여야 한다(개인정보보호법 제5조 제4항·제5항).

한편 2023년 개정법에서는 국가와 지방자치단체에게 만 14세 미만 아동이 개인정보 처리가 미치는 영향과 정보주체의 권리 등을 명확하게 알 수 있도록 만 14세 미만 아동의 개인정보 보호에 필요한 시책을 마련하여야 하는 의무를 신설하였다(개인정보보호법 제5조 제3항).

4. 다른 법률과의 관계

개인정보의 처리 및 보호에 관하여 다른 법률에 특별한 규정이 있는 경우를 제외하고는 이 법에서 정하는 바에 따르며, 개인정보의 처리 및 보호에 관한 다른 법률을 제정하거나 개정하는 경우에는 이 법의 목적과 원칙에 맞도록 하여야 한다(개인정보보호법 제6조).

Ⅲ 개인정보의 처리

1. 개인정보의 수집 · 이용 · 제공 등

(1) 개인정보의 수집 · 이용 및 수집제한

개인정보처리자는 ① 정보주체의 동의를 받은 경우이거나 ② 법률에 특별한 규정이 있거나 법령상 의무를 준수하기 위하여 불가피한 경우, ③ 공공기관이 법령 등에서 정하는 소관 업무의 수행을 위하여 불가피한 경우, ④ 정보주체와 체결한 계약을 이행하거나 계약을 체결하는 과정에서 정보주체의 요청에 따른 조치를 이행하기 위하여 필요한 경우, ⑤ 명백히 정보주체 또는 제3자의 급박한 생명, 신체, 재산의 이익을 위하여 필요하다고 인정되는 경우, 또는 ⑥ 개인정보처리자의 정당한 이익을 달성하기 위하여 필요한 경우로서 명백하게 정보주체의 권리보다 우선하는 경우(이 경우 개인정보처리자의 정당한 이익과 상당한 관련이 있고 합리적인 범위를 초과하지 아니하는 경우에 한한다), ⑦ 공중위생 등 공공의 안전과 안녕을 위하여 긴급히 필요한 경우에는 개인정보를 수집할 수 있으며 그 수집 목적의 범위에서 이용할 수 있다(개인정보보호법 제15조 제1항).

개인정보처리자가 개인정보 수집을 위하여 위 ①에 따라 정보주체의 동의를 받을 때에는 i) 개인정보의 수집 · 이용 목적, ii) 수집하려는 개인정보의 항목, iii) 개인정보의 보유 및 이용 기간, iv) 동의를 거부할 권리가 있다는 사실 및 동의 거부에 따른 불이익이 있는 경우에는 그 불이익의 내용을 정보주체에게 알려야 하고, 이 i) 내지 iv)의 사항 중 어느 하나의 사항을 변경하는 경우에도 이를 알리고 동의를 받아야 한다(개인정보보호법 제15조 제2항).

개인정보처리자는 당초 수집 목적과 합리적으로 관련된 범위에서 정보주체에게 불이익이 발생하는지 여부, 가명처리 또는 암호화 등 안전성 확보에 필요한 조치를 하였는지 여부, 개인정보를 수집한 정황 또는 처리 관행에 비추어 볼 때 개인정보의 추가적인 이용 또는 제공에 대한 예측 가능성이 있는지 여부 등을 고려하여 정보주체의 동의 없이 개인정보를 이용할 수 있다(개인정보보호법 제15조 제3항).

개인정보처리자는 위 ① 내지 ⑦ 중 어느 하나에 해당하여 개인정보를 수집하는 경우에도 그 목적에 필요한 최소한의 개인정보를 수집하여야 하고, 이 경우 최소한의 개인정보 수집이라는 입증책임은 개인정보처리자가 부담한다. 또한 개인정보처리자는 정보주체의 동의를 받아 개인정보를 수집하는 경우 필요한 최소한의 정보 외의 개인정보 수집에는 동의하지 아니할 수 있다는 사실을 구체적으로 알리고 개인정보를 수집하여야 하고, 정보주체가 필요한 최소한의 정보 외의 개인정보 수집에 동의하지 아니한다는 이유로 정보주체에게 재화 또는 서비스의 제공을 거부하여서는 아니 된다(개인정보보호법 제16조).

(2) 개인정보의 제3자 제공

개인정보처리자는 ① 정보주체의 동의를 받은 경우이거나, ② 개인정보보호법 제15조 제1항 제2호·제3호 및 제5호부터 제7호까지에 따라 개인정보를 수집한 목적 범위에서 개인정보를 제공하는 경우에는 정보주체의 개인정보를 제3자에게 제공(공유를 포함한다)할 수 있다(개인정보보호법 제17조 제1항).

개인정보처리자는 ①에 따라 정보주체의 동의를 받은 경우에는 i) 개인정보를 제공받는 자, ii) 개인정보를 제공받는 자의 개인정보 이용 목적, iii) 제공하는 개인정보의 항목, iv) 개인정보를 제공받는 자의 개인정보 보유 및 이용 기간, v) 동의를 거부할 권리가 있다는 사실 및 동의 거부에 따른 불이익이 있는 경우에는 그 불이익의 내용을 정보주체에게 알려야 한다. 위 i) 내지 v) 중 어느 하나의 사항을 변경하는 경우에도 이를 알리고 동의를 받아야 한다(개인정보보호법 제17조 제2항).

개인정보처리자는 개인정보의 수집·이용의 경우와 마찬가지로 당초 수집 목적과 합리적으로 관련된 범위에서 정보주체에게 불이익이 발생하는지 여부, 가명처리 또는 암호화 등 안전성 확보에 필요한 조치를 하였는지 여부, 개인정보를 수집한 정황 또는 처리 관행에 비추어 볼 때 개인정보의 추가적인 이용 또는 제공에 대한 예측 가능성이 있는지 여부 등을 고려하여 정보주체의 동의 없이 개인정보를 이용할 수 있다(개인정보보호법 제17조 제4항).

[1] 개인정보자기결정권의 법적 성질, 개인정보 보호법의 입법 목적, 개인정보 보호법상 개인정보 보호 원칙 및 개인정보처리자가 개인정보를 처리함에 있어서 준수하여야 할 의무의 내용 등을 고려하여 볼 때, 개인정보 보호법 제72조 제2호에 규정된 '거짓이나 그 밖의 부정한 수단이나 방법'이란 개인정보를 취득하거나 또는 그 처리에 관한 동의를 받기 위하여 사용하는 위계 기타 사회통념상 부정한 방법이라고 인정되는 것으로서 개인정보 취득 또는 그 처리에 동의할지에 관한 정보주체의 의사결정에 영향을 미칠 수 있는 적극적 또는 소극적 행위를 뜻한다. 그리고 거짓이나 그 밖의 부정한 수단이나 방법으로 개인정보를 취득하거나 그 처리에 관한 동의를 받았는지를 판단할 때에는 개인정보처리자가 그에 관한 동의를 받는 행위 자체만을 분리하여 개별적으로 판단하여서는 안 되고, 개인정보처리자가 개인정보를 취득하거나 처리에 관한 동의를 받게 된 전 과정을 살펴보아 거기에서 드러난 개인정보 수집 등의 동기와 목적, 수집 목적과 수집 대상인 개인정보의 관련성, 수집 등을 위하여 사용한 구체적인 방법, 개인정보 보호법 등 관련 법령을 준수하였는지 및 취득한 개인정보의 내용과 규모, 특히 민감정보 · 고유식별정보 등의 포함 여부 등을 종합적으로 고려하여 사회통념에 따라 판단하여야 한다.

[2] 개인정보 보호법 제17조 제1항 제1호, 제26조, 제71조 제1호, 정보통신망 이용촉진 및 정보보호 등에 관한 법률(이하 '정보통신망법'이라고 한다) 제24조의2 제1항, 제25조, 제71조 제3호의 문언 및 취지에 비추어 보면, 개인정보 보호법 제17조와 정보통신망법 제24조의2에서 말하는 개인정보의 '제3자 제공'은 본래의 개인정보 수집 · 이용 목적의 범위를 넘어 정보를 제공받는 자의 업무처리와 이익을 위하여 개인정보가 이전되는 경우인 반면, 개인정보 보호법 제26조와 정보통신망법 제25조에서 말하는 개인정보의 '처리위탁'은 본래의 개인정보 수집 · 이용 목적과 관련된 위탁자 본인의 업무 처리와 이익을 위하여 개인정보가 이전되는 경우를 의미한다. 개인정보 처리위탁에 있어 수탁자는 위탁자로부터 위탁사무 처리에 따른 대가를 지급받는 것 외에는 개인정보 처리에 관하여 독자적인 이익을 가지지 않고, 정보제공자의 관리 · 감독 아래 위탁받은 범위 내에서만 개인정보를 처리하게 되므로, 개인정보 보호법 제17조와 정보통신망법 제24조의2에 정한 '제3자'에 해당하지 않는다.

한편 어떠한 행위가 개인정보의 제공인지 아니면 처리위탁인지는 개인정보의 취득 목적과 방법, 대가 수수 여부, 수탁자에 대한 실질적인 관리 · 감독 여부, 정보주체 또는 이용자의 개인정보 보호 필요성에 미치는 영향 및 이러한 개인정보를 이용할 필요가 있는 자가 실질적으로 누구인지 등을 종합하여 판단하여야 한다. (대법원 2017. 4. 7. 선고 2016도13263 판결, 홈플러스 경품 응모권 1mm 글씨 고지사건)

[1] 인간의 존엄과 가치, 행복추구권을 규정한 헌법 제10조 제1문에서 도출되는 일반적 인격권 및 헌법 제17조의 사생활의 비밀과 자유에 의하여 보장되는 개인정보자기결정권은 자신에 관한 정보가 언제 누구에게 어느 범위까지 알려지고 또 이용되도록 할 것인지를 정보주체가 스스로 결정할 수 있는 권리이다. 개인정보자기결정권의 보호대상이 되는 개인정보는 개인의 신체, 신념, 사회적 지위, 신분 등과 같이 개인의 인격주체성을 특징짓는 사항으로서 개인의 동일성을 식별할 수 있게 하는 일체의 정보이고, 반드시 개인의 내밀한 영역에 속하는 정보에 국한되지 아니하며 공적 생활에서 형성되었거나 이미 공개된 개인정보까지 포함한다. 또한 개인정보를 대상으로 한 조사·수집·보관·처리·이용 등의 행위는 모두 원칙적으로 개인정보자기결정권에 대한 제한에 해당한다.

[2] 개인정보자기결정권이라는 인격적 법익을 침해·제한한다고 주장되는 행위의 내용이 이미 정보주체의 의사에 따라 공개된 개인정보를 그의 별도의 동의 없이 영리 목적으로 수집·제공하였다는 것인 경우에는, 정보처리 행위로 침해될 수 있는 정보주체의 인격적 법익과 그 행위로 보호받을 수 있는 정보처리자 등의 법적 이익이 하나의 법률관계를 둘러싸고 충돌하게 된다. 이때는 정보주체가 공적인 존재인지, 개인정보의 공공성과 공익성, 원래 공개한 대상 범위, 개인정보 처리의 목적·절차·이용형태의 상당성과 필요성, 개인정보 처리로 침해될 수 있는 이익의 성질과 내용 등 여러 사정을 종합적으로 고려하여, 개인정보에 관한 인격권 보호에 의하여 얻을 수 있는 이익과 정보처리 행위로 얻을 수 있는 이익 즉 정보처리자의 '알 권리'와 이를 기반으로 한 정보수용자의 '알 권리' 및 표현의 자유, 정보처리자의 영업의 자유, 사회 전체의 경제적 효율성 등의 가치를 구체적으로 비교 형량하여 어느 쪽 이익이 더 우월한 것으로 평가할 수 있는지에 따라 정보처리 행위의 최종적인 위법성 여부를 판단하여야 하고, 단지 정보처리자에게 영리 목적이 있었다는 사정만으로 곧바로 정보처리 행위를 위법하다고 할 수는 없다.

[3] 2011. 3. 29. 법률 제10465호로 제정되어 2011. 9. 30.부터 시행된 개인정보 보호법은 개인정보처리자의 개인정보 수집 · 이용(제15조)과 제3자 제공(제17조)에 원칙적으로 정보주체의 동의가 필요하다고 규정하면서도, 대상이 되는 개인정보를 공개된 것과 공개되지 아니한 것으로 나누어 달리 규율하고 있지는 아니하다. 정보주체가 직접 또는 제3자를 통하여 이미 공개한 개인정보는 공개 당시 정보주체가 자신의 개인정보에 대한 수집이나 제3자 제공 등의 처리에 대하여 일정한 범위 내에서 동의를 하였다고 할 것이다. 이와 같이 공개된 개인정보를 객관적으로 보아 정보주체가 동의한 범위 내에서 처리하는 것으로 평가할 수 있는 경우에도 동의의 범위가 외부에 표시되지 아니하였다는 이유만으로 또다시 정보주체의 별도의 동의를 받을 것을 요구한다면 이는 정보주체의 공개의사에도 부합하지 아니하거니와 정보주체나 개인정보처리자에게 무의미한 동의절차를 밟기 위한 비용만을 부담시키는 결과가 된다. 다른 한편 개인정보 보호법 제20조는 공개된 개인정보 등을 수집 · 처리하는 때에는 정보주체의 요구가 있으면 즉시 개인정보의 수집 출처, 개인정보의 처리 목적, 제37조에 따른 개인정보 처리의 정지를 요구할 권리가 있다는 사실을 정보주체에게 알리도록 규정하고 있으므로, 공개된 개인정보에 대한 정보주체의 개인정보자기결정권은 이러한 사후통제에 의하여 보호받게 된다. 따라서 이미 공개된 개인정보를 정보주체의 동의가 있었다고 객관적으로 인정되는 범위 내에서 수집 · 이용 · 제공 등 처리를 할 때는 정보주체의 별도의 동의는 불필요하다고 보아야 하고, 별도의 동의를 받지 아니하였다고 하여 개인정보 보호법 제15조나 제17조를 위반한 것으로 볼 수 없다. 그리고 정보주체의 동의가 있었다고 인정되는 범위 내인지는 공개된 개인정보의 성격, 공개의 형태와 대상 범위, 그로부터 추단되는 정보주체의 공개 의도 내지 목적뿐만 아니라, 정보처리자의 정보제공 등 처리의 형태와 정보제공으로 공개의 대상 범위가 원래의 것과 달라졌는지, 정보제공이 정보주체의 원래의 공개 목적과 상당한 관련성이 있는지 등을 검토하여 객관적으로 판단하여야 한다.

[4] 법률정보 제공 사이트를 운영하는 갑 주식회사가 공립대학교인 을 대학교 법과대학 법학과 교수로 재직 중인 병의 사진, 성명, 성별, 출생연도, 직업, 직장, 학력, 경력 등의 개인정보를 위 법학과 홈페이지 등을 통해 수집하여 위 사이트 내 '법조인' 항목에서 유료로 제공한 사안에서, 갑 회사가 영리 목적으로 병의 개인정보를 수집하여 제3자에게 제공하였더라도 그에 의하여 얻을 수 있는 법적 이익이 정

보처리를 막음으로써 얻을 수 있는 정보주체의 인격적 법익에 비하여 우월하므로, 갑 회사의 행위를 병의 개인정보자기결정권을 침해하는 위법한 행위로 평가할 수 없고, 갑 회사가 병의 개인정보를 수집하여 제3자에게 제공한 행위는 병의 동의가 있었다고 객관적으로 인정되는 범위 내이고, 갑 회사에 영리 목적이 있었다고 하여 달리 볼 수 없으므로, 갑 회사가 병의 별도의 동의를 받지 아니하였다고 하여 개인정보 보호법 제15조나 제17조를 위반하였다고 볼 수 없다고 한 사례. (대법원 2016. 8. 17. 선고 2014다235080 판결)

(3) 개인정보의 목적 외 이용 · 제공 제한

개인정보처리자는 개인정보를 법 제15조 제1항에 따른 범위를 초과하여 이용하거나 제17조 제1항 및 제28조의8 제1항에 따른 범위를 초과하여 제3자에게 제공하여서는 아니 된다. 그러나 개인정보처리자는 ① 정보주체로부터 별도의 동의를 받은 경우, ② 다른 법률에 특별한 규정이 있는 경우, ③ 명백히 정보주체 또는 제3자의 급박한 생명, 신체, 재산의 이익을 위하여 필요하다고 인정되는 경우, ④ 개인정보를 목적 외의 용도로 이용하거나 이를 제3자에게 제공하지 아니하면 다른 법률에서 정하는 소관 업무를 수행할 수 없는 경우로서 보호위원회의 심의·의결을 거친 경우, ⑤ 조약, 그 밖의 국제협정의 이행을 위하여 외국정부 또는 국제기구에 제공하기 위하여 필요한 경우, ⑥ 범죄의 수사와 공소의 제기 및 유지를 위하여 필요한 경우, ⑦ 법원의 재판업무 수행을 위하여 필요한 경우, ⑧ 형(刑) 및 감호, 보호처분의 집행을 위하여 필요한 경우, ⑨ 공중위생 등 공공의 안전과 안녕을 위하여 긴급히 필요한 경우에는, 정보주체 또는 제3자의 이익을 부당하게 침해할 우려가 있을 때를 제외하고는 개인정보를 목적 외의 용도로 이용하거나 이를 제3자에게 제공할 수 있다. 다만, ④부터 ⑧까지의 경우는 공공기관의 경우로 한정한다(개인정보보호법 제18조 제1항 · 제2항).

그리고 개인정보처리자는 위 ①에 따라 정보주체로부터 별도의 동의를 받은 경우에는 i) 개인정보를 제공받는 자, ii) 개인정보의 이용 목적(제공 시에는 제공받는 자의 이용 목적을 말한다), iii) 이용 또는 제공하는 개인정보의 항목, iv) 개인정보의 보유 및 이용 기간(제공 시에는 제공받는 자의 보유 및 이용 기간을 말한다), v)

동의를 거부할 권리가 있다는 사실 및 동의 거부에 따른 불이익이 있는 경우에는 그 불이익의 내용을 정보주체에게 알려야 한다. 위 i) 내지 v)의 어느 하나의 사항을 변경하는 경우에도 이를 알리고 동의를 받아야 한다(개인정보보호법 제18조 제3항).

공공기관은 위 ②부터 ⑤, ⑦, ⑧, ⑨에 따라 개인정보를 목적 외의 용도로 이용하거나 이를 제3자에게 제공하는 경우에는 그 이용 또는 제공의 법적 근거, 목적 및 범위 등에 관하여 필요한 사항을 관보 또는 인터넷 홈페이지 등에 게재하여야 하고(개인정보보호법 제18조 제4항), 개인정보처리자는 위 ① 내지 ⑨ 중 어느 하나의 경우에 해당하여 개인정보를 목적 외의 용도로 제3자에게 제공하는 경우에는 개인정보를 제공받는 자에게 이용 목적, 이용 방법, 그 밖에 필요한 사항에 대하여 제한을 하거나, 개인정보의 안전성 확보를 위하여 필요한 조치를 마련하도록 요청하여야 한다. 이 경우 요청을 받은 자는 개인정보의 안전성 확보를 위하여 필요한 조치를 하여야 한다(개인정보보호법 제18조 제5항).

(4) 개인정보를 제공받은 자의 이용 · 제공 제한

개인정보처리자로부터 개인정보를 제공받은 자는 정보주체로부터 별도의 동의를 받았거나 다른 법률에 특별한 규정이 있는 경우를 제외하고는 개인정보를 제공받은 목적 외의 용도로 이용하거나 이를 제3자에게 제공하여서는 아니 된다(개인정보보호법 제19조).

(5) 정보주체 이외로부터 수집한 개인정보의 수집출처 등 통지

개인정보처리자가 정보주체 이외로부터 수집한 개인정보를 처리하는 때에는 정보주체의 요구가 있으면 즉시 ① 개인정보의 수집 출처, ② 개인정보의 처리 목적, ③ 개인정보 처리의 정지를 요구하거나 동의를 철회할 권리가 있다는 사실 모두를 정보주체에게 알려야 한다. 그러나 처리하는 개인정보의 종류·규모, 종업원 수 및 매출액 규모 등을 고려하여 대통령령으로 정하는 기준[2]에 해당하는 개인정

2) 개인정보보호법 시행령 제15조의2(개인정보 수집 출처 등 고지 대상·방법·절차) ① 법 제20조 제2항 본문에서 “대통령령으로 정하는 기준에 해당하는 개인정보처리자”란

보처리자가 제17조 제1항 제1호에 따라 정보주체로부터 동의를 받고 정보주체 이외로부터 개인정보를 수집하여 처리하는 때에는 이 ① 내지 ③의 모든 사항을 정보주체에게 알려야 한다. 다만, 개인정보처리자가 수집한 정보에 연락처 등 정보주체에게 알릴 수 있는 개인정보가 포함되지 아니한 경우에는 그러하지 아니하다(개인정보보호법 제20조 제1항·제2항).

그리고 ① i) 통지를 요구하는 대상이 되는 개인정보가 개인정보파일에 포함되어 있는 경우이거나 ii) 통지로 인하여 다른 사람의 생명·신체를 해할 우려가 있거나 다른 사람의 재산과 그 밖의 이익을 부당하게 침해할 우려가 있는 경우이면서 ② 개인정보보호법에 따른 정보주체의 권리보다 명백히 우선하는 경우에는 정보주체에게 위 ① 내지 ③의 모든 사항을 알리지 아니하여도 무방하다(개인정보보호법 제20조 제4항).

(6) 개인정보 이용·제공 내역의 통지

대통령령으로 정하는 기준에 해당하는 개인정보처리자[3]는 이 법에 따라 수집한 개인정보의 이용·제공 내역이나 이용·제공 내역을 확인할 수 있는 정보시스템에 접속하는 방법을 주기적으로 정보주체에게 통지하여야 한다. 다만, 연락처 등 정보주체에게 통지할 수 있는 개인정보를 수집·보유하지 아니한 경우에는 통지하지 아니할 수 있다(개인정보보호법 제20조의2).

다음 각 호의 어느 하나에 해당하는 개인정보처리자를 말한다. 이 경우 다음 각 호에 규정된 정보주체의 수는 전년도 말 기준 직전 3개월 간 일일평균을 기준으로 산정한다.

1. 5만명 이상의 정보주체에 관하여 법 제23조에 따른 민감정보(이하 "민감정보"라 한다) 또는 법 제24조 제1항에 따른 고유식별정보(이하 "고유식별정보"라 한다)를 처리하는 자
2. 100만명 이상의 정보주체에 관하여 개인정보를 처리하는 자

3) 개인정보보호법 시행령 제15조의3(개인정보 이용·제공 내역의 통지) ① 법 제20조의2 제1항 본문에서 "대통령령으로 정하는 기준에 해당하는 개인정보처리자"란 다음 각 호의 어느 하나에 해당하는 개인정보처리자를 말한다. 이 경우 다음 각 호에 규정된 정보주체의 수는 전년도 말 기준 직전 3개월 간 일일평균을 기준으로 산정한다.

1. 5만명 이상의 정보주체에 관하여 민감정보 또는 고유식별정보를 처리하는 자
2. 100만명 이상의 정보주체에 관하여 개인정보를 처리하는 자

(7) 개인정보의 파기

개인정보처리자는 보유기간의 경과, 개인정보의 처리 목적 달성, 가명정보의 처리 기간 경과 등 그 개인정보가 불필요하게 되었을 때에는 특별히 다른 법령에 따라 보존하여야 하는 경우가 아닌 한 지체 없이 그 개인정보를 파기하여야 하고, 개인정보를 파기할 때에는 복구 또는 재생되지 아니하도록 조치하여야 한다(개인정보보호법 제21조 제1항·제2항). 개인정보처리자가 특별히 다른 법령에 따라 개인정보를 파기하지 아니하고 보존하는 경우라 하더라도 해당 개인정보 또는 개인정보파일을 다른 개인정보와 분리하여서 저장·관리하여야 한다(개인정보보호법 제21조 제3항).

(8) 동의를 받는 방법

개인정보처리자는 이 법에 따른 개인정보의 처리에 대하여 정보주체(법정대리인을 포함한다)의 동의를 받을 때에는 각각의 동의 사항을 구분하여 정보주체가 이를 명확하게 인지할 수 있도록 알리고 동의를 받아야 하고(일정한 경우에는 동의사항을 구분하여 각각 동의를 받아야 한다), 이 동의를 서면(전자문서를 포함한다)으로 받을 때에는 개인정보의 수집·이용 목적, 수집·이용하려는 개인정보의 항목 등 중요한 내용을 명확히 표시하여 알아보기 쉽게 하여야 한다(개인정보보호법 제22조 제1항·제2항). 특히 개인정보처리자는 정보주체의 동의 없이 처리할 수 있는 개인정보에 대해서는 그 항목과 처리의 법적 근거를 정보주체의 동의를 받아 처리하는 개인정보와 구분하여 공개하거나 전자우편 등 대통령령으로 정하는 방법에 따라 정보주체에게 알려야 한다. 이 경우 동의 없이 처리할 수 있는 개인정보라는 입증책임은 개인정보처리자가 부담한다(개인정보보호법 제22조 제3항). 개인정보처리자는 정보주체가 선택적으로 동의할 수 있는 사항을 동의하지 아니하거나 동의를 하지 아니한다는 이유로 정보주체에게 재화 또는 서비스의 제공을 거부하여서는 아니 된다(개인정보보호법 제22조 제5항).

(9) 아동의 개인정보 보호

2023년 개정법에서는 개인정보의 수집 동의를 받을 때 그 의미를 이해하기 어려운 아동을 보호하기 위하여 개인정보처리자가 만 14세 미만 아동의 개인정보를 처리하기 위하여 이 법에 따른 동의를 받아야 할 때에는 그 법정대리인의 동의를 받아야 하며, 법정대리인이 동의하였는지를 확인하도록 하는 내용을 포함하였다. 그럼에도 불구하고 법정대리인의 동의를 받기 위하여 필요한 최소한의 정보로서 대통령령으로 정하는 정보는 법정대리인의 동의 없이 해당 아동으로부터 직접 수집할 수 있다. 개인정보처리자는 만 14세 미만의 아동에게 개인정보 처리와 관련한 사항의 고지 등을 할 때에는 이해하기 쉬운 양식과 명확하고 알기 쉬운 언어를 사용하여야 한다(개인정보보호법 제22조의2).

2. 개인정보의 처리 제한

개인정보보호법에서는 개인정보 중에서도 정보주체의 사생활을 침해하거나 악용될 여지가 큰 개인정보에 관하여는 처리를 일정한 범위내에서 제한하고 있다. 민감정보와 고유식별정보, 영상정보처리기기의 설치 및 운영에 관한 사항이 그것이다.

(1) 민감정보의 처리 제한

사상·신념, 노동조합·정당의 가입·탈퇴, 정치적 견해, 건강, 성생활 등에 관한 정보, 그 밖에 정보주체의 사생활을 현저히 침해할 우려가 있는 개인정보로서 대통령령으로 정하는 정보[4]를 "민감정보"라 하는데, 개인정보처리자는 이러한 민

---

4) 개인정보보호법 시행령 제18조(민감정보의 범위) 법 제23조 제1항 각 호 외의 부분 본문에서 "대통령령으로 정하는 정보"란 다음 각 호의 어느 하나에 해당하는 정보를 말한다. 다만, 공공기관이 법 제18조 제2항 제5호부터 제9호까지의 규정에 따라 다음 각 호의 어느 하나에 해당하는 정보를 처리하는 경우의 해당 정보는 제외한다.
1. 유전자검사 등의 결과로 얻어진 유전정보
2. 「형의 실효 등에 관한 법률」 제2조 제5호에 따른 범죄경력자료에 해당하는 정보
3. 개인의 신체적, 생리적, 행동적 특징에 관한 정보로서 특정 개인을 알아볼 목적으로

감정보를 처리하지 못하는 것이 원칙이며, 다만 ① 정보주체에게 법 제15조 제2항 각 호 또는 제17조 제2항 각 호의 사항을 알리고 다른 개인정보의 처리에 대한 동의와 별도로 동의를 받은 경우이거나 ② 법령에서 민감정보의 처리를 요구하거나 허용하는 경우에만 예외적으로 민감정보를 처리할 수 있도록 규정하고 있다. 그리고 개인정보처리자가 이에 따라 민감정보를 처리하는 경우에도 그 민감정보가 분실·도난·유출·위조·변조 또는 훼손되지 아니하도록 안전성 확보에 필요한 조치를 하도록 규정하고 있다. 한편 개인정보처리자는 재화 또는 서비스를 제공하는 과정에서 공개되는 정보에 정보주체의 민감정보가 포함됨으로써 사생활 침해의 위험성이 있다고 판단하는 때에는 재화 또는 서비스의 제공 전에 민감정보의 공개 가능성 및 비공개를 선택하는 방법을 정보주체가 알아보기 쉽게 알려야 한다(개인정보보호법 제23조).

(2) 고유식별정보의 처리 제한

법령에 따라 개인을 고유하게 구별하기 위하여 부여된 식별정보로서 대통령령으로 정하는 정보[5]를 "고유식별정보"라 하는데, 고유식별정보의 경우에도 ① 정보주체에게 법 제15조 제2항 각 호 또는 제17조 제2항 각 호의 사항을 알리고 다른 개인정보의 처리에 대한 동의와 별도로 동의를 받은 경우이거나 ② 법령에서 구체적으로 고유식별정보의 처리를 요구하거나 허용하는 경우를 제외하고는 개인정보처리자가 처리하지 못하는 것이 원칙이다(개인정보보호법 제24조 제1항). 개인정보처리자가 위 ① 또는 ②에 따라 고유식별정보를 처리하는 경우에는 그 고유식별

일정한 기술적 수단을 통해 생성한 정보

4. 인종이나 민족에 관한 정보

5) 개인정보보호법 시행령 제19조(고유식별정보의 범위) 법 제24조 제1항 각 호 외의 부분에서 "대통령령으로 정하는 정보"란 다음 각 호의 어느 하나에 해당하는 정보를 말한다. 다만, 공공기관이 법 제18조 제2항 제5호부터 제9호까지의 규정에 따라 다음 각 호의 어느 하나에 해당하는 정보를 처리하는 경우의 해당 정보는 제외한다.

1. 「주민등록법」 제7조의2 제1항에 따른 주민등록번호
2. 「여권법」 제7조 제1항 제1호에 따른 여권번호
3. 「도로교통법」 제80조에 따른 운전면허의 면허번호
4. 「출입국관리법」 제31조 제5항에 따른 외국인등록번호

정보가 분실·도난·유출·위조·변조 또는 훼손되지 아니하도록 암호화 등 안전성 확보에 필요한 조치를 하여야 한다(개인정보보호법 제24조 제3항).

(3) 주민등록번호 처리의 제한

고유식별정보 중 주민등록번호의 경우에는 한층 더 강화하여 보호하고 있다. 즉 i) 법률·대통령령·국회규칙·대법원규칙·헌법재판소규칙·중앙선거관리위원회 규칙 및 감사원규칙에서 구체적으로 주민등록번호의 처리를 요구하거나 허용한 경우이거나 ii) 정보주체 또는 제3자의 급박한 생명, 신체, 재산의 이익을 위하여 명백히 필요하다고 인정되는 경우, iii) i) 및 ii)에 준하여 주민등록번호 처리가 불가피한 경우로서 보호위원회가 고시로 정하는 경우를 제외하고는 개인정보처리자가 아예 주민등록번호를 처리할 수 없도록 하고 있고(개인정보보호법 제24조의2 제1항), 개인정보처리자가 주민등록번호를 처리하는 경우에는 주민등록번호가 분실·도난·유출·위조·변조 또는 훼손되지 아니하도록 암호화 조치를 통하여 안전하게 보관하여야 한다(개인정보보호법 제24조의2 제2항).

(4) 고정형 영상정보처리기기의 설치·운영 제한

"고정형 영상정보처리기기"란 CCTV와 같이 일정한 공간에 설치되어 지속적 또는 주기적으로 사람 또는 사물의 영상 등을 촬영하거나 이를 유·무선망을 통하여 전송하는 장치로(개인정보보호법 제2조 제7호), 누구든지 공개된 장소에 고정형 영상정보처리기기를 설치·운영하지 하는 것이 원칙이다. 다만 ① 법령에서 구체적으로 허용하고 있는 경우, ② 범죄의 예방 및 수사를 위하여 필요한 경우, ③ 시설의 안전 및 관리, 화재 예방을 위하여 정당한 권한을 가진 자가 설치·운영하는 경우, ④ 교통단속을 위하여 정당한 권한을 가진 자가 설치·운영하는 경우, ⑤ 교통정보의 수집·분석 및 제공을 위하여 정당한 권한을 가진 자가 설치·운영하는 경우, ⑥ 촬영된 영상정보를 저장하지 아니하는 경우로서 대통령령으로 정하는 경우에는 고정형 영상정보처리기기를 설치할 수 있다(개인정보보호법 제25조 제1항).

또한 누구든지 불특정 다수가 이용하는 목욕실, 화장실, 발한실(發汗室), 탈의실 등 개인의 사생활을 현저히 침해할 우려가 있는 장소의 내부를 볼 수 있도록 고정형 영상정보처리기기를 설치·운영하여서는 아니 된다. 다만, 교도소와 같은 교정시설이나 정신의료기관, 정산요양시설 및 정신재활시설과 같이 법령에 근거하여 사람을 구금하거나 보호하는 시설에 대하여는 고정형 영상정보처리기기를 설치·운영할 수 있다(개인정보보호법 제25조 제1항·제2항, 동법 시행령 제22조 제2항).

그리고 고정형 영상정보처리기기를 설치·운영하는 고정형 영상정보처리기기운영자는 군사시설, 국가중요시설이나 국가보안시설을 제외하고는 정보주체가 쉽게 인식할 수 있도록 설치 목적 및 장소, 촬영 범위 및 시간, 관리책임자의 연락처 등의 사항이 포함된 안내판을 설치하는 등 필요한 조치를 하여야 한다(개인정보보호법 제25조 제4항, 동법 시행령 제24조), 이 경우에 고정형 영상정보처리기기운영자는 고정형 영상정보처리기기의 설치 목적과 다른 목적으로 고정형 영상정보처리기기를 임의로 조작하거나 다른 곳을 비춰서는 아니 되며, 녹음기능은 사용할 수 없고, 개인정보가 분실·도난·유출·위조·변조 또는 훼손되지 아니하도록 안전성 확보에 필요한 조치를 하여야 하며, 영상정보처리기기 운영·관리 방침을 마련하여야 한다(개인정보보호법 제25조 제5항 내지 제7항).

(5) 이동형 영상정보처리기기의 운영 제한

2023년 개정법에서는 드론, 자율주행 자동차 등을 이용한 이동형 영상정보처리기기의 사용이 증가함에 따라 이동형 영상정보처리기기의 운영기준을 마련하였다. 이에 따라 기존 영상정보처리기기를 고정형 영상정보처리기기와 이동형 영상정보처리기기로 나누었다.

"이동형 영상정보처리기기"는 사람이 신체에 착용 또는 휴대하거나 이동 가능한 물체에 부착 또는 거치하여 사람 또는 사물의 영상 등을 촬영하거나 이를 유·무선망을 통하여 전송하는 장치로서(개인정보보호법 제2조 제7의2호), 업무를 목적으로 이동형 영상정보처리기기를 운영하려는 자는 공개된 장소에서 이동형 영상정보처리기기로 사람 또는 그 사람과 관련된 사물의 영상(개인정보에 해당하는 경우로 한정함)을 촬영하여서는 아니 된다. 다만 ① 법 제15조 제1항 각 호의 어느 하나에 해당하여 개인정보를 수집할 수 있는 경우, ② 촬영 사실을 명확히 표시하여 정보주체가 촬영 사실을 알 수 있도록 하였음에도 불구하고 촬영 거부 의사를 밝히지 아니한 경우(이 경우 정보주체의 권리를 부당하게 침해할 우려가 없고 합리적인 범위를 초과하지 아니하는 경우로 한정함), ③ 그 밖에 ① 및 ②에 준하는 경우로서 대통령령으로 정하는 경우에는 예외로 보아 이동형 영상정보처리기기로 촬영할 수 있으나, 이러한 예외의 경우에도 이동형 영상정보처리기기로 사람 또는 그 사람과 관련된 사물의 영상을 촬영하는 경우에는 불빛, 소리, 안내판 등의 방법으로 촬영 사실을 표시하고 알려야 한다(개인정보보호법 제25조의2 제1항·제3항).

또한 누구든지 불특정 다수가 이용하는 목욕실, 화장실, 발한실, 탈의실 등 개인의 사생활을 현저히 침해할 우려가 있는 장소의 내부를 볼 수 있는 곳에서 이동형 영상정보처리기기로 사람 또는 그 사람과 관련된 사물의 영상을 촬영하여서는 아니 된다. 다만, 인명의 구조·구급 등을 위하여 필요한 경우로서 대통령령으로 정하는 경우에는 그러하지 아니하다(개인정보보호법 제25조의2 제2항).

이동형 영상정보처리기기운영자도 개인정보가 분실·도난·유출·위조·변조 또는 훼손되지 아니하도록 안전성 확보에 필요한 조치를 하여야 한다(개인정보보호법 제25조의2 제4항).

(6) 업무위탁에 따른 개인정보의 처리 제한

개인정보처리자가 제3자에게 개인정보의 처리 업무를 위탁하는 경우에는 ① 위탁업무 수행 목적 외 개인정보의 처리 금지에 관한 사항, ② 개인정보의 기술적·관리적 보호조치에 관한 사항, ③ 그 밖에 개인정보의 안전한 관리를 위하여 대통령령으로 정한 사항이 포함된 문서로 하여야 한다. 이에 따라 개인정보의 처리 업무를 위탁하는 개인정보처리자(이하 "위탁자"라 한다)는 위탁하는 업무의 내용과 개인정보 처리 업무를 위탁받아 처리하는 자(개인정보 처리 업무를 위탁받아 처리하는 자로부터 위탁받은 업무를 다시 위탁받은 제3자를 포함하며, 이하 "수탁자"라 한다)를 정보주체가 언제든지 쉽게 확인할 수 있도록 대통령령으로 정하는 방법에 따라 공개하여야 한다. 위탁자가 재화 또는 서비스를 홍보하거나 판매를 권유하는 업무를 위탁하는 경우에는 대통령령으로 정하는 방법에 따라 위탁하는 업무의 내용과 수탁자를 정보주체에게 알려야 한다. 위탁하는 업무의 내용이나 수탁자가 변경된 경우에도 또한 같다(개인정보보호법 제26조 제1항 내지 제3항).

위탁자는 업무 위탁으로 인하여 정보주체의 개인정보가 분실·도난·유출·위조·변조 또는 훼손되지 아니하도록 수탁자를 교육하고, 처리 현황 점검 등 대통령령으로 정하는 바에 따라 수탁자가 개인정보를 안전하게 처리하는지를 감독하여야 하고, 수탁자는 개인정보처리자로부터 위탁받은 해당 업무 범위를 초과하여 개인정보를 이용하거나 제3자에게 제공하여서는 아니 된다. 수탁자는 위탁받은 개인정보의 처리 업무를 제3자에게 다시 위탁하려는 경우에는 위탁자의 동의를 받아야 한다(개인정보보호법 제26조 제4항 내지 제6항).

수탁자가 위탁받은 업무와 관련하여 개인정보를 처리하는 과정에서 이 법을 위반하여 발생한 손해배상책임에 대하여는 수탁자를 개인정보처리자의 소속 직원으로 본다(개인정보보호법 제26조 제7항).

(7) 영업양도 등에 따른 개인정보의 이전 제한

개인정보처리자는 영업의 전부 또는 일부의 양도·합병 등으로 개인정보를 다른 사람에게 이전하는 경우에는 미리 개인정보를 이전하려는 사실, 개인정보를 이전받는 자(이하 "영업양수자등"이라 한다)의 성명(법인의 경우에는 법인의 명칭을 말한다), 주소, 전화번호 및 그 밖의 연락처, 정보주체가 개인정보의 이전을 원하지 아니하는 경우 조치할 수 있는 방법 및 절차를 해당 정보주체에게 알려야 한다. 영업양수자등은 개인정보를 이전받았을 때에는 그 이전 사실을 이미 알린 경우를 제외하고는 지체 없이 그 사실을 정보주체에게 알려야 한다. 영업양수자등은 영업의 양도·합병 등으로 개인정보를 이전받은 경우에는 이전 당시의 본래 목적으로만 개인정보를 이용하거나 제3자에게 제공할 수 있다. 이 경우 영업양수자등은 개인정보처리자로 본다(개인정보보호법 제27조).

(8) 개인정보취급자에 대한 감독

개인정보처리자는 개인정보를 처리함에 있어서 개인정보가 안전하게 관리될 수 있도록 임직원, 파견근로자, 시간제근로자 등 개인정보처리자의 지휘·감독을 받아 개인정보를 처리하는 자(이하 "개인정보취급자"라 한다)의 범위를 최소한으로 제한하고, 개인정보취급자에 대하여 적절한 관리·감독을 하여야 한다. 개인정보처리자는 개인정보의 적정한 취급을 보장하기 위하여 개인정보취급자에게 정기적으로 필요한 교육을 실시하여야 한다(개인정보보호법 제28조).

3. 가명정보의 처리에 관한 특례

2020년 개인정보보호법의 개정을 통하여 개인정보의 일부를 삭제하거나 일부 또는 전부를 대체하는 등의 방법으로 추가 정보 없이는 특정개인을 알아볼 수 없도록 처리하는 경우를 가명처리로 정의하고(개인정보보호법 제2조 제1호의2), 이러한 가명정보의 처리에 관한 내용을 신설하였다.

가명정보는 개인정보의 한 유형이지만 개인정보의 일부를 삭제하거나 대체하였기 때문에 개인정보와는 달리 일정한 목적 하에서는 정보주체의 동의 없이도 활용할 수 있는 장점이 있다. 특히 가명정보는 빅데이터, 인공지능(AI) 등 산업이 대규모의 데이터 처리에 기초하고 있어 필요성이 대두된다. 일반 개인정보는 수집·이용 등에 엄격한 통제를 받아 활용에 어려움이 있기 때문이다. 가명정보는 시간·비용·기술 등을 합리적으로 고려할 때 다른 정보를 사용하여도 더 이상 개인을 알아볼 수 없는 "익명정보"와 구별된다.

그림 1 개인정보와 가명정보 및 익명정보[6)]

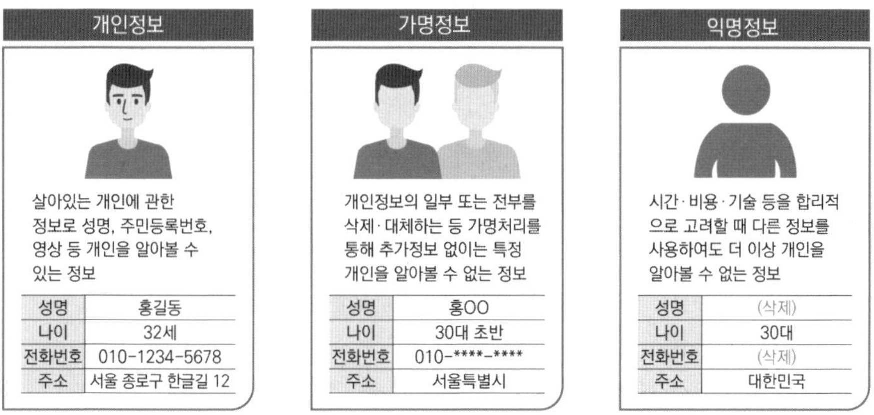

6) 「가명정보처리가이드라인」, 9면.

(1) 가명정보의 처리 및 결합 제한

개인정보처리자는 통계작성, 과학적 연구, 공익적 기록보존 등을 위하여 정보주체의 동의 없이 가명정보를 처리할 수 있다(개인정보보호법 제28조의2 제1항). 그러나 통계작성, 과학적 연구, 공익적 기록보존 등을 위한 경우라 하더라도 서로 다른 개인정보처리자 간의 가명정보의 결합은 개인정보 보호위원회(개인정보보호법 제7조) 또는 관계 중앙행정기관의 장이 지정하는 전문기관이 수행하고, 결합을 수행한 기관 외부로 결합된 정보를 반출하려는 개인정보처리자는 가명정보 또는 시간·비용·기술 등을 합리적으로 고려할 때 다른 정보를 사용하여도 더 이상 개인을 알아볼 수 없는 정보로 처리한 뒤 전문기관의 장의 승인을 받아야 한다(개인정보보호법 제28조의3 제1항·제2항).

개인정보처리자는 가명정보를 제3자에게 제공하는 경우에는 특정 개인을 알아보기 위하여 사용될 수 있는 정보를 포함해서는 아니 된다(개인정보보호법 제28조의2 제2항).

(2) 가명정보에 대한 안전조치의무

개인정보처리자는 가명정보를 처리하는 경우에는 원래의 상태로 복원하기 위한 추가 정보를 별도로 분리하여 보관·관리하는 등 해당 정보가 분실·도난·유출·위조·변조 또는 훼손되지 않도록 안전성 확보에 필요한 기술적·관리적 및 물리적 조치를 하여야 하고, 가명정보를 처리하는 경우 처리목적 등을 고려하여 가명정보의 처리 기간을 별도로 정할 수 있다. 개인정보처리자는 가명정보를 처리하고자 하는 경우에는 가명정보의 처리 목적, 제3자 제공 시 제공받는 자, 가명정보의 처리 기간 등 가명정보의 처리 내용을 관리하기 위하여 대통령령으로 정하는 사항에 대한 관련 기록을 작성하여 보관하여야 하며, 가명정보를 파기한 경우에는 파기한 날부터 3년 이상 보관하여야 한다(개인정보보호법 제28조의4).

(3) 가명정보 처리시 금지의무

가명정보를 처리하는 자는 특정 개인을 알아보기 위한 목적으로 가명정보를 처리해서는 아니 되고, 개인정보처리자는 가명정보를 처리하는 과정에서 특정 개인을 알아볼 수 있는 정보가 생성된 경우에는 즉시 해당 정보의 처리를 중지하고, 지체 없이 회수·파기하여야 한다(개인정보보호법 제28조의5).

4. 개인정보의 국외 이전

2023년 개정법에서는 개인정보의 국외 이전이 증가함에 따라 개인정보의 국외 이전과 이전 중지명령에 관한 조항을 신설하였다. 즉 종전에는 정보주체의 별도 동의가 있는 경우에만 개인정보를 국외로 이전할 수 있었으나, 개정법에서는 개인정보가 이전되는 국가 또는 국제기구가 개인정보보호법에 따른 개인정보 보호 수준과 실질적으로 동등한 수준의 보호 수준을 갖추었다고 개인정보 보호위원회가 인정하는 경우 등에도 개인정보를 국외로 이전할 수 있도록 하여 국외 이전의 요건을 국제기준에 부합하도록 하였다. 한편 개인정보 보호위원회는 개인정보처리자가 이 법을 위반하여 개인정보를 국외로 이전하는 경우 등에는 해당 개인정보처리자에게 국외 이전을 중지할 것을 명할 수 있도록 하였다.

(1) 개인정보의 국외 이전

개인정보처리자는 개인정보를 국외로 제공(조회되는 경우를 포함한다)·처리위탁·보관(이하 “이전”이라 한다)하여서는 아니 된다. 다만, ① 정보주체로부터 국외 이전에 관한 별도의 동의를 받은 경우, ② 법률, 대한민국을 당사자로 하는 조약 또는 그 밖의 국제협정에 개인정보의 국외 이전에 관한 특별한 규정이 있는 경우, ③ 정보주체와의 계약의 체결 및 이행을 위하여 개인정보의 처리위탁·보관이 필요한 경우로서 i) 법 제28조의8 제2항 각 호의 사항을 제30조에 따른 개인정보 처리방침에 공개하였거나 ii) 전자우편 등 대통령령으로 정하는 방법에 따라 법 제28조의8 제2항 각 호의 사항을 정보주체에게 알린 경우, ④ 개인정보를 이전받는 자가 제32조의2에 따른 개인정보 보호 인증 등 보호위원회가 정하여 고시하는 인증을 받은 경우로서 i) 개인정보 보호에 필요한 안전조치 및 정보주체 권리보장에 필요한 조치와 ii) 인증받은 사항을 개인정보가 이전되는 국가에서 이행하기 위하여 필요한 조치를 모두 한 경우, ⑤ 개인정보가 이전되는 국가 또는 국제기구의 개인정보 보호체계, 정보주체 권리보장 범위, 피해구제 절차 등이 이 법에 따른 개인정보 보호 수준과 실질적으로 동등한 수준을 갖추었다고 보호위원회가 인정하는 경우에는 예외로 개인정보를 국외로 이전할 수 있다(개인정보보호법 제28조의8 제1항).

개인정보처리자는 위 ①에 따른 동의를 받을 때에는 미리 ① 이전되는 개인정보 항목, ② 개인정보가 이전되는 국가, 시기 및 방법, ③ 개인정보를 이전받는 자의 성명(법인인 경우에는 그 명칭과 연락처를 말한다), ④ 개인정보를 이전받는 자의 개인정보 이용목적 및 보유·이용 기간, ⑤ 개인정보의 이전을 거부하는 방법, 절차 및 거부의 효과를 정보주체에게 알려야 하며, 이 ①부터 ⑤까지의 항목 중 어느 하나에 해당하는 사항을 변경하는 경우에는 정보주체에게 알리고 동의를 받아야 한다(개인정보보호법 제28조의8 제2항·제3항).

(2) 개인정보의 국외이전 중지명령

개인정보 보호위원회는 개인정보의 국외 이전이 계속되고 있거나 추가적인 국외 이전이 예상되는 경우로서 ① 법 제28조의8 제1항, 제4항 또는 제5항을 위반하였거나 ② 개인정보를 이전받는 자나 개인정보가 이전되는 국가 또는 국제기구가 이 법에 따른 개인정보 보호 수준에 비하여 개인정보를 적정하게 보호하지 아니하여 정보주체에게 피해가 발생하거나 발생할 우려가 현저한 경우에는 개인정보처리자에게 개인정보의 국외 이전을 중지할 것을 명할 수 있고, 개인정보처리자는 국외 이전 중지 명령을 받은 경우에는 명령을 받은 날부터 7일 이내에 보호위원회에 이의를 제기할 수 있다(개인정보 보호법 제28조의9).

(3) 상호주의

개인정보의 국외 이전을 제한하는 국가의 개인정보처리자에 대해서는 해당 국가의 수준에 상응하는 제한을 할 수 있다. 다만, 조약 또는 그 밖의 국제협정의 이행에 필요한 경우에는 그러하지 아니하다(개인정보 보호법 제28조의10).

Ⅳ 개인정보의 안전한 관리

1. 안전조치의무

개인정보처리자는 개인정보가 분실·도난·유출·위조·변조 또는 훼손되지 아니하도록 내부 관리계획 수립, 접속기록 보관 등 안전성 확보에 필요한 기술적·관리적 및 물리적 조치를 하여야 하는 안전조치의무가 있다(개인정보보호법 제29조).

2. 개인정보 처리방침

(1) 개인정보 처리방침의 수립 및 공개

개인정보처리자는 ① 개인정보의 처리 목적, ② 개인정보의 처리 및 보유 기간, ③ 개인정보의 제3자 제공에 관한 사항, ④ 개인정보의 파기절차 및 파기방법(제21조 제1항에 따라 개인정보를 보존하여야 하는 경우(다른 법령에 따라 보존하여야 하는 경우)에는 그 보존근거와 보존하는 개인정보 항목을 포함한다), ⑤ 민감정보의 공개 가능성 및 비공개를 선택하는 방법(해당되는 경우에만 정한다), ⑥ 개인정보처리의 위탁에 관한 사항, ⑦ 가명정보의 처리 등에 관한 사항(해당되는 경우에만 정한다), ⑧ 정보주체와 법정대리인의 권리·의무 및 그 행사방법에 관한 사항, ⑨ 개인정보 보호책임자의 성명 또는 개인정보 보호업무 및 관련 고충사항을 처리하는 부서의 명칭과 전화번호 등 연락처, ⑩ 인터넷 접속정보파일 등 개인정보를 자동으로 수집하는 장치의 설치·운영 및 그 거부에 관한 사항 등이 포함된 "개인정보 처리방침"을 정하여야 하고, 개인정보 처리방침이 수립되거나 변경된 경우에는 공개하여야 한다. 개인정보 처리방침의 내용과 개인정보처리자와 정보주체 간에 체결한 계약의 내용이 다른 경우에는 정보주체에게 유리한 것을 적용한다(개인정보보호법 제30조).

(2) 개인정보 처리방침의 평가 및 개선권고

개인정보 보호위원회는 개인정보 처리방침에 관하여 ① 이 법에 따라 개인정보 처리방침에 포함하여야 할 사항을 적정하게 정하고 있는지 여부, ② 개인정보 처리방침을 알기 쉽게 작성하였는지 여부, ③ 개인정보 처리방침을 정보주체가 쉽게 확인할 수 있는 방법으로 공개하고 있는지 여부의 사항을 평가하고, 평가 결과 개선이 필요하다고 인정하는 경우에는 개인정보처리자에게 개선을 권고할 수 있다(개인정보보호법 제30조의2).

3. 개인정보 보호책임자의 지정

개인정보처리자는 개인정보의 처리에 관한 업무를 총괄해서 책임질 개인정보 보호책임자를 지정하여야 한다. 다만, 종업원 수, 매출액 등이 대통령령으로 정하는 기준에 해당하는 개인정보처리자의 경우에는 지정하지 아니할 수 있고, 개인정보 보호책임자를 지정하지 아니하는 경우에는 개인정보처리자의 사업주 또는 대표자가 개인정보 보호책임자가 된다(개인정보보호법 제31조 제1항·제2항)

개인정보 보호책임자는 ① 개인정보 보호 계획의 수립 및 시행, ② 개인정보 처리 실태 및 관행의 정기적인 조사 및 개선, ③ 개인정보 처리와 관련한 불만의 처리 및 피해 구제, ④ 개인정보 유출 및 오용·남용 방지를 위한 내부통제시스템의 구축, ⑤ 개인정보 보호 교육 계획의 수립 및 시행, ⑥ 개인정보파일의 보호 및 관리·감독, ⑦ 그 밖에 개인정보의 적절한 처리를 위하여 대통령령으로 정한 업무를 수행한다(개인정보보호법 제31조 제3항).

개인정보 보호책임자는 개인정보 보호와 관련하여 이 법 및 다른 관계 법령의 위반 사실을 알게 된 경우에는 즉시 개선조치를 하여야 하며, 필요하면 소속 기관 또는 단체의 장에게 개선조치를 보고하여야 한다. 개인정보처리자는 개인정보 보호책임자가 업무를 수행함에 있어서 정당한 이유 없이 불이익을 주거나 받게 하여서는 아니 되며, 개인정보 보호책임자가 업무를 독립적으로 수행할 수 있도록 보장하여야 한다(개인정보보호법 제31조 제5항·제6항).

4. 개인정보 유출 통지 등

개인정보처리자는 개인정보가 분실·도난·유출(이하 이 조에서 "유출등"이라 한다)되었음을 알게 되었을 때에는 지체 없이 해당 정보주체에게 ① 유출등이 된 개인정보의 항목과 ② 유출등이 된 시점과 그 경위, ③ 유출등으로 인하여 발생할 수 있는 피해를 최소화하기 위하여 정보주체가 할 수 있는 방법 등에 관한 정보, ④ 개인정보처리자의 대응조치 및 피해 구제절차, ⑤ 정보주체에게 피해가 발생한 경우 신고 등을 접수할 수 있는 담당부서 및 연락처를 알려야 한다. 다만, 정보주체의 연락처를 알 수 없는 경우 등 정당한 사유가 있는 경우에는 대통령령으로 정하는 바에 따라 통지를 갈음하는 조치를 취할 수 있다. 개인정보처리자는 개인정보가 유출등이 된 경우 그 피해를 최소화하기 위한 대책을 마련하고 필요한 조치를 하여야 한다(개인정보보호법 제34조 제1항·제2항).

개인정보처리자는 개인정보의 유출등이 있음을 알게 되었을 때에는 개인정보의 유형, 유출등의 경로 및 규모 등을 고려하여 대통령령으로 정하는 바에 따라 제1항 각 호의 사항을 지체 없이 보호위원회 또는 대통령령으로 정하는 전문기관에 신고하여야 한다. 이 경우 보호위원회 또는 대통령령으로 정하는 전문기관은 피해 확산방지, 피해 복구 등을 위한 기술을 지원할 수 있다(개인정보보호법 제34조 제3항).

5. 노출된 개인정보의 삭제·차단

개인정보처리자는 고유식별정보, 계좌정보, 신용카드정보 등 개인정보가 정보통신망을 통하여 공중(公衆)에 노출되지 아니하도록 하여야 하고, 공중에 노출된 개인정보에 대하여 보호위원회 또는 대통령령으로 지정한 전문기관의 요청이 있는 경우에는 해당 정보를 삭제하거나 차단하는 등 필요한 조치를 하여야 한다(개인정보보호법 제34조의2).

[2] 정보통신망 이용촉진 및 정보보호 등에 관한 법률(이하 '정보통신망법'이라고 한다)은 정보통신분야의 개인정보 보호를 위해 제정된 법률이다. 여기서 규정하는 개인정보 보호조항은 기본적으로 정보통신서비스 제공자가 제공하는 정보통신서비스를 이용하는 상대방으로서의 정보주체를 보호하기 위한 것이다. 정보통신망법 제28조 제1항은 정보통신서비스 제공자가 정보통신서비스 이용자의 개인정보

를 취급할 때에 개인정보의 안전성 확보에 필요한 기술적·관리적 조치를 취하여야 할 법률적 의무를 규정하고 있다.

정보통신서비스 제공자가 정보주체로부터 개인정보를 최초로 수집할 때 반드시 정보통신서비스를 이용하여 수집하여야 하는 것은 아니다. 그러나 정보통신서비스 제공자가 정보통신망법 제28조 제1항에 따라 부담하는 개인정보 보호조치의무는 불특정 다수의 개인정보를 수집·이용하는 경우를 전제로 하는 것이 아니라, 해당 정보통신서비스를 이용하는 이용자의 개인정보 취급에 관한 것이고, 여기서 정보통신서비스라 함은 정보통신서비스 제공자가 정보통신망을 통하여 행하는 각종 정보의 게시·전송·대여·공유 등 일련의 정보 제공 행위를 직접 행하거나 정보를 제공하려는 자와 제공받으려는 자를 연결시켜 정보의 제공이 가능하도록 하는 매개행위를 말한다.

또한 정보통신수단이 고도로 발달된 현대사회에서는 일상생활에서 대부분의 개인정보처리가 정보통신망을 통하여 이루어지고 이를 통해 수시로 정보전송이 일어나는데, 개인정보 보호법을 비롯하여 금융, 전자거래, 보건의료 등 각 해당 분야의 개인정보를 다루는 개별 법령과의 관계나 정보통신망법의 입법 취지와 관련 규정의 내용에 비추어 보면, 이처럼 정보통신망을 활용하여 정보를 제공받거나 정보제공의 매개 서비스를 이용하는 모든 이용자를 통틀어 정보통신망법에서 예정한 정보통신서비스 이용자에 해당한다고 할 수는 없다.

[3] 신용카드 등 발행·관리 등의 사업을 영위하는 갑 주식회사가 을 주식회사에 카드사고분석시스템(Fraud Detection System, 이하 'FDS'라 한다)의 업데이트에 관한 용역을 의뢰하고, 업무상 필요를 이유로 을 회사의 직원들에게 신용카드 회원의 개인정보를 제공하였는데, 을 회사의 직원인 병이 갑 회사의 사무실에서 업무용 하드디스크에 정 등을 비롯한 신용카드 회원의 개인정보를 저장하여 사용한 뒤 업무용 하드디스크를 포맷하지 않고 몰래 숨겨서 가지고 나와 자신의 컴퓨터에 위 개인정보를 저장한 후 대출중개 영업 등에 개인정보를 활용할 의도를 가지고 있는 무에게 전달하였고, 이에 정 등이 갑 회사를 상대로 개인정보 유출 등으로 인한 손해의 배상을 구한 사안에서, 을 회사의 직원들이 작업을 위하여 반입한 하드디스크는 갑 회사의 업무상 필요에 따라 갑 회사의 지배 영역에서 관리되고 있었으므로, 갑 회사가 하드디스크의 수량을 파악하거나 포맷 작업을 수행 또는 감독하지 않은 것은 구 전자금융감독규정시행세칙(2012. 5. 24. 전부 개정되기 전의 것)

제9조 제1항 제7호의 위반에 해당하고, 정보통신망 이용촉진 및 정보보호 등에 관한 법률(이하 '정보통신망법'이라고 한다) 제28조 제1항과 같은 법 시행령 제15조에서 규정하고 있는 정보통신서비스 제공자의 기술적·관리적 보호조치 위반에 따른 민법상 불법행위 책임은 정보통신서비스 제공자와 이용자 사이의 정보통신서비스의 이용관계를 전제로 하는데, 유출된 정 등의 개인정보는 갑 회사와 신용카드 등에 대한 사용 및 금융거래계약을 맺고 신용카드 등을 발급받아 사용하기 위한 목적으로 수집·이용된 개인정보로서 갑 회사의 사무실에 FDS 업데이트를 위하여 반입된 업무용 하드디스크에 저장되어 있다가 유출된 것이므로, 이러한 사실관계만으로는 갑 회사와 정 등 사이에 정보통신망법상 정보통신서비스 제공자와 이용자의 관계가 성립되었다고 볼 수 없으므로, 위 개인정보 유출사고에 정보통신망법이 적용된다고 할 수 없으나, 갑 회사는 을 회사에 FDS 업데이트에 관한 용역을 의뢰하고 을 회사의 직원들에게 신용카드 회원의 개인정보를 제공하여 취급하도록 하는 과정에서 개인정보의 유출을 막기 위한 조치를 취할 주의의무를 다하지 아니한 잘못이 인정되므로 민법상 불법행위에 따른 손해배상책임을 부담한다고 한 사례. (대법원 2019. 9. 26. 선고 2018다222303, 222310, 222327 판결)

V 정보주체의 권리 보장

1. 개인정보의 열람

정보주체는 개인정보처리자가 처리하는 자신의 개인정보에 대한 열람을 해당 개인정보처리자에게 요구할 수 있고, 이 경우 개인정보처리자는 일정한 기간 내에 정보주체가 해당 개인정보를 열람할 수 있도록 하여야 한다(개인정보보호법 제35조 제1항·제3항). 다만 ① 법률에 따라 열람이 금지되거나 제한되는 경우이거나 ② 다른 사람의 생명·신체를 해할 우려가 있거나 다른 사람의 재산과 그 밖의 이익을 부당하게 침해할 우려가 있는 경우, ③ 공공기관이 조세의 부과·징수 또는 환급에 관한 업무를 하거나, 학교에서의 성적 평가나 입학자 선발에 관한 업무를 하는 등 일정한 업무를 수행하는 경우에는 개인정보처리자가 정보주체에게 그 사유를 알리고 열람을 제한하거나 거절할 수 있다(개인정보보호법 제35조 제4항).

개인정보자기결정권은 자신에 관한 정보가 언제 누구에게 어느 범위까지 알려지고 또 이용되도록 할 것인지를 정보주체가 스스로 결정할 수 있는 헌법상의 권리이다. 구 정보통신망 이용촉진 및 정보보호 등에 관한 법률(2020. 2. 4. 법률 제16955호로 개정되기 전의 것, 이하 '구 정보통신망법'이라 한다)은 이와 같은 개인정보자기결정권을 구체화하여 정보통신서비스 제공자 등이 그 이용자로부터 개인정보의 이용이나 제3자에게 이를 제공한 현황 등에 관한 열람·제공을 요구받으면 지체 없이 필요한 조치를 하도록 규정하고 있다(제30조 제2항 제2호, 제4항). 그런데 헌법상 기본권의 행사는 국가공동체 내에서 타인과의 공동생활을 가능하게 하고 다른 헌법적 가치나 국가의 법질서를 위태롭게 하지 않는 범위 내에서 이루어져야 하므로, 구 정보통신망법 제30조 제2항에 따라 보장되는 이용자의 열람·제공 요구권도 헌법 제37조 제2항에 따라 국가안전보장·질서유지 또는 공공복리를 위하여 법률로써 제한될 수 있고, 헌법질서에 위반되지 않는 등 그 권리의 행사가 정당한 것이어야 한다는 내재적 한계가 있다. 구 정보통신망법 제30조 제4항도 같은 취지에서 열람·제공을 요구받은 정보통신서비스 제공자 등이 필요한 범위 내에서 조치를 하면 되는 것으로 규정하고 있다. 따라서 정보통신서비스 제공자 등은 이용자가 요구한 정보의 열람·제공이 다른 법률 등에 의해 금지·제한되거나, 이를 허용하면 다른 사람의 생명·신체를 해하거나 재산과 그 밖의 이익을 부당하게 침해할 우려가 있는 경우 등과 같은 정당한 사유가 있을 때는 이용자에게 그 사유를 알리고 열람·제공을 제한하거나 거절할 수 있다.

한편 외국에 주소나 영업소를 두고 있다는 등의 이유로 대한민국 법령 외에 외국 법령도 함께 준수해야 하는 지위에 있는 정보통신서비스 제공자 등이 그 외국 법령에서 해당 정보의 공개를 제한하고 있다는 등의 이유로 열람·제공을 거부하는 경우에는, 그와 같은 내용의 외국 법령이 존재한다는 사정만으로 곧바로 정당한 사유가 존재한다고 볼 수는 없지만, 열람·제공의 제한이나 거부에 정당한 사유가 있는지를 판단함에 있어 그와 같은 외국 법령의 내용도 고려할 수 있다고 보아야 한다. 외국 법령에서 비공개의무를 부여한 경우에까지 해당 정보를 열람·제공하도록 강제하는 것은 정보통신서비스 제공자 등에게 모순된 행위를 강요하는 것이어서 가혹한 측면이 있고, 특히 그와 같은 사항이 국가안보, 범죄수사 등을 위한 활동에 관한 것인 경우에는 그 정보의 공개로 해당 국가의 이익을 해칠 우려가 있어 국제예양에 비추어 보더라도 바람직하다고 볼 수 없기 때문이다.
결국 대한민국 법령 외에 외국 법령도 함께 준수해야 하는 지위에 있는 정보통신서비스 제공자 등이 구 정보통신망법 제30조 제4항에 따른 필요한 조치를 모두 이행하였는지 여부는, 해당 외국 법령에 따른 비공개의무가 대한민국의 헌법, 법률 등의 내용과 취지에 부합하는지, 개인정보를 보호할 필요성에 비해 그 외국 법령을 존중해야 할 필요성이 현저히 우월한지, 이용자가 열람·제공을 요구하는 정보에 관하여 해당 법령에서 요구하는 비공개요건이 충족되어 정보통신서비스 제공자 등이 실질적으로 비공개의무를 부담하고 있는지 등까지를 종합적으로 고려하여야 한다. 또한 구 정보통신망법 제30조 제2항에 따른 이용자의 열람·제공 요구권의 목적과 취지에 비추어 볼 때, 이용자로 하여금 해당 정보의 제공이 적법한 절차에 따라 이루어졌는지, 그 정보가 제공 목적에 부합하게 사용되었는지 등을 사후적으로라도 확인할 수 있게 함으로써 자신의 정보에 대한 불법·부당한 이용을 통제할 수 있도록 함이 타당하다. 따라서 앞서 든 사정에 따라 정당한 사유가 존재하는 것으로 인정되는 경우에도, 정보통신서비스 제공자 등은 그 항목을 구체적으로 특정하여 제한·거절사유를 통지해야 하고, 특히 국가안보, 범죄수사 등의 사유로 외국의 수사기관 등에 정보를 제공하였더라도 그와 같은 사유가 이미 종료되는 등으로 위 정보수집의 목적에 더 이상 방해가 되지 않는 한 이용자에게 해당 정보의 제공 사실을 열람·제공하여야 한다. (대법원 2023. 4. 13. 선고 2017다219232 판결)

2. 개인정보의 전송 요구

(1) 개인정보의 전송 요구

2023년 개정법에서는 정보주체의 개인정보에 대한 통제권을 강화하기 위하여 정보주체가 개인정보처리자에게 자신의 개인정보를 정보주체 본인, 개인정보관리 전문기관 또는 안전조치의무를 이행하고 일정기준을 충족하는 자에게 전송할 것을 요구할 수 있도록 하였다.

정보주체는 개인정보 처리 능력 등을 고려하여 대통령령으로 정하는 기준에 해당하는 개인정보처리자에 대하여 개인정보를 자신에게로 전송할 것을 요구할 수 있고, 대통령령으로 정하는 기준에 해당하는 개인정보처리자에 대하여 개인정보를 기술적으로 허용되는 합리적인 범위에서 개인정보관리 전문기관, 안전조치의무를 이행하고 대통령령으로 정하는 시설 및 기술 기준을 충족하는 자에게 전송할 것을 요구할 수도 있다(개인정보보호법 제35조의2 제1항·제2항).[7)]

개인정보처리자는 전송 요구를 받은 경우에는 시간, 비용, 기술적으로 허용되는 합리적인 범위에서 해당 정보를 컴퓨터 등 정보처리장치로 처리 가능한 형태로 전송하여야 한다. 다만 정보주체의 본인 여부가 확인되지 아니하는 경우 등 대통령령으로 정하는 경우에는 전송 요구를 거절하거나 전송을 중단할 수 있다(개인정보보호법 제3항·제6항). 정보주체는 전송 요구로 인하여 타인의 권리나 정당한 이익을 침해하여서는 아니 되며, 전송요구를 하였더라도 철회할 수 있다(개인정보보호법 제35조의2 제5항·제7항).

(2) 개인정보관리 전문기관

위 개인정보의 전송 요구권 행사 지원, 정보주체의 권리행사를 지원하기 위한 개인정보 전송시스템의 구축 및 표준화, 정보주체의 권리행사를 지원하기 위한 개인정보의 관리·분석 등의 업무를 수행하려는 자는 보호위원회 또는 관계 중앙행정기관의 장으로부터 개인정보관리 전문기관의 지정을 받아야 한다(개인정보보호법 제35조의3 제1항).

개인정보관리 전문기관으로 지정받기 위하여는 ① 개인정보를 전송·관리·분석할 수 있는 기술수준 및 전문성을 갖추고, ② 개인정보를 안전하게 관리할 수 있는 안전성 확보조치 수준을 갖추었어야 하며, ③ 개인정보관리 전문기관의 안정

---

7) 이때 전송을 요구할 수 있는 개인정보는 ① 정보주체가 전송을 요구하는 개인정보가 정보주체 본인에 관한 개인정보로서 i) 제15조 제1항 제1호, 제23조 제1항 제1호 또는 제24조 제1항 제1호에 따른 동의를 받아 처리되는 개인정보, ii) 제15조 제1항 제4호에 따라 체결한 계약을 이행하거나 계약을 체결하는 과정에서 정보주체의 요청에 따른 조치를 이행하기 위하여 처리되는 개인정보, iii) 제15조 제1항 제2호·제3호, 제23조 제1항 제2호 또는 제24조 제1항 제2호에 따라 처리되는 개인정보 중 정보주체의 이익이나 공익적 목적을 위하여 관계 중앙행정기관의 장의 요청에 따라 보호위원회가 심의·의결하여 전송 요구의 대상으로 지정한 개인정보 중 어느 하나에 해당하는 정보이고, ② 전송을 요구하는 개인정보가 개인정보처리자가 수집한 개인정보를 기초로 분석·가공하여 별도로 생성한 정보가 아니여야 하며, ③ 전송을 요구하는 개인정보가 컴퓨터 등 정보처리장치로 처리되는 개인정보이어야 한다(개인정보보호법 제35조의2 제1항).

적인 운영에 필요한 재정능력을 갖추었어야 한다(개인정보보호법 제35조의3 제2항). 개인정보관리 전문기관으로 지정되었더라도 거짓이나 부정한 방법으로 지정을 받은 경우에는 그 지정을 취소하여야 하고, 사후에 지정요건을 갖추지 못하게 된 경우에는 개인정보관리 전문기관의 지정을 취소할 수 있다(개인정보보호법 제35조의3 제4항).

(3) 개인정보 전송 관리 및 지원

개인정보보호위원회는 제35조의2 제1항 및 제2항에 따른 개인정보처리자 및 제35조의3 제1항에 따른 개인정보관리 전문기관 현황, 활용내역 및 관리실태 등을 체계적으로 관리·감독하여야 한다(개인정보보호법 제35조의4 제1항).

개인정보보호위원회는 개인정보가 안전하고 효율적으로 전송될 수 있도록 개인정보 전송 지원 플랫폼을 구축·운영할 수 있는바, 이 개인정보 전송 지원 플랫폼에서는 개인정보관리 전문기관 현황 및 전송 가능한 개인정보 항목 목록, 정보주체의 개인정보 전송 요구·철회 내역, 개인정보의 전송 이력 관리 등 지원 기능, 그 밖에 개인정보 전송을 위하여 필요한 사항을 포함한다(개인정보보호법 제35조의4 제2항). 개인정보보호위원회는 제2항에 따른 개인정보 전송지원 플랫폼의 효율적 운영을 위하여 개인정보관리 전문기관에서 구축·운영하고 있는 전송 시스템을 상호 연계하거나 통합할 수 있다. 이 경우 관계 중앙행정기관의 장 및 해당 개인정보관리 전문기관과 사전에 협의하여야 한다(개인정보보호법 제35조의4 제3항).

3. 개인정보의 정정·삭제

한편 정보주체는 다른 법령에서 그 개인정보가 수집 대상으로 명시되어 있는 경우가 아닌 한, 개인정보처리자에게 개인정보의 정정 또는 삭제를 요구할 수 있고, 개인정보처리자가 정보주체의 요구를 받았을 때에는 개인정보의 정정 또는 삭제에 관하여 다른 법령에 특별한 절차가 규정되어 있는 경우를 제외하고는 지체없이 그 개인정보를 조사하여 정보주체의 요구에 따라 정정·삭제 등 필요한 조치를 한 후 그 결과를 정보주체에게 알려야 한다. 또한 개인정보처리자가 정보주체의 요청에 따라 개인정보를 삭제할 때에는 복구 또는 재생되지 아니하도록 조치하여야 한다(개인정보보호법 제36조 제1항 내지 제3항).

4. 개인정보의 처리 정지

정보주체는 개인정보처리자에 대하여 자신의 개인정보 처리의 정지를 요구하거나 개인정보 처리에 대한 동의를 철회할 수 있고, 개인정보처리자가 위 처리정지 요구를 받았을 때에는 지체 없이 정보주체의 요구에 따라 개인정보 처리의 전부를 정지하거나 일부를 정지하여야 한다. 다만, ① 법률에 특별한 규정이 있거나 법령상 의무를 준수하기 위하여 불가피한 경우이거나 ② 다른 사람의 생명·신체를 해할 우려가 있거나 다른 사람의 재산과 그 밖의 이익을 부당하게 침해할 우려가 있는 경우, ③ 공공기관이 개인정보를 처리하지 아니하면 다른 법률에서 정하는 소관 업무를 수행할 수 없는 경우, ④ 개인정보를 처리하지 아니하면 정보주체와 약정한 서비스를 제공하지 못하는 등 계약의 이행이 곤란한 경우로서 정보주체가 그 계약의 해지 의사를 명확하게 밝히지 아니한 경우에는 정보주체의 처리 정지 요구를 거절할 수 있다(개인정보보호법 제37조 제1항·제2항).

개인정보처리자는 정보주체가 제1항에 따라 동의를 철회한 때에는 지체 없이 수집된 개인정보를 복구·재생할 수 없도록 파기하는 등 필요한 조치를 하여야 한다. 다만, 위 ① 내지 ④의 이유로 정보주체의 처리 정지 요구를 거절할 수 있는 경우에는 동의 철회에 따른 조치를 하지 아니할 수 있으며, 이렇게 위 ① 내지 ④의 이유로 정보주체의 처리 정지 요구를 거절하거나 동의 철외에 따른 조치를 하지 아니하였을 때에는 정보주체에게 지체 없이 그 사유를 알려야 한다(개인정보보호법 제37조 제3항·제4항). 개인정보처리자는 정보주체의 요구에 따라 처리가 정지된 개인정보에 대하여 지체 없이 해당 개인정보의 파기 등 필요한 조치를 하여야 한다(개인정보보호법 제37조 제5항).

5. 자동화된 결정에 대한 정보주체의 권리 등

2023년 개정법에서는 인공지능 등을 이용한 자동화된 결정이 정보주체의 권리 또는 의무에 중대한 영향을 미치는 경우 정보주체가 이를 거부하거나 해당 결정에 대한 설명 등을 요구할 수 있도록 제37조의2를 신설하였다.

정보주체는 완전히 자동화된 시스템(인공지능 기술을 적용한 시스템을 포함한다)으로 개인정보를 처리하여 이루어지는 결정(행정청의 자동적 처분은 제외하며, 이하 "자동화된 결정"이라 한다)이 자신의 권리 또는 의무에 중대한 영향을 미치는 경우에는 해당 개인정보처리자에 대하여 해당 결정을 거부할 수 있는 권리를 가지며, 개인정보처리자가 자동화된 결정을 한 경우에는 그 결정에 대하여 설명 등을 요구할 수 있다. 다만, 자동화된 결정이 법 제15조 제1항 제1호·제2호 및 제4호에 따라 이루어지는 경우에는 그러하지 아니하다(개인정보보호법 제37조의2 제1항·제2항).

개인정보처리자는 정보주체가 자동화된 결정을 거부하거나 이에 대한 설명 등을 요구한 경우에는 정당한 사유가 없는 한 자동화된 결정을 적용하지 아니하거나 인적 개입에 의한 재처리·설명 등 필요한 조치를 하여야 하며, 자동화된 결정의 기준과 절차, 개인정보가 처리되는 방식 등을 정보주체가 쉽게 확인할 수 있도록 공개하여야 한다(개인정보보호법 제37조의2 제3항·제4항).

6. 손해배상청구

(1) 징벌적 손해배상책임 및 법정 손해배상책임

정보주체는 개인정보처리자가 개인정보보호법을 위반한 행위로 손해를 입으면 개인정보처리자에게 손해배상을 청구할 수 있고, 이 경우 그 개인정보처리자는 고의 또는 과실이 없음을 입증하지 아니하는 한 책임을 면할 수 없다(개인정보보호법 제39조 제1항).

지난 2015년 법 개정을 통하여 징벌적 손해배상제와 법정손해배상제를 도입하였다. 징벌적 손해배상제도는 개인정보처리자의 고의 또는 중대한 과실로 인하여 개인정보가 분실·도난·유출·위조·변조 또는 훼손됨으로써 정보주체에게 손해가 발생한 때에는 실제 발생한 손해 외에 징벌적 의미를 갖는 추가배상을 인정하는 제도이다. 2015년 처음 징벌적손해배상제도를 도입하였을 때에는 법원이 손해액의 3배를 넘지 아니하는 범위에서 손해배상액을 정할 수 있었으나, 2023년 법 개정을 통해 그 한도액을 5배로 상향하였다.

이에 따라 개인정보처리자의 고의 또는 중대한 과실로 인하여 개인정보가 분실·도난·유출·위조·변조 또는 훼손된 경우로서 정보주체에게 손해가 발생한 때에는 법원은 그 손해액의 5배를 넘지 아니하는 범위에서 손해배상액을 정할 수 있다. 다만 개인정보처리자가 고의 또는 중대한 과실이 없음을 증명한 경우에는 책임이 면제된다. 이때 법원은 고의 또는 손해 발생의 우려를 인식한 정도, 위반행위로 인하여 입은 피해 규모, 위법행위로 인하여 개인정보처리자가 취득한 경제적 이익, 위반행위에 따른 벌금 및 과징금, 위반행위의 기간·횟수 등, 개인정보처리자의 재산상태, 개인정보처리자가 정보주체의 개인정보 분실·도난·유출 후 해당 개인정보를 회수하기 위하여 노력한 정도, 개인정보처리자가 정보주체의 피해구제를 위하여 노력한 정도를 고려하여 배상액을 정하여야 한다(개인정보보호법 제39조 제3항·제4항).

그리고 피해자의 입증곤란을 구제하기 위하여 법정손해배상제도가 도입됨에 따라 정보주체는 개인정보처리자의 고의 또는 과실로 인하여 개인정보가 분실·도난·유출·위조·변조 또는 훼손된 경우에는 구체적인 손해액을 입증하지 못한 경우에도 300만 원 이하의 범위에서 상당한 금액을 손해액으로 하여 배상을 청구할 수 있다. 이 경우 해당 개인정보처리자는 고의 또는 과실이 없음을 입증하지 아니하면 책임을 면할 수 없고, 법원은 법정손해배상청구가 있는 경우에 변론 전체의 취지와 증거조사의 결과를 고려하여 위 금액의 범위에서 상당한 손해액을 인정할 수 있다. 일반손해배상청구를 한 정보주체는 사실심(事實審)의 변론이 종결되기 전까지 그 청구를 법정손해배상청구로 변경할 수 있다(개인정보보호법 제39조의2 제1항 내지 제3항).

(2) 손해배상의 보장

개인정보처리자로서 매출액, 개인정보의 보유 규모 등을 고려하여 대통령령으로 정하는 기준에 해당하는 자는 제39조 및 제39조의2에 따른 손해배상책임의 이행을 위하여 보험 또는 공제에 가입하거나 준비금을 적립하는 등 필요한 조치를 하여야 한다. 다만 ① 대통령령으로 정하는 공공기관, 비영리법인 및 단체이거나

② 「소상공인기본법」 제2조 제1항에 따른 소상공인으로서 대통령령으로 정하는 자에게 개인정보 처리를 위탁한 자, ③ 다른 법률에 따라 제39조 및 제39조의2에 따른 손해배상책임의 이행을 보장하는 보험 또는 공제에 가입하거나 준비금을 적립한 개인정보처리자인 경우에는 이러한 조치를 하지 아니할 수 있다(개인정보보호법 제39조의7).

(3) 자료제출명령 및 비밀유지명령

한편 2023년 개정법에서는 이 법 위반에 따른 손해배상청구소송에 관하여 자료제출명령제도와 비밀유지명령제도를 도입하였다. 법원은 당사자의 신청에 따라 상대방 당사자에게 해당 손해의 증명 또는 손해액의 산정에 필요한 자료의 제출을 명할 수 있고(개인정보보호법 제39조의3), 법원은 당사자의 신청에 따른 결정으로 당사자가 보유한 영업비밀을 해당 소송의 계속적인 수행 외의 목적으로 사용하거나 그 영업비밀에 관계된 이 항에 따른 명령을 받은 자 외의 자에게 공개하지 아니할 것을 명할 수 있고, 비밀유지명령의 요건을 충족하지 못하는 경우에는 그 명령을 취소할 수 있다(개인정보보호법 제39조의4 · 제39조의5).

[1] 구 정보통신망 이용촉진 및 정보보호 등에 관한 법률(2012. 2. 17. 법률 제11322호로 개정되기 전의 것, 이하 '구 정보통신망법'이라고 한다) 제28조 제1항은 정보통신서비스 제공자가 개인정보를 취급할 때에는 개인정보의 분실 · 도난 · 누출 · 변조 또는 훼손을 방지하기 위하여 대통령령으로 정하는 기준에 따라 그 각호의 기술적 · 관리적 보호조치를 하여야 한다고 규정하고 있다. 이어 위 조항은 그 각호로 '1. 개인정보를 안전하게 취급하기 위한 내부관리계획의 수립 · 시행 2. 개인정보에 대한 불법적인 접근을 차단하기 위한 침입차단시스템 등 접근 통제장치의 설치 · 운영 3. 접속기록의 위조 · 변조 방지를 위한 조치 4. 개인정보를 안전하게 저장 · 전송할 수 있는 암호화기술 등을 이용한 보안조치 5. 백신 소프트웨어의 설치 · 운영 등 컴퓨터바이러스에 의한 침해 방지조치 6. 그 밖에 개인정보의 안전성 확보를 위하여 필요한 보호조치'를 규정하고 있다. 그리고 구 정보통신망법 제28조 제1항의 위임을 받은 구 정보통신망 이용촉진 및 정보보호 등에 관한 법률 시행령

(2011. 8. 29. 대통령령 제23104호로 개정되기 전의 것) 제15조는 정보통신서비스 제공자가 취하여야 할 개인정보의 안전성 확보에 필요한 위와 같은 기술적·관리적 조치를 보다 구체적으로 규정하고 있다. 따라서 정보통신서비스 제공자는 구 정보통신망법 제28조 제1항 등에서 정하고 있는 개인정보의 안전성 확보에 필요한 기술적·관리적 조치를 취하여야 할 법률상 의무를 부담한다.

나아가 정보통신서비스 제공자가 정보통신서비스를 이용하려는 이용자와 정보통신서비스 이용계약을 체결하면서, 이용자로 하여금 이용약관 등을 통해 개인정보 등 회원정보를 필수적으로 제공하도록 요청하여 이를 수집하였다면, 정보통신서비스 제공자는 위와 같이 수집한 이용자의 개인정보 등이 분실·도난·누출·변조 또는 훼손되지 않도록 개인정보 등의 안전성 확보에 필요한 보호조치를 취하여야 할 정보통신서비스 이용계약상의 의무를 부담한다.

그런데 정보통신서비스가 '개방성'을 특징으로 하는 인터넷을 통하여 이루어지고 정보통신서비스 제공자가 구축한 네트워크나 시스템과 운영체제 등은 불가피하게 내재적인 취약점을 내포하고 있어서 이른바 '해커' 등의 불법적인 침입행위에 노출될 수밖에 없고, 완벽한 보안을 갖춘다는 것도 기술의 발전 속도나 사회 전체적인 거래비용 등을 고려할 때 기대하기 쉽지 않다. 또한 해커 등은 여러 공격기법을 통해 정보통신서비스 제공자가 취하고 있는 보안조치를 우회하거나 무력화하는 방법으로 정보통신서비스 제공자의 정보통신망 및 이와 관련된 정보시스템에 침입하고, 해커의 침입행위를 방지하기 위한 보안기술은 해커의 새로운 공격방법에 대하여 사후적으로 대응하여 이를 보완하는 방식으로 이루어지는 것이 일반적이다. 이처럼 정보통신서비스 제공자가 취해야 할 개인정보의 안전성 확보에 필요한 보호조치에 관해서는 고려되어야 할 특수한 사정이 있다.

그러므로 정보통신서비스 제공자가 구 정보통신망법 제28조 제1항이나 정보통신서비스 이용계약에 따른 개인정보의 안전성 확보에 필요한 보호조치를 취하여야 할 법률상 또는 계약상 의무를 위반하였는지 여부를 판단함에 있어서는, 해킹 등 침해사고 당시 보편적으로 알려져 있는 정보보안의 기술 수준, 정보통신서비스 제공자의 업종·영업규모와 정보통신서비스 제공자가 취하고 있던 전체적인 보안조치의 내용, 정보보안에 필요한 경제적 비용 및 효용의 정도, 해킹기술의 수준과 정보보안기술의 발전 정도에 따른 피해 발생의 회피 가능성, 정보통신서비스 제공자가 수집한 개인정보의 내용과 개인정보의 누출로 인하여 이용자가 입게 되는 피해의 정도 등의 사정을 종합적으로 고려하여 정보통신서비스 제공자가 해킹 등 침해사고 당시 사회통념상 합리적으로 기대 가능한 정도의 보호조치를 다하였는지 여부를 기준으로 판단하여야 한다.

[2] 구 정보통신망 이용촉진 및 정보보호 등에 관한 법률 시행령(2011. 8. 29. 대통령령 제23104호로 개정되기 전의 것) 제15조 제6항은 "방송통신위원회는 제1항부터 제5항까지의 규정에 따른 사항과 법 제28조 제1항 제6호에 따른 그 밖에 개인정보의 안전성 확보를 위하여 필요한 보호조치의 구체적인 기준을 정하여 고시하여야 한다."라고 규정하고 있다. 이에 따라 방송통신위원회가 마련한 '개인정보의 기술적·관리적 보호조치 기준'(방송통신위원회 고시 제2011－1호, 이하 '고시'라고 한다)은 해킹 등 침해사고 당시의 기술 수준 등을 고려하여 정보통신서비스 제공자가 구 정보통신망 이용촉진 및 정보보호 등에 관한 법률(2012. 2. 17. 법률 제11322호로 개정되기 전의 것) 제28조 제1항 등에 따라 준수해야 할 기술적·관리적 보호조치를 구체적으로 규정하고 있다. 그러므로 정보통신서비스 제공자가 고시에서 정하고 있는 기술적·관리적 보호조치를 다하였다면, 특별한 사정이 없는 한 정보통신서비스 제공자가 개인정보의 안전성 확보에 필요한 보호조치를 취하여야 할 법률상 또는 계약상 의무를 위반하였다고 보기는 어렵다.

다만 고시는 정보통신서비스 제공자가 반드시 준수해야 할 최소한의 기준을 정한 것으로 보는 것이 타당하다. 따라서 정보통신서비스 제공자가 고시에서 정하고 있는 기술적·관리적 보호조치를 다하였다고 하더라도, 정보통신서비스 제공자가 마땅히 준수해야 한다고 일반적으로 쉽게 예상할 수 있고 사회통념상으로도 합리적으로 기대 가능한 보호조치를 다하지 아니한 경우에는 위법행위로 평가될 수 있다. 나아가 정보통신서비스 제공자가 고시에서 정하고 있는 기술적·관리적 보호조치를 다하였다고 하더라도, 불법행위에 도움을 주지 말아야 할 주의의무를 위반하여 타인의 불법행위를 용이하게 하였고 이러한 방조행위와 불법행위에 의한 피해자의 손해 발생 사이에 상당인과관계가 인정된다면 민법 제760조 제3항에 따른 책임을 면할 수 없다.

[3] 인터넷상에서 포털서비스사업을 하는 갑 주식회사가 제공하는 온라인 서비스에 가입한 회원들의 개인정보가 해킹사고로 유출되었는데, 서비스 이용자인 을 등이 갑 회사를 상대로 손해배상을 구한 사안에서, 정보통신서비스 제공자가 정보처리시스템에 접속한 개인정보취급자로 하여금 작업 종료 후 로그아웃을 하도록 하는

것은, 비록 '개인정보의 기술적·관리적 보호조치 기준'(방송통신위원회 고시 제 2011-1호)에서 정하고 있는 기술적·관리적 보호조치에는 해당하지 않으나, 정보통신서비스 제공자가 마땅히 준수해야 한다고 일반적으로 쉽게 예상할 수 있고 사회통념상으로도 합리적으로 기대 가능한 보호조치에 해당하므로, 정보통신서비스 제공자가 이러한 보호조치를 미이행하여 정보처리시스템에 접속권한이 없는 제3자가 손쉽게 시스템에 접속하여 개인정보의 도난 등의 행위를 할 수 있도록 하였다면 이는 불법행위에 도움을 주지 말아야 할 주의의무를 위반한 것으로써 이러한 방조행위와 피방조자의 불법행위 사이에 상당인과관계가 인정된다면 공동불법행위자로서 책임을 면할 수 없는데, 해킹사고 당시 해커가 이미 키로깅을 통하여 DB 서버 관리자의 아이디와 비밀번호를 획득한 상태였기 때문에 갑 회사의 DB 기술팀 소속 직원이 자신의 컴퓨터에서 로그아웃을 하였는지 여부와 무관하게 언제든지 게이트웨이 서버를 거쳐 DB 서버에 로그인을 할 수 있었던 것으로 보이므로, 위와 같은 보호조치의 미이행과 해킹사고의 발생 사이에 상당인과관계가 인정되지 아니하여 갑 회사의 손해배상책임이 인정되지 않는다고 한 사례. (대법원 2018. 1. 25. 선고 2015다24904, 24911, 24928, 24935 판결)

[1] 정보주체의 동의 없이 개인정보를 공개함으로써 침해되는 인격적 법익과 정보주체의 동의 없이 자유롭게 개인정보를 공개하는 표현행위로서 보호받을 수 있는 법적 이익이 하나의 법률관계를 둘러싸고 충돌하는 경우에는, 개인이 공적인 존재인지 여부, 개인정보의 공공성 및 공익성, 개인정보 수집의 목적·절차·이용형태의 상당성, 개인정보 이용의 필요성, 개인정보 이용으로 인해 침해되는 이익의 성질 및 내용 등 여러 사정을 종합적으로 고려하여, 개인정보에 관한 인격권 보호에 의하여 얻을 수 있는 이익(비공개 이익)과 표현행위에 의하여 얻을 수 있는 이익(공개 이익)을 구체적으로 비교 형량하여, 어느 쪽 이익이 더욱 우월한 것으로 평가할 수 있는지에 따라 그 행위의 최종적인 위법성 여부를 판단하여야 한다.

[2] [다수의견] 변호사 정보 제공 웹사이트 운영자가 변호사들의 개인신상정보를 기반으로 변호사들의 인맥지수를 산출하여 공개하는 서비스를 제공한 사안에서, 인맥지수의 사적·인격적 성격, 산출과정에서 왜곡 가능성, 인맥지수 이용으로 인한 변호사들의 이익 침해와 공적 폐해의 우려, 그에 반하여 이용으로 달성될 공적인 가

치의 보호 필요성 정도 등을 종합적으로 고려하면, 운영자가 변호사들의 개인신상정보를 기반으로 한 인맥지수를 공개하는 표현행위에 의하여 얻을 수 있는 법적 이익이 이를 공개하지 않음으로써 보호받을 수 있는 변호사들의 인격적 법익에 비하여 우월하다고 볼 수 없어, 결국 운영자의 인맥지수 서비스 제공행위는 변호사들의 개인정보에 관한 인격권을 침해하는 위법한 것이라고 한 사례.

[대법관 박시환, 대법관 김능환, 대법관 양창수, 대법관 박병대의 반대의견] 인맥지수 산출에 사용된 변호사들의 개인신상정보의 성격, 인맥지수 산출방법의 합리성 정도, 인맥지수 이용의 필요성과 그 이용으로 달성될 공적인 가치의 보호 필요성 정도, 이용으로 인한 변호사들의 이익 침해와 공적 폐해의 우려 정도 등을 종합적으로 고려하면, 변호사들의 개인신상정보를 기반으로 한 인맥지수 서비스 제공이 변호사들의 개인정보에 관한 인격적 이익을 침해하는 위법한 행위라고 평가하기는 어렵다고 한 사례.

[3] 변호사 정보 제공 웹사이트 운영자가 대법원 홈페이지에서 제공하는 '나의 사건검색' 서비스를 통해 수집한 사건정보를 이용하여 변호사들의 승소율이나 전문성 지수 등을 제공하는 서비스를 한 사안에서, 공적 존재인 변호사들의 지위, 사건정보의 공공성 및 공익성, 사건정보를 이용한 승소율이나 전문성 지수 등 산출 방법의 합리성 정도, 승소율이나 전문성 지수 등의 이용 필요성, 이용으로 인하여 변호사들 이익이 침해될 우려의 정도 등을 종합적으로 고려하면, 웹사이트 운영자가 사건정보를 이용하여 승소율이나 전문성 지수 등을 제공하는 서비스를 하는 행위는 그에 의하여 얻을 수 있는 법적 이익이 이를 공개하지 않음으로써 얻을 수 있는 정보주체의 인격적 법익에 비하여 우월한 것으로 보여 변호사들의 개인정보에 관한 인격권을 침해하는 위법한 행위로 평가할 수 없다고 한 사례. (대법원 2011. 9. 2. 선고 2008다42430 전원합의체 판결)

[1] 개인정보를 처리하는 자가 수집한 개인정보를 피용자가 정보주체의 의사에 반하여 유출한 경우, 그로 인하여 정보주체에게 위자료로 배상할 만한 정신적 손해가 발생하였는지는 유출된 개인정보의 종류와 성격이 무엇인지, 개인정보 유출로 정보주체를 식별할 가능성이 발생하였는지, 제3자가 유출된 개인정보를 열람하였는지 또는 제3자의 열람 여부가 밝혀지지 않았다면 제3자의 열람 가능성이 있었거

나 앞으로 열람 가능성이 있는지, 유출된 개인정보가 어느 범위까지 확산되었는지, 개인정보 유출로 추가적인 법익침해 가능성이 발생하였는지, 개인정보를 처리하는 자가 개인정보를 관리해온 실태와 개인정보가 유출된 구체적인 경위는 어떠한지, 개인정보 유출로 인한 피해 발생 및 확산을 방지하기 위하여 어떠한 조치가 취하여졌는지 등 여러 사정을 종합적으로 고려하여 구체적 사건에 따라 개별적으로 판단하여야 한다.

[2] 주유 관련 보너스카드 회원으로 가입한 고객들의 개인정보를 데이터베이스로 구축하여 관리하면서 이를 이용하여 고객서비스센터를 운영하는 갑 주식회사로부터 고객서비스센터 운영업무 등을 위탁받아 수행하는 을 주식회사 관리팀 직원 병이, 정 등과 공모하여 무 등을 포함한 보너스카드 회원의 성명, 주민등록번호, 주소, 전화번호, 이메일 주소 등 고객정보를 빼내어 DVD 등 저장매체에 저장된 상태로 전달 또는 복제한 후 개인정보유출사실을 언론을 통하여 보도함으로써 집단소송에 활용할 목적으로 고객정보가 저장된 저장매체를 언론관계자들에게 제공한 사안에서, 개인정보가 병에 의하여 유출된 후 저장매체에 저장된 상태로 공범들과 언론관계자 등에게 유출되었지만 언론보도 직후 개인정보가 저장된 저장매체 등을 소지하고 있던 사건 관련자들로부터 저장매체와 편집 작업 등에 사용된 컴퓨터 등이 모두 압수, 임의제출되거나 폐기된 점, 범행을 공모한 병 등이 개인정보 판매를 위한 사전작업을 하는 과정에서 위와 같이 한정된 범위의 사람들에게 개인정보가 전달 또는 복제된 상태에서 범행이 발각되어 개인정보가 수록된 저장매체들이 모두 회수되거나 폐기되었고 그 밖에 개인정보가 유출된 흔적도 보이지 아니하여 제3자가 개인정보를 열람하거나 이용할 수는 없었다고 보이는 점, 개인정보를 유출한 범인들이나 언론관계자들이 개인정보 중 일부를 열람한 적은 있으나 개인정보의 종류 및 규모에 비추어 위와 같은 열람만으로 특정 개인정보를 식별하거나 알아내는 것은 매우 어려울 것으로 보이는 점, 개인정보 유출로 인하여 무 등에게 신원확인, 명의도용이나 추가적인 개인정보 유출 등 후속 피해가 발생하였음을 추지할 만한 상황이 발견되지 아니하는 점 등 제반 사정에 비추어 볼 때, 개인정보 유출로 인하여 무 등에게 위자료로 배상할 만한 정신적 손해가 발생하였다고 보기는 어렵다고 한 사례. (대법원 2012. 12. 26. 선고 2011다59834, 59858, 59841 판결)

Ⅵ 개인정보 분쟁조정위원회

1. 설치 및 구성

개인정보에 관한 분쟁의 조정(調停)을 위하여 개인정보 분쟁조정위원회(이하 "분쟁조정위원회"라 한다)를 둔다. 분쟁조정위원회에는 위원장 1명을 포함한 30명 이내의 위원을 두는데, 위원은 당연직위원과 위촉위원으로 구성되며, 위촉위원은 보호위원회 위원장이 위촉하거나 국가기관 소속 공무원은 당연직위원이 된다. 위원장은 위원 중에서 공무원이 아닌 사람으로 보호위원회 위원장이 위촉하고, 위원장과 위촉위원의 임기는 2년으로 하되, 1차에 한하여 연임할 수 있다(개인정보보호법 제40조 제1항 내지 제5항).

분쟁조정위원회는 분쟁조정 업무를 효율적으로 수행하기 위하여 필요하면 조정사건의 분야별로 5명 이내의 위원으로 구성되는 조정부를 둘 수 있고, 이 경우 조정부가 분쟁조정위원회에서 위임받아 의결한 사항은 분쟁조정위원회에서 의결한 것으로 본다(개인정보보호법 제40조 제6항).

분쟁조정위원회 또는 조정부는 재적위원 과반수의 출석으로 개의하며 출석위원 과반수의 찬성으로 의결한다(개인정보보호법 제40조 제7항).

위원은 자격정지 이상의 형을 선고받거나 심신상의 장애로 직무를 수행할 수 없는 경우를 제외하고는 그의 의사에 반하여 면직되거나 해촉되지 아니한다(개인정보보호법 제41조). 분쟁조정위원회의 위원은 ① 위원 또는 그 배우자나 배우자였던 자가 그 사건의 당사자가 되거나 그 사건에 관하여 공동의 권리자 또는 의무자의 관계에 있는 경우이거나 ② 위원이 그 사건의 당사자와 친족이거나 친족이었던 경우, ③ 위원이 그 사건에 관하여 증언, 감정, 법률자문을 한 경우이거나 ④ 위원이 그 사건에 관하여 당사자의 대리인으로서 관여하거나 관여하였던 경우에는 분쟁조정위원회에 신청된 분쟁조정사건의 심의·의결에서 제척(除斥)되고, 당사자는 위원에게 공정한 심의·의결을 기대하기 어려운 사정이 있으면 위원장에게 기피신청을 할 수 있으며, 위원이 위의 사유에 해당하는 경우에는 스스로 그 사건의 심의·의결에서 회피할 수 있다(개인정보보호법 제42조).

2. 조정사건의 처리절차

개인정보와 관련한 분쟁의 조정을 원하는 자는 분쟁조정위원회에 분쟁조정을 신청할 수 있고, 분쟁조정위원회는 당사자 일방으로부터 분쟁조정 신청을 받았을 때에는 그 신청내용을 상대방에게 알려야 한다(개인정보보호법 제43조 제1항·제2항). 분쟁조정위원회는 분쟁조정 신청을 받은 날부터 60일 이내에 이를 심사하여 조정안을 작성하여야 하는데, 부득이한 사정이 있는 경우에는 분쟁조정위원회의 의결로 처리기간을 연장할 수 있으며, 처리기간을 연장하게 되면 기간연장의 사유와 그 밖의 기간연장에 관한 사항을 신청인에게 알려야 한다(개인정보보호법 제44조).

분쟁조정위원회는 분쟁조정 신청을 받은 경우, 해당 분쟁의 조정을 위하여 필요한 자료를 분쟁당사자에게 요청할 수 있고, 이 경우 분쟁당사자는 정당한 사유가 없으면 요청에 따라야 한다. 분쟁조정위원회는 분쟁의 조정을 위하여 사실 확인이 필요한 경우에는 분쟁조정위원회의 위원 또는 소속 공무원으로 하여금 사건과 관련된 장소에 출입하여 관련 자료를 조사하거나 열람하게 할 수 있다. 이 경우 분쟁당사자는 해당 조사·열람을 거부할 정당한 사유가 있을 때에는 그 사유를 소명하고 조사·열람에 따르지 아니할 수 있다. 또 분쟁조정위원회는 필요하다고 인정하면 분쟁당사자나 참고인을 위원회에 출석하도록 하여 그 의견을 들을 수도 있다(개인정보보호법 제45조).

한편 분쟁조정위원회는 분쟁조정 신청을 받은 경우, 당사자에게 그 내용을 제시하고 조정 전 합의를 권고할 수 있고(개인정보보호법 제46조), 분쟁의 성질상 분쟁조정위원회에서 조정하는 것이 적합하지 아니하다고 인정하거나 부정한 목적으로 조정이 신청되었다고 인정하는 경우에는 그 조정을 거부할 수 있으며, 신청된 조정사건에 대한 처리절차를 진행하던 중에 한 쪽 당사자가 소를 제기하면 그 조정의 처리를 중지하고 이를 당사자에게 알려야 한다(개인정보보호법 제48조).

3. 조정의 성립

분쟁조정위원회는 ① 조사 대상 침해행위의 중지, ② 원상회복, 손해배상, 그 밖에 필요한 구제조치, ③ 같거나 비슷한 침해의 재발을 방지하기 위하여 필요한 조치 중 어느 하나의 사항을 포함하여 조정안을 작성할 수 있고, 조정안이 작성되면 지체 없이 각 당사자에게 제시하여야 한다. 이에 따라 조정안을 제시받은 당사자는 제시받은 날부터 15일 이내에 수락 여부를 알려야 하고, 만일 이 기간 내에 수락 여부를 알리지 아니하면 조정을 수락한 것으로 본다. 당사자가 조정내용을 수락한 경우 분쟁조정위원회는 조정서를 작성하고, 분쟁조정위원회의 위원장과 각 당사자가 기명날인 또는 서명하여야 하는 바, 조정의 내용은 재판상 화해와 동일한 효력을 갖는다(개인정보보호법 제47조).

4. 집단분쟁조정

개인정보보호법을 위반한 사안에 대하여 동일·유사한 피해를 입은 자가 다수인 경우 집단분쟁조정을 신청할 수도 있다. 즉, 국가 및 지방자치단체, 개인정보보호단체 및 기관, 정보주체, 개인정보처리자는 정보주체의 피해 또는 권리침해가 다수의 정보주체에게 같거나 비슷한 유형으로 발생하는 경우로서, ① 피해 또는 권리침해를 입은 정보주체의 수가 i) 개인정보처리자와 분쟁해결이나 피해보상에 관한 합의가 이루어진 정보주체와 ii) 같은 사안으로 다른 법령에 따라 설치된 분쟁조정기구에서 분쟁조정 절차가 진행 중인 정보주체, iii) 해당 개인정보 침해로 인한 피해에 대하여 법원에 소(訴)를 제기한 정보주체를 제외하고도 50명 이상이고, ② 사건의 중요한 쟁점이 사실상 또는 법률상 공통되는 사건에 대하여는 분쟁조정위원회에 일괄적인 분쟁조정을 의뢰 또는 신청할 수 있는바, 이때의 일괄적인 분쟁조정을 “집단분쟁조정”이라 한다(개인정보보호법 제49조 제1항, 동법 시행령 제52조).

이에 따라 집단분쟁조정을 의뢰받거나 신청받은 분쟁조정위원회는 그 의결로써 집단분쟁조정의 절차를 개시할 수 있고, 이 경우 분쟁조정위원회는 14일 이상의 기간동안 그 절차의 개시를 공고하여, 집단분쟁조정의 당사자가 아닌 정보주체 또는 개인정보처리자로부터 그 분쟁조정의 당사자에 추가로 포함될 수 있도록 하는 신청을 받을 수 있다(개인정보보호법 제49조 제2항·제3항, 동법 시행령 제53조 제1항). 집단분쟁조정의 기간은 위 공고가 종료된 날의 다음 날부터 60일 이내로 하나, 부득이한 사정이 있는 경우에는 분쟁조정위원회의 의결로 처리기간을 연장할 수 있다. 분쟁조정위원회는 그 의결로써 집단분쟁조정의 당사자 중에서 공동의 이익을 대표하기에 가장 적합한 1인 또는 수인을 대표당사자로 선임할 수 있고, 개인정보처리자가 분쟁조정위원회의 집단분쟁조정의 내용을 수락한 경우에는 집단분쟁조정의 당사자가 아닌 자로서 피해를 입은 정보주체에 대한 보상계획서를 작성하여 분쟁조정위원회에 제출하도록 권고할 수 있다(개인정보보호법 제49조 제4항·제5항·제7항).

한편 집단분쟁조정의 당사자인 다수의 정보주체 중 일부의 정보주체가 법원에 소를 제기한 경우, 분쟁조정위원회는 그 절차를 중지하지 아니하고 소를 제기한 일부의 정보주체를 그 절차에서 제외한다(개인정보보호법 제49조 제6항).

Ⅶ 개인정보 단체소송

개인정보보호법에서는 개인정보처리자가 집단분쟁조정을 거부하거나 집단분쟁조정의 결과를 수락하지 아니한 경우, 일정한 단체가 권리침해행위의 금지 또는 중지를 구하는 단체소송을 제기할 수 있다. 즉, ① 「소비자기본법」에 따라 공정거래위원회에 등록한 소비자단체로서 i) 정관에 따라 상시적으로 정보주체의 권익증진을 주된 목적으로 하는 단체이고, ii) 단체의 정회원수가 1천명 이상이며, iii) 「소비자기본법」에 따른 등록 후 3년이 경과한 단체이거나, ② 「비영리민간단체 지원법」에 따른 비영리민간단체로서 i) 법률상 또는 사실상 동일한 침해를 입은 100명 이상의 정보주체로부터 단체소송의 제기를 요청받고, ii) 정관에 개인정보 보호를 단체의 목적으로 명시한 후 최근 3년 이상 이를 위한 활동실적이 있으며, iii) 단체의 상시 구성원수가 5천명 이상이고, iv) 중앙행정기관에 등록되어 있는 단체는 개인정보처리자가 집단분쟁조정을 거부하거나 집단분쟁조정의 결과를 수락하지 아니한 경우에는 법원에 권리침해 행위의 금지·중지를 구하는 단체소송을 제기할 수 있다(개인정보보호법 제51조).

단체소송의 소는 피고의 주된 사무소 또는 영업소가 있는 곳, 주된 사무소나 영업소가 없는 경우에는 주된 업무담당자의 주소가 있는 곳의 지방법원 본원 합의부의 관할에 전속하며, 단체소송의 원고는 변호사를 소송대리인으로 선임하여야 한다(개인정보보호법 제52조 · 제53조).

단체소송을 제기하는 단체는 소장과 함께 원고 및 그 소송대리인, 피고, 정보주체의 침해된 권리의 내용을 기재한 소송허가신청서를 각종 자료와 함께 법원에 제출하고, 법원의 심사를 거쳐 법원으로부터 단체소송을 허가하는 결정을 받게 된다. 단체소송을 허가하거나 불허가하는 법원의 결정에 대하여는 즉시항고할 수 있으며, 만일 원고의 청구를 기각하는 판결이 확정되면 ① 판결이 확정된 후 그 사안과 관련하여 국가 · 지방자치단체 또는 국가 · 지방자치단체가 설립한 기관에 의하여 새로운 증거가 나타난 경우이거나 ② 기각판결이 원고의 고의로 인한 것임이 밝혀진 경우가 아니고서는 동일한 사안에 관하여는 단체소송을 제기할 수 없다(개인정보보호법 제54조 내지 제56조).

Ⅷ 보칙

1. 적용제외

국가안전보장과 관련된 정보 분석을 목적으로 수집 또는 제공 요청되는 개인정보이거나, 언론, 종교단체, 정당이 각각 취재 · 보도, 선교, 선거 입후보자 추천 등 고유 목적을 달성하기 위하여 수집 · 이용하는 개인정보의 경우에는 이법 제3장부터 제8장까지를 적용하지 않으며, 동창회, 동호회 등 친목 도모를 위한 단체를 운영하기 위하여 개인정보를 처리하는 경우에도 이 법의 일부를 적용하지 않는다(개인정보보호법 제58조).

이 법은 시간 · 비용 · 기술 등을 합리적으로 고려할 때 다른 정보를 사용하여도 더 이상 개인을 알아볼 수 없는 정보에는 적용하지 아니한다(개인정보보호법 제58조의2).

2. 금지행위

개인정보를 처리하거나 처리하였던 자는 거짓이나 그 밖의 부정한 수단이나 방법으로 개인정보를 취득하거나 처리에 관한 동의를 받는 행위, 업무상 알게 된 개인정보를 누설하거나 권한 없이 다른 사람이 이용하도록 제공하는 행위, 정당한 권한 없이 또는 허용된 권한을 초과하여 다른 사람의 개인정보를 이용, 훼손, 멸실, 변경, 위조 또는 유출하는 행위를 하여서는 아니 된다(개인정보보호법 제59조).

3. 침해 사실의 신고

개인정보처리자가 개인정보를 처리할 때 개인정보에 관한 권리 또는 이익을 침해받은 사람은 개인정보 보호위원회(이하 "보호위원회"라 한다)에 그 침해 사실을 신고할 수 있다. 보호위원회는 신고의 접수·처리 등에 관한 업무를 효율적으로 수행하기 위하여 전문기관을 지정할 수 있는데, 이 경우 전문기관은 개인정보침해 신고센터를 설치·운영하여야 한다. 개인정보침해 신고센터는 개인정보 처리와 관련한 신고의 접수·상담, 사실의 조사·확인 및 관계자의 의견 청취, 이에 따른 업무에 딸린 업무를 수행한다(개인정보보호법 제62조).

4. 시정조치 등

보호위원회는 이 법을 위반한 자(중앙행정기관, 지방자치단체, 국회, 법원, 헌법재판소, 중앙선거관리위원회는 제외한다)에 대하여 개인정보 침해행위의 중지, 개인정보 처리의 일시적인 정지, 그 밖에 개인정보의 보호 및 침해 방지를 위하여 필요한 조치를 명할 수 있다(개인정보보호법 제64조 제1항).

지방자치단체, 국회, 법원, 헌법재판소, 중앙선거관리위원회는 그 소속 기관 및 소관 공공기관이 이 법을 위반하였을 때에는 시정조치를 명할 수 있고, 보호위원회는 중앙행정기관, 지방자치단체, 국회, 법원, 헌법재판소, 중앙선거관리위원회가 이 법을 위반하였을 때에는 해당 기관의 장에게 시정조치를 하도록 권고할 수 있다. 이 경우 권고를 받은 기관은 특별한 사유가 없으면 이를 존중하여야 한다(개인정보보호법 제64조 제2항·제3항).

5. 과징금의 부과

보호위원회는 이 법을 위반하여 개인정보를 처리하거나 정보주체의 동의를 받지 아니하고 민감정보를 처리하는 등 일정 사유에 해당하면 해당 개인정보처리자에게 전체 매출액의 100분의 3을 초과하지 아니하는 범위에서 과징금을 부과할 수 있다. 다만, 매출액이 없거나 매출액의 산정이 곤란한 경우로서 대통령령으로 정하는 경우에는 20억원을 초과하지 아니하는 범위에서 과징금을 부과할 수 있다(개인정보보호법 제64조의2 제1항).

보호위원회가 과징금을 부과하려는 경우, 전체 매출액에서 위반행위와 관련이 없는 매출액을 제외한 매출액을 기준으로 과징금을 산정하여야 하고, 위반행위에 상응하는 비례성과 침해 예방에 대한 효과성이 확보될 수 있도록 위반행위의 내용 및 정도, 위반행위의 기간 및 횟수, 위반행위로 인하여 취득한 이익의 규모, 암호화 등 안전성 확보 조치 이행 노력, 개인정보가 분실·도난·유출·위조·변조·훼손된 경우 위반행위와의 관련성 및 분실·도난·유출·위조·변조·훼손의 규모, 위반행위로 인한 피해의 회복 및 피해 확산 방지 조치의 이행 여부, 개인정보처리자의 업무 형태 및 규모, 개인정보처리자가 처리하는 개인정보의 유형과 정보주체에게 미치는 영향, 위반행위로 인한 정보주체의 피해 규모, 개인정보 보호 인증, 자율적인 보호 활동 등 개인정보 보호를 위한 노력, 보호위원회와의 협조 등 위반행위를 시정하기 위한 조치 여부를 고려하여야 한다(개인정보보호법 제64조의2 제2항·제4항).

다만, 지급불능·지급정지 또는 자본잠식 등의 사유로 객관적으로 과징금을 낼 능력이 없다고 인정되거나, 본인의 행위가 위법하지 아니한 것으로 잘못 인식할 만한 정당한 사유가 있는 경우, 위반행위의 내용·정도가 경미하거나 산정된 과징금이 소액인 경우, 그 밖에 정보주체에게 피해가 발생하지 아니하였거나 경미한 경우로서 대통령령으로 정하는 사유가 있는 경우에는 과징금을 부과하지 아니할 수 있다(개인정보보호법 제64조의2 제5항).

6. 고발 및 징계권고

보호위원회는 개인정보처리자에게 이 법 등 개인정보 보호와 관련된 법규의 위반에 따른 범죄혐의가 있다고 인정될 만한 상당한 이유가 있을 때에는 관할 수사기관에 그 내용을 고발할 수 있고, 위반행위가 있다고 인정될 만한 상당한 이유가 있을 때에는 책임이 있는 자(대표자 및 책임있는 임원을 포함한다)를 징계할 것을 해당 개인정보처리자에게 권고할 수 있다. 이 경우 권고를 받은 사람은 이를 존중하여야 하며 그 결과를 보호위원회에 통보하여야 한다(개인정보보호법 제65조 제1항 · 제2항).

이에 따라 관계 중앙행정기관의 장은 소관 법률에 따라 개인정보처리자에 대하여 고발을 하거나 소속 기관·단체 등의 장에게 징계권고를 할 수 있다. 이 경우 징계권고를 받은 사람은 이를 존중하여야 하며 그 결과를 관계 중앙행정기관의 장에게 통보하여야 한다(개인정보보호법 제65조 제3항).

7. 결과의 공표

보호위원회는 개선권고, 시정조치 명령, 과징금의 부과, 고발 또는 징계권고 및 과태료 부과의 내용 및 결과에 대하여 공표할 수 있고, 처분 등을 받은 자에게 해당 처분 등을 받았다는 사실을 공표할 것을 명할 수 있다(개인정보보호법 제66조).

Ⅸ 벌칙

1. 벌칙

(1) 10년 이하의 징역 또는 1억원 이하의 벌금

① 공공기관의 개인정보 처리업무를 방해할 목적으로 공공기관에서 처리하고 있는 개인정보를 변경하거나 말소하여 공공기관의 업무 수행의 중단·마비 등 심각한 지장을 초래한 자, ② 거짓이나 그 밖의 부정한 수단이나 방법으로 다른 사

람이 처리하고 있는 개인정보를 취득한 후 이를 영리 또는 부정한 목적으로 제3자에게 제공한 자와 이를 교사·알선한 자는 10년 이하의 징역 또는 1억원 이하의 벌금에 처한다(개인정보보호법 제70조).

(2) 5년 이하의 징역 또는 5천만원 이하의 벌금

① 법 제17조 제1항 제2호에 해당하지 아니함에도 같은 항 제1호(법 제26조 제8항에 따라 준용되는 경우를 포함한다)를 위반하여 정보주체의 동의를 받지 아니하고 개인정보를 제3자에게 제공한 자 및 그 사정을 알면서도 개인정보를 제공받은 자, ② 법 제18조 제1항·제2항, 제27조 제3항 또는 제28조의2(법 제26조 제8항에 따라 준용되는 경우를 포함한다), 제19조 또는 제26조 제5항을 위반하여 개인정보를 이용하거나 제3자에게 제공한 자 및 그 사정을 알면서도 영리 또는 부정한 목적으로 개인정보를 제공받은 자, ③ 법 제22조의2 제1항(법 제26조 제8항에 따라 준용되는 경우를 포함한다)을 위반하여 법정대리인의 동의를 받지 아니하고 만 14세 미만인 아동의 개인정보를 처리한 자, ④ 법 제23조 제1항(법 제26조 제8항에 따라 준용되는 경우를 포함한다)을 위반하여 민감정보를 처리한 자, ⑤ 법 제24조 제1항(법 제26조 제8항에 따라 준용되는 경우를 포함한다)을 위반하여 고유식별정보를 처리한 자, ⑥ 법 제28조의3 제1항(법 제26조 제8항에 따라 준용되는 경우를 포함한다)을 위반하여 보호위원회 또는 관계 중앙행정기관의 장으로부터 전문기관으로 지정받지 아니하고 가명정보를 결합한 자, ⑦ 법 제28조의3 제2항(법 제26조 제8항에 따라 준용되는 경우를 포함한다)을 위반하여 전문기관의 장의 승인을 받지 아니하고 결합을 수행한 기관 외부로 결합된 정보를 반출하거나 이를 제3자에게 제공한 자 및 그 사정을 알면서도 영리 또는 부정한 목적으로 결합된 정보를 제공받은 자, ⑧ 법 제28조의5 제1항(법 제26조 제8항에 따라 준용되는 경우를 포함한다)을 위반하여 특정 개인을 알아보기 위한 목적으로 가명정보를 처리한 자, ⑨ 법 제59조 제2호를 위반하여 업무상 알게 된 개인정보를 누설하거나 권한 없이 다른 사람이 이용하도록 제공한 자 및 그 사정을 알면서도 영리 또는 부정한 목적으로 개인정보를 제공받은 자, ⑩ 법 제59조 제3호를 위반하여 다른 사람의 개인정보를 이용, 훼손, 멸실, 변경, 위조 또는 유출한 자는 5년 이하의 징역 또는 5천만원 이하의 벌금에

처한다(개인정보보호법 제71조).

(3) 3년 이하의 징역 또는 3천만원 이하의 벌금

① 법 제25조 제5항(법 제26조 제8항에 따라 준용되는 경우를 포함한다)을 위반하여 고정형 영상정보처리기기의 설치 목적과 다른 목적으로 고정형 영상정보처리기기를 임의로 조작하거나 다른 곳을 비추는 자 또는 녹음기능을 사용한 자, ② 법 제59조 제1호를 위반하여 거짓이나 그 밖의 부정한 수단이나 방법으로 개인정보를 취득하거나 개인정보 처리에 관한 동의를 받는 행위를 한 자 및 그 사정을 알면서도 영리 또는 부정한 목적으로 개인정보를 제공받은 자, ③ 법 제60조를 위반하여 직무상 알게 된 비밀을 누설하거나 직무상 목적 외에 이용한 자는 3년 이하의 징역 또는 3천만원 이하의 벌금에 처한다(개인정보보호법 제72조).

(4) 2년 이하의 징역 또는 2천만원 이하의 벌금

① 법 제36조 제2항(법 제26조 제8항에 따라 준용되는 경우를 포함한다)을 위반하여 정정·삭제 등 필요한 조치를 하지 아니하고 개인정보를 계속 이용하거나 이를 제3자에게 제공한 자, ② 법 제37조 제2항(법 제26조 제8항에 따라 준용되는 경우를 포함한다)을 위반하여 개인정보의 처리를 정지하지 아니하고 개인정보를 계속 이용하거나 제3자에게 제공한 자, ③ 국내외에서 정당한 이유 없이 제39조의4에 따른 비밀유지명령을 위반한 자, ④ 법 제63조 제1항(법 제26조 제8항에 따라 준용되는 경우를 포함한다)에 따른 자료제출 요구에 대하여 법 위반사항을 은폐 또는 축소할 목적으로 자료제출을 거부하거나 거짓의 자료를 제출한 자, ⑤ 법 제63조 제2항(법 제26조 제8항에 따라 준용되는 경우를 포함한다)에 따른 출입·검사 시 자료의 은닉·폐기, 접근 거부 또는 위조·변조 등을 통하여 조사를 거부·방해 또는 기피한 자는 2년 이하의 징역 또는 2천만원 이하의 벌금에 처한다. 다만, ③의 죄는 비밀유지명령을 신청한 자의 고소가 없으면 공소를 제기할 수 없다(개인정보보호법 제73조).

2. 양벌규정

법인의 대표자나 법인 또는 개인의 대리인, 사용인, 그 밖의 종업원이 그 법인 또는 개인의 업무에 관하여 제70조부터 제73조까지의 벌칙조항 위반행위를 하면 그 행위자를 벌하는 외에 그 법인 또는 개인에게도 벌금형을 과한다. 다만, 법인 또는 개인이 그 위반행위를 방지하기 위하여 해당 업무에 관하여 상당한 주의와 감독을 게을리하지 아니한 경우에는 그러하지 아니하다(개인정보보호법 제74조).

3. 몰수 · 추징 등

제70조부터 제73조까지의 어느 하나에 해당하는 죄를 지은 자가 해당 위반행위와 관련하여 취득한 금품이나 그 밖의 이익은 몰수할 수 있으며, 이를 몰수할 수 없을 때에는 그 가액을 추징할 수 있다. 이 경우 몰수 또는 추징은 다른 벌칙에 부가하여 과할 수 있다(개인정보보호법 제74조의2).

4. 과태료

사업자 또는 사업자단체가 위반행위를 하는 경우, 행위유형에 따라 과태료를 부과한다(개인정보보호법 제75조). 과태료에 관한 규정을 적용할 때 과징금을 부과한 행위에 대해서는 과태료를 부과할 수 없다(개인정보보호법 제76조).

제9편

의료계약과 의료분쟁

제 1 장

의료계약

I 의료계약의 내용

의료계약은 환자가 의사에게 진료를 의뢰하고, 의사가 환자의 요청에 응하여 치료를 하는 것을 내용으로 하는 계약이다. 의료계약이 성립함으로써 의사는 진료를 하고, 환자는 치료비를 지급하여야 한다. 환자는 의사의 진료에 협조하여야 하고, 의사는 의사로서 진료의무를 다하여야 한다.

의사의 진료채무는 결과채무가 아닌 수단채무로서, 의사가 선량한 관리자의 주의의무를 다하였다면 설령 질병이 치료되지 않았어도 그 의무를 다 한 것으로 볼 수 있다. 이러한 의미에서 의료계약은 도급이 아닌 위임관계로 보는 것이 타당하다.

의료법에서는 의료인에게 진료의 요청을 받으면 정당한 사유 없이 거부하지 못하도록 진료거부를 금지하고 있다(의료법 제15조 제1항).

II 의사의 의무

1. 진료의무

의사는 환자의 병을 치료하기 위하여 최선을 다해 의료적 조치를 취해야 할 의무를 부담한다. 그러나 의사에게 환자의 병을 완치시켜야 할 의무가 있는 것은 아니다.

2. 설명의무

의사는 환자가 자신의 치료에 대하여 스스로 결정할 수 있도록 치료진행상황이나 치료과정, 또는 수술 후 발생할 수 있는 부작용 등을 설명하여야 하며, 충분한 설명을 들은 환자의 동의가 있어야 환자를 치료할 수 있다.

의료법에서는 의사, 치과의사, 한의사에게 사람의 생명 또는 신체에 중대한 위해를 발생하게 할 우려가 있는 수술, 수혈, 전신마취(이하 "수술등"이라 한다)를 하는 경우, ① 환자에게 발생하거나 발생 가능한 증상의 진단명, ② 수술등의 필요성, 방법 및 내용, ③ 환자에게 설명을 하는 의사, 치과의사 또는 한의사 및 수술등에 참여하는 주된 의사, 치과의사 또는 한의사의 성명, ④ 수술등에 따라 전형적으로 발생이 예상되는 후유증 또는 부작용, ⑤ 수술등 전후 환자가 준수하여야 할 사항을 환자에게 설명하고 서면으로 동의를 받도록 하고 있다(의료법 제24조의2 제1항 · 제2항).

의사의 설명의무는 수술시에 한하는 것이 아니라 검사와 진단, 치료 등 진료의 모든 단계에서 각각 발생한다. 그러나 의사의 설명의무 위반을 이유로 의사에게 손해배상청구를 할 수 있도록 하는 것은 환자가 스스로 자기결정권을 행사하여 의료행위를 받을 것인지 여부를 선택하게 하고, 그럼으로써 중대한 결과의 발생을 회피할 수 있었음에도 불구하고 의사가 설명을 하지 않아 그 기회를 상실하게 된 데에 따른 정신적 고통을 위자하기 위함이다. 따라서 설명의무 위반으로 인하여 지급할 의무가 있는 위자료에는, 설명의무 위반이 인정되어 자기결정권 상실에 따른 정신적 고통을 위자하는 금액에 한한다고 보아야 한다.[1)]

의사의 설명의무는 의료행위에 따르는 후유증이나 부작용 등 위험의 발생가능성이 희소하거나 당해 치료행위과정에서 전형적으로 발생하는 것인 경우에도 면제되지 않으나, 다만 긴급한 경우이거나 응급환자의 경우에는 설명의무가 면제될 수 있다.[2)] 설명을 어느 정도 하여야 할 것인가에 대하여는, 당해 환자에 대하여 사전에 질병의 증상, 치료방법의 내용 및 필요성, 예후 및 예상되는 생명, 신체에 대한

1) 대법원 1995. 4. 25. 선고 94다27151 판결; 대법원 2013. 4. 26. 선고 2011다29666 판결 등.

2) 대법원 1994. 4. 15. 선고 92다25885 판결.

위험과 부작용 등 당시 의료수준에 비추어 환자의 의사결정을 위하여 중요하다고 생각되는 사항을 구체적으로 설명하여야 한다. 한편 환자가 의사로부터 올바른 설명을 들었더라도 위 투약에 동의하였을 것이라는 이른바 가정적 승낙에 의한 의사의 면책은 의사측의 항변사항으로서 환자의 승낙이 명백히 예상되는 경우에만 허용된다.[3)]

설명의무는 의사뿐 아니라 약사나 한약업사에게도 인정된다. 그리고 의사의 설명의무 위반에 대한 입증책임은 환자측에 있지 않고, 의사측에서 설명의무를 이행하였음을 입증하여야 한다.[4)]

가. 교통사고 환자가 복통을 호소하는 외에 다른 외상이 없는데도 혈압이 극히 낮아, 담당의사들로서는 수혈을 통하여 환자의 혈압을 정상으로 끌어 올림으로써 위급한 상황을 넘겨 어느 정도 시간을 확보하게 된 상태에서 내출혈을 의심하고 그 출혈원인을 규명하기 위하여 한밤중에 자택에 있던 비뇨기과 과장까지 병원으로 나와 복강천자와 방광 및 신장에 대한 특수검사를 실시하고, 그래도 이상이 발견되지 아니하자 정밀검사를 위하여 초음파검사를 하려 하였던 시점에서 환자가 갑자기 호흡곤란 증세를 일으키기 시작하여 급히 개복수술을 하여 본 결과, 하대정맥 및 총장골동맥 파열로 인한 과다출혈로 결국 사망한 것이라면, 이는 그와 같은 상황에서 통상 의사들에게 요구되는 극히 정상적인 진료활동이라 할 수 있고, 이와 달리 환자가 외형상 위독한 상태가 아닌데도 각종 검사기법을 통한 원인규명을 생략한 채 내출혈의 원인을 밝혀내기 위하여 환자나 가족의 동의도 없이 새벽 2시 30분경부터 5시 30분 경사이의 인적·물적 조건 아래에서 개복수술부터 시행하도록 요구하거나 이를 기대할 수는 없으므로, 담당의사들에게 즉시 개복수술을 시행하여 내출혈의 원인을 밝혀내고 이를 치료하지 못한 의료과실이 있다고 볼 수 없다고 한 사례.

나. 의사의 환자에 대한 설명의무가 수술시에만 한하지 않고, 검사, 진단, 치료 등 진료의 모든 단계에서 각각 발생한다 하더라도 설명의무 위반에 대하여 의사에게 위자료 등의 지급의무를 부담시키는 것은 의사가 환자에게 제대로 설명하지 아니한 채

3) 대법원 1994. 4. 15. 선고 92다25885 판결.

4) 대법원 2007. 5. 31. 선고 2005다5867 판결.

수술 등을 시행하여 환자에게 예기치 못한 중대한 결과가 발생하였을 경우에 의사가 그 행위에 앞서 환자에게 질병의 증상, 치료나 진단방법의 내용 및 필요성과 그로 인하여 발생이 예상되는 위험성 등을 설명하여 주었더라면 환자가 스스로 자기결정권을 행사하여 그 의료행위를 받을 것인지 여부를 선택함으로써 중대한 결과의 발생을 회피할 수 있었음에도 불구하고, 의사가 설명을 하지 아니하여 그 기회를 상실하게 된 데에 따른 정신적 고통을 위자하는 것이므로, 이러한 의미에서의 의사의 설명은 모든 의료과정 전반을 대상으로 하는 것이 아니라 수술 등 침습을 과하는 과정 및 그 후에 나쁜 결과 발생의 개연성이 있는 의료행위를 하는 경우 또는 사망 등의 중대한 결과발생이 예측되는 의료행위를 하는 경우 등과 같이 환자에게 자기결정에 의한 선택이 요구되는 경우만을 대상으로 하여야 하고, 따라서 환자에게 발생한 중대한 결과가 의사의 침습행위로 인한 것이 아니거나 또는 환자의 자기결정권이 문제되지 아니하는 사항에 관한 것은 위자료 지급대상으로서의 설명의무 위반이 문제될 여지는 없다고 봄이 상당하다. (대법원 1995. 4. 25. 선고 94다27151 판결)

[1] 의사가 설명의무를 위반한 채 수술 등을 하여 환자에게 중대한 결과가 발생한 경우에 환자 측에서 선택의 기회를 잃고 자기결정권을 행사할 수 없게 된 데 대한 위자료만을 청구하는 경우에는 의사의 설명 결여 내지 부족으로 인하여 선택의 기회를 상실하였다는 점만 입증하면 족하고, 설명을 받았더라면 중대한 결과는 생기지 않았을 것이라는 관계까지 입증하여야 하는 것은 아니지만, 그 결과로 인한 모든 손해의 배상을 청구하는 경우에는 그 중대한 결과와 의사의 설명의무 위반 내지 승낙취득 과정에서의 잘못과 사이에 상당인과관계가 존재하여야 하며, 그때의 의사의 설명의무 위반은 환자의 자기결정권 내지 치료행위에 대한 선택의 기회를 보호하기 위한 점에 비추어 환자의 생명, 신체에 대한 구체적 치료과정에서 요구되는 의사의 주의의무 위반과 동일시할 정도의 것이어야 한다.

[2] 의사의 환자에 대한 설명의무가 수술 시에만 한하지 않고, 검사, 진단, 치료 등 진료의 모든 단계에서 각각 발생한다 하더라도, 설명의무 위반에 대하여 의사에게 위자료 등의 지급의무를 부담시키는 것은 의사가 환자에게 제대로 설명하지 아니한 채 수술 등을 시행하여 환자에게 예기치 못한 중대한 결과가 발생하였을 경우에 의사가 그 행위에 앞서 환자에게 질병의 증상, 치료나 진단방법의 내용 및 필

요성과 그로 인하여 발생이 예상되는 위험성 등을 설명하여 주었더라면 환자가 스스로 자기결정권을 행사하여 그 의료행위를 받을 것인지를 선택함으로써 중대한 결과의 발생을 회피할 수 있었음에도 불구하고 의사가 설명을 하지 아니하여 그 기회를 상실하게 된 데에 따른 정신적 고통을 위자하는 것이므로, 설명의무 위반으로 인하여 지급할 의무가 있는 위자료에는, 설명의무 위반이 인정되지 않은 부분과 관련된 자기결정권 상실에 따른 정신적 고통을 위자하는 금액 또는 중대한 결과의 발생 자체에 따른 정신적 고통을 위자하는 금액 등은 포함되지 아니한다고 보아야 한다. 그리고 의료행위로 인하여 환자에게 나쁜 결과가 발생하였는데 의사의 진료상 과실은 인정되지 않고 설명의무 위반만 인정되는 경우, 설명의무 위반에 대한 위자료의 명목 아래 사실상 재산적 손해의 전보를 꾀하여서는 아니 된다. (대법원 2013. 4. 26. 선고 2011다29666 판결)

의사의 설명의무는 그 의료행위에 따르는 후유증이나 부작용 등의 위험발생 가능성이 희소하다는 사정만으로 면제될 수 없으며, 그 후유증이나 부작용이 치료행위에 전형적으로 발생하는 위험이거나 회복할 수 없는 중대한 것인 경우에는 발생가능성의 희소성에도 불구하고 설명의 대상이 된다는 것이 대법원의 확립된 판례이며(대법원 2002. 10. 25. 선고 2002다48443 판결 등 참조), 이 경우 의사가 시술 전 환자의 상태 및 시술로 인한 합병증으로 사망할 가능성의 정도와 예방가능성 등에 관하여 구체적인 설명을 하여 주지 아니하였다면 설명의무를 다하였다고 할 수 없다(대법원 1999. 12. 21. 선고 98다29261 판결 참조).

기록 중의 증거를 위 법리에 비추어 살펴보면, 원심이 이 사건 시술 전 소외 1이 망인에게 설명의무를 다하지 아니하였다고 인정한 것은 정당하고, 거기에 채증법칙 위배로 인한 사실오인이나 설명의무의 범위에 관한 법리오해의 위법은 없다.

그러나 의사가 설명의무를 위반한 채 수술을 시행하여 환자에게 중대한 결과가 발생하였다는 것을 이유로 결과로 인한 모든 손해를 청구하는 경우에는 그 중대한 결과와 의사의 설명의무 위반 내지 승낙취득 과정에서의 잘못과의 사이에 상당인과관계가 존재하여야 하며, 그 때의 의사의 설명의무 위반은 환자의 자기결정권 내지 치료행위에 대한 선택의 기회를 보호하기 위한 점에 비추어 환자의 생명, 신체에 대한 구체적 치료과정에서 요구되는 의사의 주의의무 위반과 동일시할 정도의 것이어야 하는바(대법원 2002. 10. 25. 선고 2002다48443 판결 등 참조), 기록에 의하더라도 중증 뇌경색으로 입원하여 정확한 치료방법을 찾기 위하여 뇌혈관조영술을 받게 된 망인에게 있어서 설명의무 위반과 중한 결과 사이의 인과관계를 인정할 만한 사정은 엿보이지 아니한다. (대법원 2004. 10. 28. 선고 2002다45185 판결)

의사는 응급환자의 경우나 그 밖에 특별한 사정이 없는 한 환자에게 수술 등 인체에 위험을 가하는 의료행위를 할 경우 그에 대한 승낙을 얻기 위한 전제로서 환자에게 질병의 증상, 치료방법의 내용 및 필요성, 발생이 예상되는 생명, 신체에 대한 위험과 부작용 등에 관하여 당시의 의료수준에 비추어 환자가 의사결정을 함에 있어 중요하다고 생각되는 사항을 구체적으로 설명하여 환자로 하여금 수술 등의 의료행위에 응할 것인지 스스로 결정할 기회를 가지도록 할 의무가 있다.
이와 같은 의사의 설명의무는 의료행위가 행해질 때까지 적절한 시간적 여유를 두고 이행되어야 한다. 환자가 의료행위에 응할 것인지를 합리적으로 결정할 수 있기 위해서는 그 의료행위의 필요성과 위험성 등을 환자 스스로 숙고하고 필요하다면 가족 등 주변 사람과 상의하고 결정할 시간적 여유가 환자에게 주어져야 하기 때문이다. 의사가 환자에게 의사를 결정함에 충분한 시간을 주지 않고 의료행위에 관한 설명을 한 다음 곧바로 의료행위로 나아간다면 이는 환자가 의료행위에 응할 것인지 선택할 기회를 침해한 것으로서 의사의 설명의무가 이행되었다고 볼 수 없다. 이때 적절한 시간적 여유를 두고 설명의무를 이행하였는지는 의료행위의 내용과 방법, 그 의료행위의 위험성과 긴급성의 정도, 의료행위 전 환자의 상태 등 여러 가지 사정을 종합하여 개별적·구 체적으로 판단하여야 한다. (대법원 2022. 1. 27. 선고 2021다265010 판결)

의료법 제24조의2 제1항, 제2항은 의사·치과의사 또는 한의사가 사람의 생명 또는 신체에 중대한 위해를 발생하게 할 우려가 있는 수술, 수혈, 전신마취를 하는 경우 수술 등에 따라 전형적으로 발생이 예상되는 후유증 또는 부작용 등을 환자에게, 환자가 의사결정능력이 없는 경우 환자의 법정대리인에게 설명하고 서면으로 그 동의를 받아야 한다고 규정하고 있다. 또한 응급의료에 관한 법률 제9조 제1항, 제2항은 응급의료종사자가 의사결정능력이 없는 응급환자에 대하여 응급의료를 하여야 하는 경우 응급환자의 법정대리인이 동행하였으면 그 법정대리인에게 응급의료에 관하여 설명하고 동의를 받아야 하고, 법정대리인이 동행하지 아니하였다면 동행한 사람에게 설명한 후

응급처치를 하여야 한다고 규정하고 있으며, 생명윤리 및 안전에 관한 법률 제16조 제1항, 제2항은 인간대상연구를 함에 있어 인간대상연구자는 연구대상자로부터 서면동의를 받아야 하는데 동의 능력이 없거나 불완전한 사람으로서 아동복지법 제3조 제1호의 18세 미만인 아동이 참여하는 연구의 경우에는 법정대리인 등의 서면동의를 받아야 하고, 이 경우 법정대리인 등의 동의는 연구대상자의 의사에 어긋나서는 아니 된다고 규정하고 있다.
이러한 의료법 및 관계 법령들의 취지에 비추어 보면, 환자가 미성년자라도 의사결정능력이 있는 이상 자신의 신체에 위험을 가하는 의료행위에 관한 자기결정권을 가질 수 있으므로 원칙적으로 의사는 미성년자인 환자에 대해서 의료행위에 관하여 설명할 의무를 부담한다.
그러나 미성년자인 환자는 친권자나 법정대리인의 보호 아래 병원에 방문하여 의사의 설명을 듣고 의료행위를 선택·승낙하는 상황이 많을 것인데, 이 경우 의사의 설명은 친권자나 법정대리인에게 이루어지고 미성년자인 환자는 설명 상황에 같이 있으면서 그 내용을 듣거나 친권자나 법정대리인으로부터 의료행위에 관한 구체적인 설명을 전해 들음으로써 의료행위를 수용하는 것이 일반적이다. 아직 정신적이나 신체적으로 성숙하지 않은 미성년자에게는 언제나 의사가 직접 의료행위를 설명하고 선택하도록 하는 것보다는 이처럼 미성년자와 유대관계가 있는 친권자나 법정대리인을 통하여 설명이 전달되어 수용하게 하는 것이 미성년자의 복리를 위해서 더 바람직할 수 있다. 따라서 의사가 미성년자인 환자의 친권자나 법정대리인에게 의료행위에 관하여 설명하였다면, 그러한 설명이 친권자나 법정대리인을 통하여 미성년자인 환자에게 전달됨으로써 의사는 미성년자인 환자에 대한 설명의무를 이행하였다고 볼 수 있다.
다만 친권자나 법정대리인에게 설명하더라도 미성년자에게 전달되지 않아 의료행위 결정과 시행에 미성년자의 의사가 배제될 것이 명백한 경우나 미성년자인 환자가 의료행위에 대하여 적극적으로 거부 의사를 보이는 경우처럼 의사가 미성년자인 환자에게 직접 의료행위에 관하여 설명하고 승낙을 받을 필요가 있는 특별한 사정이 있으면 의사는 친권자나 법정대리인에 대한 설명만으로 설명의무를 다하였다고 볼 수는 없고, 미성년자인 환자에게 직접 의료행위를 설명하여야 한다.
이와 같이 의사가 미성년자인 환자에게 직접 설명의무를 부담하는 경우 의사는 미성년자인 환자의 나이, 미성년자인 환자가 자신의 질병에 대하여 갖고 있는 이해 정도에 맞추어 설명을 하여야 한다. (대법원 2023. 3. 9. 선고 2020다218925 판결)

3. 주의의무

의사는 의료행위를 함에 있어서 사람의 생명·신체·건강을 관리하는 업무의 성질에 비추어볼 때 환자의 구체적인 증상이나 상황에 따라 위험을 방지하기 위하여 요구되는 최선의 조치를 취하여야 할 주의의무가 있다. 의사가 환자를 치료하는데 최선을 다하여 주의를 기울였는가는 의료행위를 할 당시의 의료기관 등 임상의학분야에서 실천되고 있는 의료행위의 수준을 기준으로 판단하여야 하고, 의사가 행한 의료행위가 그 당시의 의료수준에 비추어 최선을 다한 것으로 인정되는 경우에는 의사에게 환자를 진료함에 있어서 요구되는 주의의무를 위반한 과실이 있다고 할 수 없다.[5] 이와 달리 의사가 그 당시 의학적 지식과 기술에 의하여 결과를 예견할 수 있었음에도 불구하고 실수로 결과를 막지 못하여 의료사고가 발생하였다면 이에 대한 책임을 져야 한다.

의료법에 위반하여 의료행위를 하였더라도 그 자체가 의료상 주의의무 위반행위는 아니지만,[6] 의료계에서 일반적으로 수용되어 관행적으로 행하여지는 의료행위를 하였다 하더라도 그것이 규범적으로 수용불가능한 것이라면 주의의무를 위반하였다고 본다.[7] 또 수련의나 전공의는 전문의의 지도와 자문을 받아 의료행위를 해야 하므로, 만일 그러한 의무를 위반하여 전문의의 지도 없이 직접 의료행위를 하였다면 그들의 주의의무가 특별히 감경되지 않는다.[8] 다만 야간 응급진료의 경우, 전문의가 현실적으로 배치되지 않는 상황에서 전문의의 자문을 구하거나 전문의에게 진료를 의뢰할 수도 없기 때문에 주의의무의 기준을 일반의로 낮추어 본다.[9]

---

5) 대법원 1999. 3. 26. 선고 98다45379, 45386 판결.

6) 대법원 2002. 1. 11. 선고 2001다27449 판결.

7) 피고인이 근무하는 병원에서는 인턴의 수가 부족하여 수혈의 경우 두 번째 이후의 혈액봉지는 인턴 대신 간호사가 교체하는 관행이 있었다고 하더라도, 위와 같이 혈액봉지가 바뀔 위험이 있는 상황에서 피고인이 그에 대한 아무런 조치도 취함이 없이 간호사에게 혈액봉지의 교체를 일임한 것이 관행에 따른 것이라는 이유만으로 정당화될 수는 없다(대법원 1998. 2. 27. 선고 97도2812 판결).

8) 대법원 1997. 11. 14. 선고 97다29226 판결.

9) 대법원 1994. 4. 15. 선고 92다25885 판결.

의료사고에 있어서 의료인의 과실은 그와 같은 업무와 직무에 종사하는 사람이라면 보통 누구나 할 수 있는 주의의 정도를 표준으로 하여 과실 유무를 논하여야 하며, 이에는 사고 당시의 일반적인 의학의 수준과 진료 환경 및 조건, 의료행위의 특수성 등이 고려되어야 한다. (대법원 1999. 11. 23. 선고 98다21403 판결)

인간의 생명과 건강을 담당하는 의사에게는 그 업무의 성질에 비추어 보아 위험방지를 위하여 필요한 최선의 주의의무가 요구되고, 따라서 의사로서는 환자의 상태에 충분히 주의하고 진료 당시의 의학적 지식에 입각하여 그 치료방법의 효과와 부작용 등 모든 사정을 고려하여 최선의 주의를 기울여 그 치료를 실시하여야 하며, 이러한 주의의무의 기준은 진료 당시의 이른바 임상의학의 실천에 의한 의료수준에 의하여 결정되어야 하며(대법원 1997. 2. 11. 선고 96다5933 판결 참조), 의사는 진료를 행함에 있어 환자의 상황과 위와 같은 의료수준 그리고 자기의 지식경험에 따라 적절하다고 판단되는 진료방법을 선택할 상당한 범위의 재량을 가진다고 할 것이고, 그것이 합리적인 범위를 벗어난 것이 아닌 한 진료의 결과를 놓고 그 중 어느 하나만이 정당하고 이와 다른 조치를 취한 것은 과실이 있다고 말할 수는 없다(대법원 2007. 5. 31. 선고 2005다5867 판결 등 참조). (대법원 2010. 7. 22. 선고 2007다70445 판결)

의사가 진찰·치료 등의 의료행위를 하는 경우 사람의 생명·신체·건강을 관리하는 업무의 성질에 비추어 환자의 구체적인 증상이나 상황에 따라 위험을 방지하기 위하여 요구되는 최선의 조치를 행하여야 할 주의의무가 있다. 의사의 이와 같은 주의의무는 의료행위를 할 당시 의료기관 등 임상의학 분야에서 실천되고 있는 의료행위의 수준을 기준으로 판단하여야 한다. 특히 진단은 문진·시진·촉진·청진 및 각종 임상검사 등의 결과에 기초하여 질병 여부를 감별하고 그 종류, 성질 및 진행 정도 등을 밝혀내는 임상의학의 출발점으로서 이에 따라 치료법이 선택되는 중요한 의료행위이므로, 진단상의 과실 유무를 판단할 때에는 해당 의사가 비록 완전무결한 임상진단의 실시는 불가능할지라도 적어도 임상의학 분야에서 실천되고 있는 진단 수준의 범위 안에서 전문직업인으로서 요구되는 의료상의 윤리와 의학지식 및 경험에 기초하여 신중히 환자를 진찰하고 정확히 진단함으로써 위험한 결과 발생을 예견하고 이를 회피하는 데에 필요한 최선의 주의의무를 다하였는지 여부를 따져 보아야 한다. (대법원 2023. 7. 13. 선고 2020다217533 판결)

[1] 의사가 진찰·치료 등의 의료행위를 하는 경우 사람의 생명·신체·건강을 관리하는 업무의 성질에 비추어 환자의 구체적인 증상이나 상황에 따라 위험을 방지하기 위하여 요구되는 최선의 조치를 행하여야 할 주의의무가 있고, 의사의 이와 같은 주의의무는 의료행위를 할 당시 의료기관 등 임상의학 분야에서 실천되고 있는 의료행위의 수준을 기준으로 판단하여야 하며, 특히 진단은 문진·시진·촉진·청진 및 각종 임상검사 등의 결과에 터잡아 질병 여부를 감별하고 그 종류, 성질 및 진행 정도 등을 밝혀내는 임상의학의 출발점으로서 이에 따라 치료법이 선택되는 중요한 의료행위이므로, 진단상의 과실 유무를 판단하는 데에는 비록 완전무결한 임상진단의 실시는 불가능할지라도, 적어도 임상의학 분야에서 실천되고 있는 진단 수준의 범위 안에서 해당 의사가 전문직업인으로서 요구되는 의료상의 윤리와 의학지식 및 경험에 터잡아 신중히 환자를 진찰하고 정확히 진단함으로써 위험한 결과 발생을 예견하고 그 결과 발생을 회피하는 데에 필요한 최선의 주의의무를 다하였는지 여부를 따져 보아야 한다.

[2] 인간의 생명과 건강을 담당하는 의사에게는 그 업무의 성질에 비추어 위험 방지를 위하여 필요한 최선의 주의의무가 요구되고, 따라서 의사로서는 환자의 상태에 충분히 주의하고 진료 당시의 의학적 지식에 입각하여 그 치료방법의 효과와 부작용 등 모든 사정을 고려하여 최선의 주의를 기울여 치료를 실시하여야 하며, 이러한 주의의무의 기준은 진료 당시의 이른바 임상의학의 실천에 의한 의료수준에 의하여 결정되어야 하나, 그 의료수준은 규범적으로 요구되는 수준으로 파악되어야 하고, 해당 의사나 의료기관의 구체적 상황을 고려할 것은 아니다. (대법원 2003. 1. 24. 선고 2002다3822 판결)

의사가 진찰·치료 등의 의료행위를 할 때에는 사람의 생명·신체·건강을 관리하는 업무의 성질에 비추어 환자의 구체적인 증상이나 상황에 따라 위험을 방지하기 위하여 요구되는 최선의 조치를 할 주의의무가 있다. 의사의 주의의무는 의료행위를 할 당시 의료기관 등 임상의학 분야에서 실천되고 있는 의료행위의 수준을 기준으로 삼되, 그 의료수준은 통상의 의사에게 의료행위 당시 일반적으로 알려져 있고 또 시인되고 있는 이른바 의학상식을 뜻하므로 진료환경과 조건, 의료행위의 특수성 등을 고려하여 규범적인 수준으로 파악해야 한다.

여러 명의 의사가 분업이나 협업을 통하여 의료행위를 담당하는 경우 먼저 환자를 담당했던 의사는 이후 환자를 담당할 의사에게 환자의 상태를 정확하게 알려 적절한 조치를 할 수 있도록 해야 한다. 특히 환자가 병원에서 검사나 수술을 받는 과정에서 넘어지는 등의 사고가 발생하였다면 담당 의사는 이러한 사정을 고려하여 환자의 건강유지와 치료를 위한 주의를 기울여야 하고, 담당 의사가 바뀌는 경우 나중에 담당할 의사에게 이러한 사정을 알려 지속적으로 환자의 상태를 살필 수 있도록 해야 한다. (대법원 2022. 3. 17. 선고 2018다263434 판결)

의료행위에 의하여 후유장해가 발생한 경우, 그 후유장해가 당시 의료수준에서 최선의 조치를 다하는 때에도 당해 의료행위 과정의 합병증으로 나타날 수 있는 것이거나 또는 그 합병증으로 인하여 2차적으로 발생할 수 있는 것이라면, 의료행위의 내용이나 시술 과정, 합병증의 발생 부위, 정도 및 당시의 의료수준과 담당의료진의 숙련도 등을 종합하여 볼 때 그 증상이 일반적으로 인정되는 합병증의 범위를 벗어났다고 볼 수 있는 사정이 없는 한, 그 후유장해가 발생하였다는 사실만으로 의료행위 과정에 과실이 있었다고 추정할 수 없다. (대법원 2008. 3. 27. 선고 2007다76290 판결)

4. 비밀준수의무

의사는 의료행위를 통하여 알게 된 환자의 비밀을 지켜야 한다. 그러나 전염병이 발병한 경우와 같이 환자 개인의 이익보다 사회 전체의 공익이 더 중요한 경우이거나, 치료를 위하여 환자의 비밀을 제공해야 할 필요가 있는 경우에는 비밀을 요청한 자 또는 관련 기관에 법령이 정하는 바에 따라 제공할 수 있다.

의료법에서는 의료인이나 의료기관 종사자에게 업무상 지득한 다른 사람의 정보를 누설하거나 발표하지 못하도록 정보 누설 금지의무를 부과하고 있다(의료법 제19조).

구 의료법(2016. 5. 29. 법률 제14220호로 개정되기 전의 것, 이하 '구 의료법'이라 한다) 제19조는 "의료인은 이 법이나 다른 법령에 특별히 규정된 경우 외에는 의료·조산 또는 간호를 하면서 알게 된 다른 사람의 비밀을 누설하거나 발표하지 못한다."라고 정하고, 제88조는 "제19조를 위반한 자"를 3년 이하의 징역이나 1천만 원 이하의 벌금에 처하도록 정하고 있다.
의료법은 '모든 국민이 수준 높은 의료 혜택을 받을 수 있도록 국민의료에 필요한 사항을 규정함으로써 국민의 건강을 보호하고 증진'(제1조)하는 것을 목적으로 한다. 이 법은 의료인(제2장)의 자격과 면허(제1절)에 관하여 정하면서 의료인의 의무 중 하나로 비밀누설 금지의무를 정하고 있다. 이는 의학적 전문지식을 기초로 사람의 생명, 신체나 공중위생에 위해를 발생시킬 우려가 있는 의료행위를 하는 의료인에 대하여 법이 정한 엄격한 자격요건과 함께 의료과정에서 알게 된 다른 사람의 비밀을 누설하거나 발표하지 못한다는 법적 의무를 부과한 것이다. 그 취지는 의료인과 환자 사이의 신뢰관계 형성과 함께 이에 대한 국민의 의료인에 대한 신뢰를 높임으로써 수준 높은 의료행위를 통하여 국민의 건강을 보호하고 증진하는 데 있다. 따라서 의료인의 비밀누설 금지의무는 개인의 비밀을 보호하는 것뿐만 아니라 비밀유지에 관한 공중의 신뢰라는 공공의 이익도 보호하고 있다고 보아야 한다. 이러한 관점에서 보면, 의료인과 환자 사이에 형성된 신뢰관계와 이에 기초한 의료인의 비밀누설 금지의무는 환자가 사망한 후에도 그 본질적인 내용이 변한다고 볼 수 없다.
구 의료법 제19조에서 누설을 금지하고 있는 '다른 사람의 비밀'은 당사자의 동의 없이는 원칙적으로 공개되어서는 안 되는 비밀영역으로 보호되어야 한다. 이러한 보호의 필요성은 환자가 나중에 사망하더라도 소멸하지 않는다. 구 의료법 제21조 제1항은 환자가 사망하였는지를 묻지 않고 환자가 아닌 다른 사람에게 환자에 관한 기록을 열람하게 하거나 사본을 내주는 등 내용을 확인할 수 있게 해서는 안 된다고 정하고 있는데, 이 점을 보더라도 환자가 사망했다고 해서 보호 범위에서 제외된다고 볼 수 없다. 헌법 제10조는 인간의 존엄과 가치를 선언하고 있고, 헌법 제17조는 사생활의 비밀과 자유를 보장하고 있다. 따라서 모든 국민은 자신에 관한 정보를 스스로 통제할 수 있는 자기결정권과 사생활이 함부로 공개되지 않고 사적 영역의 평온과 비밀을 요구할 수 있는 권리를 갖는다. 이와 같은 개인의 인격적 이익을 보호할 필요성은 그의 사망으로 없어지는 것이 아니다. 사람의 사망 후에 사적 영역이 무분별하게 폭로되고 그의 생활상이 왜곡된다면 살아있는 동안 인간의 존엄과 가치를 보장하는 것이 무의미해질 수 있다. 사람은 적어도 사망 후에 인격이 중대하게 훼손되거나 자신의 생활상이 심각하게 왜곡되지 않을 것이라고 신뢰하고 그러한 기대 속에서 살 수 있는 경우에만 인간으로서의 존엄과 가치가 실효성 있게 보장되고 있다고 말할 수 있다.
형벌법규 해석에 관한 일반적인 법리, 의료법의 입법 취지, 구 의료법 제19조의 문언·내용·체계·목적 등에 비추어 보면, 구 의료법 제19조에서 정한 '다른 사람'에는 생존하는 개인 이외에 이미 사망한 사람도 포함된다고 보아야 한다. (대법원 2018. 5. 11. 선고 2018도2844 판결)

5. 진료기록의무

의사는 진료기록부를 비치해두고, 의료행위에 관한 사항과 소견을 상세히 기록하여야 한다. 의료법에서는 의료인에게 각각 진료기록부, 조산기록부, 간호기록부, 그 밖의 진료에 관한 기록을 갖추어 두고 환자의 주된 증상, 진단 및 치료 내용 등 의료행위에 관한 사항과 의견을 상세히 기록하고 서명하도록 규정하고 있으며, 추가기재나 수정할 때에는 추가기재나 수정 전의 원본도 함께 보존하도록 하고 있다. 진료기록부 등을 거짓으로 작성하거나 고의로 사실과 다르게 추가기재하거나 수정하여서는 아니 된다(의료법 제22조).

의료사고가 발생하여 소송이 진행하게 될 경우, 피해자는 신속하게 진료기록부 등을 확보해 둘 필요가 있다. 환자에게는 진료기록부 열람 및 복사청구권이 있다(의료법 제21조 제1항).

판례는 의사측이 진료기록을 변조한 경우, 그 변조이유에 대하여 상당하고도 합리적인 이유를 제시하지 못하는 한 당사자간 공평의 원칙에 어긋나는 입증방해행위에 해당한다고 보아, 의사측에게 과실 추정자료로 삼기도 한다.[10] 이와 유사하게 의사가 진료기록을 부실하게 기재한 경우에도 과실추정의 자료로 삼은 경우가 있다.[11]

10) 대법원 1994. 6. 22. 선고 94다39567 판결.

11) 대법원 1996. 6. 11. 선고 95다41079 판결.

제 2 장

의료과오와 의료사고

I 의료과오와 의료사고

의료과오란 의사 기타 의료인이 의료행위를 수행함에 있어서 당시의 의학지식 또는 의료기술의 원칙에 준하는 업무상 필요로 하는 주의의무를 게을리하여 환자에게 예상하지 못한 중대한 결과를 초래하는 것을 의미한다. 한편 의료사고란 환자가 의료인으로부터 의료행위를 제공받음에 있어서 예상하지 못한 악결과(惡結果)를 초래하는 것으로, 반드시 의료인의 과실로 인한 것일 필요는 없다.[12)]

그러나 일반적으로 환자의 입장에서는 예상하지 못한 중대한 결과가 발생하였을 경우, 의사에게 의료과오가 있다고 주장하게 됨으로써 의료소송으로 발전하게 되고, 결국 의사에게 과실이 있었는지 여부가 의료소송에서 핵심쟁점으로 다루어지게 된다.

II 의료과오의 유형

1. 치료과오

일반적으로 인정되고 안전이 보장된 의학수준에 따라 진료하고 처치하여야 함에도 불구하고 이를 다하지 못한 경우를 의미한다.

---

12) 의료사고의 범위를 넓게 보면, 병실의 바닥이 미끄러워 넘어져 부상을 입는다거나 정신질환자가 같이 입원해있던 다른 환자를 칼로 찔러 살해하는 경우, 기구의 결함으로 환자가 부상을 당하는 경우 등도 포함할 수 있다.

2. 설명과오

환자에게 환자의 진료와 관계되는 중요한 사항을 설명해주어야 함에도 불구하고 이를 하지 않아 환자의 자기결정권(인격권)을 침해하는 경우를 의미한다.

Ⅲ 의료소송의 특성

1. 피해유형의 다양성

의료사고는 피해유형이 다양하여 유형화가 쉽지 않고, 그에 따라 배상내용도 달라진다.

2. 의료과오 입증의 곤란성

의료행위는 고도의 전문적 지식을 필요로 하는 분야이고, 의료과오를 입증하기 위한 증거가 대부분 의료인 쪽에 편재되어 있으며, 치료의 결과를 달성하기 위한 의료기법도 의료인의 재량이다. 따라서 환자가 손해배상의 직접적 원인이 되는 의료상의 과실을 밝히는 것은 쉬운 일이 아니다.

3. 배상기준의 복잡성 및 배상금액의 고액성

의료사고는 인체의 침습을 가져오기 때문에 손해배상액을 산정하는 방법이 매우 복잡한 특성이 있고, 고액의 손해액이 발생한다. 특히 신체에 영구적인 장애가 발생할 경우, 손해액 산정의 범위가 전 생애에 걸치게 되므로 배상액이 상당히 클 수밖에 없다.

제 3 장

의료과오에 대한 책임

I 민사책임

의료과오의 피해자가 의료과오에 관한 민사책임을 묻는 방법으로는 계약상 책임을 묻는 방법과 불법행위 책임을 묻는 방법이 있다. 환자와 의사 사이에는 의료서비스 계약관계가 존재하기 때문에 일종의 불완전이행의 책임을 추궁할 수도 있고, 의사의 과실을 입증하여 불법행위에 기한 책임을 추궁할 수도 있기 때문이다. 그러나 종래의 판례와 학설은 의료과오에 의한 민사책임을 주로 불법행위로 다루어오고 있기 때문에 이하에서는 계약상 책임을 간단히 살펴본 후, 불법행위책임을 중심으로 살펴본다.[13)]

1. 계약책임

계약을 체결한 당사자 사이에서 채무자가 정당한 이유 없이 자신의 채무를 이행하지 않는 것에 따르는 책임을 말한다. 환자와 의사간에 의료서비스계약이 전제되어 있으므로 계약상 책임을 물을 수 있다. 의료과오의 경우, 이행지체나 이행불능보다는 불완전이행이 주로 문제될 것이다. 즉, 채무자가 급부의무의 이행행위를 하였으나 그 이행에 하자가 있는 경우에 해당한다.

계약책임에 의하면 가해자인 채무자가 자신에게 귀책사유가 없었음을 증명하여

---

13) 의료행위는 의사가 최선의 주의의무를 다하기만 하는 수단채무이기 때문에, 의료행위의 채무불이행은 불법행위에서의 과실과 같이 의사가 최선의 주의의무를 다하였는지 여부로 판단하게 된다. 따라서 의료행위로 인한 의료소송의 경우, 채무불이행책임을 묻는 소송이나 불법행위책임을 묻는 소송 모두 의사의 주의의무 위반여부가 주된 쟁점으로 다루어지게 된다(박영호, “의료소송1”, 『송무심화1』, 대한변호사협회, 2013, 227면).

야 하고(민법 제390조), 채무불이행으로 인한 청구권은 10년의 시효에 걸린다(민법 제162조 제1항).

2. 불법행위책임

고의 또는 과실로 위법하게 타인에게 손해를 가한 경우, 가해자는 피해자에 대하여 불법행위를 원인으로 한 손해배상책임을 부담한다(민법 제750조). 의사가 환자의 구체적인 증상이나 상황에 따라 요구되는 최선의 조치를 취하지 못하는 등 주의의무를 위반하면 과실이 인정되므로 과실에 의한 불법행위책임을 구성하게 된다.

불법행위책임에 의하면 피해자가 가해자의 유책사유를 증명하여야 하고(민법 제750조), 불법행위를 이유로 한 손해배상청구권은 손해 및 가해자를 안날로부터 3년, 불법행위가 있은 날로부터 10년이면 소멸된다(민법 제766조).

그러나 의료분쟁에서 피해자가 불법행위책임을 주장하여 입증하는 일은 간단하지 않다. 불법행위책임을 입증하려면 의료과오에서의 의사의 과실과, 과실 및 손해사이의 인과관계를 입증하여야 하는데, 고도의 전문적 지식을 필요로 하는 의료분야에 관하여 위의 사항들을 입증하는 것은 일반인으로서는 극히 어려운 일이다. 더구나 의사는 의료수준 및 자신의 지식경험에 따라 적절하다고 판단되는 진료방법을 선택할 상당한 범위의 재량을 가질 뿐 아니라,[14] 의료사고와 관련된 대부분의 증거자료가 대부분 의료인측에게 있으므로 증거를 확보하는 일도 쉬운 일이 아니다. 이러한 이유로 의료소송에서는 입증책임을 완화하여 피해자가 상당한 정도의 개연성만 입증하면 의사의 과실을 추정해주고 있다.[15]

> 원래 의료행위에 있어서 주의의무 위반으로 인한 불법행위 또는 채무불이행으로 인한 책임이 있다고 하기 위하여는 의료행위상의 주의의무의 위반과 손해의 발생과의 사이의 인과관계의 존재가 전제되어야 하나, 의료행위가 고도의 전문적 지식을 필요로 하

14) 대법원 2007. 5. 31. 선고 2005다5867 판결; 대법원 2010. 7. 22. 선고 2007다70445 판결; 대법원 1999. 3. 26. 선고 98다45379, 45386 판결 등.

15) 대법원 1995. 2. 10. 선고 93다52402 판결.

는 분야이고, 그 의료의 과정은 대개의 경우 환자 본인이 그 일부를 알 수 있는 외에 의사만이 알 수 있을 뿐이며, 치료의 결과를 달성하기 위한 의료 기법은 의사의 재량에 달려 있기 때문에 손해발생의 직접적인 원인이 의료상의 과실로 말미암은 것인지 여부는 전문가인 의사가 아닌 보통인으로서는 도저히 밝혀낼 수 없는 특수성이 있어서 환자측이 의사의 의료행위상의 주의의무 위반과 손해의 발생과 사이의 인과관계를 의학적으로 완벽하게 입증한다는 것은 극히 어려우므로, 환자가 치료 도중에 사망한 경우에 있어서는 피해자측에서 일련의 의료행위 과정에 있어서 저질러진 일반인의 상식에 바탕을 둔 의료상의 과실 있는 행위를 입증하고 그 결과와 사이에 일련의 의료행위 외에 다른 원인이 개재될 수 없다는 점, 이를테면 환자에게 의료행위 이전에 그러한 결과의 원인이 될 만한 건강상의 결함이 없었다는 사정을 증명한 경우에 있어서는, 의료행위를 한 측이 그 결과가 의료상의 과실로 말미암은 것이 아니라 전혀 다른 원인으로 말미암은 것이라는 입증을 하지 아니하는 이상, 의료상 과실과 결과 사이의 인과관계를 추정하여 손해배상책임을 지울 수 있도록 입증책임을 완화하는 것이 손해의 공평·타당한 부담을 그 지도원리로 하는 손해배상제도의 이상에 맞는다고 하지 않을 수 없다. (대법원 1995. 2. 10. 선고 93다52402 판결)

〈의료과오 민사소송에서 인과관계 증명완화 법리를 새로 설시한 사건〉

진료상 과실로 인한 손해배상책임이 성립하기 위해서는 다른 경우와 마찬가지로 손해가 발생하는 것 외에 주의의무 위반, 주의의무 위반과 손해 사이의 인과관계가 인정되어야 한다.

그러나 의료행위는 고도의 전문적 지식을 필요로 하는 분야로서 환자 측에서 의료진의 과실을 증명하는 것이 쉽지 않고, 현대의학지식 자체의 불완전성 등 때문에 진료상 과실과 환자 측에게 발생한 손해(기존에 없던 건강상 결함 또는 사망의 결과가 발생하거나, 통상적으로 회복가능한 질병 등에서 회복하지 못하게 된 경우 등) 사이의 인과관계는 환자 측뿐만 아니라 의료진 측에서도 알기 어려운 경우가 많다.

이러한 증명의 어려움을 고려하면, 환자 측이 의료행위 당시 임상의학 분야에서 실천되고 있는 의료수준에서 통상의 의료인에게 요구되는 주의의무의 위반 즉 진료상 과실로 평가되는 행위의 존재를 증명하고, 그 과실이 환자 측의 손해를 발생시킬 개연성이 있다는 점을 증명한 경우에는, 진료상 과실과 손해 사이의 인과관계를 추정하여 인과관계 증명책임을 완화하는 것이 타당하다. 여기서 손해 발생의 개연성은 자연과학적, 의학적 측면에서 의심이 없을 정도로 증명될 필요는 없으나, 해당 과실과 손해 사이의 인과관계를 인정하는 것이 의학적 원리 등에 부합하지 않거나 해당 과실이 손해를 발생시킬 막연한 가능성이 있는 정도에 그치는 경우에는 증명되었다고 볼 수 없다. 한편 진료상 과실과 손해 사이의 인과관계가 추정되는 경우에도 의료행위를 한 측에서는 환자 측의 손해가 진료상 과실로 인하여 발생한 것이 아니라는 것을 증명하여 추정을 번복시킬 수 있다. (대법원 2023. 8. 31. 선고 2022다219427 판결)

의료행위는 고도의 전문적 지식을 필요로 하는 분야로서 전문가가 아닌 일반인으로서는 의사의 의료행위 과정에 주의의무 위반이 있는지 여부나 그 주의의무 위반과 손해 발생 사이에 인과관계가 있는지 여부를 밝혀내기가 매우 어려운 특수성이 있다. 따라서 환자에게 발생한 손해에 관하여 의료상의 과실 이외의 다른 원인이 있다고 보기 어려운 간접사실들을 증명함으로써 그와 같은 손해가 의료상의 과실에 기한 것이라고 추정하는 것도 가능하지만, 그 경우에도 의사의 과실로 인한 결과 발생을 추정할 수 있을 정도의 개연성이 담보되지 않는 사정들을 가지고 막연하게 중한 결과에서 의사의 과실과 인과관계를 추정함으로써 결과적으로 의사에게 무과실의 증명책임을 지우는 것까지 허용되는 것은 아니다. (대법원 2023. 10. 12. 선고 2021다213316 판결)

의료진의 주의의무 위반 정도가 일반인의 처지에서 보아 수인한도를 넘어설 만큼 현저하게 불성실한 진료를 행한 것이라고 평가될 정도에 이른 경우라면 그 자체로서 불법행위를 구성하여 그로 말미암아 환자나 그 가족이 입은 정신적 고통에 대한 위자료 배상을 명할 수 있으나, 이때 수인한도를 넘어서는 정도로 현저하게 불성실한 진료를 하였다는 점은 불법행위의 성립을 주장하는 피해자가 증명하여야 한다.
의료진이 임상의학 분야에서 요구되는 수준에 부합하는 진료를 한 경우 불성실한 진료를 하였다고 평가할 수는 없으므로, 수인한도를 넘는 현저히 불성실한 진료는 의료진에게 현저한 주의의무 위반이 있음을 전제로 한다. 그리고 수인한도를 넘는 현저히 불성실한 진료로 인한 위자료는, 환자에게 발생한 신체상 손해의 발생 또는 확대와 관련된 정신적 고통을 위자하는 것이 아니라 불성실한 진료 그 자체로 인하여 발생한 정신적 고통을 위자하기 위한 것이다. 따라서 불성실한 진료로 인하여 이미 발생한 정신적 고통이 중대하여 진료 후 신체상 손해가 발생하지 않더라도 별도의 위자료를 인정하는 것이 사회통념상 마땅한 정도에 이르러야 한다. (대법원 2023. 8. 18. 선고 2022다306185 판결)

[1] 의료과오로 인한 손해배상청구 사건에서 일반인의 상식에 비추어 의료행위 과정에서 저질러진 과실 있는 행위를 증명하고 그 행위와 결과 사이에 의료행위 외에 다른 원인이 개재될 수 없다는 점을 증명한 경우에는 의료상 과실과 결과 사이의 인과관계를 추정하여 손해배상책임을 지울 수 있도록 증명책임이 완화된다. 그러나 이 경우에도 의료상 과실의 존재는 피해자가 증명하여야 하므로 의료과정에서 주의의무 위반이 있었다는 점이 부정된다면 그 청구는 배척될 수밖에 없다.

[2] 의사는 진료를 하면서 환자의 상황, 당시의 의료 수준과 자신의 전문적 지식·경험에 따라 적절하다고 판단되는 진료방법을 선택할 수 있다. 그것이 합리적 재량의 범위를 벗어난 것이 아닌 한 진료 결과를 놓고 그중 어느 하나만이 정당하고 이와 다른 조치를 취한 것에 과실이 있다고 할 수는 없다.

[3] 의료행위는 고도의 전문적 지식을 필요로 하는 분야로서 전문가가 아닌 일반인으로서는 의사의 의료행위 과정에 주의의무 위반이 있는지나 주의의무 위반과 손해발생 사이에 인과관계가 있는지를 밝혀내기가 매우 어렵다. 따라서 문제 된 증상 발생에 관하여 의료 과실 이외의 다른 원인이 있다고 보기 어려운 간접사실들을 증명함으로써 그와 같은 증상이 의료 과실에 기한 것이라고 추정할 수도 있다. 그러나 그 경우에도 의사의 과실로 인한 결과 발생을 추정할 정도의 개연성이 담보되지 않는 사정을 가지고 막연하게 중대한 결과에서 의사의 과실과 인과관계를 추정함으로써 결과적으로 의사에게 무과실의 증명책임을 지우는 것까지 허용되지는 않는다.

[4] 의료행위로 후유장해가 발생한 경우 후유장해가 당시 의료수준에서 최선의 조치를 다하는 때에도 의료행위 과정의 합병증으로 나타날 수 있거나 그 합병증으로 2차적으로 발생될 수 있다면, 의료행위의 내용이나 시술 과정, 합병증의 발생 부위·정도, 당시의 의료수준과 담당 의료진의 숙련도 등을 종합하여 볼 때에 그 증상이 일반적으로 인정되는 합병증의 범위를 벗어났다고 볼 수 없는 한, 후유장해가 발생되었다는 사실만으로 의료행위 과정에 과실이 있었다고 추정할 수 없다.

[5] 갑이 을로부터 전방 경유 요천추 추간판 수술(이하 '전방 경유술'이라 한다)을 받은 후 '사정장애와 역행성 사정'이 영구적으로 계속될 가능성이 높다는 진단을 받은 사안에서, 을이 전방 경유술을 택한 것이 의사에게 인정되는 합리적 재량의 범위를 벗어난 것이라고 볼 수 없으므로 거기에 주의의무 위반을 인정할 수 없고, 수술 중에 상하복교감신경총이 손상되어 역행성 사정의 후유증이 발생하였다고 보더라도 그것만으로 을의 의료상 과실을 추정할 수 없을 뿐만 아니라 진료기록감정촉탁 결과 등에 비추어 갑의 상하복교감신경총 손상은 전방 경유술 중 박리 과정에서 불가피하게 발생하는 손상이거나 그로 인한 역행성 사정 등의 장해는 일반적으로 인정되는 합병증으로 볼 여지가 있으므로, 원심으로서는 수술 과정에서 상하복교감신경총 손상과 그로 인하여 영구적인 역행성 사정 등을 초래하는 원인으로 어떤 것이 있는지, 신경손상을 예방하기 위하여 을에게 요구되는 주의의무의 구체적인 내용은 무엇인지, 을이 그러한 주의의무를 준수하지 않은 것인지, 손상된 신경의 위치나 크기에 비추어 육안으로 이를 확인할 수 있는지, 을이 주의의무를 준수하였다면 신경손상을 예방할 수 있는지 등을 살펴, 신경손상과 그로 인한 역행성 사정 등의 결과가 수술 과정에서 일반적으로 인정되는 합병증의 범위를 벗어나 을의 의료상 과실을 추정할 수 있는지를 판단했어야 하는데도, 이러한 사정을 심리하지 않고 을의 의료상 과실을 인정한 원심판결에 법리오해 등의 잘못이 있다고 한 사례. (대법원 2019. 2. 14. 선고 2017다203763 판결)

[1] 의사가 진찰·치료 등의 의료행위를 함에 있어서는 사람의 생명·신체·건강을 관리하는 업무의 성질에 비추어 환자의 구체적인 증상이나 상황에 따라 위험을 방지하기 위하여 요구되는 최선의 조치를 취하여야 할 주의의무가 있고, 의사의 이와 같은 주의의무는 의료행위를 할 당시 의료기관 등 임상의학 분야에서 실천되고 있는 의료행위의 수준을 기준으로 삼되 그 의료수준은 통상의 의사에게 의료행위 당시 일반적으로 알려져 있고 또 시인되고 있는 이른바 의학상식을 뜻하므로 진료환경 및 조건, 의료행위의 특수성 등을 고려하여 규범적인 수준으로 파악되어야 한다.

[2] 의료행위는 고도의 전문적 지식을 필요로 하는 분야로서 전문가가 아닌 일반인으로서는 의사의 의료행위의 과정에 주의의무 위반이 있는지의 여부나 그 주의의무

위반과 손해발생 사이에 인과관계가 있는지 여부를 밝혀내기가 극히 어려운 특수성이 있으므로 수술 도중 환자에게 사망의 원인이 된 증상이 발생한 경우 그 증상 발생에 관하여 의료상의 과실 이외의 다른 원인이 있다고 보기 어려운 간접사실들을 입증함으로써 그와 같은 증상이 의료상의 과실에 기한 것이라고 추정하는 것도 가능하다고 하겠으나, 그 경우에도 의사의 과실로 인한 결과발생을 추정할 수 있을 정도의 개연성이 담보되지 않는 사정들을 가지고 막연하게 중한 결과에서 의사의 과실과 인과관계를 추정함으로써 결과적으로 의사에게 무과실의 입증책임을 지우는 것까지 허용되는 것은 아니다. (대법원 2004. 10. 28. 선고 2002다45185 판결)

3. 계약책임과 불법행위책임과의 관계

동일한 당사자 사이에서 하나의 사실이 계약책임의 요건과 불법행위의 요건을 모두 충족시키는 경우가 있다. 의료계약에 기한 진료과정에서 의료인의 과실로 중대한 결과가 발생하는 경우가 바로 이런 경우에 해당한다.

학설은 청구권경합설과 법조경합설이 대립한다. 청구권경합설은 피해자인 채권자가 그의 선택에 따라 가해자인 채무자에 대하여 계약책임을 묻거나 불법행위책임을 물을 수 있다고 보는 견해이다. 반면 법조경합설은 불법행위책임과 계약책임은 일반법과 특별법과 같은 관계에 있는 것이므로, 특수한 관계인 계약책임을 먼저 적용하고, 일반법인 불법행위책임은 배제된다고 본다.[16)]

판례는 "본래 채무불이행책임과 불법행위책임은 각각 요건과 효과를 달리하는 별개의 법률관계에서 발생하는 것이므로 하나의 행위가 계약상 채무불이행의 요건을 충족함과 동시에 불법행위의 요건도 충족하는 경우에는 두 개의 손해배상청구권이 경합하여 발생한다고 보는 것이 당연할 뿐 아니라, 두 개의 청구권의 병존을 인정하여 권리자로 하여금 그중 어느 것이든 선택하여 행사할 수 있게 하는 것이 피해자인 권리자를 두텁게 보호하는 길이라는 실제적인 이유"[17)]를 근거로 청구권경합설의 입장에 있다.

16) 송덕수, 앞의 책, 1366-1367면.

17) 대법원 1983. 3. 22. 선고 82다카1533 전원합의체 판결.

Ⅱ 형사책임

의사의 업무상 또는 중대한 과실로 인해 환자가 중상을 입거나 사망에 이르게 되는 경우에는 형법상 업무상과실치사상죄가 가능하다(형법 제268조). 업무상과실치사상죄에 있어서의 '업무'란 사람의 사회생활면에서 하나의 지위로서 계속적으로 종사하는 사무를 말하고, 여기에는 수행하는 직무 자체가 위험성을 갖기 때문에 안전배려를 의무의 내용으로 하는 경우는 물론 사람의 생명·신체의 위험을 방지하는 것을 의무내용으로 하는 업무도 포함된다.[18]

그 외 의사, 한의사, 치과의사 등이 그 직무처리중 지득한 타인의 비밀을 누설한 때에는 업무상비밀누설죄(형법 제317조 제1항)가, 의사, 한의사, 치과의사 또는 조산사가 진단서, 검안서 또는 생사에 관한 증명서를 허위로 작성한 때에는 허위진단서작성죄 및 동 행사죄(형법 제233조·제234조)가 가능하며, 허위로 진료비를 청구하여 환자나 진료비를 지급하는 기관을 기망할 경우 사기죄(형법 제347조) 등에 해당될 수 있다.

> 의료사고에서 의사의 과실을 인정하기 위해서는, 의사가 결과 발생을 예견할 수 있었음에도 이를 예견하지 못하였거나 결과 발생을 회피할 수 있었음에도 이를 회피하지 못하였는지 여부를 검토하여야 하고, 과실 유무를 판단할 때에는 같은 업무·직무에 종사하는 일반적 평균인의 주의 정도를 표준으로 하여 사고 당시의 일반적 의학의 수준과 의료 환경 및 조건, 의료행위의 특수성 등을 고려하여야 한다. 의료사고에서 의사의 과실과 결과 발생 사이에 인과관계를 인정하기 위해서는, 주의의무 위반이 없었더라면 그러한 결과가 발생하지 않았을 것임이 증명되어야 한다.
>
> 그러므로 의사에게 의료행위로 인한 업무상과실치사상죄를 인정하기 위해서는, 의료행위 과정에서 공소사실에 기재된 업무상과실의 존재는 물론 그러한 업무상과실로 인하여 환자에게 상해·사망 등 결과가 발생한 점에 대하여도 엄격한 증거에 따라 합리적 의심의 여지가 없을 정도로 증명이 이루어져야 한다. 설령 의료행위와 환자에게 발생한 상해·사망 등 결과 사이에 인과관계가 인정되는 경우에도, 검사가 공소사실에 기재

18) 대법원 2009. 5. 28. 선고 2009도1040 판결.

한 바와 같은 업무상과실로 평가할 수 있는 행위의 존재 또는 그 업무상과실의 내용을 구체적으로 증명하지 못하였다면, 의료행위로 인하여 환자에게 상해·사망 등 결과가 발생하였다는 사정만으로 의사의 업무상과실을 추정하거나 단순한 가능성·개연성 등 막연한 사정을 근거로 함부로 이를 인정할 수는 없다. (대법원 2023. 1. 12. 선고 2022도11163 판결)

[1] 의사에게 의료행위로 인한 업무상과실치사상죄를 인정하기 위해서는, 의료행위 과정에서 공소사실에 기재된 업무상과실의 존재는 물론 그러한 업무상과실로 인하여 환자에게 상해·사망 등 결과가 발생한 점에 대하여도 엄격한 증거에 따라 합리적 의심의 여지가 없을 정도로 증명이 이루어져야 한다. 따라서 검사는 공소사실에 기재한 업무상과실과 상해·사망 등 결과 발생 사이에 인과관계가 있음을 합리적인 의심의 여지가 없을 정도로 증명하여야 하고, 의사의 업무상과실이 증명되었다는 사정만으로 인과관계가 추정되거나 증명 정도가 경감되는 것은 아니다. 이처럼 형사재판에서는 인과관계 증명에 있어서 '합리적인 의심이 없을 정도'의 증명을 요하므로 그에 관한 판단이 동일 사안의 민사재판과 달라질 수 있다.

[2] 마취통증의학과 의사인 피고인이 수술실에서 환자인 피해자 갑(73세)에게 마취시술을 시행한 다음 간호사 을에게 환자의 감시를 맡기고 수술실을 이탈하였는데, 이후 갑에게 저혈압이 발생하고 혈압 회복과 저하가 반복됨에 따라 을이 피고인을 수회 호출하자, 피고인은 수술실에 복귀하여 갑이 심정지 상태임을 확인하고 마취해독제 투여, 심폐소생술 등의 조치를 취하였으나, 갑이 심정지 등으로 사망에 이르게 된 사안에서, 피고인이 갑에게 마취가 진행되는 동안 마취간호사도 아니고 마취간호 업무를 시작한 지 2~3개월밖에 안 된 을에게 환자의 감시 업무를 맡긴 채 다른 수술실로 옮겨 다니며 다른 환자들에게 마취시술을 하고, 갑의 활력징후 감시장치 경보음을 들은 을로부터 호출을 받고도 신속히 수술실로 가지 않고 휴식을 취하는 등 마취유지 중 환자감시 및 신속한 대응 업무를 소홀히 한 업무상과실이 있다고 본 원심판단은 정당하나, 한편 갑은 반복적인 혈압상승제 투여에도 불구하고 알 수 없는 원인으로 계속적으로 혈압 저하 증상을 보이다가 사망하였는데, 검사가 제출한 증거만으로는 피고인이 직접 갑을 관찰하거나 을의 호출을 받고 신속히 수술실에 가서 대응하였다면 구체적으로 어떤 조치를 더 할 수 있는지,

그러한 조치를 취하였다면 갑이 심정지에 이르지 않았을 것인지 알기 어렵고, 갑에게 심정지가 발생하였을 때 피고인이 갑을 직접 관찰하고 있다가 심폐소생술 등의 조치를 하였더라면 갑이 사망하지 않았을 것이라는 점에 대한 증명도 부족하므로, 피고인의 업무상과실로 갑이 사망하게 되었다는 점이 합리적인 의심의 여지가 없을 정도로 증명되었다고 보기 어렵다는 이유로, 이와 달리 피고인의 업무상과실로 인하여 갑이 사망하였다고 보아 피고인에게 업무상과실치사죄를 인정한 원심판단에 의사의 업무상과실과 피해자의 사망 사이의 인과관계 증명 등에 관한 법리오해의 잘못이 있다고 한 사례. (대법원 2023. 8. 31. 선고 2021도1833 판결)

Ⅲ 민사책임과 형사책임과의 관계

민사책임과 형사책임이 의사의 동일한 의료과실을 원인으로 하였다 하더라도 양자는 독립적 관계에 있어 반드시 양자의 결론이 항상 같지는 않다.[19] 그 원인은 아마도 민사상으로는 피해자측에서 일련의 의료행위 과정에 있어서 저질러진 일반인의 상식에 바탕을 둔 의료상의 과실 있는 행위를 입증하고 그 결과와 사이에 일련의 의료행위 외에 다른 원인이 개재될 수 없다는 점을 증명하면, 의료행위를 한 측이 그 결과가 의료상의 과실로 말미암은 것이 아니라 전혀 다른 원인으로 말미암은 것이라는 입증을 하지 아니하는 이상, 의료상 과실과 결과 사이의 인과관계를 추정하고 있는 반면, 형사책임의 경우에는 in dubio pro reo원칙에 따라 검사가 의사의 의료행위에 과실이 있다는 사실뿐 아니라 피해자에게 생긴 악결과가 의사의 과실행위로 인하여 발생하였다는 사실까지도 입증하여야 하기 때문에 두 책임간에 상반된 결과가 발생하기도 하는 것으로 보인다. 그러나 같은 이유로 인하여 민사책임이 성립하더라도 형사책임이 성립하지 않을 수는 있지만, 그 반대의 경우, 즉 형사책임이 성립하더라도 민사책임이 성립하지 않을 수 있는 경우는 없다고 보아야 할 것이다.[20]

19) 박상기, “의료사고에서의 과실인정의 조건”, 『형사정책연구』, 제10권 제1호(제37호), 한국형사정책연구원, 1999, 48－52면.

20) 박영호, 앞의 글, 232면.

Ⅳ 손해배상의 청구

1. 서설

피해자가 의료과오에 관한 민사책임을 추궁할 경우, 계약상 책임을 추궁하든 불법행위책임을 추궁하든 결국 손해배상으로 귀결된다. 민법에서는 계약상 책임을 위반하였을 때 채무자가 부담하는 손해배상책임에 관하여, 손해배상청구권의 근거, 범위 및 방법, 배상액의 예정, 과실상계 등을 채무불이행편에서 규정하고(민법 제393조 이하), 불법행위로 인한 손해배상책임에서 이들 규정을 준용하고 있다(민법 제763조).

2. 손해배상의 방법

불법행위에 의한 손해배상의 방법에는 원상회복주의와 금전배상주의가 있는데, 우리 민법은 금전배상주의를 원칙으로 한다(민법 제763조, 제394조). 손해란 가해원인이 없었다고 한다면 있었어야 할 이익상태와 가해가 발생하고 있는 현재의 이익상태와의 차이를 의미한다(차액설).[21] 판례도 차액설의 입장에서 "불법행위로 인한 재산상 손해는 위법한 가해행위로 인하여 발생한 재산상 불이익, 즉 그 위법행위가 없었더라면 존재하였을 재산상태와 그 위법행위가 가해진 현재의 재산상태의 차이를 말하는 것이고, 그것은 기존의 이익이 상실되는 적극적 손해의 형태와 장차 얻을 수 있을 이익을 얻지 못하는 소극적 손해의 형태로 구분된다."고 보고 있다.[22]

3. 손해배상책임의 범위

민법은 채무불이행에 의한 손해배상의 범위의 결정기준으로 제393조를 두고 있다. 채무불이행으로 인한 손해배상은 통상의 손해를 그 한도로 하며, 특별한 사

---

21) 송덕수, 앞의 책, 792면.

22) 대법원 1992. 6. 23. 선고 91다33070 전원합의체 판결.

정으로 인한 손해는 채무자가 그 사정을 알았거나 알 수 있었을 때에 한하여 배상의 책임이 있다(민법 제393조). 그리고 민법 제763조는 위 규정을 불법행위에 준용하고 있다.

불법행위로 인한 재산상 손해는 통상 적극적 손해와 소극적 손해로 나눈다. 적극적 손해는 불법행위로 인하여 기존의 이익이 멸실 또는 감소되는 것으로서 치료비, 개호비, 장례비 등이 이에 해당되고, 소극적 손해는 불법행위가 없었더라면 얻을 수 있었는데 불법행위가 발생하였기 때문에 얻을 수 없게 된 이익으로서 일실수입, 일실퇴직금 등이 이에 해당된다.

(1) 적극적 손해

의료과오로 인하여 신체침해를 당한 경우, 치료비(기왕치료비와 향후치료비, 새로운 치료비, 보조구구입비 등), 개호비(또는 간호비), 장례비, 신체감정비용 등의 비용을 청구할 수 있다.

치료비는 불법행위와 상당인과관계가 있는 범위 내에서만 배상청구가 가능한 것이므로, 상당성 여부를 판단함에 있어서는 당해 치료행위의 필요성, 기간과 함께 그 진료행위에 대한 보수액의 상당성이 검토되어야 할 것이며 그러기 위하여는 부상의 정도, 치료내용, 회수, 의료사회일반의 보편적인 치료비수준(특히 의료보험수가) 등 여러 사정을 고려하여 비상식적인 고액진료비나 저액진료비의 가능성을 배제하여 합리적으로 그 범위를 정해야 한다.[23] 사고 전부터 앓고 있던 기왕증의 치료로 인한 비용이나 과잉치료를 받은 비용은 상당인과관계가 없는 손해이나, 의학상의 치료는 증세의 호전이나 완치만을 목적으로 하는 것은 아니고 증세의 악화방지나 생명의 연장 등도 치료의 목적이 될 수 있으므로, 이를 위한 치료의 필요성은 인정된다.[24]

치료비 등 적극적 손해의 배상을 청구한 전 소송의 변론종결 후에 새로 치료비 손해가 발생한 경우라 하더라도, 그 소송의 변론종결 당시 그 손해의 발생을 예견할 수 없었고 또 그 부분 청구를 포기하였다고 볼 수 없는 등 특별한 사정이

23) 대법원 2006. 5. 11. 선고 2003다8503(반소) 판결.

24) 대법원 1988. 4. 27. 선고 87다카74 판결.

있다면 전소송에서 그 부분에 관한 청구가 유보되어 있지 않다고 하더라도 이는 전소송의 소송물과는 별개의 소송물이므로 전소송의 기판력에 저촉되는 것이 아니다.[25)]

피해자가 중상을 입어 그 치료기간 동안 타인의 간호를 받아야 할 경우이거나 치료가 종결된 후에도 불치의 후유장해로 평생 타인의 조력을 받아야 하는 경우, 이에 필요한 비용을 개호비라 한다. 개호는 신체적 장해를 가진 자를 위한 경우에 한정되지 않고, 지적 또는 정신적 장해로 인하여 타인의 감독 또는 보호가 필요한 경우도 포함하며,[26)] 직업적인 개호인이 하는 것뿐 아니라 가족들이 수시로 도와주는 정도의 것도 개호로 본다.[27)]

죽음은 누구라도 언젠가 맞게 될 것이지만, 그럼에도 불구하고 장례비는 실무상 적극적 손해로 인정하고 있다. 다만 실제로 지출된 비용 여하를 불문하고 사회적 상당성이 있는 범위 내로 제한하여 인정하고 있다.[28)]

(2) 소극적 손해

의료사고로 인한 재산상 손해는 크게 사망과 상해로 나누어 볼 수 있는데, 생명침해에 있어서 피해자는 그가 장래 얻을 수 있었을 수익을 얻지 못하게 되는 손해를 입게 되고, 신체상해에 있어서도 치료기간 중 업무를 계속할 수 없거나 후유장애가 남아 노동능력을 일부 또는 전부 상실한 경우 수입이 감소하거나 상실하는 손해를 입게 된다. 여기에서 소극적 손해로서의 일실이익이란 사고가 없었을 경우를 가정하여 피해자가 장래 얻을 수 있었으리라고 예측되는 이익 또는 소득을 말한다.[29)]

의료사고로 인하여 신체상의 장애를 입은 자의 일실이익의 산정방식에 관하여,

---

25) 식물인간 피해자의 여명이 종전의 예측에 비하여 수년 연장되어 그에 상응한 향후치료, 보조구 및 개호 등이 추가적으로 필요하게 된 것은 전소의 변론종결 당시에는 예견할 수 없었던 새로운 중한 손해로서 전소의 기판력에 저촉되지 않는다고 한 사례(대법원 2007. 4. 13. 선고 2006다78640 판결).

26) 대법원 1998. 12. 22. 선고 98다46747 판결.

27) 대법원 1996. 12. 20. 선고 96다41236 판결.

28) 사법연수원, 손해배상소송, 사법연수원, 2011, 164면.

29) 사법연수원, 앞의 책, 82면.

실무는 평가설을 취하고 있다. 평가설은 상실된 노동능력의 가치를 불법행위 당시의 소득이나 추정소득에 의하여 평가하는 방법이다.30) 이에 의하면 사고 당시의 소득을 산정하고, 다음으로 상해를 입은 경우 노동능력상실률을 정하고, 다음으로 가동기간을 정한다.

1) 우선 사고 당시의 소득은 직업별 소득을 기준으로 하여 산정하여, 급여소득자는 근로소득에 퇴직금을 합산하고, 사업소득자는 사업상 총 수익금 중 자산소득과 인적·물적경비부분은 제외되어야 하므로, 수익, 가족이 제공한 근로의 대가, 종업원의 노무대가 등을 제외한 기업주의 노무 기타 개인적 기여가 차지하는 부분만을 손해로 본다. 사고당시 무직자나 취업 전의 미성년자, 학생, 가정주부, 영세수입의 일용노무자 등은 보통인부의 일용노임을 인정하는 것이 실무례이다. 이렇게 산정한 가동기간의 기대수입에서 생계비를 공제한다.

2) 다음으로 노동능력상실률을 정하여야 하는바, 노동능력상실률은 단순한 의학적 신체기능장애율이 아니라 피해자의 연령, 교육 정도, 종전 직업의 성질과 직업경력, 기능 숙련 정도, 신체기능장애 정도 및 유사직종이나 타직종의 전업가능성과 그 확률 기타 사회적·경제적 조건을 모두 참작하여 경험칙에 따라 정한 수익상실률로서 합리적이고 객관성이 있는 것이어야 하고, 노동능력상실률을 정하기 위한 보조자료의 하나인 의학적 신체기능장애율에 대한 감정인의 감정 결과는 사실인정에 관하여 특별한 지식과 경험을 요하는 경우에 법관이 그 특별한 지식 또는 경험을 이용하는 데 불과한 것이며, 궁극적으로는 앞서 열거한 피해자의 제 조건과 경험칙에 비추어 규범적으로 결정된다.31)

---

30) 타인의 불법행위로 인하여 상해를 입고 노동능력의 일부를 상실한 경우에 피해자가 입은 일실이익의 산정방법에 대하여서는 일실이익의 본질을 불법행위가 없었더라면 피해자가 얻을 수 있는 소득의 상실로 보아 불법행위 당시의 소득과 불법행위 후의 향후 소득과의 차액을 산출하는 방법(소득상실설 또는 차액설)과 일실이익의 본질을 소득창출의 근거가 되는 노동능력의 상실 자체로 보고 상실된 노동능력의 가치를 사고 당시의 소득이나 추정소득에 의하여 평가하는 방법(가동능력 상실설 또는 평가설)의 대립이 있는데, 당해 사건에 현출된 구체적 사정을 기초로 하여 합리적이고 객관성 있는 기대수익액을 산정할 수 있으면 족한 것이고 반드시 어느 하나의 산정방법만을 정당한 것이라고 고집해서는 안된다고 할 것이지만 사고 전후에 있어서의 현실적인 소득의 차액이 변론과정에서 밝혀지지 않고 있는 경우에는 앞에서 본 차액설의 방법에 의하여 일실이익을 산정하는 것은 불가능하고 평가설의 방법에 의하여 산정하는 것이 합리적이고 정의와 형평에도 합당하다(대법원 1990. 11. 23. 선고 90다카21022 판결).

3) 마지막으로 가동기간을 정하기 위하여는 피해자의 경력, 연령, 직업, 건강상태 기타 여러 가지 사정을 고려하여 추정여명 및 가동연한을 확정하여야 한다. 일실수입의 기초가 되는 가동연한은 사실심이 우리나라 국민의 평균여명, 경제 수준, 고용 조건 등의 사회적·경제적 여건 외에, 연령별 근로자 인구 수, 취업률 또는 근로참가율 및 직종별 근로 조건과 정년 제한 등 제반 사정을 조사하여 이로부터 경험법칙상 추정되는 가동연한을 도출하거나, 또는 당해 피해 당사자의 연령, 직업, 경력, 건강상태 등 구체적인 사정을 고려하여 그 가동연한을 인정할 수 있다.[32] 다만, 피해자가 현실적으로 일반적 가동연한을 넘어 수익을 얻고 있는 경우에는 피해자의 건강상태, 가정환경, 직업의 성질 등 구체적·개별적 사정을 고려하여 사고 이후에도 일반적 가동기한을 넘는 일정기간의 장래수익을 인정한다.[33]

이렇게 산정된 일실수입 손해배상의 경우, 피해자는 정기금 또는 일시금 중 선택적으로 청구할 수 있는데, 피해자가 일시금 지급을 청구하여 법원이 손해배상금의 일시금 급부를 명하는 경우, 불법행위 당시의 현가액을 산출하기 위하여 중간이자를 공제하게 된다. 중간이자의 공제방법으로는 단리계산방법으로 호프만식 계산법(Hoffmansche Methode)과 복리계산방법으로 라이프니쯔식 계산법(Leibnitzsche Methode)이 있는데, 판례는 양쪽 모두를 허용하고 있고 실무의 주류는 호프만식 계산법을 취한다.[34]

> 불법행위로 인한 피해자의 일실수익은 피해자의 노동능력이 가지는 재산적 가치를 정당하게 반영하는 기준에 의하여 산정하여야 하고 사고 당시 일정한 직업에 종사하여 수익을 얻고 있던 사람은 특별한 사정이 없는 한 그 수익이 산정 기준이 된다. 피해자가 사고 당시 기간을 정한 계약에 따라 근무하고 있었던 경우 특별한 사정이 없는 한 그 가동연한까지 그 정도의 수익이 있는 유사한 직종에 계속 종사할 수 있는 것으로 봄이 타당하다(대법원 1987. 12. 22. 선고 87다카2169 판결 등 참조). 이때 피해자의 가동능력이 상실되면 피해자의 임금이 감소될 것이고, 그 퇴직금도 위와 같이 감소된

31) 대법원 2004. 2. 27. 선고 2003다6873 판결.
32) 대법원 1997. 12. 23. 선고 96다46491 판결.
33) 대법원 1971. 2. 23. 선고 70다2927 판결.
34) 사법연수원, 앞의 책, 147－148면.

임금을 기초로 하여 산정될 것이므로 특단의 사정이 없는 한 피해자는 남은 가동능력을 가지고 사업장이나 직장에서 정년까지 근무할 것이라고 보아 노동능력상실률에 따른 일실퇴직금을 인정하여야 한다(대법원 1994. 9. 30. 선고 93다58844 판결 등 참조). 피해자가 외국인이거나 계약에 따라 임용되었다는 이유만으로 이와 달리 볼 것이 아니다.

불법행위로 입은 정신적 고통에 대한 위자료 액수에 관하여는 사실심법원이 여러 사정을 고려하여 그 직권에 속하는 재량에 의하여 확정할 수 있다(대법원 1999. 4. 23. 선고 98다41377 판결 등 참조).

원심은 오른쪽 정중신경 손상으로 인한 피고의 노동능력상실률이 16%임을 전제로 의료사고 당시 피고가 재직 중이던 ㅁㅁ대학교에서 2012년에 받은 급여를 기준으로 가동연한을 60세로 하여 일실수입과 일실퇴직금을 산정하였고, 위자료로 1,000만 원을 인정하였다. 또한 원심은 피고가 의료사고 당시 피아니스트로 활동하면서 월 500만 원 이상의 소득을 얻었으므로 그에 따른 소득을 적용해야 한다고 주장하는 데 대해서는 이를 인정할 증거가 부족하다는 이유로 배척하였다.

원심판결 이유를 위에서 본 법리와 기록에 비추어 살펴보면, 원심의 판단은 정당하다. 원심의 판단에 상고이유 주장과 같이 판단을 누락하거나 논리와 경험의 법칙에 반하여 자유심증주의를 벗어나 일실수입과 일실퇴직금, 위자료 산정 등에 관한 법리를 오해한 잘못이 없다. (대법원 2018. 11. 29. 선고 2016다266606, 266613 판결)

가. 불법행위의 피해자가 입은 소극적 손해를 산정함에 있어 노동능력상실률을 적용하는 방법에 의할 경우에도 그 노동능력상실률은 단순한 신체기능장애율이 아니라 피해자의 연령, 교육정도, 종전직업의 성질과 직업경력 및 기능숙련정도, 신체기능장애정도 및 유사직종이나 타직종에의 전업가능성과 그 확률 기타 사회적, 경제적 조건을 모두 참작하여 경험칙에 따라 합리적이고 객관성있는 노동능력상실률을 도출해야 한다.

나. 의학상의 치료는 병세의 호전이나 완치만을 목적으로 하는 것이 아니라 병세의 악화방지나 생명의 연장 등도 치료의 목적이라 할 것이므로 병세의 악화방지를 위하여도 향후치료의 필요성은 인정되며 이 경우에 치료비는 불법행위와의 간에 상당인과관계가 있는 범위내에서만 배상청구가 가능한 것이므로 상당성여부를 판단함

에 있어서는 당해 치료행위의 필요성, 기간과 함께 그 진료행위에 대한 보수액의 상당성이 검토되어야 할 것이며 그러기 위하여는 부상의 정도, 치료, 내용, 회수, 의료사회일반의 보편적인 치료비수준(특히 의료보험수가)등 제반사정을 고려하여 비상식적인 고액진료비나 저액진료비의 가능성을 배제하여 합리적으로 그 범위를 정해야 한다.

다. 불법행위로 인한 손해배상에 관하여 가해자와 피해당사자간에 피해자가 일정한 금액을 지급받고 그 나머지의 청구를 포기하기로 약정한 때에는 그 후에는 그 이상의 손해가 사후에 발생했다는 이유로 합의금액을 넘는 손해배상청구를 하는 것을 인용해 줄 수는 없다고 보는 것이 마땅하다 하겠으나 모든 손해가 확실하게 파악되지 않는 상황하에서 조급하게 적은 금액을 받고 위와 같은 합의가 이루어진 경우에는 그 합의당시 피해자가 포기한 손해배상청구권은 그 당시에 예측이 가능했던 손해에 대한 것 뿐이라고 해석해야 할 것이지 당시에 예상할 수 없었던 적극적 치료비나 후유증이 그 후에 생긴 경우의 그 손해에 대하여서까지 배상청구권을 포기했다고 해석할 것은 아니다.

라. 교통사고로 인한 피해자의 후유증이 그 사고를 유일한 원인으로 하여 생긴 것이 아니고 사고와 피해자의 기왕증이 경합하여 후유증이 나타난 것이라면 그 사고가 후유증이라는 결과발생에 대하여 기여하였다고 인정되는 정도에 따라 그에 상응한 배상액을 부담시키는 것이 손해의 공평한 부담이라는 견지에서 타당하다. (대법원 1988. 4. 27. 선고 87다카74 판결)

(3) 과실상계

과실상계란 의료사고로 인한 손해의 발생 또는 확대에 관하여 피해자에게도 일정한 과실이 있는 경우, 손해배상의 범위를 정함에 있어서 그 과실을 참작하는 제도를 말한다.[35] 신의칙 또는 손해부담의 공평이라는 관점에서 볼 때, 피해자라 하더라도 손해의 확대를 방지하거나 감경하기 위하여 노력하여야 할 의무가 있기 때문에, 정당한 이유 없이 피해자가 손해경감을 위한 노력을 기울이지 않았고 그에 관한 과실이 인정될 때에는 손해액을 감액할 수 있다.

35) 송덕수, 앞의 책, 805면.

의료사고에 있어서 과실상계사유가 될 수 있는 것으로는 진료와 관련된 사항을 불고지한 경우이거나,[36] 치료를 거부하거나 검사에 협조하지 않거나 지시를 불이행하는 경우 등과 같이 진료협조의무를 위반한 경우[37] 등이 있다. 대법원은 환자에게 잘못이 없더라도 피해자의 체질적 소인을 근거로 책임제한을 인정한다.[38]

> 신의칙 또는 손해부담의 공평이라는 손해배상제도의 이념에 비추어 볼 때, 불법행위의 피해자에게는 그로 인한 손해의 확대를 방지하거나 감경하기 위하여 노력하여야 할 일반적인 의무가 있으며 피해자가 합리적인 이유 없이 손해경감조치의무를 이행하지 않을 경우에는 법원이 그 손해배상액을 정함에 있어 민법 제763조, 제396조를 유추적용하여 그 손해확대에 기여한 피해자의 의무불이행의 점을 참작할 수 있고, 한편 손해의 확대를 방지하거나 경감하는데 적절한 법적 조치가 존재하는 경우 이는 손해경감조치에 해당될 수 있고, 피해자가 그 법적 조치를 취함에 있어 감당하기 어려운 많은 비용이 소요된다든가, 그 결과가 불확실하다거나, 판단을 받기까지 현저하게 많은 시간이 필요하다는 등의 사정이 없음에도 불구하고 합리적인 이유 없이 그 법적 조치를 취하지 아니한 경우에는 그 손해확대에 기여한 피해자의 의무불이행의 점을 손해배상액을 정함에 있어 참작할 수 있다. (대법원 2003. 7. 25. 선고 2003다22912 판결)

(4) 손익상계

의료사고로 인하여 손해를 입은 피해자가 같은 원인으로 이익도 얻고 있는 경우 손해배상액에서 그 이익을 공제하여야 하는바, 이를 손익상계라 한다. 가령 근로기준법상 재해보상을 받거나 해외여행보험에 가입하여 보험금을 수령한 경우, 또 공무원이 공무집행중 사망하였는데 유족이 공무원연금법상 유족보상금을 받은

36) 의사의 문진에 대하여 임신중이라는 사실을 고지하지 아니한 환자에게 답변상의 과실이 있다고 보아 과실상계의 법리를 유추·적용한 사건(대법원 1998. 9. 4. 선고 96다11440 판결).

37) 대법원 2005. 1. 28. 선고 2003다14119 판결; 대법원 2007. 10. 12. 선고 2005다40976 판결; 대법원 2007. 5. 10. 선고 2006다72680 판결; 대법원 1983. 5. 24. 선고 82도289 판결 등.

38) 대법원 1999. 7. 24. 선고 99다43035 판결.

경우 등이 이에 해당한다. 민법에 명문규정을 두고 있는 것이 아니나, 공평의 원칙상 실무에서 인정하고 있다. 손익상계는 해당 사안과 상당인과관계가 있는 이익만 공제하고 있다.[39]

(5) 위자료

위자료는 정신상의 고통을 금전으로 위자하기 위하여 지급되는 금전이다. 위자료청구권은 생명, 신체를 침해받은 직접 피해자는 물론, 그로 말미암아 정신적 고통을 입은 근친자 또는 그에 준하는 자도 행사할 수 있다. 위자료 액수에 관하여는 사실심 법원이 제반사정을 참작하여 그 직권에 속하는 재량에 의하여 이를 확정할 수 있으며, 원고의 연령, 재산 및 교육의 정도, 사고의 경위, 쌍방의 과실정도, 치료기간, 후유장해의 부위 및 정도 등을 참작하여 확정한다.[40]

[1] 의료행위는 고도의 전문적 지식을 필요로 하는 분야로서 전문가가 아닌 일반인으로서는 의사의 의료행위 과정에 주의의무 위반이 있는지나 주의의무 위반과 손해발생 사이에 인과관계가 있는지를 밝혀내기가 극히 어려운 특수성이 있다. 따라서 문제 된 증상 발생에 관하여 의료 과실 이외의 다른 원인이 있다고 보기 어려운 간접사실들을 증명함으로써 그와 같은 증상이 의료 과실에 기한 것이라고 추정하는 것도 가능하다. 그러나 그 경우에도 의사의 과실로 인한 결과 발생을 추정할 수 있을 정도의 개연성이 담보되지 않는 사정들을 가지고 막연하게 중대한 결과에서 의사의 과실과 인과관계를 추정함으로써 결과적으로 의사에게 무과실의 증명책임을 지우는 것까지 허용되는 것은 아니다.

[2] 의사는 진찰·치료 등의 의료행위를 할 때 사람의 생명·신체·건강을 관리하는 업무의 성질에 비추어 환자의 구체적인 증상이나 상황에 따라 위험을 방지하기 위하여 요구되는 최선의 조치를 할 주의의무가 있다. 의사의 주의의무는 의료행위를 할 당시 의료기관 등 임상의학 분야에서 실천되고 있는 의료행위 수준을 기준으로 판단하여야 한다. 특히 진단은 문진·시진·촉진·청진과 각종 임상검사 등의 결과

39) 송덕수, 앞의 책, 803-804면.

40) 대법원 1995. 2. 28. 선고 94다31334 판결.

를 토대로 질병 여부를 감별하고 그 종류, 성질과 진행 정도 등을 밝혀내는 임상의학의 출발점으로서 이에 따라 치료법이 선택되는 중요한 의료행위이다. 진단상의 과실 유무를 판단할 때 그 과정에서 비록 완전무결한 임상진단의 실시는 불가능하다고 할지라도 적어도 임상의학 분야에서 실천되고 있는 진단 수준의 범위에서 의사가 전문 직업인으로서 요구되는 의료 윤리, 의학지식과 경험을 토대로 신중히 환자를 진찰하고 정확히 진단함으로써 위험한 결과 발생을 예견하고 결과 발생을 회피하는 데에 필요한 최선의 주의의무를 다하였는지를 따져 보아야 한다.

[3] 가해행위와 피해자 측 요인이 경합하여 손해가 발생하거나 확대된 경우에는 피해자 측 요인이 체질적인 소인 또는 질병의 위험도와 같이 피해자 측 귀책사유와 무관한 것이라고 할지라도, 질환의 모습이나 정도 등에 비추어 가해자에게 손해의 전부를 배상하게 하는 것이 공평의 이념에 반하는 경우에는, 법원은 손해배상액을 정하면서 과실상계의 법리를 유추적용하여 손해의 발생 또는 확대에 기여한 피해자 측 요인을 고려할 수 있다. 손해배상청구 사건에서 책임감경사유에 관한 사실인정이나 비율을 정하는 것은 그것이 형평의 원칙에 비추어 현저히 불합리하다고 인정되지 않는 한 사실심의 전권사항에 속한다.

[4] 진료계약상 주의의무 위반으로 환자의 생명이나 신체에 불이익한 결과를 초래한 경우 일반적으로 채무불이행책임과 불법행위책임이 성립할 수 있다. 이와 같이 생명·신체가 침해된 경우 환자가 정신적 고통을 입는다고 볼 수 있으므로, 진료계약의 당사자인 병원 등은 환자가 입은 정신적 고통에 대해서도 민법 제393조, 제763조, 제751조 제1항에 따라 손해를 배상해야 한다.

[5] 불법행위 또는 채무불이행으로 입은 정신적 피해에 대한 위자료 액수에 관해서는 사실심법원이 여러 사정을 참작하여 그 전권에 속하는 재량에 따라 확정할 수 있다. (대법원 2018. 11. 15. 선고 2016다244491 판결)

제 4 장

의료분쟁의 조정·중재

지난 2011년 「의료사고 피해구제 및 의료분쟁 조정 등에 관한 법률」(이하 “의료분쟁조정법”이라 한다)이 제정되어 이듬해 시행되고 있다. 동법에 의하면 의료분쟁을 신속·공정하고 효율적으로 해결하기 위하여 한국의료분쟁조정중재원(이하 “조정중재원”이라 한다)을 설립하고(의료분쟁조정법 제6조 제1항), 의료분쟁의 조정 또는 중재를 위하여 조정중재원 내에 의료분쟁조정위원회(이하 “조정위원회”라 한다)를 두고 있다(의료분쟁조정법 제19조 제1항).

의료분쟁의 당사자 또는 대리인은 조정중재원에 분쟁의 조정을 신청할 수 있고, 조정위원회 내 5명의 조정위원으로 구성된 조정부는 사건의 조정절차가 개시된 날부터 90일 이내에 조정결정을 하여야 한다(의료분쟁조정법 제27조 제1항, 제33조 제1항). 또는 당사자가 분쟁에 대하여 조정부의 종국적 결정에 따르기로 서면으로 합의하고 중재를 신청할 수도 있다(의료분쟁조정법 제43조 제1항).

조정은 당사자 쌍방이 조정결정에 동의하거나 동의한 것으로 보는 때에 성립하며, 성립된 조정은 재판상 화해와 동일한 효력이 있다(의료분쟁조정법 제36조 제3항·제4항). 중재판정은 확정판결과 동일한 효력을 갖는다(의료분쟁조정법 제44조 제1항).

제10편

제품 안전과 제조물책임

제 1 장

총설

사업자가 제조·판매한 상품의 결함으로 인하여 소비자가 생명·재산 등에 피해를 입을 수 있다. 이러한 경우에 대한 구제방법으로는 상품의 결함이 발견된 경우 그에 관한 수거·파기·수리·교환·환급 등을 명하여 사고를 사전에 예방하는 방법과, 상품의 결함으로 인하여 사고가 발생한 이후에 그에 관한 소비자의 손해를 적절히 배상하도록 하는 방법이 있을 수 있다.

우리가 흔히 '리콜'이라 부르는 상품의 수거·파기가 전자에 해당되는데, 리콜제도는 유통단계에 있는 제품으로부터 발생할 수 있는 소비자의 생명, 신체, 재산 등에 대한 위험을 사전에 방지하기 위하여 해당 제품을 수거 또는 회수함으로써 위험 발생의 가능성을 차단하는 제도이다. 반면 「제조물책임법」에 따라 소비자가 상품의 결함으로부터 직접 발생한 손해의 배상을 청구하는 것이 후자에 해당되는데, 제조물책임은 사업자의 제품상 결함으로 소비자가 생명·재산 등에 실제 발생한 손해에 대한 책임을 추궁하는 제도이다.[1] 기본적으로 「소비자기본법」에서는 안전기준 마련 및 준수, 소비자 정책의 수립, 리콜제도, 소비자안전센터, 시정요청 등의 내용을 두고, 「제조물책임법」에서 민사상 손해배상에 대한 특별규정을 두고 있다.

이하에서는 「소비자기본법」과 「제품안전기본법」, 「제조물책임법」의 내용을 차례로 살펴본다.

---

1) 이호영, 앞의 책, 313－314면.

제 2 장

소비자 안전

Ⅰ 소비자기본법상 소비자 안전

「소비자기본법」에서는 소비자의 권리와 책무, 국가·지방자치단체 및 사업자의 책무, 소비자단체의 역할 및 자유시장경제에서 소비자와 사업자 사이의 관계를 규정함과 아울러 소비자정책의 종합적 추진을 위한 기본적인 사항을 규정하고 있다(소비자기본법 제1조). 이 중 소비자의 권리에서는 소비자의 안전과 관련된 권리들을 규정하고 있고, 이를 보장하기 위하여 국가 및 지방자치단체와 사업자에게 소비자의 생명·신체 또는 재산에 대한 위해를 방지하기 위한 책무를 부여하며, 공정거래위원회는 소비자 안전을 강화하기 위한 소비자 정책에 대한 기본계획을 수립하여 시행하도록 하고, 이에 따라 한국소비자원에서는 소비자안전센터를 설립하여 운영하고 있다.

Ⅱ 소비자의 안전할 권리

「소비자기본법」에서는 소비자의 기본적 권리 8가지를 규정하고 있는데, 이 중 물품 또는 용역(이하 "물품등"이라 한다)으로 인한 생명·신체 또는 재산에 대한 위해로부터 보호받을 권리와 물품등의 사용으로 인하여 입은 피해에 대하여 신속·공정한 절차에 따라 적절한 보상을 받을 권리, 안전하고 쾌적한 소비생활 환경에서 소비할 권리가 소비자의 안전과 관련이 있다(소비자기본법 제4조).

Ⅲ 국가 및 지방자치단체의 책무

국가 및 지방자치단체에게도 소비자의 기본적 권리가 실현되도록 ① 관계 법령 및 조례의 제정 및 개정·폐지, ② 필요한 행정조직의 정비 및 운영 개선, ③ 필요한 시책의 수립 및 실시, ④ 소비자의 건전하고 자주적인 조직활동의 지원·육성의 책무를 부여하고 있다(소비자기본법 제6조).

이에 따라 국가는 사업자가 소비자에게 제공하는 물품등으로 인한 소비자의 생명·신체 또는 재산에 대한 위해를 방지하기 위하여 ① 물품등의 성분·함량·구조 등 안전에 관한 중요한 사항, ② 물품등을 사용할 때의 지시사항이나 경고 등 표시할 내용과 방법, ③ 그 밖에 위해방지를 위하여 필요하다고 인정되는 사항에 관하여 사업자가 지켜야 할 기준을 정하여야 하고, 중앙행정기관의 장은 이에 따라 국가가 정한 기준을 사업자가 준수하는지 여부를 정기적으로 시험·검사 또는 조사하여야 한다(소비자기본법 제8조). 또한 국가 및 지방자치단체는 소비자의 기본적인 권리가 실현될 수 있도록 소비자의 권익과 관련된 주요시책 및 주요결정사항을 소비자에게 알려야 하고, 소비자가 물품등을 합리적으로 선택할 수 있도록 하기 위하여 물품등의 거래조건·거래방법·품질·안전성 및 환경성 등에 관련되는 사업자의 정보가 소비자에게 제공될 수 있도록 필요한 시책을 강구하여야 한다(소비자기본법 제13조).

Ⅳ 사업자의 책무

사업자는 국가 및 지방자치단체의 소비자권익 증진시책에 적극 협력하여야 하는 바, 소비자의 생명·신체 또는 재산 보호를 위한 국가·지방자치단체 및 한국소비자원의 조사 및 위해방지 조치에 적극 협력하여야 하고(소비자기본법 제18조 제4항), 물품등으로 인하여 소비자에게 생명·신체 또는 재산에 대한 위해가 발생하지 아니하도록 필요한 조치를 강구하여야 하며(소비자기본법 제19조 제1항), 소비자에게 물품등에 대한 정보를 성실하고 정확하게 제공하여야 한다(소비자기본법 제19조

제3항). 또 물품등의 하자로 인한 소비자의 불만이나 피해를 해결하거나 보상하여야 하고, 채무불이행 등으로 인한 소비자의 손해를 배상하여야 한다(소비자기본법 제19조 제5항).

V 소비자 안전에 관한 정책

공정거래위원회는 소비자정책위원회의 심의·의결을 거쳐 소비자정책에 관한 기본계획을 3년마다 수립하여야 하는데, 그 기본계획에는 소비자정책과 관련된 경제·사회 환경의 변화와 소비자정책의 기본방향과 함께, 소비자안전의 강화, 소비자피해의 원활한 구제 등의 내용이 포함된 소비자정책의 목표 등의 사항이 포함되어야 한다(소비자기본법 제21조).

그리고 소비자의 권익증진 및 소비생활의 향상에 관한 기본적인 정책을 종합·조정하고 심의·의결하기 위하여 국무총리 소속으로 소비자정책위원회를 설치하여야 하는데, 이 소비자정책위원회에서도 기본계획 및 종합시행계획의 수립·평가와 그 결과의 공표, 소비자정책의 종합적 추진 및 조정에 관한 사항과 함께 소비자보호 및 안전 확보를 위하여 필요한 조치에 관한 사항을 종합·조정하고 심의·의결한다(소비자기본법 제24조·제25조).

VI 안전취약계층의 보호

국가 및 지방자치단체는 어린이·노약자·장애인 및 결혼이민자 등 안전취약계층에 대하여 우선적으로 보호시책을 강구하여야 하고, 사업자는 어린이·노약자·장애인 및 결혼이민자 등 안전취약계층에 대하여 물품등을 판매·광고 또는 제공하는 경우에는 그 취약계층에게 위해가 발생하지 아니하도록 필요한 조치와 더불어 필요한 예방조치를 취하여야 한다(소비자기본법 제45조).

Ⅶ 위해정보의 수집 등

1. 소비자안전센터의 설치

소비자안전시책을 지원하기 위하여 한국소비자원에 소비자안전센터를 둔다. 소비자안전센터에 소장 1인을 두고, 그 조직에 관한 사항은 정관으로 정한다. 소비자안전센터는 ① 위해정보의 수집 및 처리, ② 소비자안전을 확보하기 위한 조사 및 연구, ③ 소비자안전과 관련된 교육 및 홍보, ④ 위해 물품등에 대한 시정 건의, ⑤ 소비자안전에 관한 국제협력, ⑥ 그 밖에 소비자안전에 관한 업무를 담당한다(소비자기본법 제51조).

2. 위해정보의 수집 및 처리

소비자안전센터는 물품등으로 인하여 소비자의 생명·신체 또는 재산에 위해가 발생하였거나 발생할 우려가 있는 사안에 대한 정보(이하 "위해정보"라 한다)를 수집할 수 있다. 소비자안전센터의 소장은 이에 따라 수집한 위해정보를 분석하여 그 결과를 원장에게 보고하여야 하고, 원장은 위해정보의 분석결과에 따라 필요한 경우에는 ① 위해방지 및 사고예방을 위한 소비자안전경보의 발령, ② 물품등의 안전성에 관한 사실의 공표, ③ 위해 물품등을 제공하는 사업자에 대한 시정 권고, ④ 국가 또는 지방자치단체에의 시정조치·제도개선 건의, ⑤ 그 밖에 소비자안전을 확보하기 위하여 필요한 조치를 할 수 있다. 한국소비자원의 원장은 ③의 시정권고를 받은 사업자에게 수락 여부 및 시정 권고에 따른 이행 내용과 실적, 시정 권고를 이행하지 못한 물품등에 대한 조치계획, 위해의 재발방지를 위한 대책을 포함한 이행 결과 등의 제출을 요청할 수 있으며, 이 경우 사업자는 특별한 사유가 없으면 이에 따라야 한다. 또한 한국소비자원의 원장은 물품등으로 인하여 소비자의 생명·신체 또는 재산에 위해가 발생하거나 발생할 우려가 높다고 판단되는 경우로서 사업자가 ③의 시정 권고를 이행하지 않는 경우에는 공정거래위원회에 시정요청을 해 줄 것을 건의할 수 있다(소비자기본법 제52조 제1항 내지 제4항).

한편 위해정보를 수집·처리하는 자는 물품등의 위해성이 판명되어 공표되기 전까지 사업자명·상품명·피해정도·사건경위에 관한 사항을 누설하여서는 아니 되며(소비자기본법 제52조 제5항), 공정거래위원회는 소비자안전센터가 위해정보를 효율적으로 수집할 수 있도록 하기 위하여 필요한 경우에는 행정기관·병원·학교·소비자단체 등을 위해정보 제출기관으로 지정·운영할 수 있다(소비자기본법 제52조 제6항).

제 3 장

리콜제도

I 리콜제도

리콜제도는 유통단계에 있는 제품으로부터 발생할 수 있는 소비자의 생명, 신체, 재산 등에 대한 위험을 사전에 방지하기 위하여 해당 제품을 수거 또는 회수함으로써 위험 발생의 가능성을 차단하는 제도이다. 리콜제도는 여러 주무부서에서 여러 개별 법률에 따라 행하여지고 있는바, 일반 소비재는 「소비자기본법」에서, 자동차는 「대기환경보전법」, 「자동차관리법」에서, 식품은 「식품위생법」, 「식품안전기본법」, 「축산물가공처리법」, 「농산물품질관리법」, 「수산물품질관리법」에서, 의약품은 「약사법」에서, 공산품은 「제품안전기본법」, 「전기용품안전관리법」, 「품질경영 및 공산품안전관리법」, 「고압가스안전관리법」, 「액화석유가스의 안전관리 및 사업법」 등 개별입법주의를 취하고 있다.

이 중 「소비자기본법」과 「제품안전기본법」의 내용을 간단히 살펴보기로 한다.

II 소비자기본법상 리콜제도

1. 결함정보의 보고의무

사업자는 ① 제조·수입·판매 또는 제공한 물품등에 소비자의 생명·신체 또는 재산에 위해를 끼치거나 끼칠 우려가 있는 제조·설계 또는 표시 등의 중대한 결함이 있다는 사실을 알게 된 경우, ② 제조·수입·판매 또는 제공한 물품등과 동일한 물품등에 대하여 외국에서 결함이 발견되어 사업자가 i) 외국 정부로부터 수거·파기등의 권고 또는 명령을 받고 수거·파기등을 하였거나 ii) 자발적으로 수거·

파기등을 한 경우 또는 외국의 다른 사업자가 해당 조치를 한 사실을 알게 된 경우에는 제조·수입·판매 또는 제공한 물품등의 결함을 소관 중앙행정기관의 장에게 보고하여야 한다. 다만, ②에 해당하는 경우로서 사업자가 해당 물품등의 수거·파기·수리·교환·환급 또는 제조·수입·판매·제공의 금지 및 그 밖의 필요한 조치(이하 이 조에서 "수거·파기등"이라 한다)를 한 경우에는 물품등의 결함을 소관 중앙행정기관의 장에게 보고하지 아니하여도 된다(소비자기본법 제47조 제1항).

① 물품등을 제조·수입 또는 제공하는 자, ② 물품에 성명·상호 그 밖에 식별 가능한 기호 등을 부착함으로써 자신을 제조자로 표시한 자, ③ 「유통산업발전법」에 따른 대규모점포 중 대통령령이 정하는 대규모점포를 설치하여 운영하는 자, ④ 그 밖에 소비자의 생명·신체 및 재산에 위해를 끼치거나 끼칠 우려가 있는 물품등을 제조·수입·판매 또는 제공하는 자로서 대통령령이 정하는 사업자는 결함의 내용을 보고하여야 할 의무가 있다(소비자기본법 제47조 제3항).

이에 따라 보고를 받은 중앙행정기관의 장은 사업자가 보고한 결함의 내용에 관하여 시험·검사기관 또는 한국소비자원 등에 시험·검사를 의뢰하고, 시험·검사의 결과 그 물품등이 수거·파기등의 권고나 명령을 해야 할 요건(소비자기본법 제49조·제50조)에 해당하는 경우에는 사업자에게 각각에 해당하는 규정에 따른 필요한 조치를 취하여야 한다(소비자기본법 제47조 제2항).

2. 물품등의 자진수거

사업자는 소비자에게 제공한 물품등의 결함으로 인하여 소비자의 생명·신체 또는 재산에 위해를 끼치거나 끼칠 우려가 있어 당해 물품등의 수거·파기·수리·교환·환급 또는 제조·수입·판매·제공의 금지나 그 밖에 필요한 조치(이하 "자진시정조치"라 한다)를 하려는 경우에는 ① 결함이 있는 물품등의 명칭과 제조연월일 또는 공급연월일, ② 결함과 위해의 내용 및 원인, ③ 결함이 있는 물품등으로 인하여 발생하는 위험과 주의사항, ④ 자진시정조치의 방법과 기간, ⑤ 소비자 또는 판매자 등에게 자진시정조치계획을 알리기 위한 방법이 포함된 시정계획서를 소관 중앙행정기관의 장에게 제출하여야 하며, 자진시정조치를 마친 후에는 그 결과를 소관 중앙행정기관의 장에게 보고하여야 한다(소비자기본법 제48조, 동법 시행령 제36조).

3. 수거 · 파기등의 권고 등

중앙행정기관의 장은 사업자가 제공한 물품등의 결함으로 인하여 소비자의 생명·신체 또는 재산에 위해를 끼치거나 끼칠 우려가 있다고 인정되는 경우에는 그 사업자에 대하여 당해 물품등의 수거·파기·수리·교환·환급 또는 제조·수입·판매·제공의 금지 그 밖의 필요한 조치를 권고할 수 있다. 이에 따라 권고를 받은 사업자는 그 권고의 수락 여부를 소관 중앙행정기관의 장에게 통지하여야 하고, 만일 권고를 수락한 사업자는 그에 따른 조치를 취하여야 한다. 중앙행정기관의 장은 위와 같은 권고를 받은 사업자가 정당한 사유 없이 그 권고를 따르지 아니하는 때에는 사업자가 권고를 받은 사실을 공표할 수 있다(소비자기본법 제49조).

4. 수거 · 파기등의 명령 등

중앙행정기관의 장은 사업자가 제공한 물품등의 결함으로 인하여 소비자의 생명·신체 또는 재산에 위해를 끼치거나 끼칠 우려가 있다고 인정되는 경우에는 그 물품등의 수거·파기·수리·교환·환급을 명하거나 제조·수입·판매 또는 제공의 금지를 명할 수 있고, 그 물품등과 관련된 시설의 개수(改修) 그 밖의 필요한 조치를 명할 수 있다. 다만, 소비자의 생명·신체 또는 재산에 긴급하고 현저한 위해를 끼치거나 끼칠 우려가 있다고 인정되는 경우로서 그 위해의 발생 또는 확산을 방지하기 위하여 불가피하다고 인정되는 경우에는 그 절차를 생략할 수 있다. 중앙행정기관의 장은 사업자에게 위와 같은 명령을 하는 경우 그 사실을 공표할 수 있으며, 사업자가 수거·파기 등의 명령에 따르지 아니하는 경우에는 직접 그 물품등의 수거·파기 또는 제공금지 등 필요한 조치를 취할 수 있다(소비자기본법 제50조).

5. 시정요청 등

공정거래위원회 또는 시·도지사는 사업자가 제공한 물품등으로 인하여 소비자에게 위해발생이 우려되는 경우에는 관계중앙행정기관의 장에게 ① 사업자가 다른 법령에서 정한 안전조치를 취하지 아니하는 경우에는 그 법령의 규정에 따른 조치, ② 다른 법령에서 안전기준이나 규격을 정하고 있지 아니하는 경우에는 i) 수거·파기 등의 권고, ii) 수거·파기 등의 명령, iii) 과태료 처분을 요청할 수 있다. 이에 따라 공정거래위원회 또는 시·도지사의 요청을 받은 관계 중앙행정기관의 장은 조치 여부 및 그 내용을 신속히 공정거래위원회 또는 시·도지사에게 통보하여야 한다(소비자기본법 제46조).

Ⅲ 제품안전기본법상 리콜제도

2010년 제품안전과 관련하여 제품안전에 관하여 여러 법률에서 규정하고 있는 내용을 연계시키고 개별적인 제품안전관련 법률의 흠결을 보완하기 위하여 「제품안전기본법」이 제정되었다. 동법에서는 「품질경영 및 공산품안전관리법」과 「전기용품안전관리법」에서 규율하고 있던 안전성조사를 통합하여 이곳으로 이관하였고, 시중에 유통되는 전기용품과 공산품의 제조·설계 또는 제품상 표시 등의 결함으로 인하여 소비자의 생명·신체 또는 재산에 위해를 끼치거나 끼칠 우려가 있는 경우에는 제품의 수거등의 권고 또는 제품의 수거등의 명령을 할 수 있도록 규정하고 있다.

1. 제품의 수거등의 권고·명령 등

(1) 제품의 수거등의 권고

중앙행정기관의 장은 시중에 유통되는 제품의 제조·설계 또는 제품상 표시 등의 결함 또는 제품의 기술상·구조상 특성으로 인하여 소비자의 생명·신체 또는 재산에 위해를 끼치거나 끼칠 우려가 있는 경우에는 해당 제품의 사업자에 대하여 수거·파기·수리·교환·환급·개선조치 또는 제조·유통의 금지, 그 밖에 필요한 조치(이하 "수거등"이라 한다)를 권고할 수 있고, 이 권고를 받은 사업자가 정당한 사유 없이 그 권고를 따르지 아니하는 경우에는 중앙행정기관의 장이 그 사실을 공표할 수 있다. 사업자는 위 권고에 따라 조치를 한 경우 조치의 결과 등을 소관 중앙행정기관의 장에게 보고하여야 한다(제품안전기본법 제10조).

(2) 제품의 수거등의 명령

중앙행정기관의 장은 ① 안전성조사를 실시한 결과 해당 제품의 위해성이 확인된 경우이거나, ② 제품의 수거등의 권고를 받은 사업자가 정당한 사유 없이 그 권고를 따르지 아니하는 경우, ③ 시중에 유통되는 제품의 제조·설계 또는 제품상 표시 등의 중대한 결함으로 인하여 소비자의 생명·신체 또는 재산에 위해를 끼치거나 끼칠 우려가 있다고 인정할 만한 상당한 이유가 있는 경우, ④ 개별 법령에서 정하고 있는 인증을 받거나 신고·확인 등을 한 후 해당 제품의 부품 등을 변경하여 소비자의 생명·신체 또는 재산에 위해를 끼치거나 끼칠 우려가 있는 경우에는 해당 제품의 사업자에 대하여 수거등을 명령하고, 그 사실을 공표할 수 있다. 사업자는 위 명령에 따라 조치를 한 경우 조치의 결과 등을 소관 중앙행정기관의 장에게 보고하여야 한다. 제품의 수거등의 명령을 받은 사업자는 위 명령에 따라 수리 또는 개선조치 등의 필요한 조치를 한 경우가 아니라면, 조치를 한 후에 해당 제품을 시중에 유통하여서는 아니 된다(제품안전기본법 제11조 제1항·제2항·제4항).

만일 사업자가 위 명령에 따르지 아니하는 경우에는 중앙행정기관의 장이 직접 해당 제품의 수거등을 할 수 있다. 이 경우 수거등에 사용되는 비용을 해당 제품의 사업자에게 징수할 수 있다(제품안전기본법 제11조 제3항).

(3) 사업자의 불복

수거등의 권고나 명령을 받은 제품에 대하여 이해관계를 가진 사업자가 권고나 명령에 대하여 불복이 있는 경우, 그 권고나 명령이 있음을 안 날부터 30일 이내에 소관 중앙행정기관의 장에게 권고나 명령의 전부 또는 일부 해제를 신청할 수 있고, 소관 중앙행정기관의 장은 위 신청에 대하여 30일 이내에 권고 또는 명령의 전부 또는 일부의 해제여부를 결정하여야 한다(제품안전기본법 제12조 제1항·제2항).

위 권고나 명령의 해제신청을 한 사업자는 해제신청여부와는 관계없이 「행정심판법」에 따른 행정심판을 청구할 수도 있다(제품안전기본법 제12조 제3항).

2. 사업자의 의무

(1) 제품 수거등의 의무

사업자는 시중에 유통되는 제품의 중대한 결함으로 인하여 소비자의 생명·신체 또는 재산에 위해를 끼치거나 끼칠 우려가 있다는 사실을 알게 된 때에는 그 결함의 내용을 소관 중앙행정기관의 장에게 즉시 보고하고 해당 제품의 수거등을 하여야 하며, 조치를 한 후 수거등의 실적 등을 소관 중앙행정기관의 장에게 보고하여야 한다(제품안전기본법 제13조 제1항·제2항).

사업자는 시중에 유통시킨 제품과 동일한 제품에 대하여 외국에서 위해성을 이유로 ① 외국 정부로부터 수거등의 권고 또는 명령을 받고 수거등의 조치를 한 경우이거나 ② 자발적으로 수거등의 조치를 한 경우 또는 외국의 다른 사업자가 해당 조치를 한 사실을 알게 된 경우에는 해당 제품의 소관 중앙행정기관의 장에게 즉시 보고하여야 한다. 다만, 해당 사업자가 이미 해당 제품의 수거등을 한 경우에는 보고의무가 면제된다(제품안전기본법 제13조 제3항).

(2) 사업자의 보고의무

사업자는 제품의 중대한 결함 여부와 관계없이 시중에 유통되는 제품으로 인하여 ① 사망 사고, ② 전치 4주 이상의 치료가 필요한 부상을 일으킨 사고, ③ 화재 또는 폭발 사고, ④ 동일한 제품이 반복적인 사고를 일으키는 경우 등 대통령령으로 정하는 사고[2](소비자의 사용 부주의로 발생한 사고 등 대통령령으로 정하는 사고[3]는 제외한다. 이하 "중대사고"라 한다)가 발생한 경우 해당 제품의 명칭·사고

2) i) 동일한 제품이 3회 이상 의료기관에서 치료가 필요한 부상 또는 질병을 일으킨 사고, ii) 한 번의 사고로 인하여 3명 이상의 사람에게 의료기관에서 치료가 필요한 부상 또는 질병을 일으킨 사고, iii) 시중에 유통시킨 제품과 동일한 제품으로 인하여 외국에서 발생한 사고로서 사망사고, 전치 4주 이상의 치료가 필요한 부상을 일으킨 사고, 화재 또는 폭발사고를 의미한다(제품안전기본법 시행령 제14조의2 제3항).

3) i) 자동차·원동기·자전거·선박·철도 또는 항공기 등의 운전 부주의로 발생한 사고,

내용 및 판매수량 등을 중앙행정기관의 장에게 중대사고의 발생을 알게 된 때 즉시 보고하여야 한다(제품안전기본법 제13조의2).

(3) 사업자의 사고조사

중앙행정기관의 장은 이에 따라 중대사고 보고를 받은 경우, 사고빈도, 사고로 인한 위해도 등을 고려하여 필요하다고 인정하면 사고 원인을 규명하기 위하여 사업자(제조업자 또는 수입업자를 말한다)에게 사고 경위 및 원인에 대한 조사를 명할 수 있고, 사업자는 이에 따른 사고조사 명령을 받은 경우 7일 이내에 사고조사를 개시하여야 하며, 사고조사를 완료하면 그 결과를 즉시 중앙행정기관의 장에게 보고하여야 한다(제품안전기본법 제13조의3).

3. 내부자신고

사업자가 제품의 중대한 결함으로 인하여 소비자의 생명·신체 또는 재산에 위해를 끼칠 우려가 있다는 사실을 알고 있음에도 그 결함의 내용을 숨기고 있는 경우 해당 사업자의 사업에 종사하는 근로자는 그 사실을 소관 중앙행정기관의 장에게 신고할 수 있고, 이 경우 사업자는 신고를 이유로 해당 근로자에 대하여 불리한 처우를 하여서는 아니 된다. 만일 누구든지 신고를 한 이유로 신분상 불이익을 당하였을 경우에는 소관 중앙행정기관의 장에게 불이익처분의 원상회복이나 그 밖에 필요한 조치를 요구할 수 있다(제품안전기본법 제14조 제1항 내지 제3항).

4. 제품사고 관련 제출 요청

중앙행정기관의 장은 시중에 유통되는 제품의 제조·설계 또는 제품상 표시 등의 결함 또는 제품의 기술상·구조상 특성으로 인하여 소비자의 생명·신체 또는

---

ii) 소비자가 제품을 사용하여 자살·자해하거나 의도적으로 다른 사람을 상해 또는 사망에 이르게 한 사고, iii) 동일한 제품에 대하여 이미 사업자 또는 다른 사업자가 보고한 사고, iv) 개별 법령에 따라 보고한 사고를 의미한다(제품안전기본법 시행령 제14조의2 제1항).

재산에 위해를 끼치거나 끼칠 우려가 있는 사고가 발생한 때에는 사고의 경위와 원인을 파악하고 필요한 안전조치를 하기 위하여 사업자 또는 관계 중앙행정기관·지방자치단체, 「공공기관의 운영에 관한 법률」 제4조에 따른 공공기관, 「소비자기본법」 제29조에 따라 등록한 소비자단체, 「국가표준기본법」 제23조에 따라 인정을 받은 시험·검사기관, 「의료법」 제3조 제2항에 따른 의료기관, 「보험업법」 제2조에 따른 보험회사 등 기관의 장에게 사고와 관련된 자료의 제출을 요청할 수 있고, 이 경우 자료제출을 요청받은 자는 특별한 사유가 없는 한 이에 응하여야 한다. 중앙행정기관의 장은 제품사고의 경위 및 원인을 과학적이고 효율적으로 파악하기 위하여 제품안전 관련 업무를 수행하는 법인 또는 단체를 제품사고조사센터로 지정하여 제품사고의 경위 및 원인 등을 조사하게 할 수 있다(제품안전기본법 제15조 제1항·제2항).

5. 안전성조사 결과 등에 관한 공표

중앙행정기관의 장은 안전성조사 결과 또는 제품사고조사 결과를 공표할 수 있으며, 다른 법령에 따라 지방자치단체의 장 또는 공공기관의 장이 안전성조사를 실시하고 그 결과를 공표하려는 경우에는 해당 제품의 소관 중앙행정기관의 장에게 그 사실을 미리 알려야 한다(제품안전기본법 제15조의2).

6. 제품의 수거등에 대한 이행점검 등

제품의 수거등의 권고·명령을 받은 사업자 또는 제품의 수거등을 하여야 하는 사업자는 제품 수거등 계획서를 작성하여 중앙행정기관의 장에게 제출하여야 하고, 중앙행정기관의 장은 사업자가 제품의 수거 등의 권고·명령, 제품의 수거 등에 따른 조치를 하거나 조치의 결과를 보고한 경우 관계 공무원이나 한국제품안전관리원의 임직원으로 하여금 해당 사업자의 사업장에 출입하여 이행현황을 점검하게 할 수 있다. 이에 따라 출입·점검을 하는 관계 공무원 또는 임직원은 그 권한을 표시하는 증표를 지니고 이를 관계인에게 보여주어야 하고, 중앙행정기관의 장은 이행현황 점검의 결과 해당 사업자가 제품 수거등 계획서에 따라 성실하게 이행하지 아니한 경우 이를 보완하여 이행할 것을 명령할 수 있다(제품안전기본법 제15조의3). 제품의 수거 등의 의무가 있는 사업자의 수거 등의 조치를 체계적으로 관리·감독하기 위하여 2019년 법 개정시 신설된 내용이다.

제 4 장

제조물책임

Ⅰ 서설

제품 자체의 하자로 인하여 소비자가 생명·신체 또는 재산상 피해를 입은 경우, 사법상 그 피해를 전보받을 수 있는 방법으로는 하자담보책임이나 채무불이행 등의 계약책임, 불법행위책임 등이 있다. 그러나 계약책임의 경우, 당사자 사이에 계약관계가 존재하여야 하는데, 직접 당해 상품을 구입한 구매자 이외의 제3자가 피해를 입었거나 소비자가 제조업자가 아닌 유통업자로부터 물건을 구매한 경우에는 제조업자에게 직접 계약상 책임을 물을 수 없다. 한편 민법상 일반불법행위책임을 묻는 경우에는 계약관계가 존재하지 않는 제조업자에 대하여도 책임을 물을 수 있겠으나, 이 경우 제조업자의 고의 또는 과실, 그리고 그러한 가해행위의 위법성, 손해의 발생, 인과관계 등을 모두 입증하여야 하는 부담을 지게 된다. 그러나 고도로 전문화된 다수의 기술이 집적된 물건의 경우 소비자로서는 위와 같은 사실을 입증할 능력이 부족하다.[4)]

이러한 이유로 2000년 「제조물책임법」이 제정되어 2002년부터 시행되고 있다. 제조물책임법에서는 제조물의 결함으로 인하여 발생한 손해에 대한 제조업자 등의 손해배상책임을 규정함으로써 피해자 보호를 도모하고 있다.

Ⅱ 제조물책임의 의의

제조물책임이란 제조물의 결함으로 발생한 손해에 대한 제조업자 등의 손해배

4) 이호영, 앞의 책, 314－316면.

상책임을 의미한다. 제조물책임은 제조물의 결함으로 발생한 소비자의 손해를 직접 제조업자에게 추궁할 수 있다는 점에 특징이 있다.

"제조물"이란 제조되거나 가공된 동산(다른 동산이나 부동산의 일부를 구성하는 경우를 포함한다)을 말하고, "결함"이란 해당 제조물에 제조상·설계상 또는 표시상의 결함이 있거나 그 밖에 통상적으로 기대할 수 있는 안전성이 결여되어 있는 것을 말한다. "제조상의 결함"이란 제조업자가 제조물에 대하여 제조상·가공상의 주의의무를 이행하였는지에 관계없이 제조물이 원래 의도한 설계와 다르게 제조·가공됨으로써 안전하지 못하게 된 경우를 말하고, "설계상의 결함"이란 제조업자가 합리적인 대체설계(代替設計)를 채용하였더라면 피해나 위험을 줄이거나 피할 수 있었음에도 대체설계를 채용하지 아니하여 해당 제조물이 안전하지 못하게 된 경우를 말하며, "표시상의 결함"이란 제조업자가 합리적인 설명·지시·경고 또는 그 밖의 표시를 하였더라면 해당 제조물에 의하여 발생할 수 있는 피해나 위험을 줄이거나 피할 수 있었음에도 이를 하지 아니한 경우를 말한다(제조물책임법 제2조 제1호·제2호).

[1] 제조업자 등이 합리적인 설명, 지시, 경고 기타의 표시를 하였더라면 당해 제조물에 의하여 발생될 수 있는 피해나 위험을 피하거나 줄일 수 있었음에도 이를 하지 않은 때에는 그와 같은 표시상의 결함(지시·경고상의 결함)에 대하여도 불법행위로 인한 책임이 인정될 수 있다. 그와 같은 결함이 존재하는지 여부에 대한 판단을 할 때에는 제조물의 특성, 통상 사용되는 사용형태, 제조물에 대한 사용자의 기대의 내용, 예상되는 위험의 내용, 위험에 대한 사용자의 인식 및 사용자에 의한 위험회피의 가능성 등의 여러 사정을 종합적으로 고려하여 사회통념에 비추어 판단하여야 한다.

[2] 무항생제 유정란을 생산·납품하는 양계업자 갑이 평사(평사) 형태의 축사를 설치하고 산란계를 사육하면서 을 주식회사가 제조하는 엔로플록사신(Enrofloxacin, 플루오로퀴놀론계 항균제)을 주된 성분으로 하는 동물의약품 엔로트릴을 닭에게 투약하였는데, 계란에서 엔로플록사신 성분이 검출되어 납품하지 못하자, 을 회사를 상대로 제조물 책임법상 표시상의 결함으로 인한 손해배상을 구한 사안에서, 을 회사가 제조·판매한 엔로트릴은 가축의 질병치료를 목적으로 하는 동물약품으

로, 주된 소비자는 갑과 같은 양계업자를 비롯한 다양한 형태의 가축 사육업자들이지만 최종적인 소비자는 일반 시민들이므로, 이를 이용하여 생산하는 축산식품의 잔류 동물약품에 의한 오염 여부는 그에 따른 상당한 책임 문제가 수반되는 사육업자에게 중대한 의미를 갖는 사항이라 할 수 있고, 이러한 사정은 동물약품의 전문 제조·판매업자인 을 회사로서도 충분히 인식하거나 예상할 수 있는 것으로, 휴약기간 미준수의 경우 식육 등 축산식품에 약물이 잔류될 수 있어 '시간까지 정확히 계산하여 준수'하도록 한 엔로트릴의 권고사항에 비추어도 그러한 점, 농림축산검역본부의 '동물약품 안전사용을 위한 10대 수칙'에서 휴약기간 동안 사료통, 축사, 사료저장고 등을 완전히 청소한 후 약제가 들어있지 않은 사료와 물만 먹이라는 주의사항을 둔 것도 잔류 동물약품으로 인한 축산식품 오염의 위험성이 축산식품의 생산·판매 및 그 전제 되는 동물약품의 구입·이용에 있어 중요한 고려요소가 됨을 나타낸 것인 점, 위와 같은 사유들이 직접 소비자인 사육업자들에게 구체적 사육환경하에서 휴약기간 준수 여부에 영향을 미치는 다양한 가능성을 고려하여 필요한 조치를 취할 관리상 주의의무를 부과하고 이를 위반한 것으로 평가할 수 있는 사정이 될 수 있겠지만, 소비자 측 귀책사유가 있다는 사정만으로 일반적이고 추상적인 형태로나마 간접 섭취(투약)에 따른 휴약기간의 변동(조정) 가능성을 전혀 언급하지 아니함에 따른 제조물 책임법상 표시상의 결함 및 을 회사의 책임을 전적으로 배제할 사유에 해당한다고 볼 수 없는 점 등에 비추어, 을 회사가 엔로트릴에 '평사형 축사에서 사육되는 닭들의 경우 계분 등을 통하여 휴약기간인 12일이 지나도 엔로플록사신이 잔류할 수 있다.'는 취지의 표시를 하지 않은 것은 표시상의 결함에 해당하고, 갑이 납품한 계란에서 엔로플록사신이 검출된 것은 위 표시상의 결함에 따른 것인바, 을 회사는 이로 인하여 발생한 손해를 배상할 의무가 있다고 한 원심판결을 수긍한 사례. (대법원 2022. 7. 14. 선고 2017다213289 판결)

[1] 일반적으로 제조물을 만들어 판매하는 자는 제조물의 구조, 품질, 성능 등에 있어서 현재의 기술 수준과 경제성 등에 비추어 기대가능한 범위 내의 안전성을 갖춘 제품을 제조하여야 하고, 이러한 안전성을 갖추지 못한 결함으로 인하여 그 사용자에게 손해가 발생한 경우에는 불법행위로 인한 배상책임을 부담하게 되는 것인

> 바, 그와 같은 결함 중 주로 제조자가 합리적인 대체설계를 채용하였더라면 피해나 위험을 줄이거나 피할 수 있었음에도 대체설계를 채용하지 아니하여 제조물이 안전하지 못하게 된 경우를 말하는 소위 설계상의 결함이 있는지 여부는 제품의 특성 및 용도, 제조물에 대한 사용자의 기대의 내용, 예상되는 위험의 내용, 위험에 대한 사용자의 인식, 사용자에 의한 위험회피의 가능성, 대체설계의 가능성 및 경제적 비용, 채택된 설계와 대체설계의 상대적 장단점 등의 여러 사정을 종합적으로 고려하여 사회통념에 비추어 판단하여야 한다.
>
> [2] 제조물에 대한 제조상 내지 설계상의 결함이 인정되지 아니하는 경우라 할지라도, 제조업자 등이 합리적인 설명, 지시, 경고 기타의 표시를 하였더라면 당해 제조물에 의하여 발생될 수 있는 피해나 위험을 줄이거나 피할 수 있었음에도 이를 하지 아니한 때에는 그와 같은 표시상의 결함(지시·경고상의 결함)에 대하여도 불법행위로 인한 책임이 인정될 수 있고, 그와 같은 결함이 존재하는지 여부에 대한 판단을 함에 있어서는 제조물의 특성, 통상 사용되는 사용형태, 제조물에 대한 사용자의 기대의 내용, 예상되는 위험의 내용, 위험에 대한 사용자의 인식 및 사용자에 의한 위험회피의 가능성 등의 여러 사정을 종합적으로 고려하여 사회통념에 비추어 판단하여야 한다. (대법원 2003. 9. 5. 선고 2002다17333 판결)

Ⅲ 제조물책임의 발생사례

1. 질소통 사건

질소통의 제조업자가 가스통의 도색과 글씨를 잘못하여 산소용으로 오인될 수 있는 용기에 질소를 넣어 판매하였고, 이를 구입한 병원에서 외관만을 보고 질소통을 산소통으로 오인하여 이를 환자에 투입하여 그 환자가 사망하였다. 환자가 질소통 제조업자와 병원을 상대로 손해배상책임을 청구한 사건에서 판례는 "공급회사는 질소용을 외관상 산소용으로 오인될 수 있게끔 된 도색과 문자로 된 채 병원에 공급하고, 병원은 법령에 의한 고압가스책임자로 하여금 검사하게 하여 이를 인수하였을 뿐 아니라 이 질소용을 직접 환자에게 사용한 마취의사도 그 내용물이 산소인지 여부를 확인하지 아니하고 외양만을 경신하여 산소로 생각하고 사용하여 사고를 일으킨 경우, 위 공급회사와 병원은 공동불법행위자로서 연대책임을 면할 수 없다"고 하여 질소통을 제조·공급한 자와 외양만을 경신하고 내용물을 확인하지 않고 사용한 병원의 공동불법행위책임을 인정하고, 공급회사에 표시·경고상의 과실로 인한 손해배상책임을 인정하였다.[5)]

2. 자동차에어백 사건

피고회사가 제조·생산한 에어백이 장착된 승용차를 운전하다가 주차된 화물차를 추돌하여 부상을 입었으나 에어백이 작동하지 않은 사건에서, 당시 에어백은 횡방향충돌시, 전복 또는 안전벨트만으로도 보호가 가능한 저속충돌시, 충돌 순간 상대차량의 밑으로 들어가는 등 프론트사이드 프레임에 충격이 전달되지 않는 충돌시 등에는 작동되지 않도록 되어 있었는데, 위 사건의 추돌은 에어백이 작동되지 않는 상황이 아니었음에도 불구하고 에어백이 작동하지 않은 것은 특별한 사정이 없는 한 위 에어백의 결함으로 인한 것이라고 볼 수밖에 없다고 하여 제조회사의 제조물책임을 인정하였다.[6)]

3. TV 수상기 폭발 사건

피고 회사가 제조한 TV를 시청하고 있던 중, 갑자기 TV 뒤편에서 검은 연기가 피어올라 동작 스위치를 끄고 전원 플러그를 뽑았음에도 불구하고 곧이어 이 사건 TV에서 "펑" 하는 폭발음과 함께 불이 솟아오르면서 커튼에 옮겨 붙어 원고 소유 주택의 2층 내부와 그 안의 가재도구가 전소된 사건이다. TV 수상관(일명 브라운관) 내의 전자총 부분이 누전으로 인하여 폭발하면서 발생한 것으로 추정될 뿐, 그 누전이 발생하게 된 경위에 관하여는 규명되지 않았다.

대법원은 문제된 TV가 피고회사가 1988년 말경부터 1990년 초까지 사이에 제조한 것으로, 사고발생시점 기준으로 약 6년 동안 사용하여 내구연한을 1년 정도

5) 대법원 1979. 3. 27. 선고 78다2221 판결.

6) 대구지방법원 1996. 6. 11. 선고 95가단33020 판결.

초과한 제품이지만, 내구연한은 TV의 결함으로 인한 손해배상청구권의 권리행사기간이나 제조업자의 손해배상채무의 존속기간이 아니라고 하면서, 내구연한이 다소 경과된 이후에도 제품의 안전성을 확보할 주의의무가 있다고 보았다.[7)]

> [1] 무릇 물품을 제조·판매하는 제조업자 등은 그 제품의 구조, 품질, 성능 등에 있어서 그 유통 당시의 기술 수준과 경제성에 비추어 기대 가능한 범위 내의 안전성과 내구성을 갖춘 제품을 제조·판매하여야 할 책임이 있고, 이러한 안전성과 내구성을 갖추지 못한 결함으로 인하여 소비자에게 손해가 발생한 경우에는 불법행위로 인한 손해배상의무를 부담한다.
>
> [2] 물품을 제조·판매한 자에게 손해배상책임을 지우기 위하여서는 결함의 존재, 손해의 발생 및 결함과 손해의 발생과의 사이에 인과관계의 존재가 전제되어야 하는 것은 당연하지만, 고도의 기술이 집약되어 대량으로 생산되는 제품의 경우, 그 생산과정은 대개의 경우 소비자가 알 수 있는 부분이 거의 없고, 전문가인 제조업자만이 알 수 있을 뿐이며, 그 수리 또한 제조업자나 그의 위임을 받은 수리업자에 맡겨져 있기 때문에, 이러한 제품에 어떠한 결함이 존재하였는지, 나아가 그 결함으로 인하여 손해가 발생한 것인지 여부는 전문가인 제조업자가 아닌 보통인으로서는 도저히 밝혀 낼 수 없는 특수성이 있어서 소비자 측이 제품의 결함 및 그 결함과 손해의 발생과의 사이의 인과관계를 과학적·기술적으로 완벽하게 입증한다는 것은 지극히 어려우므로, 텔레비전이 정상적으로 수신하는 상태에서 발화·폭발한 경우에 있어서는, 소비자 측에서 그 사고가 제조업자의 배타적 지배하에 있는 영역에서 발생한 것임을 입증하고, 그러한 사고가 어떤 자의 과실 없이는 통상 발생하지 않는다고 하는 사정을 증명하면, 제조업자 측에서 그 사고가 제품의 결함이 아닌 다른 원인으로 말미암아 발생한 것임을 입증하지 못하는 이상, 위와 같은 제품은 이를 유통에 둔 단계에서 이미 그 이용시의 제품의 성상이 사회통념상 당연히 구비하리라고 기대되는 합리적 안전성을 갖추지 못한 결함이 있었고, 이러한 결함으로 말미암아 사고가 발생하였다고 추정하여 손해배상책임을 지울 수 있도록 입증책임을 완화하는 것이 손해의 공평·타당한 부담을 그 지도원리로 하는 손해배상제도의 이상에 맞는다.

7) 대법원 2000. 2. 25. 선고 98다15934 판결.

[3] 텔레비전이 내구연한을 1년 정도 초과한 상태에서 그 정상적인 이용상황 하에서 폭발한 경우, 내구연한은 텔레비전의 결함으로 인한 손해배상청구권의 권리행사기간 내지 제조업자의 손해배상채무의 존속기간이 아니고 제조업자는 내구연한이 다소 경과된 이후에도 제품의 안전성을 확보할 주의의무가 있다는 이유로 제조상의 결함을 인정한 사례. (대법원 2000. 2. 25. 선고 98다15934 판결)

4. 자동차 전소 사건

지하주차장에 주차해 둔 차량의 운전석에서 원인불명의 화재가 발생하여 차량이 전소한 사건에서, 차량의 결함부위 및 내용이 특정되지 아니하였고 차량의 외부에서 발화하여 그 내부로 인화되었을 가능성도 배제할 수 없는 점 등에 비추어 차량의 제조상의 결함(하자)으로 화재가 발생하였다고 추정하기는 어렵다고 보았다. 대법원은 제조물책임이란 제조물에 통상적으로 기대되는 안전성을 결여한 결함으로 인하여 생명·신체나 제조물 그 자체 외의 다른 재산에 손해가 발생한 경우에 제조업자 등에게 지우는 손해배상책임이기 때문에, 제조물에 상품적합성이 결여되어 제조물 그 자체에 발생한 손해는 제조물책임의 적용 대상이 아니므로, 하자담보책임으로서 그 배상을 구하여야 한다고 보았다.[8)]

5. 세탁기 사망 사건

5세 여자아이가 세탁기에 담겨진 물에 빠져 사망한 사건으로, 대법원은 어린이가 의자를 놓고 올라가 세탁기 속에 떨어져 익사하는 이례적인 상황까지 고려하여 이러한 사용의 편의와 효율을 포기하여 세탁기를 제작할 의무가 없으므로 설계상의 결함을 부정하고, 세탁기의 사용설명서와 라벨에 어린이가 받침대에 올라가면 사고가 날 위험이 있고 세탁기 속에 신체의 일부가 들어갈 경우 위험하다는 점을 명시적으로 밝힘으로써 표시상의 결함도 없다고 보았다.[9)]

---

8) 대법원 2000. 7. 28. 선고 98다35525 판결.

9) 대법원 2003. 5. 16. 선고 2002다42087 판결.

6. 자동차 급발진 사건

오랜 경력의 주차관리 요원이 주차장에 세워져 있던 차량을 이동시키기 위하여 차량에 탑승하여 시동을 켜고 변속기 레버를 주차에서 전진으로 이동시킨 순간 자동차가 갑자기 앞으로 진행하면서 그곳에 주차되어있던 다른 차량을 충격하고 잇달아 음식점 벽면을 충격한 후 정지한 사건이다.

대법원은 자동차의 쉬프트 록 미장착 또는 액셀러레이터 페달과 브레이크 페달 사이의 간격과 관련한 설계상 결함을 부정하고, 브레이크 페달을 밟고 시동을 걸고 자동변속기 선택레버를 이동시키라는 지시문구가 기재되어있다는 점, 그리고 운전자가 비정상적으로 액셀러레이터 페달을 밟는 경우까지 대비하여 그에 대한 경고나 지시를 하지 아니하였다 하여 결함이 존재한다고 볼 수는 없다고 하여 결함을 부정하였다.[10)]

7. 미니컵 젤리 사건

미니컵 젤리를 먹던 아이의 기도가 막히는 바람에 호흡이 곤란하게 되어 질식상태에서 뇌에 산소가 공급되지 않아 사망한 사건에서, 법원은 제조업자가 질식의 개연성이 높은 제품을 공급하면서 단지 '섭취시 주의가 필요하다'는 문구를 기재하였다는 사정만으로는 사고의 발생을 회피하는 데 필요한 조치를 다하였다고 할 수 없어 그 책임을 인정하였다.[11)]

8. 감기약 사망 사건

합성 교감신경흥분제인 페닐프로판올아민(Phenylprophanolamine) 함유 일반의약품인 감기약 "콘택600"을 복용한 사람이 출혈성 뇌졸중으로 사망한 사안에서, 대법원은 사용설명서에 부작용으로 출혈성 뇌졸중이 표시되어 있고, 그 병력이 있는 환자 등에게 투여하지 말라는 등의 지시사항이 기재되어 있는 점 등에 비추어

10) 대법원 2004. 3. 12. 선고 2003다16771 판결.

11) 서울중앙지방법원 2006. 8. 17. 선고 2005가합32369 판결.

위 의약품에 표시상의 결함이 없다고 보았다.[12)]

[1] 일반적으로 제조물을 만들어 판매하는 자는 제조물의 구조, 품질, 성능 등에 있어서 현재의 기술 수준과 경제성 등에 비추어 기대가능한 범위 내의 안전성을 갖춘 제품을 제조하여야 하고, 이러한 안전성을 갖추지 못한 결함으로 인하여 그 사용자에게 손해가 발생한 경우에는 불법행위로 인한 배상책임을 부담하게 되는데, 그와 같은 결함 중 주로 제조자가 합리적인 대체설계를 채용하였더라면 피해나 위험을 줄이거나 피할 수 있었음에도 대체설계를 채용하지 아니하여 제조물이 안전하지 못하게 된 경우를 말하는 소위 설계상의 결함이 있는지 여부는 제품의 특성 및 용도, 제조물에 대한 사용자의 기대의 내용, 예상되는 위험의 내용, 위험에 대한 사용자의 인식, 사용자에 의한 위험회피의 가능성, 대체설계의 가능성 및 경제적 비용, 채택된 설계와 대체설계의 상대적 장단점 등의 여러 사정을 종합적으로 고려하여 사회통념에 비추어 판단하여야 한다. 이와 같은 법리는 의약품의 경우에도 마찬가지로 적용되어야 하되, 다만 의약품은 통상 합성화학물질로서 인간의 신체 내에서 화학반응을 일으켜 질병을 치유하는 작용을 하는 한편 정상적인 제조과정을 거쳐 제조된 것이라 하더라도 본질적으로 신체에 유해한 부작용이 있다는 측면을 고려하여야 한다.

[2] 합성 교감신경흥분제인 페닐프로판올아민(Phenylprophanolamine) 함유 일반의약품인 감기약 "콘택600"을 복용한 사람이 출혈성 뇌졸중으로 사망한 사안에서, 그 제조 및 공급 당시의 페닐프로판올아민과 출혈성 뇌졸중의 상관관계에 관한 연구결과와 기술 수준 및 경제성 등에 비추어 위 감기약이 이를 복용하였다가 피해를 입은 소비자에 대하여 불법행위책임을 부담하게 할 정도의 설계상 결함을 지니고 있다고 보기 어렵다고 한 사례.

[3] 제조업자 등이 합리적인 설명, 지시, 경고 기타의 표시를 하였더라면 당해 제조물에 의하여 발생될 수 있는 피해나 위험을 피하거나 줄일 수 있었음에도 이를 하지 아니한 때에는 그와 같은 표시상의 결함(지시·경고상의 결함)에 대하여도 불법행위로 인한 책임이 인정될 수 있고, 그와 같은 결함이 존재하는지 여부에 관한 판단을 함에 있어서는 제조물의 특성, 통상 사용되는 사용형태, 제조물에 대한 사용자의 기대의 내용, 예상되는 위험의 내용, 위험에 대한 사용자의 인식 및 사용자에

12) 대법원 2008. 2. 28. 선고 2007다52287 판결.

의한 위험회피의 가능성 등의 여러 사정을 종합적으로 고려하여 사회통념에 비추어 판단하여야 한다.

[4] 합성 교감신경흥분제인 페닐프로판올아민(Phenylprophanolamine) 함유 일반의약품인 감기약 "콘택600"을 복용한 사람이 출혈성 뇌졸중으로 사망한 사안에서, 사용설명서에 부작용으로 출혈성 뇌졸중이 표시되어 있고, 그 병력이 있는 환자 등에게 투여하지 말라는 등의 지시사항이 기재되어 있는 점 등에 비추어 위 의약품에 표시상의 결함이 없다고 본 사례.

[5] 합성 교감신경흥분제인 페닐프로판올아민(Phenylprophanolamine) 함유 일반의약품인 감기약 "콘택600"의 포장지에 제조자가 기재한 보상 관련 문구인 "본 제품은 재정경제부 고시에 의거 보상을 받을 수 있습니다"는, 위 감기약의 소비자와 제조자 사이에 보상합의가 이루어지지 않을 경우 구 소비자보호법(2006. 9. 7. 법률 제7988호 소비자기본법으로 전문 개정되기 전의 것) 및 그 하위 법령 등에서 정한 절차와 보상기준에 따라 피해구제를 청구할 수 있음을 안내하는 의미를 가질 뿐, 그 제조자가 소비자들에게 위 감기약을 정상적으로 사용할 경우 아무런 해를 끼치지 않는다는 것을 보증하고 사고 발생시 무과실책임을 부담하겠다는 의사표시로 볼 수 없다고 한 사례. (대법원 2008. 2. 28. 선고 2007다52287 판결)

9. 석면 베이비파우더 사건

석면이 함유된 베이비파우더를 구입·사용한 영·유아와 그 부모들이 베이비파우더 제조업체와 그 업체에 베이비파우더의 주원료인 탈크를 공급한 업체들을 상대로 정신적 충격과 고통 등을 이유로 하는 손해배상을 구한 사안에서, 법원은 영·유아와 그 부모들이 일부 정신적 충격을 받았을 것으로 짐작되기는 하지만, 그들이 주장하는 정신적 고통, 충격 등이 구체적, 객관적으로 의학적, 과학적 근거에 의해 지지되지 못하는 이상, 위 업체들에게 정신적 손해에 대한 배상책임이 있다고 보기 어렵다고 보았다.[13)]

13) 서울중앙지방법원 2010. 6. 22. 선고 2009가합120431, 120448 판결.

10. 베트남전 참전군인 고엽제 피해 손해배상청구 사건

베트남전 참전군인들이 외국법인 등에 의해 제조되어 베트남전에서 살포된 고엽제 때문에 염소성여드름 등 각종 질병이 발생하였다며 고엽제를 제조한 외국법인 등을 상대로 제조물책임 등에 따른 손해배상을 구한 사안에서, 고엽제에 함유된 유해물질인 TCDD에 대한 개개인의 신체적 감수성이 염소성여드름 발현 여부와 형태에 미치는 영향, TCDD에 노출된 후 염소성여드름이 발병하는 기간 등 제반 사정을 종합하여, 참전군인들 중 일부가 고엽제에 함유된 TCDD에 노출되어 특이성 질환인 염소성여드름이 발생하였을 개연성이 인정된다는 이유로, 그들이 베트남전 동안 복무지역 등에 살포되거나 잔류하는 고엽제의 TCDD에 노출되어 염소성여드름이 발생하는 손해를 입었다고 보았다.[14)]

[3] 제조물책임의 대상이 되는 제조물은 원재료에 설계·가공 등의 행위를 가하여 새로운 물품으로 제조 또는 가공된 동산으로서 상업적 유통에 제공되는 것을 말하고, 여기에는 여러 단계의 상업적 유통을 거쳐 불특정 다수 소비자에게 공급되는 것뿐만 아니라 특정 소비자와의 공급계약에 따라 그 소비자에게 직접 납품되어 사용되는 것도 포함된다.

[4] 제조물책임을 부담하는 제조업자는 제조물의 제조·가공 또는 수입을 업으로 하는 자 또는 제조물에 성명·상호·상표 기타 식별 가능한 기호 등을 사용하여 자신을 제조업자로 표시하거나 제조업자로 오인시킬 수 있는 표시를 한 자를 말하고, 정부와의 공급계약에 따라 정부가 제시한 제조지시에 따라 제조물을 제조·판매한 경우에도 제조물에 결함이 발생한 때에는 제조물책임을 부담한다.

[5] 제조업자가 인체에 유해한 독성물질이 혼합된 화학제품을 설계·제조하는 경우, 그 화학제품의 사용 용도와 방법 등에 비추어 사용자나 그 주변 사람이 그 독성물질에 계속적·반복적으로 노출될 수 있고, 그 독성물질이 가진 기능적 효용은 없거나 극히 미미한 반면, 그 독성물질에 계속적·반복적으로 노출됨으로써 사용자 등의 생명·신체에 위해가 발생할 위험이 있으며 제조업자가 사전에 적절한 위험방지조치를 취하기 전에는 사용자 등이 그 피해를 회피하기 어려운 때에는, 제조

14) 대법원 2013. 7. 12. 선고 2006다17539 판결.

업자는 고도의 위험방지의무를 부담한다. 즉 이러한 경우 제조업자는 그 시점에서의 최고의 기술 수준으로 그 제조물의 안전성을 철저히 검증하고 조사·연구를 통하여 발생 가능성 있는 위험을 제거·최소화하여야 하며, 만약 그 위험이 제대로 제거·최소화되었는지 불분명하고 더욱이 실제 사용자 등에게 그 위험을 적절히 경고하기 곤란한 사정도 존재하는 때에는, 안전성이 충분히 확보될 정도로 그 위험이 제거·최소화되었다고 확인되기 전에는 그 화학제품을 유통시키지 말아야 한다. 따라서 제조업자가 이러한 고도의 위험방지의무를 위반한 채 생명·신체에 위해를 발생시킬 위험이 있는 화학제품을 설계하여 그대로 제조·판매한 경우에는 특별한 사정이 없는 한 그 화학제품에는 사회통념상 통상적으로 기대되는 안전성이 결여된 설계상의 결함이 존재한다고 봄이 타당하다.

[6] 갑 등 베트남전 참전군인들이 을 외국법인 등에 의해 제조되어 베트남전에서 살포된 고엽제 때문에 염소성여드름 등 각종 질병이 발생하였다며 을 법인 등을 상대로 제조물책임 등에 따른 손해배상을 구한 사안에서, 고엽제에 함유된 유해물질인 TCDD에 대한 개개인의 신체적 감수성이 염소성여드름 발현 여부와 형태에 미치는 영향, TCDD에 노출된 후 염소성여드름이 발병하는 기간 등 제반 사정을 종합하여, 참전군인들 중 일부가 고엽제에 함유된 TCDD에 노출되어 특이성 질환인 염소성여드름이 발생하였을 개연성이 인정된다는 이유로, 그들이 베트남전 동안 복무지역 등에 살포되거나 잔류하는 고엽제의 TCDD에 노출되어 염소성여드름이 발생하는 손해를 입었다고 본 원심판단을 정당하다고 한 사례. (대법원 2013. 7. 12. 선고 2006다17539 판결)

11. 담배 소송

30갑년 이상의 흡연력을 가진 자와 40갑년 이상의 흡연력을 가진 자가 폐암의 일종인 비소세포암과 세기관지 폐포세포암 진단을 받게 되자, 담배를 제조·판매한 국가 등을 상대로 손해배상을 구한 사안에서, 대법원은 흡연과 비특이성 질환인 비소세포암, 세기관지 폐포세포암의 발병 사이에 역학적 인과관계가 인정될 수 있다고 하더라도 어느 개인이 흡연을 하였다는 사실과 비특이성 질환에 걸렸다는 사실이 증명되었다고 하여 그 자체로 양자 사이의 인과관계를 인정할 만한 개연성이 증명되었다고 단정하기는 어렵다는 등의 이유로 이들의 흡연과 폐암 발병 사이의 인과관계가 인정되지 않는다고 보았다.[15][16]

> [1] 일반적으로 제조물을 만들어 판매하는 사람은 제조물의 구조, 품질, 성능 등에서 현재의 기술 수준과 경제성 등에 비추어 기대가능한 범위 내의 안전성을 갖춘 제품을 제조하여야 하고, 이러한 안전성을 갖추지 못한 결함으로 인하여 사용자에게 손해가 발생한 경우에는 불법행위로 인한 배상책임을 부담하게 되는데, 그와 같은 결함 중 주로 제조자가 합리적인 대체설계를 채용하였더라면 피해나 위험을 줄이거나 피할 수 있었음에도 대체설계를 채용하지 아니하여 제조물이 안전하지 못하게 된 경우를 말하는 이른바 설계상의 결함이 있는지는 제품의 특성 및 용도, 제조물에 대한 사용자의 기대의 내용, 예상되는 위험의 내용, 위험에 대한 사용자의 인식, 사용자에 의한 위험회피의 가능성, 대체설계의 가능성 및 경제적 비용, 채택된 설계와 대체설계의 상대적 장단점 등 여러 사정을 종합적으로 고려하여 사회통념에 비추어 판단하여야 한다.
>
> [2] 국가 등이 제조한 담배에 설계상의 결함이 있는지 문제 된 사안에서, 담뱃잎을 태워 연기를 흡입하는 것이 담배의 본질적 특성인 점, 니코틴과 타르의 양에 따라 담배의 맛이 달라지고 담배소비자는 자신이 좋아하는 맛이나 향을 가진 담배를 선택하여 흡연하는 점, 담배소비자는 안정감 등 니코틴의 약리효과를 의도하여 흡연을 하는 점 등에 비추어 국가 등이 니코틴이나 타르를 완전히 제거할 수 있는 방법이 있다 하더라도 이를 채용하지 않은 것 자체를 설계상 결함이라고 볼 수 없고, 달리 흡연으로 인한 담배소비자의 피해나 위험을 줄일 수 있는 합리적 대체설계를 채용할 수 있었는데도 이를 채용하지 않았다고 인정할 증거가 없으므로 담배

15) 대법원 2014. 4. 10. 선고 2011다22092 판결.

16) 한편 국민건강보험공단은 2014. 4. 흡연으로 폐암·후두암에 걸린 환자 3,484명에게 지급한 건보급여 537억 원을 배상하라며 KT&G, 필립모리스, BAT코리아 3개 담배회사를 상대로 새로운 담배소송을 제기하였다(최희진·곽희양, "방대한 빅데이터 보유한 건보공단… 담배소송, 승패 결과 따라 큰 파장", 경향신문, 2014. 4. 1. http://news.khan.co.kr/kh_news/khan_art). 이 소송은 2020. 11.에서야 1심 결과가 나왔으나 법원은 담배의 결함과 담배회사의 불법행위는 물론, 흡연과 폐암 발병 간의 인과관계를 인정하지 않는 취지로 원고 패소판결을 내렸다. 국민건강보험공단은 이에 항소하여 2025년 5월 현재 2심이 진행중이다(신승건, "담배전쟁", 국제신문, 2025. 5. 1., https://www.kookje.co.kr/news2011/asp/newsbody.asp?code=1700&key=20250502.22019009976).

에 설계상의 결함이 있다고 보기 어렵다고 본 원심판단을 수긍한 사례.

[3] 제조상 내지 설계상의 결함이 인정되지 아니하는 경우라 할지라도, 제조업자 등이 합리적인 설명, 지시, 경고 기타의 표시를 하였더라면 당해 제조물에 의하여 발생될 수 있는 피해나 위험을 줄이거나 피할 수 있었음에도 이를 하지 아니한 때에는 그와 같은 표시상의 결함(지시·경고상의 결함)에 대하여도 불법행위로 인한 책임이 인정될 수 있고, 그와 같은 결함이 존재하는지에 대한 판단을 할 때에는 제조물의 특성, 통상 사용되는 사용형태, 제조물에 대한 사용자의 기대의 내용, 예상되는 위험의 내용, 위험에 대한 사용자의 인식 및 사용자에 의한 위험회피의 가능성 등 여러 사정을 종합적으로 고려하여 사회통념에 비추어 판단하여야 한다.

[4] 국가 등이 제조·판매한 담배에 표시상의 결함이 존재하는지 문제 된 사안에서, 언론보도와 법적 규제 등을 통하여 흡연이 폐를 포함한 호흡기에 암을 비롯한 각종 질환의 원인이 될 수 있다는 것이 담배소비자들을 포함한 사회 전반에 널리 인식되게 되었다고 보이는 점, 흡연을 시작하는 것은 물론이고 흡연을 계속할 것인지는 자유의지에 따른 선택의 문제로 보일 뿐만 아니라 흡연을 시작하는 경우 이를 쉽게 끊기 어려울 수도 있다는 점 역시 담배소비자들 사이에 널리 인식되어 있었던 것으로 보이는 점 등에 비추어 담배제조자인 국가 등이 법률의 규정에 따라 담뱃갑에 경고 문구를 표시하는 외에 추가적인 설명이나 경고 기타의 표시를 하지 않았다고 하여 담배에 표시상의 결함이 있다고 보기 어렵다고 본 원심판단을 수긍한 사례.

[5] 30갑년 이상의 흡연력을 가진 갑과 40갑년 이상의 흡연력을 가진 을이 폐암의 일종인 비소세포암과 세기관지 폐포세포암 진단을 받게 되자, 담배를 제조·판매한 국가 등을 상대로 손해배상을 구한 사안에서, 폐암은 흡연으로만 생기는 특이성 질환이 아니라 물리적, 생물학적, 화학적 인자 등 외적 환경인자와 생체 내적 인자의 복합적 작용에 의하여 발병할 수 있는 비특이성 질환인 점, 비소세포암에는 흡연과 관련성이 전혀 없거나 현저하게 낮은 폐암의 유형도 포함되어 있는 점, 세기관지 폐포세포암은 선암의 일종인데 편평세포암이나 소세포암에 비해 흡연과 관련성이 현저하게 낮고 비흡연자 중에도 발병률이 높게 나타나 흡연보다는 환경오염물질과 같은 다른 요인에 의한 것일 가능성이 높은 점 등에 비추어 흡연과 비특이성 질환인 비소세포암, 세기관지 폐포세포암의 발병 사이에 역학적 인과관계가 인정될 수 있다고 하더라도 어느 개인이 흡연을 하였다는 사실과 비특이성 질환에

걸렸다는 사실이 증명되었다고 하여 그 자체로 양자 사이의 인과관계를 인정할 만한 개연성이 증명되었다고 단정하기는 어렵다는 등의 이유로 갑, 을의 흡연과 폐암 발병 사이의 인과관계가 인정되지 않는다고 본 원심판단을 수긍한 사례. (대법원 2014. 4. 10. 선고 2011다22092 판결)

12. 정수기 니켈 사건

갑 등이 정수기제조업자인 을 주식회사와 정수기에 관한 임대차계약 등을 체결한 후 정수기를 제공받아 사용하였는데, 위 정수기와 동일 모델 정수기에서 니켈도금이 박리되었고 을 회사 자체 검사 결과 일부 정수기의 냉수에서 니켈성분이 검출되었으나, 을 회사가 위 사실을 갑 등에게 알리지 아니한 채 갑 등으로 하여금 언론 보도로 위 사실이 드러날 때까지 계속하여 위 정수기를 이용하게 하자, 갑 등이 을 회사를 상대로 고지의무 위반으로 인한 계약상 채무의 불완전이행을 이유로 손해배상을 구한 사안이다.

원심은 위 정수기와 동일 모델 정수기에서 니켈도금이 박리되었고, 을 회사 자체 검사 결과 일부 정수기의 냉수에서 니켈성분이 검출된 사실은 을 회사가 품질보증한 정수기의 핵심적·본질적 기능과 설계상 문제가 발생한 것으로, 갑 등의 계약 유지 등에 관한 합리적이고 자유로운 의사결정을 위해 을 회사가 갑 등에게 고지할 필요가 있는 사항에 해당되는데도, 을 회사가 위 사실을 고지하지 아니함으로써 갑 등이 약 1년간 니켈도금 박리 혹은 니켈성분 함유 냉수 섭취의 가능성을 알지 못하여 계약 유지 등에 관한 합리적이고 자유로운 의사결정권을 행사하지 못한 채 위 정수기를 계속 이용하게 한 것은 위 임대차계약상 부수적 의무인 고지의무를 다하지 아니한 것으로서 불완전이행으로 인한 채무불이행에 해당하므로, 을 회사는 채무불이행에 따른 손해배상으로 갑 등이 받은 정신적 고통을 금전적으로 배상할 책임이 있다고 보았고,[17] 대법원도 원심의 판단을 유지하였다.[18]

17) 서울고등법원 2020. 5. 22. 선고 2019나2021697 판결.

18) 대법원 2022. 5. 26. 선고 2020다215124 판결.

[1] 계약의 일방 당사자는 신의성실의 원칙상 상대방에게 계약의 효력에 영향을 미치거나 상대방의 권리 확보에 위험을 가져올 수 있는 사정 등을 미리 고지할 의무가 있다. 이러한 의무는 계약을 체결할 때뿐만 아니라 계약 체결 이후 이를 이행하는 과정에서도 유지된다. 당사자 상호 간의 신뢰관계를 기초로 하는 계속적 계약의 일방 당사자가 계약을 이행하는 과정에서 상대방의 생명, 신체, 건강 등의 안전에 위해가 발생할 위험이 있고 계약 당사자에게 그 위험의 발생 방지 등을 위하여 합리적 조치를 할 의무가 있는 경우, 계약 당사자는 그러한 위험이 있음을 상대방에게 미리 고지하여 상대방으로 하여금 그 위험을 회피할 적절한 방법을 선택할 수 있게 하거나 계약 당사자가 위험 발생 방지를 위한 합리적 조치를 함으로써 그 위험을 제거하였는지를 확인할 수 있게 할 의무가 있다. 특히 계속적 계약의 일방 당사자가 고도의 기술이 집약된 제품을 대량으로 생산하는 제조업자이고 상대방이 소비자라면 정보 불균형으로 인한 부작용을 해소하기 위해 제조업자에 대하여 위와 같은 고지의무를 인정할 필요가 더욱 크다.

[2] 갑 등이 을 주식회사가 제조한 얼음정수기를 임대차 또는 매매의 방법으로 제공받아 사용하고 을 회사는 이를 정기적으로 점검, 관리하는 내용의 계약을 체결하였는데, 그 후 얼음정수기에서 중금속인 니켈이 검출된 사안에서, 위 계약은 을 회사가 얼음정수기를 제공할 뿐만 아니라 얼음정수기의 수질을 유지하기 위해 얼음정수기를 지속적으로 점검, 관리하는 내용의 계속적 계약으로서, 갑 등은 얼음정수기에서 단순히 법령상 안전기준을 충족하는 수준의 물을 제공받는 것을 넘어 건강을 위해 보다 높은 수준의 안전성이 확보된 깨끗한 물을 지속적으로 제공받을 것을 기대하고 위 계약을 체결하였던 것으로 보이고, 을 회사는 위 계약으로 얼음정수기의 임대나 매매와 함께 품질관리 등의 관련 서비스를 제공함으로써 얼음정수기에서 제공되는 물의 안전성과 신뢰성을 지속적으로 책임지겠다는 약속을 하였다고 볼 수 있는데, 중금속인 니켈에 장기간 노출될 경우 인체에 위해가 발생할 가능성을 배제할 수 없는 사정이나 중금속에 대한 일반적인 사회통념 등을 고려하면, 을 회사가 얼음정수기에서 니켈도금이 박리되고 니켈성분이 검출된 사실을 갑 등에게 고지할 의무가 있었는데도, 이를 고지하지 않음으로써 갑 등이 건강과 밀접한 관련이 있는 마실 물에 관하여 선택권을 행사할 기회를 상실하였으므로, 이러한 선택권의 침해로 갑 등의 정신적 손해를 인정한 원심판결을 수긍한 사례. (대법원 2022. 5. 26. 선고 2020다215124 판결)

Ⅳ 제조물책임의 내용

1. 징벌적 손해배상의 책임

과거 우리법상 손해배상액이 일반인의 상식 등에 비추어 볼 때 적정한 수준에 미치지 못하여 피해자를 제대로 보호하지 못하고, 불법행위에 따른 제조업자의 이익은 막대하나 개별 소비자의 피해는 소액에 불과하여 제조업자의 악의적인 불법행위가 계속되는 측면을 고려하여, 지난 2017년 「제조물책임법」의 개정을 통해 소액다수의 피해를 특징으로 하는 소비자 피해를 발생시키는 고의적이고 악의적인 불법행위에 대하여는 실제 발생한 손해를 넘는 손해배상금의 지급을 명하는 징벌적 배상제도를 도입하였다. 개정법에 의하면 제조업자가 제조물의 결함을 알면서도 필요한 조치를 취하지 아니한 결과로 생명 또는 신체에 중대한 손해를 입은 자가 있는 경우, 그 손해의 3배를 넘지 아니하는 범위에서 손해배상 책임을 지도록 하고 있다.

제조업자는 제조물의 결함으로 생명·신체 또는 재산에 손해(그 제조물에 대하여만 발생한 손해는 제외한다)를 입은 자에게 그 손해를 배상하여야 한다. 그럼에도 불구하고 제조업자가 제조물의 결함을 알면서도 그 결함에 대하여 필요한 조치를 취하지 아니한 결과로 생명 또는 신체에 중대한 손해를 입은 자가 있는 경우에는 그 자에게 발생한 손해의 3배를 넘지 아니하는 범위에서 배상책임을 진다. 이 경우 법원은 배상액을 정할 때 ① 고의성의 정도, ② 해당 제조물의 결함으로 인하여 발생한 손해의 정도, ③ 해당 제조물의 공급으로 인하여 제조업자가 취득한 경제적 이익, ④ 해당 제조물의 결함으로 인하여 제조업자가 형사처벌 또는 행정처분을 받은 경우 그 형사처벌 또는 행정처분의 정도, ⑤ 해당 제조물의 공급이 지속된 기간 및 공급 규모, ⑥ 제조업자의 재산상태, ⑦ 제조업자가 피해구제를 위하여 노력한 정도를 고려하여야 한다(제조물책임법 제3조 제1항·제2항).

피해자가 제조물의 제조업자를 알 수 없는 경우에는 그 제조물을 영리 목적으로 판매·대여 등의 방법으로 공급한 자가 위에 따른 손해를 배상하여야 한다. 다만, 공급한 자가 피해자 또는 법정대리인의 요청을 받고 상당한 기간 내에 그 제조업자 또는 공급한 자를 그 피해자 또는 법정대리인에게 고지(告知)한 때에는 손해배상의 책임을 면한다(제조물책임법 제3조 제3항).

> 제조물책임이란 제조물에 통상적으로 기대되는 안전성을 결여한 결함으로 인하여 생명·신체 또는 재산에 손해가 발생한 경우에 제조업자 등에게 지우는 손해배상책임인데, '그 제조물에 대하여만 발생한 재산상 손해'는 여기서 제외된다(제조물책임법 제3조 제1항).
> 그리고 '제조물에 대하여만 발생한 재산상 손해'에는 제조물 그 자체에 발생한 재산상 손해뿐만 아니라 제조물의 결함 때문에 발생한 영업 손실로 인한 손해도 포함된다고 봄이 상당하므로 그로 인한 손해는 제조물책임법의 적용 대상이 아니다(대법원 1999. 2. 5. 선고 97다26593 판결, 대법원 2000. 7. 28. 선고 98다35525 판결 등 참조). (대법원 2015. 3. 26. 선고 2012다4824 판결)

2. 결함 등의 추정

오늘날 대부분의 제조물은 고도의 기술을 바탕으로 제조되고, 이에 관한 정보가 제조업자에게 편재되어 있는 등의 이유로, 제조물로 인하여 피해를 입은 소비자가 제조물책임을 추궁하려 하여도 피해자가 제조물의 결함여부 등을 과학적·기술적으로 입증한다는 것은 지극히 어려운 일이다. 과거 대법원도 이러한 점을 고려하여 제조물이 정상적으로 사용되는 상태에서 사고가 발생한 경우 등에는 그 제품에 결함이 존재하고 그 결함으로 인해 사고가 발생하였다고 추정함으로써 소비자의 입증책임을 완화하는 것이 손해의 공평·타당한 부담을 원리로 하는 손해배상제도의 이상에 맞는다고 판시한 바 있다. 이에 2017년 「제조물책임법」의 개정을 통하여 피해자가 '제조물이 정상적으로 사용되는 상태에서 손해가 발생하였다는 사실' 등을 증명하면, 제조물을 공급할 당시에 해당 제조물에 결함이 있었고, 그 결함으로 인하여 손해가 발생한 것으로 추정하도록 하고 있다.

피해자는 ① 해당 제조물이 정상적으로 사용되는 상태에서 피해자의 손해가 발생하였다는 사실과 ② ①의 손해가 제조업자의 실질적인 지배영역에 속한 원인으로부터 초래되었다는 사실, 그리고 ③ ①에 따른 손해가 해당 제조물의 결함 없이는 통상적으로 발생하지 아니한다는 사실을 증명한 경우, 제조물을 공급할 당시 해당 제조물에 결함이 있었고 그 제조물의 결함으로 인하여 손해가 발생한 것으로 추정한다. 다만, 제조업자가 제조물의 결함이 아닌 다른 원인으로 인하여 그 손해가 발생한 사실을 증명한 경우에는 추정되지 않는다(제조물책임법 제3조의2).

3. 손해배상책임의 면제

제조물책임으로 인하여 손해배상책임을 지는 제조업자라 하더라도 ① 제조업자가 해당 제조물을 공급하지 아니하였다는 사실, ② 제조업자가 해당 제조물을 공급한 당시의 과학·기술 수준으로는 결함의 존재를 발견할 수 없었다는 사실, ③ 제조물의 결함이 제조업자가 해당 제조물을 공급한 당시의 법령에서 정하는 기준을 준수함으로써 발생하였다는 사실, ④ 원재료나 부품의 경우에는 그 원재료나 부품을 사용한 제조물 제조업자의 설계 또는 제작에 관한 지시로 인하여 결함이 발생하였다는 사실 중 어느 하나에 해당하는 사실을 입증하게 되면 이 법에 따른 손해배상책임을 면한다. 그러나 제조물책임으로 인하여 손해배상책임을 지는 자가 제조물을 공급한 후에 그 제조물에 결함이 존재한다는 사실을 알거나 알 수 있었음에도 그 결함으로 인한 손해의 발생을 방지하기 위한 적절한 조치를 하지 아니한 경우에는 ② 내지 ④까지의 규정에 의한 면책을 주장할 수 없다(제조물책임법 제4조).

4. 연대책임 및 면책특약의 제한

동일한 손해에 대하여 배상할 책임이 있는 자가 2인 이상인 경우에는 연대하여 그 손해를 배상할 책임이 있으며(제조물책임법 제5조), 자신의 영업에 이용하기 위하여 제조물을 공급받은 자가 자신의 영업용 재산에 발생한 손해에 관하여 제조물책임법에 따른 손해배상책임을 배제하거나 제한하는 특약을 체결한 경우가 아니라면, 제조물책임법에 따른 손해배상책임을 배제하거나 제한하는 특약(特約)은 무효로 한다(제조물책임법 제6조).

5. 소멸시효

소멸시효란 권리자가 권리를 행사할 수 있음에도 불구하고 권리를 행사하지 않는 사실상태가 일정기간 계속된 경우에 그 권리의 소멸을 인정하는 제도이다.[19]

제조물책임법에 따른 손해배상의 청구권은 피해자 또는 그 법정대리인이 손해와 제조물책임에 따라 손해배상책임을 지는 자를 알게 된 날로부터 3년간 행사하지 아니하면 시효의 완성으로 소멸한다. 제조물책임법에 따른 손해배상의 청구권은 제조업자가 손해를 발생시킨 제조물을 공급한 날부터 10년 이내에 행사하여야 한다. 다만, 신체에 누적되어 사람의 건강을 해치는 물질에 의하여 발생한 손해 또는 일정한 잠복기간(潛伏期間)이 지난 후에 증상이 나타나는 손해에 대하여는 그 손해가 발생한 날부터 기산(起算)한다(제조물책임법 제7조).

징벌적 손해배상제도

1. 의의

징벌적 배상이란 악의적인 불법행위로 인하여 발생한 손해에 대하여 피해자가 입은 실손해를 전보하여 주는 것 이외에 추가로 징벌적 의미를 갖는 추가배상을 명령함으로써 이러한 악의적 불법행위가 재발하는 것을 방지하고자 하는 손해배상제도이다. 우리나라를 비롯한 대륙법계 국가는 고의나 과실의 구분없이 불법행위로 인하여 손해를 입은 피해자에게는 현실적으로 발생한 손해만을 배상하도록 하는 민사책임법제를 택하고 있으나, 영미법계 국가[20]의 경우에는 판례를 통하여 가해자가 행한 불법행위가 폭력적(violent) 또는 위압적(oppressive)이거나 악의(malice), 기망(fraud), 의도적 무시(wanton) 등과 같이 그 정상을 참작하여 볼 때 특별히 가중된 책임을 부과할 사유가 있는 행위에 대하여는 피해자가 입은 현실적인 손해를 넘는 손해배상금의 지급을 명하는 징벌적 배상(punitive damages)제도[21]를 운영하고 있다.

---

19) 송덕수, 앞의 책, 219면.

20) 미국법상 불법행위에 대한 구제수단은 손해배상(damages)과 금지명령(injunction)으로 대별할 수 있다. 그리고 손해배상은 명목적 손해배상(nominal damages), 보상적 손해배상(compensatory damages), 징벌적 배상(punitive damages) 등으로 구분하는 것이 일반적이다.

21) 모든 불법행위에 대하여 징벌적 배상이 부과되는 것이 아니라 악의적 불법행위로 인하여 발생한 손해에 대하여만 징벌적 배상이 부과되는 것이 일반적이다.

2. 요건

징벌적 손해배상이 인정되기 위하여는 우선 일반적인 손해배상의 요건을 갖추어야 하고 추가로 징벌적 손해배상을 부과하기에 충분한 악의, 중과실, 위법적 상황과 같은 가중적 요건이 요구된다. 즉 가해자 측의 악의, 사기, 사악한 동의, 의도적이고 계획적인 타인의 권리 내지 이익의 무시라고 보여지는 객관적 상황이 필요하고, 단순한 부주의나 착오, 판단의 착오 등에 대하여는 인정되지 않는다. 미국의 경우, 구체적 내용은 각 주(州)마다 차이가 있으나 일반적으로 요구되는 가중적 요건으로는 악의, 중대한 과실, 미필적 고의 등이 있다.

악의는 타방에 대한 해를 가할 의도를 의미하며, 표현된 것은 물론 표현되지 않는 추정적 악의도 포함하는 개념이다. 악의를 징벌적 손해배상의 요건으로 하는 주(州)는 12개주에 달하나, 그 의미는 조금씩 달리 하고 있고, 이를 증명하는 것이 가장 어렵다고 한다. 중대한 과실이란 “단순한 실수를 초과하는 행동”을 의미하는데, 중대한 과실이 인정되려면 ① 타인에게 잠재적 손해발생의 가능성과 중요성을 고려해볼 때 작위 또는 부작위가 매우 위험할 정도로 결과발생과 관련되어야 하고, ② 행위자는 행위와 관련된 위험을 현실적, 주관적으로 인식하여야 한다. 미필적 고의는 중대한 과실을 초과하지만 악의에는 이르지 않는 행위가 있는 경우를 의미한다. 즉, 불법행위자가 피해자에게 해를 가한다는 것을 의도하고 있었다는 사실까지는 요하지 않지만, 타인에 대한 중과실을 넘는 비난가능성이 존재하는 경우에 징벌적 손해배상을 인정하기에 충분하다고 한다.

3. 기능

(1) 처벌적 기능

징벌적 배상제도가 갖는 중요한 기능 중의 하나로 처벌기능을 들고 있다. 처벌기능의 본질은 위법행위를 한 자에 대한 응보 차원에서 이루어지는 형사상 제재이지만, 민사소송절차에 따라 집행되는 징벌적 배상제도에서 형법상의 형벌의 기능 중 하나인 처벌의 기능을 강조하는 것이 과연 적정한지 여부에 대한 논란은 있다. 그러나 이러한 논란에도 불구하고 미국의 Kink v. Combs 사건이나 California주 민사법(Civil Code) 제3294조에서는 징벌적 손해배상제도의 처벌적 기능을 명시적으로 인정하고 있다. 그러나 경우에 따라서는 피고의 재력에 따라 처벌효과가 달라질 수 있다는 점에서 불공평한 처벌이라는 비판을 받을 수 있고, 또 피고에게 부과된 징벌적 배상은 피고에게만 처벌적 효과가 발생하는 것이 아니라 그 가족은 물론, 기업의 경우 주주나 채권자, 근로자들을 모두 처벌하는 결과를 초래할 수 있기 때문에 형평성 시비를 불러올 수 있다.

(2) 억제기능

징벌적 배상제도를 운영하는 많은 국가에서 동 제도의 궁극적 목적으로 '악의적 불법행위의 재발억제'에 두고 있으며, 이것이 사회적 법익을 보호하는 가장 중요한 기능이라고 보고 있다. 즉, 징벌적 배상제도를 통해 불법행위를 억제해야 하는 이유는 현행 민사책임법상 가해자가 상습적으로 악의적 불법행위를 하더라도 불법행위를 통하여 얻는 이익이 배상해야 하는 금액보다 많기 때문에 현행법만으로는 이를 억제하는 효과가 작기 때문이라고 보는 것이다. 그러나 징벌적 배상제도가 오랫동안 유지되어 온 국가에서도, 이 제도로 인해 악의적 불법행위가 실질적으로 억제되었는지 여부에 대한 실증적 연구결과는 없는 실정이다.

(3) 준법감시기능

피해자가 손해를 입었다 하더라도 손해배상을 청구하는 데 소요되는 비용보다 배상받는 금액이 소액일 때에는 굳이 손해배상소송을 제기할 필요를 느끼지 않지만, 손해액이 소액일지라도 징벌적 배상을 통해 실손해액보다 수배의 배상이 이루어질 수 있다면 가해자의 악의적 불법행위가 사소하다 할지라도 일단 손해배상을 청구할 가능성이 크게 된다. 이렇게 피해자로 하여금 불법행위를 고발하도록 유인하는 기능(law enforcement) 또는 불법행위의 적발을 촉진하는 기능을 한다는 것이 준법감시기능이다. 이에 대해 준법감시기능을 위하여 징벌적 손해배상제도가 실효성이 크지 않다고 하거나, 준법감시기능을 중시할 경우 결국 남소가능성이 높아진다는 이유로 비판하는 견해도 있다. 그러나 일반적으로는 준법감시기능에 대하여 긍정적으로 보는 것이 다수의 견해이다.

4. 우리나라에 있어서의 징벌적 손해배상제도

(1) 입법논의

징벌적 손해배상제도에 대한 논의는 1985년 간행된 학계의 문헌에서부터 찾을 수 있다. 그러나 동 제도에 대한 본격적인 도입논의는 1990년 법무부에 민사특별법 제정분과위원회가 발족되면서 시작되었다. 이후 1999. 2. 1. 법무부에 설치된 법무자문위원회에 민법(재산법)개정특별분과위원회가 구성되어 민법개정작업을 진행하는 과정에서 징벌적 손해배상제도도 논의에 포함되었으나, 2001. 11. 발표된 개정시안에는 포함되지 아니하였다. 1996년 법무부가 집단소송법 시안을 마련하고 2001년 입법작업을 할 당시에도 논의의 대상이 되었으나 재계의 강력한 반발로 무산되었고, 2001. 12. 국회에 제출한 증권관련 집단소송법에서는 징벌적 손해배상제도가 포함되지 않았다. 이외에도 분야별로 소비자보호, 언론피해구제, 차별행위 분야 등에서 동 제도의 도입논의가 지속되어 왔다.

(2) 도입찬반론의 근거

징벌적 손해배상제도의 도입을 찬성하는 입장에서는 ① 우리나라 손해배상제도상 실손해배상이 충분하지 못하다는 점, ② 소액 다수의 피해자들이 존재하는 경우 가해자는 피해를 유발하여 얻는 이익과 배상책임에 따른 비용을 비교하여 이익이 비용보다 클 때에는 고의적으로 피해를 발생시킬 가능성이 있다는 점(재발가능성), ③ 고의적 불법행위에 대한 처벌기능을 담당할 수 있다는 점 등을 근거로 든다.

반면, 도입을 반대하는 입장에서는 ① 징벌적 손해배상제도는 민사책임에 형사적인 성격이 부가되므로 민사법과 형사법이 분리되어 있는 우리법체계와 맞지 않게 되는 점, ② 또한 '징벌'이라는 것은 그 집행이 보장되어야 하는 것인데도 불구하고, 가해자가 무자력인 경우에 배상액이 결정되어도 현실적으로 집행이 불가능하게 될 수 있다는 점, ③ 징벌적 손해배상의 경우 손해배상금은 실제 손해액보다 훨씬 더 많은 배상을 하는 것은 정의의 관념에 부합되지 않고, 과잉금지의 원칙과 적법절차에 반하여 위헌의 소지가 있다는 점, ④ 공법의 기능을 사법 영역으로 끌어 들여 민사법과 형사법의 동일한 목적달성을 위한 것으로 이중처벌 금지원칙에 위배될 수 있다는 점, ⑤ 배상액 산정시 객관적인 기준이 뒷받침되지 않으면 그 배상액에 대한 예측이 불가능할 뿐만 아니라, 지나치게 과도한 징벌적 배상액을 산정할 경우 오히려 가해자에게 과도한 책임을 부과할 수 있다는 점 등을 그 근거로 한다.

(3) 징벌적 손해배상제도의 도입

우리나라의 경우, 2011년 처음 「하도급거래 공정화에 관한 법률」에서 원사업자가 수급사업자의 기술자료를 유용하여 손해가 발생한 경우 발생한 손해의 3배까지 배상할 수 있도록 하는 내용의 징벌적 손해배상제도가 도입되었고, 이후 「신용정보의 이용 및 보호에 관한 법률」(2015년), 「개인정보보호법」(2015년), 「정보통신망 이용촉진 및 정보보호 등에 관한 법률」(2016년), 「제조물책임법」(2017년), 「독점규제 및 공정거래에 관한 법률」(2018년) 등 몇몇 법률에 도입되어 있다.

제11편

소비자분쟁해결제도

Ⅰ 서론

대량생산과 대량소비가 특징인 사회에서 제품이나 서비스로 인하여 다수의 소비자에게 비슷한 유형의 피해가 광범위하게 발생하고 있다. 결함제품, 부당표시나 광고, 불공정한 약관, 중요정보의 미공개 등 소비자들의 피해는 그 특성상 민사소송과 같은 일반적인 권리구제수단으로는 효과적으로 대처할 수 없기 때문에 다양한 분쟁해결수단이 마련되어 있다.

이하에서는 우선 소비자 피해의 특징을 살펴본 후, 현행법상 소비자 피해를 구제하는 제도들을 하나씩 살펴본다. 사업자의 자율적 처리, 소비자단체협의체의 자율적 분쟁조정, 한국소비자원의 피해구제, 소비자분쟁조정위원회의 조정 및 집단분쟁조정, 그리고 소비자단체소송이 그것이다.

Ⅱ 소비자 피해구제의 어려움

1. 소비자 피해의 특징

소비자 피해는 과거에 비하여 모든 단계에서 보편적으로 발생하고 있다. 대량생산 및 대량판매가 일상화되고 생산공정의 분화와 유통과정의 복잡화가 진행되어 품질불량이 생산의 각 단계에서 발생이 가능해졌고, 설령 정상적인 제품이 생산되더라도 복잡한 유통과정을 거치면서 보관이나 취급상 부주의 등으로 변질·변형되기도 한다. 그와 함께 상품 자체가 날로 복잡해지고 기술적으로도 고도화해가고 있어 상품의 사용에 따른 위험성도 함께 커지고 있다. 특히 식품이나 의약품 등에 결함이 있게 되면 단순히 재산적 손해를 넘어 소비자의 생명·신체에 회복할 수 없는 중대한 피해를 발생시키기도 한다.[1]

한편 생산 및 유통단계가 무수하게 분화됨에 따라 제품으로 인한 피해가 발생하였을 경우 그 원인이 어느 단계에서 비롯된 것인지 찾아내기 어려운 문제가 발생한다.[2] 더욱이 피해를 입은 소비자로서는 이러한 사실을 소송에서 주장·입증하여야 하는데, 대부분의 증거가 사업자측에 있을 뿐 아니라 해당 분야에 대한 지식이 부족한 소비자로서는 입증이 용이하지 않다. 또 소비자의 피해액은 대부분 소액인 경우가 많아, 피해를 입은 소비자로서도 오랜 시간과 노력, 비용이 소요되는 소송을 포기하기 쉽다.

2. 일반적 권리구제수단의 부적절성

일반적으로 피해구제를 받을 수 있는 가장 기본적 수단은 소송이지만, 소액의 다수피해자라는 특성상 일반 소송은 적합하지 못하다. 법률에 대하여 잘 알지 못하는 일반 소비자들은 소송을 준비하고 수행하는데 서툴고, 해당 분야에 대한 지식도 부족한 일반 소비자들은 그 원인이 사업자측에 있음을 주장·입증하는 데 어려움을 겪거나 입증에 실패하기도 한다. 설령 오랜 시간과 노력, 비용을 들여 승소한다 하더라도 결국 얻을 수 있는 금액은 실질적으로 손해를 전보해주지 못한다.

유사한 피해를 입은 다수의 피해자가 함께 손해배상을 청구하는 방법은 없을까? 현재 다수의 피해자가 손해배상을 청구하기 위하여는 민사소송법상 공동소송과 선정당사자제도가 있다. 공동소송은 1개의 소송절차에 여러 명의 원고 또는 피고가 관여하는 소송형태로서, 다수당사자간의 관련분쟁을 동일한 소송절차 내에서 동시에 심리하므로, 심판의 중복을 피하고 분쟁의 통일적 해결에 도움이 된다. 그러나 공동소송은 기본적으로 1 대 1의 개별소송의 병합으로 구성되어 있어 소비자피해구제소송과 같이 같은 당사자가 많은 집단분쟁의 해결에는 적합하지 않은 측면이 있다.[3] 선정당사자제도는 공동의 이해관계가 있는 다수의 사람이 공동소송인

1) 신현윤, 경제법, 법문사, 2011, 507면.

2) 신현윤, 앞의 책, 507면.

3) 이시윤, 신민사소송법, 박영사, 2009, 641면.

이 되어 소송을 하여야 할 경우에, 다수자 전체를 위해 소송을 수행할 소송당사자로 일부를 대표자로 뽑아 그에게 소송을 맡기는 제도이나,[4] 개별적 권리를 집합적으로 처리하는 데 한계가 있다.

Ⅲ 국가 · 지방자치단체 및 사업자의 책무

1. 국가 및 지방자치단체의 책무

국가 및 지방자치단체는 제4조의 규정에 따른 소비자의 기본적 권리가 실현되도록 하기 위하여 관계 법령 및 조례의 제정 및 개정·폐지, 필요한 행정조직의 정비 및 운영 개선, 필요한 시책의 수립 및 실시, 소비자의 건전하고 자주적인 조직활동의 지원·육성의 책무를 진다(소비자기본법 제6조).

2. 소비자분쟁해결기준 및 소비자종합지원시스템

국가 및 지방자치단체는 소비자의 불만이나 피해가 신속·공정하게 처리될 수 있도록 관련기구의 설치 등 필요한 조치를 강구하여야 하고, 국는 소비자와 사업자 사이에 발생하는 분쟁을 원활하게 해결하기 위하여 소비자분쟁해결기준을 제정할 수 있는데, 이 소비자분쟁해결기준은 분쟁당사자 사이에 분쟁해결방법에 관한 별도의 의사표시가 없는 경우에 한하여 분쟁해결을 위한 합의 또는 권고의 기준이 된다(소비자기본법 제16조).

한편 공정거래위원회는 비자에게 물품등의 선택, 피해의 예방 또는 구제에 필요한 정보의 제공 및 이 법 또는 다른 법률에 따른 소비자 피해구제(분쟁조정을 포함한다)를 신청하는 창구의 통합 제공 등을 위하여 소비자종합지원시스템을 구축·운영한다. 공정거래위원회는 이 소비자종합지원시스템을 통하여 소비자에게 ① 물품등의 유통이력, 결함, 피해사례, 품질인증 등 소비자의 선택, 피해의 예방 또는 구제와 관련된 정보 제공, ② 소비자 피해구제기관 및 절차 안내, 피해구제를 신

4) 이시윤, 앞의 책, 665면.

청하는 창구의 통합 제공, 피해구제신청에 대한 처리결과 안내 등 소비자 피해구제 지원, ③ 그 밖에 소비자의 물품등의 선택, 피해의 예방 또는 구제를 위하여 필요한 업무로서 대통령령으로 정하는 업무를 제공하여야 한다(소비자기본법 제16조의2).

3. 사업자의 자율적 처리

소비자 피해에 대하여 가장 신속하고 적은 비용으로 분쟁을 해결할 수 있는 방법은 당사자간 자발적 교섭을 통하여 원만하게 합의하는 것이다.[5] 소비자기본법에서는 사업자로 하여금 자율적으로 처리하도록 노력의무를 정하고 있다.

사업자 및 사업자단체는 소비자로부터 제기되는 의견이나 불만 등을 기업경영에 반영하고, 소비자의 피해를 신속하게 처리하기 위한 기구로서 소비자상담기구의 설치·운영에 적극 노력하여야 하고, 소비자의 불만 또는 피해의 상담을 위하여 관련 자격이 있는 자 등 전담직원을 고용·배치하도록 적극 노력하여야 한다(소비자기본법 제53조).

중앙행정기관의 장 또는 시·도지사는 사업자 또는 사업자단체에게 소비자상담기구의 설치·운영을 권장하거나 그 설치·운영에 필요한 지원을 할 수 있다(소비자기본법 제54조 제1항).

Ⅳ 합의권고 및 자율적 분쟁조정

1. 소비자단체의 합의권고

소비자단체는 소비자의 권익을 증진하기 위하여 소비자가 조직한 단체이다(소비자기본법 제2조 제3호). 소비자의 권익을 증진하기 위하여 소비자가 자발적으로 조직한 단체로서, 공정거래위원회나 지방자치단체에 등록할 수 있고, 등록하여 활동하게 되면 경우에 따라 국가 또는 지방자치단체가 보조금을 지급할 수 있다.

5) 이호영, 앞의 책, 426면.

소비자단체는 기본적으로 ① 국가 및 지방자치단체의 소비자의 권익과 관련된 시책에 대한 건의, ② 물품등의 규격·품질·안전성·환경성에 관한 시험·검사 및 가격 등을 포함한 거래조건이나 거래방법에 관한 조사·분석, ③ 소비자문제에 관한 조사·연구, ④ 소비자의 교육, ⑤ 소비자의 불만 및 피해를 처리하기 위한 상담·정보제공 및 당사자 사이의 합의의 권고의 업무를 행한다(소비자기본법 제28조 제1항).

2. 소비자단체협의체의 자율적 분쟁조정

(1) 소비자단체협의체

공정거래위원회에 등록한 소비자단체의 협의체(이하 "소비자단체협의체"라 한다)는 소비자의 불만 및 피해를 처리하기 위하여 자율적 분쟁조정(紛爭調停)을 할 수 있다. 다만, 다른 법률의 규정에 따라 설치된 전문성이 요구되는 분야의 분쟁조정기구(紛爭調停機構)로서 대통령령이 정하는 기구[6]에서 관장하는 사항은 제외된다(소비자기본법 제31조 제1항).

소비자와 사업자 간에 발생한 분쟁에 대하여 공정거래위원회 또는 시·도에 등록된 소비자단체가 합의를 권고하였음에도 불구하고 합의가 이루어지지 아니한 경우, 소비자와 사업자, 소비자단체는 소비자를 대리하여 소비자단체협의체에 자율적 분쟁조정을 신청할 수 있다. 이때의 소비자단체협의체는 공정거래위원회에 등록되어 있는 협의체를 의미한다(소비자기본법 제31조 제3항, 동법 시행령 제24조 제1항·제2항).

---

6) 「금융위원회의 설치 등에 관한 법률」 제33조에 따라 설치된 금융분쟁조정위원회, 「의료사고 피해구제 및 의료분쟁 조정 등에 관한 법률」 제6조에 따라 설립된 한국의료분쟁조정중재원, 「환경분쟁 조정 및 환경피해 구제에 관한 법률」 제4조에 따라 설치된 환경분쟁조정피해구제위원회, 「저작권법」 제112조에 따른 한국저작권위원회, 「개인정보 보호법」 제40조에 따라 설치된 개인정보 분쟁조정위원회, 「전기사업법」 제53조에 따라 설치된 전기위원회, 「우체국예금·보험에 관한 법률」 제48조의2에 따라 설치된 우체국보험분쟁조정위원회, 그 밖에 다른 법령에 따라 설치된 분쟁조정기구로서 공정거래위원회가 필요하다고 인정하여 지정·고시하는 분쟁조정기구가 해당된다(소비자기본법 시행령 제25조).

(2) 자율적 분쟁조정위원회의 자율적 분쟁조정

소비자단체협의체는 자율적 분쟁조정을 위하여 자율적 분쟁조정위원회를 구성하여야 하는바, 자율적 분쟁조정위원회는 위원장 1명을 포함한 40명 이내의 위원으로 구성되며 구성 및 조정서의 작성 등에서 공공성과 중립성이 유지되어야 한다(소비자기본법 제31조 제3항, 소비자기본법 시행령 제24조 제3항·제4항).

자율적 분쟁조정위원회는 자율적 분쟁조정을 신청받은 경우 그 분쟁조정을 위하여 필요하다고 인정되면 분쟁당사자나 소비자를 대리하여 신청한 소비자단체에 증거서류 등 관련 자료의 제출을 요청할 수 있으며, 분쟁조정의 신청을 받은 날부터 30일 이내에 그 분쟁조정을 마쳐야 한다. 다만, 부득이한 사정으로 그 기간 내에 분쟁조정을 마칠 수 없으면 그 사유와 기한을 구체적으로 밝혀 당사자나 그 대리인에게 알려야 한다(소비자기본법 제31조 제3항, 동법 시행령 제24조 제5항·제6항).

자율적 분쟁조정은 당사자가 이를 수락한 경우에는 당사자 사이에 자율적 분쟁조정의 내용과 동일한 합의가 성립된 것으로 본다(소비자기본법 제31조 제2항). 당사자가 합의한 내용을 이행하지 않더라도 바로 강제집행할 수는 없고 화해계약의 불이행을 이유로 민사소송을 제기하여 승소의 확정판결을 받아야 이에 따라 강제집행을 할 수 있다.

V 한국소비자원의 피해구제

1. 한국소비자원

한국소비자원은 소비자권익 증진시책의 효과적인 추진을 위하여 설립되며, 형태는 법인으로 한다. 한국소비자원은 공정거래위원회의 승인을 얻어 필요한 곳에 그 지부를 설치할 수 있다(소비자기본법 제33조 제1항 내지 제3항).

한국소비자원에서는 ① 소비자의 권익과 관련된 제도와 정책의 연구 및 건의, ② 소비자의 권익증진을 위하여 필요한 경우 물품등의 규격·품질·안전성·환경성에 관한 시험·검사 및 가격 등을 포함한 거래조건이나 거래방법에 대한 조사·분석, ③ 소비자의 권익증진·안전 및 소비생활의 향상을 위한 정보의 수집·제공 및 국제협력, ④ 소비자의 권익증진·안전 및 능력개발과 관련된 교육·홍보 및 방송사업, ⑤ 소비자의 불만처리 및 피해구제, ⑥ 소비자의 권익증진 및 소비생활의 합리화를 위한 종합적인 조사·연구, ⑦ 국가 또는 지방자치단체가 소비자의 권익증진과 관련하여 의뢰한 조사 등의 업무, ⑧ 공정거래위원회로부터 위탁받은 동의의결의 이행관리, ⑨ 그 밖에 소비자의 권익증진 및 안전에 관한 업무를 한다. 다만, ⑤에 따른 업무 중 i) 국가 또는 지방자치단체가 제공한 물품등으로 인하여 발생한 피해구제, ii) 그 밖에 다른 법률의 규정에 따라 설치된 전문성이 요구되는 분야의 분쟁조정기구에 신청된 피해구제 등으로서 대통령령이 정하는 피해구제는 처리대상에서 제외한다(소비자기본법 제35조 제1항·제2항).

한국소비자원에서는 소비자의 피해보상을 받을 권리(소비자기본법 제4조 제5호)를 보장하기 위한 수단으로, 피해구제 및 분쟁조정과 같은 대체적 분쟁해결제도(ADR)를 두고 있다. 이들 제도는 분쟁당사자간 직접적 해결을 통해 소송으로 인한 단점을 보완하는 역할을 하고 있다.[7)]

2. 피해구제의 신청

소비자는 물품등의 사용으로 인한 피해의 구제를 한국소비자원에 신청할 수 있고, 국가·지방자치단체 또는 소비자단체는 소비자로부터 피해구제의 신청을 받은 때에는 한국소비자원에 그 처리를 의뢰할 수 있으며, 사업자는 소비자로부터 피해구제의 신청을 받은 경우 ① 소비자로부터 피해구제의 신청을 받은 날부터 30일이 경과하여도 합의에 이르지 못하는 경우이거나, ② 한국소비자원에 피해구제의 처리를 의뢰하기로 소비자와 합의한 경우, ③ 그 밖에 한국소비자원의 피해구제의 처리가 필요한 경우로서 대통령령이 정하는 사유에 해당하는 경우에는 한국소비자원에 그 처리를 의뢰할 수 있다(소비자기본법 제55조 제1항 내지 제3항).

한국소비자원의 원장은 피해구제의 신청 또는 의뢰를 받은 경우, 그 내용이 한

---

7) 별도의 비용을 받지 않고 소송보다 짧은 시간에 당사자간 합의와 분쟁의 해결이 이루어질 수 있고(경제성), 소송과 달리 한국소비자원의 개입을 통해 당사자의 의사 등을 최대한 반영한 합의 및 조정방안을 도출해낸다는 장점(자율성)이 있다(이승진·김재영·이재민·김태형, "분쟁해결제도 개선방안 연구– 소비자기본법을 중심으로", 「정책연구」, 23–02, 한국소비자원, 2023, 151–152면).

국소비자원에서 처리하는 것이 부적합하다고 판단되는 때에는 신청인에게 그 사유를 통보하고 그 사건의 처리를 중지할 수 있다(소비자기본법 제55조 제4항).

3. 위법사실의 통보

한국소비자원 원장은 피해구제신청사건을 처리함에 있어서 당사자 또는 관계인이 법령을 위반한 것으로 판단되는 때에는 ① 피해구제신청사건의 당사자가 피해보상에 관한 합의를 하고 법령위반행위를 시정한 경우이거나 ② 관계 기관에서 위법사실을 이미 인지하여 조사하고 있는 경우가 아닌 한, 관계기관에 이를 통보하고 적절한 조치를 의뢰하여야 한다(소비자기본법 제56조).

4. 합의권고

한국소비자원 원장은 피해구제신청의 당사자에 대하여 피해보상에 관한 합의를 권고할 수 있다. 그러나 피해구제의 신청을 받은 날부터 30일 이내에 합의가 이루어지지 아니하는 때에는 지체 없이 소비자분쟁조정위원회에 분쟁조정을 신청하여야 한다. 다만, 피해의 원인규명 등에 상당한 시일이 요구되는 피해구제신청사건으로서 대통령령이 정하는 사건에 대하여는 60일 이내의 범위에서 처리기간을 연장할 수 있다(소비자기본법 제57조 · 제58조).

5. 피해구제절차의 중지

분쟁당사자가 한국소비자원의 피해구제 처리절차 중에 법원에 소를 제기한 경우, 해당 당사자는 그 사실을 한국소비자원에 통보하여야 하며, 한국소비자원은 당사자의 소제기 사실을 알게 된 때에는 지체 없이 피해구제절차를 중지하고, 당사자에게 이를 통지하여야 한다(소비자기본법 제59조).

Ⅵ 소비자분쟁조정위원회의 조정

1. 소비자분쟁조정위원회의 구성 및 운영

소비자와 사업자 사이에 발생한 분쟁을 조정하기 위하여 한국소비자원에 소비자분쟁조정위원회를 두어야 하는바, 소비자분쟁조정위원회는 ① 소비자분쟁에 대한 조정결정, ② 조정위원회의 의사(議事)에 관한 규칙의 제정 및 개정·폐지, ③ 그 밖에 조정위원회의 위원장이 토의에 부치는 사항에 대하여 심의·의결한다(소비자기본법 제60조).

소비자분쟁조정위원회는 위원장 1명을 포함한 150명 이내의 위원으로 구성하며, 위원장을 포함한 5명은 상임으로 하고, 나머지는 비상임으로 한다. 위원은 소비자권익과 관련된 분야의 전문가 중에서 원장의 제청에 의하여 공정거래위원회위원장이 임명 또는 위촉하고, 위원장은 상임위원 중에서 공정거래위원회위원장이 임명한다. 위원의 임기는 3년으로 연임이 가능하며, 위원은 ① 자격정지 이상의 형을 선고받은 경우이거나 ② 신체상·정신상 또는 그 밖의 사유로 직무를 수행할 수 없는 경우를 제외하고는 그의 의사와 다르게 면직되지 아니한다(소비자기본법 제61조 제1항 내지 제3항·제5항, 제62조).

소비자분쟁조정위원회에 업무를 효율적으로 수행하기 위하여 분야별 전문위원회를 둘 수 있다(소비자기본법 제61조 제6항).

2. 분쟁조정

소비자와 사업자 사이에 발생한 분쟁에 관하여 국가 및 지방자치단체가 소비자의 불만이나 피해를 신속·공정하게 처리하기 위하여 설치한 기구에서 소비자분쟁이 해결되지 아니하거나, 소비자단체협의체의 자율적 분쟁조정에서 제안한 합의권고에 따른 합의가 이루어지지 아니한 경우, 당사자나 그 기구 또는 단체의 장은 조정위원회에 분쟁조정을 신청할 수 있다(소비자기본법 제65조 제1항).

한국소비자원에서 피해구제신청을 받은 날로부터 30일 이내에 합의가 이루어지지 아니하여 소비자분쟁조정위원회에 분쟁조정을 신청한 경우, 소비자분쟁조정위원회는 지체없이 분쟁조정절차를 개시하여야 한다(소비자기본법 제65조 제2항).

소비자분쟁조정위원회는 분쟁조정을 위하여 필요한 경우 전문위원회에 자문할 수 있고, 분쟁조정절차에 앞서 이해관계인·소비자단체 또는 관계기관의 의견을 들을 수 있다(소비자기본법 제65조 제3항·제4항).

한편 분쟁당사자가 소비자분쟁조정위원회의 분쟁조정절차 중에 법원에 소를 제기한 경우, 해당 당사자는 그 사실을 소비자분쟁조정위원회에 통보하여야 하며, 소비자분쟁조정위원회은 당사자의 소제기 사실을 알게 된 때에는 지체 없이 분쟁조정절차를 중지하고, 당사자에게 이를 통지하여야 한다(소비자기본법 제65조 제5항, 제59조).

3. 분쟁조정의 기간

소비자분쟁조정위원회는 분쟁조정의 신청을 받은 날로부터 30일 이내에 그 분쟁조정을 마쳐야 하나, 정당한 사유가 있는 경우로서 30일 이내에 그 분쟁조정을 마칠 수 없는 때에는 그 기간을 연장할 수 있다. 이 경우 그 사유와 기한을 명시하여 당사자 및 그 대리인에게 통지하여야 한다(소비자기본법 제66조).

4. 분쟁조정의 효력

소비자분쟁조정위원회의 위원장은 분쟁조정을 마친 때에는 지체 없이 당사자에게 그 분쟁조정의 내용을 통지하여야 하고, 이 통지를 받은 당사자는 그 통지를 받은 날부터 15일 이내에 분쟁조정의 내용에 대한 수락 여부를 조정위원회에 통보하여야 한다. 이 경우 15일 이내에 의사표시가 없는 때에는 수락한 것으로 본다. 당사자가 분쟁조정의 내용을 수락하거나 수락한 것으로 보는 경우 조정위원회는 조정조서를 작성하고, 조정위원회의 위원장 및 각 당사자가 기명날인하거나 서명하여야 한다. 다만, 수락한 것으로 보는 경우에는 각 당사자의 기명날인 또는 서명을 생략할 수 있다. 당사자가 분쟁조정의 내용을 수락하거나 수락한 것으로 보는 때에는 그 분쟁조정의 내용은 재판상 화해와 동일한 효력을 갖는다(소비자기본법 제67조). 재판상 화해와 동일한 효력을 갖는다는 것은 확정판결과 동일한 효력이 있어서 당사자가 합의한 내용을 이행하지 않을 경우 바로 강제집행을 할 수 있다는 의미이다.

5. 집단분쟁조정

(1) 집단분쟁조정의 신청대상

국가·지방자치단체·한국소비자원·소비자단체·소비자 또는 사업자는 소비자의 피해가 다수의 소비자에게 같거나 비슷한 유형으로 발생하는 경우로서 ① 물품등으로 인한 피해가 같거나 비슷한 유형으로 발생한 소비자의 수가 50명 이상이고(다만, i) 자율적 분쟁조정, 한국소비자원 원장의 권고, 그 밖의 방법으로 사업자와 분쟁해결이나 피해보상에 관한 합의가 이루어진 소비자, ii) 분쟁조정기구에서 분쟁조정이 진행 중인 소비자, iii) 해당 물품등으로 인한 피해에 관하여 법원에 소(訴)를 제기한 소비자의 수는 제외하여야 함), ② 사건의 중요한 쟁점이 사실상 또는 법률상 공통되는 사건에 대하여는 조정위원회에 일괄적인 분쟁조정(이하 "집단분쟁조정"이라 한다)을 의뢰 또는 신청할 수 있다(소비자기본법 제68조 제1항, 동법 시행령 제56조).

(2) 집단분쟁조정절차

이에 따라 집단분쟁조정을 의뢰받거나 신청받은 소비자분쟁조정위원회는 ① 집단분쟁조정의 요건을 갖추지 못한 사건이거나 ② 기존의 집단분쟁조정결정이 있는 사건으로서 개시의결을 반복할 필요가 없다고 인정되는 사건, 또 ③ 신청인의 신청내용이 이유가 없다고 명백하게 인정되는 사건을 제외하고는 소비자분쟁조정위원회의 의결로써 의뢰받거나 신청받은 날부터 60일(이하 "개시결정기간"이라 한다) 이내에 집단분쟁조정의 절차를 개시하여야 하고, 그 절차의 개시를 공고하여야 한다. 그러나 해당 사건이 ① 피해의 원인규명에 시험, 검사 또는 조사가 필요한 사건이거나 ② 피해의 원인규명을 위하여 대표당사자가 집단분쟁조정 절차개시결정의 보류를 신청하는 사건인 경우에는 위 개시결정기간 내에 조정위원회의 의결로써 집단분쟁조정 절차개시의 결정을 보류할 수 있다. 이 경우 그 사유와 기한을 명시하여 의뢰 또는 신청한 자에게 통지하여야 하고, 그 보류기간은 개시결정기간이 경과한 날부터 60일을 넘을 수 없다(소비자기본법 제68조 제2항·제3항).

소비자분쟁조정위원회는 집단분쟁조정의 당사자가 아닌 소비자 또는 사업자로부터 그 분쟁조정의 당사자에 추가로 포함될 수 있도록 하는 신청을 받을 수 있고, 사업자가 소비자분쟁조정위원회의 집단분쟁조정의 내용을 수락한 경우에는 집단분쟁조정의 당사자가 아닌 자로서 피해를 입은 소비자에 대한 보상계획서를 작성하여 조정위원회에 제출하도록 권고할 수 있다(소비자기본법 제68조 제4항·제5항).

집단분쟁조정의 당사자인 다수의 소비자 중 일부의 소비자가 법원에 소를 제기한 경우, 일반적인 분쟁조정과는 달리 집단분쟁조정에서는 그 절차를 중지하지 아니하고 소를 제기한 일부의 소비자만을 그 절차에서 제외한다(소비자기본법 제68조 제6항).

집단분쟁조정은 절차개시의 공고가 종료된 날의 다음 날부터 30일 이내에 마쳐야 한다. 다만, 정당한 사유가 있는 경우로서 해당 기간 내에 분쟁조정을 마칠 수 없는 때에는 2회에 한하여 각각 30일의 범위에서 그 기간을 연장할 수 있으며, 이 경우 그 사유와 기한을 구체적으로 밝혀 당사자 및 그 대리인에게 통지하여야 한다(소비자기본법 제68조 제7항).

(3) 대표당사자의 선임

집단분쟁조정에 이해관계가 있는 당사자들은 그 중 3명 이하를 대표당사자로 선임할 수 있고, 소비자분쟁조정위원회는 당사자들이 대표당사자를 선임하지 아니한 경우에 필요하다고 인정하는 때에는 당사자들에게 대표당사자를 선임할 것을 권고할 수 있다. 이렇게 선임된 대표당사자는 자기를 선임한 당사자들을 위하여 그 사건의 조정에 관한 모든 행위를 할 수 있다. 다만, 조정신청의 철회 및 조정안의 수락·거부는 자기를 선임한 당사자들의 서면에 의한 동의를 받아야 한다. 대표당사자를 선임한 당사자들은 대표당사자를 통하여서만 그 사건의 조정에 관한 행위를 할 수 있으며, 대표당사자를 선임한 당사자들은 필요하다고 인정하는 경우에는 대표당사자를 해임하거나 변경할 수 있고, 이 경우 당사자들은 그 사실을 지체 없이 조정위원회에 통지하여야 한다(소비자기본법 제68조의2).

6. 시효의 중단

소비자분쟁조정위원회에의 분쟁조정 신청과 집단분쟁조정의 의뢰 또는 신청은 시효중단의 효력이 있다. 다만 ① 당사자가 분쟁조정 또는 집단분쟁조정의 내용을 수락하거나 수락한 것으로 보는 경우이거나 ② 당사자의 일방 또는 쌍방이 분쟁조정 또는 집단분쟁조정의 내용을 수락하지 아니한 경우 외의 경우로 분쟁조정절차 또는 집단분쟁조정절차가 종료된 경우에는 그 조정절차가 종료된 날부터 1개월 이내에 소를 제기하지 아니하면 시효중단의 효력이 없다. 그리고 위에 따라 중단된 시효는 위 ① 또는 ②의 어느 하나에 해당하는 때로부터 새로이 진행한다(소비자기본법 제68조의3).

7. 수소법원의 소송중지

법 제58조에 따라 한국소비자원 원장이 소비자분쟁조정위원회에 분쟁조정을 신청하거나 법 제65조 제1항에 따라 조정위원회에 분쟁조정이 신청된 경우, 분쟁조정이 신청된 사건에 대하여 신청 전 또는 신청 후 소가 제기되어 소송이 진행 중일 때에는 수소법원(受訴法院)은 조정이 있을 때까지 소송절차를 중지할 수 있고, 이에 따라 소송절차가 중지된 경우 조정위원회는 해당 사건의 조정절차를 재개한다(소비자기본법 제68조의4 제1항·제2항). 조정위원회는 조정이 신청된 사건과 동일한 원인으로 다수인이 관련되는 동종·유사 사건에 대한 소송이 진행 중인 경우에는 조정위원회의 결정으로 조정절차를 중지할 수 있다(소비자기본법 제68조의4 제3항).

Ⅶ 소비자단체소송

1. 의의

일정 요건을 갖춘 단체는 사업자의 소비자에 대한 권익 침해 행위의 금지·중지를 구하는 소비자단체소송을 제기할 수 있는데, 이것을 소비자단체소송이라 한다. 소비자 개인의 손해배상을 청구하는 것이 아니라, 소비자의 생명·신체 또는 재산에 대한 권익을 침해하는 행위에 대하여 금지 또는 중지를 구하는 소송으로, 공익소송 또는 부권소송(父權訴訟)의 성격을 가진다. 우리법상 인정되는 소비자단체소송은 소비자가 아닌 일정한 요건을 갖춘 단체가 소비자를 대신하여 소송을 수행하도록 규정하고 있어, 공익적 기능을 수행하고 있다.

2. 소비자단체소송의 대상 및 원고적격

사업자가 소비자의 생명·신체 또는 재산에 대한 권익을 직접적으로 침해하고 그 침해가 계속되는 경우 일정한 요건에 해당하는 단체는 법원에 소비자권익침해행위의 금지·중지를 구하는 소송(이하 "소비자단체소송"이라 한다)을 제기할 수 있다(소비자기본법 제70조).

① 공정거래위원회에 등록한 소비자단체로서 i) 정관에 따라 상시적으로 소비자의 권익증진을 주된 목적으로 하는 단체이고, ii) 단체의 정회원수가 1천명 이상이며, iii) 소비자단체의 등록 후 3년이 경과한 단체, ② 한국소비자원, ③ 대한상공회의소, 중소기업협동조합중앙회 및 전국 단위의 경제단체로서 대통령령이 정하는 단체,[8] ④ 비영리민간단체로서 i) 법률상 또는 사실상 동일한 침해를 입은 50인 이상의 소비자로부터 단체소송의 제기를 요청받았고, ii) 정관에 소비자의 권익증진을 단체의 목적으로 명시한 후 최근 3년 이상 이를 위한 활동실적이 있으며, iii) 단체의 상시 구성원수가 5천명 이상이고, iv) 중앙행정기관에 등록되어 있는 단체 중 하나라면 소비자단체소송을 제기할 수 있다(소비자기본법 제70조).

---

8) 전국 단위의 경제단체로서 i) 사업자 등을 회원으로 하여 「민법」에 따라 설립된 사단법인으로서 정관에 따라 기업경영의 합리화 또는 건전한 기업문화 조성에 관한 사업을 수행하는 법인 중 공정거래위원회가 정하여 고시하는 법인이거나 ii) 사업자 등을 회원으로 하여 「민법」에 따라 설립된 사단법인으로서 정관에 따라 무역진흥업무를 수행하는 법인 중 공정거래위원회가 정하여 고시하는 법인을 의미한다(소비자기본법 시행령 제63조).

3. 소비자단체소송의 절차

소제기단체가 사업자에게 소비자권익 침해행위를 금지·중지할 것을 서면으로 요청한 후 14일이 경과하였음에도 불구하고 소비자권익 침해행위를 지속하고 있다면 소비자단체소송을 제기할 수 있다. 소비자단체소송의 원고는 변호사를 소송대리인으로 선임하여야 하고, 소비자단체소송을 제기하는 단체는 소장과 함께 소송허가신청서를 법원에 제출하여야 한다(소비자기본법 제72조·제73조).

소비자단체소송의 소는 피고의 주된 사무소 또는 영업소가 있는 곳, 주된 사무소나 영업소가 없는 경우에는 주된 업무담당자의 주소가 있는 곳의 지방법원 본원 합의부의 관할에 전속하고, 외국사업자의 경우에는 대한민국에 있는 이들의 주된 사무소·영업소 또는 업무담당자의 주소에 따라 정한다(소비자기본법 제71조).

법원은 ① 물품등의 사용으로 인하여 소비자의 생명·신체 또는 재산에 피해가 발생하거나 발생할 우려가 있는 등 다수 소비자의 권익보호 및 피해예방을 위한 공익상의 필요가 있고, ② 소송허가신청서의 기재사항에 흠결이 없으며, ③ 소제기단체가 사업자에게 소비자권익 침해행위를 금지·중지할 것을 서면으로 요청한 후 14일이 경과한 경우, 결정으로 소비자단체소송을 허가한다. 소비자단체소송을 허가하거나 불허가하는 법원의 결정에 대하여는 즉시항고할 수 있다(소비자기본법 제74조).

4. 기각판결의 효력

원고의 청구를 기각하는 판결이 확정된 경우 이와 동일한 사안에 관하여는 ① 판결이 확정된 후 그 사안과 관련하여 국가 또는 지방자치단체가 설립한 기관에 의하여 새로운 연구결과나 증거가 나타난 경우이거나 ② 기각판결이 원고의 고의로 인한 것임이 밝혀진 경우가 아니라면 다른 단체라 하더라도 소비자단체소송을 제기할 수 없다(소비자기본법 제75조).

Ⅷ 집단소송의 도입 논의

1. 집단소송의 의의

집단소송이란 다수의 피해자들이 집단으로 그들의 피해를 구제받기 위하여 단체로 소를 제기하는 형태이다. 미국의 Class Action제도를 기초로 한다. 집단소송은 피해자 중 일부가 가해자를 상대로 소송을 제기하면 다른 피해자들도 별도의 소송 없이 그 판결로 피해를 구제받을 수 있게 되어, 소송에 참여하지 않더라도 특별히 제외신고를 하지 않는 한 모두 피해를 구제받을 수 있게 된다.

소비자단체소송은 사업자에게 소비자에 대한 권익 침해행위의 금지 또는 중지를 구할 뿐, 개별적인 손해배상을 청구할 수 없는 한계가 있다. 더구나 일정 요건을 갖춘 단체에 한하여 소를 제기할 수 있을 뿐, 개별 소비자들이 직접 소를 제기할 수 없어 피해를 입은 소비자들에게 실효성 있는 구제수단으로 보기는 어렵다.

소액다수의 피해라는 소비자피해의 특성상, 개별 소비자가 적은 손해액을 배상받기 위하여 홀로 소를 제기하는 것은 쉬운 일이 아니다. 시간적으로나 비용적으로나 많은 부담이 될 뿐 아니라, 설령 소를 제기한다하더라도 법적 지식이 부족한 대부분의 개별 소비자로서는 소송진행이 용이하지 않기 때문이다. 하지만 집단소송은 적극적으로 소송에 참여한 피해자뿐 아니라 소송에 참여하지 않은 모든 소극적 피해자들까지 보상을 받을 수 있어, 소비자의 권익을 높이는 효과가 크다.

더욱이 소비자들이 집단소송에서 승소하게 되면 기업으로서는 불법행위의 대가로 천문학적인 금액을 지불하게 될 수 있다. 기업들의 불법행위가 반복되는 이유는 기업들이 내부통제에 지출되는 비용보다 과징금이나 손해배상액 등으로 지출하는 비용이 훨씬 적다고 판단하기 때문이기도 하는데, 집단소송이 도입되면 기업으로서는 불법행위의 재발 방지를 위하여 더욱 노력하게 될 것이다.

2. 미국의 Class Action제도

미국의 Class Action은 공통적인 이해관계를 가지는 일정한 범위의 사람들을 대표하는 대표당사자가 전원을 위해 소송을 수행하고 그 판결의 효력을 집단이 공유하는 소송이다. Class Action은 개별적으로 제소할 경우 경제적으로 효율성이 떨어지는 복수의 청구를 통합할 수 있도록 하고 있다. Class Action은 주로 증권거래 관련소송, 독점금지법위반 손해배상소송, 인종차별행위금지소송, 고용차별에 의한 소급 임금 청구소송 등에서 활용되고 있고, 소비자피해 사례에서도 빈번하게 이용되고 있다.

Class Action을 제기하기 위하여는 ① 우선 Class 구성원 전부가 당사자로 참가하는 것이 사실상 불가능할 정도로 규모가 커야 하고, ② Class에 공통된 법률문제 또는 사실문제가 존재하며, ③ 대표당사자의 청구 또는 항변이 Class 구성원의 청구 또는 항변의 전형을 구성하여야 하고, ④ 대표당사자가 Class 전체의 이익을 공정하고 적절하게 보호하여야 한다.[9)]

이렇게 제기된 Class Action의 판결 또는 화해의 효과는 동일한 상황에 놓인 Class 구성원 모두에게 미친다는 점이 특색이다. 즉, 피해자 중에서 별도로 제외신고(opt-out)를 하지 않는 한 당연히 판결의 효력이 피해자 전체에게 미친다.[10)] 배상청구를 지지하는 판결이 나오면, 피고측이 출자한 자금으로 구제기금이 설정되어 이로부터 해당자에게 분배된다.

미국의 다우코닝이 제조한 실리콘을 이용해 가슴확대수술을 받았다가 부작용을 겪은 피해자들이 1994년 해당 실리콘이 건강에 해롭다는 점을 회사가 알고도 숨겼다며 집단소송을 제기했고, 오랜 법정 다툼 끝에 결국 다우코닝은 피해자들에게 32억달러를 배상하라는 판결을 받고, 파산보호(법정관리)를 신청했다.

최근에는 디젤차 배기가스 조작으로 논란에 휩싸인 폭스바겐 역시 천문학적인 소송에 직면할 위기에 처했다. 폭스바겐은 미국 당국에 최대 180억달러의 벌금을 내야 할 가능성이 제기되는 것은 물론 경영진에 대한 연쇄적인 형사소송과 집단소송 등이 예상된다. 일본 도요타는 2012년 가속페달 결함 문제로 미국에서 집단소송을 당해 11억달러의 배상금을 지불해야 했다.

---

9) 미국 연방민사소송규칙 제23조(a)항.

10) 미국 연방민사소송규칙 제23조c항(3).

3. 우리법상 집단소송의 도입 논의

2019년 초 법무부는 주요업무계획을 발표하면서 집단소송제도를 일반 소비자 분야에도 도입하는 내용의 법 개정안을 연내 국회에서 통과되어 시행될 수 있도록 지원할 계획임을 밝혔다.[11] 집단피해가 발생할 여지가 높은 공정거래 분야에 대한 집단소송제 도입 필요성은 그동안 꾸준하게 제기되어 왔다. 그러던 중 최근 가습기 살균제 사건, 개인정보 유출, 폭스바겐의 배출가스 조작 등의 집단적 피해사고가 연속적으로 발생하고, 그에 따라 집단소송의 도입촉구운동 등이 활발해진 결과이다.

우리법상 집단소송은 이미 2005년 증권 분야에서 도입하여 시행하고 있으나, 소송허가 규정이 까다로워 활발하게 이용되고 있지는 못하다. 이것을 제조물책임, 부당 표시·광고, 담합, 재판매가격유지행위, 금융소비자보호, 개인정보의 침해, 식품안전, 금융투자상품 등의 분야까지 확대하고자 하는 것이다.

물론 집단소송이 도입될 경우, 소송남발로 인하여 기업이 피해를 입을 가능성도 있다. 기업이 패소하면 엄청난 배상금을 지불하여야 할 뿐 아니라 소송을 준비하는 과정에서 쓰이는 비용도 만만치 않기 때문이다. 미국에서는 최종 판결까지 오랜 시간이 걸리다보니 사건 대부분이 화해로 종결되고 있는데, 이는 결국 변호사업계의 수익만 증가시킨다는 비판도 있다. 미국의 '앰뷸런스 체이서(Ambulance Chaser)'처럼 피해자를 찾아다니며 소송을 이끌어내는 이른바 '소송꾼 변호사'가 늘어날 가능성이 있다고도 주장한다.

그러나 소비자의 권익 증진과 기업 견제 차원에서 집단소송은 다수 소비자들의 피해를 신속하고 효율적으로 구제하기 위한 장치로서 그 필요성이 인정된다.

---

11) 뉴스핌, 다중대표소송·집단소송제 등 상법 개정안 국회 통과 '목표', 2019. 3. 13., http://www.newspim.com/news/view/20190313000332.

참고문헌

[단행본]

권오승, 경제법, 법문사, 2014.

______, 소비자보호법, 법문사, 2005.

김기옥 · 정순희 · 허경옥 · 김혜선, 시장경제와 소비자, 교문사, 2012.

김병연 · 권재열 · 양기진, 자본시장법, 박영사, 2018.

김성천, 소비자철회권 비교법 연구, 한국소비자원, 2010.

박수영, 소비자법해설, fides, 2016.

박준 · 한민, 금융거래와 법, 박영사, 2018.

사법연수원, 금융거래법, 사법연수원, 2013.

__________, 손해배상소송, 사법연수원, 2011.

서희석, 소비자계약의 법리, 부산대학교 출판부, 2018.

송덕수, 신민법강의, 박영사, 2019.

양명조, 경제법, 신조사, 2016.

여정성 · 최종원 · 장승화(공편), 소비자와 법의 지배, 서울대학교 출판부, 2008.

이시윤, 신민사소송법, 박영사, 2009.

이은영(편), 소비자법, 박영사, 2013.

이호영, 소비자보호법, 홍문사, 2015.

임영철 · 조성국, 공정거래법, 박영사, 2018.

정찬형, 상법강의(하), 박영사, 2011, 497면.

한기정, 보험법, 박영사, 2018.

허경옥 · 박희주 · 이은희 · 김혜선 · 김시월, 소비자법과 정책의 이론과 실제, 파워북, 2012.

허경옥, 소비자학의 기초, 교문사, 2010.

[논문 · 연구보고서]

노현주, “금융 마이데이터 도입 현황과 시사점”, 「연구보고서」, 21–04, 보험연구원, 2021.

박상기, “의료사고에서의 과실인정의 조건”, 『형사정책연구』, 제10권 제1호(제37호), 한국형사정책연구원, 1999.

배순영 · 곽윤영, “녹색표시 그린워싱 모니터링 및 개선”, 「정책연구」, 12–02, 한국소비자원, 2012.

서희석,“통신판매중개자의 법적 지위와 책임–전자상거래법상 통신판매중개자책임의 재구성–”, 「소비자법연구」, Vol.7 No.1, 한국소비자법학회, 2021.

손영화, “금융소비자보호법에 대한 입법평가”, 「경제법연구」, 제19권 제3호, 한국경제법학회, 2020.

양지선, “해외직구 소비자 이용 및 피해 실태조사”, 「시장조사」, 18–16, 한국소비자원, 2019.

윤태영 · 류주현, “노인 등 디지털 소외계층에 대한 계약법적 보호”, 「민사법학」, vol.109, 한국민사법학회, 2024.

이대기, “인터넷 전문은행의 기대효과와 과제”, 「주간금융브리프」, 제26권 제18호, 한국금융연구원, 2017.

이병준, “전자상거래 플랫폼과 거래관계에 대한 책임”, 「소비자법연구」, Vol.5 No.1, 한국소비자법학회, 2019.

이승진, “글로벌 소비자법제 연구Ⅰ–방문판매법상 특수거래–”, 「정책연구」, 17–03, 한국소비자원, 2017.

이승진 · 김재영 · 이재민 · 김태형, “분쟁해결제도 개선방안 연구– 소비자기본법을 중심으로”, 「정책연구」, 23–02, 한국소비자원, 2023.

이효섭 · 김동환, “빅테크 · 핀테크 확산에따른 금융안정 및 소비자보호 제고 방안”, 「금융안정연구」, vol.24, no.2. 예금보험공사, 2023.

정준혁, “ESG논의의 법적 의미와 전망”, 「BFL」, 제109호, 서울대학교 금융법센터, 2021.

[기타자료]

공정거래위원회, 2025년 공정거래백서, 2025.

한국소비자원, 신용카드생활, 2012.

공정거래위원회 보도자료, “5개 음원 서비스 사업자 전자상거래법 위반 행위 제재”, 2019. 8. 28.

공정거래위원회 보도자료, “넷플릭스 해지했는데 환불이 안된다고요? 앞으로는 가능합니다. – 넷플릭스 등 6개 온라인 동영상 서비스(OTT) 플랫폼 사업자 불공정 약관 시정

－", 2021. 1. 27.
공정거래위원회 보도자료, "배달앱 플랫폼 사업자의 이용약관 상 불공정약관조항 시정", 2021. 8. 19.
공정거래위원회 보도자료, "공정위, 2020년도 후원방문 판매업자 주요정보 공개", 2021. 9. 29.
공정거래위원회 보도자료, "상조상품 불완전판매로 인한 소비자 피해주의보 발령", 2021. 11. 23.
공정거래위원회 보도자료, "온라인 다크패턴 자율관리 가이드라인 제정", 2023. 7. 31.
공정거래위원회 보도자료, "후원방문판매업자의 미등록 다단계 영업행위 제재", 2023. 7. 31.
공정거래위원회 보도자료, "㈜카카오의 '멜론' 음원서비스 관련 거짓·기만행위 제재", 2024. 1. 21.
공정거래위원회 보도자료, "워너비데이터(주)의 방문판매법 위반행위 제재", 2024. 7. 2.
공정거래위원회 보도자료, "2023년도 다단계판매업자 주요정보 공개", 2024. 7. 30.
공정거래위원회 보도자료, "장기 구독권도 환불받을 수 있도록 스픽이지랩스코리아의 이용약관 시정", 2024. 12. 25.
금융감독원 보도자료, "보이스피싱 등 비대면 금융사고 피해 발생시 은행권 자율배상 제도를 통해 보상받을 수 있는지 꼭 확인해보세요!", 2024. 6. 19.
한국소비자원 보도자료, "사례로 배우는 상조서비스 피해 예방 요령", 2017. 11. 28.

뉴스핌, 다중대표소송·집단소송제 등 상법 개정안 국회 통과 '목표', 2019. 3. 13., http://www.newspim.com/news/view/20190313000332.
신승건, "담배전쟁", 국제신문, 2025. 5. 1., https://www.kookje.co.kr/news2011/asp/newsbody.asp?code=1700&key=20250502.22019009976.
최홍, "제2금융권도 비대면 금융사고 자율배상제 시행", 뉴시스, 2024. 12. 11., https://www.newsis.com/view/NISX20241211_0002992501
최희진·곽희양, "방대한 빅데이터 보유한 건보공단… 담배소송, 승패 결과 따라 큰 파장", 경향신문, 2014. 4. 1., http://news.khan.co.kr/kh_news/khan_art

판례색인

사항색인

남 윤 경(南允卿)

이화여자대학교 법학과 졸업(법학사)
이화여자대학교 대학원 법학과 졸업(법학석사)
아주대학교 법학전문대학원 졸업(법학전문석사)
이화여자대학교 대학원 법학과 졸업(법학박사)

LG전자 법무팀 · Compliance팀
변호사 남윤경 법률사무소
(現) 광주대학교 회계세무학과 부교수

알기 쉬운 소비자보호법

초판발행 2019년 8월 12일
초판2쇄발행 2019년 9월 16일
초판3쇄발행 2019년 11월 4일
초판4쇄발행 2020년 9월 22일
제2판발행 2022년 3월 1일
제2판2쇄발행 2023년 4월 30일
제3판발행 2025년 8월 29일

지은이 남윤경
펴낸이 안종만 · 안상준

편 집 이수연
기획/마케팅 최동인
표지디자인 BEN STORY
제 작 고철민 · 김원표

펴낸곳 (주) 박영사
서울특별시 금천구 가산디지털2로 53, 210호(가산동, 한라시그마밸리)
등록 1959. 3. 11. 제300-1959-1호(倫)
전 화 02)733-6771
f a x 02)736-4818
e-mail pys@pybook.co.kr
homepage www.pybook.co.kr
ISBN 979-11-303-2442-5 93360

정 가 30,000원